Internet, Mobile Devices und die Transformation der Medien

Ulrich Dolata
Jan-Felix Schrape (Hg.)

Internet, Mobile Devices und die Transformation der Medien

Radikaler Wandel als schrittweise Rekonfiguration

edition sigma

Dieser Band ist auch als E-Book (PDF) erhältlich:
http://dx.medra.org/10.2380/9783836000888

Bibliografische Information der Deutschen Nationalbibliothek

Die Deutsche Nationalbibliothek verzeichnet diese Publikation in der Deutschen Nationalbibliografie; detaillierte bibliografische Daten sind im Internet über http://dnb.d-nb.de abrufbar.

ISBN 978-3-8360-3588-0

Umschlagillustration: © THesIMPLIFY – Fotolia.com.

Druck: Rosch-Buch, Scheßlitz

Printed in Germany

Inhalt

Vorwort

Die gesellschaftlichen Medienstrukturen werden in besonderer Weise durch die neuen Informations- und Kommunikationsmöglichkeiten im (mobilen) Web berührt und verändert. Der weit überwiegende Teil der in den verschiedenen Mediensektoren produzierten Güter ist digitalisierbar, das Internet bzw. Mobile Devices sind ideale neue Träger ihrer Verbreitung und Datenkomprimierungsstandards ermöglichen ihren problemlosen Up- bzw. Download. Die Online- und Mobiltechnologien setzen klassische Mediensektoren wie die Musikindustrie, den Buchhandel oder die Presse zum Teil massiv unter Druck. Sie stellen eingespielte Produktions- und Vertriebsweisen infrage, verlangen nach veränderten Regeln und Geschäftsmodellen, fördern das Auftreten neuer Akteure und tragen zum allgemeinen Strukturwandel der Öffentlichkeit bei.

Von daher ist es nicht verwunderlich, dass diese Technologien seit den 1990er Jahren immer wieder als Projektionsfläche für weitreichende Erwartungen an einen durch sie ausgelösten radikalen Umbruch der Medien dienten. Allgegenwärtige Begriffe wie ‚Web 2.0', ‚Mitmachnetz', ‚New Economy', ‚Medienrevolution' oder ‚neuer Strukturwandel der Öffentlichkeit' haben Vorstellungen von einem ebenso einschneidenden wie schnellen Wandel der Medien Vorschub geleistet, die als Visionen und Narrative zumeist allerdings in bemerkenswerter Weise empirisch unabgesichert geblieben sind.

In diesem Buch wird demgegenüber etwas unaufgeregter und empirisch geerdet danach gefragt, in welchem Maße und auf welche Weise sich Mediensektoren, Medienökonomie und Medienöffentlichkeit durch das Internet und durch Mobile Devices tatsächlich verändern: Wie tiefgreifend ist dieser Wandel und welche Verlaufsformen nimmt er in verschiedenen Medienbereichen an? Wie reagieren etablierte Akteure auf neue Herausforderungen und welche Rolle spielen neue Akteure in diesen Transformationsprozessen? Stehen ‚alte' und ‚neue' Öffentlichkeitsstrukturen in einem konkurrierenden oder in einem komplementären Verhältnis zueinander?

Der Band wird durch drei thematische Schwerpunkte strukturiert:

- *Mediensektoren:* Im ersten Teil werden die durch Digitalisierung, Internet und Mobile Devices angestoßenen Veränderungen und Transformationsdynamiken in ausgewählten Mediensektoren analysiert. Nach einem orientierenden Überblick über die deutsche Medienwirtschaft folgen Fallstudien zum Wandel der Musikindustrie, des Buchhandels und des wissenschaftlichen Verlagswesens.
- *Medienökonomie:* Der zweite Teil befasst sich mit Facetten des medienökonomischen Wandels. Die Beiträge dieses Schwerpunkts untersuchen Veränderungen in den Wertbildungs- und -realisierungsprozessen, die Strukturen

und Dynamiken des neuen Marktes für Mobile Devices, die Herausbildung des Marktes für Glücksspiele im Internet sowie und den Wandel regionaler Mediencluster.
- *Medienöffentlichkeit:* Im Mittelpunkt des dritten Teils schließlich stehen Verschiebungen in den medial vermittelten Öffentlichkeitsstrukturen. Dazu werden das Verhältnis von Massenmedien und Social Media, das Zusammenspiel von klassischem Journalismus und investigativen Netzaktivitäten, Kommunikationsstrukturen auf Social-Networking-Sites sowie neue Formen der netzbasierten Wissenschaftskommunikation analysiert.

Der Grundtenor der Beiträge dieses Bandes ist, dass sich der in der Tat einschneidende Wandel, der sich derzeit in den verschiedenen Mediensektoren und -bereichen vollzieht, nicht als radikaler Bruch in kurzer Frist fassen lässt, sondern als schrittweiser und diversifizierter Restrukturierungsprozess begriffen werden sollte. Weit typischer als der schnelle und fundamentale Austausch von Medienakteuren, -strukturen und -arenen sind Prozesse sukzessiven und kumulativen Wandels, die sich über ein oder zwei Jahrzehnte hinziehen und sich mit der Zeit durchaus zu radikalen Neuausrichtungen verdichten können.

Die Entstehung dieses Bandes geht auf eine Tagung der Sektion Wissenschafts- und Technikforschung der Deutschen Gesellschaft für Soziologie (DGS) zurück, die unter dem Titel „Das Internet und der Wandel von Mediensektoren" im November 2011 an der Universität Stuttgart stattgefunden hat und von der dortigen Abteilung für Organisations- und Innovationssoziologie organisiert wurde. An diese Tagung schloss sich im Februar 2012 ein zweitägiger Autorenworkshop in Stuttgart an, auf dem die in diesem Band versammelten Beiträge intensiv diskutiert und aufeinander abgestimmt wurden.

Wir haben natürlich den Autorinnen und Autoren des Bandes zu danken, die nicht einfach nur geliefert, sondern ihre eigenen Beiträge einer intensiven Diskussion ausgesetzt und die Beiträge der anderen kritisch kommentiert haben. Wir möchten auch *Raymund Werle* danken, der wichtige Akzente nicht nur als Discussant auf dem Autorenworkshop gesetzt hat, sondern den gesamten Entstehungsprozess des Buches mit seinen Anregungen und Kommentaren begleitet hat. *Manuela Marquardt* hat uns bei der inhaltlichen Durchsicht der Texte und in der Textbearbeitung maßgeblich unterstützt. Und schließlich sind wir *Rainer Bohn* für seine instruktive Begutachtung der Manuskripte und seine gewohnt sorgfältige verlegerische Arbeit zu Dank verpflichtet.

Der von uns allen sehr geschätzte Kollege *Volker Wittke,* der an diesem Buch noch mitgewirkt hat, ist im August 2012 verstorben. Ihm ist dieser Band gewidmet.

Stuttgart, November 2012 *Ulrich Dolata, Jan-Felix Schrape*

Medien in Transformation

Radikaler Wandel als schrittweise Rekonfiguration

Ulrich Dolata, Jan-Felix Schrape

1 Medien: Wandel – Wirtschaft – Öffentlichkeit

Digitalisierung, internetbasierte Technologien und neue mobile Anwendungen prägen den derzeitigen Wandel in allen relevanten Medienbereichen – ob Musik und Film, Buch, Zeitungen und Zeitschriften, Fernsehen oder Spiele. Der weit überwiegende Teil der dort produzierten Güter ist digitalisierbar, das Internet oder Mobile Devices sind ideale neue Träger ihrer Verbreitung und Datenkomprimierungsstandards ermöglichen ihren problemlosen Up- bzw. Download.

Von diesen substanziell neuen technologischen Möglichkeiten lässt sich allerdings nicht umstandslos auf durch sie ausgelöste und sich vollziehende soziale und sozioökonomische Veränderungen schließen. Das wäre ein technikdeterministischer Kurzschluss, der in der Vergangenheit immer wieder zu übersteigerten Erwartungen und Prognosen rund um das Veränderungspotenzial und die tatsächlichen sozialen Effekte neuer Technologien geführt hat (kritisch dazu: Sutter 2011; Schrape 2012). Das gilt auch für Einschätzungen der transformativen Wirkungen der genannten Technologien auf verschiedene Medienbereiche. Natürlich verändern sie – das ist mittlerweile empirisch evident – in der einen oder anderen Weise mediale Wertschöpfungs-, Produktions- und Vertriebsprozesse, erweitern bestehende Konkurrenzkonstellationen, setzen die etablierten Medienakteure unter zum Teil massiven Anpassungsdruck, unterstützen die Herausbildung neuer Internetakteure und tragen zum Wandel medial vermittelter Öffentlichkeitsstrukturen bei. Auf welche Weise, mit welcher Dynamik und Konsequenz dies geschieht – das konkretisiert sich allerdings erst in genuin *sozialen* Such-, Selektions- und Restrukturierungsprozessen, die Zeit beanspruchen, mit zum Teil stark divergierenden Interessen und Handlungsorientierungen der Beteiligen durchsetzt sind, unterscheidbare Verlaufsformen annehmen und je nach Kontext zu unterschiedlichen Ergebnissen führen können.

Das ist es, was in diesem Aufsatz (und in den weiteren Beiträgen dieses Bandes) im Zentrum des Interesses steht: Wie tiefgreifend ist der seit einigen Jahren beobachtbare und stark technologiegetriebene mediale Wandel tatsächlich und welche konkreten sozialen Verlaufsformen nimmt er in verschiedenen Mediensektoren an? Wie reagieren etablierte Medienakteure auf die technologischen und die damit verbundenen sozioökonomischen Herausforderungen? Welche

Rolle spielen neue Herausforderer in diesen Transformationsprozessen? Welche Wirkungen haben die neuen Technologien auf die Restrukturierung der ökonomischen Grundlagen der Medienindustrien? Und schließlich: Wie verändern sich medial vermittelte Öffentlichkeiten durch die neuen Technologien? Stehen ‚alte' und ‚neue' Medienstrukturen in einem konkurrierenden oder eher in einem komplementären Verhältnis zueinander?

Die folgenden Überlegungen, die neben eigenen Untersuchungen auf das in den nachfolgenden Beiträgen dieses Bandes ausgebreitete Material zurückgreifen, konzentrieren sich auf drei unseres Erachtens wesentliche ökonomische und soziale Aspekte des gegenwärtigen Medienwandels: auf Transformationsmuster und -verläufe in etablierten Mediensektoren, auf Veränderungen in den Marktstrukturen und Akteurkonstellationen der Medienökonomie sowie auf den Strukturwandel der Öffentlichkeit im Kontext von Internet und Mobile Devices.

In *Kapitel 2* werfen wir zunächst einen Blick auf die durch Digitalisierung, Internet und Mobile Devices angestoßenen Veränderungen und Transformationsdynamiken in verschiedenen *Mediensektoren* wie Musik, Film, Buch oder Zeitungen. Diese neuen Technologien, die das Potenzial zu substanziellen Veränderungen in den technologischen und sozioökonomischen Grundlagen der verschiedenen Mediensektoren haben, können größere institutionelle Neuausrichtungen anstoßen, Spielräume für neue Herausforderer eröffnen und einen beträchtlichen Anpassungs- und Veränderungsdruck auf die dort etablierten Akteure ausüben. Wie mit diesen Herausforderungen umgegangen werden kann und welche Muster sektoralen Wandels durch Technik in den einzelnen Sektoren hervortreten, ist Thema dieses Kapitels.

Daran schließt die in *Kapitel 3* aufgeworfene Frage an, welche Wirkungen die neuen Technologien auf *Medienmärkte* und die dortigen ökonomischen Konkurrenz-, Unternehmens- und Machtkonstellationen haben. Dabei geht es weniger um die Betrachtung mikroökonomischer beziehungsweise betriebswirtschaftlicher Neuausrichtungen als um die Analyse übergreifender Veränderungen in Wertbildungs- und -realisierungsprozessen, Geschäftsmodellen und Märkten, Industriestrukturen, Konkurrenzmustern und Konzentrationsprozessen, die sich mit der sukzessiven Migration von Medienangeboten und deren Nutzung ins Netz herauskristallisieren.

In *Kapitel 4* schließlich richten wir unser Augenmerk auf Neujustierungen in den medial vermittelten *Öffentlichkeitsstrukturen,* die vor dem Internet stark durch die Angebote der klassischen Massenmedien geprägt waren und nun durch netzbasierte Social Media ergänzt und herausgefordert werden. Wir fragen danach, ob unabhängige investigative Netzaktivitäten die meinungsbildende und insgesamt prägende Rolle der klassischen Massenmedien in der gesellschaftlichen Wirklichkeitskonstruktion in größerem Umfang infrage stellen und welche

Art des Zusammenspiels zwischen neuen und alten Medien sich derzeit herauskristallisiert.

2 Wandel: Transformationsmuster und Adaptions(un)fähigkeit

Betrachtet und vergleicht man zunächst verschiedene Mediensektoren, dann fällt als erstes auf, dass sich ihr allerorten stark technologiegetriebener Wandel nicht als radikaler Bruch in kurzer Frist vollzieht, sondern sich über längere Zeiträume erstreckt, dabei zeitlich asynchron verläuft und sich nicht auf eine alle Sektoren gleichermaßen charakterisierende Entwicklungslogik oder einen dominanten Verlaufstyp festlegen lässt.

Schon bevor das Internet zu einem gesellschaftsweit genutzten neuen Informations- und Kommunikationsmittel wurde, setzte in der ersten Hälfte der 1990er Jahre die Transformation des *wissenschaftlichen Publikationssystems und Verlagswesens* ein. Angestoßen wurde der dortige Wandel zunächst durch den Aufbau selbstorganisierter Peer-to-peer-Publikationsarchive in der Wissenschaft, schnell gefolgt von fokussierten Aktivitäten der großen Wissenschaftsverlage, die seit Mitte der 1990er Jahre damit anfingen, neben den Printausgaben ihrer Journale auch elektronische Versionen bereitzustellen und sie über den Aufbau großer Such- und Datenbanksysteme miteinander zu verknüpfen (*Hanekop/Wittke* in diesem Band). Ende der 1990er Jahre begann dann der erste Umbruch eines klassischen Mediensektors in Zeiten des nunmehr populären Internet. *Musik* gab es damals in Form von CDs bereits seit längerem in all ihren Facetten als digitales Produkt ohne Kopierschutz. Datenkomprimierungsstandards, das Internet und die aufkommenden Tauschbörsen (wie Napster) ermöglichten schnell den problem- und kostenlosen Up- und Download vorhandener Musik und setzten die etablierten Konzerne mit ihren auf physische Tonträger zugeschnittenen Produktions-, Marketing- und Vertriebsstrukturen in den folgenden Jahren massiv unter Druck. Mit dem 2003 erfolgten Eintritt von Apple ins Musikgeschäft und seiner Bereitstellung einer leicht handhabbaren Kombination aus digitalem Musikladen (iTunes) und Abspielgerät (iPod) begann die sukzessive Verschiebung des kommerziellen Musikangebots von physischen Tonträgern auf digitale Musikfiles und Streaming-Angebote (*Dolata* und *Kunow* in diesem Band).

Während die Transformation der wissenschaftlichen Zeitschriftenverlage und des Musiksektors also vergleichsweise früh begann und Mitte der 2000er Jahre schon weit fortgeschritten war, setzten ähnliche Transformationsdynamiken in anderen Medienfeldern erst in der zweiten Hälfte der 2000er Jahre ein (*Hautsch* in diesem Band). Im *Buchsektor* beispielsweise hat das Internet zwar auch bereits seit Ende der 1990er Jahre zunächst als neuer Vertriebskanal für physische Bücher sukzessive an Bedeutung gewonnen – und Amazon als *first mover* auf diesem Markt zu einem der wenigen global erfolgreichen neuen Internetunternehmen gemacht. Allerdings hat dort erst Ende der 2000er Jahre mit der sukzessiven Digitalisierung des Buches und mit inzwischen technisch ausgereiften und marktfähigen Technologiesets aus E-Books und E-Readern, die dessen elektronische Vermarktung, Verwendung und Verbreitung in großem Stil ermöglichen, die eigentliche Hauptphase des noch lange nicht abgeschlossenen soziotechnischen Umbruchs begonnen (*Schrape* in diesem Band).

Ähnliches gilt für den *Filmsektor,* obgleich auch dort, anders als im Buchsektor, das Kernprodukt bereits seit der Einführung der DVD in der zweiten Hälfte der 1990er Jahre auch in digitaler Form vorhanden war. Im Unterschied zur Musikindustrie, deren Angebot schon vor der Etablierung des Internet in der zweiten Hälfte der 1990er Jahre auf CDs faktisch vollständig digitalisiert vorlag und sich – ohne Kopierschutz ausgestattet – dem freien Tausch im Netz förmlich aufdrängte, setzte die Filmindustrie bei Videos zum einen von Beginn an auf restriktive Digital-Rights-Management-Systeme zur Sicherung und Kontrolle ihres neuen digitalen Produkts. Und sie hatte zum anderen das Glück, dass Filme wesentlich datenintensiver als Musikstücke waren und sich ohne flächendeckendes Breitbandinternet nicht so schnell, einfach und massenhaft als Dateien kostenlos tauschen oder kommerziell vertreiben ließen (Currah 2006, 2007). Vor allem diese technologischen Restriktionen und Unzulänglichkeiten haben den Umbruch in der Film- bzw. Videobranche zeitlich verzögert und deren digitales Kernprodukt – DVDs und Blue-Rays – zunächst noch schützen können. Auch hier beginnt erst seit Ende der 2000er Jahre mit dem Aufbau von kommerziellen Filmplattformen im Internet und dem Verkauf, Verleih und Streaming von Filmen als digitale *files* jener Umbruch, der in der Musikindustrie bereits in der ersten Hälfte des Jahrzehnts eingesetzt hatte (Heger 2011; Turecek/Roters 2012; ähnlich für den digitalen Spielesektor Wolters 2011; BIU 2012).

Schon hier wird deutlich: Ein übergreifendes Charakteristikum der technologiegetriebenen Umbrüche in allen Mediensektoren ist es, dass sie sich grundsätzlich schrittweise, als Kumulation zahlreicher technologischer wie sozialer Transformationsimpulse vollziehen und sich über einen längeren Zeitraum erstrecken (Ala-Fossi et al. 2008). Die Umbruchperioden in den verschiedenen Mediensektoren werden geprägt von der sukzessiven Diffusion neuer Technologien, deren Eigenheiten sich noch im Laufe des Transformationsprozesses zum Teil gravierend verändern können, der schrittweisen Herausbildung daran ausgerichteter neuer Märkte, Konkurrenz- und Kooperationsmuster, der allmählichen Erneuerung der Strukturen und institutionellen Gefüge des beobachteten Feldes sowie damit einhergehender Veränderungen der Strategien und Konstellationen der involvierten Akteure. Wir bezeichnen diesen zeitlich gestreckten Verlauf größerer soziotechnischer Umbrüche als *graduelle Transformation,* die im Ergebnis, nach zehn oder 15 Jahren, durchaus zu einer radikalen Neuausrichtung eines Sektors (oder auch eines regionalen Medienclusters) führen kann (Dolata 2011; Streeck/ Thelen 2005; Berkers/Geels 2011; auch *Fuchs* in diesem Band).

Unterhalb dieser sektorübergreifenden Gemeinsamkeit gibt es allerdings signifikante Unterschiede. Der Wandel verläuft in den verschiedenen Mediensektoren nicht nur zeitlich asynchron. Auch die Art und Weise, wie die neuen technologischen Herausforderungen und die mit ihnen möglichen sozioökonomischen Veränderungspotenziale von den involvierten Akteuren wahrgenommen, aufgegriffen und verarbeitet werden, variiert erheblich. Das bezeichnen wir als *Adaptionsfähigkeit,* die es in den hier untersuchten Mediensektoren in unterschiedlicher Ausprägung gibt und die zu unterscheidbaren Transformationsvarianten führt (Dolata 2009, 2011a: 75–121).

Oft fällt es den etablierten Akteuren eines (Medien-)Sektors außerordentlich schwer, sich auf für sie grundlegend Neues einzulassen – insbesondere wenn es das laufende, noch gut gehende Geschäft stört und eingespielte Geschäftsmodelle und Märkte, organisationale Strukturen und Routinen im Grundsatz in Frage stellt. Typisch ist in solchen Fällen, dass neue technologische Möglichkeiten und ihre sozioökonomischen Potenziale, die zunächst nur schemenhaft erkennbar sind, von den saturierten Akteuren ignoriert oder unterschätzt werden und der Status Quo verteidigt wird. Die Reaktionsweisen der Musikkonzerne auf die Herausforderung des Internet in der ersten Hälfte der 2000er Jahre sind ein schlagendes Beispiel für die kollektive *Adaptionsunfähigkeit* der etablierten Akteure eines Mediensektors, die durch ihre Untätigkeit und Blockadehaltung das Feld neuen und ihrerseits ausgesprochen adaptionsfähigen Akteuren (wie nichtkommerziellen Musiktauschbörsen und Apple) überlassen haben, welche den Sektor mit ihren innovativen Aktivitäten unter Druck setzen konnten. Der sektorale Wandel nimmt in derartigen Fällen Formen einer krisenhaften Transformation an, die aus der Sicht der bis dahin dominanten Akteure zumindest zeitweise außer Kontrolle gerät und mit einem zum Teil signifikanten Macht- und Einflussverlust einhergeht (*Dolata* in diesem Band).

Derartige Adaptionsprobleme, die saturierte Akteure oft haben, wenn sie mit grundlegend neuen und kompetenzzerstörenden technologischen Herausforderungen konfrontiert werden, sind in der Literatur zur Pfadabhängigkeit, zur strukturellen Trägheit und zum organisationalen Scheitern ausgiebig beschrieben und erklärt worden (zusammenfassend: Beyer 2006; Mellahi/Wilkinson 2004; Lam 2005; Ortmann 2009: 61–86). Grundlegender Wandel kommt in dieser Lesart nicht aus dem etablierten Kern eines Sektors, sondern eher von seinen Rändern oder von außerhalb, und wird getragen von Quereinsteigern bzw. neuen Akteuren:

> „Adaptation of organizational structures within an industry occurs principally at the population level, with new organizations replacing the old ones that fail to adapt." (Lam 2005: 134)

Auf den ersten Blick scheint das Beispiel der Musikindustrie diese Sicht zu bestätigen. Verallgemeinern lässt sie sich allerdings nicht; nicht einmal für die Musikindustrie trifft sie in dieser Radikalität zu. Auch die etablierten Akteure eines sich im Umbruch befindlichen Mediensektors bleiben nicht über die gesamte Transformationsperiode hinweg adaptionsunfähig. Sie werden mit der Zeit, wenn sie den initialen Schock überstanden haben, und oft erst dann, wenn sie bereits unter massivem Druck stehen, regelmäßig selbst aktiv und beginnen ihrerseits mit eigenen Strategien und unter Einsatz aller ihnen zur Verfügung stehenden Ressourcen im neuen Spiel mitzuspielen. Sie entwickeln nun selbst neue Geschäftsmodelle und Konkurrenzstrategien, beginnen mit den neuen Akteuren zu kooperieren und mischen aktiv bei der regulativen Neustrukturierung ihres Feldes mit. Kurzum:

> „Intensified competition encourages dominant players to adopt those practices that are successful at the periphery and thus legitimizes these radical experiments." (Leblebici et al. 1991: 359)

In der Musik- und auch in der Filmindustrie, die zunächst ähnliche Adaptionsprobleme hatte, ist dies seit der zweiten Hälfte der 2000er Jahre der Fall. Insgesamt führen derartige Dynamiken zwischen dem etablierten Kern und der herausfordernden Peripherie im Laufe einer Transformationsperiode zu Ausdifferenzierungen des Akteurspektrums und zu Verschiebungen der Macht- und Einflussbeziehungen zwischen ihnen, allerdings so gut wie nie zu einem vollständigen Austausch der Spieler und Spielregeln.

Es gibt aber auch Fälle, die zeigen, dass auch die etablierten Akteure eines Mediensektors schon zu Beginn einer Transformationsperiode sehr adaptionsfähig sein können, die Potenziale neuer Technologien früh erkennen und sich mit entsprechend veränderten Strategien rasch auf sie einstellen. Ein solches Beispiel *proaktiver Adaptionsfähigkeit* ist der in diesem Buch analysierte Umgang der großen wissenschaftlichen Zeitschriftenverlage mit den neuen Möglichkeiten im Netz. Die großen Verlage haben bereits sehr früh damit begonnen, mit elektronischen Versionen der Printausgaben ihrer Zeitschriften ins Internet zu migrieren, vernetzte Datenbanken mit umfangreichen Recherchemöglichkeiten aufzubauen und so ihr Geschäft mit wissenschaftlichen Zeitschriften sukzessive auf kostenpflichtige Online-Ausgaben und -Services auszubauen. Und sie haben es über die gesamte Transformationsperiode geschafft, trotz des Drucks alternativer Open-Access-Publikations- und -Datenbankmodelle die Kontrolle über diesen Prozess zu behalten. Das hatte Auswirkungen auch auf den Transformationsprozess selbst: Der Wandel in diesem Mediensektor erfolgte nicht krisenhaft, sondern adaptiv und blieb trotz aller kontingenten Dynamik weitgehend unter Kontrolle der etablierten Akteure (*Hanekop/Wittke* in diesem Band).

In diesem Fall hat jene Trägheit, Pfadabhängigkeit und Veränderungsresistenz, die etablierten Akteuren oft zugeschrieben wird, nicht gegriffen, obgleich der Anpassungs- und Veränderungsdruck durch das Internet ähnlich massiv war wie in der Musikindustrie. Worauf ist eine derart proaktive Adaptionsfähigkeit etablierter Akteure in für sie einschneidenden Umbruchsituationen zurückzuführen?

Zum einen hängt das von ihrer internen Organisation ab. Eine systematische Integration kreativer Spielflächen und Freiräume in die Organisation, eher laterale als hierarchische Kommunikationsmuster sowie kognitive Offenheit innerhalb der Organisationsführung können struktureller Trägheit entgegenwirken und pfadabweichendes Handeln begünstigen (Burns/Stalker 1961: 119–125; Ahuja et al. 2008: 51–59). Zum anderen wird die Fähigkeit etablierter Akteure, außergewöhnliche Entwicklungen früh wahrzunehmen und aktiv aufzugreifen, auch durch das Ausmaß und die Intensität ihrer interorganisationalen Beziehungen zu anderen Akteuren maßgeblich mitgeprägt (Greenwood/Hinings 1996; Rothaermel 2001). Um im Beispiel zu bleiben: Die großen Wissenschaftsverlage haben bei ihrer strategischen Neuausrichtung von ihren traditionell engen Beziehungen zu Wissenschaftlern und Wissenschaftsorganisationen profitiert, die neuen internetbasierten Publikationsmöglichkeiten von Anfang an sehr aufgeschlossen gegenüberstanden. Ihre Kooperationspartner fungierten so gewissermaßen als Frühwarnsysteme und haben die kommerziellen Verlage sehr schnell für die Herausforderungen und Möglichkeiten sensibilisiert, die das Netz in ihrem Geschäftsfeld perspektivisch mit sich bringen könnte.

Allerdings sind etablierte Akteure nicht immer dann bereits besonders adaptionsfähig, wenn sie neue Technologien einfach besonders früh aufgreifen, sich schnell auf sie einlassen und ihr Handeln dann umstandslos an ihnen ausrichten. Und sie sind auch nicht *per se* adaptionsunfähig, wenn sie zunächst die Finger von ihnen und von darauf basierenden Geschäftsmodellen lassen. Traditionelle Akteure können sich durchaus auch dann als adaptionsfähig erweisen, wenn sie sich bewusst dafür entscheiden, zunächst *nicht* in neue internetbasierte Geschäftsbereiche einzusteigen und deren Aufbau stattdessen Newcomern überlassen – etwa weil sie damit verbundene Risiken nach eingehender Prüfung als zu hoch einschätzen.

Das ist beispielsweise in der *Glücksspielindustrie* der Fall. Auch das neue Geschäftsfeld Online-Poker ist nicht von den etablierten Glücksspielkonzernen entwickelt und vorangebracht worden, sondern von neuen Internetfirmen (*Möll* in diesem Band). Anders als die Musikkonzerne haben die traditionellen landbasierten Glücksspielkonzerne das Online-Pokergeschäft bewusst, in Einschätzung der damit verbundenen rechtlichen Unwägbarkeiten, Neueinsteigern überlassen. Das Glücksspiel wird in der Regel staatlich reguliert; Online-Poker findet in einer rechtlichen Grauzone zwischen Halb- und Illegalität statt. Trotz der neuen kommerziellen Möglichkeiten, die eine Erweiterung ihres Geschäfts um Internetaktivitäten bieten würde, haben sich die etablierten Unternehmen dieses Sektors zurückgehalten, da sie die Gefahren erkannt hatten, die die unsicheren rechtlich-regulativen Rahmenbedingungen und die Möglichkeit eines Verbots von Glücksspielen im Internet auch für die Lizenzierung ihres angestammten Geschäfts mit sich bringen könnte. Sie haben die sozioökonomischen Potenziale, die das Internet für ihr Geschäft bietet, also nicht übersehen, ignoriert oder abgeblockt, sondern Chancen und Risiken unter Einbeziehung des politischen Umfelds, in dem sie sich bewegen, abgewogen und sich bewusst auf eine Second-Mover-Strategie eingelassen – mit der Folge, dass sich der internetgetriebene Wandel hier als vergleichsweise autonomer Aufbau eines neuen Geschäftsfeldes durch neue Akteure darstellt, der sich bislang weitgehend unabhängig vom und parallel zum landbasierten Glücksspielmarkt und den ihn dominierenden Akteuren vollzieht.

Adaptionsunfähigkeit ist das nicht. Der Umgang der etablierten Akteure mit der Internetherausforderung lässt sich in diesem Fall eher als *kontextsensible Adaptionsfähigkeit* bezeichnen: Die Wahrnehmung neuer Technologien und ihrer sozioökonomischen Potenziale ist immer eingebettet und wird ergänzt um die Beurteilung der ökonomischen, politischen und sozialen Bedingungen, unter denen ihre (kommerzielle) Nutzung sinnvoll (wie im Fall des wissenschaftlichen Publikationswesens) oder problematisch (wie im Fall der Glücksspielindustrie) ist (Sorge/Witteloostuijn 2004).

Eine hohe Adaptionsfähigkeit gegenüber dem technologisch Neuen und seinen sozioökonomischen Potenzialen ist für die etablierten Medienakteure in allen Sektoren eine notwendige Voraussetzung, um den internetbasierten Wandel aktiv mitgestalten zu können. Erfolg garantiert sie freilich nicht. Dazu sind die beobachtbaren Transformationen in den verschiedenen Mediensektoren zu dynamisch, zu offen und zu kontingent. Schon die allerorten betriebene und häufig nur mäßig erfolgreiche Suche nach neuen und kommerziell tragfähigen Geschäftsfeldern und -modellen im Internet zeigt dies.

3 Wirtschaft: Wertschöpfung, Konkurrenz und Konzentration

Denn das ist das Zweite, was auffällt: Das, was früher einmal ‚Internetökonomie' genannt wurde – eine Wirtschaft, geprägt durch eine Vielzahl neuer digitaler Geschäftsmöglichkeiten, vollkommene Märkte und freie Konkurrenz, dezentralere Wirtschaftsstrukturen und signifikant erweiterte Spielräume für kleine und mittlere Unternehmen – funktioniert (nicht nur) in den verschiedenen Mediensektoren so gut wie nicht (Zerdick et al. 2001; Litan/Rivlin 2001; kritisch Dolata 2005). Ökonomisch tragfähige Geschäftsfelder im Internet haben sich in größerem Umfang bislang nur in wenigen Bereichen, vor allem im Handel mit physischen und digitalen Medienprodukten, in der Werbung und im Verkauf neuer Hard- und Software zur Medienvermittlung herausgebildet. Davon profitieren nur wenige Unternehmen in größerem Stil. Entgegen aller Dezentralisierungsrhetorik, die die frühe Phase der ökonomischen Inbesitznahme des Netzes dominiert hatte, sind die neuen Geschäftsfelder hochkonzentriert und oligopolistisch strukturiert. Die Hauptkonkurrenten lassen sich zumeist an den Fingern einer Hand abzählen und sind zudem feldübergreifend oft dieselben.

Die *Distribution* von (physischen wie digitalen) Mediengütern – z.B. Bücher, Musik, Zeitungen, Filme – verschiebt sich bereits seit geraumer Zeit vom stationären Handel und vom klassischen Versandhandel ins Internet. Die zentralen Drehscheiben des Onlinehandels bilden wenige neue Unternehmen, die nicht aus den etablierten Mediensektoren stammen. Dazu gehören vor allem Amazon und Apple. Die sukzessive Migration des Handels mit Mediengütern ins Netz ist zudem eher substitutiv als erweiternd: Traditionelle Handelsunternehmen verlieren an Einfluss und die großen Medienkonzerne sind mit sinkenden Erlösen im etablierten Geschäft konfrontiert, die durch die Einnahmen aus dem Vertrieb ihrer Produkte über eigene Internetportale oder durch neue Intermediäre bislang höchstens kompensiert werden (*Hautsch, Dolata, Döbler/Wahl* und *Schrape* zum Buchhandel diesem Band).

Die *Produktion* von Medieninhalten und also die eigentlichen Akte der Wertschöpfung finden demgegenüber nach wie vor vornehmlich außerhalb des Netzes und in den etablierten Medienunternehmen statt. Das gilt etwa für Bücher, Filme und Musik, aber auch für journalistische Angebote. In einer Zusammenfassung verschiedener Studien kommen Waldman et al. (2011: 123) zu dem Schluss: „The growing number of web outlines relies on a relatively fixed, or declining, pool of original reporting provided by traditional media" (ähnlich: van der Wurff 2008). Blogs und rein internetbasierte Medienportale sind – von Ausnahmen wie der von AOL übernommenen Huffington Post abgesehen – journalistisch, vor allem aber ökonomisch bislang in aller Regel vernachlässigbare Größen.

Obgleich die unmittelbare Konkurrenz aus dem Internet bei der Produktion von Medieninhalten für die etablierten Medienkonzerne bislang nicht groß ist, sind letztere auch in ihrem Kerngeschäft mit einem zentralen und nach wie vor ungelösten Problem konfrontiert: Inhalt und Trägermedium und damit auch Wertschöpfung und -realisierung haben sich durch Digitalisierung und Internet voneinander entkoppelt. Mediale Inhalte sind nicht mehr an ein Trägermedium – die CD, Papier oder Zelluloid – gebunden, sondern in unterschiedlichen Formaten abbildbar und im Internet oft frei verfügbar – mit der Konsequenz, dass produzierte mediale Inhalte sich heute nicht mehr quasi-automatisch auch ökonomisch verwerten und realisieren lassen. Die Inhalte produzierenden Unternehmen haben die Kontrolle über den hinteren Teil ihrer Wertschöpfungskette an das Internet verloren (*Pfeiffer* in diesem Band; Dogruel/Katzenbach 2010).

Auch das zweite größere Geschäftsfeld im Internet, die *Werbung,* war von Anfang an ein hochkonzentrierter Markt, der in den vergangenen Jahren in signifikante ökonomische Größenordnungen hineingewachsen ist. Auf dem Internetwerbemarkt spielen die großen Medienkonzerne als traditionelle Hauptanbieter von Werbeplatz lediglich eine zweitrangige Rolle: Der neue Markt wird von einer Handvoll international ausgerichteter Internet-Unternehmen mit Google als unangefochtenem Spitzenreiter dominiert.

In den Vereinigten Staaten entfielen 2011 knapp 20% (oder 31,7 Mrd. US-$) des gesamten Werbeumsatzes auf das Internet. Internetwerbung lag damit zwar noch deutlich hinter den Ausgaben, die auf das Fernsehen entfielen (42% oder 68,5 Mrd. US-$), allerdings bereits über denen der Tageszeitungen (13%), der Zeitschriften (11%) und des Radios (9%) (PriceWaterhouseCoopers 2012: 19). Von allen Werbesegmenten entwickelt sich die Internetwerbung am dynamischsten. Sie wirkt allerdings bislang nur selektiv substitutiv: Die Fernsehwerbung konnte ihre Stellung auch in den vergangenen Jahren mit kontinuierlichen Umsatzzuwächsen gegen das Internet behaupten, während vor allem die Werbeeinnahmen der Zeitungen in den USA seit einigen Jahren signifikant zurückgehen (PEW Research Center 2012).

Der Markt für Internetwerbung bietet international nur Platz für sehr wenige große Wettbewerber (Evans 2008). Das sind vor allem die großen weltweit agierenden Suchmaschinen-Unternehmen, in jüngster Zeit ergänzt um das Social-Networking-Unternehmen Facebook. Wiederum in den Vereinigten Staaten entfielen 2011 allein auf Google 41% aller Einnahmen aus der Internet-Werbung, mit großem Abstand gefolgt von Yahoo (9,5%), Microsoft (5,7%), Facebook (5,4%) und AOL (2,8%). Zusammen kommen diese ersten fünf Unternehmen auf 64,4% und die Top-Ten auf 71% aller Internet-Werbeeinnahmen in den Vereinigten Staaten (eMarketer 2012; PriceWaterhouseCoopers 2012: 11).

In Deutschland ist die Situation nicht grundlegend anders. Der Zentralverband der deutschen Werbewirtschaft weist für Internetwerbung in Deutschland für 2011 Netto-Werbeeinnahmen in Höhe von 990 Mio. Euro aus. Auf die Internetwerbung wären damit 2011 5,2% aller Werbeeinnahmen entfallen (ZAW 2012). Dieser im Vergleich zu den USA deutlich geringere Anteil erklärt sich vor allem dadurch, dass Google in dieser Statistik nicht enthalten ist, da das Unternehmen für Deutschland keine gesonderten Umsatzzahlen ausweist. Sollte Google, das 96% seiner Einnahmen aus der Werbung erzielt und auf dessen Suchmaschine hierzulande über 95% aller Suchanfragen entfallen, konservativ geschätzt 2011 nur 5% seines Konzernumsatzes von ca. 29 Mrd. Euro in Deutschland realisiert haben, dann läge der Anteil der Werbeerlöse aus dem Internet auch hierzulande bereits bei ca. 13% aller Werbeeinnahmen. Und dann entfielen allein auf Google in Deutschland deutlich mehr als die Hälfte aller Umsätze aus der Internetwerbung. Schon eine solche konservative Schätzung zeigt, dass der Internet-Werbemarkt auch in Deutschland eindeutig von Google dominiert wird. Mit sehr deutlichem Abstand folgen nationale Portale wie die der Deutschen Telekom und der großen Medienkonzerne.

Verwunderlich ist diese starke Konzentration der Internetwerbung auf wenige Internetkonzerne nicht. Sie ist vor allem auf die für das Internet typischen Netzwerkeffekte zurückzuführen: Das vermeintlich egalitäre und dezentrale Netz produziert bereits im normalen Gang der Dinge durch das Schwarmverhalten der Nutzer wenige zentrale Orte der Suche, der Kommunikation und der Vernetzung (Barabasi 2003). Derartige Netzwerkeffekte finden auf dem Werbemarkt auf drei sich wechselseitig verstärkenden Ebenen statt: Erstens konzentrieren die Nutzer ihre Online-Aktivitäten in der Regel auf sehr wenige Webseiten und die sie betreibenden Unternehmen – bei Suchanfragen etwa auf Google, beim Social Networking derzeit auf Facebook –, die zweitens mit den darüber generierten Daten und deren Auswertung über ausdifferenzierte und exklusiv verwendbare Nutzerprofile verfügen und die dadurch sowie durch ihre große Reichweite drittens zum bevorzugten Ort für die Schaltung von gezielter personenbezogener Werbung werden (Dolata 2011b).

In das dritte große internetaffine Geschäftsfeld, die Entwicklung und den Verkauf von *Hard- und Software zur Medienunterstützung,* sind die Inhalte produzierenden Medienunternehmen schon immer eher indirekt involviert gewesen. Vor allem auf der Nutzung von multimedialen Smartphones, Tablets und kostenpflichtigen Apps gründet sich derzeit ihre Hoffnung, in Zukunft doch in größerem Stil ihre Inhalte über diese von anderen Akteuren bereitgestellten Medienträger gewinnbringend vermarkten zu können.

Auch die Dynamiken auf dem Markt für Mobile Devices werden von wenigen und bereits bekannten Unternehmen geprägt. Dazu zählen zum einen Handy-Hersteller wie Nokia, Samsung Electronics oder RIM (Blackberry), die bereits seit längerem im Geschäft sind und versuchen, ihre Marktposition mit neuen Angeboten wie Smartphones und Tablets zu halten. Sie sind zum anderen mit Neueinsteigern konfrontiert, die diesen Markt in den vergangenen Jahren mit eigenen mobilen Geräten und Betriebssystemen aufgemischt haben und auf diesem für sie neuen Geschäftsfeld mit unterschiedlicher strategischer Ausrichtung konkurrieren. Apple ist mit der Einführung des iPhone 2007 als erster Quereinsteiger erfolgreich in diesen Markt eingedrungen und ist dabei wie zuvor schon bei seinem Engagement im Musikhandel vor allem am Verkauf seiner Hardware interessiert. Google reüssiert mit seinem Betriebssystem Android, das mittlerweile auf über 50% aller Smartphones weltweit installiert ist, und dem Kauf des Handy-Herstellers Motorola in diesem neuen Geschäftsfeld, das dem Konzern allerdings vor allem dazu dient, sein Kerngeschäft der Internetwerbung auf die neue mobile Welt auszuweiten. Microsoft ist demgegenüber mit bislang allerdings nur mäßigem Erfolg bemüht, sein Software-Geschäft um diesen expandierenden Bereich zu erweitern (etwa über seine Kooperation mit Nokia). Und Amazon schließlich versucht, mit dem Kindle ein ähnlich proprietäres System für seinen Handel mit neuen elektronischen Medien aufzubauen, wie es Apple mit iTunes und iPod im Musikbereich seit Mitte der 2000er Jahre gelungen ist (*Döbler/Wahl* in diesem Band).

Ökonomisch betrachtet ergibt sich aus alldem eine bemerkenswerte Zweiteilung im Onlinegeschäft mit Medien, die sich als allerdings *asymmetrisch verfasste Komplementarität* beschreiben lässt. Mediale Inhalte werden nach wie vor vornehmlich von den klassischen Medienkonzernen produziert und verkauft. Auch das, was an Inhalten im Netz entweder kostenlos zur Verfügung steht oder kommerziell vertrieben wird, stammt größtenteils noch von ihnen. Internetaffine Konzerne agieren demgegenüber bislang weitgehend inhaltslos und bieten stattdessen Komplementäres an. Sie stellen kommerziell oder frei nutzbare mediale Infrastrukturen im Netz bereit, handeln über ihre Plattformen mit entsprechenden Produkten, verkaufen Soft- und Hardware zur Medienunterstützung oder betreiben Werbung. Inhalte dienen ihnen in erster Linie als probates Mittel zum Zweck ihres eigentlichen Geschäfts. Asymmetrisch wird dieses komplementäre Verhältnis dadurch, dass die Medienkonzerne die Kontrolle über die Verbreitung und Vermarktung ihrer Inhalte im Internet an die dort angesiedelten Unternehmen verloren haben.

Die großen *internetaffinen Konzerne* agieren dabei mittlerweile auf Augenhöhe auch mit den international ausgerichteten Medienkonzernen. Dies betrifft zunächst die am Umsatz gemessene Größenordnung, in die sie hineingewachsen sind. Apple (Konzernumsatz 2011: 77,8 Mrd. Euro), Amazon (34,5 Mrd. Euro) und Google (27,2 Mrd. Euro) stehen mit ihrem ökonomischen Potenzial heute gleichberechtigt neben den weltweit größten Medienkonzernen Comcast/Universal (40,1 Mrd. Euro), Walt Disney (29,4 Mrd. Euro), News Corp (24,0 Mrd. Euro), Viacom (21,0 Mrd. Euro), Time Warner (20,9 Mrd. Euro) und dem größten deutschen Medienkonzern Bertelsmann (15,3 Mrd. Euro) (IfM 2012, 2012a).

Die prägende Bedeutung der wenigen weltweit agierenden Internetkonzerne für den Wandel der verschiedenen Mediensektoren basiert allerdings nicht einfach auf ihrer ökonomischen Größe, sondern vor allem darauf, dass sie als hochgradig adaptive Akteure einen zum Teil monopolartigen Einfluss auf die Entwicklung der Infrastrukturen und der Kommerzialisierungsmöglichkeiten des Netzes erlangt haben und als Gatekeeper den Zugang sowohl der Nutzer als auch der Medienkonzerne zum Internet recht weitgehend kontrollieren. Apple und Google dominieren mit ihren Betriebssystemen den Markt für Mobile Devices, Google den Suchmaschinen- und Werbemarkt, Amazon den Online-Handel, Apple den Musikhandel und Facebook das Social Networking – und dies nicht national oder regional begrenzt, sondern international. Die Prozesse einer zunehmenden Unternehmenskonzentration, die *Gert Hautsch* in seinem Beitrag für die klassischen Medienmärkte analysiert, setzen sich im Internet nahtlos fort als Tendenzen zu einer allerdings *volatilen Monopolbildung,* also der Herausbildung einzelner oder weniger marktbeherrschender Unternehmen, die zugleich auf verschiedenen Märkten in scharfer Konkurrenz zueinander stehen und ihre herausragende Stellung aufgrund der außerordentlichen Innovationsdynamiken in ihren Geschäftsfeldern in schneller Folge immer wieder zu behaupten haben. Sie müssen dabei – etwa im Vertrieb von Musik, Büchern oder Filmen – natürlich mit den klassischen Medienkonzernen als großen Inhalte-Anbietern und Rechteinhabern kooperieren, können entsprechende Arrangements gleichwohl aus einer Position der Stärke heraus prägen. Darüber hinaus gibt es erste, noch vereinzelte Initiativen der Internetkonzerne, ihrerseits in die Produktion von Medieninhalten zu expandieren und damit zu direkten Konkurrenten der Medienkonzerne zu werden. Amazon beispielsweise verfolgt in jüngster Zeit die Strategie, mit eigenen verlegerischen Aktivitäten in größerem Stil auch in die Buchproduktion einzusteigen.

Demgegenüber stehen die Internetaktivitäten vieler *traditioneller Medienkonzerne,* die den überwiegenden Teil ihrer Umsätze und Erlöse noch auf ihren klassischen Märkten erzielen, erst am Anfang. Diese Unternehmen verfolgen – bei allen Unterschieden im Einzelnen – seit einigen Jahren zwei präferierte Internetstrategien.

Zum einen versuchen sie natürlich, mit ihren Inhalten auch im Netz Fuß zu fassen, also ihr klassisches Geschäftsfeld um bezahlte Angebote im Internet zu erweitern. Das geschieht vornehmlich über den Aufbau und Betrieb eigener Online-Portale mit journalistischen oder anderen Medieninhalten, die entweder direkt im Browser oder über Apps im Bereich der Mobile Devices abgerufen werden können. Im Printbereich zum Beispiel sind es journalistische Portale wie Bild.de, Spiegel.de oder Sueddeutsche.de, auf denen Erlöse durch Werbung oder durch bezahlte (Premium-)Zugänge erwirtschaftet werden sollen. Im Fernseh- und Filmsektor zählen entgelt- bzw. werbefinanzierte Video-on-Demand-Plattformen wie Maxdome und MyVideo dazu, die der ProSiebenSat1 Media AG gehören, oder Kooperationsprojekte wie die US-amerikanische Plattform Hulu, zu der sich 2008 NBC Universal, Disney/ABC und Fox Entertainment zusammengeschlossen haben und über die werbefinanziert Filme und Serien angeboten werden (Heger 2011). Die Medienkonzerne versuchen damit im Grunde das, was den Musikkonzernen in den 2000er Jahren nicht gelungen ist (*Dolata* in diesem Band): Über eigene Aktivitäten und Kooperationen untereinander die Kommerzialisierung ihrer Inhalte und Vertriebswege im Internet so weit wie möglich unter ihrer Kontrolle zu halten. Sie stehen damit freilich oft nicht nur in direkter Konkurrenz zu entsprechenden Angeboten internetaffiner Konzerne (wie

LoveFilm von Amazon, YouTube von Google, iTunes von Apple oder Google News), sondern sind darüber hinaus in zunehmendem Maße auf den mobilen Zugang ihrer Angebote über Apps angewiesen, bei dem die Anbieter von Mobile Devices als kontrollierende und Geld abschöpfende Türöffner fungieren.

Zum anderen verfolgen viele Medienkonzerne parallel dazu eine Strategie der Diversifizierung in medienfremde Bereiche und bauen dazu ihre Geschäfte vor allem im E-Commerce aus. Sie steigen zumeist über Akquisitionen von Internetfirmen beispielsweise in das Geschäft mit Kleinanzeigen, Reisen, Immobilien, Spielen oder Rabatten im Internet ein und zielen damit vor allem darauf, vom Werbegeschäft unabhängiger zu werden. Die zahlreichen Zukäufe von Internetfirmen durch Medienkonzerne bewegen sich bislang allerdings in kleinerem Rahmen. Darüber hinaus hat es in den letzten Jahren vereinzelt auch wenig erfolgreiche Versuche großer Medienkonzerne gegeben, ihrerseits in die Domäne der Internetunternehmen einzudringen und über Aufkäufe große Online-Plattformen zu erwerben. Dazu zählen vor allem die mittlerweile gescheiterten Akquisitionen der Social-Networking-Plattformen MySpace durch die News Corp. oder StudiVZ durch die Verlagsgruppe Holtzbrinck (*Hautsch* in diesem Band).

Ob und inwieweit diese Versuche der Medienkonzerne, über eigene Expansions- und Diversifikationsstrategien im Internet ihre Position auszubauen, erfolgreich sein werden, lässt sich heute noch nicht verlässlich einschätzen und ist von Mediensektor zu Mediensektor unterschiedlich. Bislang jedenfalls laufen in den relevanten Marktsegmenten – Handel, Werbung, Geräte, Software – neue Herausforderer den etablierten Medienkonzernen im Internet den Rang ab. Sie sind, von Ausnahmen wie den erwähnten wissenschaftlichen Verlagen abgesehen, erheblich adaptionsfähiger als die Etablierten und prägen mittlerweile sowohl die freie als auch die kostenpflichtige Nutzung von Medieninhalten im Netz.

Von einer kleinformatigen, plural und egalitär strukturierten Internetökonomie ist all das Lichtjahre entfernt. Die wirtschaftliche Konzentration und die Zusammenballung ökonomischer Macht in wenigen Großunternehmen sind bereits heute im Netz ausgeprägter als in so manchem klassischen Mediensektor. Die wirtschaftliche Macht der großen Medienkonzerne wird, ökonomisch betrachtet, nicht durch dezentral verstreute Aktivitäten zahlloser neuer Akteure im Netz herausgefordert, sondern von sehr wenigen neuen Monopolisten, die zentrale Schaltstellen des Netzes besetzt haben.

4 Öffentlichkeit: Koexistenz und Komplementarität

Als Drittes fällt auf, dass sich auch der Wandel medial vermittelter gesellschaftlicher Öffentlichkeitsstrukturen durch neue Kommunikations- und Informationsmöglichkeiten nicht (wie zuletzt zur Kernzeit des ‚Web 2.0‘-Hypes vermutet) als radikaler Bruch, sondern als allmählicher und diversifizierter Transformationsprozess vollzieht, der eher durch kontextspezifische Verschiebungen, Erweiterungen sowie Neuaushandlungen und weniger durch eruptive Erosionen gekennzeichnet ist: Die ‚neuen' lösen die ‚alten' Medien und Öffentlichkeitsstrukturen nicht ab, sie bestehen vielmehr gleichzeitig, nebeneinander und supplementär. Das eigentlich „Neue neuer Medien" (Sutter 2008: 63) tritt freilich erst hervor, nachdem die erste Aufregung um ihr Auftreten verflogen ist. Die bislang beobachtbaren Veränderungen bestehen aus strukturtheoretischer Sicht vor allen Dingen in einer Intensivierung und Beschleunigung der Austauschprozesse zwischen den einzelnen Öffentlichkeitssphären, einer Aufwertung der aktiven Rolle technologischer Arrangements in deren Konstitution und dem erleichterten Auftreten sekundärer Leistungsrollen (Stichweh 2005) in funktionalen Kontexten (z.B. im Journalismus).

Bereits Mitte der 1990er Jahre – bevor sich das Web in der Mitte der Gesellschaft etablieren konnte – erhofften sich zahlreiche Kommentatoren einen neuen Strukturwandel der Öffentlichkeit, der in einem Ende der Massenkommunikation und einer „Verwirklichung der normativen Ansprüche des liberalen Öffentlichkeitsmodells" münden sollte, wie es der frühe Jürgen Habermas skizziert hatte (Neuberger 2004: 15). Obwohl sozialwissenschaftliche Beobachter wie Meckel (2000) oder Wehner (1997) schon in dieser ersten Diskussionsphase um die gesellschaftlichen Veränderungspotenziale des Netzes grundsätzliche soziostrukturelle Probleme der Demokratisierung, Aktivierung und Partizipation benannt hatten, die einem raschen Wandel entgegenstehen, wurden ab 2005 im diskursiven Fahrwasser um das zunächst rein internetökonomisch belegte Schlagwort „Web 2.0" (O'Reilly 2006) vergleichbare Vorhersagen erneut formuliert (einen Überblick bietet Schrape 2012).

Inzwischen setzt sich allerdings zunehmend die Einsicht durch, dass „wohl doch kein so tiefgreifender Wandel von einseitigen Massenmedien zu vernetzten Medien" (Sutter 2011: 456) erfolgen und die moderne Gesellschaft auf massenmediale Strukturen bzw. funktionale Äquivalente angewiesen bleiben wird, welche „die dezentralisierten Botschaften wieder auffangen, selegieren und in redigierter Form synthetisieren" (Habermas 2008: 161). Die unter anderem durch Neidhardt (1994), Donges/Jarren (2011) und Habermas (1992) identifizierten und nach Reichweite, Kommunikationsdichte wie Organisationskomplexität differenzierten, realiter aber natürlich ineinander übergehenden Ebenen gesellschaftlicher Öffentlichkeit (episodisch/spontan – thematisch/organisiert – abstrakt/massenmedial) lösen sich durch die soziale Aneignung der Online- und Mobiltechnologien nicht einfach auf, sondern treten in neue, sich derzeit erst herausbildende Wechselbeziehungen. Dies zeigt sich insbesondere in dem vieldiskutierten *Verhältnis zwischen Social Media im Web und klassischen Massenmedien.*

Zum einen deuten alle verfügbaren empirischen Daten darauf hin, dass sich die Bevölkerung in der *Rezeption von Informations- und Unterhaltungsangeboten* nach wie vor primär an den klassischen Massenmedien oder deren Online-Angeboten orientiert (ARD/ZDF 2012; Neuberger 2012; Schrape 2010). Die Gründe für diese Nutzungsmuster liegen – jenseits der Dichotomie von ‚digital natives' und ‚digital immigrants' – in der prinzipiellen Knappheit zeitlicher wie kognitiver Ressourcen: Sowohl einzelne Rezipienten als auch gesellschaftliche Kommunikationssphären sind nach wie vor auf übergreifende Selektions- und Synthetisierungsstellen angewiesen. Um diese Leistungen zu erbringen, bleiben entsprechende professionelle Leistungsrollenträger bzw. Organisationsstrukturen notwendig. Auch Social-Media-Intensivnutzer, die Plattformen wie Facebook oder Twitter nicht nur zur Individualkommunikation oder zum semiprivaten Austausch verwenden, sondern regelmäßig blogpublizistische Inhalte rezipieren bzw. selbst aktiv werden, kommen nicht ohne eine erwartungssichere allgemeine Berichterstattung aus, um einen basalen Überblick über gesamtgesellschaftlich relevante Entwicklungen zu erhalten.

Zum anderen tragen die neuen Vernetzungs- bzw. Interaktionsmöglichkeiten aber zugleich erheblich zur Verdichtung der Kommunikation auf den mittleren Ebenen gesellschaftlicher Öffentlichkeit bei. Mit dem (mobilen) Web erhöhen sich die *Konstitutionschancen für themenzentrierte Teilöffentlichkeiten,* wodurch nicht nur die nutzerzentrierte Diffusion von Inhalten bzw. Stellungnahmen erleichtert wird, sondern auch Leerstellen und Unschärfen in der massenmedialen Berichterstattung schneller sichtbar werden können. Für professionelle journalistische Anbieter steigt dadurch sowohl die Zahl an potentiellen Themenquellen als auch der Aktualitäts- und Integrationsdruck erheblich an. Wie die Entwicklungen um das GuttenPlag-Wiki zeigen, können einzelne Protagonisten oder soziale Formationen aus dem Social Web punktuell durchaus die Reflexion bestimmter Entwicklungen und Themen auf gesamtgesellschaftlicher Öffentlichkeitsebene befördern – und davon wiederum aufmerksamkeitsökonomisch profitieren. Anders als mitunter vermutet kann der partizipative Journalismus gemessen an den bisherigen empirischen Entwicklungen aber nicht in tagesaktueller Frequenz mit professionellen massenmedialen Anbietern konkurrieren, nicht zuletzt da die Motivation der Autoren im Social Web in der Regel weniger durch langfristige als durch kurzfristige bzw. gegenstandsbezogene Anreize getragen wird (*Reimer/Ruppert* in diesem Band).

Social Media und Massenmedien stehen also weniger in einem rivalisierenden als in einem interagierenden bzw. sich ergänzenden Verhältnis zueinander, was sich auch darin widerspiegelt, dass nutzergenerierte Inhalte in der journalistischen Recherche eine zunehmende Rolle spielen und massenmediale Berichte umgekehrt wiederum zu den meistempfohlenen Inhalten im Social Web gehören (*Schrape* in diesem Band). Ohnehin wirkt die dichotome Gegenüberstellung von

,neuen' und ,alten' Medien in diesem Kontext bis zu einem gewissen Grad arbiträr, da sich im Netz alle bisherigen medialen Formen widerspiegeln und das Web als technische Infrastruktur die Austauschprozesse auf sämtlichen Öffentlichkeitsebenen effektiviert und beschleunigt – also sowohl die Individualkommunikation als auch das Agenda-Setting in Teilöffentlichkeiten und die Massenkommunikation. Hinzu kommt, dass viele der Veränderungsprozesse, die heute im Allgemeinen den Online-Technologien zugerechnet werden, bereits vor ihrer übergreifenden Etablierung angestoßen worden sind – so etwa die voranschreitende Diversifizierung der Kommunikations- und Informationskanäle oder die „Entflechtung der medial erschlossenen Räume von den politischen Geltungsräumen" (Imhof 2006: 200; Jarren 2001).

Vor diesem Hintergrund lässt sich das Verhältnis von neuen und eingespielten medialen Strukturen nicht primär als Konkurrenz, sondern eher als *komplementäre Koexistenz* beschreiben: Wie schon das Radio entgegen vielen Vorhersagen nicht die Zeitung und die Television nicht den Hörfunk obsolet gemacht hat, konterkarieren auch die Online- und Mobiltechnologien nicht alle bisherigen medialen Strukturen, denn unabhängig von der Entkopplung der Inhalte von spezifischen Trägermedien wirken klassische Massenmedien bzw. ihre Online-Derivate und individualkommunikative bzw. semiprivat ausgerichtete Vernetzungsmedien auf unterschiedlichen Öffentlichkeitsebenen. Zwischen diesen Ebenen entstehen durch die effizienteren und durchlässigeren Kommunikationsstrukturen im Netz allerdings eine Vielzahl an neuen Austauschprozessen, die wiederum auf die etablierten funktionalen, organisationalen und institutionellen Strukturen in der Medienöffentlichkeit zurückwirken. ,Neue' und ,alte' Medien stehen sich also nicht diametral gegenüber, sondern zeichnen sich durch vielfältige wechselseitige Bezüge aus.

Worin aber bestehen nun die genuinen Effekte der Online- und Mobiltechnologien auf die gesellschaftlichen Öffentlichkeitsstrukturen? Um diese Frage zu beantworten, ist eine prozessorientierte Analyseperspektive notwendig, die sich nicht darin erschöpft, „das gerade Neue (oder das, was dafür gehalten wird) [...] in den Mittelpunkt der Gesellschaftsbeschreibung" (Luhmann 1997: 1096) zu rücken, sondern auch die langfristigen medieninduzierten Transformationsverläufe sowie die empirisch beobachtbaren Persistenzen reflektiert, ohne dabei „das Neue doch nur Kategorien des Altbekannten" zu unterwerfen (Sutter 2011: 158). Eine anfängliche Phase des unvoreingenommenen Staunens über die Möglichkeiten neuer Medien kann durchaus weiterführend sein; sie sollte aber in der möglichst differenziert zu beantwortenden Frage münden, inwieweit und auf welchen gesellschaftlichen Feldern das vermeintlich Neue tatsächlich wirkmächtig wird bzw. sich zumindest in einigen Aspekten doch eher als Variation bekannter Entwicklungen einordnen lässt. Vor diesem Hintergrund lassen sich nach dem derzeitigen Beobachtungsstand unseres Erachtens drei wesentliche explizit *onlineinduzierte Verschiebungen in den Öffentlichkeitstrukturen* identifizieren: Die Entstehung algorithmisch vermittelter persönlicher Öffentlichkeiten, das erleichterte Auftreten sekundärer Leistungsrollen in funktionalen Kontexten und eine Intensivierung und Beschleunigung der Austauschprozesse zwischen den verschiedenen Öffentlichkeitsebenen.

Mischformen zwischen den „korrespondieren Fluchtpunkten“ (Hauser 1987: 53) Privatheit und Öffentlichkeit sind – wie individuelle ‚Filter Bubbles‘ – kein exklusives Phänomen der Internetgesellschaft. Eine neue Qualität aber birgt – dies ist unser *erster* Punkt – die *algorithmisch vermittelte Form persönlicher Öffentlichkeit,* in der sich die Nutzer von Social-Networking-Plattformen wie Facebook bewegen (*Dickel* und *König* in diesem Band). Sie unterscheidet sich von bisherigen Hybriden nicht nur durch die dauerhafte Auffindbarkeit, Übertragbarbarkeit, Skalierbarkeit und Durchsuchbarkeit der dargebotenen Inhalte (Schmidt 2009: 107), sondern darüber hinaus durch automatisierte zeitliche, sachliche und soziale Strukturierungsleistungen, die sich an der Plattformidentität des jeweiligen Nutzers bzw. an seinen Kontakten und durch Klicks explizierten Interessen ausrichten und sie zugleich aktiv mitprägen. Diese algorithmisch unterfütterten selbstreferenziellen Filterstrukturen erleichtern und effektivieren das persönliche Beziehungs-, Identitäts- und Informationsmanagement und bieten so einen probaten Ausweg aus den zahlreichen kognitiven Überforderungslagen, die aus dem Auftreten des Internet resultieren. Zugleich aber geben die User von Online-Netzwerken auf diese Weise zwangsläufig einen Teil ihrer Entscheidungsautonomie an die Programmstrukturen der Plattform ab, wodurch Technik explizit „zur Teilnehmerin sozialer Wirklichkeit“ wird (Braun-Thürmann 2002): Die hinter den jeweiligen Filterleistungen liegenden Algorithmen bleiben nutzerseitig trotz oberflächlich bestehender Konfigurationsmöglichkeiten intransparent – und dies erscheint insbesondere in einem oligopolistisch strukturierten Markt problematisch, in dem nur wenige Unternehmen die Kontrolle über die entsprechenden technologischen Arrangements ausüben.

Der professionelle Journalismus erfährt durch den Graswurzel- bzw. Laienjournalismus im Netz bislang zwar keine grundsätzliche Konkurrenz. Nichtsdestoweniger aber wird – dies ist der *zweite* Punkt – die klassische Dichotomie zwischen *Leistungs-* und *Publikumsrollen* durch die Online-Technologien ein Stück weit aufgebrochen, da die neuen Kommunikationsstrukturen die punktuelle Ausführung journalistischer Tätigkeiten durch sekundäre Leistungsrollenträger (Stichweh 2005) deutlich erleichtern (*Reimer/Ruppert* in diesem Band). Die aktiv partizipierenden Onliner im Social Web, die sich auf Plattformen wie dem GuttenPlag-Wiki, in Open-Content-Projekten oder in der allgemeinen Blogosphäre einbringen, unterscheiden sich vom reinen Publikumsstatus, indem sie themenzentriert journalistische Recherche-, Selektions-, Ordnungs- und Darstellungsprogramme prozessieren; sie lassen sich andererseits aber auch eindeutig von primären Leistungsrollenträgern abgrenzen, weil sie zentrale Merkmale journalistischer Identität wie Universalität oder Periodizität (Neuberger et al. 2009: 200) nicht erfüllen. Da unbezahlte Laienjournalisten im Social Web in kein organisationales Setting eingebunden und daher auch nicht an Mitgliedschaftsregeln gebunden sind, ist ihre Arbeit in der Regel primär durch kurzfristige Anreize wie Spaß oder Anerkennung motiviert bzw. an ihre individuellen Interessenhorizonte gekoppelt. Gerade durch diese unkanalisierte Herangehensweise können Themen für die massenmediale Berichterstattung urbar gemacht werden, die ansonsten aus dem journalistischen Aufmerksamkeitshorizont gefallen wären. Somit tragen die Online- und Mobiltechnologien zur Binnendifferenzierung des Feldes zwischen Publikums- und Leistungsrollen bei und befördern eine neue Entwicklung, die sich derzeit im Journalismus besonders prominent beobachten lässt, aber wiederum in vielen funktionalen Kontexten bereits vor der Etablierung des Web angestoßen worden ist (z.B. Gerhards 2001).

Schließlich deuten unter anderem die Entstehung algorithmisch vermittelter persönlicher Öffentlichkeiten und die Herausbildung relativ weniger vielrezipierter Knotenpunkte in der deutschen wie internationalen Blogosphäre (Mayer-Schönberger/Zappia 2011) darauf hin, dass trotz der neuen Infrastrukturen auch im Netz erwartungssichere gesellschaftsübergreifende Sammel- und Filterstellen unumgänglich bleiben, die in der individuellen Wahrnehmung zeitnah Orientierung bieten und in der allgemeinen Kommunikation kontextübergreifend bekannte Bezugspunkte herstellen können. Auch deshalb führen die Onlinetechnologien nicht zu einem Zerfall der hierarchischen Ebenen gesellschaftlicher Öffentlichkeit, die sich vor genau diesem Problemhorizont herauskristallisiert haben. Aufgrund ihrer konvergierenden Architektur beschleunigen und intensivieren sie allerdings – dies ist unser *dritter* Punkt – die *Austauschprozesse zwischen den einzelnen kommunikativen Arenen* in signifikanter Weise: Einerseits können sich Mediennutzer im Web rascher und unkomplizierter in Teilöffentlichkeiten einbringen, als dies in der Offlinewelt möglich war, wodurch sich das Potenzial für die inhaltliche bzw. politische Partizipation erhöht – falls das Interesse dazu gegeben ist. Und andererseits werden durch die Online-Technologien die Diskurse und Diffusionsprozesse auf mittlerer Öffentlichkeitsebene für professionelle Journalisten oder auch die Leistungsrollenträger anderer Funktionssphären deutlicher sichtbar, woraus sich wiederum zahlreiche neue Rückkopplungs- und Interaktionsmöglichkeiten ergeben, die im Journalismus teilweise auch schon genutzt werden (Weichert 2011). Insofern lösen sich die eingespielten Ebenen gesellschaftlicher Öffentlichkeit nicht auf, sondern werden durch die verdichteten Kommunikationsstrukturen wechselseitig durchlässiger.

Die hier reflektierten Entwicklungen zeigen, dass die Online- und Mobiltechnologien in naher Zukunft kaum zu einer radikalen Ablösung der bereits etablierten Medien oder zu einer fundamentalen Erosion der langfristig kristallisierten Öffentlichkeitsstrukturen führen werden. Durch ihre soziale Aneignung wurden in den zurückliegenden 20 Jahren allerdings zahlreiche durchaus signifikante Verschiebungen in unterschiedlichen Bereichen angestoßen. Relativ gesichert erscheint mit Blick auf die bisherigen Veränderungen, dass sich der gegenwärtige Strukturwandel der Öffentlichkeit weniger als eruptiver oder krisenhafter Umbruch, sondern eher gradueller und vielschichtiger Transformationsprozess fassen lässt, der durch das facettenreiche Ineinanderwirken eingespielter und neu entstehender medialer Architekturen geprägt ist. Diese komplementäre Koexistenz ‚neuer' und ‚alter' Medien führt zu einer Erweiterung des Spektrums an Kommunikationsformen auf allen Ebenen gesellschaftlicher Öffentlichkeit und steigert die Interaktionsfrequenz zwischen diesen einzelnen Arenen, wodurch sich auch das Diffusionspotenzial für alternative bzw. innovative Inhalte erhöht. Kritisch zu hinterfragen bleibt dabei jedoch die zunehmende Bedeutung von algorithmischen Filterstrukturen, die sich bislang – da sich die Hoffnung auf eine pluralistischere Internetökonomie nicht erfüllt hat – in der Hand weniger marktdominierender Unternehmen befinden.

5 Bilanz: Substanzieller Wandel als schrittweise Rekonfiguration

Der maßgeblich durch das Internet und Mobile Devices angestoßene Wandel, der sich in den verschiedenen Medienbereichen seit einigen Jahren vollzieht, reicht deutlich über jene inkrementellen Veränderungen hinaus, die im normalen Gang der Dinge ohnehin stattfinden. Die organisationalen, ökonomischen und institutionellen Architekturen der großen Mediensektoren stehen auf dem Prüfstand, neue Herausforderer mit Macht und Einfluss treten auf den Plan und prägen die internetbasierte Medienökonomie, etablierte Geschäftsmodelle erodieren, größere institutionelle Neujustierungen (wie z.B. im Urheberrecht) werden erforderlich und die medial vermittelten gesellschaftlichen Öffentlichkeitsstrukturen erweitern sich signifikant. All das rechtfertigt es, von einem *substanziellen Wandel* der Medien, der sie prägenden Regelungsstrukturen und Akteurfigurationen zu sprechen.

Dieser Wandel setzt sich freilich nicht als radikaler Bruch in kurzer Frist in Szene, sondern als sukzessiver und vielschrittiger Rekonfigurationsprozess, der sich über längere Zeiträume, über eine Zeitspanne von einem oder zwei Jahrzehnten erstreckt und vielerorts noch am Anfang steht. Größere institutionelle Veränderungen sind verhandlungsintensiv und brauchen Zeit, neue Märkte entwickeln sich sukzessive und lösen die alten nicht einfach ab, die Suche nach internetbasierten neuen Geschäftsfeldern ist vielerorts schwierig, Newcomer fordern die Etablierten heraus und tragen zur Ausdifferenzierung der Akteure bei und neue Formen internetbasierter Öffentlichkeit treten zu den vorhandenen hinzu. All das rechtfertigt es, den substanziellen Wandel der Medien zugleich als Prozess *gradueller Transformation* zu begreifen.

Typisch für diesen Transformationsprozess ist neben der offenkundigen Tatsache, dass er zeitlich gestreckt, asynchron und von Sektor zu Sektor verschieden verläuft, die Beobachtung, dass er eher von *Ausdifferenzierung, Komplementarität* und *Koexistenz* als von Auflösung und Austausch geprägt wird. Das betrifft das Verhältnis von ‚alten' und ‚neuen' Medien, das geprägt wird durch die Erweiterung um vielfältige neue Informations- und Kommunikationsmöglichkeiten, und gilt auch für die Herausbildung neuer Märkte, die zumindest für eine längere Übergangsphase zu den klassischen Medienmärkten hinzutreten und erst mit der Zeit an transformativer Bedeutung gewinnen. Das trifft ebenso für die Medienakteure und ihre Beziehungen zueinander zu. Neue Spieler kommen hinzu, einige wenige von ihnen wachsen in dominante Positionen hinein, es gibt Gewinner und Verlierer, aber in aller Regel keinen vollständigen Austausch der Akteure – nicht einmal als Ergebnis eines krisenhaften Umbruchs wie etwa den in der Musikindustrie.

Koexistenz und Komplementarität bedeuten freilich nicht das friedliche und kooperative Zusammenwirken aller Beteiligten. ‚Alte' und ‚neue' Medien koexistieren zwar und interagieren miteinander, befinden sich allerdings zugleich in Auseinandersetzung um Einfluss und Deutungshoheit in einer medial vermittelten gesellschaftlichen Öffentlichkeit, die trotz Social Media auch heute noch wesentlich durch die klassischen Massenmedien geprägt wird. ‚Alte' und ‚neue' Medienakteure zeichnen sich mit Blick auf das Internet zwar durch komplementäre Leistungen aus – die einen produzieren Inhalte, die anderen tragen zu ihrer Verbreitung bei – und kooperieren auch miteinander, sind aber zugleich in scharfe Konkurrenz- und Positionskämpfe rund um die sich herausbildenden neuen Geschäftsfelder im Internet verwickelt. Dass das ökonomische Geschäft im Internet – Vertrieb, Werbung, Geräte – mittlerweile stark von wenigen internetaffinen Konzernen geprägt wird, ist nicht zuletzt der in der Regel geringeren Adaptionsfähigkeit der etablierten Unternehmen geschuldet, die auf die ökonomischen Herausforderungen des Netzes – von Ausnahmen abgesehen – vergleichsweise spät reagiert und dadurch weite Teile des neuen Feldes in seiner formativen Phase den Internetkonzernen überlassen haben.

Daraus ergibt sich schließlich ein grundlegendes und bislang nicht aufgelöstes Dilemma, das für den Transformationsprozess der Medien insgesamt typisch ist und als *Entkopplung von Inhalt und Trägermedium* beschrieben worden ist. Während die Produktion von übergreifend relevanten Medieninhalten nach wie vor vornehmlich in den klassischen Medienbereichen stattfindet, haben deren Akteure die Kontrolle über die Migration und Verbreitung der Inhalte im Internet recht weitgehend verloren – an die zentralen Gatekeeper des Netzes, die den Zugang zu den Angeboten bereitstellen, und an die Nutzer, die die Angebote, die das Netz zu bieten hat, wann immer möglich kostenlos nutzen.

Literatur

Ahuja, G./Lampert, C./Tandon, V. 2008: Moving Beyond Schumpeter: Management Research on the Determinants of Technological Innovation. In: The Academy of Management Annals, Vol. 2/No. 1, S. 1–98

Ala-Fossi, M./Bakker, P./Ellonen, H.-K./Küng, L./Lax, S./Sadaba, C./Wurff, R. 2008: The impact of the Internet on business models in the media industries – a sector-by-sector analysis. In: Küng, L./Picard, R./Towse, R. (eds.): The Internet and the Mass Media. Los Angeles, London: Sage, S. 149–169

ARD/ZDF Medienkommission 2012: ARD/ZDF-Onlinestudie 2012 (Internet: http://www.ard-zdf-onlinestudie.de; zuletzt aufgesucht am 1.10.2012)

Barabasi, A.-L. 2003: Linked. London: Plume

Berkers, E./Geels, F. 2011: System innovation through stepwise reconfiguration: the case of technological transitions in Dutch greenhouse horticure (1930–1980). In: Technology Analysis & Strategic Managemen, Vol. 23/No. 3, S. 227–247

Beyer, J. 2006: Pfadabhängigkeit. Über institutionelle Kontinuität, anfällige Stabilität und fundamentalen Wandel. Frankfurt/M., New York: Campus

BIU – Bundesverband interaktive Unterhaltungssoftware (Hg.) 2012: Games-Report 2012. Zahlen und Fakten zur deutschen Games-Industrie. Berlin: BIU

Braun-Thürmann, H. 2002: Künstliche Interaktion. Wie Technik zur Teilnehmerin sozialer Wirklichkeit wird. Wiesbaden: Westdeutscher Verlag

Burns, T./Stalker, G. 1961: The Management of Innovation. Oxford: Oxford University Press

Currah, A. 2006: Hollywood versus the Internet: the media and entertainment industries in a digital and networked economy. In: Journal of Economic Geography, Vol. 6, S. 439–468

Currah, A. 2007: Hollywood, the Internet and the World: A Geography of Disruptive Innovation. In: Industry & Innovation, Vol. 14/No. 4, S. 359–384

Dogruel, L./Katzenbach, C. 2010: Internet-Ökonomie – Grundlagen und Strategien aus kommunikationswissenschaftlicher Sicht. In: Schweiger, W./Beck, K. (Hg.): Handbuch Online-Kommunikation. Wiesbaden: VS, S. 105–129

Dolata, U. 2005: Eine Internetökonomie? In: WSI-Mitteilungen, Jg. 58/Heft 1, S. 11–17

Dolata, U. 2009: Technological Innovations and Sectoral Change. Transformative Capacity, Adaptability, Patterns of Change: An Analytical Framework. In: Research Policy, Vol. 38/No. 6, S. 1066–1076

Dolata, U. 2011: Soziotechnischer Wandel als graduelle Transformation. In: Berliner Journal für Soziologie, Jg. 21/Heft 2, S. 265–294

Dolata, Ulrich, 2011a: Wandel durch Technik. Eine Theorie soziotechnischer Transformation. Frankfurt/M., New York: Campus

Dolata, Ulrich, 2011b: Google vs. Facebook: Der Kampf um das Internet. In: Blätter für deutsche und internationale Politik, 56 (9), S. 26–29

Donges, P./Jarren, O. 2011: Politische Kommunikation in der Mediengesellschaft. Wiesbaden: VS

eMarketer 2012: Net US Online Ad Revenues at Top 5 Ad-Selling Companies as a Percent of Total Online Ad Revenues, 2011–2014. New York: eMarketer

Evans, D. 2008: The Economics of the Online Advertising Industry. In: Review of Network Economics, Vol. 7/No. 3, S. 359–391

Gerhards, J. 2001: Der Aufstand des Publikums. Eine systemtheoretische Interpretation des Kulturwandels in Deutschland zwischen 1960 und 1989. In: Zeitschrift für Soziologie, Jg. 30/Heft 3, S. 163–184

Greenwood, R./Hinings, C. 1996: Understanding Radical Organizational Change: Bringing together the Old and the New Institutionalism. In: The Academy of Management Review, Vol. 21/No. 4, S. 1022–1054

Habermas, J. 1992: Faktizität und Geltung. Frankfurt/M.: Suhrkamp

Habermas, J. 2008: Ach Europa. Frankfurt/M.: Suhrkamp

Hauser, K. 1987: Strukturwandel des Privaten? Berlin, Hamburg: Argument-Verlag

Heger, C. 2011: Ausblicke auf das Kino von morgen. In: Media Perspektiven, Jg. 42/Heft 12, S. 608–616

IfM – Institut für Medien- und Kommunikationspolitik 2012: Datenbank Onlinekonzerne. Berlin: IfM (Internet: http://www.mediadb.eu/; zuletzt aufgesucht am 1.10.2012)

Imhof, K. 2006: Mediengesellschaft und Medialisierung. In: Medien & Kommunikation, Jg. 2/Heft 2, S. 191–215

Jarren, O. 2001: Mediengesellschaft – Risiken für die politische Kommunikation. In: Politik und Zeitgeschichte, B 41/42, S. 10–19

Lam, A. 2005: Organizational Innovation. In: Fagerberg, J./Mowery, D./Nelson, R. (eds.): The Oxford Handbook of Innovation. Oxford: Oxford University Press, S. 115–147

Leblebici, H./Salancik, G. /Copay, A./King, T. 1991: Institutional Change and the Transformation of Interorganizational Fields: An Organizational History of the U.S. Radio Broadcasting Industry. In: Administrative Science Quarterly, Vol. 36/No. 3, S. 333–363

Litan, R./Rivlin, A. 2001: The Economic Payoff from the Internet Revolution. Washington/ D.C.: Brookings Institution

Luhmann, N. 1997: Die Gesellschaft der Gesellschaft. Frankfurt/M.: Suhrkamp

Mayer-Schönberger, V./Zappia, Z. 2011: Participation and Power: Intermediaries of Open Data. Paper prepared for the 1st Berlin Symposium on Internet and Society (Internet: http://berlinsymposium.org/sites/berlinsymposium.org/files/participation_and_power.pdf; zuletzt aufgesucht am 1.10.2012)

Meckel, M. 2000: Neue und alte Medien. Probleme und Perspektiven. In: Meendermann, K./ Meyer, M./Muszyuski, B. (Hg.): Neue Medien in der politischen Bildung. Münster: Waxmann, S. 9–24

Mellahi, K./Wilkinson, A. 2004: Organizational failure: a critique of recent research and a proposed integrative framework. In: International Journal of Management Reviews, Vol 5–6/No. 1, S. 21–41

Neidhardt, F. 1994: Öffentlichkeit, öffentliche Meinung, soziale Bewegungen. In: Neidhardt, F. (Hg.): Öffentlichkeit, öffentliche Meinung, soziale Bewegungen. Opladen: Westdeutscher Verlag, S. 7–41

Neuberger, C. 2004: Wandel der aktuellen Öffentlichkeit im Internet. Gutachten für den Deutschen Bundestag. Vorgelegt dem Büro für Technikfolgen-Abschätzung beim Bundestag. Berlin

Neuberger, C. 2012: Journalismus im Internet aus Nutzersicht. In: Media Perspektiven, 1, S. 40–55

Neuberger, C./Nuernbergk, C./Rischke, M. (Hg.) 2009: Journalismus im Internet. Wiesbaden: VS

O'Reilly, T. 2006: Web 2.0 Compact Definition: Trying Again. In: O'Reilly Radar vom 10. 12.2006 (Internet: http://radar.oreilly.com/2006/12/web-20-compact-definition-tryi.html; zuletzt aufgesucht am 1.10.2012)

Ortmann, G. 2009: Management in der Hypermoderne. Wiesbaden: VS

Pew Research Center 2012: The State of the News Media 2012. Washington/D.C.: PEW (Internet: http://stateofthemedia.org; zuletzt aufgesucht am 1.10.2012)

PriceWaterhouseCoopers 2012: IAB Internet Advertising Revenue Report. 2011 Full Year Results. New York: PWC

Rothaermel, F. 2001: Incumbent's advantage through exploiting complementary assets via interfirm cooperation. In: Strategic Management Journal, Vol. 22/No 6–7, S. 687–699

Schmidt, J. 2009: Das neue Netz. Merkmale, Praktiken und Folgen des Web 2.0. Konstanz: UVK

Schrape, J.-F. 2010: Neue Demokratie im Netz? Eine Kritik an den Visionen der Informationsgesellschaft. Bielefeld: Transcript

Schrape, J.-F. 2012: Wiederkehrende Erwartungen. Visionen, Prognosen und Mythen um neue Medien seit 1970. Boizenburg: Hülsbusch

Sorge, A./van Witteloostuijn, A. 2004: The (Non)sense of Organizational Change: An Essay about Universal Management Hypes, Sick Consultancy Metaphors, and Healthy Organisation Theories. In: Organization Studies, Vol. 25/No. 7, S. 1205–1231

Stichweh, R. 2005: Inklusion und Exklusion. Studien zur Gesellschaftstheorie. Bielefeld: Transcript

Streeck, W./Thelen, K. 2005: Introduction: Institutional Change in Advanced Political Economies. In: Streeck, Wolfgang/Kathleen Thelen (eds.): Beyond Continuity. Institutional Change in Advanced Political Economies, Oxford: Oxford University Press, S. 1–39

Sutter, T. 2008: „Interaktivität" neuer Medien. Illusion und Wirklichkeit aus der Sicht einer soziologischen Kommunikationsanalyse. In: Willems, Herbert (Hg.): Weltweite Welten. Frankfurt/M.: VS, S. 57–74

Sutter, T. 2011: Die Suche nach Neuem – Herausforderungen der soziologischen Internetforschung. In: Soziologische Revue, Jg. 34/Heft 4, S. 453–462

Turecek, O./Roters, G. 2012: Wirtschaftlich positive Bilanz für die deutsche Videobranche. In: Media Perspektiven, Jg. 43/Heft. 6, S. 308–316

Waldman, S./The Working Group on Information Needs of Communities 2011: The Information Needs of Communities. The changing media landscape in a broadband age. O.O. (Internet: www.fcc.gov/infoneedsreport; zuletzt aufgesucht am 1.10.2012)

Wehner, J. 1997: Interaktive Medien: Ende der Massenkommunikation? In: Zeitschrift für Soziologie, Jg. 26/Heft. 2, S. 96–114

Weichert, S. 2011: Der neue Journalismus. In: Publizistik, Jg. 56/Heft 4, S. 363–371

Wolters, O. 2011: Paradigmenwechsel in der Games-Branche. Berlin: BUI (Internet: http://www.biu-online.de/de/presse/newsroom/paradigmenwechsel-in-der-games-branche.html; zuletzt aufgesucht am 1.10.2012)

Wurff, R. van der 2008: The impact of the Internet on media content. In: Küng, L./ Picard, R. G./Towse, R. (Hg.): The Internet and the Mass Media. Los Angeles, London: Sage, S. 65–85

ZAW – Zentralverband der deutschen Werbewirtschaft 2012: Medien: Die Meisten im Plus. Berlin: ZAW (Internet: http://www.zaw.de/index.php?menuid=119; zuletzt aufgesucht am 1.10.2012)

Zerdick, A. et al. 2001: Die Internet-Ökonomie. Strategien für die digitale Wirtschaft. Berlin, Heidelberg: Springer

Teil I
Mediensektoren

Einführung

Der Wandel von Mediensektoren (z.B. Zeitungen, Buch, Film, Musik) steht bereits seit geraumer Zeit im Fokus der wissenschaftlichen und öffentlichen Aufmerksamkeit. Digitalisierung und Internet berühren die Produktion, Distribution und Nutzung von Medieninhalten in besonderer Weise und haben zum Teil weitreichende sektorale Umbrüche angestoßen. Die Aufsätze des ersten Schwerpunkts konzentrieren sich anhand ausgewählter Mediensektoren auf die Rekonstruktion und Einschätzung dieses in hohem Maße technologiegetriebenen Wandels. Die Musikindustrie, der Buchhandel und das wissenschaftliche Publikationssystem stehen im Vordergrund der nachfolgenden Beiträge, die zum einen erörtern, welche Transformationsverläufe sich in den einzelnen Sektoren erkennen lassen und welche Relevanz das Internet dabei hat. Zum anderen gehen sie der Frage nach, wer diesen Wandel vorantreibt, welche Rolle neue Akteure spielen und wie anpassungsfähig die etablierten Unternehmen sind. Insgesamt zeigt sich, dass die soziotechnischen Transformationen in den verschiedenen Mediensektoren trotz ähnlicher Ausgangsbedingungen signifikant unterschiedliche Verlaufsformen annehmen können und in besonderer Weise dadurch geprägt werden, wie sich die etablierten Akteure gegenüber neuen (technologischen) Herausforderungen positionieren.

Gert Hautsch gibt einführend einen kritischen Überblick über die Markt- und Kapitalstrukturen der deutschen Medienwirtschaft und setzt zahlreiche Daten in Bezug zueinander, die anderweitig nur in verstreuter Form vorliegen. In der Langfristbeobachtung der Märkte für Zeitungen und Zeitschriften, Bücher und Funkmedien lassen sich bislang erstaunliche Kontinuitäten erkennen. Die Eigentums- und Marktstrukturen an der Spitze der deutschen Medienwirtschaft sind – abgesehen von der Zerschlagung des Kirch-Imperiums 2002 – seit Jahrzehnten bemerkenswert stabil geblieben: Nach wie vor dominieren familienzentrierte Konzerne die Rangliste der größten privaten deutschen Medienunternehmen, die sich allerdings angesichts des Markteintritts internationaler Online-Konzerne gegenwärtig auf vielen Feldern neu ausrichten.

Ulrich Dolata analysiert anschließend den Transformationsprozess der Musikindustrie, die als erster klassischer Mediensektor bereits seit Ende der 1990er Jahre durch die Online-Technologien herausgefordert wird und seither einen einschneidenden und krisenbehafteten Umbruch durchläuft. Die Rekonstruktion dieses Prozesses zeigt, dass wesentliche Impulse zur Restrukturierung des Sektors von seinen Rändern bzw. von sektorperipheren Akteuren wie Apple und den Musiktauschbörsen ausgingen. Die führenden Musikkonzerne und ihre Verbände erwiesen sich dagegen als ausgesprochen adaptionsunfähig: Sie reagierten zunächst mit Unverständnis und Ignoranz, danach primär mit Eindämmungsstrategien und erst angesichts eines unabweisbaren Veränderungsdrucks mit einer auf das Internet fokussierten strategischen Neuausrichtung ihres Geschäfts.

Kristian Kunow setzt sich daran anknüpfend mit der pfadabhängigen Kompetenzentwicklung in Tonträgerunternehmen auseinander und vergleicht die Neuausrichtung zweier Major Labels zwischen 2002 und 2008. Die mikropolitische Untersuchung dieser Restrukturierungsprozesse macht deutlich, dass sich die Unternehmen angesichts der Krise ihres angestammten Geschäfts – der Vermarktung und des Verkaufs von Tonträgern – bewusst für beziehungsweise gegen einen Pfadbruch entschieden haben. Während das eine Label an den eingespielten Routinen der Hit-Kreation festhielt, konzentrierte sich das andere Unternehmen auf das Lizenzierungsgeschäft und brachte sich so in einen Status ‚vorübergehender Inkompetenz': Erst durch dieses absichtliche Verlernen von Routinen eröffnete sich die Möglichkeit, durch das Experimentieren mit neuen Geschäftsansätzen Adaptionsfähigkeit wiederzugewinnen.

Im folgenden Beitrag rekonstruiert *Jan-Felix Schrape* den Wandel des deutschen Buchhandels durch die Digital- und Onlinetechnologien. Deren sektorales Eingriffspotenzial konzentrierte sich anfänglich primär auf den Internethandel mit physischen Büchern. Auch in diesem Fall überließen die etablierten Unternehmen das Feld zunächst in weiten Teilen neuen Akteuren (z.B. Amazon). In der Folgezeit trugen technologische Neuerungen zwar zur Ausbildung kleinerer Zusatzmärkte bei, der allgemeine Publikumsmarkt aber wurde durch die Digitalisierung noch kaum tangiert. Erst seit 2008 wird die massenfähige Substitution gedruckter Bücher durch digitale Produkte zu einer realistischen Option. Im Vergleich zu anderen Mediensektoren blieb den etablierten Kernakteuren im Buchhandel also ein größerer (und zum Teil auch genutzter) zeitlicher Spielraum, um Such-, Orientierungs- und Restrukturierungsprozesse anzustoßen.

Heidemarie Hanekop und *Volker Wittke* schließlich analysieren die Rückwirkungen der Online-Technologien auf das System des wissenschaftlichen Publizierens und zeigen, dass die Transformation eines Mediensektors nicht zwangsläufig durch die Erosion eingespielter Strukturen und den Bedeutungsverlust etablierter Akteure geprägt sein muss, wie dies etwa in der Musikindustrie der Fall war. Obgleich das wissenschaftliche Publikationswesen in besonderer Weise für Veränderungen durch die Online-Technologien empfänglich war und sich neue Formen wissenschaftlicher Selbstorganisation herausgebildet haben, ist es den großen Wissenschaftsverlagen in den vergangenen zwei Jahrzehnten durch die proaktive Adaption der neuen Technologien und eine entsprechende Erweiterung ihrer Geschäftsfelder gelungen, ihre zentrale Stellung im Gefüge wissenschaftlichen Publizierens zu erhalten und zu sichern.

Die Entwicklung von Macht- und Kapitalstrukturen in der deutschen Medienwirtschaft

Gert Hautsch

Im Folgenden soll ein Überblick über den Wirtschaftszweig der Medienproduktion in seinen wichtigsten Sparten gegeben werden. Von Interesse sind dabei die wirtschaftlichen Machtstrukturen, die sich an Indikatoren der Publikums-Reichweite und der finanziellen Potenz einzelner Unternehmen messen lassen, aber auch die Eigentümerstrukturen. Zu schildern sind die wirtschaftlichen und politischen Rahmenbedingungen (Marktentwicklung, technische Trends, Regulierung). Hierbei spielen die digitalen Medien und insbesondere das Internet eine wachsende Rolle. Schließlich geht es um die Frage, in welche Richtung sich die Medienwirtschaft insgesamt und die einzelnen Branchen entwickeln werden.

Es wird sich zeigen, dass in der deutschen Medienwirtschaft nach wie vor das personengeführte Familienunternehmen am weitesten verbreitet ist. Das gilt auch an der Spitze der Rangskala, wo international erfolgreiche Konzerne zu finden sind. Kapitalgesellschaften oder managementgeführte Großunternehmen sind die Ausnahme und das Ergebnis von Sonderentwicklungen. Es wird sich allerdings auch zeigen, dass das Internet die tradierten Strukturen infrage stellt, weil neue Akteure von außerhalb auf den Plan treten und die bislang stabilen Märkte verändern könnten. Dieser Prozess ist allerdings gerade erst in Gang gekommen.

Die Medienwirtschaft betreibt ihr Geschäft mit der technischen Verbreitung von Inhalten an ein anonymes Publikum. In den Worten eines traditionsreichen Wirtschaftslexikons (Gabler 2012):

> „Massenmedien sind technische Mittel zur Vermittlung von Informationen und Emotionen bei räumlicher oder zeitlicher oder raumzeitlicher Distanz zwischen den Kommunikationspartnern an ein voneinander getrenntes Publikum."

Damit sind Individualmedien wie Theater, Konzert, Vortrag oder Brief bzw. E-Mail ausgeschlossen. Die Bereiche Werbung und Public Relations (PR) bleiben im nachfolgenden Beitrag ebenfalls unberücksichtigt, da sie erklärtermaßen subjektive und interessengeleitete Botschaften verbreiten. Massenmedien im engeren Sinne erzeugen aber – zumindest dem offiziellen Anspruch nach – interessenneutrale, an den Tatsachen orientierte Inhalte.

Über diese Einschränkung ließe sich diskutieren, zumal die Grenzen zwischen werbenden und redaktionellen Medien zunehmend verwischt werden (z.B. durch Schleichwerbung). Auch bei der Spieleindustrie, speziell den Online-Videospielen, ist eine deutliche Annäherung an die Massenmedien zu beobachten. Die Eingrenzung soll hier aber trotzdem gelten, zumal sie auch in der öffentlichen Wahrnehmung vorherrscht. Aus Platzgründen bleiben schließlich die Bereiche Hörfunk, Filmtheater und Musikindustrie, der Vertrieb von Medien (Grossisten, Buchhändler, Satellitenbetrieb) sowie reiner Datentransport und technische Produktion (z.B. Webhosting, Druckereien) unberücksichtigt.

1 Die deutsche Medienwirtschaft

Produktion und Vertrieb von Massenmedien stellen in Deutschland volkswirtschaftlich einen beachtlichen Faktor dar. Grob geschätzt erreichen sie ein jährliches Umsatzvolumen von gut 60 Milliarden Euro, was immerhin fast das Doppelte der Pharmaindustrie und mehr als ein Drittel des Maschinenbaus ausmacht. Über die Beschäftigtenzahl gibt es keine verlässlichen Angaben.[1]

Die gesellschaftliche Bedeutung der Medienwirtschaft ergibt sich vor allem aus ihrer sozialen und politischen Stellung. Medien liefern die wichtigsten Informationen, mit denen die Menschen ihre Umwelt verstehen können, und interpretieren sie: „Was wir über die Welt wissen, wissen wir durch die Massenmedien" (Luhmann 2004: 9). Massenmedien haben einen wesentlichen Anteil daran, wie Meinungen und Haltungen entstehen und sich festsetzen. Deshalb ist es prinzipiell problematisch, wenn sie privatwirtschaftlich organisiert sind, denn dadurch erhalten die Eigentümer einen politischen und gesellschaftlichen Einfluss, der durch nichts legitimiert ist – außer durch ihr Eigentum. Umso wichtiger ist es, den Umfang der daraus abzuleitenden publizistischen Macht zu erkennen.

Im Mai 1965 schrieb der kritische Publizist Paul Sethe (1965: 5) den viel zitierten Satz:

> „Pressefreiheit ist die Freiheit von 200 reichen Leuten, ihre Meinung zu verbreiten." Und weiter:

> „Da die Herstellung von Zeitungen und Zeitschriften immer größeres Kapital erfordert, wird der Kreis der Personen, die Presseorgane herausgeben, immer kleiner. Damit wird unsere Abhängigkeit immer größer und immer gefährlicher."

---

1 Es gehört zu den unbeachteten Skandalen in Deutschland, dass es keine offizielle Medienstatistik (etwa mit Umsatz-, Betriebs- und Beschäftigtenzahlen) gibt. Veröffentlichungen des Statistischen Bundesamts hierzu sind Mitte der 1990er Jahre von der Regierung Kohl beendet worden. Nachfolgende Kabinette sahen keinen Anlass, sie wiederzubeleben. So ist man bei Forschungen zur Medienwirtschaft auf Erhebungen von Spezialdiensten oder Branchenverbänden angewiesen. Diese folgen speziellen Interessen (etwa der Werbewirtschaft) und lassen viele Fragen unbeantwortet. Zu einigen Branchen steuern die ARD oder die Landesmedienanstalten wertvolle Fakten bei.

Dem ist auch heute – bezogen auf die klassische Medienwirtschaft – kaum etwas hinzuzufügen – höchstens, dass die Zahl 200 vermutlich halbiert werden muss und dass es längst nicht mehr nur um Presseerzeugnisse geht.

In der Spitzengruppe der deutschen Medienwirtschaft finden sich Namen, die den wenigsten Lesern geläufig sein dürften. Die Gruppe ist über die Jahre hinweg erstaunlich stabil geblieben. Auch das Ende der DDR hat daran nichts geändert. Die einzige echte Erschütterung hat es 2002 gegeben, als die *Kirch*-Gruppe zusammenbrach. Sie war das zweitgrößte private deutsche Medienunter-

Tab. 1: Die deutsche Medienwirtschaft als volkswirtschaftliche Größe 2010

Sparte	Umsatz (Mrd. Euro)
Fernsehen	14,5
- Privatfernsehen Werbung	3,9
- Privatfernsehen sonstige[a]	4,7
- öffentl.-rechtl. Fernsehen	5,9
Internet	10,8
- Onlinewerbung	5,4
- Online-Zugangskosten (60 %)	5,4
Zeitungen	10,4
- gekaufte Zeitungen	8,4
- Anzeigenblätter	2,0
Buchhandel	9,7
Zeitschriften	9,3
- Publikumszeitschriften	5,2
- Kundenzeitschriften	2,3
- Fachzeitschriften	1,8
Radio	3,4
- Privatradio	0,7
- öffentl.-rechtl. Radio	2,8
Filmtheater und Heimkino	2,6
Musikproduzenten und -verlage	1,5
Summe	62,2
Nachrichtlich:	
Videospiele	1,9
Bruttoinlandsprodukt	2.497,6
Umsatz Maschinenbau (2009)	175,1
Umsatz Pharmaindustrie (2009)	37,5

a – Bezahlfernsehen, Kabelgebühren, Anrufdienste, Einkaufsfernsehen u. ä.

Quelle: Eigene Recherchen

nehmen und hielt unter anderem 40 Prozent am *Axel-Springer*-Konzern. Aus diesem Bankrott sind zwei Aktiengesellschaften hervorgegangen, die ihrerseits heute Plätze in der Spitzengruppe besetzen: *ProSiebenSat.1 Media* und *Sky Deutschland* (vormals Premiere).

Tab. 2: Die größten privaten deutschen Medienunternehmen[a]

Konzern	Umsatz (Mrd. Euro) 2000	Umsatz (Mrd. Euro) 2008	Umsatz (Mrd. Euro) 2010	Beschäftigte (Tsd.) 2000	Beschäftigte (Tsd.) 2008	Beschäftigte (Tsd.) 2010
1. Bertelsmann	8,3	16,3	15,8	76,3	106,1	104,4
Kirch-Gruppe	2,1	–	–	8,0	–	–
2. ProSiebenSat.1 Media	–	3,1	3,0	–	5,8	44,8
3. Axel Springer	1,5	2,7	2,9	13,6	10,7	11,6
4. VG von Holtzbrinck	1,2	2,6	2,3	12,5	17,5	15,3
5. Bauer Media Group	0,9	1,8	2,1	5,6	7,0	8,7
6. Hubert Burda Media	0,9	1,8	1,7	5,6	7,6	7,6
7. VG Weltbild	0,4	1,9	1,7	1,6	7,4	6,4
8. WAZ-Mediengruppe[b]	1,0	1,2	1,2	12,0	18,0	17,0
9. Medien-Union[b c]	0,8	1,1	1,0	7,0	6,5	6,5
Süddeutscher Verlag	0,4	–		5,6	–	–
10. Sky (Premiere)	–	0,9	1,0	–	1,1	1,4
11. Südwestdt. Medienhld.[b c]	0,3	1,0	1,0	1,8	2,2	6,4
12. Dt. Sparkassenverlag	0,4	0,8	0,9	1,7	1,7	1,7
13. Springer Science+Business	–	0,9	0,9	–	5,5	5,5
14. QVC Deutschland	0,1	0,7	0,7	1,2	3,5	3,5
15. M. DuMont Schauberg	0,3	0,7	0,7	4,0	3,4	4,2
16. VG Madsack	0,3	0,5	0,6	3,1	3,0	4,5
17. Tele München Gruppe	0,2	0,5	0,5	0,1	0,3	2,8
18. Constantin Medien	–	0,4	0,5	–	2,5	1,5
19. Klett-Gruppe	0,2	0,4	0,5	1,9	2,9	2,7
20. Rheinisch-Bergische VG	0,2	0,5	0,4	3,1	2,7	3,3

a – ohne öffentlich-rechtliche Anstalten; b – Schätzung; c – Südwestdeutsche Medienholding (SWMH) und Medienunion bilden zusammen mit der Südwestpresse ein Konzern-Konglomerat. Die SWMH hat 2006 den Süddeutschen Verlag übernommen.

Quelle: Horizont 2001, Deutsche Post 2009 und 2011; eigene Zusammenstellung

Die meisten Branchen der Medienwirtschaft wurden 2009 von der Finanz- und Wirtschaftskrise hart getroffen, weil die Werbebudgets schrumpften. Die Netto-Werbeerlöse (nach Abzug von Rabatten und Provisionen) waren um 15,6 Prozent auf 13,4 Milliarden Euro zurückgegangen. Schon 2010 gab es jedoch wieder einen Zuwachs um 3,6 Prozent, 2011 einen solchen um 1,1 Prozent (ZAW 2012: 19). Für einige Mediensparten (Privatradio und -fernsehen, Onlineangebote) sind Werbeerlöse die Haupteinnahmequelle, für andere eine wesentliche. Nur die Buchproduktion ist bislang nicht betroffen.

Die Medienwirtschaft bleibt ein Geschäftsfeld, auf dem sich Investitionen lohnen. Das lässt sich unter anderem daran erkennen, wie lebhaft Firmen und Firmenanteile gehandelt werden. Eine seit 2003 erstellte Statistik zeigt erstaunlich hohe Fallzahlen (Tab. 3). Im Jahr 2011 fanden mindestens 263 Übernahmen oder Beteiligungen statt.

Tab. 3: Zahl der Übernahmen und Beteiligungen bei deutschen Medienunternehmen

Jahr	Verlage	Film und Funk[a]
2003	82	–
2004	94	–
2005	138	–
2006	164	–
2007	240	43
2008	261	48
2009	213	37
2010	205	40
2011	225	38

a – Bei Film und Funk Mindestzahlen

Quelle: Bartholomäus & Cie 2012: 9, sowie frühere Ausgaben dieser Studie; für Film und Funk eigene Recherchen des Autors in Presse und Internet

Für die wirtschaftliche Potenz eines Medienunternehmens ist – neben der Rentabilität – der Marktanteil der konzerneigenen Produkte (Leser- oder Käuferzahl, Zuschauerquote, Nutzerzahl) ausschlaggebend. Wer eine entsprechende „Reichweite“ zu bieten hat, kann für den Werbeplatz höhere Preise verlangen und seine Einnahmen steigern. Wer auf mehreren verwandten Teilmärkten auftritt, kann „Werbepakete“ schnüren und dadurch zusätzliche Vorteile wahrnehmen.

2 Besitzverhältnisse

Die größte Erschütterung in der deutschen Medienwirtschaft war der Zusammenbruch des *Kirch*-Imperiums 2002. Mit ihm verschwand der zweitgrößte Konzern vom Markt. Im Ergebnis seiner Zerschlagung entstanden zwei TV-Konzerne *(ProSiebenSat.1* im werbefinanzierten und *Premiere/Sky* im Bezahlfernsehen); sie befinden sich im Besitz von ausländischem Kapital. Kirchs 40-Prozent-Anteil am *Axel-Springer*-Konzern ging auf dem Umweg über die *Deutsche Bank* an die Verlegererin Friede Springer, die sich so die Mehrheit der Aktien sicherte. Andere Konzernteile (Regionalfernsehen, Filmproduktion, Film- und Sportrechte) wurden verkauft. Die Kirch-Pleite bewirkte eine gewisse Dezentralisation des Medienkapitals.

Davon abgesehen sind die Strukturen an der Spitze der deutschen Medienwirtschaft erstaunlich stabil (Tab. 4). Nicht nur die Namen in der Spitzengruppe sind dieselben geblieben, auch auf den Einzelmärkten finden sich die allseits bekannten Firmen, wenn auch in unterschiedlicher Besetzung. Ein Konzern – *Bertelsmann* – bewegt sich auf vielen Geschäftsfeldern. Ansonsten gilt für Medienunternehmen, dass sie sich auf einen Markt, höchstens zwei Märkte konzentrieren (bei einigen kommt neuerdings das Internet als rasch wachsendes Geschäftsfeld dazu). Das hängt auch mit der Kartellkontrolle zusammen: *Axel Springer* wollte 2006 die *ProSiebenSat.1*-Gruppe übernehmen, scheiterte aber am Widerstand des Bundeskartellamts und der Kommission zur Ermittlung der Konzentration im Medienbereich (KEK).

Tab. 4: Eigentümer der größten deutschen Medienunternehmen 2011[a]

1. Bertelsmann AG	Liz Mohn und Kinder (indirekt über Stiftung)
2. ProSiebenSat.1 Media AG	Finanzinvestoren (KKR und Permira)
3. Axel Springer AG	Friede Springer
4. VG von Holtzbrinck	Stefan von Holtzbrinck, Monika Schoeller
5. Bauer Media Group	Yvonne Bauer
6. VG Weltbild	Katholische Kirche
7. Hubert Burda Media	Hubert Burda
8. WAZ-Mediengruppe	Petra Grotkamp, Renate Schubries, Frank Holthoff
9. Medien-Union	Familie Schaub
10. Sky Deutschland AG	News Corp. (Rupert Murdoch/USA)
11. Südwestdeutsche Medienholding	Familien Schaub, Ebner u.a.
12. Dt. Sparkassenverlag	Landesbanken, Sparkassen
13. Springer Science +Business	Finanzinvestoren (EQT und GIC)
14. QVC Deutschland	Liberty Global (John Malone/USA)
15. M. DuMont Schauberg	Familien Neven DuMont und DuMont-Schütte
16. VG Madsack	Sylvia Madsack, SPD-Medienholding DDVG
17. Tele München Gruppe	Herbert Kloiber
18. Constantin Medien	L. Kirch Nachf., E. Conradi, B. Burgener, D. Hahn
19. Klett-Gruppe	Familie Klett
20. Rheinisch-Bergische VG	Familien Girardet u.a.

a – ohne öffentlich-rechtliche Anstalten

Quelle: Eigene Recherchen

Börsenkapital schien zeitweise bei Medienunternehmen in Mode zu kommen. Nach 2000 haben sich aber nur noch wenige Firmen neu an der Börse notieren lassen. Von einem Trend kann keine Rede sein. Die *Xing AG* hatte 2006 den vorerst letzten Börsengang absolviert. Bei *Kabel Deutschland* gab es einen ersten neuen Anlauf im März 2010; er gelang nur mit Mühe und nur mit 30 Prozent des Kapitals. Seither ist es wieder ruhig geworden. Die *Bertelsmann AG* hat 2006 sogar eine Börsennotierung des Konzerns abgewendet. Ein Viertel der Aktien hatte bei einem Investor gelegen, der sie zum Verkauf anbot. Die Familie Mohn als Mehrheitseignerin mobilisierte daraufhin 4,5 Milliarden Euro, um die Anteile zurückzukaufen.

Ausländische Medienunternehmen spielen im Internet, bei den Betreibern von TV-Kabeln und beim Bezahlfernsehen eine führende Rolle. In anderen Medienbranchen wie der Belletristik *(Bonnier, Egmont),* den Fachverlagen *(Reed Elsevier, Wolters Kluwer),* den Publikumszeitschriften *(Condé Nast),* dem Hörfunk *(Lagardère)* und dem Fernsehen *(Disney, Viacom)* sind sie im Mittelfeld angesiedelt. Finanzinvestoren haben bisher keine prägende Rolle in der deutschen Medienwirtschaft gespielt. Meistens kamen sie dort zum Zuge, wo sie Notsituationen ausnutzen konnten. Das galt z.B. nach der Kirch-Pleite, als Käufer für die Fernsehketten *(Pro7Sat.1, Premiere)* gesucht wurden.

Typisch für die Verfassung deutscher Medienunternehmen ist weiterhin der Familienbetrieb – auch dort, wo es sich um internationale Konzerne handelt. In einigen Unternehmen ist kürzlich die Nachfolge geregelt worden, weil die bisherigen Eigentümer/innen die Altersgrenze erreicht haben *(Bertelsmann, Bauer, Burda, DuMont, Ganske)*. In allen Fällen wurden Familienmitglieder der folgenden Generation als künftige Unternehmensleiter eingeführt.

3 Zeitungsmarkt

Zeitungen genießen ein recht hohes Ansehen in der Bevölkerung und in der Öffentlichkeit. Einer Studie vom November 2011 zufolge haben Jugendliche (zwölf bis 19 Jahre) auf die Frage, welchem Medium sie bei widersprüchlicher Berichterstattung am ehesten trauen würden, zu 40 Prozent die Tageszeitung genannt. Das Fernsehen kam mit 29 Prozent auf Platz zwei, dem Internet vertrauten 14 Prozent (Forschungsverbund 2011: 18). Das nützt den Verlagen aber wenig, denn die Zeitungen leiden zugleich unter massiven Absatzproblemen. Die Zahl der Leser und der Käufer sinkt, besonders beim jüngeren Publikum. Zwischen 2000 und 2012 ist die verkaufte Auflage von 28,5 auf 21,4 Millionen gesunken (Röper 2012: 273). Die Ursachen dafür sind vielfältig: neue Medien, grundsätzliche gesellschaftliche Veränderungen (z.B. weniger lokale Bindungen), sinkende Einkommen und andere Faktoren spielen zusammen (Weichert/Kramp 2009: 9–30). Ein Rezept gegen diesen Trend haben die Zeitungsverlage noch nicht gefunden.[2]

Zusätzlich kommen die Zeitungsverlage durch ein schrumpfendes Anzeigengeschäft unter Druck. Haben sich die Abonnementszeitungen 2000 noch zu 54 Prozent aus Reklame finanziert, so waren es 2010 nur noch 40 Prozent (BDZV 2001: 24, 2011: 24). Vor diesem Hintergrund findet auf dem Zeitungsmarkt ein heftiger Zentralisationsprozess des Kapitals statt. Seit 2004 haben u.a. die *Frankfurter Rundschau,* die *Süddeutsche Zeitung,* die *Braunschweiger Zeitung* und der *Schwarzwälder Bote* ihre Selbstständigkeit verloren. Die *Berliner Zeitung,* die *Main-Post,* die *Schweriner Volkszeitung,* der *Südkurier* und die *Märkische Allgemeine* wurden von einem Konzern an einen anderen verkauft. Die Gesamtzahl der Übernahmen und Beteiligungen seit 2000 beträgt mindestens 40 (zu den Hintergründen: Hautsch 2012, Siepmann 2012).

Der Verlag *Axel Springer* steht mit Abstand an der Spitze der Zeitungsverlage. Die Verlage der *Südwest*-Gruppe (ein Konglomerat aus drei Zeitungskonzernen), *M. DuMont Schauberg* (MDS), *Madsack* und die Mediengruppe *Pressedruck* haben sich durch Übernahmen nach oben geschoben. Die *BV Deutsche Zeitungsholding* ist als zeitweiliger Mitspieler wieder vom Markt verschwunden, Holtzbrinck ist ausgestiegen (Tab. 5).

Die fünf größten Zeitungsverlage verkauften 2012 bei den Tageszeitungen 44,2 Prozent der Gesamtauflage, *Axel Springer* allein fast ein Fünftel. Bei der Boulevardpresse, die wegen ihres Kampagnenjournalismus politisch besonders brisant ist, sind die Strukturen noch konzentrierter: *Springer* liefert knapp 80 Prozent aller Zeitungen, vor allem wegen der *Bild-Zeitung* (2,7 Millionen Auflage, knapp zehn Millionen Leser). 8,6 Prozent kommen von MDS, die restlichen 12,8 Prozent liefern vier weitere Verlage.

Die stabilen Markt- und Eigentumsstrukturen bei den Zeitungen lassen sich auf mehrere Faktoren zurückführen:

- Lange Zeit verlief das Geschäft sehr erfolgreich. Bis zur Jahrtausendwende galt das Eigentum an einem etablierten Zeitungsverlag als „Lizenz zum Gelddrucken".
- Nach dem Untergang der DDR wurden die dortigen Bezirkszeitungen an westdeutsche Verlage verkauft. So wurden die etablierten Strukturen ausgedehnt und blieben in ihrer Substanz erhalten.

---

2 Die Verlagsgruppe von *Holtzbrinck* beispielsweise hat mehrere Anläufe unternommen, mit innovativen Zeitungsformaten neue Leserschichten anzusprechen. So brachte sie zeitweise kleinformatige Blätter (z.B. *20 Cent*) heraus, ebenso eine werbefinanzierte *Business-Zeitung.* Sie hatten alle jedoch keinen Erfolg. Lediglich der *Axel-Springer-*Verlag konnte mit der *Welt kompakt* einen zusätzlichen Billigtitel etablieren.

- Versuche ausländischer Verlage, auf dem deutschen Zeitungsmarkt Fuß zu fassen, wurden abgewehrt. Das Paradebeispiel lieferte der „Kölner Zeitungskrieg“ 1999/2000: Der norwegische *Schibstedt*-Konzern wollte seine Gratiszeitung *20 Minuten* zuerst am Rhein und dann bundesweit einführen. Die Marktführer in Köln, *MDS* und *Axel Springer,* verstopften in einer abgesprochenen Aktion mit eigenen Kampfblättern den lokalen Werbemarkt. *Schibstedt* musste kapitulieren.
- Trotz sinkender Auflagen und schrumpfender Werbeerlöse sind Zeitungen auch heute noch (von Ausnahmen abgesehen) ein profitables Geschäft. Dafür konnten die Verlage mit Kostensenkungen und Preiserhöhungen sorgen.

Tab. 5: Marktanteile der zehn größten Zeitungsverlage (anteilige Auflage in Prozent)

	1991	2000	2004	2008	2010	2012
			Alle Tageszeitungen			
1. Axel Springer	23,9	23,6	22,7	22,1	19,6	18,8
2. Südwest-Gruppe[a]		5,0	5,0	8,5	8,6	9,2
3. WAZ-Gruppe	5,0	6,0	6,0	6,0	5,8	5,7
4. M. DuMont Schauberg	4,5	4,4	4,0	4,2	5,5	5,5
5. Madsack	2,2		2,5	2,5	4,0	4,9
6. Ippen-Gruppe	2,4	2,9	3,9	4,0	4,2	4,2
7. DDVG	–	–	–	2,4	3,0	3,1
8. MG Pressedruck	–	–	–	–	–	2,8
9. FAZ-Gruppe	3,2	3,0	3,1	3,0	3,1	2,5
10. Rheinische Post	–	–	–	–	2,0	2,0
Fünf größte Verlage	41,6	42,3	41,6	44,8	43,7	44,2
Zehn größte Verlage	54,4	55,9	56,1	58,5	58,1	58,8
			Boulevardzeitungen			
1. Axel Springer	74,7	81,0	81,1	79,3	79,8	78,6
(BV Dt. Zeitungsholding)	–	–	2,7	5,5	–	–
2. DuMont Schauberg	6,0	4,8	4,4	4,3	8,5	8,6
3. Ippen-Gruppe	6,5	3,2	3,3	3,5	3,7	3,9
4. Abendzeitung	3,5	3,3	3,6	3,5	3,7	3,5
5. Morgenpost Sachsen[b]	–	–	–	–	2,3	2,6
Fünf größte Verlage	93,2	95,1	95,1	96,1	98,0	97,2

a – Verlagsbündnis Südwestdeutsche Medienholding/Die Rheinpfalz/Südwest-Presse; b – Am Verlag der MoPo Sachsen halten Gruner+Jahr 60 Prozent und die DDVG 40 Prozent der Anteile.

Quelle: Röper 2002: 484; Röper 2012: 273

Zur Stabilität der Struktur trägt auch die Pressefusionskontrolle bei. Mit dem Gesetz gegen Wettbewerbsbeschränkungen von 1976 sind Regelungen getroffen worden, wonach Zusammenschlüsse von Zeitungsunternehmen von einer bestimmten Größe an (ab 25 Millionen Euro gemeinsamer Umsatz) dem Bundeskartellamt zur Genehmigung vorgelegt werden müssen. In der Vergangenheit hat es mehrere Fälle von Verboten oder Entflechtungen gegeben. Gegen diese Regelung rennt der Bundesverband deutscher Zeitungsverleger (BDZV) schon seit ihrer Einführung an. Bei der Regierung Merkel hat er dafür ein offenes Ohr gefunden. Nur vier Wochen, nachdem der Verband im Herbst 2011 einen Änderungsvorschlag vorgestellt hatte, präsentierte das Bundeswirtschaftsministerium einen Gesetzentwurf zur Lockerung der Pressefusionskontrolle. Dieser wurde im Juli 2012 im Wirtschaftsausschuss des Bundestags behandelt.

Seitens der Justiz gibt es Druck in die gleiche Richtung: Der Bundesgerichtshof (BGH) hat im Juli 2012 der *Medien-Union* in Ludwigshafen erlaubt, das *Haller Tagblatt* zu kaufen. Das Gericht stellte sich damit gegen das Bundeskartellamt, das die Übernahme mit dem Argument verboten hatte, Nachbarverlage seien grundsätzlich Konkurrenten. Da dieses Argument nun wegfällt, können künftig kleinere Zeitungen leichter an benachbarte Großverlage verkauft werden. Auch einige Altfälle dürften neu aufgerollt werden.

Wenn Politik und Justiz die Zusammenschlüsse von Zeitungsverlagen erleichtern sollten, würden sie dem gestiegenen wirtschaftlichen Druck, der in diese Richtung wirkt, nachgeben. Denn die Möglichkeiten zur Kostensenkung werden irgendwann erschöpft sein. Weitere Einsparungen lassen sich dann nur noch durch Synergien im Rahmen von Verlagskonzernen (Gemeinschaftsredaktionen und andere Zentraleinheiten für mehrere Zeitungen) erzielen. Zusätzlicher Druck kommt durch das Internet: Ein Großteil der Rubrikenanzeigen (die für Regionalzeitungen besonders wichtig sind) sind zu Onlineplattformen abgewandert. Gleichzeitig können Websites mit redaktionellen Inhalten nur von Großverlagen so betrieben werden, dass sie finanziell tragfähig sind. Deshalb spricht vieles dafür, dass die wirklich großen Strukturveränderungen dem Zeitungsmarkt erst noch bevor stehen.

4 Zeitschriftenmarkt

Ebenso wie die Zeitungen stehen die Publikumszeitschriften vor wirtschaftlichen Problemen. Zwischen 2001 und 2009 waren die Netto-Werbeerlöse um ein Drittel gesunken, 2010 gab es einen Zuwachs um 2,9 Prozent, 2011 aber wieder ein Minus von 0,7 Prozent (ZAW 2012: 19). Die Prognosen für 2012 sind eher pessimistisch. Gleichzeitig nimmt die verkaufte Gesamtauflage ab. Sie lag 2011 um 13,9 Prozent unter der von 2000 (IVW 2012). Überdies werfen die Verlage mehr Titel auf den Markt als sie einstellen – eine Strategie, von der die Marktführer zwar abzurücken scheinen, die aber insgesamt anhält. Die Durchschnittsauflage pro Titel sinkt dadurch noch mehr (Tab. 6). Trotzdem: Der Gesamtumsatz der Zeitschriftenverlage ist 2010 um ein Prozent und 2011 um 1,4 Prozent angestiegen (VDZ 2011: 6).

Tab. 6: Auflage und Titelzahl der Publikumszeitschriften (jeweils März)[a]

	1985	1990	1995	2000	2008	2010	2012
IVW-Auflage[b] Jahresdurchschnitt (Mio.)	94,5	109,8	126,8	128,6	116,2	112,7	110,7 [c]
Titelzahl gesamt	627	781	957	1.127	1.371	1.393	1.451
– mindestens 14-täglich	92	108	127	140	137	137	133
Titel der größten Konzerne[d]	62	74	96	120	198	172	166
– mindestens 14-täglich	32	36	50	56	65	63	63

a – 1985/90 nur Westdeutschland; – b Die IVW (Informationsgemeinschaft zur Feststellung der Verbreitung von Werbeträgern) überprüft die Verlagsangaben über die Höhe der verbreiteten Auflage (vor allem im Interesse der Werbetreibenden); c – Zahl für 2011; d – Bauer, Burda, Gruner+Jahr, Springer (nur IVW-geprüfte Titel)

Quelle: Vogel 2002: 435, 436; Vogel 2012: 319, 321, 322; eigene Zusammenstellung

Die Strukturen auf dem Markt für Publikumsblätter sind, zumindest an der Spitze der Rangfolge, ähnlich vermachtet wie bei den Zeitungen (Tab. 7). Zwar hat hier kein Verlag eine solche Spitzenstellung wie *Axel Springer* bei den Zeitungen. Aber der Markt wird von einer oligopolistischen Gruppe beherrscht. Sie bestand bis vor wenigen Jahren aus vier Großverlagen *(Bauer, Burda, Axel Springer, Gruner+Jahr)*. Nach 2000 hat sich die *WAZ*-Gruppe *(Westdeutsche Allgemeine Zeitung)* durch die Übernahme des *Gong*-Verlags als fünfter Spieler in der Spitzenrunde etabliert. Von den Magazinen mit ein- bzw. zweiwöchentlicher Erscheinungsweise verkaufen sie zusammen knapp 90 Prozent der Gesamtauflage, *Bauer* allein fast ein Drittel.

Der *Springer*-Verlag gehört zum Kreis der Spitzenreiter bei den Magazinen und ist gleichzeitig Marktführer bei den Zeitungen. Damit ist er der mit Abstand mächtigste deutsche Pressekonzern. Neben ihm ist nur noch die *WAZ-Gruppe* auf beiden Märkten stark.

Anders als bei den Zeitungen gibt es bei den Zeitschriften große Preisunterschiede; die Hefte kosten zwischen 50 Cent und mehr als zehn Euro. Deshalb sagen die Marktanteile bei den Auflagen nicht alles aus. Die einzelnen Großverlage haben unterschiedliche Schwerpunkte. Während sich *Bauer, Axel Springer* und die *WAZ-Gruppe* hauptsächlich im Niedrigpreissegment (Regenbogen-

Tab. 7: Die größten Verlagskonzerne für Publikumszeitschriften, konsolidierte Marktanteile bei der Auflage in Prozent

Konzern	1990	1995	2000	2008	2010	2012
			Alle IVW-Zeitschriften			
Bauer Media	27,6	25,6	22,3	19,5	19,0	18,5
Hubert Burda	9,8	9,3	10,8	16,5	15,4	14,8
Axel Springer	16,9	13,8	15,4	15,1	13,4	12,7
Gruner+Jahr	9,7	10,9	10,1	10,8	9,5	9,3
Summe	62,4	59,6	58,6	61,9	57,3	55,2
WAZ-Gruppe	–	–	–	6,6	7,7	8,4
Gesamtsumme	–	–	–	68,5	64,9	63,6
			Mindestens 14-tägliche IVW-Zeitschriften			
Bauer	37,9	36,1	32,2	30,6	30,9	30,6
Springer	25,4	20,9	22,0	22,6	21,6	21,6
Burda	9,2	10,3	13,5	18,0	17,6	17,0
WAZ-Gruppe	–	–	–	8,5	10,3	10,8
Summe	–	–	–	79,7	80,4	80,1
Gruner+Jahr	7,0	9,2	9,5	7,6	7,2	7,3
Gesamtsumme	79,4	76,5	77,2	87,3	87,5	87,4

Quelle: Vogel 2002: 434; Vogel 2012: 319

presse, Programmzeitschriften) tummeln, sind *Gruner+Jahr* und *Burda* eher mit anspruchsvolleren Titeln unterwegs. Mit diesen wird deutlich mehr Geld pro Heft eingenommen und die Anzeigenpreise liegen höher. Gemessen an der finanziellen Marktmacht ergibt sich deshalb eine andere Rangfolge als bei der Auflage (Tab. 8).

In der jüngsten Zeit ist es bei den Publikumszeitschriften zu Marktverschiebungen gekommen. *Burda* übernahm 2004 den Verlag *Milchstraße,* im selben Jahr kaufte *Gruner+Jahr* die Mehrheit am Verlag *Motorpresse Stuttgart. Axel Springer* hat 2009 drei Jugendzeitschriften und seinen 50-Prozent-Anteil am Verlag *Family Media* an den *OZ*-Verlag verkauft. Auch die *VG Weltbild* veräußerte 2010 ihre Zeitschriften. *Bauer* erwarb 2012 die Magazine von *Marquard.*

Das Internet spielt für die Magazinverlage bislang keine nennenswerte Rolle als Umsatzquelle. Einer Erhebung des Verbands Deutscher Zeitschriftenverleger (VDZ) zufolge kamen 2010 nur sieben Prozent der Erlöse aus Onlineangeboten und mobilen Diensten. Bis 2014 soll der Anteil auf 13 Prozent steigen (vgl. VDZ 2011: 8). Dann will selbst der bislang sehr zurückhaltende *Bauer*-Verlag sämtliche Magazine als App für Tablets und Smartphones im Angebot halten.

Tab. 8: Brutto-Werbeerlöse bei Publikumszeitschriften nach Verlagen 2011

	Mio. Euro	Zu-/Abnahme in Prozent
Hubert Burda Media	461	+ 0,6
Gruner+Jahr[a]	458	+ 1,6
Axel Springer (Zeitschriften)	348	– 1,7
Bauer Media	237	– 5,6
Condé Nast	131	+ 14,0
Spiegel-Gruppe	118	– 3,1
Jahreszeiten-Verlag	86	– 2,2
Gong-Verlag (WAZ-Gruppe)	55	+ 4,2
Marquard Media	48	– 3,2
IQ Media Marketing (Holtzbrinck)	41	+ 7,9

a – einschl. anteilig Motor-Presse

Quelle: kressreport 2012: 10

Der Zeitschriftenmarkt ist ähnlich stabil strukturiert wie der für Zeitungen. Schon in den 1950er Jahren haben sich die vier Großverlage an der Spitze etabliert und konnten die Konkurrenz auf Abstand halten. Die Gründe dafür sind in folgenden Faktoren zu suchen:

- Bei den Publikumszeitschriften gibt es keinen nennenswerten regionalen Markt (Ausnahme: Stadtmagazine). Das macht es kleineren Konkurrenten schwer, neue Spitzentitel zu lancieren.[3]
- Mitunter legen die Großverlage viele Hemmungen ab; dann können Dumpingpreise, Verhandlungen durch Strohleute und einstweilige Verfügungen zum Einsatz kommen. Besonders der *Bauer*-Verlag tut sich diesbezüglich seit Jahren hervor.
- Trotz der Onlinemedien bleibt die Nachfrage nach gedruckten Zeitschriften beachtlich. Die Gesamtauflage sinkt zwar, ist aber mit 110 Millionen immer noch sehr hoch. Großverlage sind besser als kleinere Konkurrenten in der Lage, ihre Rendite durch Synergieeffekte (z.B. Gemeinschaftsredaktionen, zentrale Vertriebseinheiten) zu sichern.

Die Periodika für Bildung und Fachgebiete bilden ein ähnlich großes Segment wie die Publikumsmagazine, stehen in der öffentlichen Wahrnehmung aber deutlich hinter diesen. Der Markt wird gefüllt mit mehr als 3.800 Titeln und einer Gesamtauflage von 488 Millionen, wovon knapp die Hälfte verkauft wird (Tab. 9).

3 Der letzte große Versuch kam vom US-Verlag Condé Nast: Er startete im Frühsommer 2007 eine deutsche Ausgabe von ‚Vanity Fair' und musste sie im Februar 2009 wieder einstellen.

Hier steht der Verlag *Springer Science + Business Media* (SBM) an der Spitze. Er hat nichts mit *Axel Springer* zu tun, gehörte vielmehr bis 2003 zu *Bertelsmann* und wurde dann an Finanzinvestoren verkauft. Die Nummer zwei auf diesem Markt ist die Verlagsgruppe *von Holtzbrinck,* danach kommt die *Weka*-Gruppe, ein Familienunternehmen.

Tab. 9: Fachzeitschriften in Deutschland

	Titelzahl	Gesamtauflage (in Mio.)	davon verkauft (in Prozent)
2000	3.590	502	57
2003	3.623	441	55
2006	3.753	491	50
2008	3.907	525	45
2009	3.852	515	45
2010	3.829	488	46
2011	3.683	483	45

Quelle: Deutsche Fachpresse 2012: 10, 11

Der größte Teil der hier erfassten Titel sind Spezialmagazine für einzelne Märkte oder Fachgebiete. Nicht selten werden sie von den jeweiligen Verbänden herausgegeben. Das Segment der Wissenschaftsverlage wird von internationalen Verlagskonzernen (wie *Wolters Kluwer, Reed Elsevier, Springer SBM*) beherrscht (siehe hierzu den Beitrag von *Hanekop/Wittke* in diesem Band).

5 Buchmarkt

Auf dem dritten großen Markt für Printmedien – den Büchern – herrschen besondere Bedingungen. Es gibt regulierte Preise und es fehlen Werbeeinnahmen.[4] Außerdem kann der Glücksgriff eines Verlages bei einem Titel dessen Jahresumsatz spürbar in die Höhe treiben. Hier dürften die Gründe dafür zu suchen sein, dass mittelgroße Verlage eine vergleichsweise bedeutsame Rolle spielen. Es gibt etwa 2.800 Buchverlage, die 2010 mehr als 84.000 neue Titel herausbrachten und einen Buchhandelsumsatz von knapp zehn Milliarden Euro erzeugten.

Von den 25 größten Buchverlagen gehören nur sieben zum Segment Belletristik, die anderen liefern Fach- und Bildungsbücher. Die Verlagskonzerne tre-

4 Das könnte sich demnächst ändern, wenn sich die Elektronischen Bücher („E-Books“) durchsetzen: Auf den online angebundenen Lesegeräten ließen sich Werbeinseln platzieren und laufend aktualisieren.

ten meist nicht unter ihrem eigenen Namen auf den Markt, sondern in Gestalt einzelner Verlage oder Imprints. Fasst man diese zusammen, dann ergibt sich in der Spitzengruppe die in Tabelle 10 ausgewiesene Struktur.

Für die Marktanteile der Verlagsgruppen bei den Büchern gibt es keine offiziellen Zahlen. Aus den vorhandenen Informationen lassen sich aber Schlussfolgerungen ziehen. Die vier größten Konzerne sammeln in der gesamten Buchsparte 17,7 Prozent aller Umsätze bei sich, im Segment Belletristik sogar mehr als ein Viertel. Knapp die Hälfte des Umsatzes mit Büchern entfällt auf 25 Großverlage (Tab. 11).

Wegen der Kleinteiligkeit der Buchsparte verleihen solche Marktanteile mehr Macht, als es auf den ersten Blick scheint. Wer viele große Titel repräsen-

Tab. 10: Die größten Buchverlagskonzerne in Deutschland 2011

Konzern	Verlage	Umsatz (Mio. Euro)[a]
	Fach- und Bildungsbücher	
Springer Science + Business	55	477
Klett-Gruppe	15	465
Cornelsen-Holding	16	429
Medien-Union	15	335
Westermann-Gruppe	13	261
Haufe	5	207
	Belletristik	
Random House (Bertelsmann)	43	318
VG von Holtzbrinck	4	194
Bonnier	5	191
Ganske	3	118
Bastei Lübbe	7	76
Ravensburger	3	59

a – Reine Netto-Buchumsätze im deutschsprachigen Raum, keine Verlagsumsätze
Quelle: buchreport 2012-2: 65, 71ff.

Tab. 11: Marktmacht in der Buchverlagssparte 2011

Buchumsatz insgesamt	9,6 Mrd. Euro	100%
– darunter 25 größte Verlage	4,4 Mrd. Euro	45,8%
– darunter 4 größte Verlage	1,7 Mrd. Euro	17,7%
Buchumsatz Belletristik	3,3 Mrd. Euro	100%
– darunter 4 größte Verlage	821 Mio. Euro	25,7%

Quelle: buchreport 2012-2: 66; Börsenverein 2012: 5

tiert und dafür entsprechend Werbung macht, kann in den Buchhandlungen den meisten Raum und die besten Plätze in den Auslagen beanspruchen. Darüber hinaus kann er Sonderkonditionen und niedrigere Händlermargen durchsetzen, obwohl das eigentlich verboten ist (Porombka 2008). Für Autoren von so genannten Bestsellern sind die Großverlage wiederum aus den gleichen Gründen attraktiv.

Auf dem Buchmarkt gab es signifikante Veränderungen sowohl auf der Ebene der Verlage als auch im Handel.

Die bedeutsamste Veränderung im Verlagswesen war 2003 der Ausstieg von *Axel Springer* – damals die Nummer zwei auf dem Markt. Er hat seine Verlage *Ullstein, Heyne, List* und andere an *Bertelsmann* und die dänische *Bonnier*-Gruppe verkauft. Die *FAZ*-Gruppe ist zwischen 2003 und 2007 ebenfalls aus dem Buchgeschäft ausgestiegen, der *ADAC* hat 2007 seinen Verlag *CartoTravel* an *Mair DuMont* verkauft. *Brockhaus* ist 2008/09 zerschlagen und größtenteils an *Bertelsmann* und *Cornelsen* abgegeben worden. Im Jahr 2010 übernahm *Bertelsmann* den *Hörverlag,* den Marktführer im Segment der Hörbücher.

Der klassische Vertriebsweg für Literatur – insbesondere Belletristik – ist die Sortimentsbuchhandlung. Allerdings schrumpft diese Sparte seit Jahren, weil ein wachsender Teil der Verkäufe auf anderen Wegen erfolgt. Die Verlage haben entdeckt, dass sich mit dem Direktvertrieb an Endverbraucher Geld verdienen lässt. Noch stärker schlägt der Versandhandel zu Buche, in jüngster Zeit vor allen Dingen über das Internet (Schlautmann/Siebenhaar 2011) (Tab. 12).

Tab. 12: Geschätzter Buchhandelsumsatz nach Vertriebswegen (Anteile in Prozent)

Warengruppe	1992	2001	2005	2008	2010	2011
Sortimentsbuchhandel	61,2	57,8	54,8	52,6	50,6	49,7
Verlage direkt	13,5	16,8	17,6	18,2	18,5	19,1
Versandbuchhandel[a]	6,4	8,5	11,2	14,0	17,1	17,8
Warenhäuser	5,0	4,6	3,3	3,0	2,1	1,9
Buchgemeinschaften	4,5	3,6	3,2	2,9	2,3	2,0
Sonstige Verkaufsstellen[b]	9,4	8,7	8,9	9,2	9,4	9,5

a – einschließlich Internetbuchhandel; b – Discounter, Supermärkte, Tankstellen etc.

Quelle: Börsenverein 1997: 31; Börsenverein 2006: 5; Börsenverein 2011: 5; Börsenverein 2012: 5

Die Strukturveränderungen im Buchhandel erfolgen stetig, aber langsam. Dafür sorgt nicht zuletzt die Buchpreisbindung, die es in Deutschland seit 1888 gibt. Sie verhindert die Preiskonkurrenz und beschränkt die Vorteile des Versandbuchhandels auf Servicekomponenten. Ohne diese Regulierung, die 2000 von der EU beinahe abgeschafft worden wäre, stünden vor allem die kleinen Buchhandlungen vermutlich noch stärker unter Renditedruck. Trotzdem kündigen sich im Sortimentsbuchhandel Veränderungen an. Die Sparte wird von zwei Großfilialisten dominiert: *Thalia (Douglas*-Konzern) und *DBH (Weltbild/Hugendubel)*. Sie setzten 2011 im deutschsprachigen Raum eine Milliarde bzw. 720 Millionen Euro um. Netto, d.h. nach Abzug von Zukäufen und Wechselkurseffekten, sind die Umsätze der Marktführer gesunken (buchreport 2012-1: 18).

Der Umsatzrückgang im stationären Buchhandel wird hauptsächlich durch den Onlinehandel verursacht. Er hat 2011 um fünf Prozent auf 1,42 Milliarden Euro zugenommen, was einem Anteil von 14,8 Prozent am Gesamtumsatz entspricht (Börsenverein 2012: 6). Der Onlinebuchhandel wird vom US-Konzern *Amazon* dominiert.

In der Buchbranche gibt es in Gestalt des *Börsenvereins des deutschen Buchhandels* einen Verband, der sich als Interessenvertretung für Anbieter (Verlage) und Händler versteht. Diese geschichtlich bedingte Sonderrolle hat er bislang trotz interner Interessenkonflikte beibehalten können. Er nimmt dadurch eine vergleichsweise starke gesellschaftspolitische Stellung ein, was sich z.B. um 2000 bei der Verteidigung der Buchpreisbindung zeigte. Für die Branche ist er auch als Dienstleister tätig, etwa indem er die Infrastruktur für das Abrechnungswesen der Buchhändler organisiert. Er veranstaltet die Frankfurter Buchmesse und unterhält eine Berufsschule sowie eine Fachschule für Buchhändler. Durch die Entwicklung des Internets sieht sich der Börsenverein mit neuen Herausforderungen konfrontiert. Er versucht, diesen gerecht zu werden, indem er z.B. die Internetplattform *Libreka!* anbietet. *Libreka!* war zuerst als Alternative zu *Googles* Volltextsuche entwickelt worden. Inzwischen dient das Portal auch als Verkaufsplattform für E-Bücher. Die Akzeptanz bei den Buchverlagen hielt sich 2012 aber noch in Grenzen.

Das Buch war mehr als 500 Jahre lang ein technisch weitgehend gleiches Produkt. Nun allerdings zeichnet sich eine Entwicklung ab, in deren Ergebnis nichts mehr so bleiben könnte, wie es war. Mit den Hörbüchern, die sich nach 1990 durchzusetzen begannen, wurde erstmals eine neue Form des Konsums von Literatur sichtbar. Mittlerweile scheint dieser Markt aber bereits gesättigt zu sein. Das Geschäft ist 2011 geschrumpft.

Wirklich dramatische Veränderungen wird vermutlich das elektronische Buch bewirken, in dessen Kontext das literarische Werk nicht mehr gedruckt, sondern als Datei auf ein Lesegerät geladen wird (siehe den Beitrag von *Schrape* zum Buchhandel in diesem Band). Derzeit ist dieser Markt in Deutschland zwar noch sehr überschaubar (Marktanteil 2011: 1 Prozent; Börsenverein 2012-2), aber das könnte sich schnell ändern. Die internationalen Konzerne, allen voran *Amazon* und *Sony,* wollen ihre Geräte samt der dazu gehörenden Infrastruktur verkaufen und werden alles daran setzen, den Trend zu verstärken (Neffe 2011).

6 Fernsehen

Auf den Märkten für Funkmedien (Hörfunk und Fernsehen) herrschen wiederum andere Bedingungen. Seit etwa 30 Jahren gibt es private Sender und Senderketten. Deren Marktchancen werden durch die öffentlich-rechtlichen Anstalten *ARD* und *ZDF* samt der sogenannten Dritten Programme eingeschränkt. Die zweigliedrige Struktur ist durch die politischen Interessen der Bundesländer und das Bundesverfassungsgericht gesichert. *ARD* und *ZDF* betreiben – mit ausländischen Partnern – die Fernsehsender *Arte* und *3Sat* sowie die Kanäle *KIKA* und *Phönix* und seit einigen Jahren Digitalkanäle. Die Zahl der privaten Sender ist deutlich größer (Tab. 13).

Mehr als 40 Prozent aller Zuschauer schalten öffentlich-rechtliche Kanäle ein. Beim jüngeren Publikum ist das Interesse an diesen Sendern deutlich schwächer ausgeprägt (Tab. 14).

Tab. 13: Zahl der deutschen Fernsehsender 2011

Bundesweite frei empfangbare Sender	61
Bezahlsender	68
Einkaufskanäle	17
Regionale und lokale Sender	267
Privatsender insgesamt	413
öffentlich-rechtliche Sender	22

Quelle: ALM 2012: 44

Tab. 14: Zuschauer-Marktanteile frei empfangbarer deutscher Fernsehsender in Prozent

	Ab 3 Jahre		14 bis 49 Jahre	
	2010	2011	2010	2011
ARD und ZDF[a]	43,1	41,2	24,3	23,1
RTL-Gruppe[a]	26,1	26,5	35,1	36,0
P7S1-Gruppe[a]	20,4	20,5	28,6	28,6
Sonstige	10,4	11,8	12,9	12,3

a – Zu *ARD* und *ZDF* gehören die Sender *Das Erste, ZDF, Dritte Programme, KIKA, Arte, 3sat* und *Phönix,* außerdem sieben Digitalkanäle; zur *RTL*-Gruppe zählen die Sender *RTL, Vox, RTL 2, Super RTL* und *n-tv*; zur *P7S1*-Gruppe gehören die Sender *Sat.1, ProSieben, Kabel 1, Sixx* und *Neun Live* (bis Juni 2010 auch *N24*).

Quelle: epd medien 2012: 16

Beim *privaten Fernsehen* herrscht von allen Medienbranchen die engste Marktaufteilung. Zwei Senderketten liefern den größten Teil des Programms: Die vom *Bertelsmann*-Konzern kontrollierte *RTL*-Gruppe *(RTL, RTL 2, Vox, Super-RTL, n-tv* und seit Mai 2012 *RTL Nitro)* sowie die *ProSiebenSat.1*-Gruppe *(Sat.1, ProSieben, Kabel 1, Sixx)*. Beide Ketten zusammen decken etwa drei Viertel des Marktes für frei empfangbares Privatfernsehen (gemessen an den Zuschauerquoten) ab. Das restliche Viertel wird von einer Vielzahl anderer Kanäle abgedeckt.

Wirtschaftlich genauso bedeutsam wie die Reichweite ist beim Privatfernsehen der Zugriff auf die Werbegelder, denn sie bilden die Haupteinnahmequelle (etwa 85 Prozent). Von jedem Euro, der 2011 brutto für Reklamespots ausgegeben worden ist, wanderten 82 Cent auf die Konten der beiden Marktführer (Tab. 15).

Tab. 15: Anteile an den Brutto-Werbeumsätzen bei Fernsehketten in Prozent

Anbieter	2002	2005	2008	2009	2010	2011
P7S1-Gruppe	45,3	43,5	40,8	43,0	43,2	42,3
RTL-Gruppe	42,8	43,5	43,2	40,8	39,4	40,0
ARD und ZDF	–	4,4	5,6	5,1	4,7	4,5
Sonstige	–	8,6	10,4	11,1	12,7	13,2

Quelle: kressreport 2011: 14; ALM 2012: 73

Zwischen 2005 und 201 steigerten die kleineren Privatsender ihren Anteil an den gesamten Brutto-Werbeerlösen um 4,6 Prozentpunkte. Erstaunlich ist, dass die *RTL*-Gruppe zwar höhere Zuschauer-Marktanteile als die *Pro7Sat.1*-Gruppe erreicht, aber beim Anteil an den Werbeerlösen meistens von ihrer Konkurrentin abgehängt wird.

Auf dem Fernsehsektor spielt ausländisches Kapital eine beachtliche Rolle. Nicht nur die *ProSiebenSat.1*-Gruppe befindet sich im Eigentum angloamerikanischer Finanzinvestoren, auch US-Medienkonzerne betreiben deutsches Fernsehen. *Disney* hält 50 Prozent an *Super RTL, Viacom* strahlt *MTV, Viva, Nick* und *Comedy Central* aus, *QVC* gehört *Liberty Global, Das Vierte* gehört ebenfalls *Disney* und *Time Warner* betreibt den neuen Frauensender *Glitz.*

Das so genannte *Pay-TV* wird vorwiegend von ausländischen Unternehmen betrieben. Auf diesem Segment laufen derzeit knapp acht Millionen Abonnements – Tendenz steigend. Marktführer ist *Sky* (vormals *Premiere*) mit drei Millionen Kunden im März 2012; dieser Konzern gehört zu 49,9 Prozent den angloamerikanischen Medienmogul Rupert Murdoch. An zweiter Stelle folgen die Kabelnetzbetreiber *KDG* und *Unitymedia.* Die *Deutsche Telekom* gibt 1,6 Millionen Abonnenten im Internetfernsehen an (ALM 2012: 85). Bezahlfernsehen ist in Deutschland immer noch defizitär. Der Marktführer *Sky* hat in den 22 Jahren seiner Existenz nur Verluste produziert (2013 hofft er, die Gewinnschwelle zu überschreiten). Bei den anderen Anbietern gibt es keine getrennten Wirtschaftszahlen fürs Bezahlfernsehen, es dürfte aber kaum besser aussehen. Gleichwohl gilt dieses Geschäftsfeld als zukunftsträchtig.

Der Betrieb von *Kabelnetzen* ist schon lange keine rein technische Angelegenheit mehr. Die Anbieter nutzen die Infrastruktur, um Sendeplattformen und weitergehende Dienste anzubieten. Der Markt ist kompliziert strukturiert. Die Regierung Kohl hat in den 1980er Jahren das Kabelfernsehen nur unter der Bedingung zugelassen, dass die Interessen der Betreiber von Gemeinschaftsantennen und des lokalen Elektrohandwerks berücksichtigt werden. Deshalb wurden unterschiedliche Versorgungsebenen geschaffen. Medienwirtschaftlich interessant ist die Ebene 3, welche die regionale Verteilung des Fernsehsignals bis zu den einzelnen Häusern umfasst. Hier agieren die großen Kabelkonzerne (Tab. 16). Das Endkundengeschäft vom Hausanschluss in die Wohnungen gehörte lange den regionalen und lokalen Anbietern. Heute wird es teilweise auch von den Kabelkonzernen erledigt.

Tab. 16: Die größten Kabelnetzbetreiber in Deutschland 2010

Unternehmen	Eigentümer	Haushalte (Millionen)	Umsatz (Mio. Euro)	Schwerpunktgebiet
Kabel Deutschland	Providence (69,7%)	9,0	1.370	13 Länder, vorwiegend in Westdeutschland
UnityMedia	Liberty Global	8,8	857	NRW, Hessen
Kabel BW	Liberty Global (seit 2011)	2,3	190	Baden-Württemberg
Telecolumbus	Kabel Dt. (seit 2012)	2,3	–	Sachsen, Berlin, Brandenburg
PrimaCom	Medfort	1,4	114	Ostdeutschland

Quelle: w&v 2010: 23; eigene Recherchen des Verfassers in Presse und Internet

Von den Kabelkonzernen gehören zwei *(Unitymedia* und *Kabel BW)* dem US-Konzern *Liberty Global.* Die *Kabel Deutschland AG* gehört *Providence Equity Partners* und auch die anderen befinden sich in der Hand von Finanzinvestoren. Das ist ein Erbe dessen, dass die *Deutsche Telekom* nach 2000 ihr Kabelnetz auf Druck der EU-Kommission verkaufen musste. Die Anbieter haben den deutschen Markt im Rahmen eines (legalen) Kartells untereinander aufgeteilt.

Ein strategisch wichtiger Sektor der Medienwirtschaft ist die Produktion von *Fernsehsendungen* (Spielfilme, Serien, Shows, Dokumentationen). Hier steht der *Bertelsmann*-Konzern mit seiner Tochter *UFA* an der Spitze. Sie lieferte 2006 14 Prozent aller Sendeminuten, die in Deutschland hergestellt worden sind; 2008 erreichte sie einen Umsatz von 320 Millionen Euro. Die Zahl der aktiven Unternehmen für Fernsehproduktion ist zwischen 2003 und 2006 von 808 auf 676 gesunken. Die zehn größten Firmen haben 2008 mehr als die Hälfte des gesamten Produktionsvolumens geliefert (KEK 2010: 247ff.).

Eine Besonderheit in diesem Segment sind privatkapitalistische Tochterfirmen der öffentlich-rechtlichen Anstalten. Die beiden umsatzstärksten *ARD*-Konzerne, *Studio Hamburg* und *Bavaria Film*, erreichten 293 bzw. 222 Millionen Euro Umsatz im Jahr 2010 und stehen damit weit oben in der Rangskala. Auch *ZDF-Enterprises* nimmt mit 128 Millionen Euro Umsatz einen der vorderen Plätze ein. Teilweise sind die ARD- und ZDF-Töchter miteinander verflochten.

Bei keiner anderen Medienbranche erfolgt eine derart starke, auch inhaltliche Regulierung durch den Staat wie beim Fernsehen (Werle/Müller 2000: 268–272). Die öffentlich-rechtlichen Anstalten werden durch Rundfunkräte nach Länderrecht kontrolliert. Die Finanzierung erfolgt zentral durch Gebühren, über deren Höhe die Landesparlamente nach Empfehlungen der Kommission zur Ermittlung des Finanzbedarfs der Rundfunkanstalten (KEF) entscheiden. Für die Aufsicht der Privatsender sind die Landesmedienanstalten (LMA) zuständig, die von den Landtagen besetzt werden, ansonsten aber unabhängig agieren. Grundlage ist der Rundfunkstaatsvertrag zwischen den Ländern. Die LMA üben die Kontrolle über die Sender aus und vergeben die Frequenzen. Für bundesweite Aufgaben haben sie mehrere zentrale Einrichtungen geschaffen, darunter die Arbeitsgemeinschaft der LMA (ALM), die Kommission zur Ermittlung der Konzentration im Medienbereich (KEK) und die Kommission für Zulassung und Aufsicht (ZAK).

7 Internet und klassische Medienwirtschaft

Der größte Teil der Angebote im Internet gehört nicht zu den klassischen Sparten der Medienwirtschaft. Eine Differenzierung der Angebote ist aber wegen fehlender Daten nicht immer möglich. Das liegt auch daran, dass das Medium Internet weltweit ausgerichtet ist und raschen sprunghaften Veränderungen unterliegt. Das Sozialnetzwerk *Facebook* beispielsweise spielte Anfang 2010 noch keine nennenswerte Rolle in Deutschland, inzwischen hat es alle Mitbewerber überrollt (Kirkpatrick 2010). Gleichzeitig erlebte der Konkurrent *Myspace,* der vor wenigen Jahren noch als Überflieger galt (Angwin 2009) und den Rupert Murdoch 2005 für 580 Millionen Dollar gekauft hatte, einen Absturz. Ähnlich ging es dem Netzwerk *StudiVZ,* das der *Holtzbrinck*-Konzern 2007 für 85 Millionen Euro erworben und inzwischen wieder verkauft hat.

In einigen Segmenten der Internetwirtschaft sind internationale, vorwiegend US-Konzerne übermächtig. Das gilt am stärksten bei den Suchmaschinen: 96 Prozent aller Anfragen laufen in Deutschland über *Google.* Damit sammelt dieser Konzern rund zwei Drittel aller Gelder ein, die hierzulande für Internetwerbung ausgegeben werden (Röhle 2010; Dolata 2011). Auch die Geräteindustrie hat sich Bedingungen geschaffen, unter denen sie bei den Medienunternehmen die Hand aufhalten kann. *Apple* verlangt für die Anwendungen (‚Apps‘) im *iTunes-Store* 30 Prozent der Erlöse. *Google* baut ein ähnliches ‚Universum‘ um sein *Android*-Betriebssystem herum auf, *Microsoft* versucht das Gleiche mit *Windows 8. Amazon* will sich eine exklusive Stellung bei elektronischen Büchern verschaffen.

Bei den allgemeinen Online-Angeboten für den deutschen Markt spielen neben US-amerikanischen Internetfirmen auch deutsche Medienkonzerne in der obersten Liga mit. Spitzenreiter ist die *Deutsche Telekom,* deren Website auf vielen Rechnern als Startseite gespeichert ist. Danach kamen nach den Daten der *IVW* Ende 2011 *eBay, Bild.de* und *Yahoo.* Internationale Player wie *Facebook* werden von der *IVW* allerdings nicht erfasst. Die Zahlen sagen überdies nichts darüber aus, inwieweit diese Portale profitabel sind. Weil sie sich mit Reklame finanzieren müssen, gelten viele als defizitär. Der Vergleich zwischen 2009 und 2011 zeigt, wie unterschiedlich sich einzelne Plattformen entwickelt haben (Tab. 17).

Die meisten Internetportale gehören zu den Segmenten elektronischer Handel, Marktplätze oder Sozialnetzwerke. Medienangebote in engeren Sinn stellen redaktionelle Inhalte zur Verfügung; in erster Linie sind das die aktuellen Nachrichtenportale. Hier besetzen Ableger der deutschen Medienkonzerne, allen voran *Axel Springer,* die Spitzenplätze. Die entsprechende Rangliste der *Arbeitsgemeinschaft Onlineforschung* (AGOF) reflektiert allerdings wieder nur die Angebote ihrer (deutschen) Mitglieder (Tab. 18).

Tab. 17: Die stärksten Online-Anbieter im Dezember in Mio. Besuchen nach IVW-Ranking

Angebot	Konzern	2009	2011
T-Online Content	Dt. Telekom	375,7	388,7
eBay	eBay	–	348,1
Bild.de	Axel Springer	99,7	191,2
Yahoo!	Yahoo!	195,0	185,4
Spiegel Online	Spiegel-Verlag[a]	110,6	156,6
Windows Online	Microsoft	–	154,1
MSN	Microsoft	276,6	148,7
ProSieben Online	P7S1	144,5	107,0
VZ-Netzwerke	VG v. Holtzbrinck	421,4	77,3
wer-kennt-wen	RTL/Bertelsmann	157,0	75,6

a – Am Spiegel-Verlag hält Gruner+Jahr (Bertelsmann) 25,1 Prozent

Quelle: IVW 2012 (berücksichtigt werden lediglich Angebote von Mitgliedern)

Tab. 18: Die zehn stärksten Nachrichten-Websites in Mio. Einzelnutzern (Unique Users)

Angebot	Betreiber	4. Quartal 2009	4. Quartal 2010	Dezember 2011
Bild.de	Axel Springer	6,4	11,9	12,9
Spiegel Online	Spiegel-Verlag	5,7	9,6	10,3
Focus Online	Hubert Burda	3,7	7,0	8,6
Welt Online	Axel Springer	3,7	6,8	7,7
N24.de	N24 GmbH	–	–	7,1
Sueddeutsche.de	SWMH	3,1	4,8	5,8
Stern.de	G+J/Bertelsmann	2,1	4,9	5,3
Zeit Online	Holtzbrinck	1,8	3,7	4,3
FAZ.net	FAZ-Gruppe	1,7	3,4	3,4
n-tv.de	RTL/Bertelsmann	1,1	2,4	3,1

Quelle: AGOF 2012

In keinem anderen Mediensegment finden Eigentümerwechsel derart rasant statt wie im Internet. Gleichzeitig werden nirgends so viele Unternehmen neu gegründet wie hier. Die Ursachen liegen in den hohen Wachstumsraten und den vielen neuen Möglichkeiten dieses Geschäftsfelds. Die Werbeeinnahmen im Internet sind im Krisenjahr 2009, als bei allen anderen Mediensparten die Netto-Werbeerlöse zum Teil zweistellig geschrumpft waren, gestiegen. Auch 2010 und 2011 gab es hier die höchsten Wachstumsraten. Die Branche hat sich inzwischen als drittgrößter Werbeträger etabliert (OVK 2012: 9). Weil aber die Kosten für die zahlreichen Portale stärker steigen als die Werbegelder, ist die wirtschaftliche Lage für viele Einzelangebote weiterhin prekär. Zwischen 2007 und 2011 sind von deutschen Verlagen 263 Onlinefirmen ganz oder teilweise übernommen worden (Tab. 19). Die Masse der Erwerbungen betrifft allerdings Portale aus medienferneren Bereichen, wie z.B. Handels- oder Preisvergleichsplattformen. Dadurch verschiebt sich der Schwerpunkt der Geschäftstätigkeit in den Medienkonzernen.

Allerdings reiten nicht alle Medienkonzerne auf dieser Welle mit. Auffallend zögerlich verhält sich *Bauer Media* (dort zeichnet sich aber seit 2012 ein Strategiewechsel ab); auch die *ProSiebenSat.1*-Gruppe agierte bis in die jüngste Vergangenheit vorsichtig. *Bertelsmann* hatte sich dagegen bereits 1999/2000 sehr weit ins Internetgeschäft vorgewagt und dabei mehrere Misserfolge erlebt *(Pixelpark, Napster, Lycos Europe)*, hält sich aber alle Türen offen. *Holtzbrinck, Burda* und *Axel Springer* engagieren sich am stärksten im Internet. *Springer* und *Burda* erzielen schon mehr als ein Viertel ihres Umsatzes digital. Das umfasst allerdings nicht nur Onlineumsätze. Bei *Burda* wurden bislang z.B. neben den zahlreichen Internetfirmen auch das Direktmarketing sowie die Radio- und Fernsehbeteiligungen zum Bereich ‚digital' gezählt. Die echten Interneterlöse steuern höchstens die Hälfte zum digitalen Umsatz bei. *Holtzbrinck* hat 2012 seine letzte Zeitung verkauft, um Geld für Akquisen im Internet zu beschaffen.

Tab. 19: Übernahmen/Beteiligungen an Webportalen durch deutsche Verlage 2007 bis 2011

Erwerber	Zahl der Übernahmen
VG von Holtzbrinck	51
Hubert Burda Media	40
Axel Springer	35
Bertelsmanna)	28
Andere Medienunternehmen	109
zusammen	263

a – einschließlich Gruner+Jahr, ohne RTL-Gruppe

Quelle: Bartholomäus & Cie 2012: 29 sowie frühere Ausgaben

8 Unsichere Perspektiven

Auch wenn die Strukturen an der Spitze der Medienwirtschaft ausgesprochen stabil zu sein scheinen, dürfte das nicht so bleiben. Als größte Herausforderung gelten die Digitalisierung und das Internet. Sie werden schon mittelfristig die Verwertungsbedingungen für das Kapital in allen Medienbranchen verändern und vermutlich neue Mitspieler an den Tisch bringen.

Die *Zeitungen* leiden jetzt schon darunter, dass ein wachsender Teil der Rubrikenanzeigen ins Internet abgewandert ist. Bei den jüngeren Bevölkerungsgruppen sinkt das Interesse an gedruckten Zeitungen deutlich. Das wird sich fortsetzen. Mit den neuen Tablet-Rechnern und Smartphones könnte sich der elektronische Konsum von Zeitungen ausbreiten (die bisherigen ‚E-Papers' waren nicht hinreichend leserfreundlich). Ob sich damit Geld verdienen lassen wird, muss sich erst noch zeigen. Bislang sind es hauptsächlich die Geräteanbieter *(Apple, Google),* die an den ‚Apps' verdienen. In Deutschland wurde das 2000 gestartete Projekt einer digitalen *Netzeitung* (ohne Druckversion) 2009 beendet. Auch in den USA bleibt die Anfang 2011 gestartete *The Daily* von Rupert Murdoch, die erste Zeitung nur für das *iPad,* defizitär (zum Markt für Mobile Devices siehe den Beitrag von *Döbler/Wahl* in diesem Band).

Die Anzeigenblätter kommen durch die Digitalisierung ebenfalls unter Druck. Ein großer Teil der Klein- und Rubrikenannoncen ist zu Internetplattformen abgewandert. Womöglich wird das Beispiel des Lampertheimer Verlags *Quoka* Schule machen: Er hat zum Ende 2011 seine 16 gedruckten Anzeigenblätter liquidiert und produziert sie seither nur noch als Online-Annoncenportale.

Für die *Zeitschriften* gilt in bestimmten Segmenten Ähnliches. Programmzeitschriften z.B. erleiden Auflagenverluste, weil sich elektronische Programmführer und entsprechende Anwendungen auf Handys durchsetzen. Für jüngere Menschen sind Sozialnetzwerke oft reizvoller als gedruckte Magazine. Für die Anwendungen auf Smartphones und Tablets gilt das Gleiche wie bei den Zeitungen: Die Gewinne landen bislang vorwiegend bei den Geräteherstellern. Versuche mit Online-Kiosken (für digitale Angebote von Zeitschriften und Zeitungen) laufen eher schlecht. Das liegt unter anderem daran, dass es mehrere konkurrierende Angebote gibt *(Axel Springer, Deutsche Telekom, Gruner+Jahr* mit *Weltbild).*

Bei den *Büchern* erfolgt seit 2011 die Markteinführung der elektronischen Lesegeräte. Das wird den Markt vermutlich umkrempeln. Zumindest ein Teil der Werke wird nicht mehr gedruckt, sondern als Datei auf ein Lesegerät geladen werden. Wie hoch dieser Anteil sein wird, weiß niemand, aber die internationalen Internetkonzerne werden alles daran setzen, den Trend voranzutreiben. Dadurch wird zum einen das Problem der Raubkopien anschwellen, unter dem die Musik- und Filmproduzenten schon länger leiden. Zum anderen wird der technische Wandel Auswirkungen auf die Buchverlage, Buchhandlungen, Antiquariate und Druckereien haben. Auch die Buchpreisbindung steht – zunächst nur für E-Books – wieder zur Diskussion.

Der US-Onlinebuchhändler *Amazon* hat seit Ende der 2000er Jahre damit angefangen, sich einen ähnlich geschlossenen Markt zu schaffen, wie das *Apple* mit *iTunes* und den ‚Apps' gelungen ist (siehe den Beitrag von *Dolata* in diesem Band). Er tritt als Buchverleger auf und wird versuchen, weltweite Exklusivrechte für Bestseller zu kaufen. Die könnten dann nur noch oder zumindest zunächst nur auf seinen *Kindle*-Lesegeräten zu haben sein. Gleichzeitig zieht er mit Dumpingpreisen Nachfrage an sich. Es ist durchaus möglich, dass der *Kindle* ein ähnlicher Renner wie *iPod* und *iPad* von *Apple* wird und die Buchverlage dafür bezahlen müssen, dass sie ihre E-Bücher bei *Amazon* anbieten dürfen (Neffe 2011). Parallel ist *Apple* dabei, sich als Anbieter von Lernmaterial für Schulen zu positionieren und Exklusivangebote für sein *iPad* zu schaffen.

Fernsehen wird seit April 2012 über Satellit nur noch digital ausgestrahlt. Beim Kabelfernsehen ist die Umstellung nur eine Frage der Zeit. Damit wird die Zahl der Kanäle vervielfacht, die Zahl der möglichen Programme tendiert gegen unendlich. Der technische Betrieb von Sendern und die Verbreitung des Signals werden billiger. Die Zuschauer können sich Filme auf Abruf auf den Bildschirm holen. Sollte sich das durchsetzen, dann könnten die bisherigen Vollprogramme gegenüber Spartenkanälen an Bedeutung verlieren. Davon wären, neben den öffentlich-rechtlichen Anstalten, auch die großen privaten Senderketten betroffen. Davon abgesehen ist das herkömmliche Fernsehen womöglich gar nicht die Technik der Zukunft, sondern wird durch Streamingdienste aus dem Internet an den Rand gedrängt. *Apple* und andere Gerätehersteller sind dabei, neue TV/Internet-Hybridgeräte marktfähig zu machen.

Musik- und Filmverlage sowie -produzenten stöhnen über die kriminellen Tauschbörsen im Internet. Wie viel von den Umsatzeinbußen der letzten Jahre auf das Konto von Raubkopien und illegalen Downloads gehen, ist zwar umstritten, nicht aber der Umstand als solcher. Durch Repression hat es Erfolge im Kampf hiergegen gegeben, aber alle Beteiligten wissen, dass damit allein das Problem nicht zu lösen sein wird. Eine tragfähige Strategie zeichnet sich allenfalls in Umrissen ab (siehe hierzu die Beiträge von *Dolata* und *Kunow* in diesem Band).

Im *Internet* heißt das Hauptproblem für die Medienunternehmen bezahlte Inhalte. Die meisten ihrer Onlineangebote sind defizitär, weil sie umsonst zu haben sind. Mit Werbung allein werden die Kosten dauerhaft nicht zu decken sein, aber die Bereitschaft der Nutzer, für Inhalte zu bezahlen, ist nach wie vor gering. Hohe Profite erzielen hingegen weltweit agierende US-Konzerne wie *Google, Apple* oder *Amazon,* die davon profitieren, dass sie in spezifischen Bereichen Quasi-Monopole errichten konnten: Sie bewegen sich auf Geschäftsfeldern, die eher medienfern angesiedelt sind (Suchmaschinen, technische Plattformen, Handel, Netzwerke). Diejenigen deutschen Medienkonzerne, die stark aufs Internet setzen (insbesondere *Burda, Axel Springer* und *Holtzbrinck),* verlegen den Schwerpunkt ihrer Online-Aktivitäten seit einigen Jahren ebenfalls in diese Richtung.

Es spricht vieles dafür, dass für die Medienkonzerne das Geschäft mit dem Verkauf von Inhalten an Bedeutung verlieren wird. Die klassische Verlagstätigkeit, d.h. die Herstellung und der Verkauf von Informationen auf gedrucktem Papier, wird abnehmen. Davon sind die kleineren Medienunternehmen am stärksten bedroht, denn sie können sich die Erschließung neuer Märkte im Internet oft nicht leisten. Die Digitalisierung wird die Zentralisation des Medienkapitals beschleunigen. Der große Wandel in der Medienwirtschaft steht allerdings erst noch bevor. Dies könnte bedeuten, dass die bislang so stabilen Eigentümerstrukturen aufgebrochen werden. Neue Geschäftsfelder und Geschäftsmodelle werden sich entwickeln. Auf ihnen werden es die etablierten Akteure der Medienwirtschaft entweder schaffen, vorne mit dabei zu sein, oder es werden neue Mitspieler das Heft in die Hand nehmen. Welche Trends dabei in einigen Sektoren bereits absehbar sind, wird u.a. in den nachfolgenden Beiträgen gezeigt.

Literatur

AGOF 2012: Arbeitsgemeinschaft Online Forschung, Internet Facts (monatlich) (Internet: http://www.agof.de/aktuelle-studie.583.de.html; zuletzt aufgesucht am 17.04.2012)

ALM 2012: Arbeitsgemeinschaft der Landesmedienanstalten (Hg.): Jahrbuch 2011/12 Landesmedienanstalten und privater Rundfunk in Deutschland. Berlin: Vistas

Angwin, J. 2009: Stealing MySpace. The Battle to Control the Most Popular Website in America. New York: Random House

Bartholomäus & Cie. (Hg.) 2012: Transaktionsmonitor Verlagswesen 2011, Synopsis der M&A-Aktivitäten der deutschen Printmedien und Analyse der Entwicklung von 2007 bis 2011. Frankfurt/M.: Bartholomäus & Cie

BDZV – Bundesverband Deutscher Zeitungsverleger (Hg.) 2001–2011: Die deutschen Zeitungen in Zahlen und Daten. Berlin: BDZV (jährlich)

Börsenverein des Deutschen Buchhandels (Hg.) 1997–2012: Buch und Buchhandel in Zahlen 1997–2012. Frankfurt/M.: MVB (jährlich)

Börsenverein 2012-2: E-Book-Umsätze verdoppeln sich (Internet: http://www.boersenblatt.net/531900/ ; zuletzt aufgesucht am 6.7.2012)

buchreport 2012: Buchhandelsbild mit Bewegungsunschärfe. Die größten Buchhandlungen. In: buchreport.magazin, Jg. 43/Heft 3, S. 16–29

buchreport 2012-2: Kampf um kleinere Kuchen. Die 100 größten Verlage. In: buchreport.magazin, Jg. 43/Heft 4, S. 62–97

Deutsche Fachpresse (Hg.) 2012: Fachpresse-Statistik 2011. Berlin: Verein Deutsche Fachpresse

Deutsche Post (Hg.) 2009: Die größten deutschen Medienunternehmen 2008. In: Horizont Wochenzeitung für Marketing, Werbung und Medien, Jg. 26/Heft 46 (Beilage)

Deutsche Post (Hg.) 2011: Die größten deutschen Medienunternehmen 2010. In: Horizont Wochenzeitung für Marketing, Werbung und Medien, Jg. 28/Heft 42 (Beilage)

Dolata, U. 2011: Google vs. Facebook: Der Kampf um das Internet. In: Blätter für deutsche und internationale Politik, Jg. 56/Heft 9, S. 26–29

epd medien 2012: Evangelischer Pressedienst Medien. Frankfurt/M., Heft 1/2012, S. 16

Forschungsverbund 2011: Medienpädagogischer Forschungsverbund Südwest: JIM-Studie 2011, Jugend, Information, (Multi-)Media. Stuttgart: Medienpädagogischer Forschungsverbund Südwest

Gabler 2012: Gablers Wirtschaftslexikon (Internet: http://wirtschaftslexikon.gabler.de/Archiv/54945/massenmedien-v4.html; zuletzt aufgesucht am 14.7.2012)

Hautsch, G. 2012: Mehr Medienmacht für Wenige. Bedeutsame Übernahmen auf dem deutschen Zeitungsmarkt 2011. In: M – Menschen machen Medien, 1/2012: S. 14–16.

Horizont 2001: Die größten deutschen Medienunternehmen 2000. In: Horizont Wochenzeitung für Marketing, Werbung und Medien, Jg. 18/Heft 28, Deutscher Fachverlag Frankfurt/M. (Beilage)

Horizont 2011: Wochenzeitung für Marketing, Werbung und Medien, Jg. 28/Heft 46

IVW – Informationsgemeinschaft zur Feststellung der Verbreitung von Werbeträgern (Hg.) 2012: Quartalszahlen 4. Quartal 2011 (Internet: http://daten.ivw.eu/download/pdf/Statistik_Auflagenmeldungen_20114.pdf; zuletzt aufgesucht am 14.7.2012)

KEK – Kommission zur Ermittlung der Konzentration im Medienbereich (Hg.) 2010: Auf dem Weg zu einer medienübergreifenden Vielfaltsicherung. Konzentrationsbericht. Schriftenreihe der Landesmedienanstalten Band 45. Berlin: Vistas

Kirkpatrick, D. 2010: The Facebook Effect. New York: Simon & Schuster

kressreport 2011: Kress – der Mediendienst. Jg. 43/Heft 3

kressreport 2012: Kress – der Mediendienst. Jg. 44/Heft 7

Luhmann, N. 2004: Die Realität der Massenmedien. Opladen: Westdeutscher Verlag

Neffe, J. 2011: Gutenberg und die Brandstifter (Internet: www.perlentaucher.de/artikel/7286.html; zuletzt aufgesucht am 14.07.2012)

OVK – Online-Vermarkterkreis (Hg.) 2012: OVK-Online-Report 2012-1; Bundesverband Digitale Wirtschaft. Düsseldorf

Porombka, W. 2008: Kampf um den Platz im Regal. In: taz – die tageszeitung vom 25.7.2008

Röhle, T. 2010: Der Google-Komplex. Über Macht im Zeitalter des Internet. Bielefeld: Transcript

Röper, H. 2002: Zeitungsmarkt 2002: Wirtschaftliche Krise und steigende Konzentration. In: Media-Perspektiven, Jg. 32/Heft 10, S. 478–490

Röper, H. 2012: Zeitungsmarkt 2012: Konzentration erreicht Höchstwert. In: Media-Perspektiven, Jg. 42/Heft 5, S. 268–285

Schlautmann, C./Siebenhaar, H.-P. 2011: Buchläden müssen dem Internet weichen. In: Handelsblatt vom 15.6. 2011

Sethe, P. 1965: Leserbrief. In: Der Spiegel, Jg. 19/Heft 19, S. 5

Siepmann, R. 2012: Das Ketten-Prinzip. Der Strukturwandel im Regionalzeitungsmarkt schreitet voran. In: epd medien, 10/2012, S. 6–10

VDZ – Verband Deutscher Zeitschriftenverleger (Hg.) 2011: Präsentation zur Jahrespressekonferenz des VDZ am 3.11.2011. Berlin (Manuskript)

Vogel, A. 2002: Publikumszeitschriften: Dominanz der Großverlage gestiegen. In: Media Perspektiven, Jg. 32/Heft 9, S. 433–447

Vogel, A. 2012: Publikumszeitschriften 2012: Kaum Anteilsverschiebungen im rückläufigen Markt. In: Media Perspektiven, Jg. 42/Heft 6, S. 317–338

Weichert, S./Kramp, L. 2009: Das Verschwinden der Zeitung? Internationale Trends und medienpolitische Problemfelder. Berlin: Friedrich-Ebert-Stiftung

Werle, R./Müller, U. 2000: Der Kampf um den Markt: Technische Konvergenz, institutionelle Heterogenität und die Entwicklung von Märkten in der technischen Kommunikation. In: Czada, A./Lütz, S. (Hg.): Die politische Konstitution von Märkten. Wiesbaden: Westdeutscher Verlag, S. 264–285

w&v 2010: werben & verkaufen, Wochenzeitschrift, Heft 6/2010

ZAW – Zentralverband der Deutschen Werbewirtschaft (Hg.) 2012: Werbung in Deutschland 2012. Berlin: edition zaw

Krise und Transformation der Musikindustrie

Ulrich Dolata

1 Einleitung

Gert Hautsch hat in seinem Beitrag gezeigt, dass die durch Internettechnologien angestoßenen sozioökonomischen und institutionellen Veränderungen in vielen traditionellen Medienbereichen bislang noch am Beginn stehen (ähnlich *Schrape* zum Buchhandel in diesem Band). Für die Musikindustrie gilt das nicht. Sie ist als erster der großen Mediensektoren bereits Anfang der 2000er Jahre mit voller Wucht vom technologischen Wandel getroffen worden und befindet sich seither in einem tiefgreifenden Umstrukturierungsprozess.

Im Zentrum des technologiegetriebenen Umbruchs in der Musikindustrie stehen drei komplementäre Entwicklungen, die in ihrem Zusammenspiel das bis dahin sehr stabile organisationale und institutionelle Gefüge des Sektors nachhaltig durcheinandergebracht haben. Erstens ist Musik bereits seit der Einführung der Compact Disc (CD) in der zweiten Hälfte der 1980er Jahre ein digitales Gut, das sich mit geeigneten technischen Mitteln unkompliziert, beliebig oft und ohne Qualitätsverlust vervielfältigen lässt. Zweitens ermöglichen seit Ende der 1990er Jahre verfügbare Datenkomprimierungsstandards (wie MP3) den problemlosen Up- und Download digitaler Musik. Und drittens hat sich das Internet seit Anfang der 2000er Jahre in rasanter Geschwindigkeit als ideales Medium des weltweiten Austauschs derartiger Güter etabliert. Mit diesen Entwicklungen wurden nicht nur die bestehenden Rechte- und Verwertungsbeziehungen des Sektors sukzessive infrage gestellt, die auf physische Tonträger zugeschnitten waren. Mit der Migration von Musik ins Internet veränderten sich auch die bestehenden Marktstrukturen und Distributionsformen sowie die Nutzungspräferenzen und der Konsum von Musik gravierend (Peitz/Waelbroeck 2006; Friedrichsen et al. 2004; Leyshon et al. 2005; Dolata 2003, 2005, 2008a).

Die wesentlichen Impulse zur Veränderung kamen zunächst nicht aus dem Kern des Sektors, sondern von dessen Rändern beziehungsweise von außerhalb. Die Gründung der Musiktauschbörse Napster 1999 bildete den Auftakt eines fulminanten Aufschwungs kostenlosen Musiktauschs über das Internet. Und der Start des iTunes Store von Apple 2003 markiert den Beginn eines tragfähigen kommerziellen Geschäfts mit digitaler Musik aus dem Netz. Demgegenüber haben die etablierten Musikkonzerne und Musikhändler auf die technologischen und die damit verbundenen sozioökonomischen Veränderungen zunächst zögerlich reagiert und erst vor dem Hintergrund eines massiven und unabweisbaren

Veränderungsdrucks damit begonnen, sich in größerem Maße auf das Internet einzulassen und sich entsprechend strategisch neu zu positionieren. Das hatte Konsequenzen für die Transformation des Sektors, die nicht in Form einer gezielten und geordneten, vom Kern des Sektors ausgehenden und von seinen etablierten Akteuren getragenen Restrukturierung (Campbell 2006) verlief, sondern als disruptiver und krisenhafter sektoraler Umbruch, der zumindest zeitweise außer Kontrolle geraten ist.

Anknüpfend an unseren Einführungsbeitrag in diesen Sammelband ließe sich formulieren: Ein neues Set ausgesprochen eingriffstiefer Technologien traf hier auf eine geringe Adaptionsfähigkeit des Sektors und der ihn bis dahin dominierenden Akteure (*Dolata/Schrape* in diesem Band). Als Adaptionsfähigkeit bezeichne ich nicht einfach ein reaktives Anpassungsvermögen eines Sektors und seiner Akteure an bereits veränderte technologische Gegebenheiten. Entscheidend ist vielmehr, wie zunächst noch unfertige und anwendungsoffene neue technologische Möglichkeiten und deren mögliche sozioökonomische und organisationale Effekte in einem Sektor antizipiert, aufgegriffen und verarbeitet werden (Dolata 2011a: 75–77). Warum der Sektor insgesamt und seine vorderhand mächtigen Kernakteure eine derart geringe Antizipations- und Adaptionsfähigkeit gegenüber den neuen Technologien und ihren sozioökonomischen Implikationen aufwiesen – das ist die zentrale Frage, die in diesem Aufsatz diskutiert und beantwortet werden soll.

Dazu wird in einem kurzen orientierenden Überblick zunächst die aktuelle Situation des Musiksektors mit derjenigen von Mitte der 1990er Jahre verglichen *(Kapitel 2)*. Daran anschließend wird der Wandel des Sektors und seiner Akteure seit Ende der 1990er Jahre empirisch rekonstruiert und systematisiert *(Kapitel 3)*. Auf dieser Grundlage wird dann herausgearbeitet, warum die Antizipations- und Adaptionsfähigkeit des Sektors und seiner etablierten Akteure gegenüber den technologischen Herausforderungen und den damit einhergehenden sozioökonomischen und institutionellen Veränderungen bis in die zweite Hälfte der 2000er Jahre hinein derart gering war *(Kapitel 4)*. In *Kapitel 5* schließlich wird diskutiert, wie sich Adaptions(un)fähigkeiten im Laufe eines sektoralen Transformationsprozesses verändern können, und begründet, warum auch der radikale Wandel eines Sektors nicht mit einem radikalen Austausch seiner Akteure einhergehen muss.

2 Musikindustrie in der Krise – Empirische Evidenzen

Mitte der 1990er Jahre war die Musikindustrie ein klar strukturierter und florierender Sektor, der schon damals global ausgerichtet war. Die im Rahmen eines joint venture von Philips und Sony entwickelte und 1983 auf den Markt gebrachte

Compact Disc, der Boom von bespielten Musikkassetten für das Autoradio und den Walkman sowie der zeitlich parallele Aufschwung von Musik-TV und Musik-Videos hatten dem zuvor stagnierenden Musikmarkt neue Impulse gegeben (Sanjek/Sanjek 1991: 256–260; Denisoff 1988). Vor allem die Umstellung von Vinyl auf CD und die damit mögliche Zweitverwertung der Backkataloge auf neuer technologischer Grundlage hatte der Branche eine Sonderkonjunktur mit signifikanten Umsatzzuwächsen beschert: Die weltweiten Umsätze des Tonträgermarktes verdreifachten sich zwischen 1985 (12,3 Mrd. $) und 1995 (39,7 Mrd. $) (Hertz 1999: 63; IFPI 1999). Dieser Markt wurde im Ergebnis einer Akquisitions- und Fusionswelle, die in der zweiten Hälfte der 1980er Jahre eingesetzt hatte, weltweit von fünf Musikkonzernen beherrscht, auf die 1997 ein Marktanteil von über 80 Prozent entfiel: von Universal/Polygram, Sony Music Entertainment, EMI, der Warner Music Group und der Bertelsmann Music Group (BMG) (Tschmuck 2006: 160–168; Steinkrauß 2005: 29). Diese als *Majors* bezeichneten Unternehmen kontrollierten die Wertschöpfungskette der Branche nahezu lückenlos. Als vertikal integrierte Konzerne beherrschten sie nicht nur die Auswahl und das Management der Künstler und des Repertoires sowie die Aufnahme und Verwertungsrechte von Musik, sondern stellten ihre Produkte auch in eigenen Presswerken her und kontrollierten über weltweite eigene Vertriebssysteme deren Distribution (Burkart 2005; Bishop 2005; Hull 2004: 130–135).

Fünfzehn Jahre später sieht die Lage anders aus. Die nach der Fusion von BMG und Sony und des Verkaufs von EMI an Universal verbleibenden drei *Major*s dominieren mit einem Umsatzanteil von 75 Prozent vorderhand zwar nach wie vor den weltweiten Musikmarkt (Wikström 2009: 46–84; Music & Copyright 2012). Die Industrie befindet sich seit Ende der 1990er Jahre allerdings in einer tiefen Krise. Die Umsätze mit Tonträgern sind seither kontinuierlich gesunken: Weltweit von 40,5 Mrd. US-$ in 1999 auf 31,8 Mrd. US-$ in 2006 (IFPI 2007) und 24,3 Mrd. US-$ in 2010 (Bundesverband Musikindustrie 2011: 62), in den Vereinigten Staaten von 14,3 Mrd. US-$ in 2000 auf 7,0 Mrd. US-$ in 2011 (RIAA 2012) und in Deutschland von 2,63 Mrd. Euro in 2000 auf 1,67 Mrd. Euro in 2010 (Bundesverband Musikindustrie 2011: 12; alle Umsatzangaben zu Endverbraucherpreisen).

Diese gravierenden Umsatzrückgänge seit Beginn der 2000er Jahre sind vor allem den zum Teil drastischen Einbrüchen im traditionellen Kerngeschäft mit CDs geschuldet, die durch die seit 2006 anziehenden Dynamiken des digitalen Marktes – dazu zählen vor allem Downloads von Singles, Alben und Musikvideos, daneben auch Einnahmen aus Abo- und Streaming-Services sowie die Mobile Music (z.B. Klingeltöne) – bislang nicht annähernd kompensiert werden konnten (IFPI 2008: 5–7; IFPI 2012: 10–13). Vor dem Hintergrund eines signifikant gesunkenen Gesamtumsatzes des Sektors hat sich die Verteilung der Erlöse aus physischen Tonträgern (CD, Single, DVD, Vinyl) und aus digitaler Musik (Download, Subskription, Mobile, Video) mittlerweile allerdings gravierend verschoben: Insgesamt entfielen 2011 weltweit 32 Prozent des Gesamtumsatzes der Musikunternehmen auf digitale Musik, in den USA bereits 52 Prozent (IFPI 2012: 6; RIAA 2012). Der digitale Musikmarkt ist damit keine Randerscheinung mehr und wird in den kommenden Jahren auch auf den anderen großen Musikmärkten den klassischen Tonträgerverkäufen den Rang ablaufen. Der Wandel des Marktes von physischen Produkten zu digitalen Files ist in der Musikindustrie erheblich weiter fortgeschritten als in anderen wichtigen Mediensektoren (vgl. die Beiträge von *Hautsch* und *Schrape* in diesem Band).

3 MP3, das Internet und die Transformation der Musikindustrie – Eine sozioökonomische Rekonstruktion

3.1 Die Vorgeschichte: Fehlender Kopierschutz bei CDs und offenes MP3-Format

Die Vorgeschichte des Umbruchs der Musikindustrie beginnt allerdings nicht erst Anfang der 2000er Jahre, sondern bereits zu der Zeit, als die Welt der Musikindustrie noch in Ordnung war. Sie ist geprägt von zwei technischen Entwicklungen, die die Basis für den Ende der 1990er Jahre einsetzenden Kontrollverlust der *Majors* nicht nur über ihr Produkt, sondern auch über den Transformationsprozess des Sektors insgesamt bilden (Dolata 2008b; 2011b).

Anders als die Mitte der 1990er Jahre eingeführten DVDs kamen Compact Discs 1983 ohne jeglichen Kopierschutz auf den Markt. Auf dieser restriktionsfreien Grundlage wurde mit der Einführung von CD-Rekordern und bespielbaren CDs in der zweiten Hälfte der 1990er Jahre zunächst das Brennen digitaler Kopien von physischen Tonträgern ohne Qualitätsverlust und Einschränkung möglich. Darüber hinaus eröffnete die Verbreitung von Datenkomprimierungs-Software im offenen MP3-Format seit der zweiten Hälfte der 1990er Jahre nicht nur das problemlose *file sharing* von Musik im Netz, sondern auch die Konvertierung von Musikdateien auf CDs.

Die einschneidenden Wirkungen dieser beiden technologischen Entwicklungen sind von der Musikindustrie nicht antizipiert beziehungsweise unterschätzt worden. Die Möglichkeit digitaler Kopien von digitalen physischen Tonträgern lag in den 1980er Jahren noch außerhalb des Erwartungshorizontes (nicht nur) der Industrie. Und die potenziellen Effekte des MP3-Standards in Kombination mit dem Internet, die seit Mitte der 1990er Jahre absehbar waren, sind von der Musikindustrie nur sehr zögerlich und zunächst vor allem als zu bekämpfende Gefahr wahrgenommen worden (Barfe 2004: 324–330; Burkart/McCourt 2006: 44–50; Brandenburg 2004).

3.2 Pre-Napster: Rechtsetzungsaktivitäten, DRM-Initiativen und erste Internet-Pilotprojekte der Industrie

Die Musikkonzerne und ihre großen Interessenverbände, insbesondere die US-amerikanische Recording Industry Association of America (RIAA) und die International Federation of the Phonographic Industry (IFPI), reagierten in der zweiten Hälfte der 1990er Jahre auf die neuen technologischen Herausforderungen zunächst mit zwei Containment-Strategien.

Erstens begannen die Interessenverbände früh, Druck auf die US-amerikanische und internationale Rechtsetzung auszuüben. Angestoßen durch die amerikanische Musik- und Medienindustrie und maßgeblich vorangetrieben durch die US-Regierung wurden bereits Ende 1996 im Rahmen der World Intellectual Property Organization (WIPO) zwischen den rund 100 Mitgliedstaaten mit dem WIPO Copyright Treaty und dem WIPO Performances and Phonograms Treaty zwei Verträge abgeschlossen, die den Musikunternehmen und -interpreten das exklusive Recht zugestanden, die eigenen Musikstücke ins Netz zu stellen, und ihnen darüber hinaus einen weit reichenden Rechtsschutz gegen die Umgehung technischer Schutzvorkehrungen zur Sicherung ihrer Produkte gewährten. Im Herbst 1998 trat in den USA nach massiver Lobbyarbeit der RIAA und der Motion Picture Association of America (MPAA) der Digital Millenium Copyright Act (DMCA) in Kraft, der die WIPO-Verträge in nationales Recht umsetzte (Litman 2001; U.S. Copyright Office 1998). Damit war zunächst in den USA und später auch in Westeuropa eine rechtliche Grundlage für die juristische Verfolgung von Urheberrechtsverletzungen vorhanden. Klagen gegen Urheberrechtsverletzungen durch nichtkommerzielle Tauschbörsen, *service provider* und später auch Einzelpersonen gehören seither zum strategischen Kernrepertoire der Industrie und ihrer Verbände (Peitz/Waelbroeck 2006).

Die *zweite* Containment-Strategie der frühen Jahre zielte auf die Entwicklung eines allgemeinen technischen Sicherungsstandards für digitale Musik, der den legalen Vertrieb von Musikfiles kontrollieren sowie deren illegale Verbreitung mit Hilfe technischer Restriktionen eindämmen sollte. Zu diesem Zweck wurde Ende 1998 auf Betreiben der Majors, der RIAA und der IFPI die Secure Digital Music Initiative (SDMI) gegründet – ein Konsortium aus mehr als 200 Unternehmen, denen neben den großen Musikkonzernen auch maßgebliche Hersteller von Unterhaltungselektronik sowie Hard- und Softwarehersteller der informationstechnischen Industrie angehörten. Das sehr ambitionierte Ziel des Konsortiums, einen allgemeingültigen und kompatiblen Digital-Rights-Management-Standard (DRM) für digitale Musik, Aufnahme- und Abspielgeräte zu entwickeln und durchzusetzen, scheiterte allerdings schnell und auf ganzer Linie. Zum einen kam die Initiative zu spät: Musik auf Tonträgern gab es Ende der 1990er Jahre fast ausschließlich in ungeschützten Formaten, die sich über offene

Komprimierungsstandards im Netz problemlos verbreiten ließen. Und zum anderen gab es innerhalb des großen Konsortiums sehr divergente Interessenlagen insbesondere zwischen der Musikindustrie und der Unterhaltungselektronikindustrie, die eine Einigung auf einen allgemein gültigen DRM-Standard verhinderten (Burkart/McCourt 2006: 101–117).

Neben diesen Versuchen, mit juristischen und technischen Mitteln sowohl den kostenlosen Tausch von Musikfiles einzudämmen als auch kommerzielle Downloads zu kontrollieren, gab es zu dieser Zeit vereinzelt auch erste Aktivitäten der Musikindustrie, die darauf zielten, eigene Download-Angebote aufzubauen (Braun 1997; Zombik 1998; Hertz 1999). Diese Vorhaben hatten allerdings den Charakter experimenteller Pilotprojekte, mit denen die Industrie zusammen mit externen Technologieanbietern die Möglichkeiten des Aufbaus eines eigenen Geschäfts mit Online-Musik erstmals austestete. Sie scheiterten schnell an ihren gravierenden technischen, organisatorischen und geschäftlichen Unzulänglichkeiten, zeigen aber zugleich, dass gegen Ende der 1990er Jahre nicht nur die Gefahren, sondern auch die potenziellen Möglichkeiten des Netzes zumindest bei den technologisch aufgeschlossenen Teilen der Industrie angekommen waren. Letztere hatten allerdings große Schwierigkeiten, die Brisanz der neuen Entwicklungen in die Spitzen der hierarchisch geführten Konzerne zu kommunizieren (Weikert 2007; Renner 2004; Zombik 1998).

3.3 Von Napster zu iTunes: Tauschbörsen, Filesharing und Positionierungsversuche der Musikkonzerne im Online-Vertrieb

Das Management der Musikkonzerne wurde vom fulminanten Erfolg der Musiktauschbörse Napster und dem von ihr ausgelösten Boom des unentgeltlichen Musiktauschs im Netz Ende der 1990er Jahre völlig überrascht. Im Herbst 1999 begann der Aufschwung von kostenlosen Musiktauschbörsen, über die Musikfans ihre files direkt untereinander austauschen konnten – entweder vermittelt über einen zentralen Server (wie bei Napster) oder vollständig dezentral, lediglich über die Verwendung entsprechender Such- und Tauschsoftware (wie sie z.B. von Gnutella, Freenet oder Kazaa bereitgestellt wurde). Der kostenlose Musiktausch im Internet erlangte damit eine neue Qualität: Allein im Februar 2001 nutzten weltweit ca. 44,6 Mio. Internet-Surfer das Napster-Angebot (Alderman 2001; Schliesche 2007). Musik musste nicht mehr gekauft werden, um sie hören und kopieren zu können, sondern stand von nun an in all ihren Facetten irgendwo im Netz als ebenso schnell herunterlad- wie auch wieder löschbarer Datensatz zur Verfügung. Ihr Tausch verlagerte sich von lokalen Zusammenhängen in die globale Welt der „digital community networks“ (Hughes/Lang 2003). Und ihre Verwaltung und Nutzung verschob sich von der Plattensammlung und Musikanlage auf den Computer, den Server und das mobile digitale Abspielgerät (Peitz/Waelbroek 2006; Liebowitz 2004).

Die Musikindustrie reagierte auf diese neue Herausforderung eines massenhaften kostenlosen Musiktauschs im Netz in den folgenden Jahren mit zwei Strategien.

Zum einen setzte sie ihre Containment-Bemühungen fort und verschärfte ihren juristischen Kampf zunächst gegen Tauschbörsen. Im Dezember 1999 reichte die RIAA im Verbund mit den fünf Majors eine Schadenersatzklage gegen Napster wegen fortgesetzter Verletzungen des Urheberrechts ein. Nach einer Reihe gerichtlicher Auseinandersetzungen, in denen Napster unterlag, wurde die Tauschbörse in ihrer ursprünglichen Form Mitte 2001 geschlossen. Gleichzeitig ging die RIAA auch gegen andere Tauschbörsen wie Gnutella oder Kazaa vor und konnte die Schließung weiterer Anbieter durchsetzen (Bishop 2005; Alderman 2001).

Zum anderen versuchten die Musikkonzerne zwischen 2000 und 2003, mit eigenen kommerziellen Download-Angeboten zu reüssieren und darüber den digitalen Musikmarkt unter ihre Kontrolle zu bringen. Einen nennenswerten Markt für digitale Musik gab es damals noch nicht. Im Independent-Bereich hatten sich Ende der 1990er Jahre zwar erste kommerzielle Anbieter wie eMusic etabliert (Tschmuck 2006: 169–177). Titel der Majors waren bis 2000 dagegen faktisch nicht als kostenpflichtige digitale files erhältlich (Schaber 2000).

Auch die Versuche der Majors, den digitalen Vertrieb ihrer Musik selbst zu organisieren und zu kontrollieren, scheiterten allerdings schnell. Sie waren geprägt durch verpasste Chancen, durch wechselnde Koalitionen und Frontstellungen zwischen den Majors sowie durch die Entwicklung von digitalen Vertriebsmodellen, die in bemerkenswerter Weise an der Musiknachfrage und den Interessen der Musikkonsumenten vorbeizielten. Die zwei wesentlichen strategischen Varianten der Majors, die die ganze Widersprüchlichkeit und Unzulänglichkeit dieser Versuche zum Ausdruck bringen, sollen hier kurz skizziert werden.

Die *erste Variante* zielte darauf, das nichtkommerzielle Erfolgsmodell Napster auf legale Beine zu stellen und zu einer kommerziellen Download-Plattform für die Musik der Majors und anderer Firmen umzufunktionieren. Diese Strategie wurde im Herbst 2000 von Thomas Middelhoff, dem damaligen Vorstandsvorsitzenden der Bertelsmann AG, vorangetrieben. Zur gleichen Zeit, als die RIAA und die fünf Majors einschließlich der Bertelsmann-Tochter BMG (!) versuchten, Napster auf juristischem Weg zu eliminieren, gab der deutsche Konzern Napster ein Darlehen von 50 Mio. Dollar (für das er im Gegenzug die Option einer Mehrheitsbeteiligung erhielt) und versuchte, das technisch gut funktionierende und sozial etablierte Napster-Netzwerk zu einem legalen Abo-Dienst unter seiner Kontrolle umzubauen. Der Versuch scheiterte am Widerstand der anderen Majors. Sie befürchteten eine Vormachtstellung von Bertelsmann im künftigen digitalen Musikmarkt und blockierten nicht nur das Vorhaben selbst, indem sie die Lizenzierung ihrer Musik an Napster verweigerten, sondern weiteten darüber hinaus ihre Schadenersatzklagen gegen Napster auf Bertelsmann aus (Röttgers 2003: 17–47; Renner 2004: 153–158; Burkart/McCourt 2006: 59–63). Als Folge dieser scharfen kompetitiven Frontstellungen der Majors wurde die Chance verspielt, Kontrolle über den digitalen Musikvertrieb durch die kommerzielle Adaptation der führenden nichtkommerziellen Tauschbörse zu erlangen.

Stattdessen – dies war die *zweite Variante* – konzentrierten die Majors in der Folgezeit ihre Bemühungen darauf, über die Formierung von strategischen Allianzen separate und konkurrierende Plattformen mit unterschiedlichen Geschäftsmodellen, Preisstrukturen und DRM-Systemen für den digitalen Musikvertrieb zu entwickeln. 2001 gingen BMG, Warner und EMI zusammen mit dem Technologieanbieter Real Networks ein *joint venture* ein und gründeten das Download-Angebot MusicNet. Parallel ging das konkurrierende Angebot Pressplay an den Start, das von Universal und Sony getragen wurde. Auch diese Versuche scheiterten schnell an der ausgeprägten Kooperationsunfähigkeit der Majors und an den unattraktiven Nutzungsmöglichkeiten dieser Plattformen. Obgleich die Majors verstärkt dazu übergingen, ihre digitalen Kataloge auch unabhängigen Anbietern zur Verfügung zu stellen, lizenzierten sich die beiden Major-Plattformen ihre Titel nicht gegenseitig, so dass beide Angebote große Lücken im Repertoire aufwiesen. Zudem waren sie mit rigiden proprietären DRM-Systemen und Nutzungseinschränkungen versehen. Beides machte sie für Musikkonsumenten ausgesprochen uninteressant und führte bereits 2003 zur Beendigung auch dieser Experimente (Friedrichsen et al. 2004: 68–71; Renner 2004: 151–153).

Damit endeten die Bemühungen der Musikkonzerne, den digitalen Musikvertrieb in eigener Regie zu organisieren, Zwischenhändler weitgehend auszuschalten und die Wertschöpfungskette der Branche auch weiterhin vollständig zu beherrschen. Sie scheiterten an technisch unausgereiften und für die Endkunden unattraktiven Vertriebsmodellen sowie an einer geringen Kooperationsfähigkeit der Majors, die in scharfen und schnell wechselnden Frontstellungen zueinander standen. Darüber hinaus verfolgten die jeweiligen Technologieanbieter, auf die die Majors angewiesen waren (wie z.B. RealNetworks), eigene Interessen und arbeiteten parallel am Aufbau eigener Download-Plattformen.

3.4 iTunes und die Folgen: Branchenexterne Newcomer, Rückkehr zum alten Vertriebsmodell auf digitaler Basis und Abkehr von DRM- Systemen

Den Durchbruch im kommerziellen Vertrieb digitaler Musik schaffte stattdessen ein branchenexterner Akteur. Der Computerhersteller Apple eröffnete 2003 zunächst in den USA und ein Jahr später auch in Deutschland, Frankreich und Großbritannien seinen iTunes Music Store, der nahezu das komplette digital verfügbare Repertoire der fünf führenden Musikkonzerne und von über 1.000 Independents im Programm hatte. Zusammen mit dem Musikplayer iPod, dessen erste Version bereits im Herbst 2001 in den USA auf den Markt gebracht worden war, konnte Apple erstmals ein integriertes kommerzielles Download- und Hardware-Angebot präsentieren, das technisch einfach zu handhaben war, mit vergleichsweise geringen DRM-Restriktionen arbeitete, von den Musikkonzernen akzeptiert und von den Musikkonsumenten angenommen wurde (Gasser et al. 2004; Gasser/Begue 2005). Bis Mitte 2007 hat der iTunes Store insgesamt über drei Milliarden Songs und Apple über 100 Millionen iPods verkauft (Apple 2007, 2008; heise-online News vom 17.10.2007; heise-online News vom 24.1. 2008). Obgleich es 2007 weltweit über 500 verschiedene digitale Music Stores gab, dominiert Apple mit iTunes seit 2003 dieses Geschäft mit nationalen Marktanteilen zwischen 70 und 90 Prozent eindeutig (IFPI 2008).

Der Erfolg von iTunes und die Etablierung weiterer kommerzieller digitaler Musik-Angebote war im Grunde eine Rückkehr zum alten Vertriebsmodell auf digitaler Basis. Der Versuch der Industrie, den Zwischenhandel weitgehend auszuschalten und digitale Musik direkt an die Endkunden zu verkaufen, war gescheitert. Stattdessen wurden nun die klassischen stationären Händler um digitale Music-Stores erweitert, denen die Majors ihr Repertoire zur Verfügung stellten. Anders als der stationäre Handel, der von großen nationalen Handelsketten dominiert wird, konnte sich Apple mit iTunes allerdings weltweit als unangefochtener Marktführer etablieren – und wurde damit zu einem mächtigen und diktierfreudigen Verhandlungspartner der Musikindustrie in diesem neuen Geschäftsfeld. Dass sich alle führenden Musikkonzerne 2003 gleichwohl auf den iTunes Store einließen und ihr digitales Repertoire zur Verfügung stellten, lässt sich vor allem darauf zurückführen, dass die Industrie nach ihren gescheiterten eigenen Versuchen unter massivem Druck stand, dem kostenlosen Musiktausch schnell ein breit akzeptiertes legales Angebot entgegenzustellen (Weikert 2007).

Neben der durch iTunes angestoßenen Etablierung eines seit 2005 expandierenden kommerziellen Marktes für digitale Musik und der anhaltenden strafrechtlichen Verfolgung von illegalen Downloadern durch die Musikverbände und -konzerne kam es in diesen Jahren zum vollständigen Verzicht auf DRM-Systeme beim Verkauf von digitaler Musik.

Bis 2007 waren alle Online-Stores, die das digitale Repertoire der Majors im Angebot hatten, mit DRM-Systemen ausgestattet, die genau festlegten, was die Konsumenten mit einem Musiktitel machen konnten. Nach dem Scheitern eines allgemeinen industrieweiten DRM-Standards hatte jeder große Download-Anbieter eine eigene proprietäre DRM-Technik eingesetzt – mit der Folge, dass die Musikkäufer die erworbenen Songs oft nur auf bestimmten Geräten und mit jeweils spezifischer Software nutzen konnten (Buhse/Günnewig 2005; Pohl 2007). Obgleich proprietäre DRM-Systeme die Entwicklung legaler Downloads zu einem Massenmarkt behinderten, waren die vier Majors bis 2007 einhellig gegen deren Abschaffung. Diese gemeinsame Frontstellung erodierte im Laufe von 2007, nachdem Steve Jobs in einem offenen Brief für die komplette Abschaffung von DRM-Systemen plädiert und mit EMI den ersten der Majors dafür gewonnen hatte, sein digitales Repertoire im iTunes Store künftig ohne Kopierschutz zum Verkauf anzubieten (Jobs 2007; heise-online News vom 2.4. 2007). Bis Ende des Jahres hatten auch die drei anderen Majors Universal, Warner und BMG/Sony ihren Widerstand aufgegeben und angekündigt, künftig auch ihre Musik weitgehend ohne Beschränkungen vertreiben zu lassen (IFPI 2008: 14f.). Nachdem mit EMI der am stärksten von der Krise des Musikmarktes betroffene Konzern aus der Phalanx der Majors herausgebrochen und die Initiative von Apple in der Öffentlichkeit einhellig begrüßt worden war, sprachen sich auch andere bereits etablierte beziehungsweise im Aufbau befindliche Download-Plattformen wie Musicload, Wal-Mart oder Amazon für kopierschutzfreie Angebote aus. Den Majors blieb in dieser Situation schließlich wiederum nichts anderes übrig, als sich dieser Bewegung anzuschließen.

3.5 Auf dem Weg zum digitalen Markt: Etablierung neuer Märke, Vertriebsstrukturen und Geschäftsfelder

Die Jahre seit 2010 lassen sich als relative Stabilisierung neuer sozioökonomischer und institutioneller Rahmenbedingungen des Musiksektors bezeichnen – und zwar in dreierlei Hinsicht.

Der Markt für digitale Musik hat sich von einem Nischenphänomen zu einem wichtigen Umsatzträger entwickelt und wird in den kommenden Jahren – so wie das bereits in den USA der Fall ist – auf allen großen Musikmärkten dem Verkauf physischer Tonträger den Rang ablaufen. Letztere werden zwar auch mittelfristig nicht verschwinden und vollständig durch digitale Produkte – Downloads, Streamings usw. – abgelöst werden. Der digitale Markt hat sich mittlerweile allerdings so weit entwickelt und gefestigt, dass er die weitere Entwicklungsdynamik des Sektors und die strategischen Orientierungen seiner Akteure maßgeblich prägt. Bislang dominieren kostenpflichtige Downloads noch eindeutig die Umsätze auf dem digitalen Markt. Künftig werden sich dort stärker auch Subskriptionen und Streaming-Angebote zu relevanten Umsatzträgern entwickeln, die den Zugang zu Musik gegen Bezahlung anbieten – und sie also nicht mehr als Produkt verkaufen, das der Käufer dann dauerhaft besitzt (und wenn auch nur als Datensatz) (IFPI 2012).

Auch die Strukturen des internetbasierten Vertriebs von Musik haben sich mittlerweile stabilisiert. Zwar sind auch in den vergangenen Jahren neue Anbieter auf diesen schnell wachsenden Markt gedrängt. Zu ihnen zählt vor allem der weltweit führende Buch-, Musik- und Medienkonzern Amazon, der im Herbst 2007 zunächst in den USA und kurze Zeit später auch auf den anderen großen Musikmärkten seinen Handel mit Tonträgern um einen digitalen Musikdienst erweitert hat. Daneben beginnen sich auch reine Subskriptions- und Streaming-Dienste wie Spotify oder Rhapsody zu etablieren. Allerdings waren bislang alle Versuche, die Dominanz von Apple und iTunes auf dem digitalen Vertriebsmarkt zu brechen, erfolglos. In den USA entfallen seit Jahren auf den iTunes Store von Apple über 70% des Gesamtumsatzes des digitalen Musikmarktes. Stärkster Konkurrent ist dort Amazons MP3 mit etwa 12 Prozent Marktanteil (NPD Group 2010; Billboard vom 3.5.2012; Apple 2010, 2011). Unternehmen, die Musik als Subskription und Stream anbieten, bildeten mit einem Marktanteil von knapp 7 Prozent in 2011 dagegen erst eine kleine Randgruppe des digitalen Musikmarktes in den USA (RIAA 2012; Financial Times Deutschland vom 13.7. 2012: 7) Zwar gibt es weltweit mittlerweile über 500 Händler, die die Musik aller großen Konzerne und Independents legal vertreiben (IFPI 2012: 10), aber nur zwei wirklich relevante und mächtige Spieler: Apple und (mit großem Abstand) Amazon, die eine ähnlich dominante Stellung im Handel mit digitaler Musik auch auf den anderen großen Musikmärkten haben.

Die Majors selbst haben lange an ihrem traditionellen Kerngeschäft mit CDs festgehalten, das sie ohne gesicherte und kommerziell tragfähige Alternativen nicht zerstören wollten, und darüber die Suche nach neuen Geschäftsfeldern und Erlösquellen auf dem digitalen Markt vernachlässigt. Erst seit 2006 gibt es intensivere Versuche, mit neuen Geschäftsmodellen zu experimentieren, die über das klassische Tonträgergeschäft hinausgehen (siehe auch den Beitrag von *Kunow* in diesem Band). Dazu zählen etwa Crossmarketing-Ansätze, die auf die Komplettvermarktung der unter Vertrag stehenden Künstler zielen und neben dem Verkauf ihrer Musik auch die Distribution von Fanartikeln, die Tourneevermarktung und den Aufbau interaktiver Websites umfassen. Dazu zählen auch Experimente mit subskriptions- und werbefinanzierten Streaming-Angeboten oder mit differenzierten Preismodellen, in denen die Konsumenten zum Teil selbst bestimmen können, wie viel Geld sie für ein neues digital erhältliches Album ausgeben wollen (IFPI 2008, 2012). Ob diese spät und zögerlich gestarteten Versuche der Majors, ihr Geschäft mit Musik über den Aufbau neuer Geschäftsfelder und das Austesten neuer Erlösmodelle zu reanimieren, erfolgreich sein werden, ist heute noch nicht prognostizierbar – vieles befindet sich hier noch in der Experimentierphase. Getragen wird auch das digitale Musikgeschäft bislang hauptsächlich vom Verkauf von Musik – nun nicht mehr in Form von CDs, sondern als Download, und nun nicht mehr vertrieben durch stationäre Handelsunternehmen, sondern vornehmlich durch die beiden Online-Händler Apple und Amazon.

4 Adaptionsunfähigkeit: Strukturelle, institutionelle und organisationale Zugänge

Insgesamt ist mit den beschriebenen technologischen Umbrüchen das lange Zeit funktionierende Zusammenspiel zwischen Technik, Strukturen, Institutionen und Geschäftsmodellen in der Musikindustrie aus den Fugen geraten und eine Phase der experimentierenden Suche nach und interessegeleiteten Auseinandersetzung um eine neue soziotechnische Strukturation des Sektors eingeleitet worden, die zu den veränderten technischen Konstellationen passt. Die Digitalisierung des zentralen Produkts allein hatte bis etwa Mitte der 1990er Jahre noch stabilisierend auf die etablierten Produktions-, Distributions- und Verwertungsbedingungen des Sektors gewirkt und die Markt- und Kontrollmacht der Majors eher gestärkt als geschwächt. Erst die Verknüpfung der technisch nicht geschützten Digitalisierung mit offenen Standards der Datenkomprimierung und der Aufschwung des Internet konnten ab Ende der 1990er Jahre jene einschneidenden Wirkungen entfalten, die die sozioökonomischen Koordinaten des Sektors sukzessive verschoben haben.

Typisch für den Kern der Musikindustrie war bis in die zweite Hälfte der 2000er Jahre hinein eine bemerkenswert geringe Adaptionsfähigkeit. Die Majors und die industriellen Interessenverbände, die den Sektor lange Zeit nahezu lückenlos kontrollieren und gestalten konnten, haben die potenzielle Sprengkraft der neuen Technologien zunächst unterschätzt und dann vornehmlich als zu bekämpfende Gefahr wahrgenommen. Sie haben mit Blockadehaltungen und restriktiven Anpassungsstrategien reagiert, die darauf zielten, die erfolgreichen Strukturen, Spielregeln und Geschäftsmodelle der Vergangenheit zu verteidigen, und haben erst vor dem Hintergrund eines massiven und unabweisbaren Restrukturierungsdrucks damit begonnen, sich in größerem Umfang strategisch zu repositionieren und sich auf neue Spielregeln einzulassen – und dies in zum Teil sehr widersprüchlicher Weise und mit schnell wechselnden Strategien. Das hat zu einem beträchtlichen Kontroll- und Gestaltungsverlust der etablierten Akteure geführt: Der sektorale Wandel der Musikindustrie hat sich über weite Strecken nicht als von ihnen getragener und durch sie kanalisierter Prozess einer kontrollierten Restrukturierung vollzogen, sondern in Form einer krisenhaften Neujustierung, die maßgeblich von neuen, sich an den Rändern beziehungsweise außerhalb des Sektors aufbauenden Dynamiken und Akteuren geprägt worden ist (Dolata 2011a: 123–154; Geels/Schot 2007).

Warum hat sich die Musikindustrie derart überraschen lassen und weshalb hat sie sich nach dem initialen Schock nicht konsequent neu positioniert? Um diese Frage zu beantworten, ist es notwendig, neben den organisationalen Eigenheiten der Majors, die eine konsequente Neuorientierung behindert haben, auch die strukturellen und institutionellen Rahmenbedingungen, die ihre Wahrnehmungen geprägt und an denen sie ihre Handlungen orientiert haben, in den Blick zu nehmen.

Ich knüpfe zur Erklärung im Folgenden an zwei Theoriestränge an: Zum einen an diejenigen Arbeiten zum Organisationswandel, die sich mit der Frage der strukturellen und kognitiven Trägheit beziehungsweise des Scheiterns etablierter Akteure befasst haben (Hannan/Freeman 1977, 1984; Amburgey et al. 1993; Utterback 1996; Christensen 1997; zusammenfassend: Mellahi/Wilkinson 2004; Lam 2005) und zum anderen an die Diskussionen um sozioökonomische beziehungsweise institutionelle Pfadabhängigkeiten und Pfadwechsel, die das Zusammenspiel von Stabilitätsneigung, Strukturpersistenz und krisenhafter Transformation thematisiert haben (North 1990; Mahoney 2000; Garud/Karnoe 2001; Ortmann 2009; zusammenfassend: Beyer 2006; Werle 2007).

4.1 Antizipations- und Implementationsprobleme

Die Musikindustrie ist kein Sektor, in dem neue Technologien entwickelt und produziert werden. Alle maßgeblichen Technologien der Aufnahme, Produktion, Speicherung und – in jüngster Zeit – der Distribution von Musik basieren auf sektorexternen Entwicklungen, die in sektorspezifischer Weise implementiert und genutzt werden. Hohe sektorale Adaptionsfähigkeit hieße in solchen Fällen: Antizipative Wahrnehmung und Aufnahmebereitschaft auch für grundlegend neue technologische Entwicklungen, die sich außerhalb des Sektors anbahnen und (potenziell) relevant für den Sektor werden könnten.

Die möglichen sozioökonomischen und institutionellen Effekte neuer Technologien früh verlässlich einzuschätzen und um sie herum schnell ein tragfähiges, institutionell abgesichertes neues Geschäftsfeld aufzubauen, ist allerdings schon *per se* ausgesprochen schwierig.

Die eine allgemeine Schwierigkeit lässt sich als *Antizipationsproblem* bezeichnen. Ende der 1990er Jahre war zumindest den technologisch aufgeschlossenen Mitarbeitern der Musikunternehmen und Verbandsvertretern durchaus bewusst, dass das Internet für den Sektor zu einer größeren Herausforderung werden würde. Zu diesem Zeitpunkt war allerdings noch nicht zu erkennen, welche Dynamiken diese Entwicklung nehmen, welche konkreten kommerziellen (und nichtkommerziellen) Möglichkeiten sich herausschälen und welche spezifischen Geschäftsmodelle sich als tragfähig erweisen würden (exemplarisch Zombik 1998). Stattdessen gab es sehr unterschiedliche und konfligierende Entwicklungsprognosen, Versprechungen und Warnungen, deren Gehalt damals noch nicht zuverlässig einzuschätzen war. Eine solche Situation hoher Unsicherheit und Ambiguität konstituiert für etablierte Akteure ein schwer zu handhabendes Dilemma: So lange nicht klar ist, wohin die Reise gehen wird, sind größere strategische Neuorientierungen und Restrukturierungen, die ja mit einer Relativierung des bis dahin erfolgreichen Geschäfts einhergehen, äußerst riskant. Und wenn klar ist, wohin die Reise geht, ist die Gefahr groß, dass sich neue Akteure, die das Gewicht des etablierten Geschäfts nicht mitschleppen müssen, bereits auf dem Weg befinden und damit begonnen haben, nicht mehr hintergehbare Fakten zu schaffen (Ortmann 2009: 61–77; Garud/Nayyar 1994; Anderson/Tushman 2001; Sorge/Witteloostuijn 2004).

Die zweite allgemeine Schwierigkeit lässt sich als *Implementationsproblem* bezeichnen und betrifft die konkrete Umsetzung größerer organisationaler und institutioneller Restrukturierungen. Nicht nur das Geschäft der Musikkonzerne, sondern natürlich auch die ihm zugrunde liegenden Rechts- und Verwertungsbeziehungen waren bis in die jüngste Vergangenheit auf physische Tonträger zugeschnitten (Hull 2004). Ohne deren substanzielle Anpassung an die digitale Produktion, Verwertung und Distribution lässt sich kein tragfähiges Online-Geschäft aufbauen und kommerziell nutzen. Darauf abzielende organisationale und institutionelle Neujustierungsprozesse sind freilich alles andere als triviale Vorgänge (Campbell 2004, 2006). Grundlegende Restrukturierungen sind in etablierten Organisationen in aller Regel ausgesprochen voraussetzungsvolle und riskante Unterfangen. Sie erfordern oft nicht nur hohe Neuinvestitionen und umfangreiche organisationsstrukturelle Maßnahmen, sondern gehen zugleich mit hohen *sunk costs* einher (Henderson 2006). Organisationale Restrukturierungen konnten sich unter unsicheren Bedingungen nicht anders als über Formen des experimentellen Austestens neuer digitaler Vertriebs-, Geschäfts- und Erlösmodelle vollziehen (Ala-Fossi et al. 2008). Und größere institutionelle Anpassungen können sich nur über komplexe, von divergenten Interessen durchsetzte Such-, Aushandlungs- und Abstimmungsprozesse zwischen einer größeren Zahl relevanter Akteure – den Musikfirmen, Künstlern, Musikverlagen, Verwertungsgesellschaften, Technologiefirmen und digitalen Musikanbietern im Internet – herausbilden. Beides – sowohl die Auslotung der kommerziellen Möglichkeiten und Ansatzpunkte des Einstiegs in das digitale Geschäft mit Musik als auch die Suche nach einem neuen, dazu passenden Rechts- und Verwertungsrahmen – nimmt zwangsläufig Zeit in Anspruch und konnte mit den Dynamiken, die insbesondere der an keinerlei institutionelle Fesseln gebundene nichtkommerzielle Musiktausch im Netz seit Ende der 1990er Jahre entfaltet hatte, nicht mithalten.

4.2 Hierarchische Organisation und technologischer Konservatismus

Diese grundsätzlichen Probleme der Antizipation und Adaption neuer technologischer Möglichkeiten wurden durch *organisationale Charakteristika der Majors* verstärkt, die typisch für etablierte Akteure sind und die insbesondere in der Forschung zum organisationalen Scheitern *(organizational failure)* thematisiert worden sind (Mellahi/Wilkinson 2004). Die saturierten Kernunternehmen eines

Sektors oder Feldes orientieren sich in ihrem Handeln in aller Regel stark an den bestehenden strukturellen und institutionellen Rahmenbedingungen – den vorhandenen Märkten und Konkurrenzstrukturen, Rechts- und Verwertungsrahmen –, die sie maßgeblich mitbegründet haben und die die Basis ihres bisherigen Erfolgs bilden (Leblebici et al. 1991; North 1990). Sie zeichnen sich durch darauf zugeschnittene Operations- und Veränderungsroutinen aus, die ihr Handeln legitimieren und strukturieren und die sie durchaus auch in die Lage versetzen, auf inkrementelle Veränderungen mit Anpassungsleistungen zu reagieren, die den bestehenden strukturellen und institutionellen Rahmen nicht grundsätzlich in Frage stellen (Hannan/Freeman 1977; 1984; Amburgey et al. 1993). Dies desensibilisiert sie freilich zugleich gegenüber radikalen Veränderungen ihrer Umweltbedingungen, die nicht in ihre kognitiven Wahrnehmungen, Geschäftspraktiken, Routinen und Prozeduren passen (Henderson 2006; Henderson/Clark 1990; Christensen 1997). Sie reagieren darauf typischerweise zunächst mit Unverständnis, dann mit Strategien zur Verteidigung des Status Quo und schließlich mit Versuchen, das Neue möglichst weitgehend in die bestehenden Strukturen, Institutionen und organisationalen Prozeduren zu integrieren.

Die Musikindustrie ist hierfür ein instruktives Beispiel. Ihre Kernunternehmen waren zunächst auch aufgrund ihrer hierarchischen und zentralistischen Struktur als Organisationen blind gegenüber der potenziellen Sprengkraft der neuen technologischen Möglichkeiten, versuchten dann, den Status Quo über die beschriebenen rechtlichen und technischen Containment-Strategien zu verteidigen und orientierten sich in ihren Bemühungen, das digitale Geschäft über eigene Distributionsangebote selbst zu organisieren, eng an ihren Erfahrungen mit physischen Tonträgern – und unterlagen dabei zunächst der Illusion, digitale Musik ähnlich schützen, vermarkten und vertreiben zu können wie CDs.

Darüber hinaus wurde die zögerliche Aufnahme und widersprüchliche Verarbeitung der neuen technologischen Möglichkeiten durch einen ausgeprägten *technologischen Konservatismus* verstärkt, der den Kern der Musikindustrie traditionell prägt. Wichtige neue Technologien wie das Tonband, die Musikkassette oder die CD sind nicht nur auf Aktivitäten von externen Akteuren, insbesondere von Elektronikkonzernen zurückzuführen, sondern darüber hinaus von der Musikindustrie zunächst kollektiv zögerlich bis abwehrend aufgenommen worden. Selbst das im Rückblick große Marktpotenzial, das sich aus der Umstellung von Vinyl auf CDs ergab, ist dort zunächst eklatant unterschätzt und von der Sorge überlagert worden, das neue Medium könnte das damalige Kerngeschäft mit Schallplatten kannibalisieren und dessen Niedergang nicht kompensieren. Auch nach dem kommerziellen Durchbruch und Erfolg der CD als neuer Tonträgertechnologie sind die weiter reichenden Potenziale der Digitalisierung, insbesondere die Möglichkeiten der Herstellung und elektronischen Verbreitung nichtphysischer Musikprodukte, lange Zeit nicht erkannt worden.

Die CD wurde stattdessen lediglich als digitaler Ersatz der Schallplatte mit höherer Speicherkapazität begriffen (Tschmuck 2006: 149–177; Geels 2007). Diese abwehrende, bestenfalls zögerliche und in der Regel uninformierte Grundhaltung gegenüber technologischen Innovationen hat sich, wie die Rekonstruktion gezeigt hat, bis in die jüngste Vergangenheit fortgesetzt und gilt auch für die späte Wahrnehmung der Datenkomprimierungstechnologien und des Internet.

Der wesentliche Grund für diesen technologischen Konservatismus liegt darin, dass technologische Innovationen und der Kampf um Technologieführerschaft traditionell nicht im Zentrum der Konkurrenzauseinandersetzung in der Musikindustrie standen. Die Musikfirmen konkurrierten in erster Linie über den Aufbau, die vertragliche Bindung und die Vermarktung von Künstlern und deren Repertoire miteinander. Technik wurde zwar immer als wichtige Infrastruktur und Voraussetzung des Musikgeschäfts begriffen, aber nicht als markt- und nachfragestrukturierende Größe oder als Ansatzpunkt zur Erzielung von Konkurrenzvorteilen – und stand dementsprechend nicht im Zentrum der Aufmerksamkeit und Strategiebildung der Musikkonzerne. Von wenigen Ausnahmen abgesehen gab es frühe Wahrnehmungen der potenziellen Tragweite der neuen technologischen Möglichkeiten zunächst nur an den entscheidungsirrelevanten Rändern der Konzerne, nicht dagegen in den strategisch relevanten Bereichen der Geschäftsführung, des Produktmanagements und des Vertriebs. Alles, was über die inkrementelle Weiterentwicklung der bestehenden technischen Basis des Musikgeschäfts hinausging, geriet damit systematisch aus dem Blickfeld der etablierten Akteure.

4.3 Oligopolistische Strukturen und der Glaube an die Überlegenheit des Second Exploiter

Schließlich haben auch die *allgemeinen Strukturmerkmale des Sektors* Haltungen des Abwartens und Vorstellungen der konsequenzlosen Integration und unproblematischen Kontrolle neuer technologischer Möglichkeiten gestützt. Bis Ende der 1990er Jahre wurde der Sektor geprägt von einer Handvoll hierarchisch geführter und vertikal integrierter Konzerne, die die gesamte Wertschöpfungskette nahezu lückenlos kontrollieren konnten und in der Lage waren, andernorts entstandene künstlerische und technologische Innovationen vergleichsweise problemlos und ihren Interessen gemäß in die bestehenden Produktions-, Markt- und Verwertungsstrukturen zu integrieren. Neue Musikstile – Rock ’n’ Roll, Disco, Punk, HipHop, Heavy Metal – sind regelmäßig zunächst an den Rändern des Sektors entstanden und von unabhängigen Labels popularisiert worden, konnten allerdings über lukrative Vertragsabschlüsse mit kommerziell interessanten Künstlern oder den Aufkauf von Independent-Labels immer wieder domestiziert und in das Geschäft der Majors integriert werden (Hull 2004).

Die Musikkonzerne agierten in aller Regel nicht als *first mover*, sondern als *second exploiter* – und konnten sich dies aufgrund ihrer Produktions- und Marktmacht lange Zeit auch leisten.

Diese selbstgewisse, in den Markt- und Machtstrukturen des Sektors wurzelnde Kombination aus abwartenden Haltungen und nachholender Integrations- und Kontrollfähigkeit prägte auch ihren Umgang mit den sich seit Mitte der 1990er Jahre anbahnenden neuen technologischen Möglichkeiten und deren sozioökonomischen Potenzialen, der nach anfänglicher Ignoranz von der kollektiven Vorstellung getragen wurde, sie über rechtliche und technische Restriktionen kontrollieren und ähnlich wie bei der Umstellung von Vinyl auf CD mit reaktiven Strategien und *protectionist designs* (Utterback 1996) jederzeit in die bestehenden Strukturen des Musikgeschäfts einpassen zu können. Zudem gab es kein führendes Unternehmen, das mit einer von dieser kollektiven Grundhaltung abweichenden proaktiven Strategie die Initialzündung zum Wandel aus dem Kern des Sektors heraus anstoßen konnte und in der Lage gewesen wäre, neue Fakten zu schaffen, gegenüber denen sich die anderen nicht mehr hätten verschließen können. Der einzige Versuch des Ausscherens aus dieser Phalanx des Abwartens – das Engagement von Bertelsmann bei Napster – konnte von den Mitkonkurrenten schnell abgeblockt und wieder eingefangen werden.

5 Dynamiken von Adaptions(un)fähigkeit: Initiale und prozessuale Aspekte

Die Ursachen der geringen Antizipations- und Adaptionsfähigkeit des Kerns der Musikindustrie reichen also weit über einzelne Managementfehler, die es natürlich auch gab und auf die eine Reihe von Autoren verweisen (Barfe 2004; Bishop 2005; Renner 2004), hinaus und lassen sich auf mehrere sich ergänzende Faktoren zurückführen:

– *Schwierige Antizipation und aufwändige Implementation:* Grundsätzlich macht die zunächst große Unsicherheit und Ambiguität der potenziellen sozioökonomischen Effekte neuer Technologien schnelle und dezidierte Neupositionierungen für die etablierten Akteure eines Sektors zu einem schwierigen und riskanten Unterfangen und unterstützt Haltungen des Abwartens beziehungsweise der Verteidigung erfolgreicher Geschäftsmodelle gegen zunächst unübersichtliche, eher angedeutete als eindeutige technologische und damit verbundene sozioökonomische und institutionelle Veränderungen. Die Implementation und institutionelle Verankerung des Neuen erfolgt in aller Regel über experimentelle und interessegeleitete Such- und Neujustierungsprozesse, die nicht ohne Widersprüche verlaufen und Zeit in Anspruch nehmen. Beides ist typisch für den Kern der Musikindustrie.

- *Organisationale Trägheit:* Hinzu kommt, dass der Sektor aus der Organisationsperspektive von hierarchisch strukturierten Unternehmen geprägt wurde, die alle typischen Merkmale von *structural inertia* aufwiesen. Ihre Operationsroutinen und strategischen Orientierungen waren auf das etablierte Kerngeschäft zugeschnitten. Zudem behinderten ihre zentralistischen Entscheidungsstrukturen die interne Kommunikation und Diffusion grundlegend neuer Problemwahrnehmungen, die es an den Rändern der Unternehmen und des Sektors insgesamt durchaus gab.
- *Unterschätzte Technik:* Darüber hinaus ist die Musikindustrie aus technologischer Sicht traditionell ein konservativer Sektor, der lange Zeit von einem kollektiven Desinteresse gegenüber neuen technologischen Möglichkeiten und ihren sozioökonomischen Potenzialen geprägt war. Technik wurde auf eine notwendige Infrastruktur des Musikgeschäfts ohne nennenswerte kompetitive Effekte und ohne größere, die bestehenden Strukturen und Institutionen in Frage stellende transformative Wirkungen reduziert.
- *Überschätzte Macht:* Schließlich handelt es sich strukturell um einen stark konzentrierten Markt und oligopolistisch verfassten Sektor, der sich bis in die jüngste Vergangenheit durch ein hochgradig selbstbezügliches und selbstgewisses Handeln seiner wenigen dominierenden Akteure und deren kollektive Erfahrung der machtbasierten Kontrollier- und interessegeleiteten Integrierbarkeit künstlerischer und technologischer Innovationen im Rahmen der gegebenen Märkte und Institutionen ausgezeichnet hat.

Diese Faktoren zusammengenommen begründen die geringe Antizipations- und Adaptionsfähigkeit des Kerns der Musikindustrie, der sich bis in die zweite Hälfte der 2000er Jahre durch eine hohe Pfadabhängigkeit und Veränderungsresistenz ausgezeichnet hat. Er ist gerade dadurch anfällig geworden für unkontrollierten, durch exogene Faktoren ausgelösten, von den Rändern des Sektors ausgehenden und von neuen beziehungsweise sektorexternen Akteuren vorangetriebenen Wandel (Beyer 2006; Werle 2007; Geels/Schot 2007).

Dementsprechend wichtig ist es, zwischen der Adaptionsfähigkeit des Kerns und der Peripherie eines Sektors zu unterscheiden. Diese Unterscheidung ist konstitutiv für die Erklärung des Wandels adaptionsunfähiger Sektoren, wenn man ihn nicht vollständig auf die Wirkungen exogener Schocks zurückführen will.

Betrachtet man die Transformation des Musiksektors insgesamt, dann war die Adaptionsfähigkeit der involvierten Akteure sehr unterschiedlich ausgeprägt. Die geringe Adaptionsfähigkeit der saturierten Kernakteure korrespondierte mit einer hohen Sensibilität und Aufnahmebereitschaft neuer Akteure gegenüber den aufkommenden technologischen Möglichkeiten, die zu den wesentlichen Treibern des sektoralen Wandels wurden. Diese „parties from the fringes of an interorganizational field" (Leblebici et al. 1991: 358) orientierten sich in ihrem

Handeln nicht mehr an den bestehenden Technologien, Institutionen und Strukturen des Sektors, sondern stellten diese mehr oder minder radikal infrage, entwickelten und folgten neue(n) Regeln und Konventionen, bildeten eigenständige Kommunikations- und Interaktionsmuster aus – und trugen mit alldem direkt oder indirekt zur Veränderung der bestehenden Akteurfigurationen, Institutionen und Strukturen des Sektors bei (Flowers 2008). Zumal in solchen Umbruchperioden sind die Akteure und Institutionen eines Sektors also nicht *per se* isomorph (DiMaggio/Powell 1983), sondern können sehr heterogen und in unterschiedlichem Maße adaptionsfähig sein. Neue technologische Möglichkeiten, die außerhalb oder an den Rändern eines Sektors entstehen, mögen auf die etablierten Akteure und Institutionen wie ein exogener Schock wirken. Sie konkretisieren sich allerdings über die *fringe player,* die entweder selbst in den Kern des Sektors vorstoßen wollen (wie Apple) oder für länger anhaltende und nicht zu unterdrückende Unruhe in seinen Randbereichen sorgen (wie Tauschbörsen oder *file sharer*).

Im Musiksektor waren es zunächst vor allem die Betreiber von Tauschbörsen sowie jugendliche Musikkonsumenten, die zunächst ohne dezidierte kommerzielle Absichten mit den neuen Möglichkeiten außerhalb der bestehenden Strukturen und Institutionen, die von ihnen ignoriert wurden, zu spielen begannen. Man kann dies, Raghu Garuds und Peter Karnoes (2001) Vorstellungen von Pfadkreationen paraphrasierend, als unbekümmerte Abweichung *(mindless deviation)* vom etablierten Entwicklungspfad der Musikindustrie bezeichnen, die den Ausgangspunkt für die dann folgende Transformationsperiode bildete. Die kommerzielle Einbettung und Institutionalisierung des Pfadwechsels, die Garud und Karnoe als *mindful deviation and generating momentum* bezeichnen, wurde dann maßgeblich von bereits etablierten sektorexternen Akteuren vorangetrieben, allen voran von Apple und seinem iTunes Store.

Etablierte Akteure bleiben freilich in aller Regel nicht über die gesamte Zeit einer Transformationsperiode passiv und veränderungsresistent. Mit zunehmendem Anpassungsdruck, der sich durch neue technologische Möglichkeiten und diese aufgreifende neue Akteure aufbaut, versuchen auch sie, in das neue Spiel mit eigenen organisationalen, strukturellen und institutionellen Initiativen hineinzufinden. Sie lassen sich ein, lernen, orientieren sich um und richten ihr Handeln ebenfalls sukzessive an den neuen Technologien aus. Anders gesagt: Auch sie können mit der Zeit adaptionsfähig werden. Das trifft auch für die Majors zu, die mit der Entwicklung eigener internetbasierter Geschäftsmodelle seit etwa 2007/2008 begonnen haben, sich auf die für sie neuen Bedingungen des Musikgeschäfts über das Internet aktiv einzulassen.

Um derartige Wahrnehmungs- und Verarbeitungsverschiebungen in der Zeit zu erfassen, habe ich an anderer Stelle zwischen initialer und prozessualer Adaptionsfähigkeit unterschieden (Dolata 2011a: 86–94). Initiale Adaptionsfähigkeit bezieht sich auf die Wahrnehmung und Verarbeitung der Potenziale und Herausforderungen neuer Technologien in ihrer sozioökonomischen Formierungsphase, in der deren (sektorale) Möglichkeiten und Struktureffekte erst schemenhaft erkennbar sind. Die Art und Weise, wie neue Technologien in dieser Phase durch die verschiedenen Akteure und Institutionen eines Sektors aufgegriffen und behandelt werden, konstituiert die Ausgangsbedingungen und beeinflusst die weiteren Verlaufsformen des technikinduzierten Wandels. Der Musiksektor wurde in dieser Phase zwischen Mitte der 1990er und Mitte der 2000er Jahre durch eine asymmetrische Adaptionsfähigkeit geprägt: Sie war im Kern des Sektors gering und an der Peripherie, von der der initiale Veränderungsdruck kam, hoch.

Prozessuale Adaptionsfähigkeit bezieht sich demgegenüber auf die darauf aufbauende Periode der realen Einrichtung und Institutionalisierung einer neuen soziotechnischen Konstellation, in der sich die Entwicklungs- und Anwendungsperspektiven der neuen Technologien zusammen mit den daran geknüpften organisationalen, institutionellen und strukturellen Veränderungen sukzessive konkretisieren und festigen. Hohe Adaptionsfähigkeit ist nun immer weniger auf die frühe Antizipation und Aufnahme noch unspezifischer Möglichkeiten im Rahmen ebenso unspezifischer Suchprozesse reduzierbar, sondern wird in zunehmendem Maße zu intentionaler Institutionalisierungsfähigkeit: der Fähigkeit zur Organisierung, Kommunikation und Umsetzung gezielter soziotechnischer Selektions- und Implementierungsprozesse.

Diese Fähigkeit ist keineswegs mehr eine exklusive Eigenschaft der neuen Akteure. Diese waren im Musiksektor zwar die eigentlichen Katalysatoren des Transformationsprozesses – und einige wenige von ihnen (vor allem Apple und Amazon) konnten sich auch als zentrale beziehungsweise relevante Spieler im neu strukturierten Kern des Sektors etablieren. Sie konnten die klassischen Kernakteure des Sektors (neben den Majors vor allem die großen Handelsunternehmen) zwar unter massiven Anpassungsdruck setzen und ihre Vormachtstellung im Sektor erfolgreich angreifen, haben sie jedoch nicht vollständig ersetzt. Auch in adaptionsunfähigen Sektoren findet in aller Regel kein *Elite Replacement* (Burns/Carson 2002), kein radikaler Austausch der Spieler statt. Im Zuge einschneidender Neustrukturierungsprozesse wie im Fall der Musikindustrie seit Ende der 1990er Jahre (oder anderer Mediensektoren) werden die sektoralen Akteurfigurationen, Konkurrenzverhältnisse und Machtstrukturen zwar sukzessive neu sortiert. Dies geschieht meistens allerdings in Form einer Ausdifferenzierung der Akteure, die mit Veränderungen der Macht- und Einflussbeziehungen zwischen ihnen einhergeht (vgl. *Hanekop/Wittke, Möll* und *Schrape* zum Buchhandel in diesem Band).

Die Musikkonzerne, die den Sektor lange Zeit fast uneingeschränkt dominieren konnten, haben den Wandel aus den genannten Gründen nicht kontrollieren können und ohne Zweifel an Einfluss auf die Gestaltung des Sektors verloren. Sie sind aber im Spiel geblieben – als Produzenten, globale Promotoren und Vermarkter von Künstlern, als Musikverlage und Rechteinhaber und (zusammen mit ihren Interessenverbänden) auch als keineswegs unwichtige Akteure in den politischen Diskussionen um die rechtliche Einfassung und Regulierung des internetbasierten Musikgeschäfts.

Literatur

Ala-Fossi, Marko/Bakker, Piet/Ellonen, Hanna-Kaisa/Küng, Lucy/Lax, Stephen/Sadaba, Charo/Wurff, Richard van der 2008: The impact of the Internet on business models in the media industries. In: Küng, Lucy/Picard, Robert G./Towse, Ruth (eds.): The Internet and the Mass Media. Los Angeles, London: SAGE, S. 149–169

Alderman, John 2001: Sonic Boom. Napster, MP3 and the New Pioneers of Music. Cambridge: Perseus

Amburgey, Terry L./Dawn, Kelly/Barnett, William P. 1993: Resetting The Clock: The Dynamics of Organizational Change and Failure. In: Administrative Science Quarterly, Vol. 38, S. 51–73

Anderson, P./Tushman, M. 2001: Organizational Environments and Industry Exit: the Effects of Uncertainty, Munificence and Complexity. In: Industrial and Corporate Change, Vol. 10, S. 675–711

Apple 2007: Q4 2007 Unaudited Summary Data (Internet: http://images.apple.com/pr/pdf/q407data_sum.pdf; zuletzt aufgesucht am 1.6.2012)

Apple 2008: Q1 2008 Unaudited Summary Data (Internet: http://images.apple.com/pr/pdf/q108data_sum.pdf; zuletzt aufgesucht am 1.6.2012)

Apple 2010: Q4 2010 Unaudited Summary Data (Internet: http://images.apple.com/investor/; zuletzt aufgesucht am 1.6.2012)

Apple 2011: Q1 2011 Unaudited Summary Data (Internet: http://images.apple.com/investor/; zuletzt aufgesucht am 1.6.2012)

Barfe, Louis 2004: Where have all the good times gone? The rise and fall of the record industry. London: Atlantic Books

Beyer, Jürgen 2006: Pfadabhängigkeit. Über institutionelle Kontinuität, anfällige Stabilität und fundamentalen Wandel. Frankfurt/M., New York: Campus

Bishop, Jack 2005: Building International Empires of Sound: Concentrations of Power and Property in the "Global" Music Market. In: Popular Music and Society, Vol. 28/No. 4, S. 443–471

Brandenburg, Karlheinz 2004: Interview mit „MP3-Erfinder" Prof. Karlheinz Brandenburg, 16.3.2004. MP3 Audiostream (Internet: http://www.tonspion.de/newsartikel.php?id=777; zuletzt aufgesucht am 1.6.2012)

Braun, Thorsten 1997: Music online – Grundsätzliches zur Rollenverteilung zwischen Dienst und Inhalt. Berlin: IFPI (Internet: http://www.ifpi.de/recht/re-vertr.htm; zuletzt aufgesucht am 1.7.2007)

Buhse, Willms/Günnewig, Dirk 2005: Digital Rights Management. In: Clement, Michel/ Schusser, Oliver (Hg.): Ökonomie der Musikindustrie. Wiesbaden: Deutscher Universitätsverlag, S. 215–228

Bundesverband Musikindustrie (Hg.) 2011: Musikindustrie in Zahlen 2010. Berlin: Bundesverband Musikindustrie

Burkart, Patrick 2005: Loose Integration in the Popular Music Industry. In: Popular Music and Society, Vol. 28/No. 4, S. 489–500

Burkart, Patrick/McCourt, Tom 2006: Digital Music Wars. Ownership and Control of the Celestial Jukebox. Oxford: Rowman & Littlefield

Burns, Tom/Carson, Marcus 2002: Actors, Paradigms, and Institutional Dynamics: The Theory of Social Rule Systems Applied to Radical Reforms. In: Hollingsworth, Rogers J./ Müller, Karl H./Hollingsworth, Ellen Jane (eds.): Advancing Socio-Economics. An Institutionalist Perspective. Oxford: Rowman & Littlefield, S. 109–145

Campbell, John L. 2004: Institutional Change and Globalization. Princeton: Princeton University Press

Campbell, John L. 2006: What's New? General Patterns of Planned Macro-institutional Change. In: Hage, Jerald/Meeus, Marius (eds.): Innovation, Science, and Institutional Change. Oxford: Oxford University Press, S. 505–524

Christensen, C. 1997: The innovator's dilemma. Boston: Harvard Business Press

Denisoff, Serge R. 1988: Inside MTV. New Brunswick: Transaction

Dolata, Ulrich 2003: Musikkonzerne und Internet-Tauschbörsen. In: Blätter für deutsche und internationale Politik, Jg. 48/Heft 11, S. 1390–1392

Dolata, Ulrich 2005: Geschäfte mit Musik-Downloads. In: Blätter für deutsche und internationale Politik, Jg. 50/Heft 11, S. 1390–1392

Dolata, Ulrich 2008a: Musik per Download. In: Blätter für deutsche und internationale Politik, Jg. 53/Heft 6, S. 115–117

Dolata, Ulrich 2008b: Das Internet und die Transformation der Musikindustrie: Rekonstruktion und Erklärung eines unkontrollierten Wandels. In: Berliner Journal für Soziologie, Jg. 18/Heft 3, S. 344–369

Dolata, Ulrich 2011a: Wandel durch Technik. Eine Theorie soziotechnischer Transformation. Frankfurt/M., New York: Campus

Dolata, Ulrich 2011b: The Music Industry and the Internet. A Decade of Disruptive and Uncontrolled Sectoral Change. Research Contributions to Organizational Sociology and Innovation Studies 2011-02. Stuttgart: Stuttgart University

Flowers, Stephen 2008: Harnessing the Hackers: The Emergence and Exploitation of Outlaw Innovation. In: Research Policy, Vol. 37, S. 177–193

Friedrichsen, Mike/Gerloff, Daniel/Grusche, Till/Damm, Tile von 2004: Die Zukunft der Musikindustrie. Alternatives Medienmanagement für das mp3-Zeitalter. München: Reinhard Fischer

Garud, Raghu/Karnoe, Peter 2001: Path Creation as a Process of Mindful Deviation. In: Garud, Raghu/Karnoe, Peter (eds.): Path Dependence and Creation. Mahwah, London: Lawrence Erlbaum, S. 1–40

Garud, Raghu/ Nayyar, Preveen R. 1994: Transformative Capacity: Continual Structuring by Intertemporal Technology Transfer. In: Strategic Management Journal, Vol. 15/No. 5, S. 365–385

Gasser, Urs/Palfrey, John/Slater, Derek/Bambauer, Derek/Bragin, Andrew/Harlow, Jackie/ Hoffman, Charles/Hwang, Renny/Jackson, Joseph/Krog, Georg/Locke, Edward/Mohr, Stephen/Reidel, Ivan/Wilson, Lee C. 2004: iTunes. How Copyright, Contract and Technology shape the Business of Digital Media – A Case Study. Harvard: Berkman Publication Series No 2004-07 (Internet: http://papers.ssrn.com/sol3/papers.cfm?abstract_id=556802#PaperDownload; zuletzt aufgesucht am 1.6.2012)

Gasser, Urs/Ruiz Begue, Gabriela 2005: iTunes: Some Observations After 500 Million Downloaded Songs. Harvard: Berkman Centre for Internet & Society at Harvard Law School (Internet: http://cyber.law.harvard.edu/BerkmanPress/iTunes_August_update_final%5B1%5D.pdf; zuletzt aufgesucht am 1.6.2012)

Geels, Frank W. 2007: Analysing the Breakthrough of Rock 'n' roll (1930–1970). Multi-regime interaction and reconfiguration in the multi-level perspective. In: Technological Forecasting & Social Change, Vol. 74, S. 1411–1431

Geels, Frank W./Schot, Johan 2007: Typology of sociotechnical transition pathways. In: Research Policy, Vol. 36, S. 399–417

Hannan, Michael T./Freeman, John 1977: The population ecology of organizations. In: American Journal of Sociology, Vol. 83, S. 929–964

Hannan, Michael T./Freeman, John 1984: Structural inertia and organizational change. In: American Sociological Review, Vol. 49, S. 149–164

Henderson, Rebecca 2006: The Innovator's Dilemma as a Problem of Organizational Competence. In: Journal of Product Innovation Management, Vol. 23, S. 5–11

Henderson, Rebecca M./ Clark, Kim B. 1990: Architectural Innovation. The Reconfiguration of Existing Product Technologies and the Failure of Established Firms. In: Administrative Science Quarterly, Vol. 35, S. 9–30

Hertz, Markus 1999: Music on demand: Chance oder Risiko für die Musikindustrie? In: Media Perspektiven, Jg. 30/Heft 2, S. 63–72

Hughes, Jerald/Lang, Karl Reiner 2003: If I Had a Song: The Culture of Digital Community Networks and Its Impact on the Music Industry. In: The International Journal on Media Management, Vol. 5/No. 3, S. 180–189

Hull, Geoffrey P. 2004: The Recording Industry. New York, London: Routledge

IFPI (Hg.) 1999: The Recording Industry in Numbers '99. London: IFPI

IFPI (Hg.) 2007: The Recording Industry in Numbers '07. London: IFPI

IFPI (Hg.) 2008: Digital Music Report 2008. London: IFPI

IFPI (Hg.) 2012: Digital Music Report 2012. London: IFPI

Jobs, Steve 2007: Thoughts on Music (Internet: http://www.apple.com/hotnews/thoughtsonmusic/; zuletzt aufgesucht am 1.6.2012)

Lam, Alice 2005: Organizational Innovation. In: Fagerberg, Jan/Mowery, David C./Nelson, Richard R. (eds,): The Oxford Handbook of Innovation. Oxford: Oxford University Press, S. 115–147

Leblebici, Huseyin/Salancik, Gerald R./Copay, Anne/King, Tom 1991: Institutional Change and the Transformation of Interorganizational Fields: An Organizational History of the

U.S. Radio Broadcasting Industry. In: Administrative Science Quarterly, Vol. 36/No. 3, S. 333–363

Leyshon, Andrew/Webb, Peter/French, Shaun/Thrift, Nigel/Crewe, Louise 2005: On the Reproduction of the Musical Economy after the Internet. In: Media, Culture & Society, Vol. 27/No. 2, S. 177–209

Liebowitz, Stan. J. 2004: Will MP3 Downloads annihilate the Record Industry? The Evidence so far. In: Intellectual Property and Entrepreneurship. Advances in the Study of Entrepreneurship, Innovation and Economic Growth, Vol. 15, S. 229–260

Litman, Jessica 2001: Digital Copyright. Amherst: Prometheus Books

Mahoney, James 2000: Path Dependence in Historical Sociology. In: Theory and Society, Vol. 29, S. 507–548

Mellahi, Kamel/Wilkinson, Adrian 2004: Organizational failure: a critique of recent research and a proposed integrative framework. In: International Journal of Management Reviews, Vol. 5–6,/o. 1, S. 21–41

Music & Copyright 2012: Marktanteile der größten Plattenfirmen weltweit im Jahr 2010 und 2011 (Internet: http://musicandcopyright.files.wordpress.com/2012/05/ms1.jpg; zuletzt aufgesucht am 1.6.2012)

North, Douglass C. 1990: Institutions, Institutional Change and Economic Performance. Cambridge: Cambridge University Press

NPD Group 2010: Amazon Ties Walmart as Second-Ranked U.S. Music Retailer, Behind Industry-Leader iTunes (Internet: https://www.npd.com/press/releases/press_100526.html; zuletzt aufgesucht am 1.6.2012)

Ortmann, Günther 2009: Management in der Hypermoderne. Kontingenz und Entscheidung. Wiesbaden: VS

Peitz, Martin/Waelbroek, Patrick 2006: Digital Music. In: Illing, Gerhard/Peitz, Martin (eds.): Industrial Organization and the Digital Economy. Cambridge, London: MIT Press, S. 71–144

Pohl, Gerrit 2007: DRM: Digital Rights- oder Digital-Restriction-Management? In: Rodriguez, Tina/Rothkirch, Michael von/Heinz, Oliver (Hg.): www.musikverkaufen.de. Die digitale Musikwirtschaft. München: Musikmarkt Verlag, S. 48–66

Renner, Tim 2004: Kinder, der Tod ist gar nicht so schlimm! Über die Zukunft der Musik- und Medienindustrie. Frankfurt/M., New York: Campus

RIAA – Recording Industry Association of America 2012: 2011 Year-End Shipment Statistics. Internet: http://76.74.24.142/FA8A2072-6BF8-D44D-B9C8-CE5F55BBC050.pdf; zuletzt aufgesucht am 1.6.2012)

Röttgers, Janko 2003: Mix, Burn & R.I.P. Das Ende der Musikindustrie. Hannover: Heinz Heise

Sanjek, Russel/Sanjek, David 1991: American Popular Music Business in the 20th Century. New York, Oxford: Oxford University Press

Schaber, Roland 2000: Digitale Distribution von Musik im Internet. Ausgewählte Studien des EEC Handel, Bd. 2. Köln: Institut für Handelsforschung an der Universität zu Köln

Schliesche, Thorsten 2007: Tauschbörsen und Downloadplattformen In: Rodriguez, Tina/ Rothkirch Michael von/Heinz, Oliver (Hg.): www.musikverkaufen.de. Die digitale Musikwirtschaft. München: Musikmarkt Verlag, S. 179–191

Sorge, Arndt/Witteloostuijn, Peter 2004: The (Non)sense of Organizational Change: An Essay about Universal Management Hypes, Sick Consultancy Metaphors, and Healthy Organization Theories. In: Organization Studies, Vol. 25/No. 7, S. 1205–1231

Steinkrauß, Niko 2005: Wettbewerbsanalyse. In: Clement, Michel/Schusser, Oliver (Hg.): Ökonomie der Musikindustrie. Wiesbaden: Deutscher Universitätsverlag, S. 25–40

Tschmuck, Peter 2006: Creativity and Innovation in the Music Industry. Springer: Dordrecht

U.S. Copyright Office 1998: The Digital Millenium Copyright Act of 1998. U.S. Copyright Office Summary. Washington: U.S. Copyright Office

Utterback, James M. 1996: Mastering the Dynamics of Innovation. Boston, MA: Harvard Business School

Weikert, Stefan 2007: Alte Plattenfirmen – neue Formate. In: Rodriguez, Tina/Rothkirch, Michael von/Heinz, Oliver (Hg.): www.musikverkaufen.de. Die digitale Musikwirtschaft. München: Musikmarkt Verlag, S. 16–24

Werle, Raymund 2007: Pfadabhängigkeit. In: Benz, Arthur/Lütz, Susanne/Schimank, Uwe (Hg.): Handbuch Governance. Theoretische Grundlagen und empirische Anwendungsfelder. Wiesbaden: VS, S. 119-131

Wikström, Patrick 2009: The Music Industry. Cambridge UK: Polity Press

Zombik, Peter 1998: Music-on-Demand: ‚Tanz auf dem Vulkan‘ oder ‚Gib dem Affen Zucker‘? Vortrag anlässlich des Medienforums ‚music:online. Symposium für M-O-D & Musik im Internet‘. Berlin: IFPI (Internet: http://www.ifpi.de/recht/re06.htm; zuletzt aufgesucht am 26.3.2007)

Nothing but the hit?

Pfadabhängige Kompetenzentwicklung und die Adaptions(un)fähigkeit großer Tonträgerunternehmen

Kristian Kunow

> *„Creating a hit record or a headline act is akin to constructing a jigsaw puzzle. Unless all of the pieces are in their proper place the effort is futile." (Denisoff 1997: 79)*

Wieso kann ein Song, der jeden Tag, zu jeder Stunde im Radio zu hören ist und der die aktuelle Kampagne eines Brauseherstellers begleitet, (noch) nicht im Plattenladen erworben werden? Wieso steht die entsprechende CD (noch) nicht im Regal des örtlichen Unterhaltungselektronikhändlers? Wieso ist das Lied nicht wenigstens bei iTunes online verfügbar? Und was hat das mit der Krise der Musikindustrie in Zeiten des Internet zu tun?

Die seit Anfang der 2000er Jahre anhaltende Branchenkrise wird von den großen Musikkonzernen (den sogenannten Majors) und ihren Verbänden offiziell nahezu ausschließlich auf die kostenlose Verfügbarkeit ihrer Produkte in Filesharing-Netzwerken zurückgeführt. Vor diesem Hintergrund erscheint es erstaunlich, dass die mit massiven Umsatzproblemen kämpfenden Unternehmen in ihren Vermarktungsprozessen nach wie vor darauf abzielen, dass das Radio und andere Medienkanäle den Appetit auf einen Song zunächst anregen, ohne dass der Konsument seinen ‚Hunger' unmittelbar und auf legalem Wege stillen könnte. Noch erstaunlicher wird die Beobachtung dadurch, dass durch Radio-Airplay für die Rechteinhaber der Musikaufnahmen, also die Tonträgerunternehmen bzw. Labels, keine nennenswerten Deckungsbeiträge generiert werden. Erklärt werden kann das mit den Routinen, die diese Unternehmen über die Jahrzehnte ausgebildet haben. Die Vorveröffentlichung bzw. der Promotionsvorlauf einer Musikaufnahme ist, wie die Majors anhand erfolgreicher Vermarktungen in der Vergangenheit gelernt und internalisiert haben, als zentraler Bestandteil einer Hit-Kreation ein wesentlicher Ausdruck ihrer Unternehmenskompetenz. Die Vorveröffentlichung ist Teil einer umfassenderen Praxis, mit der die Unternehmen Musikaufnahmen auf den Markt bringen, ihre sogenannten Masterrechte auswerten und dabei ihre Kompetenz in Sachen Hit-Kreation unter Beweis stellen. Ein Abweichen von dieser Praxis würde die im Verlauf der letzten

Jahrzehnte ausgebildeten Routinen infrage stellen, mit deren Hilfe die Majors überhaupt nur in der Lage sind, mehrere tausend neue Produkte pro Jahr allein in Deutschland zu vermarkten.

Die etablierte Veröffentlichungspraxis ist allerdings in den vergangenen 15 Jahren selbst immer stärker infrage gestellt worden. Die Musikindustrie war Ende der 1990er Jahre der erste Mediensektor, der mit den Auswirkungen der Digitalisierung und der Verbreitung des Internet konfrontiert wurde (siehe *Dolata* in diesem Band). Schnell wurde deutlich, dass die technikinduzierte Transformation der Industrie sich krisenhaft vollziehen würde, da sich der Sektor insgesamt durch eine hohe Adaptionsunfähigkeit gegenüber den Herausforderungen durch die neuen Technologien und den Veränderungen in den Konsumgewohnheiten von Musik auszeichnete und sich zugleich als ausgesprochen pfadabhängig im Hinblick auf seine institutionellen Strukturen erwies (Dolata 2008; Tschmuck 2008). Als maßgeblicher Grund für die krisenhafte Transformation wurde vielfach die strategische Rigidität und organisationale Trägheit der etablierten und mächtigen Akteure, also vor allem der Majors, identifiziert (Gersch/Avaria 2007). Gleichzeitig wurden diese Akteure und ihre Operationen selbst jedoch zumeist als „Black Box“ betrachtet, so dass die ihnen zugeschriebene Inflexibilität und Irreversibilität auf der Mikroebene (David 2007) weitgehend unerklärt blieb.

Dieser Beitrag möchte diese Lücke schließen, indem er sich der Entstehung und pfadabhängigen Entwicklung der organisationalen Kompetenzen großer Tonträgerunternehmen bzw. ihren Routinen der Veröffentlichung und Auswertung von Musikaufnahmen zuwendet. Er nimmt zum einen die historischen Wurzeln dieser organisatorischen Kompetenz der Hit-Kreation in den Blick und arbeitet zum anderen heraus, dass diese Kernkompetenz der Musikkonzerne heute als eine wesentliche Ursache ihrer Adaptionsunfähigkeit identifiziert werden kann. Mit einer solchen Mikrofundierung von Adaptionsunfähigkeit kann erklärt werden, weshalb Innovationen bislang notwendigerweise aus der Peripherie des Sektors stammten (Dolata 2011). Darüber hinaus wird anhand einer vergleichenden Fallstudie zu zwei großen Tonträgerunternehmen aufgezeigt, wie etablierte Akteure Adaptionsfähigkeit wiedererlangen können, wenn sie sich von ihrer tradierten Kompetenz der Hit-Kreation lösen.

Der Aufsatz ist in vier Teile gegliedert. Zunächst werden die theoretische Grundlage (Abschnitt 1) und die Methodik der empirischen Untersuchung (Abschnitt 2) dargelegt. Anschließend wird in Abschnitt 3 die Entstehung der etablierten Veröffentlichungs- und Auswertungspraxis herausgearbeitet, um vor diesem Hintergrund beobachtbare Adaptionsversuche und Neujustierungen von zwei Tonträgerunternehmen zu analysieren und zu diskutieren (Abschnitt 4).

1 Theoretische Perspektive

1.1 Unternehmenskompetenzen und organisationale Routinen

Der Beitrag nimmt die organisationalen Kompetenzen großer Tonträgerunternehmen in den Blick. Er wird durch eine theoretische Perspektive angeleitet, die dem organisationssoziologisch informierten ressourcenbasierten Ansatz der Managementtheorie entspringt (Barney 1991; Teece et al. 1997). Unternehmen werden dabei als Organisationen betrachtet, die mit spezifischen, oftmals idiosynkratrischen Kompetenzen ausgestattet sind. Diese Kompetenzen umfassen sowohl Ressourcen als auch die Routinen, die in ihrer Verwendung zum Tragen kommen, und eröffnen den Unternehmen die Möglichkeit, Wettbewerbsfähigkeit zu entwickeln und zu erhalten. Entsprechend werden sie von Freiling et al. (2008: 1151) als „a repeatable, non-random ability to render competitive output" definiert.

Diese Definition betont zunächst einmal ihren Potenzialcharakter. Ein kompetentes Unternehmen ist in der Lage, anhand der spezifischen Verwendung von Ressourcen Werte zu generieren. Diese Fähigkeit fußt auf dem expliziten und impliziten Wissen des Unternehmens sowie auf den daraus abgeleiteten formalisierten und informellen Regeln. Aktiviert wird dieses latente Potenzial in den wiederholt gleichförmigen und regelbasierten Handlungsvollzügen und Interaktionsmustern innerhalb des Unternehmens und über seine Grenzen hinweg (beispielsweise mit Lieferanten oder Abnehmern). Während die Unternehmenskompetenz das grundsätzliche Potenzial eines Unternehmens beschreibt, sind es die organisationalen Routinen, die dieses Kompetenzpotenzial aktivieren und es gleichzeitig reproduzieren (Becker 2004; Feldman 2003; Nelson/Winter 1982). Dementsprechend werden Kompetenzen und Routinen nicht als identisch angenommen (Winter 2003), sondern als komplementäre, wechselseitig aufeinander verweisende Eigenschaften eines Unternehmens begriffen (Gersch et al. 2009).

Da die Aktivierung vorhandener Kompetenzen die Basis nachfolgender Handlungen bildet, können Unternehmen in ihrer Kompetenzentwicklung als „historische Maschinen" (Foerster 1984) begriffen werden. Zukünftige Kompetenzkonstellationen sind dabei eine Funktion vorheriger Konstellationen, weshalb sich spezifische Trajektorien in der Kompetenzentwicklung von Unternehmen herausbilden (Dosi 1982).

1.2 Pfadabhängige Kompetenzentwicklung, Kompetenzfallen und Adaptionsunfähigkeit von Unternehmen – eine mechanismenbasierte Erklärung

Zahlreiche Autoren argumentieren dementsprechend, dass Unternehmenskompetenzen einer pfadabhängigen Entwicklung unterliegen (Burgelman 2008; Freiling et al. 2008). Dabei wird das theoretische Modell pfadabhängiger Prozesse zumeist recht allgemein im Sinne eines *history matters* angewendet und dient vornehmlich der Erklärung der Existenz idiosynkratischer, schwer zu imitierender Kompetenzen (Teece et al. 1997). Danach führen Akkumulations- und Lerneffekte zu einer spezifischen Kompetenzkonstellation, die von Wettbewerbern nur schwer nachzuvollziehen ist.

Pfadabhängige Prozesse sind neben der Generierung von Akkumulations- und Lerneffekten dafür bekannt, Eigenschaften der Non-Ergodizität und Inflexibilität aufzuweisen (David 2007). Diese Prozessmerkmale rücken einen anderen Aspekt pfadabhängiger Kompetenzentwicklung von Unternehmen in den Fokus, nämlich den der „Kompetenzfalle" (Leonard-Barton 1992). Die Ausprägung einer spezifischen Unternehmenskompetenz ist demzufolge irreversibel bzw. nur bedingt flexibel. Ist das Stadium eines *Lock-In* erreicht, dominiert die Reproduktion einer Kompetenz. Dies prägt zunehmend auch die Anpassung des Unternehmens an seine Umwelt, etwa an die technologische Entwicklung.

Diese Kehrseite der Kompetenzentwicklung von Unternehmen gerät insbesondere dann in den Blick, wenn ein auf Mechanismen und die Rolle historischer Ereignisse abstellendes theoretisches Modell pfadabhängiger organisatorischer Prozesse angewendet wird. Ein solches Modell wurde in enger Anlehnung an die ökonomische Forschung zu Standardisierungsprozessen (Arthur 1989; David 1985) entwickelt und umfasst drei Entwicklungsphasen, die sich jeweils durch eine konstitutive Eigenschaft und ein Prozessregime auszeichnen (Sydow et al. 2009):

Small Events: Für die Ausgangssituation einer pfadabhängigen Kompetenzentwicklung ist charakteristisch, dass zu Beginn die Entwicklungsrichtung bzw. das Prozessergebnis nicht vorhersehbar ist (Non-Ergodizität). In einer solchen Situation treten Ereignisse auf, die zu diesem Zeitpunkt verhältnismäßig unbedeutend erscheinen *(small events)*, jedoch ex post große Auswirkungen haben können, da sie positive Rückkopplungsmechanismen auslösen, damit die weitere Entwicklungsrichtung bestimmen und verantwortlich für die Irreversibilität des Gesamtprozesses der (Kompetenz-)Entwicklung sind (Dobusch/Kapeller 2011).

Selbstverstärkung: Die konkrete Ausprägung einer spezifischen Kompetenz findet in der zweiten Phase mittels Mechanismen positiver Rückkopplung statt. Diese Mechanismen sorgen dafür, dass sich eine Kompetenz und darauf bezogene Routinen als dominantes Problemlösungsmuster gegen alternative, nicht notwendigerweise weniger effektive Muster durchsetzt. Positive Rückkopplungen sind gewissermaßen das Herzstück einer auf Pfadabhängigkeit rekurrierenden Erklärung rigider Kompetenzentwicklung. Während sich ökonomische Arbeiten zu pfadabhängigen Standardisierungsprozessen vor allem auf Netzeffekte in der Verbreitung beziehen (Shapiro/Varian 1999), wurden auf der Unternehmensebene vier Kategorien sozialer Mechanismen ermittelt, die zur Selbstverstärkung eines Handlungsmusters bzw. zur Kompetenzausbildung führen: Lerneffekte, Komplementaritäten, Koordinationseffekte und Effekte adaptiver Erwartungen (Sydow et al. 2009). Mit Lerneffekten wird auf einen Mechanismus verwiesen, der zur Akkumulation ähnlichen Wissens führt und zumeist als ‚Einschleifen-Lernen' (Argyris/Schon 1978) bezeichnet wird. Komplementaritäten entfalten sich überall dort, wo das Ganze mehr als die Summe seiner Teile ist bzw. sich beispielsweise anhand des Vollzugs zweier Routinen oder auch der Verwendung mehrerer Ressourcen Synergien ergeben. Koordinationseffekte wiederum ergeben sich aus regelgeleitetem Handeln, das den Abstimmungs- und Anpassungsaufwand zunehmend verringert. Effekte adaptiver Erwartungen schließlich ähneln einer sich selbst erfüllenden Prophezeihung. Eine Handlungsweise wird in der Annahme adaptiert, dass sie sich allgemein gültig durchsetzt.

Lock-in: Die durch diese Mechanismen getriebene Selbstverstärkung in der Kompetenzausbildung führt schließlich zu einer Hyperstabilität. Eine solche Hyperstabilität muss nicht notwendigerweise ineffektiv bzw. problematisch für das Unternehmen sein. Im Gegensatz zu technologischen *Lock-ins* in Form von Standards kann auch nicht von einer vollständigen Stabilität ausgegangen werden (Garud et al. 2010). Jedoch hat sich damit der Möglichkeitsraum der Handlungsvollzüge im Unternehmen soweit eingeschränkt, dass nicht auf jede Veränderung der Umwelt (etwa jede technologische Innovation) adäquat reagiert werden kann. Koch (2008) bezeichnet dies als *dysfunctional flip.* Der verbliebene Korridor möglich erscheinender Variationen im Routinenvollzug erweist sich nunmehr als zu eng für eine Anpassung an grundlegend neuartige Problemstellungen (Sydow et al. 2009).

1.3 Das ungelöste (theoretische) Problem: Wie gewinnt eine pfadabhängige Organisation Adaptionsfähigkeit zurück?

So plausibel diese Argumentation zur Erklärung pfadabhängiger Prozesse ist, so klar ist doch erkennbar, dass dem *Lock-in* eine weit größere Aufmerksamkeit geschenkt wird als der Möglichkeit eines *Lock-out*, also des Ausstiegs aus Hyperstabilität und Kompetenzfallen.

Anhand des hier skizzierten Modells pfadabhängiger Kompetenzentwicklung kann sowohl der Nutzen wie auch die Gefahr eines solchen Prozesses erklärt werden. Unweigerlich stellt sich damit jedoch auch die Frage, wie es Unternehmen in einem *Lock-in* gelingen kann, neuartige Kompetenzen jenseits des eingeschlagenen Pfades auszubilden. Oftmals wurde nachgewiesen, dass Kompetenzfallen etablierte Unternehmen in den Ruin führen können. So hat etwa der Fall des Unternehmens Kodak gezeigt, dass im Zuge soziotechnischer Dynamiken (Digitalisierung) Entwicklungen angestoßen werden können, die in der Lage sind, kompetenzbedingte Wettbewerbsfähigkeit „schöpferisch zu zerstören" (Schumpeter 1935). Andererseits gibt es aber auch etablierte Unternehmen, die nach einer Zeit der Adaptionsunfähigkeit durchaus in der Lage sind, weitreichende Anpassungen und Umorientierungen vorzunehmen, und sich durch eine „prozessuale Adaptionsfähigkeit" (Dolata 2011: 92) auszeichnen.

Ein solcher prinzipiell möglicher Pfadbruch ist bislang nur ungenügend theoretisch reflektiert worden. Auch die Bedingungen, die es ermöglichen, von einer pfadabhängigen Kompetenzentwicklung abzuweichen, sind noch kaum spezifiziert worden.

Gleichwohl lassen sich zwei Ansatzpunkte in der vorhandenen Literatur finden, die in diese Richtung weisen. Zum einen wird davon ausgegangen, dass ein externer Schock die Abweichung eines Unternehmens vom Kompetenzpfad auslösen kann (Vergne/Durand 2011). Die sprunghaft gestiegene Verwendung der Tauschbörse Napster zu Beginn der 2000er Jahre wird oft als ein solcher exogener Schock für die etablierten Akteure des Musiksektors beschrieben. Eine unmittelbar darauf folgende Abweichung in der Kompetenzentwicklung konnte im Fall der großen Tonträgerunternehmen jedoch nicht festgestellt werden. Eine zweite theoretische Konzeptualisierung eines Pfadbruchs folgt einem prozessorientierten Ansatz. Hier wird die Abweichung vom Pfad als beiläufiges Resultat beschrieben, gewissermaßen als nicht-intendierte Folge intentionaler Handlungen (Giddens 1984). Eine solch beiläufige Pfadabweichung und -veränderung beschreibt Burgelman (2008) anhand von Intels Transformation von einem Speichermodul- zu einem Mikroprozessoren-Hersteller. Der quasi-zufällige Pfadbruch kann jedoch schwerlich als Adaptionsfähigkeit im Sinne eines intendierten und wiederholbaren Vorgangs verstanden werden, da er sich der Kontrolle durch das Unternehmen entzieht.

Die nachfolgenden Fallstudien weisen demgegenüber darauf hin, dass die pfadabhängige Kompetenzentwicklung von Unternehmen durchaus auch intentional, d.h. durch strategische Umorientierungen selbst gebrochen werden kann. Die daraus resultierende Adaptionsfähigkeit setzt jedoch, so die hier vertretene These, eine Situation bewusst herbeigeführter *vorübergehender Inkompetenz* voraus.

2 Forschungsdesign: Zur Datengrundlage und zum Vorgehen in der Analyse

Hinsichtlich der Frage nach dem historischen Hintergrund bzw. der Spezifität der Unternehmenskompetenz von Major Labels bedient sich die folgende Darstellung eines retrospektiv-longitudinalen Fallstudiendesigns (Langley 1999; Yin 2009). Hierbei wird auf eine narrative Einzelfallstudienmethodik zurückgegriffen (Gerring 2007) und die strategische Gruppe der großen Tonträgerunternehmen als *ein* Fall definiert. In Bezug auf die Frage, wie von einer pfadabhängigen Kompetenzentwicklung abgewichen werden kann, werden vor diesem Hintergrund zwei Major Label im Sinne eines „Quasi-Experiments" (Yin 2009) als Fälle systematisch miteinander verglichen. Im vorliegenden Beitrag werden organisationale Routinen im Sinne von Handlungsmustern im Veröffentlichungs- und Auswertungsprozess von Musikaufnahmen als Analyseeinheiten im Sinne Beckers (2005) operationalisiert. Gleichförmigkeit und Veränderung dieser Routinen dienen dabei als Proxyvariablen für die Kompetenzentwicklung der Unternehmen, wobei der Fokus auf Pop-Musik liegt, mit der die Unternehmen ca. 80 Prozent ihrer Umsätze erzielen.

Der Forschungsprozess orientiert sich an der von Koch (2008, 2011) entwickelten Analysemethodik zur Herleitung pfadbezogener organisationaler Rigiditäten. Zu Beginn des Forschungsprozesses wurden anhand von neun narrativ-explorativen Interviews mit Branchenexperten zentrale Indikatoren für eine Hyperstabilität der Veröffentlichungs- und Auswertungsroutinen der Major Labels exploriert. Anschließend wurde nach den Ursprüngen dieser Hyperstabilität gesucht. Um mögliche positive Rückkopplungen der Kompetenzentwicklung zu identifizieren, sollten insbesondere diejenigen historischen Ereignisse identifiziert werden, die die Entstehung dieser Handlungsmuster begünstigt haben. Um der retrospektiven Verzerrung einer solchen Analyse entgegenzuwirken, wurden die Ergebnisse der narrativen Experteninterviews schließlich sowohl mit der Branchenberichterstattung im Fachmagazin *Musikmarkt* als auch mit Publikationen zur historischen Entwicklung von Major Labels trianguliert.

Vor diesem Hintergrund wurden die deutschen Ableger bzw. Gesellschaften zweier großer Tonträgerunternehmen für die vergleichende Fallstudie ausgewählt (im weiteren Verlauf als *Firma A* und *Firma B* bezeichnet). Der Auswahl lagen zum einen die führende Position, die beide Unternehmen über Jahrzehnte im deutschen Musikmarkt eingenommen haben und die sie dementsprechend als „kritische Fälle" der hyperstabilen Kompetenzkonstellation qualifizieren (Yin 2009), sowie zum anderen die zuletzt unterschiedliche Entwicklung ihrer Veröffentlichungs- und Auswertungspraktiken hinsichtlich ihrer Masterrechte zugrunde. Daraus ergab sich die Vermutung, dass zumindest in einem der beiden Fälle eine Abweichung vom Kompetenzpfad großer Tonträgerunternehmen zu beobachten ist und somit von einem „extremen Fall" (ebd.) ausgegangen werden kann.

Die vergleichende Fallstudie stützt sich neben Dokumenten der Fachpresse primär auf semi-strukturierte Interviews und nicht-teilnehmende Beobachtungen. Insgesamt wurden 18 Interviews mit Führungskräften beider Unternehmen geführt. Die Auswahl der Interviewpartner deckt in beiden Unternehmen die für Veröffentlichung und Auswertung zuständigen Bereiche Produkt (Artist und Repertoire, Product Management, Promotion), Vertrieb und Business Development ab. Die nicht-teilnehmenden Beobachtungen vor und nach den Interviews wurden im Rahmen von Meetings getätigt und anhand von Notizen und Gedächtnisprotokollen dokumentiert. Ergänzt werden diese Daten durch Transkriptionen von Vorträgen und Panel-Diskussionen im Rahmen von Messen.

3 Die Kompetenz der großen Tonträgerunternehmen: Hit-orientierte Vermarktung von Musikaufnahmen

Das Problem der Finanzierung von Musikaufnahmen sowie der Organisation ihrer Produktion und Distribution reicht zurück zu den Ursprüngen der Technologien, die es ermöglichten, Klänge auf Scheiben festzuhalten und wiederzugeben: Zunächst waren diese Scheiben aus Wachs, später aus Schellack, dann aus Vinyl und schließlich aus Polycarbonat (Compact Disc). Zur Finanzierung, Herstellung und Distribution von Tonträgern entstanden zu Beginn des 20. Jahrhunderts die ersten Unternehmen, sogenannte *Record Labels*. Betrachtet man die geschichtliche Entwicklung dieser Unternehmen, dann wird deutlich, dass die Aufgaben der Produktion, Vervielfältigung und Distribution von Musikaufnahmen die Kompetenzen der Unternehmen nur sehr unzureichend umreißen (vgl. Garofalo 1999). Darüber hinaus entwickelten sich insbesondere die großen Tonträgerunternehmen zu den wesentlichen Sponsoren von Künstlerkarrieren, indem sie sich nicht auf die produktions- und distributionstechnische Seite beschränkten, sondern sich vor allem als Promotions- und Vermarktungsfirmen verstanden.

Wenn man nach der Entwicklung der Wettbewerbsfähigkeit sichernden Unternehmenskompetenzen im Fall von Major Labels fragt, sollte der Fokus konsequenterweise auf der Art und Weise liegen, wie diese Unternehmen die Veröffentlichung und Auswertung von Musikaufnahmen organisieren. In der Betrachtung der entsprechenden organisationalen Routinen von Firma A und B treten dabei, wie weiter unten genauer dargelegt wird, zwei Handlungsmuster in den Vordergrund, die man als (1) Optimierung des Charts-Eintritts und als (2) Kaskadierung der Auswertung bezeichnen kann. Beide Handlungsmuster dienen dem Ziel, einen Hit zu kreieren und den dadurch entstandenen Wert abzuschöpfen. Dazu haben sich entsprechende Routinen ausgebildet, die in ähnlicher Form bei jedem der großen Tonträgerunternehmen zu finden sind.

3.1 Historischer Entstehungszusammenhang der Kompetenz: Small Events und die Dynamik der Verbreitung von Musikprodukten

Zwei zunächst unwesentlich erscheinende historische Ereignisse können als maßgeblich für die Entwicklung der spezifischen Veröffentlichungs- und Auswertungsroutinen großer Tonträgerunternehmen verstanden werden. Beide Ereignisse sind Grund dafür, dass sich die Veröffentlichung und Auswertung von Musikaufnahmen an einer Erwartung auf Seiten der Akteure ausrichtete, die Wikström (2010) die „media-audience-engine“ nennt: Je mehr Medienpräsenz eine Musikaufnahme erfährt, desto mehr Musikkonsumenten sind willens, genau diese in der Folge zu kaufen.

Die Entstehung der adaptiven Erwartung: Radio-Airplay als Verkaufsförderung

Bis Mitte des 20. Jahrhunderts war zunächst nicht klar, welchen Einfluss die Verbreitung des Rundfunks auf die Kompetenzentwicklung der Tonträgerunternehmen haben könnte. Zunächst betrachteten die Unternehmen sogenanntes *Airplay* ihrer Tonträgerproduktionen als Kannibalisierung des Verkaufs an den Endkonsumenten und untersagten die Wiedergabe im Radio. Dies änderte sich, als das zu diesem Zeitpunkt vergleichsweise unbedeutende kleine Musik-Label *Capitol Records* damit begann, *Airplay* als verkaufsfördernde Promotion-Maßnahme zu begreifen:

> „We devised a personal sample record for about 50 of America's most influential jockeys. We typed up special labels with their names on both sides [...] and then had our limited employee force drive around and distribute each sample personally. It was a service that created a sensation." (Glenn Wallisch, Capitol Records 1969)

Hinsichtlich des Umsatzes schloss *Capitol Records* so innerhalb weniger Jahre zu den damals drei großen Tonträgerunternehmen auf, die ihrerseits daraufhin die neue Verfahrensweise übernahmen. Schließlich wurde die Promotionpraxis über den Rundfunk institutionalisiert. Die durch den US-Kongress regulierte Möglichkeit der kostenfreien Verwendung von Tonträgern durch Rundfunkanbieter bezog sich explizit auf die erfolgreiche Strategie von *Capitol Records* (Dowd 2006). Auch Deutschland folgte 1964 mit der Verankerung des Sendeprivilegs im Urheberrecht. Damit wurde dem Radio das Recht eingeräumt, ohne Zustimmung der Rechteinhaber (Tonträgerunternehmen) und lediglich verbunden mit einer geringfügigen Kompensationszahlung an die *Gesellschaft zur Verwertung von Leistungsschutzrechten* (GVL) alle verfügbaren Musiktitel zu verbreiten.

Die Entscheidung von *Capitol Records* kann entsprechend als ein Ereignis betrachtet werden, das eine kritische Schwelle (Sydow et al. 2009) in der Entwicklung der spezifischen Kompetenz von Major Labels markiert: Die Verwendung eigener Musikaufnahmen durch die Programmanbieter (Radio, Fernsehen, Online-Plattformen) wird seither als Promotion für den Verkauf von Tonträgern (bzw. heutzutage von Downloads) betrachtet. Entsprechend wurde diese Form der Promotion systematisch in den Handlungszusammenhang der Veröffentlichung und Auswertung von Musik einbezogen und es wurden signifikante personelle wie auch finanzielle Ressourcen in die Aufgabe investiert, einzelne Songs gezielt in den Rundfunkprogrammen zu platzieren.

Die Annahme einer quasi-symbiotischen Beziehung von Tonträgerherstellern und Medienanbietern wird heute allerdings nicht nur von Ökonomen kritisch hinterfragt (Liebowitz 2004), sondern im Zuge der dramatischen Umsatzkrise der vergangenen Jahre auch durch die Unternehmen selbst:

> „Als die Industrie seinerzeit mit dem Radio die Vereinbarung über Promotion getroffen hat, dass *over-the-air* umsonst ist, war das die Dummheit des Jahrhunderts, ein klassischer Sündenfall." (Top-Manager Firma B)

Stabilisierung der adaptiven Erwartung: Das Charts-System und der Schneeballeffekt

Das zweite Ereignis, das die Kompetenzentwicklung großer Tonträgerunternehmen wesentlich beeinflusst hat, war die Einführung von offiziellen Musik-Charts. Radiosender veröffentlichten zunächst sogenannte *Airplay-Charts*. Die Tonträgerunternehmen griffen diese Idee schließlich auf. 1976 gab der deutsche Phonoverband die ersten offiziellen Musik-Charts für Deutschland heraus. Daran geknüpft war die Erwartung, dass sich Programmverantwortliche der Medien sowie die Einkäufer des Handels in ihren Entscheidungen an den jeweils aktuellen Charts orientieren, um ihre Reichweite respektive ihre Umsätze zu optimieren. Diese Erwartungen auf Seiten der großen Tonträgerunternehmen beeinflussen seitdem maßgeblich die zeitliche Abfolge der Handlungen im Rahmen der Veröffentlichung und Auswertung einer Musikaufnahme (Mahlmann 2009). Ein Produktmanager von Firma A fasst die damit verknüpften Erwartungen wie folgt zusammen:

> „[...] und dann ist da dieser Mechanismus, du promotest die Single, sie taucht in den Charts auf, andere Radiostationen beginnen die Single zu spielen, du wirst höher geführt in den Charts, du wirst sichtbar im Handel, in den *Outlets*, die Leute kennen dich und kaufen usw. Das ist eine Art Schneeballeffekt."

Oftmals sprechen Vertreter der großen Tonträgerunternehmen im Zusammenhang mit den offiziellen Musik-Charts von einem selbst erfundenen Instrument der Branche. Dieses Instrument macht die Dynamik des Verhaltens von Medien und Handel für die Unternehmen (vermeintlich) vorhersehbar. Durch die systematische Adressierung dieser Dynamik mittels Vorveröffentlichung bzw. Promotion-Vorlauf soll einzelnen Songs kurzfristig eine hohe mediale Präsenz (Hits) verschafft und damit der Schneeballeffekt ausgelöst werden. Das Charts-System ist dabei in seiner genauen Arithmetik als eine Art physische Spur der organisationalen Routinen (Pentland/Feldman 2005) großer Tonträgerunternehmen zu verstehen (Anand 2006; Mc Court/Rothenbuhler 1997).

3.2 Die Veröffentlichungs- und die Auswertungsroutinen großer Tonträgerunternehmen

Die Behandlung der Wiedergabe von Musiktiteln im Radio als Tonträgerpromotion und die Stabilisierung der Verhaltenserwartungen gegenüber Medien, Handel und Konsumenten durch offizielle Musikcharts hat zur Ausbildung einer spezifischen Kompetenz der großen Tonträgerunternehmen geführt. Im Folgenden soll ein genauerer Blick auf die Vermarktung von Musikaufnahmen durch die beiden näher untersuchten Major Labels in Deutschland geworfen werden. Anhand dieser Fallstudien wird zum einen der Einfluss der oben erwähnten Ereignisse auf die spezifischen Handlungsabläufe ersichtlich. Zum anderen wird aber auch die Inflexibilität bzw. Hyperstabilität erklärbar, die vor dem Hintergrund der Durchsetzung des Internet als neuem Verbreitungsmedium für Musikaufnahmen offenbar wurde.

Veröffentlichung – Optimierung des Charts-Eintritts

Die Handlungen, die in Major Labels im Rahmen der Veröffentlichung von produzierten oder auch lizenzierten Musikaufnahmen vollzogen werden, folgen einem stabilen Muster, in welchem insbesondere die zeitliche Abfolge und die wechselseitige Bezugnahme bzw. Anschlussfähigkeit der einzelnen Prozesse von großer Bedeutung sind:

> „Wir versuchen die Platte so zu veröffentlichen, dass zum Veröffentlichungsdatum die höchstmögliche Nachfrage erzeugt wurde. Dies erreichen wir, indem wir alle Marketing- und Promotionarbeit auf einen kurzen Zeitraum vor diesem Datum fokussieren. Natürlich ist da dieser Unsicherheitsfaktor, der Konsument. Aber letztendlich ist es eine Frage der Koordination und des Timings." (Produktmanager Firma A)

Mittels eines solchen Verfahrens der Aufstauung von Nachfrage wird versucht, einen möglichst hohen Charts-Eintritt zu erzeugen, der dann den oben beschriebenen Schneeballeffekt in der Verbreitung des Produkts auslösen soll.

Das Verfahren wird in der Bearbeitung der Veröffentlichungsprojekte durch Firma A und B (dort bis 2008) deutlich. Üblicherweise wird zu Beginn ein Budget anhand der zu erwartenden Verkäufe von Tonträgereinheiten bzw. Aufnahmen über den Handel definiert. Der zeitliche Horizont zur Realisierung dieser Verkäufe umfasst maximal zwölf Monate. Im Fall eines bereits etablierten Interpreten (Charts-Erfolge in der Vergangenheit) bilden Verkaufszahlen vorheriger Aufnahmen den Hintergrund der Kalkulation. Die Verkaufserwartung für einen Newcomer wird hingegen im Wesentlichen intuitiv bestimmt, darf jedoch ein gewisses Minimum nicht unterschreiten. Ein wesentlicher Teil des Gesamtbudgets (ca. 20 Prozent) entfällt auf Marketing und Promotion. Das Minimum der Verkaufserwartung ergibt sich aus dem, was als notwendig gilt, um mittels Marketing und Promotion einen hohen Charts-Eintritt zu realisieren.

Nach der Budgetdefinition wird ein Veröffentlichungsplan entworfen, nach welchem die Musikaufnahme beworben, dem Handel präsentiert und promotet wird. Die Medien werden ca. acht Wochen vor dem Veröffentlichungsdatum *(Street Date)* mit sendefähigem Material (Single-Auskopplung, Musikvideo zur Single) bemustert.

Als wesentlich erachtetes Promotion-Argument gilt in diesem Kontext die Ernsthaftigkeit, mit der das Unternehmen die Veröffentlichung vorantreibt. Mit Ernsthaftigkeit sind vor allem das verfügbare Marketing-Budget sowie die bereitstehende Arbeitskraft für die Promotion gemeint. Dazu zählt aber auch die Bereitschaft, notfalls durch eingekaufte mediale Präsenz in Form von Werbung (klassischerweise Plakatierung, Anzeigen und TV-Spots, heute auch Online-Banner bzw. Pop-Ups) Nachfrage und damit einen möglichst hohen Charts-Eintritt zu generieren. So sollen nicht nur die Programmverantwortlichen der Medien vom Hit-Potenzial überzeugt werden, sondern auch die (Einzel-)Händler zu Marketingkooperationen und zur vorteilhaften Platzierung des Produktes in ihrem Sortiment motiviert werden.

Regelmäßig finden sowohl eine Koordination der Vertriebsaktivitäten als auch der Promotion und des Marketing statt. Dabei werden vor allem Informationen über den jeweiligen Stand der Präsenz in den Medien bzw. der Reaktionen des Handels ausgetauscht, um das weitere Vorgehen entsprechend abzustimmen. Dreh- und Angelpunkt dieses Prozesses des Promotens, der Evaluierung und Anpassung weiterer Aktivitäten bis zum *Street Date* ist der jeweilige Produktmanager. Es liegt maßgeblich in seiner Verantwortung, dass bis zu diesem Datum die Aufmerksamkeit der Medien relativ zum vorhandenen Budget maximiert wird.

Der Vollzug des beschriebenen Handlungsmusters aktiviert und reproduziert die Kompetenz von Major Labels, auf zuverlässige Weise Hits kreieren zu können. Diese Fähigkeit ergibt sich einerseits aus dem Wissen darüber, wie die Nachfrage der Konsumenten nach einer Musikaufnahme regelgeleitet bzw. effizient generiert werden kann, und andererseits aus der Übersetzung dieses Wissen in eine entsprechende Handlungsroutine. Die außerordentliche Stabilität dieser Routine ergibt sich jedoch nicht nur aus der Adaption des erwarteten Verhaltens von Medienanbietern und Handel. Auch Lerneffekte innerhalb des wiederholten Vollzugs der Veröffentlichungsroutine und ihre Verfeinerung mittels Erfahrungsakkumulation tragen zu dieser Stabilität bei. Je häufiger der Charts-Eintritt in der Veröffentlichung einer Musikaufnahme tatsächlich optimiert wird, desto effizienter wird der Ressourceneinsatz (Marketing-Budget, Arbeitskraft) und desto unattraktiver erscheint eine Abweichung von dieser Praxis. Darüber hinaus hat die Orientierung an den regelhaften Vorgaben der Routine eine koordinierende Wirkung. Koordinationseffekte zeigen sich beispielsweise darin, dass die jeweils für Promotion, Marketing und Vertrieb sowie das Produktmanagement Verantwortlichen in die Lage versetzt werden, das Agieren des jeweils anderen verlässlich zu antizipieren. Im Vergleich dazu würde eine andersartige Handlungsorientierung einen immensen zusätzlichen Koordinationsaufwand erzeugen.

Kaskadierung der Auswertung – Die komplementäre Routine

Der wahrscheinlich wirksamste Mechanismus in der Erzeugung von Hyperstabilität neben den oben skizzierten adaptiven Erwartungen ist die Komplementarität der Veröffentlichungs- und Auswertungsroutinen. Beide Handlungsmuster bedingen einander, indem sie den Vollzug des jeweils anderen triggern (Becker 2005) und durch sich ergebende Synergien den gleichzeitigen Vollzug besonders attraktiv erscheinen lassen (Sydow et al. 2009).

Die Auswertung der Rechte an einer Musikaufnahme, um die es hier geht, folgt dabei einer Art Kaskade verschiedener Konfigurationen. Diese Konfigurationen können in zwei Kategorien unterteilt werden: Singles und Alben. Eine Single enthielt bis zu Einführung der CD zumindest zwei Songs (A- und B-Side) und später als Maxi-Single drei bis fünf einzelne Titel, meist in Form von Remix-Versionen des Hit-Songs. Die Albumkonfiguration enthält wiederum eine Zusammenstellung verschiedener von einem Künstler bzw. einer Gruppe interpretierter Songs inklusive des Hit-Songs.

Während der Gegenstand der Veröffentlichungsroutine im Wesentlichen ein Song ist (erste Hit-Auskopplung aus dem Gesamtwerk Album), handelte es sich bis zum Aufkommen der Single-Track-Downloads bei den Produktkonfigurationen um Bündelungen dieses Hit-Songs mit weniger populären Tracks. Die Investition in die Promotion bzw. Popularität des Hit-Songs konnte in der Vergangenheit fast nie durch den Verkauf der Single kompensiert werden, obgleich mit der Maxi-Single noch höhere Erlöse verbunden waren als mit heutigen Track-Downloads. Dementsprechend zeichnen sich die Major Labels durch eine Auswertungspraxis aus, die an einer spezifischen Sequenzierung des Verkaufs von Singles und Alben ausgerichtet ist. So wird nach dem Promoten eines Hit-Songs zunächst eine Single ausgewertet und erst einige Wochen später das Album. Um die Verkaufszahlen des Albums wiederum über eine Zeit von ein paar Monaten auf einem gewissen Niveau zu halten, werden weitere Singles ausgekoppelt. Die Single-Veröffentlichungen dienen dabei vor allem der Generierung von Aufmerksamkeit für den weiteren Verkauf des Albums:

> „Das ist die Praxis. Zeigen Sie mir eine Single, die das investierte Geld wieder einspielen konnte. Das Album repräsentiert immer noch die Erlöse, dies ist immer noch ein Geschäft, in dem es ums Album geht. Wir pushen das Album mit der

Single. Die Single selbst ist ein Promotion-Instrument für das Album." (Produktmanager Firma A)

Die Komplementarität der beiden Routinen wird offensichtlich. So werden beispielsweise die Budgets eines Veröffentlichungsprojekts anhand der erwarteten Albumverkäufe kalkuliert. Verwendet wird das Budget jedoch zu großen Teilen für die Promotion eines Hit-Songs und seine Platzierung als Single in den entsprechenden Charts. Es wird davon ausgegangen, dass die Charts-Performance wesentlichen Einfluss auf den Verkauf des Albums hat. Daraus ergibt sich wiederum, dass der Vollzug der Veröffentlichungsroutine und damit die Aktivierung der Hit-Kompetenz umso attraktiver wird, je genauer die kaskadierte Auswertung betrieben wird.

3.3 Im Kompetenz-Lock-In: Das Internet und die Grenzen der Adaptionsfähigkeit

Die Stabilität der Veröffentlichungs- und Auswertungsroutinen ist jedoch nicht absolut. Vielmehr weisen beide Routinen ein gewisses Maß an Flexibilität auf, dem allerdings Grenzen durch die positiven Rückkopplungsmechanismen gesetzt sind.

Am Beispiel der Auswertungsroutine lässt sich dieses Maß an Flexibilität und Adaptionsfähigkeit illustrieren. So konnten sowohl Firma A wie auch Firma B von dem Trend der Dance-Musik in den 1990er Jahren profitieren, ohne dabei ihre Vermarktungspraxis fundamental verändern zu müssen. Zwar werden im Bereich der Dance-Musik selten ganze Alben produziert. Die Labels reagierten darauf jedoch mit der Veröffentlichung und Auswertung von *Dance-Compilations* anstelle der sonst in der Pop-Musik üblichen *One-Artist-Alben.* Mittels dieser Zusammenstellungen wurden auch hier stark promotete Tracks mit weniger populären Songs gebündelt. Das Beispiel zeigt, dass die Grenzen der Adaptionsfähigkeit bzw. des Lock-In-Korridors durch die positiven Rückkopplungsmechanismen markiert werden. In Reaktion auf den Dance-Trend wurde die Auswertungsroutine so angepasst, dass das komplementäre Zusammenspiel mit der Veröffentlichungsroutine bestehen blieb.

Im Zuge der durch das Internet ausgelösten Transformation des Musiksektors wird die Effektivität beider Routinen hingegen weitaus grundsätzlicher infrage gestellt, so dass die durch diesen Korridor definierte Flexibilität der Routinen nicht ausreicht, um die Vermarktungspraxis an die neuen Bedingungen in der Verbreitung von Musikaufnahmen anzupassen. Eine Konsequenz, die sich aus Digitalisierung und Internet als technologischen Affordanzen und Einschränkungen (Leonardi 2011) für die Verbreitung von Musik ergibt, soll an dieser Stelle hervorgehoben werden: Die zunehmend eingeschränkte Kontrolle der Rechteinhaber auf die Art der Beschaffung sowie die Form des Konsums von Musik.

Angesichts dieses Kontrollverlustes über das Produkt versetzt die Charts-Optimierung des Veröffentlichungsprozesses Musik-Unternehmen wie die Firmen A und B zwar immer noch in die Lage, relativ zuverlässig Hits in Form von medial präsenten Songs zu kreieren. Es ist jedoch nicht von der Hand zu weisen, dass mit der damit einhergehenden Praxis des Promotion-Vorlaufs die zum Teil illegale Beschaffung der Musikaufnahme vor dem eigentlichen *Street Date* provoziert wird und so potenzielle Erlöse für das Unternehmen bereits im Vorfeld entfallen:

> „Diese langen Vorlaufzeiten bei der Radiopromotion sind nicht mehr zeitgemäß, eben genau aus den Gründen [Kontrollverlust]. Wenn ich dann quasi in dem Moment dem Konsumenten die Möglichkeit verwehre, diesen Song auch zu erwerben, legal zu erwerben, dann steigt natürlich die Wahrscheinlichkeit beim Konsumenten, dass er versucht, sich diesen Song irgendwo anders her zu besorgen." (Repräsentant Bundesverband Musikindustrie)

In den Unternehmen wird dieser Veränderungsdruck auf die Veröffentlichungsroutine ebenfalls wahrgenommen:

> „Der Konsument erwartet, dass er ein Produkt sofort bekommt, wenn es im Radio gespielt wird." (Label-Chef Firma A)

Gleichwohl waren die Firmen A und B lange Zeit augenscheinlich nicht in der Lage, den technologisch induzierten Möglichkeiten des *Leaking* und *File-Sharing* konsequent Rechnung zu tragen, indem auf einen Promotionvorlauf in der Veröffentlichung verzichtet wurde. Im Fall von Firma A gilt dies bis heute. Zwar ließen sich in den letzten Jahren einige Versuche beobachten, den Track zeitgleich mit dem Start der Hit-Bemusterung der Medienanbieter auch über den Handel anzubieten (im Unternehmen als *On Air, On Sale-Strategie* diskutiert). Mangels Charts-Performance der Veröffentlichungen, insbesondere von Newcomern, wurden diese Experimente jedoch rasch wieder eingestellt. Entsprechend dominiert nach wie vor die Erwartung eines durch einen hohen Charts-Einstieg bzw. die Aufstauung von Nachfrage ausgelösten Schneeballeffekts. Das ist nach wie vor das präferierte Verfahren in der Veröffentlichung einer Musikaufnahme durch Firma A.

Der Kontrollverlust wirkt sich jedoch auch auf die Effektivität der kaskadierten Auswertung von Musikaufnahmen aus. Beide Firmen sind zwar im Jahr 2004 dazu übergegangen, jede ihrer Veröffentlichungen auch über Downloadportale wie beispielsweise *Apple iTunes* oder *Musikload* anzubieten. In der Folge stiegen die Download-Verkaufszahlen über die letzten Jahre kontinuierlich an. Der digitale Verkauf konnte jedoch den Umsatzverlust im Bereich physischer

Tonträgerverkäufe nicht kompensieren (vgl. BVMI 2011. Dies hängt vornehmlich damit zusammen, dass jeder Song über die Downloadanbieter einzeln erhältlich ist. Der Konsument ist demnach heute in der Lage, populäre Hit-Songs einzeln und zu einem deutlich günstigeren Preis zu erwerben, als dies früher für Maxi-Singles oder Alben galt (innerhalb der Unternehmen als *Cherry Picking* bezeichnet). Dementsprechend generieren die Unternehmen weniger Deckungsbeiträge für ihre nach wie vor hohen Promotion-Investitionen in Hit-Songs.

> „Also letztlich muss ich in die Single noch mehr Aufwand stecken als früher. Gleichzeitig habe ich die Refinanzierung hinten raus nicht mehr. Wenn ich da eine schlaue Idee hätte, dann würde ich das bestimmt machen." (Produktmanager Firma A)

Das Zitat eines Produktmanagers von Firma A verdeutlicht, dass den Unternehmen durchaus die Infragestellung der eingespielten Auswertungsstufen durch das verbreitete *Cherry Picking* bekannt ist, die kaskadierte Auswertung mittels Singles und Alben selbst jedoch nicht zur Disposition steht. Es dominiert weiterhin das komplementäre Verhältnis von Veröffentlichungsroutine (Promotionaufwand für die Single bzw. den Hit-Song) und der Auswertung als Album.

4 Wahrnehmung der Adaptionsnotwendigkeit und die Generierung zusätzlicher Erlöse

Die im Zuge der krisenhaften Transformation des Musiksektors und der Umsatzeinbrüche besonders diskutierte strategische Frage innerhalb der Branche und auch der beiden hier im Fokus stehenden großen Tonträgerunternehmen lautet, wie alternative Erlösquellen mittels neuartiger Kompetenzen erzielt werden können. Eine auch öffentlich diskutierte Option ist die sogenannte 360°-Auswertung. Kern dieser strategischen Option ist es, dass die Major Labels nicht mehr nur die Masterrechte eines Künstlers auswerten, sondern auch alle weiteren Rechte, die ein Musiker durch sein Schaffen generiert. Die Unternehmen sollen im Gegenzug zu ihren Investitionen in Promotion und Marketing an den Einkünften eines Künstlers aus Live-Konzerten, Merchandising, Rechten an Kompositionen, Markenrechten usw. beteiligt werden, um die getätigten Investitionen der Majors in die Bekanntheit des Künstlers und seines Werks in Anbetracht der abnehmenden Erlöse aus dem Verkauf von Tonträgern und Downloads zu decken.

Der Fall von Firma A zeigt, dass nur durch die Übernahme eines etablierten Merchandising-Unternehmens viele Künstler davon überzeugt werden konnten, ihre entsprechenden Rechte durch das Unternehmen auswerten zu lassen. Zwar wurden mit der Übernahme des Merchandising-Unternehmens neue Kompetenzen und das Wissen um die notwendigen Handlungsabläufe eingekauft. Allerdings folgt die Auswertung der Merchandising-Rechte auch weiterhin der Logik der tradierten Auswertungskaskade. Sie erwies sich als komplementär zu der tradierten Routine von Masterrechten bzw. Musikaufnahmen und damit unmittelbar integrierbar. Entsprechend konzentriert sich die Vermarktung von T-Shirts, Tassen und Bettwäsche auf diejenigen Künstler, die erfolgreich in den Charts platziert werden konnten.

Das Akquirieren der mit Blick auf das Erlöspotenzial viel attraktiveren Live-Rechte oder Künstler-Markenrechte konnte hingegen von Firma A bislang weitgehend nicht realisiert werden, da die Künstler diesbezüglich auf etablierte Spezialisten als kompetente Partner setzen. Die ihm von einzelnen besonders verhandlungsschwachen Newcomern übertragenen Rechte wurden vom Unternehmen wiederum an diese Spezialisten weitergereicht. Daher existieren die Abteilungen für Touring, Booking, Ticketing und Künstlermanagement bei Firma A nach wie vor nur auf dem Papier. Tatsächliche Kompetenzen und einhergehende systematische Verfahren der Vermarktung oder Auswertung solcher Rechte konnten hier (bislang) auch nach Aussage der Interviewpartner nicht ausgebildet werden.

Während diese Beobachtungen in ähnlicher Form lange Zeit auch auf Firma B zutrafen, zeigt ein Vergleich seit 2008, dass zwar beide Unternehmen versuchen, neuartige Kompetenzen auch zur Auswertung der Masterrechte selbst zu entwickeln, die Ansatzpunkte und Ergebnisse dieser Versuche sich jedoch grundsätzlich voneinander unterscheiden. Während Firma A seither bestrebt ist, diese Kompetenz zusätzlich zu ihrer tradierten Kompetenz der Hit-Kreation auszubilden, wurde dieses Unterfangen im Zuge einer radikalen Re-Organisation zuletzt durch Firma B unter einer ganz neuen Prämisse vorangetrieben:

> „Die Nachfrage nach Musik war nie so groß wie heute. Wir sehen uns als ein Service Provider für die Nutzung von Musik. Wir sind gewillt, Musik überall hin zu lizenzieren und anzubieten, solange dafür bezahlt wird. Und das ist nicht nur der Verkauf physischer Tonträger." (Top-Manager Firma B)

Es wird deutlich, dass der Adaptionsversuch von Firma B darauf abzielt, anhand aller möglichen und durch die Anzahl der Medienangebote gestiegenen Verwendungen von Musikaufnahmen bzw. Masterechten Erlöse zu generieren.

Interessanterweise werden in Firma A ähnliche Aussagen hinsichtlich der Frage nach den Erlöspotenzialen in der Auswertung von Masterrechten gemacht:

> „Aus unserer Sicht ist alles heutzutage Content. Besonders im Internet. Niemand sollte unsere Musik umsonst bekommen. Sie können dann schreien: ‚dann tun wir nichts für Euren Künstler'. Aber wenn kein Deal zustande kommt, keine adäquate finanzielle Kompensation, dann kein Deal." (Mitarbeiter Business Development, Firma A)

Diese Einschätzung, dass keine Musik mehr kostenlos und lediglich aus Promotion-Gründen verfügbar gemacht werden sollte (beispielsweise in Form von Musikvideos auf Online-Portalen), beschränkt sich in Firma A jedoch weitgehend auf den Bereich der Unternehmensentwicklung. Allerdings spiegelt sich auch hier – wie oben im Fall des Managers von Firma B – zumindest in Teilen des Unternehmens das Bestreben wider, zusätzliche Erlöse durch die systematische Lizenzierung der Masterrechte an kommerzielle Nutzer von Musik zu generieren. Nichtsdestotrotz lassen sich weitreichende Unterschiede in der Umsetzung dieser Vorhaben bzw. der Adaptionsversuche der Firmen A und B feststellen, die auf eine fortgesetzte Wirksamkeit des Kompetenzpfads im Fall von Firma A sowie einen bereits vollzogenen Pfadbruch im Fall von Firma B verweisen.

Firma A: Adaptionsversuch unter Reproduktion des Kompetenz-Lock-Ins

Während Firma B zu diesem Zwecke beinahe vollständig neu aufgestellt wurde, ist im Fall von Firma A im Wesentlichen die Abteilung Business Development damit betraut worden, Kompetenzen bzw. Verfahrensweisen zu entwickeln, die eine solche Erlösgenerierung mittels Lizenzierung von Masterrechten systematisch gewährleisten können. Die Verwendung von Musikaufnahmen in der Markenkommunikation von Konsumgüterherstellern ist dabei ein Feld, um das sich Firma A besonders intensiv bemüht. Im Gegensatz zur kaskadierten Auswertung der Rechte durch verschiedene Produktkonfigurationen haben sich die dafür notwendigen Verfahren (beispielsweise die Akquise von Kunden oder die kampagnenorientierte Auswahl von Musikaufnahmen) jedoch als wenig komplementär zur weiterhin praktizierten Veröffentlichungsroutine mit dem Fokus auf Hit-Promotion erwiesen. Anhand der folgenden Aussage eines für *Brand Cooperations* zuständigen Mitarbeiters von Firma A wird dies deutlich:

> „Aktuell sagen wir, wir müssen hiermit [Lizenzierung für Markenkommunikation] Einkommen erzielen. Aber das ist unmöglich für den Produktmanager. Er ist verantwortlich für Dutzende von Veröffentlichungen. Er ist nicht in der Lage, dieses Einkommen zu erzielen. Er sagt, liebe Marke, ich brauche dich. Aber dann ist die Zahlungsbereitschaft auf Seiten der Marke sehr gering. Er sucht immer noch nach Promotion-Partnern, weil er veröffentlichungsorientiert arbeitet. Das macht die Arbeit für uns hier sehr schwer."

Die Bemühungen, Masterrechte systematisch und maßgeschneidert an Marken zu lizenzieren, widerspricht der Zielsetzung des Unternehmens, den kurzfristigen Charts-Eintritt einer aktuellen Veröffentlichung mittels medialer Präsenz zu optimieren, und steht damit quer zu den tradierten Routinen, an denen sich nach wie vor weite Teile der Belegschaft von Firma A orientieren. Die Anzahl der zur Veröffentlichung anstehenden Musikaufnahmen erlaubt es den jeweils Verantwortlichen kaum, von dieser Routine abzuweichen. Entsprechend spielen die längerfristig durch Lizenzierung bzw. Vergabe von Synchronisationsrechten erzielbaren Erlöse in der Kooperation mit Markenartikelherstellern in den tagtäglichen Veröffentlichungs- und Auswertungsprozessen des Unternehmens praktisch kaum eine Rolle, sondern obliegen als Aufgabe weiterhin ausschließlich der Abteilung Business Development.

Eine ähnliche Erfahrung machte Firma B, bevor sie sich für den im Anschluss beschriebenen radikaleren Schnitt einer vollständigen Re-Organisation entschied:

> „[...] ein Label-Manager, der kam aus dem CD-Business, und er macht die für ihn am transparentesten erscheinende Kalkulation: Er sagt, ich verkaufe X Tonträger und digitale Downloads von diesem Künstler, das ist die Basis für Marketing und Promotion. Von der anderen Seite zu kommen und mit Lizenzen zu kalkulieren ist hinsichtlich der Kalkulation aufgrund mangelnder Erfahrung viel schwieriger für ihn. Es gab Ausnahmen, aber die waren selten. Am Ende machten wir immer Charts-Performer [...] und danach versuchten wir unser Business auszubauen. Ob das der richtige Weg ist, ist eine andere Frage." (Ex-Mitarbeiter Business Development, Firma B)

Anhand der kurzen Beschreibung des Versuchs von Firma A, durch die Lizenzierung der Masterrechte an Markenartikelhersteller systematisch zusätzliche Erlöse zu generieren und Kompetenzen zu entwickeln, wird zum einen deutlich, dass dadurch neue handlungsanleitende Regeln notwendig werden, die nicht nur in Widerspruch zu den tradierten Veröffentlichungsroutinen stehen (Verwendung von Musikaufnahmen durch Markenhersteller ist keine Promotion), sondern auch zu der die tradierte Veröffentlichungsroutine stabilisierenden adaptiven Erwartung, dass ein Plus an Medienpräsenz eines Songs (hier als musikalische Werbespotunterlegung) dem zusätzlichen Abverkauf von Tonträger- und Downloadeinheiten dient. Zum anderen zeigt sich, dass die fortgesetzte Reproduktion negativen Einfluss auf die Entwicklung zusätzlicher Kompetenzen nimmt, etwa in der auf eigenständige Erlösgenerierung zielenden Vermarktung von Masterrechten an Markenartikelhersteller. Die Reproduktion des Kompetenz-Lock-In produziert gewissermaßen negative Externalitäten (Page 2006; Vergne/Durand 2011), in deren Kontext die fortgesetzte Suche nach Promotionpartnern die gleichzeitige Akquise von zahlungsbereiten Lizenznehmern erschwert. Diese negativen Externalitäten des Routinevollzugs verhindern, dass sich der Korridor möglicher alternativer Auswertungsformen der Masterrechte nachhaltig erweitert und schränken die Adaptionsfähigkeit von Firma A weiter ein.

Firma B: Adaptionsversuch unter der Bedingung der Inkompetenz

Im Fall von Firma B lässt sich seit 2008 eine im Vergleich zu Firma A konträre Entwicklung beobachten, die als Abweichung von der pfadabhängigen Reproduktion der tradierten Kompetenz des Unternehmens bezeichnet werden kann.

Dies betrifft nicht nur die Auswertung, sondern auch die Art und Weise, wie der Veröffentlichungsprozess ausgestaltet wird. Diese Veränderung ist zwar nicht ausschließlich, aber doch in hohem Maße auf eine tiefgreifende Re-Organisation des Unternehmens zurückzuführen, die fast einer Neugründung gleichkam. Sie zeigt, dass sich Adaptionsfähigkeit vor dem Hintergrund eines Kompetenz-Lock-In nicht top-down anordnen lässt. Dafür sind die oben beschriebenen sozialen Mechanismen viel zu tief eingeschrieben (Koch 2011) – sowohl in das Unternehmen als auch in seine Austauschbeziehungen mit Künstlern auf der einen sowie Medien und Handel auf der anderen Seite.

In die Kalkulation des Budgets eines Veröffentlichungsprojekts fließen bei Firma B mittlerweile auch die aus Lizenzierung und Vergabe von Synchronisationsrechten erwartbaren Erlöse mit ein, die neben dem Verkauf von Tonträgereinheiten und Downloads generiert werden. Das sind Lizenzeinnahmen, die das Unternehmen aus der Verwendung ihrer Musik in TV, Filmen, Spielen oder Werbung erzielt. Dabei umfasst die Zeitspanne, innerhalb derer diese Erlöse erwartet werden, nicht mehr maximal ein Jahr, wie dies früher der Fall war (und bei Firma A weiterhin der Fall ist). Stattdessen wird ein Gesamtbudget auf der Grundlage einer Auswertung über mindestens 24 Monate hinweg erstellt, in das die Lizenz- und Sync-Einnahmen als wichtige Umsatzsäule inkludiert ist. Das Unternehmen schließt in diesem Zusammenhang eine neue Vertragsform mit seinen Künstlern ab, die nicht den traditionellen Künstler- bzw. Bandübernahmeverträgen entspricht, sondern eher einem Dienstleistungsvertrag gleicht, in dessen Kontext die eigentliche Produktion der Musikaufnahme dem Künstler überlassen wird (jedoch im Gegensatz zum Bandübernahmevertrag zumeist vorfinanziert wird). Für einen Vertragsabschluss kommen vor allem Künstler in Frage, die eigene Kompositionen interpretieren, so dass beide Rechte (die an der Komposition und die am Master) aus einer Hand lizenziert werden können. Während dies von Firma B heute als Notwendigkeit für eine reibungslose Lizenzierung der Masterrechte betrachtet wird, spielte dies zuvor (aufgrund der Konzentration auf die Tonträgerauswertung) so gut wie keine Rolle in der Auswahl von Künstlern.

Entsprechend dieser neuartigen Bündelung von Rechten partizipiert Firma B an den Einnahmen, die in der Auswertung beider Rechte generiert werden, und operiert entsprechend nicht nur als Label, sondern auch als Musikverlag. Dabei garantieren die Verträge den Künstlern im Vergleich zu klassischen Ausgestaltungen einen deutlich größeren Split der Einnahmen, sehen allerdings keinen Vorschuss mehr vor. Vielmehr wird den Künstlern ein gemeinsam definierter Teil des Budgets für Promotion- und Vertriebsmaßnahmen zur Verfügung gestellt. Firma B vollzieht dementsprechend keine klassischen Promotion- oder Vertriebsmaßnahmen mehr, sondern berät die Künstler und ihr Management in der Auswahl von spezialisierten Drittanbietern und den jeweils verhandelbaren Konditionen.

Daraus wird ersichtlich, dass das Unternehmen es nicht länger als notwendig erachtet, seine Kompetenzen in der Hit-Kreation zu reproduzieren bzw. hohe Einstiege der finanzierten Musikaufnahmen in die Charts zu gewährleisten. Zwar ist das Wissen um die Regeln, wie der Charts-Eintritt optimiert werden kann, durchaus noch vorhanden und auch eine mehr oder weniger zufällige Charts-Performance unter Vertrag stehender Künstler wird weiterhin durchaus positiv wahrgenommen. Allerdings wird diese Kompetenz nicht mehr systematisch durch eigene entsprechend koordinierte und im Sinne des Promotion-Vorlaufs aufeinander abgestimmte Handlungen aktiviert. Stattdessen konzentriert sich Firma B nunmehr auf die systematische und längerfristige Auswertung der Masterrechte bzw. Musikaufnahmen durch Lizenzierung und Synchronisation:

> „[...] wir haben Verträge mit TV- und Film-Produzenten. Sie nutzen unsere Musik und wir stellen ihnen die musikalische Beratung zur Verfügung. Dadurch lizenzieren wir unsere Rechte. Da ist nicht nur die CD. Sie ist immer noch wichtig. [...] Bei uns muss es aber Musik sein, die auch gut zu lizenzieren ist an Film, TV und Werbung. Anstatt Dutzende von Promotern und Marketing-Experten zu beschäftigen, haben wir nun *Music Supervisors* und *Song Pluggers*." (Manager, Firma B)

Die sogenannten *Music Supervisors* und *Song Pluggers* sind diejenigen in Firma B, die kommerzielle Nutzer von Musikaufnahmen beraten und damit die Lizenzierung sicherstellen sollen. Einerseits sind diese Mitarbeiter mit ihrer Expertise bereits in die Auswahl von anvisierten Künstlern sowie in die Kalkulation der entsprechenden Budgets eingebunden. Andererseits sind sie durch die längerfristigen Erlöserwartungen nicht mehr gezwungen, diejenigen Hit-Songs zu lizenzieren, die unmittelbar zur Veröffentlichung anstehen und Charts-Einstiege realisieren sollen, sondern „folgen den Bedürfnissen der Lizenznehmer" (eine häufig verwendete Formulierung in Firma B).

Anhand der Nachzeichnung der neuen Verfahrensmuster im Umgang mit Masterrechten bzw. finanzierten Musikaufnahmen wird deutlich, dass sich Firma B zwar weiterhin hauptsächlich als Vermarkter dieser Rechte bzw. Aufnahmen versteht. Allerdings bedient sich das Unternehmen dabei einer vergleichsweise neuartigen Kompetenz, die nicht allein auf die Erwartung abstellt, dass die Wiedergabe von Musikaufnahmen zur Steigerung der verkauften Tonträgereinheiten führt und insbesondere diejenigen Songs mediale Präsenz erfahren, die besonders umfangreiche und zeitlich kondensiert eingesetzte Promotion-Investitionen aufweisen.

Zuletzt hat Firma B zudem damit begonnen, die gezielte Erzeugung von Charts-Performance durch den Künstler selbst bzw. die extern beauftragten Promotion- und Marketingspezialisten mittels Gegenmaßnahmen wieder zu unterbinden. Die für *New Recordings* zuständige Mitarbeiterin stellte schnell fest, dass das dem Künstler zur Verfügung gestellte Budget für Promotion- und Vertriebsmaßnahmen weiterhin gemäß der Charts-Eintritt-Optimierung innerhalb von wenigen Wochen ausgeschöpft wurde und daher im weiteren der Budgetierung zugrundeliegenden Auswertungszeitraum keine zusätzlichen Maßnahmen mehr möglich waren. Ein solches, den tradierten Veröffentlichungsroutinen eines Major Label folgendes Investitionsmuster wird nun durch Firma B in einer wachsenden Zahl von Fällen verhindert, indem die Auszahlung des Budgets über den Zeitraum von 24 Monaten hinweg gesplittet wird.

Die Tatsache, dass Firma B langfristige Kooperationsverträge mit den größten nationalen wie internationalen Film-, TV- und Werbeproduzenten schließen konnte, deutet darauf hin, dass das Unternehmen eine auch von außen wahrgenommene neue Kompetenz entwickeln konnte, die deutlich von der des Hit-Kreators und Tonträgervertreibers abweicht. Zwar finanziert Firma B weiterhin die Aufnahme und Vermarktung von Musik auf Tonträgern und als Download. Allerdings ist das Unternehmen darüber hinaus nun in der Lage, systematisch weitere Erlöse zur Deckung seiner Investitionen zu generieren, was im oben beschriebenen Fall von Firma A in diesem Maße nicht zuzutreffen scheint.

Im Wesentlichen ist der beobachtbare Unterschied damit zu erklären, dass die durch Firma B finanzierten Musikaufnahmen nicht mehr kurzfristig hit- und chartsorientiert vermarktet werden, sondern in einen langfristig ausgerichteten Dienstleistungsprozess eingebunden werden, der das Unternehmen zu einem für Produzenten von Filmen, Serien und Werbespots glaubhaften, den jeweiligen inhaltlichen Vorgaben folgenden Lizenzgeber macht, der die Zusammenarbeit nicht vornehmlich unter dem Aspekt der Promotion bzw. der Erzeugung medialer Präsenz für einen aktuellen Hit-Song versteht. Die für die zuverlässige Bereitstellung dieses Services notwendigen Routinen waren als handlungsleitende Regeln jedoch 2008, zum Zeitpunkt der Re-Organisation von Firma B, noch nicht *ready-made* im Unternehmen vorhanden. Vielmehr mussten sie erst sukzessive und inkrementell vor dem Hintergrund einer zunächst vagen Idee entwickelt werden. Auch im Jahr 2010 wurde in dem betroffenen Unternehmen noch davon gesprochen, dass man sich nach wie vor in einer Phase des Experimentierens befinde und die sich herausbildenden neuen Verfahrensweisen in der Vermarktung von Masterrechten insbesondere für die Künstler nach wie vor stark erklärungsbedürftig seien.

5 Prozessuale Adaptionsfähigkeit auf der Mikroebene: Bruch eines Kompetenzpfads durch vorübergehende Inkompetenz

Die in den Fallstudien gemachten Beobachtungen sprechen dafür, dass die vielfach diagnostizierte Adaptionsunfähigkeit der großen Tonträgerunternehmen bzw. Major Labels auf die pfadabhängige Entwicklung ihrer Kompetenz und ein damit verbundenes Lock-In zurückzuführen ist. Dabei haben die aus dem Auftreten verschiedener *small events* entstandenen Veröffentlichungs- und Auswertungsroutinen der Unternehmen eine spezifische Ausprägung erfahren, die lange Zeit zu ihrer außerordentlichen Wettbewerbsfähigkeit bzw. Dominanz innerhalb des Sektors beigetragen hat. Insbesondere die ihnen zugrunde liegenden adaptiven Erwartungen haben langfristig zu einem Lock-In der Kompetenzentwicklung der beiden betrachteten Unternehmen geführt, der vor dem Hintergrund der Transformation der Branche durch das Internet offensichtlich wird. Gleichzeitig hat die Reproduktion dieser Routinen die Generierung alternativer Erlöse mittels neuartiger Auswertungsformen der Masterechte, welche die sinkenden Umsätze aus Tonträgerverkäufen kompensieren könnten, eingeschränkt.

Der Vergleich der beiden untersuchten großen Tonträgerunternehmen seit 2008 zeigt zum einen, dass die Notwendigkeit der Adaption an die veränderten soziotechnischen Rahmenbedingungen innerhalb der Unternehmen durchaus erkannt wurde. Zum anderen wird jedoch auch deutlich, dass sich die Adaptionsversuche in den beiden beobachteten Fällen maßgeblich unterscheiden und sich lediglich in einem der beiden Fälle eine wiedergewonnene „prozessuale Adaptionsfähigkeit" (Dolata 2011: 93) durch einen intendiert herbeigeführten Bruch des Kompetenzpfads identifizieren lässt.

Der Fall von Firma B deutet darauf hin, dass dieser Pfadbruch mit einer Situation einherging, in der durch das Unternehmen noch keine neuartige, Wettbewerbsfähigkeit garantierende Kompetenz im Sinne von neuen Routinen als belastbaren Handlungsorientierungen entwickelt worden war. Vielmehr begab sich Firma B anscheinend bewusst in eine Situation vorübergehender Inkompetenz. Das heißt, die tradierten Handlungspotenziale im Sinne der Hit-Kreation waren als solche nicht weiter vorhanden – bzw. Gegenmaßnahmen sorgten dafür, dass sie keine weitere Anwendung fanden. Die mit diesen Gegenmaßnahmen verbundene Intention war jedoch nicht die, eine andauernde organisationale Inkompetenz zu erzeugen. Vielmehr sollte die spezifische Handlungsunfähigkeit den nötigen Raum für die Entwicklung neuer Handlungspotenziale schaffen und war dementsprechend als vorübergehend gedacht.

Auch angesichts einer bereits über zehn Jahre voranschreitenden krisenhaften Transformation des Musiksektors stellte ein solcher pfadabweichender Schritt ein unternehmerisches Risiko dar. Es ist kaum verwunderlich, dass vor Einleitung dieses Schrittes Firma B vergleichsweise schlechter im Wettbewerb dastand als Firma A – und sich also bewegen musste, wollte sie wettbewerbsfähig bleiben. Die organisationalen Effekte der Neuorientierung waren bemerkenswert: Die mit der Herbeiführung der vorübergehenden Inkompetenz verbundene tiefgreifende Re-Organisation führte nicht nur dazu, dass sich Firma B seither durch eine vergleichsweise flachere Hierarchie und geringere strukturelle Differenziertheit auszeichnet, sondern auch dazu, dass sie nun durch ein hohes Maß an *Intrapreneurship* auf Seiten der Mitarbeiter geprägt wird, das durch den umfangreichen Austausch von Personal herbeigeführt wurde. Neben quasi-unternehmerischem Verhalten und damit verbundener Experimentierfreudigkeit hinsichtlich neuer Verfahren und Handlungsorientierungen zeichnen sich die meisten neuen Mitarbeiter durch einen beruflichen Hintergrund im Bereich der TV-, Film- und Werbeproduktion aus, was im Vergleich zu Firma A eine sehr viel kritischere Hinterfragung der Verhaltenserwartung in Hinblick auf die Medien als Promotionspartner in allen Funktionsbereichen zur Folge hatte.

Die in Firma A ebenfalls beobachtete Wahrnehmung der Adaptionsnotwendigkeit des Unternehmens an die neuen Bedingungen des Musiksektors kann in diesem Zusammenhang als notwendige Bedingung betrachtet werden. Was jedoch als hinreichend für die neu gewonnene Adaptionsfähigkeit von Firma B erscheint, sind die der Reproduktion der Routinen gegenläufigen Verfahrensweisen, wie z.B. das skizzierte Budget-Splitting. Das Wissen um die Regeln, nach denen ein hoher Charts-Eintritt erzielt werden kann, ist zwar in Firma B weiterhin vorhanden. Allerdings wird die Anwendung der Regeln in allen Teilen des Unternehmens wie in angrenzenden Bereichen (z.B. bei extern beauftragten Agenturen) verhindert und so eine Art intendiertes Verlernen von Routinen (Akgün et al. 2007) eingeleitet, das überhaupt erst die Möglichkeit eröffnet, Adaptionsfähigkeit neu auszubilden.

Literatur

Akgün, A. E./Byrne, J. C./Lynn, G. S./Keskin, H. 2007: Organizational unlearning as changes in beliefs and routines in organizations. In: Journal of Organizational Change Management, Vol. 20/No. 6, S. 794–812

Anand, N. 2006: Charting the Music Business: Billboard Magazine and the Development of the Commercial Music Field. In: Lampel, J./Shamsie, J./Lant, T. K. (eds.): The Business of Culture: Strategic Perspectives on Entertainment and Media . London: Routledge, S. 139–154

Argyris, C./Schon, D. A. 1978: Organizational Learning: A Theory of Action Perspective. Reading: Addison-Wesley

Arthur, W. B. 1989: Competing Technologies, Increasing Returns, and Lock-In by Historical Events. In: The Economic Journal, Vol. 99/No. 394, S. 116–131

Barney, J. 1991: Firm Resources and Sustained Competitive Advantage. In: Journal of Management, Vol. 17/No. 1, S. 99–120

Becker, M. C. 2004: Organizational Routines: A Review of the Literature. In: Industrial Corporate Change, Vol. 13/No. 4, S. 643–678

Becker, M. C. 2005: A Framework for Applying Organizational Routines in Empirical Research: Linking Antecedents, Characteristics and Performance Outcomes of Recurrent Interaction Patterns. In: Industrial Corporate Change, Vol. 14/No. 5, S. 817–846

BVMI 2011: Musikindustrie in Zahlen 2010. Berlin: Bundesverband Musikindustrie

Burgelman, R. A. 2008: Strategic Consequences of Co-Evolution Lock-In: Insights from a Longitudinal Process Study. SSRN eLibrary (Internet: http://papers.ssrn.com/sol3/papers.cfm?abstract_id=1314453; zuletzt aufgesucht am 29.5.2009)

David, P. A. 1985: Clio and the Economics of QWERTY. In: The American Economic Review, Vol. 75/No. 2, S. 332–337

David, P. 2007: Path dependence: a foundational concept for historical social science. In: Cliometrica, Vol. 1, No. 2, S. 91–114

Denisoff, R. S. 1997: Tarnished Gold: The Record Industry Revisited. New Brunswick: Transaction Publishers

Dobusch, L./Kapeller, J. 2011: Striking New Paths: Theory and Method in Path Dependence Research. Aufsatz präsentiert auf der „2nd International Conference on Path Dependence“. Berlin

Dolata, U. 2008: Das Internet und die Transformation der Musikindustrie. Rekonstruktion und Erklärung eines unkontrollierten sektoralen Wandels. MPIfG Discussion Paper 08/7, Köln: MPIfG

Dolata, U. 2011: Wandel durch Technik: Eine Theorie soziotechnischer Transformation. Frankfurt/M.: Campus

Dosi, G. 1982: Technological paradigms and technological trajectories. In: Research Policy, Vol. 11/No. 3, S. 147–162

Dowd, T. 2006: From 78s to MP3s: The Embedded Impact of Technology in the Market for Prerecorded Music. In: Lampel, J./Shamsie, J/Lant, T. K. (Hg.), The Business of Culture: Strategic Perspectives on Entertainment and Media. London: Routledge, S. 205–226

Feldman, M. S. 2003: A performative perspective on stability and change in organizational routines. In: Industrial Corporate Change, Vol. 12/No.4, S. 727–752

Foerster, H. von 1984: Principles of self-organization – in a socio-managerial context. In: Ulrich, H./Probst, G. J. B. (eds.): Self-organization and management of social systems. New York: Springer, S. 2–24

Freiling, J./Gersch, M./Goeke, C. 2008: On the Path towards a Competence-based Theory of the Firm. In: Organization Studies, Vol. 29/No. 8–9, S. 1143–1164

Garofalo, R. 1999: From Music Publishing to MP3: Music and Industry in the Twentieth Century. In: American Music, Vol. 17/No. 3, S. 318–354

Garud, R./Kumaraswamy, A./Karnøe, P. 2010: Path Dependence or Path Creation? In: Journal of Management Studies, Vol. 47/No. 4, S. 760–774

Gerring, J. 2007: Case Study Research: Principles and Practices. Cambridge/MA: Cambridge University Press

Gersch, M./Avaria, C. 2007: Die Branchentransformation der Musikindustrie. Eine (co-)evolutorische Analyse unter Berücksichtigung des Einflusses einzelner Geschäftssysteme. Arbeitsbericht No. Nr. 104. Arbeitsberichte des Institut für Unternehmensführung. Bochum: Institut für Unternehmensführung (ifu) der Ruhr-Universität Bochum

Gersch, M./Goeke, C./Wessel, L. 2009: Interorganisationale Routinen – Entstehung, Implikationen sowie Möglichkeiten und Grenzen einer zielorientierten Gestaltung. In: Zeitschrift für Management, Jg. 4/Heft 3, S. 209–234

Giddens, A. 1984: The constitution of society. Cambridge: Polity Press

Koch, J. 2008: Strategic Paths and Media Management-A Path Dependency Analysis of the German Newspaper Branch of High Quality Journalism. In: Schmalenbach Business Review, 60, S. 50–73

Koch, J. 2011: Inscribed Strategies: Exploring the Organizational Nature of Strategic Lock-in. In: Organization Studies, Vol. 32/No. 3, S. 337–363

Langley, A. 1999: Strategies for Theorizing from Process Data. In: The Academy of Management Review, Vol. 24/No. 4, S. 691–710

Leonard-Barton, D. 1992: Core Capabilities and Core Rigidities: A Paradox in Managing New Product Development. In: Strategic Management Journal, Vol. 13/No. S1, S. 111–125

Leonardi, P. 2011: When flexible routines meet flexible technologies: Affordance, constraint, and the imbrication of human and material agencies. In: MIS Quartlerly, Vol. 35/No. 1, S. 147–167

Liebowitz, S. J. 2004: The Elusive Symbiosis: The Impact of Radio on the Record Industry. SSRN eLibrary (Internet: http://papers.ssrn.com/sol3/papers.cfm?abstract_id=520022: zuletzt aufgesucht am 30.7.2010)

Mahlmann, C. 2009: Marketing und Promotion von Musikprodukten. In: Gensch, G./Stöckler, E. M./Tschmuck, P. (Hg.): Musikrezeption, Musikdistribution und Musikproduktion. Wiesbaden: Gabler, S. 205–238

McCourt, T./Rothenbuhler, E. 1997: SoundScan and the consolidation of control in the popular music industry. In: Media, Culture & Society, Vol. 19/No. 2, S. 201–218

Nelson, R. R./Winter, S. G. 1982: An evolutionary theory of economic change. Cambridge/MA: Harvard University Press

Page, S. E. 2006: Path dependence. In: Quarterly Journal of Political Science, Vol. 1/No. 1, S. 87–115

Pentland, B. T./Feldman, M. S. 2005: Organizational routines as a unit of analysis. In: Industrial and Corporate Change, Vol. 14/No. 5, S. 793–815

Schumpeter, J. 1935: Theorie der wirtschaftlichen Entwicklung: eine Untersuchung über Unternehmergewinn, Kapital, Kredit, Zins und den Konjunkturzyklus. Berlin: Duncker & Humblot

Shapiro, C./Varian, H. R. 1999: Information rules: a strategic guide to the network economy. Cambridge/MA: Harvard Business Press

Sydow, J./Schreyögg, G./Koch, J. 2009: Organizational Path Dependence. Opening the Black Box. In: The Academy of Management Review, Vol. 34/No. 4, S. 689–709

Teece, D. J./Pisano, G./Shuen, A. 1997: Dynamic Capabilities and Strategic Management. In: Strategic Management Journal, Vol. 18/No. 7, S. 509–533

Tschmuck, P. 2008: Vom Tonträger zur Musikdienstleistung: Der Pardigmenwechsel in der Musikindustrie. In: Gensch, G./Stöckler, E. M./Tschmuck, P. (Hg.): Musikrezeption, Musikdistribution und Musikproduktion. Der Wandel des Wertschöpfungsnetzwerks in der Musikwirtschaft. Wiesbaden: Gabler, S. 141–162

Vergne, J.-P./Durand, R. 2011: The Path of Most Persistence: An Evolutionary Perspective on Path Dependence and Dynamic Capabilities. In: Organization Studies, Vol. 32/No. 3, S. 365–382

Wikström, P. 2010: The Music Industry: Music in the Cloud. Cambridge/MA: Polity Press

Winter, S. G. 2003: Understanding dynamic capabilities. In: Strategic Management Journal, Vol. 24/No. 10, S. 991–995

Yin, R. K. 2009: Case Study Research: Design and Methods. London: Sage Publications

Zwischen Kontinuität und Bruch

Der Wandel des deutschen Buchhandels

Jan-Felix Schrape

1 Einleitung

Ähnlich wie in der Musikindustrie beherrschten im deutschen Buchhandel lange die gleichen Verlage, Zwischen- und Einzelhändler den Markt. Deren Erlösmodelle werden jedoch seit geraumer Zeit bedroht: Die Digitalisierung der Inhalte senkt Produktions- und Distributionskosten, das Internet bietet neue Bestell- bzw. Präsentationskanäle und innovative Marktformen wie die Content-Stores für Mobile Devices werden wirtschaftlich tragfähig. Die eingespielten institutionellen und sozioökonomischen Strukturen des Sektors werden also durch neuartige Distributions- und Produktionsmöglichkeiten, veränderte Nutzungsweisen sowie daraus resultierende Spielräume für neue Markteilnehmer herausgefordert. Im Vergleich zur Musikindustrie, die ihre Anpassungsfähigkeit gegenüber den neuen Medien als erster Mediensektor unter Beweis stellen musste und den damit verknüpften Dynamiken zunächst wenig entgegenzusetzen hatte (Dolata 2011a), wirken die Querschnittstechnologien auf den Buchhandel allerdings zeitlich entzerrter:

- Seit Mitte der 1990er Jahre setzt sich zusätzlich zum klassischen Sortiments- und Versandhandel der Online-Handel mit physischen Büchern durch.
- Seit 2000 ermöglicht die Digitalisierung im Verbund mit dem Web den Vertrieb von digitalen Hörbüchern, Books-on-Demand sowie wissenschaftlicher Literatur im PDF-Format.
- Seit 2008 lassen marktfähige Technologie-Sets aus E-Books und E-Readern die Substitution des gedruckten Buches in allen Produktions- und Distributionsaspekten denkbar werden.

Ziel dieses Beitrags ist es vor diesem Hintergrund, die Dynamiken im Buchhandel aus einer Perspektive nachzuzeichnen, die sowohl die durch technologische Neuerungen angestoßenen Veränderungsprozesse als auch die Reaktionen der Kernunternehmen des Sektors beleuchtet (Dolata 2011b): Während unter dem Begriff der *sozialen Adaptionsfähigkeit* die Frage aufgeworfen wird, wie die technikinduzierten Transformationspotenziale durch sektorzentrale und -periphere Akteure wahrgenommen sowie mögliche strukturelle und institutionelle Effekte antizipiert bzw. umgesetzt werden, richtet das Konzept der *graduellen*

Transformation die Aufmerksamkeit auf die konkreten Verlaufsformen soziotechnischer Umbrüche, die sich in der Regel nicht in kurzer Frist vollziehen, sondern vielmehr durch eine Vielzahl kleinerer interagierender Veränderungen geprägt werden.

Die Rekonstruktion der Wandlungsprozesse im deutschen Buchhandel erfolgt auf der Grundlage von aggregierten Marktdaten, Dokumentenanalysen und Aussagen von Schlüsselakteuren, um eine „möglichst breite[n] Erfassung der an der ‚Bewirkung einer Wirkung'" beteiligten situativen Gegebenheiten und Akteure (Mayntz 2009: 85) zu erreichen.[1] Als Ausgangspunkt werden zunächst die Strukturen des Buchmarktes um das Jahr 2000 rekonstruiert. Danach werden die Herausforderungen diskutiert, die das Web als neuer Handelskanal mit sich gebracht hat, bevor die Veränderungen in den Blick genommen werden, die aus der Digitalisierung der Inhalte resultieren. Abschließend erfolgt eine analytische Verortung der empirischen Kernentwicklungen.

2 Der deutsche Buchhandel um 2000

In der historisch gewachsenen Publikations-, Distributions- und Verwertungskette des klassischen deutschen Buchhandels treten folgende Akteure auf:

- der Autor als geistiger Urheber;
- die Verlage als Gatekeeper, Hersteller und Verteilerstellen;
- der Zwischenbuchhandel (Barsortimente, Einkaufsgenossenschaften etc.);
- der Bucheinzelhandel (Sortiment, Versand, Buchgemeinschaften etc.);
- der *Börsenverein des Deutschen Buchhandels;*
- die *Verwertungsgesellschaft Wort;*
- Konsumenten und (öffentliche) Bibliotheken.

Die triadische Vertriebskette von Verlagen, Zwischenbuchhändlern und Sortimentern wurde fallweise allerdings schon seit jeher umgangen: Einige Autoren vertreiben ihre Bücher selbst, Fachverlage sprechen ihr Publikum unmittelbar an, große Verlage bedienen den Einzelhandel direkt und übergehen so die im 19. Jahrhundert entstandenen Barsortimente (Wittmann 1999: 262). Unter der Ägide des *Börsenvereins des Deutschen Buchhandels,* welcher die Interessen aller drei Handelsstufen des Buchsektors vertritt, wurde 1888 die Buchpreisbindung eingeführt, um das Ungleichgewicht zwischen sogenannten ‚Fernschleuderern' und kleineren lokalen Buchhändlern auszugleichen (Füssel et al. 2000). Die *Verwer-*

1 Die empirischen Beobachtungen können hier lediglich skizziert werden. Eine ausführlichere Darstellung der Entwicklungen zwischen 1995 und 2010 findet sich in Schrape 2011.

tungsgesellschaft Wort verwaltet demgegenüber seit 1958 die Tantiemen aus Zweitverwertungsrechten an Sprachwerken. Tabelle 1 gibt einen ersten Überblick zu der Entwicklung des Gesamtumsatzes des deutschen Buchhandels zu Endverbraucherpreisen und zu den Anteilen der Vertriebswege. Dabei wird deutlich, dass der Online-Buchhandel um 2000 noch keine herausragende Rolle gespielt hat.

Tab. 1: Gesamtumsatz des deutschen Buchhandels, Anteile Vertriebswege (in Prozent)

	stationär (Gesamt)	nicht-stationär (Gesamt)	Verlage direkt	Buchgemein-schaften	Versand klassisch	Versand online	Branchen-umsatz
1980	75	25	11	8	7	–	3,9 Mrd. €
1990	74	26	14	4	8	–	6,5 Mrd. €
2000	71	29	17	4	6	2	9,3 Mrd. €
2005	68	32	18	3	4	7	9,6 Mrd. €
2010	62	38	19	2	3	14	9,7 Mrd. €

Quellen: Börsenverein 1982: 8, 1992: 22, 2001: 27, 2010: 6, 2011

Der Bucheinzelhandel bezieht seine Ware entweder direkt über die Verlage oder den Zwischenbuchhandel, wobei die größten Barsortimente *(KNV, Libri, Umbreit)* ca. ein Drittel der lieferbaren Bücher vorrätig halten (Bez/Keiderling 2010). In der Regel erhält der Einzelhandel bei den Barsortimenten einen Nachlass von 30 Prozent auf den umsatzsteuerfreien Ladenpreis; Barsortimentern gewähren Verlage bis zu 45 Prozent Rabatt. Der Anteil des Barsortiments unter den Bezugsquellen für den Einzelhandel lag in den 1980er Jahren bei 25 Prozent, da Einzelhändler direkt bei den Verlagen durch kumulierte Rabatte Bücher knapp über dem halben Ladenpreis erwerben können (Wallenfels 2001). *Hugendubel* steigerte jedoch Mitte der 1990er Jahre den Einfluss der Barsortimente leicht, indem es den Direktbezug bei Verlagen aus ladenlogistischen Gründen zurückfuhr (Buchmarkt 1995).

Insgesamt war der deutsche Buchmarkt im ausgehenden 20. Jahrhundert durch Konzentration gekennzeichnet: Einerseits verschwanden ab Mitte der 1970er Jahre viele kleinere Barsortimente vom Markt (Börsenverein 1989: 67), andererseits schlossen sich die großen Buchhändler zunehmend zusammen. Die vier größten Buchhandelsketten vereinten in der BRD jedoch auch 2001 nur acht Prozent des Branchenumsatzes, während es in den USA im selben Jahr 48 Prozent waren (Kahlefendt 2001: 7). Trotzdem aber fristeten viele kleinere Buchhandlungen auch angesichts steigender Personal-, Miet- und Werbekosten schon zu dieser Zeit ein wenig einträgliches Nischendasein (Riehm et al. 2001), obgleich Einkaufsgenossenschaften wie die *Leistungsgemeinschaft Buch* seit 1990 versuchen, der Einkaufsmacht großer Filialisten (z.B. *Thalia, DBH Hugendubel, Mayersche*) gegenzusteuern.

Einen Anteil an den stabilen Gesamtumsätzen des Buchhandels um 2000 hatten die sich kaum verändernden Durchschnittspreise verkaufter Bücher (Langendorf 2006). In der BRD wurden im Jahr 2000 82.936 Titel verlegt (1998: 78.042). Unter den 63.021 Erstauflagen fanden sich rund zehn Prozent Taschenbücher, die sich in Deutschland bereits im Verlauf des 19. Jahrhunderts als Zweitverwertungskanal etabliert hatten, um Raubdrucken entgegenzutreten. In der mengenmäßigen Buchproduktion stellten belletristische Bücher 1998 zusammen mit Ratgeber-, Kinder- und Jugendliteratur einen Anteil von beinahe 50 Prozent; wissenschaftliche Bücher erreichten sieben Prozent (Börsenverein 1998: 59). Der buchlesende Anteil der Bevölkerung lag bei 70 Prozent, davon waren ca. 22 Prozent Intensivleser (Langen/Bentlage 2000; Stiftung Lesen 2000).

Die strukturellen und institutionellen Kernstrukturen des deutschen Buchhandels wurden zur Jahrtausendwende durch die Online- und Digitaltechnologien also noch kaum infrage gestellt. Zwar war der Bucheinzelhandel unabhängig davon bereits durch eine beginnende Konzentration gekennzeichnet, die marktbestimmenden Akteurkonstellationen und das sozioökonomische Gefüge waren zu dieser Zeit aber noch relativ stabil. Der Jahresgesamtumsatz des Sektors lag zwischen 1999 und 2002 beständig über 9 Mrd. Euro und war damit vergleichbar mit dem Branchenumsatz im Zeitungs- und Zeitschriftenwesen. Davon wurden über 70 Prozent durch den stationären Handel erwirtschaftet, während der Versandhandel wie schon in den 1990er Jahren ca. acht Prozent beisteuerte. Diese Konstanz in den Vertriebswegen lässt sich – so vermuteten bereits Riehm et al. (2001: 35) – nicht zuletzt auf ein lange funktionierendes Gleichgewicht zwischen den Betriebsformen bzw. Distributionsweisen und den Präferenzen der Konsumenten zurückführen.

3 Online-Buchhandel

Nichtsdestotrotz bildeten sich an den Rändern des Sektors bereits seit den frühen 1990er Jahren neue Formen des Versandbuchhandels heraus: Ein Pionier in der Nutzung der Online-Technologien war der Kleinbuchhändler Francois de Poncheville, der ab 1988 über den französischen Online-Dienst *Minitel* Bücher vertrieb. In der BRD wurde 1991 mit dem *ABC Bücherdienst* ein ähnlicher Service eingerichtet (ab 1996: *www.telebuch.de*), der schon vor seinem Verkauf an *Amazon* 1997 ca. 11 Mio. DM Umsatz verzeichnete (Riehm et al. 2001: 159).

Die eigentliche Gründerzeit im deutschen Online-Buchhandel lässt sich jedoch Ende der 1990er Jahre verorten: *Buecher.de* wurde 1997 durch den Software-Unternehmer Richard von Rheinbaben gegründet und erreichte 1999 bereits einen Umsatz von 7 Mio. DM. 1998 startete das Portal *buch.de*, das von rund 400 Aktionären aus der Buchbranche ins Leben gerufen wurde, und die deutsche Dependance von *Amazon*, welche von der Bekanntheit des Mutterkonzerns und dem bereits vorhandenen Kundenstamm von *www.telebuch.de* profitieren konnte. Gegenüber diesen First-Movern suchten ab 1999 die großen deutschen Medienkonzerne verspätet den Weg ins Web: *Bol.de* wurde 1999 durch die *Bertelsmann AG* lanciert und *Booxtra.de* hieß der Einstieg von *Holtzbrinck, Weltbild, Axel Springer* und *T-Online* in den Online-Buchhandel (für ähnliche Entwicklungen in den USA vgl. Hennessey 2000: 39).

75 Prozent des 194 Mio. Euro hohen Umsatzes durch den Online-Buchhandel wurden 2000 durch diese fünf Online-Händler erwirtschaftet, davon weit über 60 Prozent durch den Newcomer *Amazon*, der seit Markteintritt den kostenlosen Versand von Büchern etabliert hatte, was mit ein Grund für die Verluste vieler früher Online-Händler war (Herz/Nonnast 2001). Nach Platzen der ‚Dotcom'-Blase im Jahr 2000 entstand für viele Buchportale im Web mithin ein erheblicher Druck, in absehbarer Zeit schwarze Zahlen zu schreiben. *Bertelsmann* gab seine Ambitionen als eigenständiger Online-Vertreiber auch deshalb bereits 2002 wieder auf, während die Marke *buecher.de* 2001 von *booxtra.de* übernommen wurde. Trotz dieser Fusionen blieb aber die marktbeherrschende Position *Amazons* in der BRD unangefochten, obwohl das internationale Unternehmen im Jahr 2001 mit 1,4 Mio. Euro weit weniger für Werbemaßnahmen ausgab als die Konkurrenz (z.B. *bol.de:* 5,73 Mio. Euro). Diese frühe Führung lässt sich auch auf die Kundenzufriedenheit zurückführen: *Stiftung Warentest* (2002) und *Forrester Research* (2001) lobten die ständig weiterentwickelten Interfaces bzw. Infrastrukturen und sprachen *Amazon* vor diesem Hintergrund eine weitaus höhere Benutzerfreundlichkeit zu als den Mitbewerbern.

Stationäre Sortimenter sahen im Online-Buchhandel Ende der 1990er Jahre indes noch kaum eine Konkurrenz: „Der Kunde hat eine große Loyalität zu seinem Buchhändler" gab etwa *Libri*-Chef Lars Kilander zu Protokoll (Niggemeier 1998) und Riehm et al. (2001: 93) kamen in ihrer Studie zu dem Schluss, dass der Onlinehandel von der Branche schlicht nicht als die größte Herausforderung angesehen wurde: „Für die einen ist es z.B. viel wichtiger, sich im Marketing besser zu profilieren, für andere wird das Telefon als Bestellmedium systematisch ausgebaut." Im Zentrum der Aufmerksamkeit stand überdies die im Zuge der europäischen Integration drohende, aber zunächst abgewendete Abschaffung der Buchpreisbindung (Holterhoff/Kassner 2000). Für die Pionierphase des deutschen Online-Buchhandels lässt sich folglich eine geringe Sensibilität der zentralen Akteure der Buchbranche gegenüber den sektoralen Anwendungsmöglichkeiten der neuen Technologien diagnostizieren: Die durch das Web ermöglichten neuen Handelsformen wurden zuerst von sektorperipheren Akteuren umgesetzt, deren Erfolg sich auch auf die idealen Produkteigenschaften des Buches für den Online-Handel zurückführen lässt: Im Unterschied zu anderen Waren können bei diesen Suchgütern alle kaufentscheidenden Informationen vorab im Web präsentiert werden und die Lieferung gestaltet sich aufgrund kleiner wie stapelbarer Packungseinheiten unkompliziert (Walgenbach 2007: 36; Kollmann 2007).

Dass diese Vorzüge durch die etablierten Akteure anfänglich kaum erkannt wurden und praktisch keine proaktiven Adaptionsversuche hinsichtlich der neuen technologischen Möglichkeiten erfolgten, lässt sich einerseits auf Pfadabhängigkeiten und Strukturpersistenzen innerhalb eines lange relativ stabilen Mediensektors zurückführen (z.B. Holtmann 2008), andererseits aber auch auf die Vorteile sektorperipherer First-Mover, die insbesondere in der Gründerzeit des Web innovative Geschäftsfelder ohne Rücksicht auf herkömmliche Erlösmodelle erschließen konnten: Wie Fritz (2002: 143) mit Blick auf die gescheiterten Cybermall-Versuche von *Time Warner* und *IBM* Mitte der 1990er Jahre zeigt, konnten „Internet-Engagements auch zu früh kommen." Außerdem ließ sich die künftige Relevanz des Online-Handels in seiner Pionierphase angesichts eines Buchumsatzanteils im Promille-Bereich noch keineswegs eindeutig abschätzen (Schrape 2011: 22; Robertz 2009).

Spätestens ab 2007 schien die Bedeutung des Online-Buchhandels den etablierten Akteuren allerdings bewusst zu sein: Picot/Janello (2007) fragten in einer Delphi-Studie unter Experten des deutschen Buchsektors nach deren Einschätzungen zur künftigen Verteilung zwischen den Vertriebswegen und prognostizierten auf dieser Grundlage, dass der stationäre Vertrieb 2017 nur noch 53 Prozent der Buchumsätze generieren würde. Die Marktzahlen für 2011 zeigen (Tab. 2), dass diese Vorhersagen die Verschiebungen in ihrer Tendenz korrekt eingeschätzt haben: Inklusive Warenhäusern machte der stationäre Vertrieb einen Anteil von 61 Prozent am Gesamtumsatz aus, während der nicht-stationäre Vertrieb 39 Prozent beisteuerte. Der Anteil des Online-Buchhandels, der nach wie vor durch das Unternehmen *Amazon* dominiert wird, wuchs von sieben Prozent für 2005 auf 15 Prozent für 2011, womit der deutsche Buchmarkt im europäischen Mittelfeld liegt: Weitaus höhere Anteile wiesen 2010 z.B. Schweden (22 Prozent) und Großbritannien (26 Prozent) auf, deutlich niedrigere Anteile Spanien, Portugal und Italien.

Die Folgen des erstarkenden Online-Buchhandels sind für den stationären Vertrieb mittlerweile deutlich spürbar, allerdings resultierten viele Marktverschiebungen in diesem Bereich auch aus Entwicklungen, die unabhängig von der Erschließung des Web als Handelsplattform angestoßen wurden, insbesondere die Verdrängung kleinerer Buchhändler durch Filialisten (Wilking 2009): Trotz des Umsatzrückgangs im stationären Vertrieb haben die fünf größten Buchhandlungen im deutschsprachigen Markt ihren jährlichen Umsatz zwischen 1998 und 2011 um 1,6 Mrd. Euro gesteigert (Tab. 3). Ohnehin kommen die umsatzstärksten Unternehmen der Buchindustrie inzwischen aus dem Einzelhandel und nicht mehr, wie noch in den 1990er Jahren, aus dem Verlagswesen: *Springer Science+Business Media* erreichte als umsatzstärkster Verlag im deutschsprachigen Raum 2011 einen Umsatz von 477 Mio. Euro; *Bertelsmann Random House* erreichte als größte belletristisch ausgerichtete Verlagsgruppe im selben Jahr 318 Mio. Euro Umsatz (Buchreport 2012b). Die Buchpreise blieben trotz dieser Verschiebungen relativ stabil; Veränderungen gab es aber in den Format-Segmenten, die sich in einem steigenden Anteil von Taschenbuch-Erstausgaben sowie neuen Zwischenformaten zeigten (Börsenblatt 2012).

Tab. 2: Umsatzanteile nach Vertriebswegen in Prozent (gerundet)

Jahr	stationär	nicht-stationär				
	gesamt	gesamt	Verlage direkt	Clubs	Versand klassisch	*Versand online*
2005	68	32	18	3	4	*7*
2010	62	38	19	2	3	*14*
2011	61	39	19	2	3	*15*
2017[a]	53	47	20	3	4	*19*

a – Zahlen für 2017: Prognose nach Picot/Janello 2007: 27
Quelle: Börsenverein 2011, 2012

Die ersten 15 Jahre des Online-Buchhandels zeigen also, dass die klassischen Akteure des deutschen Buchhandels die mit dem Web verknüpften erweiterten Präsentations- und Distributionsmöglichkeiten zunächst unterbewertet haben, weshalb die Pionierarbeit in der Erschließung des Internet als Bestellplattform primär durch sektorperiphere Akteure geleistet wurde. Zum einen lässt sich diese geringe Adaptionsfähigkeit auf über Jahrzehnte stabile organisationale, sozioökonomische und institutionelle Strukturen zurückführen, an denen sich die Branchenakteure lange weitgehend unhinterfragt orientierten. Zum anderen stieg der Anteil des Online-Buchhandels am Gesamtumsatz in seiner Anfangszeit nur äußerst langsam an, wodurch den etablierten Akteuren Investitionen in diesen Bereich durchaus risikoreich erscheinen konnten, zumal weder durch die Kernunternehmen noch die Branchenverbände Experimentierfelder zur Auseinandersetzung mit den neuen Technologien eingerichtet wurden.

Der frühe Onlinebuchhandel wurde folglich First-Movern an den Rändern des Sektors überlassen, deren Vorsprung auch durch die großen Medienkonzerne nicht mehr aufgeholt werden konnte: Seit der Jahrtausendwende wird der Onlinebuchmarkt durch den Newcomer *Amazon* dominiert, der durch seine internationale Ausrichtung u.a. von Synergieeffekten in der Infrastruktur-Entwicklung profitieren kann. Aufgrund der weniger ruckartig denn sukzessive wachsenden Relevanz des Onlinehandels ist der Sektor in seinen Grundfesten aber bislang kaum erschüttert worden. Gleichwohl nehmen die Umsatzanteile des stationären Buchhandels kontinuierlich ab, was aufgrund der hohen Marktanteile großer Ketten vordringlich kleinere lokale und spezialisierte Buchhandlungen in Schwierigkeiten bringt.

Tab. 3: Umsätze der fünf größten deutschsprachigen Buchhandlungen (in Mio. Euro)

	1998		2010	2011
Hugendubel	153	Thalia	1.002	1.015
Karstadt/Hertie	134	DBH (inkl. Hugendubel)	731	720
Phönix-Montanus	114	Mayersche	175	175
Kaufhof/Horten	89	Schweitzer	165	166
Librodisk	86	Orell Füssli	90	97
TOTAL	576		2.163	2.173

Quelle: Schrape 2011: 24; buchreport 2011b; buchreport 2012a: 71

4 Hörbücher

Bevor die Entwicklungen um E-Books und E-Reader diskutiert werden, widmen sich die folgenden Kapitel Hörbüchern sowie Books-on-Demand. Beide Produktformen sind nicht erst mit dem Auftreten der Online-Medien entstanden, aber wirtschaftlich deutlich tragfähiger geworden.

Erste Hörspiele und Lesungen wurden schon in der Anfangszeit des Rundfunks produziert, bis in die 1980er Jahre aber blieben Hörbücher eine kommerzielle Randerscheinung. Dies änderte sich mit der Etablierung tragbarer Kassetten-Spieler wie dem *Sony Walkman.* Der Unternehmer Erich Schumm, der 1954 die Fliegenklatsche auf den Markt gebracht hatte, gründete 1978 den ersten deutschen Hörbuchverlag, dessen Erfolg weitere Akteure dazu anspornte, Vermarktungsstrategien für Hörbücher zu entwickeln (Schulga 1987). Trotzdem fanden sich Hörbücher noch in den 1990er Jahren primär im Bildungsbereich und rückten erst ab 2000 in den Fokus des allgemeinen Buchhandels, auch weil die Anbieter verstärkt in trimediale Crosspromotion investierten (Schlaffer 2002). Die genannten Marketing-Bemühungen führten mit der Weiterentwicklung der

Abspielgeräte dazu, dass der Hörbuch-Umsatz zwischen 1998 und 2004 von 15 Mio. auf 60 Mio. Euro anwachsen konnte (Markgraf 2005). In den folgenden Jahren steigerte sich der Umsatz mit Hörbüchern weiter und lag 2008 bei 200 Mio. Euro bzw. 4,8 Prozent des Buchgesamtumsatzes, stagniert aber seit 2009, da die Verkaufspreise in den Folgejahren gesunken sind (Börsenverein 2011). Die größten Hörbuchverlage waren 2011 *Random House Audio* (seit 2010 inkl. *Hörverlag*), *Sony Music Entertainment* und *Lübbe Audio.*

Hörbuch-Downloads erreichten 2010 in der BRD erstmals über 14 Prozent Anteil an den Hörbuchumsätzen insgesamt (Börsenverein 2011) und damit ein Niveau, das für die USA bereits 2008 ermittelt wurde – ein Vorsprung, der sich auf die frühere Verbreitung von Breitband-Zugängen sowie die Herkunft des Online-Hörbuch-Marktführers *Audible* zurückführen lässt. Das Unternehmen wurde 1995 durch den amerikanischen Journalisten Donald Katz gegründet, eröffnete 1998 den ersten Download-Store und setzte dabei von Anfang an auf ein eigenes Dateiformat. Seit 2003 ist *Audible* exklusiver Hörbücher-Provider im *iTunes Store* und nutzt seine Position zunehmend, um den Verlagen Niedrigpreiskonditionen aufzuzwingen (buchreport 2011c). *Audible.de* wurde 2004 als Joint-Venture des Mutterkonzerns, *Holtzbrinck* und *Random House* gegründet, gehört aber seit 2009 wie *audible.com* vollständig zu *Amazon.*

Deutlich wird, dass die Etablierung des Hörbuchs eng mit der Entwicklung der technischen Rahmenbedingungen verknüpft war: Erst mit der Verbreitung mobiler Abspielgeräte entstand ein nennenswerter Markt für Hörbücher, die so in der Nebenbei-Nutzung in Konkurrenz zum klassischen Musikkonsum treten konnten. Aufgrund ihrer hohen Spieldauer finden Hörbücher indes oft nur auf mehreren physischen Medien Platz, was die mobile Nutzung lange erschwerte. Digitale mp3-Player, die sich seit 2002 durchsetzten, steigerten die Benutzerfreundlichkeit daher erheblich. Der Übergang zu nicht-physischen Hörbüchern brachte mithin neue Herausforderungen im Copyright-Management mit sich, denen die meisten Anbieter nach wie vor mit digitalen Wasserzeichen begegnen. Einzig *Audible* setzt auf ein ‚hartes' Digital Rights Management, das in ähnlicher Form im Musikbereich bereits gescheitert war. Auch wenn die Akzeptanz für dieses Verfahren angesichts vergleichsweise niedriger Preise im Hörbuchbereich höher sein dürfte, schätzte der *Bundesverband der Dienstleistungswirtschaft* (2010) den Anteil illegal herunter geladener Hörbücher auf knapp 50 Prozent. Da die regelmäßigen Hörbuchhörer eher jüngeren Alters sind (Kochhan/Schengbier 2007), sich die meisten Hörbuchkäufer aber aus mittleren Altersgruppen speisen (Börsenverein 2010: 25), kann überdies vermutet werden, dass sich primär die Jugend Audiobooks durch die digitale Hintertür besorgt.

Zusammenfassend lässt sich konstatieren, dass die etablierten Akteure des deutschen Buchhandels Ende der 1990er Jahre vergleichsweise früh auf Hörbücher als Zusatzmarkt reagiert haben, was mit Blick auf zentrale Branchenveröffentlichungen (z.B. Markgraf 2005; Schlaffer 2002) nicht zuletzt damit begründet werden kann, dass Hörbücher als ein innovatives Produkt wahrgenommen wurden, das sich – solange es lediglich auf physischen Datenträgern erhältlich war – in idealer Weise in die existenten Vermarktungs- bzw. Vertriebskonzepte einfügen ließ und zugleich das Potenzial besaß, neue Zielgruppen zu erschließen. Im Falle des wachsenden Markts für Hörbuch-Downloads jedoch stellten sich die klassischen Buchhandelsunternehmen erneut nicht rasch genug auf die erweiterten Distributionsmöglichkeiten ein und überließen das Feld wie schon im Falle des Online-Buchhandels in weiten Teilen sektorperipheren Akteuren.

5 Books-on-Demand

Ein weiterer, noch vergleichsweise kleiner Zusatzmarkt sind Bücher im Print-on-Demand-Verfahren: Das gedruckte Abrufbuch wird heute eng mit der elektronischen Veröffentlichung verknüpft, da beide Publikationswege im Verbund als günstige Alternativen zu klassischen Verlagen angeboten werden. Printing on Demand kann als ein relativ junges Phänomen angesehen werden, das erst durch moderne Digitaldrucktechniken ab Mitte der 1990er Jahre marktfähig wurde. Da die beim Offset-Druck anfallenden Fixkosten (Druckplatten, Filme, Rüstzeiten) entfallen, aber die variablen Kosten stabil bleiben (Toner-, Papier- und Energiebedarf), lohnt sich Digitaldruck primär für Klein- und Kleinstauflagen.

Erste Book-on-Demand-Anbieter traten in der BRD ab 1998 auf, allen voran *Books on Demand (BoD),* das von dem ehemaligen Xerox-Mitarbeiter Joachim Desler in Kooperation mit dem Barsortimenter *Libri* lanciert wurde. Die Gründer sprachen von einer „demokratischeren Gestaltung des Marktes“ und erwarteten ein sich explosionsartig entwickelndes Geschäft (Bauermess 2004: 29). Konkurrenten von *BoD* sind z.B. *epubli, Lulu* sowie etliche weitere Kleinverlage. Nach eigener Einschätzung ist BoD (2012) mit 3 Mio. produzierten Büchern im Jahr 2011 und 80 Prozent Marktanteil in Deutschland der führende Print-on-Demand-Anbieter, obgleich auch *Amazon* 2008 eine On-Demand-Abteilung eröffnet hat. *BoD*-Geschäftsführer Hagenmüller charakterisierte 2009 als „Rekordjahr“ (Weise/Roesler-Graichen 2009), auch weil mittlerweile viele klassische Verlage „PoD als festen Bestandteil ihrer Wertschöpfungskette“ ansehen und sich zunehmend hybride Veröffentlichungsformen (E-Book + Book-on-Demand) etablieren – so z.B. im Bereich der Universitätsverlage.

Zum einen bedeutet Printing on Demand für Verlage also eine Minderung des verlegerischen Risikos, da die Herstellungskosten auflagenunabhängiger werden und sich Administrationskosten verringern. Zum anderen bietet *BoD* aber auch unbekannten Autoren die Gelegenheit, ihre Bücher inklusive einer ISBN kostengünstig zu veröffentlichen, weshalb Beobachter von einer „Öffnung des

Buchmarktes“ sprechen (z.B. Hagenmüller/Künzel 2009). Einige On-Demand-Autoren meldeten in den letzten Jahren tatsächlich überraschende Verkaufserfolge, so etwa die Tierheilpraktikerin Susanne Reinerth, die zwischen 2005 und 2008 mehr als 10.000 Exemplare ihres Buches „Natural Dog Food“ verkaufen konnte. Das Gros der Autoren muss sich aber mit äußerst geringen Verkaufszahlen zufriedengeben und hat es schon unter den 350.000 Titeln im *BoD*-Shop schwer (BoD 2012), Sichtbarkeit zu erlangen, zumal dessen Bestenlisten nicht unbedingt für ein hochwertiges Programm sprechen (Schrape 2011: 37). Natürlich gibt es Fälle wie die Erfolgsgeschichte der Krimi-Autorin Nele Neuhaus, die für eine „Demokratisierung“ (Aichner 2011) des Marktes sprechen. Eine übergreifende Verbreitung aber wird vermutlich auch in Zukunft durch professionelle Auswahlinstanzen gekennzeichnet sein, da die Selektionslast ansonsten in Richtung der Leser verschoben würde, die sich ihre Aufmerksamkeitsressourcen auch und gerade in der Informationsgesellschaft dezidiert einteilen müssen (Schrape 2010).

Insgesamt lässt sich festhalten, dass sich der Markt für Books-on-Demand gemessen an den hohen Anfangserwartungen seiner Pioniere noch immer in der Startphase befindet: Zwar hat sich Printing on Demand zu einer frequentierten Dienstleistung für Verlage entwickelt, die Kleinauflagen verlegen oder ihre Backlist marktbereit halten wollen. Daneben existieren etliche Angebote zur Abrufveröffentlichung, die unbekannten Autoren den Markteintritt ermöglichen, ohne auf klassische Anbieter zurückzugreifen. Books-on-Demand haben aber bislang keine grundlegende Restrukturierung angestoßen, welche die Positionen etablierter Verlage oder eingespielte Produktions- und Vermarktungsweisen in Frage stellen könnte.

6 E-Books: Pionierphase

Der Online-Buchhandel hat die Balancen in den Vertriebswegen für gedruckte Bücher verändert und mit *Amazon* zum Auftreten eines neuen einflussreichen Marktakteurs geführt; mit Hörbüchern und Books-on-Demand sind Zusatzmärkte entstanden, die teilweise ebenfalls durch sektorferne Akteure dominiert werden. Diese Entwicklungen haben aber bislang nicht zu einer radikalen Erosion der Branchenstrukturen geführt, da Buchprodukte noch keine so umfassende Digitalisierung erfahren haben wie andere Medienerzeugnisse, obgleich entsprechende Vorhersagen schon seit Ende der 1990er Jahre kursieren: „Gut möglich, dass elektronische Bücher eines Tages die gedruckten ablösen“, vermutete Borchers (1999) und Goldhaber (1998) ging angesichts der ersten digitalen Lesegeräte (z.B. *Rocket eBook*) davon aus, dass das gedruckte Buch „bereits auf dem Weg sein [kann], ein nostalgisches Objekt zu werden“.

Auch führende IT-Unternehmen prognostizierten um die Jahrtausendwende einen baldigen Siegeszug elektronischer Bücher: Anlässlich der Einführung der proprietären E-Book-Software *MS Reader* veröffentlichten *Microsoft*-Researcher eine Timeline, nach der sich elektronische Lehrbücher und hochauflösende E-Reader ab 2001 im englischsprachigen Raum etablieren sollten. Spätestens 2009 sollten die Verkäufe elektronischer Publikationen die Absatzzahlen gedruckter Bücher in vielen Bereichen übertreffen, und 2018 sollten die letzten Papier-Ausgaben großer Zeitungen erscheinen (Microsoft 2000). Ebenso sagte das Consulting-Unternehmen *Accenture* (2000) voraus, dass 2005 in den USA mit E-Books ein Umsatz von ca. 3 Mrd. US-Dollar generiert würde, während der tatsächliche Umsatz in jenem Jahr nur bei 44 Mio. Dollar lag. Towle et al. (2007: 103) nennen in ihrer Retrospektive für den US-Markt vier Gründe für diesen Graben zwischen Visionen und Marktdaten:

(1) Die Displays der E-Reader ermöglichten noch kein ausreichendes Leseerlebnis,
(2) proprietäre Dateiformate sorgten für Inkompatibilitäten zwischen den Geräten,
(3) E-Books erschienen im Verhältnis zu gedruckten Büchern zu teuer und
(4) Verleger zeigten sich angesichts der Instabilitäten zögerlich zu investieren.

Ähnlich beschrieb Patalong (2004) die Situation für den deutschen Markt und hob hervor, dass die „erste Generation der eBooks“ weniger an ihrer Technik gescheitert war, sondern „an ihren Preisen – sowohl für die Hard-, als auch für die Software“. Obgleich sich elektronische Bücher noch nicht auf dem Massenmarkt durchsetzen konnten, etablierten sich E-Books im PDF-Format ab 2000 aber schon auf den Teilmärkten für Fachliteratur, da sie die Recherche erleichtern und als Bildschirmlektüre im Arbeitskontext keine zusätzliche Infrastruktur voraussetzen, wie sich auch an den Erwerbslisten der *Deutschen Nationalbibliothek* (2004, 2011) nachvollziehen lässt: Bereits 2003 machten elektronische Texte 5,4 Prozent der Zugänge aus (davon Hochschulschriften: 89 Prozent); 2010 waren es rund 16 Prozent (davon Hochschulschriften: elf Prozent).

Die ‚Platzhirsche‘ im Bereich der kommerziellen PDF-Downloads sind denn auch seit gut einem Jahrzehnt wissenschaftliche Verlage, allen voran *Springer Science+Business Media* mit der Plattform *Springerlink,* die 1996 gelauncht wurde und sehr liberale Nutzungsbedingungen bietet: Erwirbt eine Bibliothek die entsprechenden Lizenzen, kann sie die nicht kopiergeschützten Dateien uneingeschränkt nutzen. Das Unternehmen rechnet damit, 2015 über 50 Prozent seines weltweiten Umsatzes mit elektronischen Texten zu generieren (buchreport 2011d). Angebote wie Springerlink führen zu einem Rückgang des stationären Verkaufs von Fachliteratur, zu dem weitere Faktoren wie z.B. „die ‚Bachelorisierung‘ der Studiengänge“ (buchreport 2010a) beitragen. Neben dem kommerziellen Vertrieb von PDFs wird zudem eine Vielzahl an Inhalten kostenfrei im Web zur Verfügung gestellt, angefangen bei *Wikipedia* bis hin zu Amateurromanen. Diese Publikationen stellen eine Konkurrenz für den Buchhandel dar, führten aber bisher nicht zu einer drastischen Minderung seines Gesamtumsatzes, was eine stabile Koexistenz des freien Kommunikationsmarktes im Web und des Buchhandels vermuten lässt – von punktuellen Substitutionsprozessen (z.B. *Wikipedia – Brockhaus*) einmal abgesehen.

Auch vor diesem Hintergrund wird insbesondere im wissenschaftlichen Bereich der Nutzen kostenloser Verbreitung diskutiert (Taubert/Weingart 2010; Hanekop/Wittke 2007): Da wissenschaftliche Veröffentlichungen zumeist das Ergebnis öffentlich geförderter Projekte sind, sollten diese – so die Kernargumentation der *Open-Access*-Bewegung – der Öffentlichkeit auch kostenfrei zur Verfügung stehen (Mruck et al. 2004). Im Allgemeinen wird zwischen drei *Open-Access*-Varianten unterschieden: Als ‚goldener Weg' wird die primäre Veröffentlichung in *Open-Access*-Fachmedien bezeichnet; der ‚grüne Weg' umschreibt die parallele Veröffentlichung von kostenpflichtiger Verlags- und freier Autorenversion; ‚graue Literatur' bezeichnet Publikationen, die über den Handel nicht zu beziehen sind. Allerdings hat sich Open Access mit Ausnahme der Naturwissenschaften über Diskussionspapiere hinaus noch kaum als Veröffentlichungskanal etabliert (UNESCO 2010), obwohl sich belegen lässt, dass frei verfügbare Publikationen häufiger zitiert werden (Gargouri et al. 2010). Dies kann an mangelnden Optionen durch die Verlage liegen, an einer Präferenz für das gedruckte Wort oder an disziplinspezifischen institutionellen Strukturen (siehe auch den Beitrag von *Hanekop/Wittke* in diesem Band).

Die Pionierphase elektronischer Bücher war also primär durch zwei Entwicklungsstränge gekennzeichnet: Einerseits konnten sich E-Books aufgrund technisch unausgereifter Lesegeräte, eines schmalen Angebots an Inhalten und mangelnder preislicher Vorteile zwischen 1998 und 2008 noch nicht auf dem Publikumsmarkt durchsetzen; andererseits aber haben sich elektronische Publikationen zunehmend im Bereich der wissenschaftliche Literatur etabliert, was sich u.a. auf die Vorteile elektronischer Recherche und die proaktive Adaption neuer Publikations- und Distributionsmodelle durch etablierte Wissenschaftsverlage zurückführen lässt. Deren frühzeitiges Engagement ist insbesondere deshalb bemerkenswert, weil sich Publikumsverlage und klassische Buchhandelsunternehmen zu dieser Zeit noch kaum mit E-Books beschäftigt haben.

7 E-Books: Massenfähige Technologie-Sets

Bewegung in den Publikumsmarkt für E-Books brachte erst wieder die Einführung des *Amazon Kindle* Ende 2007 in den USA, der sich neben einem hochauflösenden E-Ink-Display und einem günstigen Anschaffungspreis durch Neuerungen in der Distribution auszeichnete: Über den Kindle lassen sich seit Markteinführung bei kostenfreier Mobilfunkverbindung Inhalte aus dem *Kindle-Store* erwerben, der ähnlich wie der *Apple iTunes Store* funktioniert. Die zunächst auf den US-Raum beschränkte Lancierung des *Kindle* als intuitiv bedienbares Technologie-Set heizte in Kombination mit Nachahmungen für den europäischen Markt erneut die Diskussion um eine Substitution des gedruckten Buches an: *Spiegel* und *Zeit* überschrieben ihre Artikel zum deutschen Buchmarkt ab 2008 wieder mit Titeln wie „Goodbye, Gutenberg“ (z.B. Kronsbein 2009) und auch die Buchbranche richtete ihr Augenmerk vermehrt auf elektronische Bücher: Während sich z.B. in den *buchreport*-Publikationen 2008 lediglich rund 70 Artikel mit E-Books und E-Readern beschäftigten, stieg deren jährliche Anzahl bis 2011 auf über 400 an.

Nach wie vor diagnostizieren Erhebungen für deutschsprachige Regionen allerdings ein im Vergleich zum amerikanischen Raum eher geringes konsumentenseitiges Interesse an den neuen Lesemöglichkeiten (Clement et al. 2012; GfK 2011a; IfD 2010), weshalb auch die Prognosen von führenden Marktforschungsunternehmen bislang zurückhaltend blieben: Vorhersagen von *Kirchner+Robrecht* (2009) und *PriceWaterhouseCoopers* (2011) rechneten für die BRD mit einem langsamen Anstieg des Marktanteils für E-Books auf bis zu neun Prozent im Jahr 2015 und kamen damit ihrer De-facto-Verbreitung 2011 relativ nahe (Tab. 4).

Tab. 4: (Prognostizierte) Marktanteile von E-Books in Deutschland (in Prozent)

	2009	2010	2011	2013	2015
Prognose 2009 (Kirchner+Robrecht)	0,2	0,5	1,0	4,1	8,6
Realer Marktanteil (Börsenverein, GfK)	0,2	0,5	ca. 1*	n.a.	n.a.
Vergleich: USA (AAP) [Prog. PWC 2009]	3,3	6,4 [7,2]	[11,7]	[18,4]	[22,5]
Branchenumsatz in € [Prog. PWC 2011]	9,7 Mrd.	9,7 Mrd.	[1,2% Wachstum per anno]		[10,3 Mrd.]
Belletristik (Prog. PWC 2011)	n.a.	0,4	1,4	4,1	6,3
Gesamtumsatz Belletristik in € [Prog. PWC]	4,8 Mrd.	4,9 Mrd.	[5 Mrd.]	[5,3 Mrd.]	[5,6 Mrd.]

Quelle: Kirchner+Robrecht 2009; *GfK 2012; PWC 2009–2011; AAP 2011; Börsenverein 2011

Der augenfälligste Unterschied zum anglo-amerikanischen Raum besteht in der gesetzlich regulierten Buchpreisbindung in vielen kontinentaleuropäischen Staaten (z.B. BRD, Frankreich, Italien, Spanien, Österreich). Wischenbart/Koldonek (2011) stellten jedoch in einem Vergleich der Bestsellerpreise fest, dass die E-Book-Preise in Deutschland und Frankreich ca. 20 Prozent unter den tatsächlichen Ladenpreisen für die gedruckten Ausgaben liegen, während es in den USA und Großbritannien realiter nur ca. zehn Prozent sind, da Print-Bestseller dort in der Regel stark diskontiert angeboten werden. Überdies nimmt die Buchindustrie in den USA mit 28 Mrd. Dollar Umsatz bei 310 Mio. Einwohnern (2010) einen anderen Stellenwert ein als in der BRD, zumal der stationäre Handel außerhalb der Großstädte weit weniger flächendeckend ausgebaut ist.

Ein wesentlicher Faktor für den Vorsprung von E-Books im amerikanischen Raum besteht indes in der früheren Etablierung eines marktdominanten Technologie-Sets: Der *Amazon Kindle* besaß 2011 über 50 Prozent Marktanteil und konkurrierte vorrangig mit dem *Barnes & Noble Nook* (IDC 2011). Beide E-Reader sind inzwischen für 100 Dollar zu haben und stehen mit multifunktionalen Tablet-Computern in Konkurrenz, unter denen das *Apple iPad* Marktführer ist. In allen drei Fällen sehen sich die Leser mit vollintegrierten und erwartungssicheren Systemen konfrontiert, deren Stores über sämtliche Frontlist-Titel (Bestseller, aktuelle Bücher etc.) und zahlreiche Klassiker verfügen. Auch wenn *Apple* und *Amazon* nach wie vor auf (semi-)proprietäre Formate setzen, konnten auf diesen Märkten also viele der von Towle et al. (2007) genannten Blockaden aus dem Weg geräumt werden.

In Deutschland sah die Situation hingegen lange anders aus: Noch Anfang 2011 konkurrierten neben dem *Apple iPad* eine Vielzahl an Lesegeräten mit unterschiedlichen Store-Konzepten um die Gunst der Käufer (GfK 2011b), darunter die *Sony-Reader* (Marktanteil: 35 Prozent), der importierte *Amazon Kindle* (elf Prozent) und der *Thalia Oyo* (acht Prozent). Im Vergleich zum amerikanischen Markt galt es indes lange als Vorteil, dass die meisten Hersteller neben *Amazon* auf das offene ePub-Format setzten, was jedoch nicht zu der erhofften Verbreiterung des Angebots führte: *PWC* (2010) schätzte, dass Mitte 2010 lediglich 8.000 deutschsprachige E-Books in Reader-Formaten erhältlich waren. Nach der offiziellen Einführung des *Amazon Kindle* 2011 in Deutschland und der Neuausrichtung der durch den *Börsenverein* finanzierten Plattform *Libreka!* ist die Zahl an verfügbaren E-Books jedoch erheblich angestiegen: Der *Kindle-Store* listete im Mai 2012 über 25.000 deutschsprachige belletristische Bücher auf; ähnliche Zahlen lieferten der *iBooks-Store, Libri, Thalia* und *buecher.de.*

Die Abrufgeräte entwickeln sich kontinuierlich weiter, das Angebot an elektronischen Büchern wird größer und die Verlässlichkeit der Format- und Gerätestrukturen wächst, weshalb auch zentrale Akteure des deutschen Buchhandels zunehmend in E-Books investieren. Ein zentrales Problem auf dem Weg zu einem ausgebildeten Markt für elektronische Bücher besteht indes in der Schaffung dezidierter Mehrwerte für deren Käufer: Zwar erleichtert die Umstellung auf E-Books die Archivierung und erhöht die Mobilität der individuellen Bibliothek, andererseits aber setzt das elektronische Lesen ein Abrufgerät voraus, das nicht nur Anschaffungskosten, sondern auch Wartungsaufwand verursacht und die kollektive Langfrist- bzw. Mehrfachnutzung erschwert. Bücher werden durch die Digitalisierung von einem Sekundär- zu einem Tertiärmedium transformiert (Faulstich 2004: 13; Hiller 2011), während etwa Musik als Konsumprodukt schon seit jeher ein technisches Abrufgerät voraussetzt.

Da interaktive Elemente im publikumsträchtigen belletristischen Bereich weniger vordringlich erscheinen als im Sach- und Fachbuchbereich (Clement et al. 2012), könnte aus Lesersicht ein prägnanter Mehrwert elektronischer Bücher in deutlich reduzierten Preisen gegenüber gedruckten Ausgaben liegen: Weil Druck- und Logistikkosten entfallen, bauen E-Book-Nutzer nach Studien von Meyer/Treutler (2009) sogar explizit die Erwartungshaltung auf, dass diese Kostenersparnisse an sie weitergegeben werden. Die Kosten für die Digitalisierung der Inhalte hingegen bleiben aus Kundensicht ebenso intransparent wie die Margen der Content-Stores. Aus Sicht der Verlage besteht ein weiteres preispolitisches Manko überdies in dem bislang regulären Mehrwertsteuersatz von 19 Prozent für E-Books (reguläre Bücher: sieben Prozent). Diese Faktoren führen dazu, dass aktuelle E-Books in der BRD bislang nicht signifikant günstiger angeboten werden als gedruckte Bücher und viele Nutzer einen ‚inoffiziellen' Mehrwert im Download von Inhalten in Tauschbörsen finden (GfK 2011c; kritisch dazu: Stöcker/Müller 2011). Vor diesem Hintergrund versuchen die meisten Verlage, ihre E-Books wie im Falle digitaler Hörbücher mit Kopierschutzmaßnahmen zu versehen, was für die Kunden aber entscheidende Nachteile mit sich bringt: Einerseits wird ein aufwändiger Registrierungsprozess notwendig; andererseits können elektronische Bücher nicht ohne Kompatibilitätsprobleme von allen Lesegeräten dargestellt bzw. weitergegeben oder verschenkt werden (Huemer 2010: 90; Piguet 2009: 56).

Neben diesen Unwägbarkeiten resultieren aus der Trennung von Inhalt und Trägermedium aber auch neue Geschäftsmöglichkeiten: Neben Pay-per-Use-Modellen sind beispielsweise ‚Bücher-Flatrates' denkbar, wie sie im Fachbuchbereich bereits Anwendung finden (Huemer 2010: 46). Erwähnenswert bleiben darüber hinaus die mit der Digitalisierung entfalteten Self-Publishing-Kanäle wie *Kindle Direct Publishing* (seit 2009) oder *iBooks Author* (seit 2012), die es analog zu Books-on-Demand jedem Autor ermöglichen, seine Werke ohne Verlagsanbindung als E-Book anzubieten: Einige verlagslose deutschsprachige Autoren wie Emily Bold (Liebesromane) oder Jonas Winner (Thriller) haben bereits vorgeführt, dass elektronische Bücher im Selbstverlag durchaus auf die Bestsellerlisten gelangen können, wobei aber wiederum nicht vergessen werden sollte, dass auch die Leser elektronischer Bücher über eingegrenzte Aufmerksamkeitsressourcen verfügen und eine Kernkompetenz der Verlage seit jeher nicht zuletzt in der Bündelung eines erwartungssicheren Programms für ihre Zielgruppen liegt.

In seiner derzeitigen Phase lässt sich der Handel mit E-Books in Deutschland also als ein junger, noch kaum ausdefinierter Markt beschreiben, dessen Anteil am Gesamtumsatz des Sektors bis in das Jahr 2011 marginal geblieben ist (2010: 0,5 Prozent; 2011: ein Prozent). Allerdings haben sich mittlerweile relativ ausgereifte und leicht bedienbare Technologie-Sets aus Abrufgeräten und Content-Stores entwickelt, angesichts derer nun auch deutschsprachige Verlage vermehrt in E-Books investieren. Gemessen an der zunehmenden Reflexion von E-Books bzw. E-Readern durch zentrale Branchenpublikationen scheinen die etablierten Akteure im deutschen Buchsektor zudem aus den Erfahrungen im Onlinehandel gelernt zu haben und sich um eine frühe Identifikation der Chancen und Risiken neuer technologischer Möglichkeiten zu bemühen. Diese Bestrebungen spiegeln sich nicht zuletzt in der Einführung markennaher E-Reader durch Filialisten und Barsortimenter (z.B. *Thalia, Libri*) wider, die teilweise schon aktiv wurden, bevor internationale Konzerne den deutschsprachigen Markt anvisierten.

Das Interesse der Konsumenten an digitalen Büchern hielt sich allerdings auch noch nach der Einführung des *Amazon Kindle* (2011) und des *Apple iPad* (2010) in engen Grenzen und es lässt sich bereits absehen, dass E-Books und E-Reader hierzulande keinen vergleichbaren Siegeszug wie digitale Musikdateien und -player zwischen 2001 und 2006 vollziehen werden. Dies liegt mit darin begründet, dass Bücher im Unterschied zu Musikinhalten durch ihre Digitalisierung von einem Sekundär- in ein Tertiärmedium umgewandelt werden und aus dieser Entkoppelung von Inhalt und Abrufinterface neben einigen Vorteilen auch zahlreiche Nachteile in der Nutzung resultieren: Während Inkompatibilitäten zwischen den Formaten und rechtlich-regulative Einschränkungen in der punktuellen Weitergabe durch künftige Aushandlungsprozesse aus dem Weg geräumt werden können, wird die kollektive prozessuale Nutzung – z.B. das Vererben von Büchern oder die langfristige technikunabhängige Zugänglichkeit – durch elektronische Bücher in einem weitaus grundsätzlicheren Maße erschwert.

8 Zwischen Kontinuität und Bruch: Der Wandel des deutschen Buchhandels

Mediensektoren, die sich mit der Produktion und Verbreitung von Inhalten beschäftigen, werden von den Digital- und Online-Technologien umfassender getroffen als Wirtschaftsbereiche, die sich an der Produktion materieller Güter ausrichten: Die Musikindustrie etwa sieht sich seit über zehn Jahren mit veränderten soziotechnischen Umwelten konfrontiert, in denen ihre Produkte die Bindung an physische Trägermedien zunehmend verlieren, woraus ein erheblicher sektoraler Veränderungsdruck resultiert (siehe den Beitrag von *Dolata* in diesem Band). Der Buchhandel hingegen ist von den neuen Technologien bislang in einem verhältnismäßig geringen Maße tangiert worden: Zwar ist mit dem Web ein Handelskanal für gedruckte Bücher hinzugekommen und z.B. mit Hörbüchern oder Fachliteratur im PDF-Format sind kleinere Zusatzmärkte entstanden. Diese Dynamiken haben aber bis dato nicht zu einer Erosion der Kernstrukturen des deutschen Buchhandels geführt, auch weil der Publikumsmarkt, der nach wie vor von den hohen Leseranteilen in der deutschen Bevölkerung profitiert (Börsenverein 2010: 23), von der Digitalisierung bis vor kurzem kaum betroffen war.

Der bisherige Wandel des deutschen Buchhandels kann folglich kaum als eine Periode des radikalen Umbruchs, aber auch nicht als eine Phase struktureller Stabilität beschrieben werden. Vielmehr lassen sich auf den diskutierten Feldern zahlreiche inkrementelle Veränderungsprozesse erkennen, in denen sich die etablierten Akteure durch eine wechselnde Adaptionsfähigkeit auszeichneten:

Online-Buchhandel: Da Bücher im Gegensatz zu Musikprodukten nicht bereits vor der Etablierung des Web in digitale Güter umgeformt worden sind, bezog sich das Einsatzpotenzial der Online-Technologien anfänglich primär auf die Handelskanäle für klassische Buchwaren. Das Web als neue Schnittstelle zwischen Konsumenten und Versandhandel hätte sich relativ reibungslos in die eingespielten sektoralen Organisationsmuster einfügen lassen, sofern die etablierten Akteure frühzeitig auf die technischen Neuerungen reagiert hätten. Vor dem Hintergrund lange stabiler sozioökonomischer und institutioneller Strukturen zeichnete sich der klassische Buchhandel allerdings durch eine äußerst geringe Antizipations- und Adaptionsfähigkeit aus, weshalb sektorperiphere Akteure in einem ursprünglich nischenartigen Markt beinahe unattackiert neue Erlösmodelle entwickeln konnten.

Hörbücher hingegen ließen sich zunächst in idealer Weise in das bestehende Gefüge des Sektors integrieren. Die Kernunternehmen des Buchhandels trugen wesentlich zur Entfaltung eines deutschsprachigen Marktes für Hörbücher auf physischen Datenträgern bei, was mit darin begründet lag, dass sich das Nutzungspotenzial der neuen Technologien in einer ersten Phase (bis 2003) vordringlich auf Hörbücher als ein innovatives Produkt im Kontext bestehender Vertriebswege bezog. Dies gilt jedoch nicht mehr für Hörbuch-Downloads: In dieser zweiten Phase gelang es den Kernunternehmen des Sektors erneut nicht, sich rechtzeitig auf die neuen Vermarktungs- und Distributionskanäle einzustellen, weshalb auch dieser Markt heute weitgehend durch sektorperiphere Akteure kontrolliert wird.

Books-on-Demand: Der Einsatz von Digitaltechnik zur On-Demand-Bereitstellung von Druckerzeugnissen stellt ebenfalls eine Erweiterung des Marktes dar, die mit *Libri* durch einen etablierten Barsortimenter vorangetrieben wurde und das technologische Profil des Sektors verändert hat. Durch Printing on Demand verringerten sich die Markteintrittsbarrieren für Verlage wie Autoren, wobei die erweiterten Herstellungsoptionen rasch auch von etablierten Verlagshäusern wahrgenommen wurden. Anders als mitunter erwartet, haben Books-on-Demand jedoch bislang keine weitgehende Restrukturierung des Marktes angestoßen, die zu einer Erosion der Gatekeeper-Funktion etablierter Verlage geführt hätte.

Elektronische Bücher (Pionierphase): Das prägnanteste Transformationspotenzial in der Produktion, Distribution und Nutzung von Büchern wird derweil seit über 15 Jahren elektronischen Büchern zugeschrieben. Während die technologischen Rahmenbedingungen in ihrer Pionierphase allerdings noch kein hinreichendes Leseerlebnis ermöglichten, um E-Books auf dem Massenmarkt zu etablieren, und die klassischen Publikumsverlage sich – eher aus Desinteresse denn aus informiertem Feingefühl heraus – noch kaum mit E-Books beschäftigten, führten einige Wissenschaftsverlage auf dem Feld der elektronischen Fachliteratur vor, dass die frühzeitige und proaktive Adaption neuer Technologien durch etablierte Unternehmen zu der substantiellen Rekonfiguration eines Teilmarktes führen kann, ohne dass neue Akteure an Dominanz gewinnen oder bestehende institutionelle Strukturen erodieren.

Elektronische Bücher (ab 2008): Nutzerfreundliche und hochauflösende E-Reader bzw. Tablets rückten seit 2008 die umfassende Digitalisierung des Buchs für den Publikumsmarkt in denkbare Nähe, wobei die Folgen des technologischen Wandels durch die Kernakteure des deutschen Buchhandels inzwischen intensiv reflektiert werden, was sich u.a. in der Einführung eigener E-Reader widerspiegelt. In der aktuellen Phase der „Fermentation" (Tushman/Rosenkopf 1992: 318) bzw. asymmetrischen Koexistenz von digitalen und gedruckten Büchern lässt sich allerdings noch kaum verlässlich einschätzen, inwieweit sich die etablierten Akteure mit ihren Adaptionsversuchen gegenüber internationalen Konzernen behaupten können oder E-Books über die „early adopters" (Rogers 2003) hinaus als vollwertige Alternative zu gedruckten Büchern empfunden werden.

Die Transformation des Buchhandels wurde dementsprechend bis dato durch unterschiedliche Verschiebungen und Veränderungsprozesse geprägt, in deren Kontext sich die etablierten Akteure teilweise durch einen ausgeprägten Strukturkonservatismus und eine damit korrespondierende geringe Adaptionsfähigkeit auszeichneten, teilweise aber auch wesentlich zur proaktiven Restrukturierung von Marktsegmenten beigetragen konnten. In der Rekonstruktion der Entwicklungsverläufe auf den einzelnen Feldern wird indes deutlich, dass sich der seit rund 15 Jahren vollziehende Wandel des Sektors insgesamt nicht durch einen Modus soziotechnischer Transformation alleine charakterisieren lässt, sondern durch unterschiedliche, komplementär wirkende, zum Teil aber auch konkurrierende Modi gradueller Veränderung gekennzeichnet ist.

Die ersten Jahre des Online-Buchhandels lassen sich entlang der von Dolata (2011b: 141) identifizierten charakteristischen Formen graduellen Wandels als eine Phase der *Expansion* beschreiben, in welcher die Veränderungsresistenz des klassischen Buchhandels weitreichende Spielräume für die proaktive Adaption der neuen Kanäle durch sektorperiphere Unternehmen (z.B. *www.telebuch.de; Amazon*) eröffnete, deren First-Mover-Vorsprung später nicht mehr aufzuholen war. Im Falle von Hörbüchern sorgten dagegen zunächst etablierte Akteure für eine Erweiterung des Marktes durch die Schöpfung einer Produktkategorie, die neue Zielgruppen erschließen konnte und sich in das existierende institutionelle und sozioökonomische Gefüge einordnen ließ, solange Audiobücher an Trägermedien gekoppelt blieben. Da digitale Downloads gegenüber dem physischen Handel allerdings zunehmend an Dominanz gewinnen und dieser Markt wiederum durch sektorferne Akteure (vornehmlich *Audible*) kontrolliert wird, erscheint in der Distribution von Hörbüchern langfristig eine Verdrängung der eingespielten Strukturen durch alternative Arrangements im Sinne eines *Displacements* (Streeck/Thelen 2005: 31) wahrscheinlich.

Mit Blick auf Books-on-Demand und die Urbarmachung der Online-Kanäle für den Vertrieb von wissenschaftlichen Texten im PDF-Format lässt sich demgegenüber von einem *selektiven Umbau* der gegebenen Marktstrukturen sprechen, der sich in beiden Fällen unter Beteiligung etablierter Unternehmen vollzogen hat: Printing-on-Demand-Technologien führten zu einer Erweiterung der Herstellungsoptionen für physische Bücher, die zeitnah in die Wertschöpfungsketten klassischer Verlage integriert wurde, und die technikinduzierten neuen Möglichkeiten im Handel mit Fachliteratur wurden offensiv durch führende Wissenschaftsverlage adaptiert, deren Portale heute weite Teile des Marktes beherrschen (z.B. *Springerlink*). Auf dem Feld der elektronischen Bücher für den Publikumsmarkt lässt sich hingegen noch kaum absehen, welche Formen graduellen Wandels die künftigen Entwicklungen kennzeichnen werden. Die bisherigen Verschiebungen sprechen mithin weniger für eine ausschließlich durch sektorperiphere Unternehmen kontrollierte Expansion oder eine rasche *Erschöpfung* der etablierten organisationalen, institutionellen und sozioökonomischen Strukturen, sondern auch in der mittelfristigen Perspektive eher für eine Koexistenz zwischen klassischen und elektronischen Buchhandelsformen.

Nach gegenwärtigem Stand der Beobachtung lässt sich die Transformation des deutschen Buchhandels insgesamt also weder als eine Phase der eruptiven bzw. unkontrollierten Erosion eingespielter sektoraler Strukturen noch als eine Periode lediglich inkrementellen Wandels unter der Ägide der buchhändlerischen Kernunternehmen fassen. Vielmehr oszillieren die Entwicklungen auf den einzelnen Feldern zwischen einer Erweiterung der sozioökonomischen und institutionellen Gefüge durch die etablierten Akteure und deren proaktiver Expansion durch sektorperiphere Unternehmen. Künftige ‚Nischenexpansionen' (Schot/Geels 2008) könnten nach einer Phase der Koexistenz von klassischen physischen und digitalen Produkten zu einem eher *architektonischen Wandel* führen, sofern die neuen technologischen Möglichkeiten durch den Kern des Sektors erfolgreich adaptiert oder entsprechende Kooperationsbeziehungen eingegangen werden. Sie könnten langfristig aber auch in einen *substitutiven Wandel* einmünden, falls die klassischen Unternehmen des Buchhandels der sich ausbildenden Marktmacht sektorperipherer Akteure wenig entgegenzusetzen hätten.

Anders als im Falle des radikalen Umbruchs in der Musikindustrie, der durch die Digitalisierung und das Web angestoßen wurde und in einer Erosion der eingespielten sektoralen Gefüge zugunsten neuer Akteure mit eigenen Institutionen und Interaktionsmustern resultierte (siehe den Beitrag von *Dolata* in diesem Band), entfaltet sich die Eingriffstiefe der neuen Technologien im Falle des Buchhandels mithin zeitlich gestreckter, was sich auch auf die differenten Produkteigenschaften von Büchern im Vergleich zu Musikgütern zurückführen lässt (eingehender Hiller 2011: 95). Im Vergleich zu den Kernunternehmen der Musikindustrie blieb den etablierten Akteuren des herstellenden und verbreitenden Buchhandels nach einer anfänglichen Phase der organisationalen Trägheit und Unterschätzung der neuen Querschnittstechnologien also bislang ein erheblich größerer – und zum Teil auch genutzter – zeitlicher Spielraum, um von Entwicklungen in Teilsegmenten des Sektors und anderen Mediensektoren zu lernen und entsprechende Such- und Orientierungsprozesse anzustoßen.

Welche signaturgebende Verlaufsform die weitere Rekonfiguration des Sektors annehmen wird, lässt sich in der gegenwärtigen Transitionsphase allerdings noch kaum taxieren, da der Wandel des deutschen Buchhandels keineswegs nur durch innersektorale Prozesse, sondern ebenso durch zahlreiche interagierende sektorexogene Faktoren geprägt wird, darunter z.B. Modifikationen in den regulativen Rahmensetzungen, technologische Fortentwicklungen, Veränderungen in den Mustern der Bedürfnisbefriedigung und nicht zuletzt die konkreten Konsumentscheidungen der allgemeinen Bevölkerung, die sich – wie vorangegangene mediale Innovationsprozesse gezeigt haben (Stöber 2004) – trotz vielfältiger Bemühungen nicht prognostizieren lassen.

Literatur

AAP (Hg.) 2011: BookStats Publishing Formats (Internet: http://www.publishers.org/bookstats/formats/; zuletzt aufgesucht am 1.5.2012)

Accenture Plc 2000: U.S. market for digital music, video and books to reach more than $9 billion by 2005 (Internet: http://newsroom.accenture.com/article_display.cfm?article_id=3585; zuletzt aufgesucht am 1.6.2012)

Aichner, C. 2011: Am Verlag vorbei. In: Die Tageszeitung Online vom 20.3.2011 (Internet: http://www.taz.de/!67688/; zuletzt aufgesucht am 1.6.2012)

Bauermess, K. 2004: Printing on Demand-Anbieter in Deutschland. Alles Buch XI. Erlangen: Universität Erlangen-Nürnberg

Bez, T./Keiderling, T. 2010: Der Zwischenbuchhandel. Stuttgart: Hauswedell

Books on Demand (BoD) 2012: BoD Basisinformationen (Internet: http://tinyurl.com/84odj7y; zuletzt aufgesucht am 1.6.2012)

Borchers, D. 1999: Ideenklau. In: Die Zeit 30/1999 (Internet: http://www.zeit.de/1999/30/199930; zuletzt aufgesucht am 1.6.2012)

Börsenblatt 2012: AG Publikumsverlage: Verleger wollen drei Bestsellerlisten. In: boersenblatt.net vom 19.1.2012 (Internet: http://www.boersenblatt.net/476054/; zuletzt aufgesucht am 1.6.2012)

Börsenverein des Deutschen Buchhandels 1989–2011: Buch und Buchhandel in Zahlen. Frankfurt/M.: Buchhändler-Vereinigung

Börsenverein des Deutschen Buchhandels 2012: Zahlen und Fakten zum Wirtschaftspressegespräch am 4.6.2012. Präsentation (Internet: http://www.boersenverein.de/sixcms/media.php/976/Wirtschaftspressegespr%E4ch_Pr%E4sentation_2012_PRESSEMAPPE-print.pdf; zuletzt aufgesucht am 1.6.2012)

Buchmarkt 1995: Der Hugendubel-Schock. In: Buchmarkt, Jg. 30/Heft 7, S. 70–77

buchreport 2012a: Die größten Buchhandlungen. In: buchreport.magazin, 3/2012, S. 71

buchreport 2012b: Die Verlage: Das Ranking der 100. In: buchreport.magazin, 4/2012, S. 71–74

buchreport 2011a: Die wichtigsten Buchmärkte. In: buchreport online (Internet: http://www.buchreport.de/analysen/die_wichtigsten_buchmaerkte.htm; zuletzt aufgesucht am 1.6.2012)

buchreport 2011b: Analyse: 50 größte Buchhandlungen. In: buchreport.express, 3/2011, S. 3–10

buchreport 2011c: Preise unter Druck. In: buchreport online vom 14.3.2011 (Internet: http://www.buchreport.de/nachrichten/online/online_nachricht/datum/2011/03/14/preise-unter-druck.htm; zuletzt aufgesucht am 1.6.2012)

buchreport 2011d: ‚Ab 2015 ist Print nur noch zusätzliche Dienstleistung'. In: buchreport online vom 18.4.2011 (Internet: http://www.buchreport.de/nachrichten/verlage/verlage_nachricht/datum/2011/04/18/ab-2015-ist-print-nur-noch-zusaetzliche-dienstleistung.htm; zuletzt aufgesucht am 1.6.2012)

buchreport 2010: Schatten der Digitalisierung im Fachbuchmarkt. In: Buchreport 24.11.2010 (Internet: http://www.buchreport.de/nachrichten/handel/handel_nachricht/datum/2010/11/24/schatten-der-digitalisierung-im-fachbuchmarkt.htm; zuletzt aufgesucht am 1.6.2012)

Bundesverband der Dienstleistungswirtschaft (BDWi) 2010: Rechtsverstöße im Internet. Bedrohung für Kultur, Wirtschaft und Gesellschaft. Berlin (Internet: http://www.bundesverband-dienstleistungswirtschaft.de/fileadmin/user_upload/bdwi-internet-rechtsverstoesse.pdf; zuletzt aufgesucht am 1.6.2012)

Clement, M./Eggers, F./Prostka, T. 2012: E-Books und E-Reader. Kauf und Nutzung (Internet: http://docs.dpaq.de/580-e-books_und_e-reader_zusammenfassung_jan12.pdf; zuletzt aufgesucht am 1.6.2012)

Deutsche Nationalbibliothek 2004–2011: Jahresbericht 2003–2010 (Internet: http://www.d-nb.de/service/ publikationen/jahresbericht_archiv.htm; zuletzt aufgesucht am 1.6.2012)

Dolata, U. 2011a: The Music Industry and the Internet. SOI Discussion Paper 2/2011. Stuttgart: Universität Stuttgart

Dolata, U. 2011b: Wandel durch Technik. Frankfurt/M.: Campus

Faulstich, W. 2004: Medienwissenschaft. Paderborn: UTB

Forrester Research 2001: Consumer Technographics Europe. Amsterdam: Forrester Inc.

Fritz, W. 2002: Markteintrittsstrategien im Electronic Business. In: Schögel, M./Tomczak, T./Belz, Ch. (Hg.): Roadm@p to E-Business. St.Gallen: Thexis, S. 136–151

Füssel, S./Jäger, G./Staub, H. 2000: Der Börsenverein des Deutschen Buchhandels 1825–2000. Ein geschichtlicher Aufriss. Frankfurt/M.: Buchhändlervereinigung

Gargouri, Y./Hajjem, C./Lari-vière, V./Gingras, Y./Carr, L./Brody, T./Harnad, S. 2010: Self-Selected or Mandated, Open Access Increases Citation Impact for Higher Quality Research (Internet: http://arxiv.org/PS_cache/arxiv/pdf/1001/1001.0361v1.pdf; zuletzt aufgesucht am 1.6.2012)

GfK – Gesellschaft für Konsumforschung 2012: Media*Scope 3/2012 (Internet: http://www.gfk.com/group/press_information/press_releases/009571/index.de.html; zuletzt aufgesucht am 1.6.2012)

GfK – Gesellschaft für Konsumforschung 2011a: GfK Panel Services (Internet: http://www.gfkps.com/scopedivisions/entertainment/books/index.de.html; zuletzt aufgesucht am 1.6.2012)

GfK – Gesellschaft für Konsumforschung 2011b: GfK Consumer Panel: Angebot E-Book-Markt. Nürnberg: GfK

GfK – Gesellschaft für Konsumforschung 2011c: Studie zur digitalen Content-Nutzung 2011 (Internet: http://www.boersenverein.de/ sixcms/media.php/976/DCN-Studie_2011_Presseversion_FINAL.pdf; zuletzt aufgesucht am 1.6.2012)

Goldhaber, M. H. 1998: Das Zeitalter des elektronischen Buchs. In: Telepolis 21.12.1998 (Internet: http://www.heise.de/tp/r4/artikel/2/2570/1.html; zuletzt aufgesucht am 1.6. 2012)

Hagenmüller, M./Künzel, F. 2009: Print-on-Demand: Neue Chancen für Verleger und Autoren. In: Clement, M./Blömeke, E./Sambeth, F. (Hg.): Ökonomie der Buchindustrie. Wiesbaden: Gabler, S. 259–271

Hanekop, H./Wittke, V. 2007: Der Einfluss des Internets auf die Rekonfiguration des Systems wissenschaftlichen Publizierens. In: Dolata, U./Werle, R. (Hg.): Gesellschaft und die Macht der Technik. Frankfurt/M.: Campus, S. 201–220

Hennessey, A. 2000: Online Bookselling. In: Publishing Research Quaterly 2/2000, S. 34–51

Herz, C./Nonnast, T. 2001: Online-Buchhandel sucht Weg aus der Kostenfalle. In: Handelsblatt Online vom 24.7.2001 (Internet: http://www.handelsblatt.com/archiv/online-buchhandel-sucht-weg-aus-der-kostenfalle;442696; zuletzt aufgesucht am 1.6.2012)

Hiller, S. 2011: Die Auswirkungen der digitalen Ökonomie auf die Buchbranche. Alles Buch XL. Erlangen: Universität Erlangen-Nürnberg

Holtmann, J. P. 2008: Pfadabhängigkeit strategischer Entscheidungen. Köln: Kölner Wissenschaftsverlag

Holterhoff, J./Kassner, M. 2000: Die Buchpreisbindung in der Europäischen Union. Kölner Arbeitspapiere zur Bibliotheks- und Informationswissenschaft 27. Köln: Universität Köln

Huemer, K. 2010: Die Zukunft des Buchmarktes. Boizenburg: Hülsbusch

IDC 2011: Worldwide Quarterly Media Tablet and eReader Tracker. Framingham: IDC

IfD Institut für Demoskopie Allensbach 2011: Allensbacher Computer- und Technikanalyse (ACTA) 2011 (Internet: http://www.acta-online.de/; zuletzt aufgesucht am 1.6.2012)

Kahlefendt, N. 2001: Status quo vadis? Konzentration im deutschen Sortimentsbuchhandel. In: Börsenblatt, Jg. 168/Heft 48, S. 7–13

Kirchner+Robrecht Management Consultants 2009: eBooks und eReader: Marktpotentiale (Internet: http://www.kirchner-robrecht.de/aktuelles/studien/ebooks-und-ereader-markt-potenziale; zuletzt aufgesucht am 1.6.2012)

Kochhan, C./Schengbier, K. 2007: Bücher und Lesen im Kontext unterschiedlicher Lebenswelten. In: Media Perspektiven, 12, S. 622

Kollmann, T. 2007: Grundlagen elektronischer Geschäftsprozesse in der Net Economy. Wiesbaden: Gabler

Kronsbein, J. 2009: Goodbye, Gutenberg. In: Der Spiegel, 42, S. 140–141

Langen, C./Bentlage, U. 2000: Das Lesebarometer. Gütersloh: Bertelsmann

Langendorf, B. 2006: Bücher werden immer billiger. In: Börsenblatt, Jg. 173/Heft 12, S. 18–19

Markgraf, H. 2005: Lukrative Töne. In: Börsenblatt Spezial Hörbuch 172, S. 17–19

Mayntz, Renate 2009: Sozialwissenschaftliches Erklären. Probleme der Theoriebildung und Methodologie. Frankfurt/M.: Campus

Meyer, A./Treutler, M. 2009: Online-Distribution digitaler Bücher. In: Clement, M./Blömeke, E. (Hg.): Ökonomie der Buchindustrie. Wiesbaden: Gabler, S. 241–258

Microsoft 2000: eBook future. Web Archive (Internet: http://www.microsoft.com/reader/news/future.htm; zuletzt aufgesucht am 1.6.2012)

Mruck, K./Gradmann, S./Mey, G. 2004: Open Access. In: Forum Qualitative Sozialforschung, Jg. 5/Heft 2, S. 14

Niggemeier, S. 1998: Alles auf Lager und nichts zu sehen. In: Süddeutsche Zeitung vom 26.11.1998, S. 19

Patalong, F. 2004: Die Rückkehr der E-Bücher? In: Spiegel Online vom 25.3.2004 (Internet: http://www.spiegel.de/netzwelt/tech/0,1518,292338,00.html; zuletzt aufgesucht am 1.6. 2012)

Picot, A./Janello, C. 2007: Wie das Internet den Buchmarkt verändert. Ergebnisse einer Delphi-Studie. Berlin: Friedrich-Ebert-Stiftung

Piguet, A. M. 2009: E-Books: Entwicklung und Einführung an wissenschaftlichen Bibliotheken. Berlin: Humboldt-Universität

PWC – PricewaterhouseCoopers 2011: German Entertainment and Media Outlook. Frankfurt/M.: PwC

PWC – PricewaterhouseCoopers 2010: E-Books in Deutschland: Der Beginn einer neuen Gutenberg-Ära? Frankfurt/M.: PwC

PWC – PricewaterhouseCoopers 2009: Global Entertainment and Media Outlook. New York: PwC

Riehm, U./Orwat, C./Wingert, B. 2001: Online-Buchhandel in Deutschland. Karlsruhe: ITAS

Robertz, Gerd 2009: Online-Vertrieb von Büchern. In: Clement, M./Blömeke, E./Sambeth, F. (Hg.): Ökonomie der Buchindustrie. Wiesbaden: Gabler, S. 229–239

Rogers, E. M. 2003: Diffusion of innovations. New York: Free Press

Schlaffer, H. 2002: Revolution im Ohr: Hörbücher verändern den Stil der Literatur. In: Neue Zürcher Zeitung vom 4.9.2002 (Internet: http://www.nzz.ch/2002/09/04/fe/article89U2D.html; zuletzt aufgesucht am 1.6.2012)

Schot, J./Geels, F. 2008: Strategic niche management and sustainable innovation journeys: theory, findings, research agenda, and policy. In: Technology Analysis & Strategic Management, Vol. 20/No. 5, S. 537–554

Schrape, J.-F. 2011: Gutenberg-Galaxis Reloaded? Der Wandel des deutschen Buchhandels durch Internet, E-Books und Mobile Devices. Boizenburg: Hülsbusch

Schrape, J.-F. 2010: Neue Demokratie im Netz? Bielefeld: Transcript

Schulga, G. 1987: Ein Plädoyer für das sprechende Buch. In: Börsenblatt, Jg. 62, S. 2001–2003

Stiftung Lesen 2000: Leseverhalten in Deutschland im neuen Jahrtausend. Mainz: Spiegel Verlag

Stiftung Warentest 2002: „Nur Amazon ist gut". In: Test, 12, S. 20–23

Stöber, R.: 2004: What media evolution is. In: European Journal of Communication, Vol. 19, S. 483–505

Stöcker, C./Müller, M. 2011: Branchenverbände rechnen sich arm. In: Spiegel Online vom 30.8.2011 (Internet: http://www.spiegel.de/netzwelt/netzpolitik/0,1518,782756,00.html; zuletzt aufgesucht am 1.6.2012)

Streeck, W./Thelen, K. 2005: Introduction: Institutional Change in Advanced Political Economies. In: Streeck, W./Thelen, K. (eds.): Beyond Continuity. Oxford: Oxford University Press, S. 1–39

Taubert, N. C./Weingart, P. 2010: Open Access: Wandel des wissenschaftlichen Publikationssystems. In: Sutter, T./Mehler, A. (Hg.): Medienwandel als Wandel von Interaktionsformen. Wiesbaden: VS , S. 159–181

Towle, G./Dearnley, J. A./McKnight, C. 2007: Electronic Books in the 2003–2005 Period. In: Public Research Quarterly, Vol. 23/No. 1, S. 95–104

Tushman, M./Rosenkopf, L. 1992: Organizational Determinants of Technological Change. Towards a Sociology of Technological Evolution. In: Research in Organizational Behavior, Vol. 14, S. 311–347

UNESCO 2010: Open Access. Chancen und Herausforderungen (Internet: http://www.unesco.de/fileadmin/medien/Dokumente/Kommunikation/Handbuch_Open_Access.pdf; zuletzt aufgesucht am 1.6.2012)

Walgenbach, G. 2007: Die Vorteilssituation von Innovatoren auf elektronischen Märkten. Wiesbaden: GWV

Wallenfels, D. 2001: Es gibt Grenzen. In: Börsenblatt, Jg. 168/Heft 65, S. 7–9

Weise, T./Roesler-Graichen, M. 2009: Markt der Möglichkeiten. In: Boersenblatt.net vom 08. 10.2009 (Internet: http://www.boersenblatt.net/341928/; zuletzt aufgesucht am 1.6.2012)

Wilking, T. 2009: Marktübersicht und Marktentwicklung. In: Clement, M./Blömeke, E./Sambeth, F. (Hg.): Ökonomie der Buchindustrie. Wiesbaden: Gabler, S. 27–40

Wischenbart, R./Kaldonek, S. 2011: The Global eBook Market (Internet: http://www.livreshebdo.fr/cache/upload/pdf/eBook_Report_2011_web1004c_1.pdf; zuletzt aufgesucht am 1.6.2012)

Wittmann, R. 1999: Geschichte des deutschen Buchhandels. München: Beck

Der Wandel des wissenschaftlichen Publikationssystems durch das Internet

Sektorale Transformation im Kontext institutioneller Rekonfiguration

Heidemarie Hanekop, Volker Wittke †

Das wissenschaftliche Publikationssystem hat unter dem Einfluss der Internettechnologien einen Prozess weitreichender Transformation durchlaufen. Wie für andere Medienbranchen gilt auch hier, dass die herkömmliche Art und Weise, wie Inhalte produziert und ausgetauscht werden, weitgehend in Frage gestellt wurde. Die Adaption des Internet betrifft dabei insbesondere wissenschaftliche Publikationen, die in Journalen veröffentlicht werden, und damit eine Publikationskultur, wie sie sich paradigmatisch in den disziplinären Kontexten von Naturwissenschaften, Technikwissenschaften und Medizin (STM) etabliert hat. Wissenschaftliche Veröffentlichungen in diesen Disziplinen sind heute überwiegend digital und werden online verbreitet. Unsere Rekonstruktion der sektoralen Transformation des Systems wissenschaftlichen Publizierens konzentriert sich auf diesen Ausschnitt.[1]

Der Sektor internationaler wissenschaftlicher Journale ist – so lässt sich zunächst vermuten – in besonderer Weise für den Einsatz von und die Veränderung durch Internettechnologien anfällig: Zum einen weil für die Wissenschaftler im STM-Bereich die Vorteile des Internet im Hinblick auf schnelle internationale Verbreitung besonders wichtig sind, zumal sie auch bei anderen Tätigkeiten auf Internettechnologien setzen und damit wohlvertraut sind. Zum anderen weil die sektoralen Strukturen anfällig scheinen für die Transformation durch *Peer-to-peer*-Konstellationen, welche die etablierten Geschäftsmodelle der Verlage in Frage stellen und zu einem Bedeutungsverlust der teuren etablierten Journale großer Wissenschaftsverlage führen könnten (Borgmann 2000).

---

1 In anderen Bereichen wissenschaftlicher Publikationen begann die Migration von Print- zu Onlinepublikationen nicht nur später und ist bislang weniger dynamisch und weitreichend. Deren Strukturen und Erlösmodelle unterscheiden sich auch wesentlich von denen des Journalsektors. Im Bereich wissenschaftlicher Bücher z.B. hat die Transformation gerade erst begonnen und es spricht einiges dafür, dass der Prozess hier einen anderen Verlauf nehmen wird, z.B. wenn externe Akteure wie *Amazon, Google* und andere E-Book-Distributeure dort wachsende Bedeutung erlangen (siehe die Beiträge von *Hautsch, Schrape* und *König* in diesem Band).

Das Internet ermöglicht das „Teilen" digitaler Güter und deren kollektive *Peer-to-peer*-Produktion (Benkler 2006). Die Aufgaben kommerzieller Verlage könnten durch *Peer-to-peer*-Modelle substituiert werden, zumal Akteure in der Wissenschaft selbst solche Lösungen entwickelt (*Open-Access*-Archive) und entsprechende Konfigurationen propagiert haben (wie insbesondere die Initiatoren der *Open-Access*-Bewegung). Bei der Entwicklung von *Open-Access*-Alternativen zur herkömmlichen, von kommerziellen Verlagen organisierten Wissenschaftskommunikation über kostenpflichtige (Print-)Journale waren und sind die STM-Disziplinen in einer Vorreiterposition.

Im Folgenden soll erstens gezeigt werden, dass die Adaption des Internet die Art und Weise, wie wissenschaftliche Ergebnisse veröffentlicht und wie auf diese Veröffentlichungen zugegriffen werden kann, seit Anfang der 1990er Jahre in einem mehrphasigen, aus einer Vielzahl von für sich genommen kleinschrittigen Veränderungen gekennzeichneten Prozess weitreichend transformiert hat.[2] Zweitens soll vor Augen geführt werden, dass diese sektorale Transformation im Kontext einer Veränderung der institutionellen Konfiguration des Systems wissenschaftlichen Publizierens stattgefunden hat. Drittens wird gezeigt, dass diese institutionelle Rekonfiguration im Unterschied zu anderen Medienbereichen *nicht* damit verbunden war, dass zentrale Institutionen und Organisationen der historischen Ausgangskonstellation (in unserem Fall das Journal und die Verlage) durch die Adaption des Internet und die damit verbundene sektorale Transformation randständig geworden sind.

Wir entfalten unser Argument im Folgenden in mehreren Schritten. Zunächst gehen wir auf die institutionelle Ausgangskonfiguration des Systems wissenschaftlichen Publizierens vor der Adaption des Internet ein *(Abschnitt 1).* Im Anschluss daran rekonstruieren wir den Prozess der Transformation dieses Systems. Zunächst stellen wir wichtige Schritte im Transformationsprozess vor *(Abschnitt 2),* anschließend beschreiben wir die sektorale Struktur, wie sie sich heute darstellt *(Abschnitt 3).* Auf dieser Basis diskutieren wir die Adaptionsfähigkeit der Akteure *(Abschnitt 4).* Abschließend zeigen wir, wie diese sektorale Transformation im Kontext einer institutionellen Rekonfiguration des Systems wissenschaftlichen Publizierens stattgefunden hat *(Abschnitt 5).*

---

2 Hinsichtlich der Konzeption der sektoralen Transformation schließen wir an die in dem Konzept der „graduellen Transfomation" durch Dolata (2011) formulierten Überlegungen an, wonach weitreichende, technisch induzierte Veränderungen in der sektoralen Struktur das Ergebnis einer Abfolge von für sich genommen kleinschrittigen Veränderungen sein können.

1 Institutionelle Ausgangskonfiguration des journalbasierten Publikationssystems

Im Wissenschaftssystem wird neues Wissen als öffentliches Gut, als Wissen für die Allgemeinheit produziert und überwiegend aus öffentlichen Geldern finanziert. Die Wissensproduktion basiert auf gemeinschaftlichen Koordinationsprinzipien (Merton 1985) im Kontext wissenschaftlicher Produktionsgemeinschaften (Gläser 2006), in die Wissenschaftler gleichermaßen als Inhaltsproduzenten und Rezipienten eingebunden sind.[3] Journale haben ein inhaltliches Profil und eine wichtige Funktion für die inhaltliche Strukturierung, insbesondere in den wissenschaftlichen Disziplinen, in denen die Publikationen vorwiegend in Journalen erfolgen, also in Naturwissenschaft, Technik und Medizin (STM). Journale sind oft Sprachrohr einer *Scientific Community* und Kristallisationspunkt relevanter Ergebnisse im jeweiligen Feld. Schon Solla Price (1974: 85f.) argumentiert, dass sich neue wissenschaftliche Gemeinschaften dann etabliert haben, wenn sie sich ein Journal geschaffen haben, in dem sie ihr Wissen zum Ausdruck bringen und bündeln. Dem entspricht die insbesondere in der angelsächsischen Wissenschaftskultur verbreitete Praxis, dass wissenschaftliche Vereinigungen eigene Journale herausgeben, für deren Organisation sie gegebenenfalls auch einen eigenen *Scholarly Publisher* gründen.

Journale sind eine zentrale Instanz für die Bewertung und Auswahl neuer wissenschaftlicher Ergebnisse. Die Institution für die Bewertung von Manuskripten ist das *peer review,* in dem Gutachter nach festgelegten Regeln (z.B. Anonymität der Autoren, double blind review) eingereichte Manuskripte beurteilen und zur Publikation vorschlagen. Die Selektion ist relativ, denn aufgrund des begrenzten Umfangs der Hefte ist die Veröffentlichungsentscheidung immer abhängig von der Zahl der eingereichten Manuskripte. Journale, die viel gelesen und zitiert werden, erhalten viele Manuskripte – mit dem Effekt, dass nur die wichtigsten angenommen werden. So bildet sich ein Ranking der Journale anhand von Relevanzkriterien heraus – ein gebräuchlicher (aber oft kritisierter) Indikator hierfür ist der erwähnte Journal-Impactfaktor, der von Garfield (1955) entwickelt wurde und vom ursprünglich nicht kommerziellen *Institute for Scientific Information* (ISI)[4] errechnet wird.

---

3 Die Prinzipien der Wissensproduktion im Wissenschaftssystem können hier nur kurz umrissen werden. In einer längeren Fassung finden sie sich in Hanekop/Wittke 2006 und 2007.

4 Das *ISI* hat damit eine zentrale Position: Es wurde 1992 von *Thomson Scientific* übernommen und bietet mit dem *Web of Knowledge* eine umfassende kostenpflichtige Zitationsdatenbank sowie einen Referenzierungsservice an.

Reputation unter den wissenschaftlichen Kollegen *(peers)* ist die „Währung", anhand derer im Wissenschaftssystem Ressourcen verteilt werden. Ein zentraler Indikator für wissenschaftliche Leistung in den STM-Disziplinen sind Publikationen in internationalen Journalen, wobei auch der Impactfaktor der Journale berücksichtigt wird. Die Publikation eines Artikels in einem (hoch) gerankten Journal gilt als Nachweis wissenschaftlicher Qualität und Indikator für die Relevanz des Artikels. Von der Publikation in einem anerkannten Journal sind die Position des Wissenschaftlers und seine zukünftigen Forschungsbedingungen sowie die seiner Forschungseinrichtung abhängig. Spätestens seit den 1990er Jahren haben in Europa und den USA die kontinuierliche und systematische Leistungsbeurteilung der Wissenschaftler und damit auch die oben genannten Indikatoren für wissenschaftliche Leistung an Bedeutung gewonnen.

Für den Transformationsprozess des Publikationssystems der wissenschaftlichen Journale ist die enge Wechselbeziehung zwischen Autoren und Lesern, die sich aus dem Charakter der akademischen Wissensproduktion als Produktion von *neuem* Wissen ergibt, aus mehreren Gründen wichtig: *Erstens* sind sowohl Autoren als auch Leser Wissenschaftler, die im Regelfall thematisch im selben Feld arbeiten und meist zur selben wissenschaftlichen Community gehören, denn die Veröffentlichungen der Autoren in wissenschaftlichen Journalen richten sich primär an die Kolleg/inn/en der eigene Fachdisziplin *(peers)*. *Zweitens* zählt für Autoren vor allem anderen die Anerkennung durch die Kolleg/inn/en der eigenen Fachcommunity, denn deren Bewertung als Gutachter und Experten ist entscheidend. Die zentrale Institution für wissenschaftliche Anerkennung durch die *peers* ist die Referenz auf Publikationen: Die Zitation ist die institutionalisierte Form der wissenschaftlichen Anerkennung und gleichzeitig eine wichtige Grundlage für die Messung wissenschaftlicher Anerkennung. *Drittens* können Wissenschaftler als Leser nur dann neues Wissen produzieren, wenn sie das von anderen produzierte Wissen zu dem Thema zur Kenntnis genommen haben. Der Überblick über den Stand der Wissenschaft ist unverzichtbarer Ausgangspunkt jeglicher eigener Forschung. Um dies leisten zu können, benötigen sie den uneingeschränkten Zugang zu den Publikationen der *peers*. *Viertens* schließlich ist der Austausch zwischen den Autoren und Lesern im Rahmen wissenschaftlicher Gemeinschaften auf Gegenseitigkeit ausgerichtet und gerade nicht auf monetäre Gegenleistungen.

Die Funktion von Publikationen im Wissenschaftssystem beschränkt sich allerdings nicht auf den Austausch zwischen den Wissenschaftlern. Publikationen haben auch eine zentrale Funktion für die inhaltliche Strukturierung des produzierten Wissens, für die Konstitution wissenschaftlicher Gemeinschaften, für die Rangordnung bzw. Relevanz von Aufsätzen und für die Bewertung wissenschaftlicher Leistung, aufgrund derer die Zuweisung von Positionen und Ressourcen in wissenschaftlichen Organisationen erfolgt (Abb. 1). In der Print-

Periode des wissenschaftlichen Publikationssystems waren Publikationen eine Ware, die von den Verlagen an die Wissenschaftler als Hauptnachfrager verkauft wurden. Insofern führte die Herstellung der Journale durch die Verlage aus der Sicht der Wissenschaft zu einer Kommodifizierung des im Wissenschaftssystem mit öffentlichen Mitteln als öffentliches Gut produzierten Wissens (ausführlicher Hanekop/Wittke 2006, 2007). Das Erlösmodell der Verlage basierte vornehmlich auf Subskriptionen, die weniger von den Wissenschaftlern als von den Bibliotheken als institutionellen Nachfragern erworben wurden (Tenopir/King 2000).

Abb. 1: Institutionelle Konfiguration des journalbasierten Publikationssystems in der Print-Phase (bis in die 1990er Jahre)

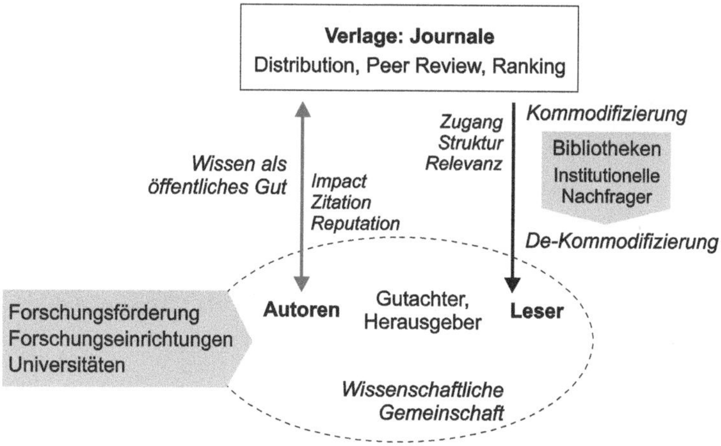

Eigene Darstellung

Die Beziehung zwischen Wissenschaft und Verlagen basiert auch heute noch darauf, dass die Verlage Journale produzieren, die für die Wissenschaft die oben beschriebenen Funktionen erfüllen. Die Leistungen der Verlage bestehen nicht nur in der Verbreitung der Journale, sondern auch in der Organisation des formalisierten Peer-review-Verfahrens, der Selektion der Artikel, der inhaltlichen Strukturierung und der Zuweisung von Relevanz. Dafür liefern Wissenschaftler als Autoren den Verlagen unentgeltlich und freiwillig die Inhalte für die Journale. Dies führt jedoch zu einem inneren Widerspruch im Publikationssystem der Wissenschaft, der daher rührt, dass der für Wissenschaftler als Leser unabdingbare Zugang zu den Publikationen der *peers* durch eine finanzielle Hürde eingeschränkt wird. Diese wird umso höher, je stärker die Zahl der Journale pro

Themenfeld wächst. Die Bibliotheken übernehmen die Aufgabe, den Zugang für die Wissenschaftler „ihrer" Universität zu sichern, indem sie als institutionelle Nachfrager die Journale erwerben (De-Kommodifikation).

Verlage agieren mit oder ohne Profitinteresse für die Wissenschaft. Lediglich ein Viertel der wissenschaftlichen Verlage weltweit sind kommerziell agierende Unternehmen, über 40 Prozent sind *Scholarly Publisher*, weitere 16 Prozent Universitätsverlage und knapp 20 Prozent andersartige ‚not-for-profit'-Verlage (Cox/Cox 2008: 17).

Die Anforderungen der Wissenschaft an die Journale im Hinblick auf die oben beschriebenen Funktionen sind seit den 1990er Jahren aus mehreren Gründen gestiegen: Zum einen wegen des andauernden exponentiellen Wachstums des wissenschaftlichen Outputs (und der Zahl der Wissenschaftler) selbst, insbesondere in den STM-Bereichen, in denen die internationalen Journale vorherrschend sind. Dazu kommt zum anderen die in diesem Zeitraum insbesondere in den Lebenswissenschaften wachsende Forderung nach Trans- und Interdisziplinarität, der die fachspezifisch ausdifferenzierten Journale nicht gut entsprachen. Und schließlich sind die Anforderungen der Wissenschaft an die Journale auch deswegen gestiegen, weil die Verlage nicht in der gewünschten Schnelligkeit (lange Publikationszeiten) und mit hinreichenden Publikationsmöglichkeiten (neue Journale) auf das Wachstum und die Dynamiken wissenschaftlichen Outputs reagieren konnten. Gleichzeitig sind die Preise für Journale aus der Sicht der Bibliotheken exorbitant gestiegen, weshalb die Bibliotheken auch angesichts gedeckelter Finanzetats zunehmend weniger in der Lage sind, den Zugang der Wissenschaftler zu den relevanten Journalen sicherzustellen, so dass zusätzlich zur langsamen Verbreitung neuen Wissens auch der Zugang der Wissenschaftler zu dem bereits publizierten Wissen erschwert wird (Bargheer 2006).

Solche Engpässe bzw. die Kritik an den Leistungen der Verlage sind als Ausgangssituation für den Transformationsprozess wichtig, da sie einen wichtigen Anreiz für die Wissenschaftler darstellen, selbst nach Veränderungen des wissenschaftlichen Publikationssystems zu suchen. Vor dem Hintergrund dieser Ausgangskonstellation boten zunächst die Digitalisierung und dann das Internet ganz neuartige Lösungspotenziale.

2 Verlauf des Transformationsprozess (1991 bis 2011)

Das Internet eröffnet für das wissenschaftliche Publizieren (ebenso wie für die gesamte Medienbranche) radikal neue Möglichkeiten der Verbreitung und des Zugangs zu digitalen Inhalten. Es versetzt Inhaltsproduzenten in die Lage, die Verbreitung über das Internet selbst zu organisieren und bietet Rezipienten jederzeit schnellen, kostengünstigen Zugang vom eigenen PC. *Peer-to-peer*-Distributionsmodelle prägten die erste Phase der Internetadaption im Kontext des wissenschaftlichen Publizierens.

2.1 Adaption des Internet durch die Wissenschaft

Kennzeichnend für die frühe Adaption der Internet-Technologien in der Wissenschaft war, dass diese auf den kostenlosen und uneingeschränkten Zugang zu wissenschaftlichen Publikationen (Open Access; OA) ausgerichtet war und dass die wissenschaftlichen Akteure dabei keine Erlösabsichten verfolgten.[5] Auf dieser Basis entstanden in der ersten Hälfte der 1990er Jahre verschiedenen *Peer-to-peer*-Archive (Hagenhoff et al. 2007):

- 1991 wurden *arXiv* (arXiv.org) in der Physik und *RePEc* (repec.org) in der Ökonomie gegründet;
- 1994 startet das *SSRN* (ssrn.com) mit Aufsätzen aus der Ökonomie, Politik, Rechts- und Sozialwissenschaft.

Entstanden sind diese Archive auf Initiative einzelner Wissenschaftler, gestützt auf die zugängliche universitäre Infrastruktur und in wissenschaftlichen Communities, die auch vor dem Internet bereits regen informellen Austausch relevanter wissenschaftlicher Ergebnisse in internationalen Communities praktizierten (wie z.B. in Form der Preprint-Kultur in der Physik). Mit frei zugänglichen Internetservern erhielten solche Publikationskulturen in der Wissenschaft eine technische Plattform. Im Unterschied zu anderen Medienbranchen standen hier tatsächlich die Inhalte-Produzenten in direktem Austausch mit den Rezipienten. Autoren legten ihre Papers selbst in einem Internetarchiv ab und Rezipienten nutzten die Strukturierungs- und Suchmöglichkeiten des Archivs, um die sie interessierenden Aufsätze zu finden sowie auf ihren PC zu laden. Beide – Autoren und Leser – konnten nunmehr alle Distributions- und Zugangsaufgaben mithilfe der neuen Technologien in einer Weise erledigen, die ihnen neue, arbeitseffiziente Nutzungsmöglichkeiten erschloss. Im Vergleich zu anderen Medienbranchen ist die Urheberrechtsproblematik bezogen auf den direkten *Peer-to-peer*-Austausch zwischen Wissenschaftlern reduziert. Urheberrechtsprobleme kommen erst bei den Versionen ihrer Aufsätze ins Spiel, deren Verwertungsrechte die Autoren an einen Verlag abgegeben haben. Zudem sind innerhalb der Wissenschaft zunächst keine marktförmigen Austauschbeziehungen tangiert.

---

5 Erst in einem späteren Stadium spielt dann die Frage der Finanzierung von Leistungen und Infrastruktur eine größere Rolle z.B. bei der Finanzierung von *Open-Access*-Journalen nach dem *author-pays*-Prinzip oder in jüngster Zeit bei der Umlegung der Finanzierungskosten des arXiv auf diejenigen Forschungseinrichtungen, deren Wissenschaftler zu den Hauptnutzern zählen.

Abb. 2: Publikationsmodell der Peer-to-peer-Archive in der Wissenschaft

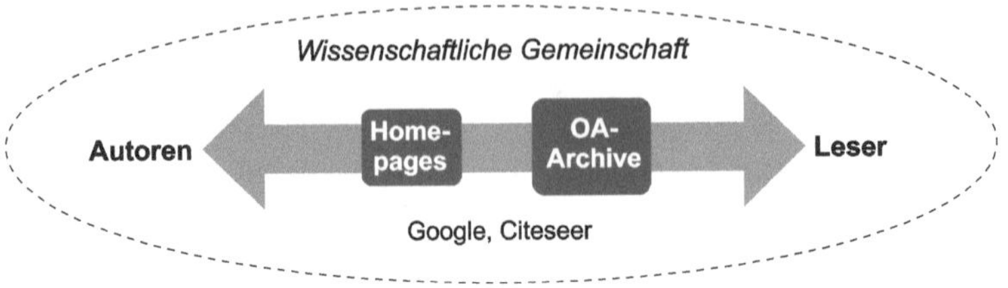

Eigene Darstellung

Mit dem für Produzenten und Rezipienten gleichermaßen zugänglichen Internet-Archiv waren neben der schnellen und erleichterten Distribution auch grundlegend neue effiziente Suchmöglichkeiten verbunden. Die Verlage waren insofern tangiert, als sich die von ihnen im Journal vermarkteten Aufsätze realiter oft nicht von den *preprint*-Versionen unterschieden, die die Wissenschaftler in die Archive einstellten und verbreiteten. Dies könne die Ertragsaussichten der Verlage mindern (so deren Argument); ob dies im Rahmen der instituionellen Konfiguration mit den Bibliotheken als institutionellen Nachfragern tatsächlich geschieht, ist indes seit Jahren umstritten und Gegenstand wissenschaftlicher Studien (z.B. im Rahmen des EU-Projekts *peer* (http://www.peerproject.eu/reports/).

In der Informatik wurde 1997 das Suchportal *Citeseer* eingeführt. Dieses *Peer-to-peer*-Modell in der Informatik basiert nicht auf einem zentralen Volltextarchiv, sondern auf der Suche und Indexierung von Aufsätzen auf verteilten Webseiten. *Citeseer* wurde am *College of Information Sciences and Technology* an der *Pennsylvania State University* angesiedelt und ermöglicht das Finden von Aufsätzen bzw. Papers auf bestimmten angemeldeten und autorisierten Webseiten, auf denen die für die Community relevanten Veröffentlichungen dezentral abgelegt werden. Grundlage ist die unter Informatikern bereits in den 1990er Jahren verbreitete Praxis, ihre Aufsätze auf eigenen Webseiten zugänglich zu machen (*Self-Archiving*). Seit langem werden in der dort praktizierten Publikationskultur relevante Ergebnisse (begutachtet und ausgewählt nach einem Call for Papers) auf wichtigen internationalen Konferenzen präsentiert, in Konferenz-Proceedings dokumentiert und über Webseiten verbreitet. Citeseer durchsucht diese Quellen und lieferte als erste Suchmaschine sowohl den Volltext wie auch Links zu den Referenzen. Damit implementierte es die erste automatisierte Zitationsanalyse und eröffnete den Wissenschaftlern radikal neue Möglichkeiten der inhaltlichen Erschließung und Vernetzung von thematisch verbundenen Publikationen. Insofern wurde Citeseer zumindest partiell eine Alternative zu der Zitationsanalyse durch das ISI, die dem etablierten Verfahren der Leistungsmessung zugrunde liegt. Das

Verfahren von Citeseer wurde später durch Google adaptiert und liegt der wissenschaftlichen Suchmaschine Google Scholar zugrunde.

Seit den 1990er Jahren entwickelt sich zudem in vielen Communites die Praxis des *Self-Archiving* von Papers und Aufsätzen auf den Homepages der Autoren und Forschungseinrichtungen. In der Regel handelt es sich dabei um das finale Manuskript des Autors ohne das Layout des Verlages. Für die Autoren und Forschungseinrichtungen erhöht sich damit die Sichtbarkeit und Leser erhalten die Möglichkeit, alle Arbeiten eines Kollegen an einer Stelle zu finden. Eine wesentliche Voraussetzung für die Etablierung dieser Praxis besteht darin, dass diese Texte von Google, Citeseer oder anderen Suchmaschinen gefunden und allgemein zugänglich sind. In der Kombination mit Suchmaschinen ist das *Self-Archiving* auf eigenen Webseiten die zweite und mittlerweile in vielen Disziplinen verbreitete Form des sogenannten *Green Open Access.*

Diese Praxis von Autoren stieß zunächst bei vielen Verlagen auf Widerstand und ist bis heute rechtlich umstritten. Allerdings werden die Verwertungsrechte des Autors eigentlich erst zum Zeitpunkt der Annahme des finalen Manuskripts für die Veröffentlichung an den Verlag abgegeben, was eine mögliche Begründung für die Legalität von *Green Open Access* darstellt. In vielen Forschungseinrichtungen wurde es Ende der 1990er Jahre üblich, die Publikationslisten der Mitarbeiter auf den Webseiten zu führen, und immer häufiger fanden sich dort auch viele Volltexte. Das ist allerdings sehr unterschiedlich und disziplinspezifisch.[6] Seit etwa 2000 wird den Autoren von vielen großen Verlagen diese Praxis des *Green Open Access* explizit zugestanden – allerdings nur bezogen auf das *Self-Archiving* auf den eigenen Webseiten.

In den *Life Sciences* entwickelte sich mit PubMed ab 1996 ein zentrales Such- und Erschließungsportal und avancierte zu der zentralen Institution für die Publikationen im Bereich der Life Sciences. Das *National Institute for Health* (NIH) – die amerikanische Gesundheitsbehörde und weltgrößte Forschungsförderorganisation in diesem Bereich – betreibt bereits seit den 1970er Jahren eine zentrale Datenbank mit Artikeln aus den relevanten Journalen in den Life Sciences *(MEDLINE)*.[7] Im Januar 1996 ging diese Datenbank unter dem Namen *PubMed* online. Damit war erstmals ein nahezu komplettes Verzeichnis aller

6 Auf Homepages der Autoren und Einrichtungen findet man nahezu alle Aufsätze in der Informatik, einige in den Wirtschafts- und Sozialwissenschaften, fast keine in der Medizin.

7 Ein Problem in den dynamisch wachsenden internationalen Disziplinen bestand darin, dass in den Bibliotheken keine Kataloge der Aufsätze von Zeitschriften geführt wurden, sondern Wissenschaftler die Journale manuell durchsuchen mussten, um die für sie relevanten Aufsätze auszuwählen. Um dieses Problem für die Medizin anzugehen, hatte die NIH bereits 1970 damit begonnen, einen solchen Katalog aufzubauen. Dieser war dann lokal auf elektronischen Speichermedien vorhanden und einsehbar.

Aufsätze in einem Fachgebiet kostenlos online verfügbar. Es enthielt zunächst die bibliografischen Angaben und vor allem ein Abstract, später zunehmend auch alle in den Aufsätzen verwendeten Referenzen. *PubMed* wurde schnell zu der entscheidenden Quelle für Suche und Erschließung in den Life Sciences. Die Wissenschaftler können seither nach der Suche und Auswahl in *PubMed* sehr gezielt auf einzelne Aufsätze in Journalen zugreifen. Einiges spricht dafür, dass die Bedeutung der Journale für die thematische Bündelung durch die Möglichkeit der themenbezogenen Suche in *PubMed* tendenziell sinkt.

2001 wurde *PubMed* durch ein Volltextarchiv – das *PubMed Central* (PMC und PMC UK) – erweitert, das in den USA ebenfalls durch das NIH gegründet und im Falle des PMC UK u.a. durch den *Welcome Trust* finanziert wurde. Aufgrund ihrer ausgesprochen machtvollen Positionen konnten das NIH und der *Welcome Trust* den Verlagen in der Folgezeit weitreichende Kompromisse abringen: 2008 verpflichtete das NIH (und später auch der *Welcome Trust*) alle geförderten Forscher dazu, ihre Publikationen *Open Access* verfügbar zu machen. Das PMC etablierte somit erstmals ein institutionelles *Open-Access*-Mandat eines großen Wissenschaftsförderers für alle von ihm geförderten Journalaufsätze. Der wesentliche Fortschritt aber bestand in dem Zugeständnis der Verlage, den *Deposit* – das Einstellen der Aufsätze ins Archiv – für die Autoren zu übernehmen (NIH Mandatory: http://grants.nih.gov/grants/guide/notice-files/NOT-OD-08-033.html). Die Verlage stellen seither die mit einem solchen Mandat belegten Aufsätze automatisch mit der Veröffentlichung in das PMC-Archiv ein. *Open Access* wird hier als Kooperation zwischen Wissenschaft – vertreten durch den Finanzier – und Verlagen institutionalisiert und legalisiert. Den Autoren erwächst hieraus – anders als beim ‚normalen' *Self-Archiving* – keine Belastung; zudem handelt es sich bei den verfügbaren Manuskripten um die Version, die auch publiziert wurde. Ein Nachteil besteht in den Bedingungen, welche die Verlage mit dem NIH aushandeln: Dabei setzten sie einerseits Embargofristen durch, d.h. der Artikel wird zwar sofort nach der Publikation an PMC geliefert, darf aber erst nach dem Ablauf einer Frist frei zugänglich gemacht werden. Zum anderen handelten die Verlage mit dem NIH teilweise auch eine Bezahlung für ihre Leistungen aus. Die Vorteile für die Wissenschaft überwiegen gleichwohl: Erstens ist ein relevanter Anteil der disziplinspezifischen Artikel nun im *Open-Access*-Modus verfügbar, zweitens können diese Artikel uneingeschränkt in die Funktionen der Suchportale integriert werden, indem beispielsweise die Referenzen gezählt und verlinkt werden.

Darüber hinaus fand in der Wissenschaft nach 2000 ein weiterer Strategiewechsel statt. Akteure aus der Wissenschaft drangen nun auch in das Feld der Verlage vor und begannen damit, Journale mit *Open Access* aufzubauen. Die *Public Library of Science* (PLOS) wurde 2001 von etablierten Wissenschaftlern und Sponsoren als *Open-Access*-Initiative gegründet, um Verlage dazu zu bewegen, den kostenfreien Zugang zu wissenschaftlichen Publikationen zu gewähren. Erst nachdem die Verlage auf entsprechende Forderungen (unterlegt mit Unterschriften von 134.000 Wissenschaftlern) nicht reagierten, änderte PLOS die Strategie und beschloss, eigene *Open-Access*-Journale aufzubauen. 2001 begann PLOS nicht profitär ausgerichtete *Open-Access*-Journale zu gründen, 2003 brachte PLOS mit großem Erfolg das erste Journal heraus und im Verlauf der nächsten Jahre folgen sechs weitere Journale, die ebenfalls rasch recht hohe Impactfaktoren erzielen konnten. Für das Konzept und dessen Erfolg war entscheidend, dass die zentralen Funktionen von Journalen bedient wurden, die durch andere OA-Modelle nicht abgedeckt werden konnten, nämlich hohe Qualität und wissenschaftliche Reputation in der Wissenschaft zu erlangen und damit für Autoren den erforderlichen Leistungsbeweis im Sinne der etablierten Governance zu erbringen. Journale, die bei PLOS aufgelegt werden, sind auf den Bedarf einer bestimmten Wissenschaftler-Community ausgerichtet und integrieren renommierte Wissenschaftler als Herausgeber, im Board und als Gutachter. Mit diesen Voraussetzungen konnten PLOS-Journale in kurzer Zeit hohe Impactfaktoren erzielen. Sie verfügen zudem über kurze Produktionszyklen, feste Preise und die uneingeschränkte Verbreitung über alle Erschließungsplattformen.

Neben PLOS entstanden noch eine Vielzahl von weiteren *Open-Access*-Journalen, wie die Datenbank des *Directories of Open Access Journals* (DOAJ) zeigt. Auch ein deutscher *Open-Access*-Verlag entwickelte sich im Umfeld der Max-Planck-Gesellschaft und der Geowissenschaften *(Copernicus Publisher)*. Andere *Open-Access*-Journale werden von *Scientific Communities* gegründet und oft in Eigenarbeit von Mitgliedern organisiert (z.B. die *STI-Studies* in der Techniksoziologie).

2.2 Adaption des Internet durch die Verlage

Die Verlage reagierten auf die rasche Adaption des Internet durch die Wissenschaft zunächst damit, ihre Print-Journale ins Internet zu migrieren. Die Umstellung begann Mitte der 1990er Jahre und war bereits Anfang der 2000er Jahre abgeschlossen, einschließlich der sukzessiven Erweiterung der aktuellen Jahrgänge um die *Back-Volumes* der Journale (Cox/Cox 2008).

Das Erlösmodell der Verlage für Online-Journale folgte ebenfalls der Migrationsstrategie. Die Verlage offerierten den Bibliotheken, die stellvertretend für die Wissenschaftler als institutionelle Nachfrager agieren, nun kombinierte Print- und Online-Lizenzen. Diese waren und sind für die Bibliotheken oft teurer als die gedruckten Versionen, da der Online-Subskriptionspreis nach der Zahl der Nutzer der Bibliothek bemessen wird. Dadurch werden große Bibliotheken mit hohe Online-Lizenzpreisen konfrontiert. Mit der Etablierung der Online-Lizenzen konnten die Verlage ihr Subskriptions-Geschäftsmodell erfolgreich ins Internet migrieren und so ihre ökonomische Perspektive sichern.

Seit 2000 versuchten die Verlage in zunehmendem Maße auch bei neuen Publikationsmodellen Fuß zu fassen, die durch die *Open-Access*-Initiativen aus der Wissenschaft bereits erfolgreich etabliert wurden. Die Verlage bauten Web-Portale und Datenbanken für den Zugriff und die Erschließung wissenschaftlicher Aufsätze auf. Im Unterschied zu den *Open-Access*-Initiativen waren die Angebote der Verlage meist von Anfang an nicht kostenlos, sondern lizenzpflichtig. *Springer Science+Business Media* (nachfolgend kurz: *Springer*) gründete bereits 1996 das Internetportal *SpringerLink; Elsevier* gründete 2001 zunächst das Suchportal *Scirus*,[8] 2002 dann *Scopus* und *Science Direct* als das eigentliche und kostenpflichtige Verlagsportal, das avancierte Such- und Recherchefunktionen sowie den Volltextzugriff auf die Verlagsjournale eröffnet. Auch die anderen Verlage richteten ähnliche Portale ein, die in der Regel als Subskriptionsangebote an Bibliotheken und Forschungseinrichtungen vermarktet wurden.

Die in der Wissenschaft entwickelten neuen Möglichkeiten für die Suche und Verlinkung von Publikationen wurden durch die Verlage nicht nur adaptiert, sondern darüber hinaus strategisch weiterentwickelt. Ein wichtiger Schritt in diese Richtung war 2001 die Gründung von *Crossref* (CrossRef 2009) durch ein Konsortium der wichtigsten Verlage. *Crossref* ist eine technische Plattform für die standardisierte Verlinkung von Zitationen und Referenzen. Die Ankündigung der NIH im Jahr 2000, *PubMed* durch ein *Open-Access*-Volltext-Archiv zu erweitern, hatte die in diesem Bereich tätigen Verlage unter Zugzwang gesetzt: Wenn es der Wissenschaft unter Führung der mächtigen NIH gelungen wäre, ihre Alleinstellungsposition bei der Suche mit dem freien Zugang zu Volltexten zu verbinden, wäre den Verlagen mit den rasch wachsenden *Life Sciences* eines der profitabelsten Geschäftsfelder weggebrochen. Zwar hatten die größten Verlage wie *Elsevier* und *Springer* bereits verlagseigene Suchportale aufgebaut, aber die Gründung von *Crossref* ging einen wichtigen Schritt darüber hinaus, auch weil die Verlage die Konkurrenz und Widersprüche in der Branche in diesem Fall zugunsten einer übergreifenden Initiative zurückstellten, die die Verlinkung aller Aufsätze in allen Journalen ermöglichte. Überhaupt nicht selbstverständlich war in diesem Kontext insbesondere das Zusammengehen der beiden verbreiteten Verlagstypen, also der kommerziellen Publisher auf der einen und der *Scholarly Publisher* auf der anderen Seite. Der gemeinsame (technische) Non-Profit-Dienstleister *Cross Ref Inc.* wurde mit dem Aufbau einer übergreifenden zentralen Datenbank beauftragt, bei der seither alle Aufsätze aus den

8 *Scirus* wurde eigentlich mit dem Ziel konzipiert, unter dem Dach von *Elsevier* auch nicht verlagseigene Journale zu sammeln. Diese Strategie war aber wenig erfolgreich.

Journalen der Mitgliedsunternehmen und -organisationen registriert und dokumentiert werden. Die Teilnahme ist für alle Verlage und Organisationen nach Zahlung eines Mitgliedsbeitrags möglich. Heute sind fast alle wichtigen Anbieter, Bibliotheken und andere wissenschaftliche Organisationen Mitglied bei *Crossref.* Die registrierten Publikationen bekommen von *Crossref* einen einheitlichen *Identifier,* über den der Aufsatz wiedergefunden und mit anderen Referenzen und Aufsätzen beliebig verknüpft werden kann. Im Ergebnis erhalten die Wissenschaftler damit die Möglichkeit, inhaltliche Bezüge zwischen Aufsätzen unmittelbar nachzuvollziehen und so den thematischen Vernetzungen bis auf die unterste Ebene der einzelnen Publikation nachzugehen. Für die Steuerung der Wissenschaft bietet diese genaue und flexible Zitationsanalyse weitreichende neue Möglichkeiten.

Daran anschließend ging 2001 auch die Online-Version der etablierten Zitationsdatenbank von *ISI* als *Web of Knowledge* (WoK) online, auf der die Berechnung der Impactfaktoren basiert. Im WoK sind alle Artikel aufgeführt, die in Journalen veröffentlicht werden, welche den Qualitätskriterien des *ISI* entsprechen. Hierzu zählen sowohl herkömmliche als auch *Open-Access*-Journale. Allerdings sind die Artikel nicht als Volltext verfügbar. Dafür bietet WoK umfangreiche und innovative Services zur Verlinkung von Referenzen und die Möglichkeit von Zitationsanalysen. WoK ist ein kostenpflichtiges Angebot, das aber von vielen Bibliotheken erworben wird.

Abb. 3: Institutionelle Konfiguration und Erlösmodell für Open-Access-Journale

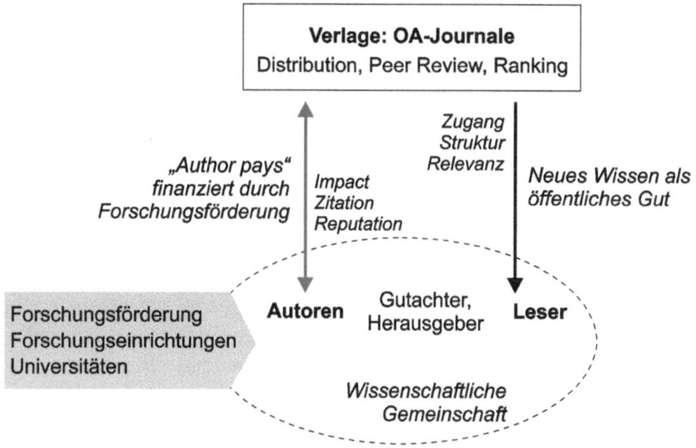

Eigene Darstellung

Seit Mitte der 2000er Jahre betreiben Verlage zunehmend *Open-Access*-Journale als neues Geschäftsmodell. Ursprünglich waren es *Scholarly Publisher* wie der IOP, die ab 1999 die ersten *Open-Access*-Journale gründeten (z.B. das *New Journal of Physics*). Andere Akteure wie das *BioMedCentral* (BMC) kamen ursprünglich nicht aus der Verlagsszene. *BioMedCentral*, gegründet im Jahr 2000, war der Verlag mit den meisten *Open-Access*-Journalen (ca. 200), bis er 2008 von *Springer* aufgekauft wurde. Seitdem ist *Springer* unter den kommerziellen Verlagen der avancierteste Vertreter von *Open-Access*-Journalen. Aber auch viele andere Verlage adaptieren zunehmend entsprechende Modelle: 2005 initiierten die Verlage 199 OA-Journale, 2008 wurden 786 OA-Journale neu gegründet (Cox/Cox 2008).

Open-Access-Journale bieten den Verlagen die Möglichkeit, ein Geschäftsmodell zu realisieren, das die Leser und die Bibliotheken finanziell nicht belastet. Stattdessen zahlen Autoren bzw. deren Forschungseinrichtungen oder die Forschungsförderungseinrichtungen die Kosten für die Publikation. Das klassische Erlösmodell wird umgekehrt; die Kosten werden pro publiziertem Artikel kalkuliert. Eine neuere Variante sind ‚hybride' Erlösmodelle, bei denen der Autor die Wahl zwischen dem Subskriptionsmodell hat, bei dem er nicht zahlen muss und sein Artikel für die Leser kostenpflichtig ist, oder dem *Open-Access*-Modell, bei dem er eine Gebühr zahlen muss (diese liegt zur Zeit bei vielen kommerziellen Verlagen bei mindestens 3.000 Euro).

3 Sektorale Struktur Anfang der 2010er Jahre

Die Adaption avancierter Internettechnologien im Bereich wissenschaftlicher STM-Publikationen hat seit Mitte der 1990er Jahre zu einer sektoralen Transformation geführt, bei der nicht nur die materielle Form der Publikationen substanziell verändert wurde, sondern auch deren Funktionen für die Wissenschaft verbessert und erweitert werden konnten. Gleichzeitig ist eine parallele Struktur entstanden, die dadurch gekennzeichnet ist, dass es auf jeder Ebene sowohl *non-profit*-OA-Publikationsmöglichkeiten der Wissenschaft gibt, wie auch *for-profit*-Publikationen der Verlage. Abbildung 4 zeigt die drei Ebenen und die parallelen Publikationsmodelle der neuen sektoralen Struktur.

Durch die Migration der Journale ins Internet können mehr Aufsätze schneller, globaler, effizienter und kostengünstiger publiziert und damit die Anforderungen der Wissenschaftler in den exponentiell wachsenden internationalen STM-Disziplinen besser erfüllt werden. Gleichzeitig wird die Bedeutung der Journale bestärkt, denn das Journal und die Art und Weise, wie mit ihm Aufmerksamkeit und Relevanz erzeugt wird, bleiben grundsätzlich erhalten. Mit den Journalen verknüpft ist auch nach der Transformation das *peer review* als grundlegende Institution für die Sicherung wissenschaftlicher Qualität wie auch für die Positionierung eines Aufsatzes in der wissenschaftsinternen Hierarchie der Anerkennung. Journale strukturieren das jeweilige wissenschaftliche Feld nicht nur thematisch, sondern sie repräsentieren gleichermaßen eine Rangordnung der Relevanz, die wiederum die Aufmerksamkeit der Wissenschaftler bündelt. Impactfaktoren sind (mehr oder weniger gute) Indikatoren für diese Steuerungswirkung der Aufmerksamkeit der Wissenschaftler durch Journale (zumindest im STM-Bereich). Für die Steuerung der Wissenschaft bieten die verbesserten Funktionen der Zitationsanalyse verbesserte Möglichkeiten der Leistungsbewertung. Ob letztere gegenwärtig geeignete Leistungsanreize setzt, die wirklich zur Erzeugung neuen Wissens führen, scheint uns allerdings eine offene Frage. Zweifellos jedoch stärken und stabilisieren avancierte Methoden der Bibliometrie mittels neuer Technologien die Bedeutung der Journale.

Abb. 4: Institutionelle Rekonfiguration des journalbasierten Publikationssystems (Anfang der 2010er Jahre)

Eigene Darstellung

Auf dieser Grundlage gelang es den Verlagen, veränderte Subskriptionsmodelle gegenüber den Bibliotheken durchzusetzen. Sie basieren auf Paketsubskriptionen von Online-Journalen, deren Preis von der Anzahl der Journale und der Anzahl der Wissenschaftler abhängt, die von der Bibliothek potenziell versorgt werden. Das besondere institutionelle Gefüge des wissenschaftlichen Publikationssystems kam den Verlagen bei der Durchsetzung der neuen Subskriptionsmodelle für Online-Journale in doppelter Weise zu Hilfe: Erstens indem den Verlagen die

Sicherung eines Erlösmodells erleichtert wurde, das nicht nur von der materiellen Form des Medienproduktes abhängig ist. Der Erlös ‚klebt' nicht nur an der Distribution eines materiellen Produktes, sondern bezieht sich auch auf die Leistung der Qualitätssicherung und Relevanzbewertung durch Journale, für welche Verlage auch unter den Wissenschaftlern besondere Kompetenzen reklamieren können. Zweitens mussten die Verlage das neue Subskriptionsmodell nicht gegenüber den Endkunden – also den Wissenschaftlern – durchsetzen, sondern gegenüber den Bibliotheken, die sich als institutionelle Nachfrager notwendigerweise sehr viel schwerer damit tun, (semi-)illegale *Peer-to-peer*-Lösungen zu nutzen. Mehr noch: Bibliotheken subskribieren die Journale auch dann, wenn die dort erschienen Aufsätze auch über *Self-Archiving*-Plattformen zugänglich sind. Die Erlösströme der Verlage sind in dieser besonderen Konstellation auch dann institutionell abgesichert, wenn der Zugang zu den Aufsätzen über *Open-Access*-Archive möglich ist.

Gleichzeitig ist es den Verlagen gelungen, Geschäftsmodelle für *Open-Access*-Journale zu etablieren. Im Vergleich zu den non-profit-Anbietern von *Open-Access*-Journalen sind hier die *author fees* meist deutlich höher, denn for-profit-Verlage verfolgen mit ihren *Open-Access*-Journalen kommerzielle Wertschöpfungsinteressen. Die kommerziellen Verlage konnten ihren Anteil an *Open-Access*-Journalen in den 2000er Jahren deutlich steigern, obwohl sie den Wissenschaftlern tendenziell höhere *author fees* abverlangen. Hier spielte insbesondere der Strategiewechsel der *Springer*-Gruppe eine große Rolle, die mit dem Kauf von *BMC* – dem größten for-profit *Open-Access*-Verlag – 2008 massiv in dieses Geschäftsmodell eingestiegen ist. Mittlerweile bietet *Springer* den Autoren bei vielen Journalen sogar die Möglichkeit, zwischen dem für Autoren kostenfreien (‚alten') Modell und dem umgekehrten *author pays*-Modell zu wählen. Dies trägt dem Umstand Rechnung, dass letzteres bei Autoren auf wenig Gegenliebe stößt, solange die Finanzierung der resultierenden Kosten durch den Arbeitgeber oder die Forschungsförderer nicht hinreichend institutionalisiert ist.

Das Umdrehen der Wertschöpfungskette durch die Zunahme kommerzieller *Open-Access*-Journale entlastet zwar die Institutionen auf der Nachfrageseite, geht aber zu Lasten der Autoren als Produzenten. Denn die Entlastung durch kommerzielle *Open-Access*-Journale ist in der gegenwärtigen Variante vornehmlich eine finanzielle Entlastung der Bibliotheken und der Finanziers, aber zugleich mindestens eine bürokratische Zusatzbelastung der Autoren. Insofern hat die Propagierung dieser *Open-Access*-Variante in der Wissenschaft aus der Sicht mancher Wissenschaftler die paradoxe Anmutung, dass der Wissenschaftler als Leser entlastet wird, um als Autor belastet zu werden – mit dem Effekt, dass die bisher ohne monetäre Hürde versehene Publikationsmöglichkeit für Autoren aufgehoben wird. Statt des Zugangs zu Publikationen wird so bereits die Publikationsmöglichkeit von wissenschaftsfremden monetären Kriterien abhängig gemacht. Offen ist bisher, wie das Wissenschaftssystem auf die Umkehrung der Erlösflüsse reagiert und inwieweit Wissenschaftler als Autoren im Fall von *author pays* institutionell refinanziert werden können. Diese Frage weist darauf hin, dass weitere institutionelle Anpassungen zu erwarten sein dürften.

Für die Relevanz wissenschaftlicher Publikationen ist deren Positionierung innerhalb der Hierarchie der Journale nach wie vor von großer Bedeutung. Für Wissenschaftler als Autoren bedeutet dies: Ihr Interesse ist darauf gerichtet, nach Möglichkeit in Journalen mit hohem Impactfaktor zu veröffentlichen. Dies bedeutet jedoch keineswegs, dass dieser Abwägungsprozess stets zu Gunsten der etablierten Journale aus herkömmlichen Verlagen ausgeht. Dass es neuen *Open-Access*-Verlagen bzw. Herausgebern – auch solchen aus der Wissenschaft – gelingen kann, neue Journale erfolgreich zu lancieren und rasch auf hohe Impaktfaktoren zu treiben, hat PLOS mit der Etablierung neuer *Open-Access*-Journale bewiesen, die überraschend schnell hohe Impactfaktoren erreichen konnten. Auch die Wissenschaft ist – das belegt das PLOS-Modell überzeugend – durchaus in der Lage, Journale mit hoher Funktionalität für die Wissenschaft zeitnah zu etablieren. Auf der anderen Seite darf nicht zu gering veranschlagt werden, dass es den kommerziellen Verlagen gelungen ist, ihre traditionellen Kompetenzen im erfolgreichen *Launch* neuer Journale auf das Feld der *Open-Access*-Journale zu übertragen. Ein Ergebnis des Transformationsprozesses ist also das Entstehen neuer Typen von Journalen, zum Teil auch von neuartigen – nicht profitorientierten –- Verlagen, aber die grundlegende strukturierende Funktion von Journalen besteht weiterhin. Auf der Ebene der Journale lässt sich die sektorale Transformation als Ergänzung beschreiben, die im Nebeneinander von unterschiedlichen Distributions- und Erlösmodellen und im Nebeneinander von kommerziellen Verlagen wie und non-profit-Verlagen zum Ausdruck kommt (siehe Abb. 4) (Jubb et. al. 2011).

Auf der funktionalen Ebene hat die sektorale Transformation zur Herausbildung einer neuen Ebene aus *Open-Access*-Archiven und Such- und Referenzverlinkungsportalen geführt, die neue Zugangswege eröffnen, aber auch gänzlich neue Such- und Erschließungswerkzeuge bereitstellen (Tenopir et al. 2009). Die Vorstellungen über die Möglichkeiten der Internet-Technologie für das wissenschaftliche Publizieren machten sich zunächst an Optionen fest, die mit Internet-Publikations-Plattformen wie *ArXiv, SSRC* oder *CiteSeer* realisiert wurden. Im Vordergrund standen hier *Open-Access*-Varianten als erleichterte Form des Zugangs zu wissenschaftlicher Literatur. Die avancierten Such- und Referenzierungsfunktionen wurden erst nach und nach ausgebaut. So entstand eine neue Ebene der inhaltlichen Vernetzung von Aufsätzen ‚oberhalb' der Journale, bei der die Verwendung wissenschaftlicher Aufsätze durch andere Wissenschaftler auf der Grundlage von Referenzen und Zitationen der Wissenschaftler und damit auch eine zusätzliche Ebene der Strukturierung von Relevanz sichtbar gemacht wird. Diese neue Funktionalität wurde im Verlauf der Transformation von unterschiedlichen (nicht-kommerziellen wie kommerziellen) Akteuren mit verschiedenen Funktions- und Leistungsprofilen weiterentwickelt.

Google engagiert sich seit den 2000er Jahren vor allem mit seiner eigenen Suchmaschine *Google Scholar* im wissenschaftlichen Publikationssystem. Sie verfügt über ein eigenständiges Referenzierungssystem und Zitationsranking, das *Google* von *Citeseer* übernommen hat. *Google* ist mittlerweile zweifellos einer der wichtigsten Akteure auch bei der Suche und Referenzierung wissenschaftlicher Publikationen. Insbesondere die verbreitete Praxis des *Self-Archiving* von Veröffentlichungen auf Webseiten setzt voraus, dass diese durch die Suche mit *Google* gefunden werden. Empirische Befunde zeigen, dass die Suche mit *Google* in allen journalbasierten Disziplinen, die nicht über ein umfassendes fachspezifisches Suchportal verfügen (wie *PubMed* für die Life Sciences), die wichtigste Form des Suchens nach Literatur darstellt.[9] Allerdings haben sich die Erwartungen im Hinblick auf die Verbreitung von *Google Scholar* unter den Wissenschaftlern bisher nur teilweise erfüllt. Unser Eindruck ist, dass *Google* zwar eine wichtige Funktion im wissenschaftlichen Publikationssystem einnimmt, dies aber bisher nicht zu der bisweilen erwarteten Verdrängung anderer Akteure geführt hat. Dies hängt vermutlich auch damit zusammen, dass die Kernakteure des Sektors – vor allem die Akteure aus der Wissenschaft – weder *Google* das Feld überlassen haben, noch auf Konfrontation gegangen sind, sondern vielmehr eine Strategie der Komplementarität verfolgen. Zwar sind heute auch neue Akteure im Spiel, insbesondere *Google*, dessen Kernkompetenz gerade in den Feldern liegt, um welche die wissenschaftlichen Publikationsstrukturen in den vergangenen zwei Jahrzehnten erweitert worden sind. Sie haben die etablierten Akteure allerdings nicht verdrängen oder marginalisieren können.

Insgesamt hat die Adaption des Internet im Bereich wissenschaftlicher (STM-)Journale zu einer Variante sektoraler Transformation geführt, in dessen Verlauf die sektoralen Kernstrukturen und Akteure nicht substituiert, sondern schrittweise modifiziert, ergänzt und erweitert wurden. Voraussetzung dafür war, dass sich die wichtigen Akteure in diesem Feld als äußerst adaptionsfähig erwiesen haben.

---

9 Vgl. z.B. die von uns 2007 durchgeführte Wissenschaftlerbefragung an fünf deutschen Universitätsstandorten: Sie ergab, dass fast die Hälfte der Wissenschaftler Google für die Suche nach Literatur sehr häufig nutzen (http://www.sofi-goettingen.de/index.php?id=882 [zuletzt aufgesucht am 05.05.2012]).

4 Strategien der Akteure und deren Adaptionsfähigkeit im Kontext der sektoralen Strukturen

Woher aber kommt die besondere Adaptionsfähigkeit der bereits etablierten Akteure im journalbasierten Publikationssystem?

Initial ging die Adaption der Internet-Technologien von Wissenschaftlern aus, die die neuen technischen Möglichkeiten nicht nur für die Kommunikation in ihren internationalen Communities, sondern auch für die Verbreitung ihrer aktuellen Publikationen in der Community über zentrale Internetarchive und auf (ihren) Webseiten einsetzten. Für diese zunächst wenig institutionalisierten *peer-to-peer*-Aktivitäten unter Wissenschaftlern konnten diese auf die wissenschaftliche Internet-Infrastruktur zurückgreifen, zu deren Weiterentwicklung sie gleichzeitig aktiv beitrugen. Die besondere Adaptionsbereitschaft dieser Akteure resultierte aus dem unmittelbaren Nutzen, den die Anwendung und Weiterentwicklung der Internettechnologien für ihre Arbeit mit sich brachte. Drei Punkte waren und sind hier im Vergleich zu anderen Mediensektoren in besonderer Weise förderlich. Erstens hatten die entsprechenden Wissenschaftler einen besonders frühen Zugang zu avancierten Internet-Technologien, z.B. um Server aufzubauen und zu nutzen. Zweitens sind Wissenschaftler nicht Akteure an den Rändern des Sektors, sondern zentrale Spieler, ohne deren Bereitschaft, mitzuspielen, nichts geht, zumal sie nicht nur als Individuen auftreten, sondern in wissenschaftlichen Communities kollektiv organisiert sind. Drittens sind Wissenschaftler als Autoren die Produzenten der Inhalte und als Leser gleichzeitig auch deren Nachfrager. Autoren von wissenschaftlichen Aufsätzen in Journalen waren (und sind) in der herkömmlichen Konfiguration in keiner Weise am monetären Austausch beteiligt: Sie zahlen nicht für die (Print-)Veröffentlichung und sie sind ebenso wenig am Erlös durch den Verkauf des Journals beteiligt (anders bei Büchern).

Insofern würde der Substitution der Journale durch *Peer-to-peer*-Austauschprozesse nichts entgegenstehen, hätten die Journale nicht die oben diskutierte institutionalisierte Funktion innerhalb des Wissenschaftssystems. Die Internetarchive wären durchaus in der Lage, die Verbreitungsfunktion zu übernehmen, aber sie haben keine Funktion für das *peer-review*, die Begutachtung und die Bewertung. Die Relevanz von Artikeln ließe sich zwar auch an der Zahl der Zugriffe in einem Internetarchiv (oder einer Suchmaschine) ablesen, aber dies ersetzt weder das *peer-review* noch die Hierarchie der Journale (und deren Impactfaktoren) als Indikatoren für wissenschaftliche Qualität und Relevanz.

In der Phase der Transformation ab 2000 griffen auch Organisationen der Wissenschaft, insbesondere große nationale Forschungsförderer, aktiv in den Transformationsprozess ein (Armbruster 2011). Deren Engagement führte zu neuen institutionellen Formen und Regeln, so z.B. zu institutionell getragenen

Datenbanken und Archiven (PMC, Open Access Mandat der NIH) und neuen Erlösmodellen *(gold road journals),* welche allerdings die bereits etablierten Modelle nicht substituieren, sondern ergänzen. Anreiz für die Adaptionsbereitschaft von Organisationen der Forschungsfinanzierung ist zweifellos deren finanzielles Interesse an der Reorganisation der Marktbeziehungen zwischen Wissenschaft und Verlagen. Die bisherige Marktposition der Wissenschaft hat in der Rolle der Bibliotheken als institutionelle Nachfrager unbestreitbar eine schwache Stelle, die es den großen Verlagen ermöglicht hat, auch (oder gerade) im Prozess der Umstellung von Print- auf Online-Journale erhebliche Preissteigerungen zu realisieren. Durch die Veränderung der Position der Wissenschaft – vom institutionellen Nachfrager zum Auftraggeber der Publikationsdienstleistung – versprechen sich einflussreiche Forschungsförderer bessere Möglichkeiten der Aushandlung von Konditionen und Preisen für die Leistung der Verlage. Insofern basieren die Aktivitäten dieser Wissenschaftsorganisationen zwar nicht auf initialer Adaptionsfähigkeit, aber sie sind Ausdruck aktiver Adaptionsbereitschaft vor dem Hintergrund eigener Interessen.

Nachdem sich die Akteure des Sektors insgesamt Anfang der 2000er Jahre neu aufgestellt hatten und dies durchaus mit heftigen Konfrontationen verbunden war, wurden die folgenden Jahre eher durch neue Arrangements und Ansätze zur Kooperation geprägt. Auch diese Jahre vollzogen sich mitunter konfrontativ, da jede Seite die erlangten Positionen einsetzte, um die jeweils andere Seite unter Druck zu setzen. Allerdings zeigten sich die Akteure auch immer wieder kompromissbereit. Daraus entstanden zum Teil überraschende Konstellationen, die – ähnlich wie in der Ausgangskonstellation – auf eine komplementäre Aufgabenverteilung zwischen der Erstellung von öffentlichen Leistungen und Wertschöpfung durch Unternehmen abzielten.

Für die besondere Adaptionsfähigkeit der Verlage sind die Vorteile der Internet-Technologien keine hinreichende Erklärung. Die Verlage beobachteten die (Open-Access-)Aktivitäten der Wissenschaftler sehr aufmerksam und reagierten darauf früh mit eigenen Aktivitäten. Dabei beschränkten sie sich aber nicht darauf, die neuen Funktionalitäten, die in der Wissenschaft entwickelt wurden, aufzugreifen, sondern adaptierten und verbesserten diese technischen Möglichkeiten im Kontext einer Gesamtstrategie und unter Ausnutzung ihrer spezifischen Kompetenzen bzw. Ressourcen. Typisch für die Adaptionsstrategien insbesondere der Protagonisten unter den Verlagen war, dass sie immer wieder überaus schnell auf die neuen Entwicklungen reagiert haben – und dies in einer Weise, die es ihnen ermöglichte, den weiteren Adaptionspfad in ihrem Sinne zu beeinflussen. Ein Beispiel sind verlagseigene Suchdatenbanken (z.B. *Elsevier Direct* oder *Springerlink*), über die verlagseigene Journale mit ihren kompletten und aktuellen Inhalten verbreitet werden, während sie deren Verfügbarkeit in *Open-Access*-Datenbanken der Wissenschaft zu limitieren suchen, z.B. durch Embargofristen von zwölf bis 36 Monaten auf neue Artikel. Diese Form der proaktiven Aufnahme aller Adaptionsfortschritte in der Wissenschaft ist typisch für viele der großen Verlage *(Elsevier, Springer, Nature Publishing Group, IOP, EDP Sciences).*

Die besondere Adaptionsfähigkeit der Verlage hat weitere Ursachen: Zum einen gehört dazu deren traditionell enge Verbindung zu den Wissenschaftlern (als Autoren, Editoren und Gutachtern) und insbesondere zu der wissenschaftlichen Community, die jeweils von einem bestimmten Journal ‚bedient' wird. Die Beziehung zwischen dem Verlag als Betreiber eines Journals und der jeweiligen *Scientific Community* ist die einer wechselseitigen Abhängigkeit. Für die Verlage haben die Wissenschaftler mit ihren frühen Initiativen rund um das Internet wie Seismographen oder ‚Frühwarnsysteme' gewirkt und sie für die perspektivische Bedeutung des Netzes frühzeitig sensibilisiert.

Zum anderen ist das Lager der Verlage selbst bereits seit langem höchst heterogen strukturiert. Auch diese Heterogenität und die daraus erwachsenen unterschiedlichen Wahrnehmungsperspektiven und Konkurrenzstellungen haben schon früh zur Adaptionsfähigkeit des Sektors beigetragen. Neben den großen kommerziellen Verlagen gibt es viele *Scholarly Publisher*, die im Interesse oder Auftrag von wissenschaftlichen Vereinigungen und Organisationen agieren und gerade nicht auf Gewinnmaximierung ausgerichtet sind. Deren Preispolitik ist in der Regel moderater; in Bezug auf Open Access ist ihre Haltung indes uneinheitlich – ebenso wie ihre Adaptionsfähigkeit. Beides hängt stark von der jeweiligen Community bzw. Fachdisziplin ab, für die sie publizieren. Das heterogene Lager der wissenschaftlichen Verlage wird durch die neu entstandenen Open-Access-Verlage (vor allem PLOS), welche neue Technologien aktiv adaptieren und explizit mit den *Open-Access*-Initiativen in der Wissenschaft kooperieren, weiter ausdifferenziert.

Die neuen Technologien haben zwar zu einer sektoralen Transformation des journalbasierten wissenschaftlichen Publikationssystems geführt. Aufgrund der besonderen Adaptionsfähigkeit der Akteure sind dabei jedoch grundlegende Strukturmerkmale reproduziert worden. Der Typ gradueller Transformation, den wir im journalbasierten Publikationssystem beobachten, ist – so unsere These – geprägt durch die schrittweise Veränderung der institutionellen Ausgangskonfiguration, die in einem durchaus konfliktreichen Aushandlungsprozess zwischen den zentralen Akteuren stattfand.

5 Rekonfiguration des journalbasierten Publikationssystems

Die Transformation des Systems wissenschaftlichen Publizierens hat seit Anfang der 1990er Jahre im Rahmen einer Veränderung der institutionellen Konfiguration der Medienbranche insgesamt stattgefunden. Diese im Kern aus Wissenschaftlern als Content-Produzenten, kommerziellen Verlagen und *Scholarly Publishern* als Organisatoren der Distribution wissenschaftlicher Veröffentlichungen sowie den Bibliotheken bestehende Konfiguration hat sich durch neue, zusätzliche Institutionen erweitert. Zudem hat sich das Verhältnis der Akteure untereinander verändert.

Unverändert geblieben ist, dass Wissenschaftler als Autoren wissenschaftliche Artikel als spezifischen Content dieses Mediensektors in Form eines öffentlichen Gutes produzieren, an dessen Verbreitung und Rezeption sie aufgrund der nach wie vor gültigen Normen des Wissenschaftssystems interessiert sind. Je breiter die Rezeption und Verwendung des entsprechenden Textes, desto größer ist auch die wissenschaftliche Reputation.

Deutlich verändert hat sich demgegenüber die institutionelle Konfiguration, die die Distribution dieses Contents gewährleistet. Neben den traditionell – sei es von kommerziellen Verlagen oder *Scholarly Publishern* – organisierten Journalen spielen neue Institutionen für die Verbreitung wissenschaftlicher Artikel eine Rolle. Dies sind zum einen die Archive, in denen *preprints* von Artikeln teilweise vor, teilweise aber auch zeitgleich oder nach ihrer Veröffentlichung in Journalen *(post print)* zugänglich gemacht werden. Diese Archive sind von der Wissenschaft zunächst in Eigenregie aufgebaut worden und werden vom Wissenschaftssystem nach wie vor eigenständig betrieben. Als *Peer-to-peer*-Archive, in die Wissenschaftler ihre Aufsätze selbst einstellen (*Self-Archiving*-Modell), ermöglichen sie über das Internet einen kostenfreien Zugang zu den Veröffentlichungen. Insoweit die Artikel in den Archiven präsent sind, sind die Wissenschaftler als Leser nicht auf klassische Formen der Publikation – das selbst oder von der Bibliothek abonnierte (Online-)Journal – angewiesen. Für Leser ist der Zugang zu den benötigten Publikationen damit auch unabhängig von ihrer institutionellen Einbettung in Forschungseinrichtungen und deren Lizensierungspolitik möglich. Dies gilt allerdings nur für den (kleineren) Teil der Aufsätze, die bisher in einem der parallel zu den Journalen aufgebauten *Open-Access*-Angebote verfügbar ist. Eine zweite Einschränkung der parallelen *Open-Access*-Distribution besteht darin, dass bei der *green road* des *Self-Archiving* meist nicht der finale Aufsatz verfügbar ist, sondern eine (mehr oder weniger abgeschlossene) Autorenversion. Ein Vorteil der zunehmenden Institutionalisierung von *Open-Access*-Lösungen (z.B. durch NIH und andere Förderorganisationen) in den letzten Jahren besteht freilich gerade darin, dass die Qualität bzw. Finalität der verfügbaren *Open-Access*-Aufsätze durch die Beteiligung der Verlage abgesichert wird.

Die Angebote an Open Access haben sich auch dadurch institutionell erweitert, dass sich für einen wachsenden Teil von Journalen die Erlösströme umgedreht haben. Nicht mehr die Nutzer zahlen dafür, dass sie Journale abonnieren oder einzelne Artikel kostenpflichtig downloaden (*user pays*), sondern die Wissenschaftler zahlen dafür, dass ihr Beitrag in einem Journal erscheint und verbreitet wird (*author pays*). Wie gezeigt, gibt es für *author pays* im Detail mittlerweile ganz unterschiedliche Regelungen. Teilweise sind Zeitschriften komplett nach diesem Prinzip organisiert, teilweise bieten die Verlage den Autoren aber auch an, einzelne Beiträge über die Zahlung von *publication fees* für einen *Open-Access*-Zugang freizukaufen, selbst wenn die Zeitschrift ansonsten nach dem konventionellen Subskriptionsmodell vertrieben wird.

Auch bei Betreibern von *Open-Access*-Journalen hat sich eine parallele Struktur herausgebildet. *Open-Access*-Journale, die komplett nach dem Prinzip *author pays* operieren, sind zwar in ihrer Entstehung und Durchsetzung von neuen institutionellen Akteuren des Systems wissenschaftlichen Publizierens vorangetrieben worden – von *Non-Profit*-Verlagen (im STM-Bereich insbesondere PLOS), die sich explizit gegen die Praktiken der großen kommerziellen Akteure gerichtet haben. Allerdings haben die etablierten kommerziellen Verlage mittlerweile die Option adaptiert, *Open-Access*-Journale mit umgekehrten Erlösströmen anzubieten, und dies mit ihren bereits vorhandenen Geschäftsmodellen kompatibel gemacht. Im Ergebnis bieten auch kommerzielle Verlage seit einigen Jahren in wachsendem Umfang *Open-Access*-Journale an. Das Vordringen von *Open-Access*-Journalen hat bislang allerdings nicht dazu geführt, dass herkömmliche (nach dem *user pays*-Prinzip organisierte) Journale verdrängt wurden. Die gegenwärtige Konfiguration im Bereich wissenschaftlicher Journale ist vielmehr durch eine Parallelstruktur von Journalen mit klassischen Geschäftsmodellen und *Open-Access*-Journalen gekennzeichnet (vgl. Abb. 4).

Daraus ergibt sich für die Wissenschaft die Notwendigkeit, zwei unterschiedliche Geschäftsmodelle durch dekommodifizierende Institutionen zu kompensieren. Denn ebenso unerlässlich wie der uneingeschränkte Zugang zu den Publikationen ist für die Wissensproduktion die Möglichkeit der Autoren, ihre Ergebnisse ohne monetäre Restriktionen zu publizieren. Zum einen fungieren die Bibliotheken weiterhin als institutionelle Nachfrager nach kostenpflichtigen Journalen – und mittlerweile auch nach kommerziellen Suchportalen. Zum anderen ist es notwendig, *author pays*-Modelle durch geeignete Finanzierungsmodelle zu unterstützen, die verhindern, dass die Publikationsoptionen der Autoren durch monetäre Zugangshürden eingeschränkt werden.

Unverändert bleibt dabei, dass die Institution der Journale im System wissenschaftlichen Publizierens trotz ihres sinkenden Stellenwerts für die Distribution nach wie vor eine zentrale Bedeutung hat. Dass die institutionelle Konfiguration hier von einem beachtlichen Maß an Kontinuität geprägt ist, liegt vor allem darin begründet, dass über die Journale (wie in der Ausgangskonstellation) weitere, für das System wesentliche Funktionen institutionalisiert werden. Von zentraler Bedeutung ist hier das *Peer-Review*-Verfahren. Es stellt zum einen nach wie vor das in der Wissenschaft etablierte Verfahren verlässlicher Qualitätssicherung von wissenschaftlichen Veröffentlichungen dar. Es stellt aber nicht nur sicher, dass Publikationen nach den in der jeweiligen *Scientific Community* geltenden Regeln zustande gekommen sind. Auf seiner Grundlage werden auch Urteile über die Relevanz von Veröffentlichungen getroffen. *Peer-Review*-Verfahren sind immer auch selektiv, denn die Zahl der möglichen Veröffentlichungen in Journalen ist limitiert und nicht alle Journale haben denselben Stellenwert. Es geht also nicht nur um absolute, sondern auch um relative Qualitätsstandards, in denen die Beurteilung der Relevanz für den gegenwärtigen wissenschaftlichen Diskurs des Fachgebietes eine Rolle spielt. Innerhalb der Welt der Journale existiert eine Hierarchie unterschiedlicher Relevanz, die durch Impact-Faktoren abgebildet und dadurch transparent gemacht wird. Diese Hierarchie ist dynamisch, wie sie es auch schon vor dem Zeitalter des Internet war: Die Gruppierung von Journalen innerhalb der Hierarchie verändert sich im Zeitablauf – es gibt Aufsteiger und Absteiger.

Die Rekonfiguration innerhalb der Welt der Journale ist also zwar durch den Bedeutungsgewinn des Prinzips *author pays* und auch dadurch gekennzeichnet, dass es *non-profit*-Organisationen gelungen ist, eine Reihe von *non-profi*-OA-Journalen zu etablieren, deren Relevanz sich – gemessen an ihren Impact-Faktoren – durchaus mit denen der herkömmlichen Journale messen kann. Freilich gelang dies auf Grundlage des etablierten *Peer-Review*-Verfahrens, an das sich auch die ‚Newcomer' gehalten haben.

Unverändert ist schließlich auch geblieben, dass die Relevanz von Aufsätzen (gemessen an der Zahl und Bedeutung von Referenzen auf den jeweiligen Aufsatz in anderen Publikationen) und von Journalen (gemessen als Ranking anhand des Impact-Faktors) weiterhin durch die Journale definiert wird. Die disziplinspezifisch ‚wichtigen' Orte für Publikationen werden sowohl aus Sicht der Wissenschaftler als auch der Wissenschaftssteuerung nach wie vor durch das Renommee der (etablierten) Journale bestimmt.

Allerdings spielen für die Sichtbarkeit von Relevanz zunehmend auch Akteure auf der neuen Ebene der Suchportale und Suchmaschinen eine Rolle. Durch die Technologien von Online-Archiven oder Suchmaschinen werden neue Möglichkeiten der Abbildung von wissenschaftlicher Anerkennung bzw. Relevanzstrukturen eröffnet, z.B. durch die automatisierte Quantifizierung von Zitationen und Referenzen oder durch die Vernetzung von Zitationen bzw. Downloads. Die Transparenz oberhalb der Ebene von Einzeljournalen wird durch die Internet-Technologie auf eine qualitativ neue Stufe gehoben. Bislang haben diese Möglichkeiten zwar zu keinem alternativen Modus der Generierung von Relevanzstrukturen innerhalb der Wissenschaft geführt. Allerdings werden die Archive und Suchmaschinen dafür genutzt, Relevanzstrukturen umfassend sichtbar zu machen, indem sie diese aggregieren und Vernetzungen oberhalb der

Ebene der Journale aufzeigen. Auf Grundlage der durch die Journale erzeugten Strukturen ermöglichen sie eine neue Form der Transparenz relevanter wissenschaftlicher Ergebnisse. Für Wissenschaftler liegt der erhebliche Zugewinn dieser neuen Transparenz in der Verfügbarkeit höchst effizienter Möglichkeiten, sich einen Überblick über den Stand der Wissenschaft und die Fortschritte der Kolleginnen und Kollegen im jeweiligen Themenfeld zu verschaffen, was – wie wir eingangs argumentiert haben – eine zentrale Bedingung kollaborativer Produktion neuen Wissens darstellt.

Voraussetzung für diese neue Transparenz über den Stand des Wissens ist, dass die neue Ebene der Such- und Referenzportale nicht, wie in der Anfangsphase, unverbunden neben den Journalen steht, sondern dass es systematische Verbindungen zu der Ebene der Journale gibt. Solche Querverbindungen entstehen sowohl durch die zunehmend auch von Verlagen akzeptierte *green road,* bei der die in kostenpflichtigen Journalen publizierten Artikel auch auf individuellen Homepages oder in *Open-Access*-Archiven zur Verfügung gestellt werden, wie auch durch die *gold road* der *Open-Access*-Journale selbst.

Die Realisierung der neuen Form der Transparenz über relevante wissenschaftliche Publikationen (insbesondere der journalübergreifenden automatischen Zählung und Verlinkung von Referenzen) war mit einem größeren Maß an institutioneller Diskontinuität verbunden. Entscheidend für die Realisierung war, dass sich nicht proprietäre Lösungen einzelner großer Verlage durchgesetzt haben, sondern offene, verlagsübergreifende Kooperationsmodelle (wie das Beispiel von *CrossRef* zeigt). Art und Reichweite dieser Kooperation stellen ohne Zweifel eine Abweichung von der institutionellen Konfiguration der Ausgangskonstellation des Systems wissenschaftlichen Publizierens dar.

Die Transformation des journalbasierten Systems wissenschaftlichen Publizierens durch das Internet ist also durch institutionelle Rekonfiguration geprägt: Als Folge der Adaption des Internet fand ein weitreichender sektorale Transformationsprozess statt. Dieser Prozess ist in mehreren Schritten verlaufen, in denen sich die maßgeblichen etablierten Akteure als besonders adaptionsfähig erwiesen haben. Im Unterschied zu anderen Mediensektoren bleibt der zentrale Stellenwert etablierter Institutionen (insbesondere Journale) und der für diese Institutionen maßgeblichen Akteure (insbesondere kommerzielle Verlage) auch in der neuen Konfiguration des journalbasierten wissenschaftlichen Publikationssystems erhalten. Gleichwohl ist die institutionelle Konfiguration auch durch erhebliche Diskontinuitäten gekennzeichnet: Einerseits ist eine neue funktionale Ebene bzw. eine parallele funktionale Struktur entstanden. Andererseits haben sich die ursprünglichen Institutionen des journalbasierten Publikationssystems erweitert und zugleich sind neue institutionelle Strukturen in ihrer Entstehung begriffen.

Literatur

Armbruster, C. 2011: Open access policy implementation: first results compared. In: Learned Publishing, Vol. 24/No. 3, S. 311–324

Bargheer, M. 2006: Open Access und Universitätsverlage: Auswege aus der Publication Crisis? In: Hagenhoff, S. (Hg.): Internetökonomie in der Medienbranche. Göttingen: Universitätsverlag Göttingen, S. 173–199

Benkler, Y. 2006: The Wealth of Networks: How Social Production Transforms Markets and Freedom. New Haven: Yale University Press

Borgmann, C. 2000: From Gutenberg to the Global Information Infrastructure: Access to Information in the Networked World. Cambridge: The MIT Press

Cox, J./Cox, L. 2008: Scholarly publishing practice. Academic journal publishers' policies and practices in online publishing. The Association of Learned and Professional Society Publishers (ALPSP). Research Report. London: ALPSP

CrossRef 2009: The Formation of CrossRef: A Short History (Internet: http://www.crossref.org/01company/02history.html; zuletzt aufgesucht am 1.6.2012)

Dolata, U. 2011: Wandel durch Technik. Eine Theorie soziotechnischer Transformation. Frankfurt/M.: Campus

Garfield, E. 1955: Citation Indexes for Science. In: Science, Vol. 122/No. 3159, S. 108–111

Gläser, J. 2006: Wissenschaftliche Produktionsgemeinschaften: Die soziale Ordnung der Forschung. Frankfurt/M.: Campus

Hagenhoff, S./Seidenfaden, L./Ortelbach, B./Schumann, M. 2007: Neue Formen der Wissenschaftskommunikation. Eine Fallstudienuntersuchung. Göttinger Schriften zur Internetforschung. Band 4. Göttingen: Universitätsverlag Göttingen

Hanekop, H./Wittke, V. 2006: Das wissenschaftliche Journal und seine möglichen Alternativen: Veränderungen der Wissenschaftskommunikation durch das Internet. In: Hagenhoff, S. (Hg.): Internetökonomie in der Medienbranche. Göttingen: Universitätsverlag Göttingen, S. 187–219

Hanekop, H./Wittke, V. 2007: Der Einfluss des Internets auf die Rekonfiguration des Systems wissenschaftlichen Publizierens. In: Dolata, U./Werle, R. (Hg.): Gesellschaft und die Macht der Technik: Sozioökonomischer und institutioneller Wandel durch Technisierung. Frankfurt/M.: Campus, S. 201–220

Jubb, M./Cook, J./Hulls, D./Jones, D./Ware, M. 2011: Costs, risks and benefits in improving access to journal articles. In: Learned Publishing, Vol. 24/No. 4, S. 247–260

Tenopir, C./King, D. W. 2000: Towards Electronic Journals: Realities for Scientists, Librarians, and Publishers. Washington: Special Libraries Association

Merton, R. K. 1985: Entwicklung und Wandel von Forschungsinteressen. Aufsätze zur Wissenschaftssoziologie. Frankfurt/M.: Suhrkamp

Solla Price, D. J. de 1974: Little Science, Big Science. Von der Studierstube zur Großforschung. Frankfurt/M.: Suhrkamp

Tenopir, C./King, D. W./Edwards, S./Wu, L. 2009: Electronic Journals and Changes in Scholarly Article Seeking and Reading Patterns. School of Information Sciences Publications and Other Works (Internet: http://trace.tennessee.edu/utk_infosciepubs/7; zuletzt aufgesucht am 1.6.2012)

Teil II
Medienökonomie

Einführung

Der zweite Schwerpunkt beschäftigt sich aus unterschiedlichen Blickwinkeln mit den ökonomischen Folgen des Medienwandels. Wie verändert das Internet Prozesse der Wertbildung und Wertschöpfung? Wo bilden sich neue internetbasierte Geschäftsmodelle heraus, welche Eigenheiten weisen sie auf und welche Probleme sind damit verbunden? Wie entstehen neue mediatisierte Märkte und Industrien? Und: Auf welche Weise beeinflusst das Internet die räumlichen Strukturen der Medienindustrie? In den Beiträgen dieses Teils wird untersucht, wie sich Orte und Formen der Wertbildung durch das Internet verändern, wie neue Geschäfts- und Erlösmodelle in oft erratischen Such- und Orientierungsprozessen erprobt, implementiert oder auch wieder verworfen werden, wie sich bestehende Kommunikationsmärkte transformieren bzw. neue onlinebasierte Medienangebote entstehen und welche Rückwirkungen das Internet auf die regional stark konzentrierten Mediencluster nach sich zieht.

Sabine Pfeiffer analysiert einführend den Wandel von Wertschöpfungsprozessen durch das Internet. Seit Mitte der 1990er Jahre wird sowohl im praxisorientierten als auch im sozialwissenschaftlichen Diskurs immer wieder die These sich radikal verändernder Wertbildungsmechanismen vertreten, da sich die Stofflichkeit von Produkten und Produktionsprozessen zunehmend in Bits und Bytes auflöse und sich in einer digitalen Bohème grundlegend neue Erlösmodelle entwickelten. Pfeiffer rekonstruiert diese Debatten um neue Formen der *value creation* seit der Gründerzeit des Web und arbeitet heraus, dass auch in der Internetökonomie menschliche Arbeit die zentrale Quelle der Wertbildung darstellt, veränderte Produkte und Dienstleistungen aber gleichzeitig neue Erlösmodelle ermöglichen, in denen sich die Arbeit gut bezahlter Wissensarbeiter mit prekärer Dienstleitungsarbeit und unterbezahlter Produktionsarbeit verbindet.

Thomas Döbler und *Anna-Maria Wahl* analysieren daran anknüpfend die Suchprozesse nach geeigneten Geschäftsmodellen, die durch die breite Diffusion von Mobile Devices angestoßen worden sind. Seit der Einführung von Apples iPhone setzen sich internetfähige Smartphones und Tablets mit direkt angebundenen App-Stores schnell auf dem Markt durch und haben Hoffnungen auf ein Ende der ‚Kostenloskultur' im Web erneut Nahrung gegeben. Döbler und Wahl kommen in ihrer Marktübersicht allerdings zu dem Schluss, dass die Zahlungsbereitschaft der Nutzer von Mobile Devices aufgrund einer zunehmenden Angebotsübersättigung nach einer anfänglichen Steigerung wieder im Sinken begriffen ist. Für die zentralen Akteure des Mobile-Marktes ist dies jedoch kein gravierendes Problem, da sie weniger an dem Erlös durch kostenpflichtige Apps als vielmehr am Verkaufserfolg ihrer Hardware interessiert sind.

Gerhard Fuchs hinterfragt anschließend die populäre Auffassung, dass räumliche und soziale Nähefaktoren in der Medienindustrie durch die Online-Technologien signifikant an Bedeutung verlören, und konfrontiert sie mit empirischen Hinweisen, die nach wie vor für eine starke regionale Konzentration entsprechender Aktivitäten sprechen. Dieser Befund mag zunächst überraschen, wird allerdings nachvollziehbar, wenn nicht die Distribution, sondern die Herstellung von Medieninhalten betrachtet wird: Die analysierten Mediencluster zeichnen sich trotz aller (unter anderem durch das Internet forcierten) Internationalisierung auch heute durch Produktionslogiken, Produzentennetzwerke und Arbeitsmärkte aus, in denen räumliche Nähe, starke regionale Bindungen und ortsgebundene Kooperationen noch immer entscheidende Wettbewerbsfaktoren sind.

Gerd Möll untersucht schließlich die Herausbildung eines neuen internetbasierten Geschäftsfeldes, das im Zwischenbereich zwischen legalen und illegalen Märkten angesiedelt ist: Er rekonstruiert die Entwicklung der Glücksspielindustrie im Web am Beispiel des globalen Online-Pokerbooms. Innerhalb von wenigen Jahren ist dort, maßgeblich angestoßen durch eine Reihe technologischer Innovationen, ein neuartiges und lukratives Geschäftsfeld für legal wie illegal operierende Unternehmen entstanden, die als Branchennewcomer nicht zu den traditionellen Glücksspielkonzernen zählen. Möll zeigt, dass diese Zurückhaltung der Etablierten nicht Ausdruck von Adaptionsunfähigkeit war, sondern von der Sorge der Glücksspielkonzerne getragen wurde, durch einen frühen Einstieg in einen vielerorts nicht legalisierten neuen Markt ihr angestammtes Offline-Glücksspielgeschäft zu gefährden.

Web, Wert und Arbeit

Sabine Pfeiffer

1 Alles neu macht das Web?

Mit der Entwicklung des Internets erleben wir eine immer wiederkehrende Ausrufung des Neuen und eine Abfolge immer neuer webinspirierter gesellschaftstheoretischer Zeitdiagnosen: von der „Multitude“ in Zeiten des Empire (Hardt/Negri 2002) über die Netzwerkgesellschaft (Castells 2003) und eine neue Lesart von Commonwealth (Hardt/Negri 2009) bis zur aktuellen These des New Social Operating System (Rainie/Wellman 2012). Das Internet verändert – so der vorherrschende Diskurs – nicht nur die Gesellschaft, sondern auch ihre ökonomischen Grundlagen: Die Digitalisierung der Wertschöpfung erfasse alle Bereiche und erodiere traditionelle Wertschöpfungsketten (Zerdick et al. 2001: 16–20). Die Orte und Formen der Wertschöpfung scheinen im Virtuellen zu diffundieren, die Stofflichkeit von Produkt und Produktionsprozess scheint sich in Bits und Bytes aufgelöst zu haben. Es heißt, das Internet verändere „viele ökonomische Rahmenbedingungen grundlegend“ (etwa Peters 2010: IX; ähnlich Sharma et al. 2001; kritisch dazu z.B. Dolata 2005).

Für derart umwälzende ökonomische Veränderungen müssten sich Belege auf volkswirtschaftlicher Ebene finden lassen – zum Beispiel Produktivitätseffekte. IT-Investitionen aber führten bis in die 1990er Jahre zu keinen Produktivitätszuwächsen (Brynjolfsson 1993) – ein Produktivitätsparadox, das sich nur über massive betriebliche Anstrengungen in Organisations- und Kompetenzentwicklung kompensieren ließ (Brynjolfsson/Hitt 2000). Aktuell zeigt sich zwar verstärkt ein Rationalisierungspotenzial der IT, allerdings mit negativen Arbeitsmarkteffekten (Brynjolfsson/McAfee 2011). Auch die webbasierte Ökonomie kennt das Phänomen des „EM paradox“: abnehmende Umsätze und Gewinnspannen in eMarkets (Moon 2004: 145). Volkswirtschaftliche Produktivitätseffekte können also die Rede von einer neuen Ökonomie kaum rechtfertigen. Womit aber verdient dann die „Digital Boheme“ ihr Geld und worin besteht das Geschäftsmodell von *Google* oder *Facebook* im Kern? Solange die Transformation in eine Postwachstumsgesellschaft (Paech 2012) zwar zunehmend diskutiert, aber noch nicht ernsthaft betrieben wird, bleibt das Wachstum vorherrschendes Leitbild unserer Gesellschaft. Die Bedeutung einer Teilsphäre der Ökonomie misst sich in dieser Logik weitgehend ungebrochen an einem ‚Wieviel‘ – üblicherweise operationalisiert im Begriff der Wertschöpfung. Wenn wir es mit einer neuen Wertschöpfungsära in der Internetökonomie zu tun haben, müssten sich demzufolge quantitative Effekte auf der Branchenebene und vor allem im E-Commerce finden.

Auf *Branchenebene* ist ein solcher Umbruch schwer zu fassen. Die IKT-Branche (Informations- und Kommunikationstechnologie)[1] und die Internetwirtschaft[2] im engeren Sinne sind schwer voneinander abzugrenzen. Ihre Effekte kommen oft in anderen Sektoren zum Tragen – was aber nur schwer quantitativ darstellbar ist. Die IKT-Branche gliedert sich in Deutschland analog zur OECD-Klassifikation in die zwei Teilbereiche der Warenproduktion (Computer, Kabel und Leitungen, Medientechnik) und der Dienstleistungen (Fernmeldedienste, Datenverarbeitung und -banken) (Statistisches Bundesamt 2009: 7). Im Jahr 2007 erwirtschafteten in dieser Branche 855.000 Beschäftigte in 60.000 Unternehmen einen Umsatz von 223 Mrd. Euro, 93 Prozent der Unternehmen zählten zum Bereich IKT-Dienstleistungen (Statistisches Bundesamt 2009: 7f.). Die deutsche Internetwirtschaft (ohne E-Commerce oder Content-Anbieter) hingegen versuchen andere Studien zu fassen: Sie fanden dort 2008 rund 6.000 Unternehmen, davon waren 42 Prozent Festnetz-Internetanbieter, gefolgt von Online-Plattformen (17 Prozent) und Housing- bzw. Hosting-Dienstleistern (13 Prozent). Der Gesamtbranchenumsatz der Internetwirtschaft inklusive E-Commerce lag 2008 bei 45,7 Mrd. Euro, wobei E-Commerce mit 22,4 Mrd. Euro fast die Hälfte ausmachte (Rotert et al. 2012: 15f.). Diese Zahlen klingen beeindruckend und werden vom Statistischen Bundesamt wie von den einschlägigen Verbänden prominent platziert, um die Bedeutung des Sektors hervorzuheben. Eine internationale Studie, die für 2010 die Wertschöpfung der Internetökonomie in Deutschland auf 109 Mrd. US-$ schätzt, relativiert dies allerdings. Danach trug die Internetökonomie 2010 ganze drei Prozent zum deutschen Bruttoinlandsprodukt bei und lag damit nur knapp vor den Schlusslichtern Bergbau und Hotels/Gaststätten (David et al. 2012).

Ohne Frage aber zeigen sich jüngst deutliche Anstiege im E-Commerce:[3] Im Jahr 2008 nutzten bereits 45 Prozent aller in Deutschland ansässigen Unter-

---

1 Der Branchenverband BITKOM (Verband Informationswirtschaft, Telekommunikation und neue Medien e.V.) steht für 1.700 Unternehmen, die 135 Mrd. Euro erwirtschaften, und repräsentiert nach eigenen Angaben 90 Prozent der Branche (http://www.bitkom.org/de/wir_ueber_uns/99.aspx; zuletzt aufgesucht: 23. Juni 2012).

2 Der Verband der deutschen Internetwirtschaft e.V. (eco) vertritt 600 Mitgliedsunternehmen mit einem Umsatzvolumen von über 900 Millionen Euro (http://www.eco.de/2011/pressemeldungen/starke-partner-fuer-it-mittelstand-eco-und-bitmi-vereinbaren-kooperation.html; zuletzt aufgesucht: 23. Juni 2012).

3 E-Commerce wird seit 2001 in der amtlichen Statistik einheitlich definiert und systematisch erhoben (Fischer 2003). Dazu zählen alle Ein- und Verkäufe von Waren und Dienstleistungen, die über elektronische Netze getätigt werden, wenn dabei die Bestellung von Waren

nehmen den elektronischen Handel als zusätzlichen Vertriebs- oder Beschaffungskanal (Statistisches Bundesamt 2009: 43); zwischen 2008 und 2009 kam es zu einem sprunghaften Anstieg der Unternehmen, die das Internet als Verkaufsplattform nutzen, von zwölf auf 22 Prozent (Statistisches Bundesamt 2011).[4] Die Bedeutung der Internetökonomie im Bereich E-Commerce zeigt sich auch mit Blick auf Privatpersonen: 42 Prozent der Personen zwischen 16 und 74 Jahren in Deutschland haben 2008 in den letzten drei Monaten vor der Befragung für private Zwecke Waren oder Dienstleistungen über das Internet bestellt oder erworben. Damit lag Deutschland zwar deutlich über dem EU27-Durchschnitt von 24 Prozent (Statistisches Bundesamt 2009: 47f.), Online-Einkäufe in Deutschland trugen damit aber nur zu sieben Prozent zum gesamten Einzelhandelsumsatz bei. Andererseits haben sie aber als sogenannte ROPOs (research online, purchase offline) geschätzte 88 Mrd. USD Umsatz außerhalb der Internetökonomie initiiert (David et al. 2012).

Diese quantitativen Hinweise rechtfertigen die Rede von einer webbasierten neuen Ära der Ökonomie zunächst nicht. Sie legen aber nahe, die Internetökonomie als jüngeres Phänomen des umfassenderen und historisch weiter zurückreichenden Prozesses der Tertiarisierung zu deuten – wird doch der Vormarsch der Wissens- oder Dienstleistungsgesellschaft überwiegend mit im historischen Verlauf abnehmenden Wertschöpfungsanteilen zunächst des Agrar- und dann des Industriesektors begründet (vgl. etwa Jacobsen 2010). Im Jahr 2010 erreichte diese Entwicklung einen vorläufigen Höhepunkt mit einem Anteil der Dienstleistungen an der Wertschöpfung von rund 70 Prozent (Eickelpasch 2012: 11). Auch wenn in diesem Zusammenhang oft die Bedeutung produktionsnaher Dienstleistungen oder des Innovationsbeitrags von Produktionsarbeit unterschätzt wird (Böhle 2010: 17–24), kann dieses sektorale Phasenmodell als aktuell vorherrschende gesellschaftliche Selbstbeschreibung gesehen werden (Zillien 2009: 5–12), die sich in neuem Gewand der Unterscheidung zwischen *atom work* und *bit work* als Beschreibung auch für die Internetökonomie wiederfindet (Rainie/Wellman 2012: 172). Die Tertiarisierung bietet einen gut belegten Rahmen für den Erfolg der Internetökonomie, letztere aber ist allenfalls in der letzten Phase dieser langfristigen Entwicklung auf den Plan getreten. Auch auf Basis dieser historisch-sektoralen Perspektive ist die behauptete Neuartigkeit der Internetökonomie also nicht ohne weiteres ableitbar.

Wie wäre dann aber das Narrativ einer neuen Qualität des Ökonomischen im Webzeitalter zu be- oder zu widerlegen? Dieser aktuell die Debatten domi-

---

oder Dienstleistungen über diese elektronischen Netze verläuft (außer E-Mail). Zahlung und Lieferung dagegen können auch offline erfolgen (Statistisches Bundesamt 2009: 43).

4 Die AGOF (Arbeitsgemeinschaft Internetforschung e.V.) sieht 2009 dagegen einen krisenbedingten Rückgang (vgl. Schenk et al. 2011).

nierenden Behauptung soll hier nachgegangen werden. Wenn sich ökonomisch Grundlegendes verändert hat, das sich aber in Zahlen zumindest bislang nur beschränkt abbildet, dann müsste sich diese Veränderung qualitativ auf der Ebene der eigentlichen Wertschöpfung zeigen. Eine Definition und Klärung dieses grundlegenden Begriffs und seiner Gültigkeit in der Internetökonomie würde damit zu einer theoretischen Frage. Der Forschungsstand zum Web ist zwar längst unübersehbar, es mangelt aber an einem stärker theoriegetriebenen und analytischen Zugriff (Wellman 2004: 127). In diesem Sinne sucht mein Beitrag konzeptionell nach eventuellen neuen Formen und Orten der Wertschöpfung im Internet; aus einer arbeits- und industriesoziologischen Perspektive wird gefragt, ob sich der Zusammenhang von Web und Wert neu formiert.

Dafür wird zunächst im *zweiten Kapitel* der Forschungsstand zu webbezogener Wertschöpfung kritisch diskutiert, ausgehend von klassischen und generischen Definitionen des Begriffs. Die vorliegenden Theorieangebote – das wird zu zeigen sein – bleiben an entscheidenden Stellen zu vage, als dass sie ausreichend zur Klärung der Frage nach einem Paradigmenwechsel in der Ökonomie beitragen könnten. Im *dritten Kapitel* erfolgt daher eine eigene konzeptionelle Annäherung zum Verhältnis von Web und Wert. Entwickelt wird ein Konzept, das analytisch zwischen Wertgenese und Wertrealisierung trennt und beide entlang den Dimensionen offline/online und Commodities/Commons unterscheidet. Der sich damit ergebende dreidimensionale Erklärungsraum erfasst die Komplexität einer webbasierten Wertschöpfungskette aber noch nicht ausreichend. Bei genauerer Betrachtung zeigen sich weitere Notwendigkeiten der Differenzierung: Wertgenese und Wertrealisierung sind höchst komplexe und teilweise ineinander verschränkte Prozesse. An jedem einzelnen ihrer Schritte lassen sich unterschiedlichste Kombinationen von virtuellen und stofflichen Arbeitsmitteln und Arbeitsgegenständen in vielfältigen organisationalen Settings feststellen. Angewandt auf ein konkretes Beispiel der Internetökonomie macht das vorgeschlagene Konzept nicht nur die Vielfalt und Vieldimensionalität von Wertschöpfungsprozessen im Web sichtbar. Es zeigt sich auch, dass den Prognosen eines ökonomischen Paradigmenwechsels starke Simplifizierungen zugrunde liegen. Doch in all dieser Vielfältigkeit zeigt sich eine Konstante: die Rolle menschlicher Arbeit für die Wertschöpfung. Darauf konzentriert sich resümierend das *vierte Kapitel.* Anhand der genannten Schritte entwickelt der Beitrag konzeptionell, dass auch in der Internetökonomie des Web 2.0 menschliche Arbeit unverändert die zentrale Quelle für die Wertgenerierung und für die Prozesse der Wertrealisierung darstellt. Gleichzeitig aber ermöglichen webbasierte Produkte und Dienstleistungen völlig neue Verbindungen zwischen Wertgenese und -realisierung, in denen sich die hippe entgrenzte Arbeitswelt gut bezahlter Wissensarbeiter verbindet mit prekärer Dienstleistungsarbeit und unterbezahlter Produktionsarbeit – hier und überall auf der Welt.

2 Web und Wert

Die betriebswirtschaftlich orientierte Literatur beschwört angesichts der Internetökonomie einen grundlegenden Wandel: So rufen etwa Reichwald et al. (2009: 49) die interaktive Wertschöpfung aus und beziehen sich dabei wiederum auf den von Hippel schon Mitte der 1980er Jahre diagnostizierten Paradigmenwechsel vom „manufacturing-active paradigm“ (MAP) zum „customer-active paradigm“. Andere sehen mit zunehmendem Anteil von Co-Creation aus Marketingperspektive eine Ablösung der früheren „goods dominant logic“ durch eine „service dominated logic“, innerhalb derer schon wieder ein Wandel von der Phase des „Relationships-Focus“ ab den 1990er Jahren zu einem „Stakeholder-Focus“ seit 2005 angenommen wird (Czerwinski et al. 2011: 17f.). Das euphorische Beschwören des Neuen lässt aber zwei Fragen ungeklärt: Erstens erschließt sich kaum, warum sich der Wandel nicht in deutlicherem Ausmaß quantitativ zeigt (siehe Kap. 1). Und zweitens bleibt offen, ob das Web lediglich eine Ausweitung von Wertschöpfung in den virtuellen Raum ermöglicht oder ob es um substanziell neue Quellen der Wertschöpfung geht. Die Rhetorik legt eher letzteres nahe. Zentrale Überlegungen zum – graduell oder möglicherweise sprunghaft – veränderten Verhältnis von Web und Wert stehen im Mittelpunkt dieses Kapitels. Die Ausgangspunkte bilden dabei zunächst ein konventionelles Verständnis von Wertschöpfung sowie eine kritische Darstellung des Debattenstands zu Modellen von Wertschöpfung im Web.

Legt man die aktuelle volkswirtschaftliche Definition zugrunde, erschließt sich zunächst nicht, warum sich mit der Internetökonomie die Frage der Wertschöpfung neu stellen sollte. Schließlich beschränkt sich der Begriff der Wertschöpfung schon längst nicht mehr auf die Produktion stofflicher Produkte. Operiert wird überwiegend mit dem umfassenden Produktionsbegriff, der nach dem „System of National Accounts“ (SNA) der Vereinten Nationen die *Gesamtheit aller erzeugten Waren und Dienstleistungen* beinhaltet und dabei auch unentgeltliche Dienstleistungen des Staates oder privater Organisationen ohne Erwerbszweck einbezieht, nicht aber häusliche Reproduktionsarbeit oder ehrenamtliche Tätigkeit (Gabler Wirtschaftslexikon 2012). Auch die Betriebswirtschaft fasst den Begriff der Wertschöpfung so allgemein, dass er in allen Wirtschaftssektoren und für jede Unternehmensart anwendbar ist: Wertschöpfung wird hier verstanden als Beitrag eines Unternehmens zum Volkseinkommen und errechnet sich mit der Brutto-Erfolgsrechnung aus den gesamten Erlösen abzüglich der Vorleistungskosten (Gabler Wirtschaftslexikon 2012). Es geht also weniger um die analytische Frage, wo und/oder durch wen vorher nicht vorhandener Wert generiert wird, sondern um die Berechnung der Höhe einer auf dem Markt erzielten Wertschöpfung. Vereinfacht gesagt ist Wertschöpfung in diesem Sinne – ohne hier auf Details unterschiedlicher Berechnungslogiken einzugehen –

letztlich ein Indikator des in bestimmten Branchen, Sektoren oder Unternehmen bzw. mit bestimmten Produkten oder Dienstleistungen erfolgreich *erzielten* (nicht des potenziell zu *erzielenden*) Umsatzes und/oder Gewinns.

Die aggregierte Geldmenge, die einer Wertschöpfung – ob auf Unternehmens- oder auf volkswirtschaftlicher Ebene – entspricht, ist jedoch nur eine Seite der Wertschöpfung, nämlich ihr messbares Resultat. Ob es sinnvoll ist, von einer neuen und veränderten Wertschöpfung in der Internetökonomie zu sprechen, lässt sich aber nicht allein auf dieser Ebene entscheiden. Stattdessen ist ein Blick auf die Prozesse, die Produkte und die Orte von Wertschöpfung notwendig. Erst wenn sich dort wesentliche Verschiebungen und Veränderungen abzeichnen, würde sich eine Neubetrachtung oder Re-Definition von Wertschöpfung in der Internetökonomie rechtfertigen. Damit kommen wir zu einem Wertschöpfungsbegriff, der insbesondere in (stofflich) produzierenden Wirtschaftssektoren im Zuge von Lean Management Einzug gehalten hat: die Unterscheidung zwischen direkter und indirekter Wertschöpfung. Dabei wird die direkte Tätigkeit der Produktion oder Montage von Gütern abgegrenzt von den diese nur unterstützenden Funktionen, wobei letztere im Zuge des Wertstromdesigns und im Kampf gegen Verschwendung möglichst gering zu halten sind (etwa Womack/Jones 2003: 37–50). Auch dieser Wertschöpfungsbegriff steht mit seiner engen Kopplung an die eigentliche – stoffliche – Produktion mit der Internetökonomie zunächst nicht direkt unter Re-Definitionszwang.

Auch der allgemeine betriebswirtschaftliche Diskurs unterscheidet zwischen „primary activities“ (Eingangslogistik, Produktion, Ausgangslogistik, Marketing und Vertrieb sowie Service) und „support activities“ (Unternehmensinfrastruktur, Personalwirtschaft, Technologieentwicklung, Beschaffung) eines Unternehmens und innerhalb von Wertschöpfungsketten (Porter/Millar 1985). Diese bis heute gültige Leitfigur unzähliger Business-Reengineering-Prozesse stellte schon Mitte der 1980er Jahre einen Zusammenhang zwischen der „information revolution“ (ebd: 13) und der Wertschöpfung her: „Information technology is [...] transforming the way value activities are performed and the nature of the linkages among them“ (ebd.: 4). Damit verändere sich nicht nur die Art, wie Produkte und Käuferbedürfnisse aufeinander treffen, sondern: „[e]very value activity has both a physical and an information-processing component“ (ebd.). In dieser Perspektive ist die Informationsebene also sowohl Voraussetzung als auch Abbild des physischen Prozesses – eine Sichtweise, die sich ähnlich auch in der industriesoziologischen Theorie der Informatisierung des Produktionsprozesses findet. Hier erfährt die Produktion im „papiernen Apparat“ der Buchführung eine informatorische Verdopplung, die in der heutigen Informationstechnologie nur ihren historisch spezifischen Ausdruck findet (Schmiede 1996: 43).

So unterschiedlich die Denkrichtungen und Disziplinen auch sind: In beiden Ansätzen geht es um ein neues Verhältnis zwischen dem physischen Produktionsprozess und der Informationsebene. Liegt hier also das Fundament für eine mögliche qualitative Veränderung von Wertschöpfung? Immerhin finden sich immer wieder Versuche, das neue Verhältnis von Produktion und Information in Vierfelder-Tafeln greifbar zu machen:

- Bei der „information intensity matrix" (Porter/Millar 1985: 6) wird zwischen der „information intensity of the value chain" und dem „information content of the product" unterschieden. In dieser Logik wird Zement als zweifach niedrig eingeordnet; Banken oder Zeitungen zeigen auf der Produkt- wie Prozessebene eine hohe Informationsintensität; die Ölaufbereitung gilt als wenig informationslastiges Produkt mit hoher Informationsintensität in der Wertschöpfungskette; ein viertes Beispiel bleiben die Autoren schuldig.
- Gensollen und Libbrecht (2000: 131) unterscheiden vier relevante Wege internetbasierter Wertschöpfung: erstens durch eine bessere und spezifischere Segmentierung von Kundengruppen; zweitens, indem Webseiten als Vermittlungsebene zwischen Anbietern und Kunden fungieren; drittens durch die Schaffung völlig neuer Märkte; viertens durch eine Reduktion von Produktionskosten und eine Erhöhung der Produktivität auf Basis des Zusammenspiels von Internet und Intranets.
- Andere beziehen stärker die Verschränkung von Produkt und Prozess ein und differenzieren detaillierter entlang der Wertschöpfung. So unterscheidet etwa Sweet (2001) auf der Makroebene zwischen „industrial", „service/information", „knowledge" und „web/network" und entwickelt davon ausgehend über die beiden Kategorien „value drivers" und „value configuration" auf der Mikroebene strategische Konfigurationen („value configuration logics").
- Schließlich unterscheidet North (2010: 24f.) entlang den Dimensionen „Wissensintensität der Wertschöpfung" und „Wissensintensität in der Leistung" die vier Felder der Produktintelligenz (z.B. Software oder ABS im Kraftfahrzeug), Prozessintelligenz (z.B. mass customization), Produkt- und Prozessintelligenz (z.B. hochpräzise Waagen in kundenorientierter Fertigung) und schließlich der Wertschöpfung durch physische Arbeit.

So plausibel diese Unterscheidungen jeweils auf den ersten Blick erscheinen, sie beantworten bei näherer Betrachtung die Frage nicht, wodurch eigentlich Wertschöpfung geschieht und ob sich dies mit Zunahme der Bedeutung von Information substanziell ändert. Das liegt vor allem an begrifflichen Unschärfen und impliziten Wertungen: Dem Physischen wird eine untergeordnete, wissensfreie Rolle zugewiesen, zwischen Produktion und Dienstleistung wird wild hin und her gewechselt, ebenso erscheinen die Unterschiede zwischen Information und Wissen vernachlässigbar. Schließlich ist mal vom Produktionsprozess, mal von Wertschöpfungsprozessen die Rede – dies könnte aber auch mit dem Fokus auf veränderte Produktionsprozesse und einem eher noch klassischen IT-Verständnis dieser Ansätze zu tun haben. Ansätze, die stärker die jüngeren Entwicklungen des Internets und insbesondere das Web 2.0 im Blick haben, fokussieren daher auch wesentlich mehr auf eine Neubestimmung des Käufers und des zu Kaufenden. Hier rückt der User als direkter oder indirekter Content-Produzent in den Mittelpunkt von Überlegungen zu neuen Wertschöpfungsformen. Dabei lassen sich im Groben drei Richtungen unterscheiden:

– Erstens geht es um die Suche nach neuen direkten Businessmodellen, die den Käufer und mögliche neue Produkte avisieren. Weil sich dabei jedoch wiederholt die geringe Bereitschaft des Kunden zeigt, für Content zu bezahlen (Dechant et al. 2004; Gensollen/Libbrecht 2000: 123; Gomez-Arias/Genin 2009: 79), wird die Bedeutung des Internets entweder für eine Umsatzgenerierung in der realen Welt oder für die Generierung nicht-monetärer Werte wie Markenimage betont (Czerwinski et al. 2011: 18f.; Gomez-Arias/Genin 2009).
– Zweitens findet sich das Bild des Kunden als eines aktiven Partners in Prozessen interaktiver Wertschöpfung, auch ein Pfad weg von einer Marktorientierung und hin zu einer Kundenorientierung und schließlich sogar -zentrierung wird beschrieben (Piller et al. 2011: 34f.). Zumindest rhetorisch scheint es hier in erster Linie um den individuellen Mehrwert des Kunden zu gehen, der beispielsweise Ortsunabhängigkeit, Bequemlichkeit, Erreichbarkeit und Personalisierung gewinnt (Schreiber/Clement 2010: 256–258). Wertschöpfung im eigentlichen Sinne rückt hier in den Hintergrund. Fast könnte man meinen, der Kapitalismus schaffe sich im Web 2.0 selbst ab – alles zum Wohle seiner Kundschaft.
– Gegenüber diesen positiv gefärbten Deutungen von Wertschöpfung im Web verweisen andere Autoren drittens auf eine erweiterte Kommodifizierung. In diesen Ansätzen ist die neue Quelle der Wertschöpfung klar benannt: Das Web ist ein Ort, an dem die interaktive Vernetzung zwischen Menschen zum neuen Objekt kommerzieller Ausbeutung wird (Abelson et al. 2008: 110f.), User interessieren nicht in erster Linie als Käufer, sondern werden selbst zur Ware (Fuchs 2011: 206–214), die Gemeinschaftserfahrungen im Web werden Gegenstand von Ausbeutung und Quelle für Kapitalakkumulation (Fuchs 2010). Der Kern vieler Businessmodelle sei „to get everyone to work for free"; all das Sharing nämlich habe eine „dark side [...] that hits labor hardest" (Caldwell 2009: 161).

Schließlich ist noch der Strang eher systemtheoretisch inspirierter Definitionen zu nennen. Diese mögen zur Erklärung von Netzwerkeffekten verhelfen, bleiben aber im ökonomischen Sinne weitgehend abstrakt. So definiert etwa Peters (2010: 35) den Wert eines Netzwerkgutes aus dem Zusammenhang von Synchronisationswert, Autarkiewert und Netzwerkeffekt. Ganz ähnlich fasst Redlich (2011: 100–102) Wertschöpfungssysteme in der ‚bottom-up'-Ökonomie als Funktion der drei Einflusssphären Wertschöpfungssystemstruktur, Architektur des Wertschöpfungsartefakts und Wertschöpfungsprozess.

Die Fülle der betriebswirtschaftlichen Definitionsangebote und Erklärungsmodelle ist inspirierend und nennt ohne Frage viele relevante Dimensionen und Kategorien, die bei der Frage nach einer möglichen Neubestimmung von Web und Wert eine Rolle spielen. In Bezug auf die Quelle von Wertschöpfung in der Internetökonomie kann aber festgestellt werden: Eine „common conceptual base is still lacking" (Zott et al. 2010: 26). Diesbezüglich geht auch Porter mit den Managern der dotcom-Ära hart ins Gericht. Deren Definition von Geschäftsmodell sei „murky at best" und er betont, dass Umsatzgenerierung und Wertgenerierung nicht dasselbe seien (Porter 2001: 73). Selten wird so pointiert auf den Punkt gebracht, dass bei aller Euphorie über das ökonomische Potenzial des Internets gerade die wirtschafts- und marketingbezogene Betrachtung mit ihren eigenen ökonomischen Grundbegriffen wenig produktiv umgeht.

3 Web und Wert revisited

Angesichts dieser unbefriedigenden Theorielage soll nachfolgend ein anderer Pfad auf der Suche nach einer neuen Qualität von Wertschöpfung in einer webbasierten Ökonomie versucht werden – ausgehend von der eigentümlichen Doppeldeutigkeit des Wertschöpfungsbegriffs: Schließlich kann Schöpfung sowohl als Schaffung wie als Abschöpfung verstanden werden. Es verbirgt sich im Begriff der Wertschöpfung immer schon sowohl das Herstellen als auch die Verwertung. Eine differenziertere Betrachtung des Wertschöpfungsbegriffs entlang dieser Linie unternimmt im ersten Schritt eine analytische Differenzierung von Wert*genese* und Wert*realisierung*:

- Als Wertgenese wird nachfolgend der Prozess der eigentlichen Produktion von neuen Werten verstanden, Werte also, die vor dem Prozess ihrer Produktion, vor der Anwendung von menschlicher Arbeitsleistung nicht existierten.
- Die Wertrealisierung dagegen ist der Prozess, der die im Rahmen der Wertgenese entstandenen Produkte ökonomisch verwertbar macht und sie auf dem Markt in Geld oder andere Werte erfolgreich tauscht. Es geht also darum, bereits generierten Wert auf dem Markt tatsächlich zu realisieren.

So weit zunächst die bewusst sehr abstrakt und allgemein gehaltene Unterscheidung. In der Tradition der ökonomischen Arbeitswertlehre ist diese nicht neu. So hat insbesondere die marxistische Deutung der Ökonomie die Wertgenese überwiegend als einen stofflichen Produktionsprozess verstanden, bei dem durch die Verausgabung menschlichen Arbeitsvermögens ein ebenso stoffliches Produkt geschaffen wird. Und sie hat die Wertrealisierung als einmaligen und punktuellen Tauschakt definiert, als Übertritt von der Warenproduktion in die Warenzirkulation. Diese Definitionen sind idealtypische, analytische Darstellungen, die Marx in seiner politischen Ökonomie angewendet hat, um das Wesen dieser Prozesse freizulegen. Nur so konnte er seinem Anliegen folgen: die Bedeutung menschlicher Arbeit als die entscheidende Quelle von Mehrwert und damit der Wertschöpfung herauszuarbeiten. Idealtypen und analytische Unterscheidungen aber sind nie – und das gilt für jede Denkrichtung – gleichzusetzen mit empirischer Realität. Die Marx'sche Analyse war dem *Wesen* von Prozessen auf der Spur, wollte einen Blick hinter die *Erscheinungen* (und ihre empirische Vielfalt) werfen. In der – theoretischen oder politischen – Anwendung der marxistischen Theorie jedoch wurde allzu oft und allzu lang die Vielfalt empirischer Erscheinungen reduziert auf die Phänomene, die ihrem wesenhaften Idealtyp möglichst nahe sind. Weil der Mehrwert so eindrücklich anhand stofflicher Produkte und industrieller Produktion zu erklären ist, lag der (Fehl-)Schluss oft nahe, nur dort würde Wert geschaffen. Andere Bereiche der Wertgenese wurden lange ebenso in ihrer Bedeutung unterschätzt wie die Prozesse der Wertrealisierung – obwohl auch dort schon immer menschliche Arbeit wertschöpfend tätig war. Ausgehend von dieser analytischen Grundunterscheidung folge ich nicht den oben referierten und immer wieder zu findenden Differenzierungen zwischen Produktion und Information (zum Begriff der abstrakten Stofflichkeit: Pfeiffer 2010a, 2006). Ebenso wenig überzeugt für sich allein die Betonung des Interaktiven oder Kooperativen, denn Kooperation *in der* Arbeit und Kooperation *als* Arbeit sind keine neuen Phänomene. Stilisiert man sie ahistorisch zu etwas ganz Neuem, lassen sich die webinduzierten Veränderungen des Verhältnisses von Kooperation und Arbeit gerade nicht analytisch fassen (vgl. Pfeiffer 2010b). Stattdessen erscheinen mir die Dimensionen des digitalen Orts und der Wertform theoretisch fruchtbarer.

Betrachten wir zunächst den *digitalen Ort (offline – online):* Für die Prozesse der Wertgenese und -realisierung können die Orte auseinander fallen. Das gilt für den geografischen Ort immer auch schon in der Realwirtschaft: Selten werden Maschinen, Autos, Bücher oder Kleiderstücke dort verkauft, wo sie produziert wurden – ein Prozess, der mit der Industrialisierung im großen Maßstab begann und mit der Globalisierung der letzten Jahre eine neue Dimension angenommen hat. Sucht man aber nach einem qualitativen Unterschied, der erst mit der Internetökonomie auf den Plan tritt, so ist dies der Ort im Sinne der Unterscheidung von *offline* und *online.* Für jeden Prozessschritt im Rahmen der Wertgenese und der Wertrealisierung können unterschiedliche digitale Orte relevant sein: Manches kann – auch stofflich bedingt – nur offline oder nur online passieren; in anderen Fällen werden geografisch verteilte Offlineprozesse online verknüpft; in wieder anderen werden ehemalige Offlineprozesse komplett in Onlineprozesse verwandelt und es entstehen online völlig neuartige Prozesse. Mit den Grundunterscheidungen von Wertgenese und Wertrealisierung und dem Dimensionskontinuum offline/online lässt sich eine erste zweidimensionale Matrix erstellen (vgl. Abb. 1, rechte Seite). Beginnend mit den beiden Extremen und erläutert mit je einem generischen Beispiel lassen sich folgende idealtypische Zuordnungen treffen:

- Wertgenese und Wertrealisierung erfolgen beide offline: Ein Buchmanuskript wird am PC geschrieben, das Buch wird in der Druckerei hergestellt und in der Buchhandlung oder Bibliothek angeboten.
- Wertgenese und Wertrealisierung erfolgen beide online: Mehrere Koautoren schreiben gemeinsam einen Roman auf einer Online-Plattform, der später online erhältlich ist.
- Während die Wertgenese online erfolgt, findet die Wertrealisierung offline statt: Mehrere Koautoren schreiben gemeinsam einen Roman auf einer Online-Plattform, der als gedrucktes Buch angeboten wird.
- Die Wertgenese erfolgt zwar offline, die Wertrealisierung jedoch online: Ein Buch wird in der Druckerei hergestellt und über ein Onlineportal zugänglich gemacht.

Abb. 1: Wertgenese und -realisierung I: Zweidimensionale Matrix

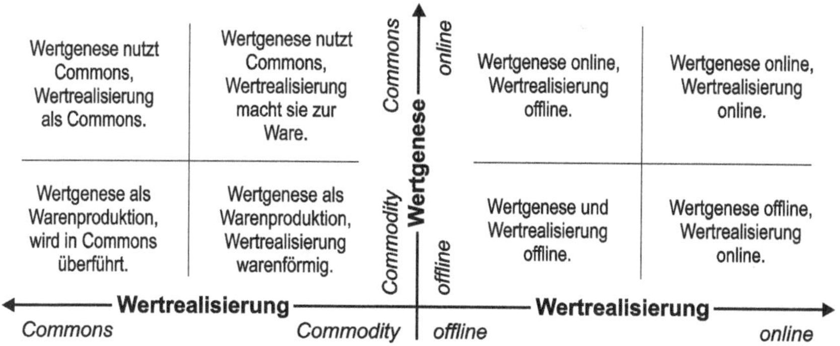

Die zweite relevante Unterscheidungsdimension ist die der *Wertform (Commodity/Commons):* Die Gegenüberstellung von Warenförmigkeit und Allgemeingut ist eine historisch alte, die aber nicht ohne Grund in den letzten Jahren eine verstärkte Aufmerksamkeit erhalten hat (vgl. etwa Hardt/Negri 2009). Denn mit dem Web wird das Allgemeingut zum einen loslösbar aus seinem vorher weitgehend lokal gebundenen Kontext, global verteilt können damit wesentlich mehr Menschen freiwillige Arbeit in gemeinsame Kollaboration einbringen als früher und gleichzeitig können wesentlich mehr Menschen an zugänglichem Allgemeingut partizipieren. Die Open-Source-Bewegung oder *Wikipedia* sind hierfür die eindrücklichsten Beispiele. Zum anderen aber weitet sich mit dem Web auch der warenförmige Zugriff aus auf Objekte, die sich außerhalb des Internets kaum in eine Ware überführen lassen. So werden im Netz durch Nutzung hinterlassene Datenspuren zur Ware und zum Gegenstand lukrativer Geschäfte – nicht ohne Grund gelten gerade die beiden Unternehmen, die indirekt nutzungsgenerierte Daten zur Basis ihres Geschäftsmodells erhoben haben, *Google* und *Facebook*, als die Giganten des Web 2.0. Und schließlich entstehen neue Mischformen aus Commons und Commodity, beispielsweise wenn in Open-Innovation-Prozessen freiwillige unbezahlte Kundenarbeit in die Entwicklung später als Ware zu verkaufender Produkte eingeht.[5] Auch hier gilt also: Sowohl auf der Ebene der Wertgenerierung wie der Wertrealisierung kann die Wertform zwischen den Polen Commons und Commodity vielfältige Mischformen annehmen; vier Idealtypen lassen sich ebenfalls in einer zweidimensionalen Matrix (Abb. 1, linke Seite) darstellen und sind mit generischen Beispielen wie folgt zu beschreiben:

- Die Wertgenese findet als Warenproduktion statt und auch die Wertrealisierung erfolgt warenförmig: Als Ware produzierter oder gekaufter Content wird verkauft.
- Die Wertgenese nutzt Commons und die Wertrealisierung erfolgt als Commons. Gemeinschaftlich erstellter oder als Allgemeingut vorhandener Content bleibt offen zugänglich.
- Die Wertgenese nutzt Commons, das Ergebnis wird in der Wertrealisierung als Ware behandelt: Gemeinschaftlich erstellter oder als Allgemeingut vorhandener Content wird zum Verkauf gestellt.
- Die Wertgenese findet als Warenproduktion statt, das Ergebnis wird in Commons überführt: Als Ware produzierter oder gekaufter Content wird offen zugänglich.

Die beiden zweidimensionalen Matrizes ergeben zusammen einen dreidimensionalen Erklärungsraum (Abb. 2). Damit ergibt sich ein Einordnungsmodell, das unterstützen kann bei der Antwort auf die Frage: Wo wird Wertschöpfung be-

5 Die Zweischneidigkeit des „Working Consumers" oder „Prosumers" hat zunehmende Aufmerksamkeit erfahren (z.B. Blättel-Mink et al. 2011; Hornung et al. 2011; Kleemann et al. 2008). Allerdings scheint die Motivation von Usern und Kunden, dauerhaft einen direkten oder indirekten Wertschöpfungsbeitrag zu leisten, kein Selbstläufer zu sein: So zeigt sich aktuell schon ein deutlich verändertes Privacyverhalten (Dey et al. 2012; Madden 2012) und eine „Facebook Fatigue", die nicht mehr nur die *Early Adopters* erfasst (GlobalWebIndex 2011).

trieben und an welchen Stellen kann von qualitativen Veränderungen durch das Internet gesprochen werden? Um zwei Webbeispiele mit eindeutiger Zuordnung gegenüberzustellen: Bei *Wikipedia* wäre für die Wertgenese und -realisierung der digitale Ort online, die eingehende und entstehende Wertform Commons; bei der *Amazon*-Plattform *Mechanical Turk* dagegen ist der digitale Ort ebenfalls online, die Wertform dagegen Commodity.[6]

Diese doppelte Vierfeldermatrix und der sich daraus ergebende Erklärungsraum zu Wertschöpfung in der Internetökonomie kann allenfalls eine erste und

Abb. 2: Wertgenese und -realisierung II: Dreidimensionaler Erklärungsraum

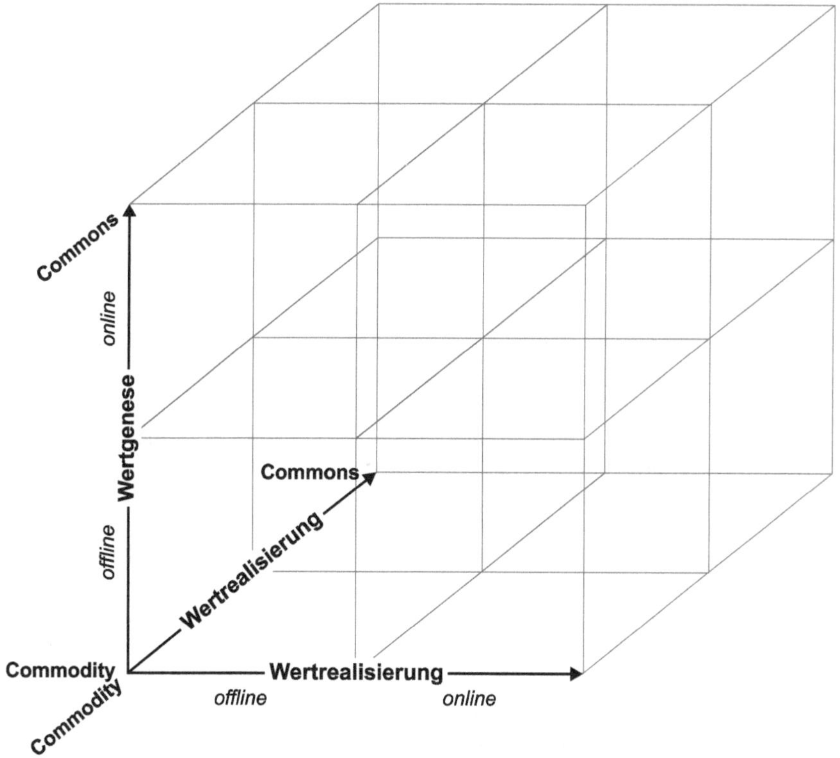

6 Dort (www.mturk.com) werden so genannte Human Intelligent Tasks (HITs) vermittelt und z.B. für das Ausfüllen von fünfminütigen Befragungen 0,50 US-$ bezahlt (Berinsky et al. 2012). Von den überwiegend aus den USA und Indien stammenden „Turks" arbeiten knapp zehn Prozent auf mTurk zwischen 20 bis 40 Stunden pro Woche, weitere 2,5 Prozent sogar über 40 Stunden (Ipeirotis 2010).

idealtypische Einordnung unterstützen. Hinter dieser ersten Zugriffsebene verbergen sich vielfältige und oft selbst wiederum nicht eindimensional oder rein linear ablaufende Wertschöpfungsketten, die weiterer Differenzierung bedürfen.

- Auf der ersten Differenzierungsebene findet sich empirisch eine weitgehende Verschränkung von Wertgenese und Wertrealisierung: So ergeben sich überall entlang der Wertschöpfungskette unterschiedlichste Mischformen von Wertgenese und Wertrealisierung. Empirisch lässt sich (nicht nur in der Internetökonomie) häufig zwischen beiden Formen so leicht nicht trennen. In die Entwicklung eines Produkts (und damit schon vor dessen Produktion) gehen marktbezogene Informationen ein, die eine spätere Wertrealisierung sichern helfen. So wird der spätere angestrebte Kundennutzen eines Produkts – sei es über klassische Marktforschung oder neuere Ansätze wie Design Thinking (Brown 2008) – als mögliche Bedingung einer späteren Wertrealisierung zum Orientierung gebenden Kriterium für die der Wertgenese voran gehende Forschung und Entwicklung. Oder es werden Produkte entwickelt, die Kaufanreize immer wieder aufs Neue generieren wie in Prozessen geplanter Obsoleszenz (Slade 2007; Spence et al. 2012). Gleichzeitig ist auch die Wertrealisierung nicht ein zeitlich punktueller Akt des Tauschs, sondern ein oft hochkomplexer Prozess: Dazu zählen nicht nur Marketingstrategien und Werbeaktivitäten, sondern auch der Aufbau und die Pflege von Vertriebsnetzen, die Entwicklung neuer Vertriebswege und -formen, die Gestaltung neuer Pricing- und Servicemodelle – bis hin zu Rechnungsstellung und Bezahlsystemen. Das alles ist jeweils durchwoben von unterschiedlichen Transaktions- und Logistikaktivitäten.
- Auf der zweiten Differenzierungsebene geht es um die virtuelle und/oder stoffliche Qualität der Arbeit: Das je aufzuwendende Arbeitsvermögen und die verwendeten Mittel und Gegenstände der Arbeit können ebenso unterschiedlich stark informatisiert sein wie die organisationalen Settings, innerhalb derer diese Arbeit stattfindet (vgl. Pfeiffer 2004: 137–194). Die Gewinnung und Raffinierung von Erdöl, die Entwicklungsleistung für eine Software oder die Produktion eines Automobil-Zulieferteils, das Backen von Brot, die Entwicklung einer chemischen Formel oder eines pädagogischen Konzepts – all das sind Prozesse der Wertgenese. Und in all diesen Prozessen finden sich nicht nur unterschiedlichste Konstellationen von virtuellen und stofflichen Arbeitsmitteln und Arbeitsgegenständen, sondern die Prozesse selbst finden in unterschiedlich stark informatisierten Kontexten statt, die zugleich einem ständigen Wandel der soziotechnischen Möglichkeiten und Nutzungsformen unterliegen. Nicht nur in den Prozessen der Wertgenese, sondern auch in den Prozessen der Wertrealisierung sind Arbeitsmittel, Arbeitsgegenstände und die Organisation der Arbeit in vielfälti-

> gen und gleichzeitig dynamisch sich ändernden Melangen von offline/online und Commodities/Commons zu finden. Arbeitsprozesse, die Wertgenese oder Wertrealisierung ermöglichen, können mit Hilfe des Web in neuer Form zusammenfinden und sich paradoxerweise gleichzeitig entlang des Globus ausdifferenzieren.

Diese vielfältigen realen Verschränkungen lassen sich deutlich machen am Beispiel der Firma *Converse*, deren „create"-Website[7] dem Kunden ermöglicht, seinen Turnschuh bis in die einzelne Naht hinein individuell zu gestalten. Gestaltet ein „digital native"-Kunde aus Brooklyn sein ganz individuelles Turnschuhpaar, so kostet dieses Unikat kaum mehr als ein normaler *Converse*-Sneaker und ist innerhalb von vier Wochen beim Kunden. Wo aber liegt dann die Wertschöpfung bei diesem Modell? Schließlich entstehen erst einmal mehr Kosten: zum einen für die aufwändig gestaltete und technisch zwangsläufig elaborierte Website, zum anderen für einen individuellen – und also wohl kaum stark automatisierten – Produktionsprozess, schließlich muss der Schuh, jenseits der onlinegestützten Gestaltung, offline genäht und produziert werden. Sind also dic rund eine Million offline Arbeitenden bei den überwiegend asiatischen Kontraktfertigern von *Nike* die Quelle der Wertschöpfung?[8] So ausbeuterisch die Arbeit in den Offline-Sweatshops dieser Welt ist, es geht hier nicht in erster Linie um den Fingerzeig auf Unternehmensstrategien, die globale Ungleichheiten in Lohnhöhen und Arbeitsrechtsstandards ökonomisch nutzen. Interessanter im hier verfolgten Zusammenhang ist vielmehr die Frage: Durch wen und was wird bei *Nike* eigentlich Wertschöpfung generiert? Betreibt der unbezahlte Gestaltungsbeitrag unseres Kunden aus Brooklyn Wertgenese? Realisieren die 38.000 *Nike*-Beschäftigten, die in Entwicklung, Design, Marketing oder Verkauf arbeiten, nur Wert oder generieren sie ihn auch? Sind die 2010 immerhin bereits 15 Prozent Online-Verkäufe (Nike 2011: 18) der Indikator für eine webbasierte Wertschöpfung?

Leider ist das auf Basis der zugänglichen Unternehmensdaten kaum beantwortbar. So ist nichts zu erfahren über die Zusammensetzung der *Nike*-Beschäftigten: Wie viele sind hochqualifizierte Wissensarbeiter, wie viele von ihnen ar-

---

7 http://www.converse.com/#/landing/create.

8 Converse wurde 2003 von Nike aufgekauft (siehe zu den Zahlen auch http://www.nikeinc.com/pages/manufacturing-timeline; zuletzt aufgesucht: 15.07.2012). Der kreative *Urban Customer* aus Brooklyn kann beruhigt sein: der „Code of Conduct" des Unternehmens sichert faire und gesunde Arbeitsbedingungen zu und das Recht, sich zur kollektiven Interessenvertretung zusammen zuschließen (http://www.nikeinc.com/pages/compliance; zuletzt aufgesucht: 15.07.2012). Komischerweise verkündet Nike im offiziellen Unternehmensbericht stolz: „None of our employees is represented by a union" (Nike 2011: 7).

beiten zu welchen Löhnen und Bedingungen in den Verkaufsläden? Wer konzipiert die Online-Marketingstrategien, wer programmiert und designt die Websites dazu? Wer programmiert die Schnittstelle, die eine reibungslose Übergabe der kundengenerierten Daten von der *Converse*-Create-Website in das Auftragssystem des Kontraktfertigers in Bejing gewährleistet? Sind dies Beschäftigte der eCommerce-Abteilung von *Nike,* gut bezahlte „digital natives" aus Palo Alto oder Offshoring-IT-Dienstleister in Bangalore? Wir wissen erst recht nicht, ob die Beschäftigten der Kontraktfertiger ausschließlich für *Nike* arbeiten und unter welchen Bedingungen dies geschieht. Und noch weniger ist nachvollziehbar, welche On- und Offline-Logistikprozesse die Schuhproduktion selbst und die Lieferung von China zum Kunden in New York erfordert, zu welchen Bedingungen der Matrose auf einem Containerschiff unter taiwanesischer Flagge oder der UPS-Fahrer in Brooklyn arbeiten. Nimmt man die Beschäftigten von *Nike* und den Kontraktfertigern zusammen, dann generieren 1.183.207 Arbeitende im Jahr 2010 insgesamt einen Umsatz von 19 Mrd. US-$ und einen Bruttogewinn von 8,8 Mrd. US-$. Das entspricht 16.058 US-$ Umsatz und 7.437 US-$ Bruttogewinn pro Kopf. Auf jeden *Nike*-Beschäftigten kommen rund 30 produzierende Beschäftigte bei den Kontraktfertigern. Für die Wertgenerierung – die eigentliche Produktion des Schuhs – sind wahrscheinlich die 30 Beschäftigten der Kontraktfirmen relevanter, für die Wertrealisierung aber ist es wohl eher der eine auf Seiten von *Nike.* Das Problem aber ist: Genau wissen wir es nicht. Und das nicht nur deshalb, weil die Daten so einfach nicht zu bekommen sind, sondern auch, weil wir es an jeder Stelle mit spezifischen Verschränkungen von Wertgenerierung und -realisierung, von offline/online und Commodities/Commons zu tun haben. Jeder Schritt aber ist potenziell einzuordnen in dem oben vorgestellten dreidimensionalen Erklärungsraum. Damit kommen wir der Frage nach der Quelle von Wertschöpfung analytisch zwar näher, beantwortet aber ist sie damit noch nicht.

4 Web, Wert, Arbeit

Das *Converse*-Beispiel zeigt: Durch das Web wird möglich, was früher undenkbar war: Kundenwunsch, Produktentwicklung und Fertigungsdaten für den Produktionsprozess des Schuhs kommen zusammen, der virtuelle Arbeitsgegenstand des mitentwickelnden Kunden aus Brooklyn – also das individuelle Schuhdesign – verschmilzt mit dem Arbeitsmittel – eben den detaillierten Produktionsdaten des Maschineneinrichters in China. Die webbasierte Wertschöpfung basiert ebenso auf dem Arbeitsvermögen der Programmierer, die mit virtuellen Arbeitsmitteln (z.B. einem CSS-basierten Framework) eine entsprechend elaborierte Website kreiert haben, wie auf der weitgehend stofflichen Arbeit derer, die den Schuh real nähen. Was abstrakt betrachtet näher zusammenrückt (Kunde/Produzent, Entwicklung/Produktion etc.), liegt aber nicht nur geografisch oft weit auseinander. Es braucht wenig Phantasie, um die verschiedenen Schritte entlang solcher Stratifizierungen wie Geschlecht und Bildungsniveau, Hoch- bzw. Niedriglohn, USA/China etc. zuzuordnen. Es scheint eine fast schon als normal empfundene Nebenfolge der Globalisierung zu sein, dass üblicherweise die schlechteren Arbeitsbedingungen in Niedriglohnländern des Global South angesiedelt sind. Diese Gegenüberstellung – der webaffine „urban lifestyle customer" auf der einen Seite und die schlechtbezahlte Näherin auf der anderen Seite des Globus – trifft den Kern der Sache alleine aber noch nicht.

Die paradoxe Bewegung der gleichzeitigen Verschmelzung und Entfernung beruht ebenso gleichzeitig auf Offline- und Online-Prozessen. Zudem gelingt das Ganze als Wertschöpfungskette weder ohne die virtuelle Datenübermittlung (von Brooklyn nach Bejing) noch ohne eindeutig stoffliche Transportanstrengungen (des fertiggestellten Schuhs wieder zurück nach Brooklyn). Und obwohl objektiv das eine für das Gelingen der Wertschöpfung so wichtig ist wie das andere, thematisiert die aktuelle Debatte zur Wertschöpfung im Web allenfalls und typischerweise nur die eine Seite: Das Neue der Wertschöpfung wird am Kunden und der Website festgemacht, die Programmier-, Produktions- und Transportaufwände aber bleiben unbeachtete Blackbox. Hinter der virtuellen schönen Welt des kundenorientierten Web 2.0 verbirgt sich aber nicht nur die „dunkle" Seite der stofflichen Produktion – also das Nähen des Turnschuhs. Es ist nicht nur die industrielle Produktion, die aus dem Blick verschwindet, sondern im selben Maße sind es die Aufwände für die Websiteprogrammierung oder deren Marketing und Pflege oder die für das Maintaining der nötigen Server und Netzinfrastrukturen; wir wissen so wenig über den Automatisierungsgrad der Schuhproduktion wie über die Datentechnik zur Koordination der Logistikprozesse; das Callcenter für Kundensupport könnte in Dublin oder Bangalore stehen und dasselbe gilt für den Schreibtisch der Disponentin oder den PC des Schnittstellen-Programmierers.

Durch all diese Unterschiedlichkeit zieht sich also ein roter Faden, in all der Dynamik gibt es eine Konstante: Es ist letztlich immer menschliche Arbeit, die einerseits die Werte schafft und andererseits deren Realisierung gewährleistet. So wie im klassischen stofflichen Produktionsprozess finden sich freilich auch im Virtuellen vielfältige Formen der Automatisierung und der Rationalisierung menschlicher Arbeit – dies aber ändert nichts an der Tatsache, dass die eigentliche Wertgenese, die Schaffung des Neuen, immer und weiterhin auf menschlicher Arbeit beruht. In den oben dargestellten betriebswirtschaftlichen Modellen und Ansätzen zur Wertschöpfung in der Internetökonomie findet das Thema Arbeit jedoch kaum statt. Ganz selten blitzt diese Kategorie auf, so etwa wenn Caldwell fordert „to reconsider labor as a crucial catergory" (Caldwell 2009:

167) oder wenn Reichwald et al. (2009: 13) an einer Stelle erklären, Wert werde produziert, „[...] indem Menschen mit dem ihnen zur Verfügung stehenden Wissen und weiteren Ressourcen handeln".

Dieser Beitrag hat sich der Frage nach einer neuen Qualität der Wertschöpfung in der Internetökonomie in zwei großen Schritten genähert. Die kritische Auseinandersetzung insbesondere mit der betriebswirtschaftlichen Fachdebatte zeigte zum einen, dass eine Begründung für den wiederholt behaupteten Paradigmenwechsel in der Internetökonomie nicht befriedigend geleistet wird. Auf dieser Basis wurde zum anderen ein eigener analytischer Zugriff entwickelt, der schrittweise über zwei idealtypische Vier-Felder-Matrizes in ein dreidimensionales Erklärungsmodell mündet. Mit diesem wird einerseits begriffliche Kontinuität sichtbar, denn Wertgenese und Wertrealisierung erweisen sich als weiterhin relevante analytische Kategorien zur Bestimmung von Wertschöpfung auch in der Internetökonomie. Andererseits zeigen sich mit den Dimensionen der Wertform und des digitalen Orts in der Internetökonomie empirisch vielfältige neue Verschränkungen zwischen Wertgenese und -realisierung. Mit Hilfe der analytischen Trennung dieser Dimensionen im eingeführten Modell ist damit eine Herausarbeitung des qualitativ Neuen in der Internetökonomie möglich – empirisch aber, das hat das Turnschuh-Beispiel gezeigt, ist den Phänomenen auf der Erscheinungsebene oft gar nicht in Gänze beizukommen. Schließlich wurde der Versuch unternommen zu zeigen, dass die eigentliche Quelle der Wertschöpfung auch in der Internetökonomie unverändert die menschliche Arbeit ist. Dabei zeigt sich eine eigentümliche Bewegung: Während Arbeit in ihrem Kern als Wertschöpfungsquelle wichtiger wird, scheint sie auf der Erscheinungsebene zu entschwinden.

In der Internetökonomie bleiben also die bisher zentralen Kategorien der Wertschöpfung und der Rolle menschlicher Arbeit relevant, sie erlangen jedoch eine neue Qualität in Bezug auf ihre Sichtbarkeit. Nicht nur gerät das, was offline an Wertgenese und -realisierung passiert, bei einem allzu phänomengebundenen Blick auf die schillernde Online-Welt aus dem Visier. Ebenso bleibt verdeckt, dass weiterhin an vielen Stellen menschliche Arbeit die eigentliche Quelle der Wertschöpfung ist und bleibt. In der Internetökonomie bleibt menschliche Arbeit quantitativ und qualitativ relevant für die Wertschöpfung. Ihre Kommodifizierung nimmt einerseits erweiterte Formen an, andererseits eröffnen sich auch mehr Optionen, Arbeit jenseits von Erwerbsarbeit und Tauschbeziehungen einzubringen bzw. ihre Ergebnisse als Commons zu nutzen. Bezieht man die Entwicklung noch einmal auf die sektoralen Verschiebungen im Laufe der historischen Entwicklung, so könnte man sagen: In der Herausbildung der Industriegesellschaft war die Bedeutung von menschlicher Arbeit für die Wertgenese gesellschaftlich höchst sichtbar, während sie für Prozesse der Wertrealisierung vergleichsweise weniger sichtbar und in ihrer nicht kommodifzierten Form der

Reproduktionsarbeit fast gänzlich unsichtbar war. In der sich zunächst noch offline herausbildenden Dienstleistungsgesellschaft kam es zwar zu einer Ausweitung der Bedeutung von Arbeit für die Wertrealisierung, während sie für die produktionsbezogene Wertgenese in Sinne einer gesellschaftlichen Sichtbarkeit in den Hintergrund rückte. In der Internetökonomie schließlich, deutet man sie als aktuelle Ausprägung der Wissensgesellschaft, findet eine Ausweitung von Wertgenese und Wertrealisierung statt – durch eine verstärkte Nutzung nicht kommodifizierter Arbeit und durch neue Verschränkungen zwischen den Prozessen in beiden Bereichen. Obwohl damit menschliche Arbeit neue und erweiterte Quellen der Wertschöpfung erschließt und ihre Bedeutung qualitativ zunimmt, erscheint sie als gesellschaftlicher Topos noch weniger sichtbar. Das hier vorgeschlagene Modell kann und will nicht mehr leisten, als diese Sichtbarkeit analytisch wieder herstellbar zu machen.

Literatur

Abelson, H./Ledeen, K./Lewis, H. 2008: Blown to Bits: Your Life, Liberty, and Happiness After the Digital Explosion. Upper Saddle River: Addison Wesley

Berinsky, A. J./Huber, G. A./Lenz, G. S. 2012: Evaluating Online Labor Markets for Experimental Research: Amazon.com's Mechanical Turk. In: Political Analysis, Vol. 20/No. 3, S. 351–368

Blättel-Mink, B./Menez, R./Dalichau, D./Kahnert, D. 2011: Prosuming, or when Customers Turn Collaborators: Coordination and Motivation of Customer Contribution. In: Wittke, V./Hanekop, H. (eds.): New Forms of Collaborative Innovation and Production on the Internet. An Interdisciplinary Perspective. Göttingen: Universitätsverlag, S. 153–176

Böhle, F. 2010: Produktionsnahe Dienstleistungen – Von der Peripherie ins Zentrum gesellschaftlicher Entwicklung. In: Heidling, E./Böhle, F./Habler, T. (Hg.): Produktion und Dienstleistung: Integration als Zukunftschance. München, Mering: Hampp, S. 15–31

Brown, T. 2008: Design Thinking. In: Harvard Business Review, Vol. 6/No. 6, S. 84–95

Brynjolfsson, E. 1993: The Productivity Paradox of Information Technology. In: Communications of the Association for Computing Manufacturing, Vol. 36/No. 12, S. 67–77

Brynjolfsson, E./Hitt, L. M. 2000: Beyond Computation: Information Technology, Organizational Transformation and Business Performance. In: Journal of Economic Perspectives, Vol. 14/No. 4, S. 23–48

Brynjolfsson, E./McAfee, A. 2011: Race Against The Machine: How the Digital Revolution is Accelerating Innovation, Driving Productivity, and Irreversibly Transforming Employment and the Economy. Sarasota, Tampa: Digital Frontier Press

Caldwell, J. T. 2009: Hive-Sourcing Is the New Out-Sourcing: Studying Old (Industrial) Labor Habits in New (Consumer) Labor Clothes. In: Cinema Journal, Vol. 49/No. 1, S. 160–167

Castells, M. 2003: Der Aufstieg der Netzwerkgesellschaft. Das Informationszeitalter Bd. 1. Opladen: Leske + Budrich

Czerwinski, D./Merz, M. A./Herbst, U. 2011: Creating Online Brand Value Through Online Discussion Sites. In: Journal of Business and Educational Leadership, Vol. 3/No. 1, S. 15–28

David, D./DiGrande, S., Field, Dominic/Lundmark, A./O'Day, J./Pineda, J./Zwillenberg, P. 2012: The Internet Economy in the G-20. Boston: Boston Consulting Group

Dechant, H./Stelzer, D./Trost, R. 2004: Besonderheiten der Netzökonomie — Probleme und Lösungsansätze für die marktgerechte Bewertung von Geschäftsmodellen und Unternehmungen. In: Der Markt, Jg. 43/Heft 1, S. 3–11

Dey, Ratan/Jelveh, Zubin/Ross, Keith W. 2012: Facebook Users Have Become Much More Private: A Large-Scale Study. Vortrag, SESOC 2012 – Security and Social Networking am 19.3.2012. Lugano

Dolata, U., 2005: Eine Internetökonomie? In: WSI-Mitteilungen, Jg. 58/Heft 1, S. 11–17

Eickelpasch, A. 2012: Industrienahe Dienstleistungen. Bedeutung und Entwicklungspotenziale. Bonn: Friedrich-Ebert-Stiftung

Fischer, I. 2003: Zur Beobachtung der Entwicklung des E-Commerce. In: Wirtschaft und Statistik, Heft 4, S. 314–318

Fuchs, C. 2010: Labor in Informational Capitalism and on the Internet. In: The Information Society, Vol. 26/No. 2, S. 179–196

Fuchs, C. 2011: The contemporary world wide web: social medium or new space of accumulation? In: Winseck, D./Yong Jin, D. (eds.): The political economies of media. The transformation of the global media industries. London: Bloomsbury Publishing PLC, S. 201–220

Gabler Wirtschaftslexikon 2012: Stichwort: Wertschöpfung (Internet: http://wirtschaftslexikon.gabler.de/Definition/wertschoepfung.htm; zuletzt aufgesucht am 17.7.1012)

Gensollen, M./Libbrecht, L. 2000: Creation of Value on the Internet. In: Réseaux, Vol. 7/No. 2, S. 117–153

GlobalWebIndex 2011: Report GWI.6 (Internet: http://globalwebindex.net/report-page/; zuletzt aufgesucht am 1.7.2012)

Gomez-Arias, Jose, T./Genin, L. 2009: Beyond Monetization. Creating Value Through Online Social Networks. In: International Journal of Electronic Business Management, Vol. 7/No. 2, S. 79–85

Hardt, M./Negri, A. 2002: Empire: Die neue Weltordnung. Frankfurt/M., New York: Campus

Hardt, M./Negri, A. 2009: Commonwealth. Boston: Harvard University Press

Hornung, S./Kleemann, F./Voß, G. G. 2011: Managing a New Consumer Cultur in Web 2.0 as a Source of Corporate Feedback. In: Wittke, V./Hanekop, H. (eds.): New Forms of Collaborative Innovation and Production on the Internet. An Interdisciplinary Perspective. Göttingen: Universitätsverlag, S. 131–152

Ipeirotis, P. G. 2010: Demographics of Mechanical Turk (Internet: http://archive.nyu.edu/bitstream/2451/29585/2/CeDER-10-01.pdf; zuletzt aufgesucht am 17.7.2012)

Jacobsen, H. 2010: Strukturwandel der Arbeit im Teriarisierungsprozess. In: Böhle, F./Voß, G. G./Wachtler, G. (Hg.): Handbuch Arbeitssoziologie. Wiesbaden: VS, S. 203–228

Kleemann, F./Rieder, K./Voß, G. G. 2008: Un(der)paid Innovators: The Commercial Utilization of Consumer Work through Crowdsourcing. In: Science & Technology Studies, Vol. 4/No. 1, S. 5–26

Madden, M. 2012: Privacy management on social media sites. Washington: Pew Research Center

Moon, J. (2004): A causal network analysis of e-market business models. In: Currie, W. (ed.): Value Creation From E-Business Models. Oxford, Burlington: Butterworth-Heinemann, S. 131–157

Nike 2011: Nike, Inc. Annual Report, Form 10-K (Internet: http://investors.nikeinc.com/Theme/Nike/files/doc_financials/AnnualReports/2011/docs/Nike_2011_10-K.pdf; zuletzt aufgesucht am 15.7.2012]

North, K. 2010: Wissensorientierte Unternehmensführung. Wertschöpfung durch Wissen. Wiesbaden: Gabler

Paech, N. 2012: Befreiung vom Überfluss: Auf dem Weg in die Postwachstumsökonomie. München: Oekom

Peters, R. 2010: Internet-Ökonomie. Berlin, Heidelberg: Springer

Pfeiffer, S. 2004: Arbeitsvermögen. Ein Schlüssel zur Analyse (reflexiver) Informatisierung. Wiesbaden: VS

Pfeiffer, S. 2006: Dialektik der Nebenfolgen. Eine Annäherung am Beispiel von Informatisierungsprozessen. In: Böschen, S./Kratzer, N./May, S. (Hg.): Nebenfolgen. Analysen zur Konstruktion und Transformation moderner Gesellschaften. Weilerswist: Velbrück Wissenschaft, S. 65–87

Pfeiffer, S. 2010a: Enterprise 2.0 – Chance oder Risiko? Warum Enterprise 2.0 gerade für KMU eine strategische Chance ist. In: Eberspächer, J./Holtel, S. (Hg.): Enterprise 2.0: Unternehmen zwischen Hierarchie und Selbstorganisation. Berlin, Heidelberg: Springer, S. 75–93

Pfeiffer, S. 2010b: Wissen, Information und lebendige Arbeit in der Wissensökonomie. Reanimation der Dialektik von Gebrauchs- und Tauschwert und Implikationen für die Arbeits- und Industriesoziologie. In: Moldaschl, M./Stehr, N. (Hg.): Wissensökonomie und Innovation: Beiträge zur Ökonomie der Wissensgesellschaft. Marburg: Metropolis, S. 615–642

Piller, F./Ihl, C./Vossen, A. 2011: Customer Co-Creation: Open Innovation with Customers. In: Wittke, V./Hanekop, H. (eds.): New Forms of Collaborative Innovation and Production on the Internet. An Interdisciplinary Perspective. Göttingen: Universitätsverlag, S. 31–62

Porter, M. E. 2001: Strategy and the Internet. In: Harvard Business Review, Vol. 79/No. 3, S. 63–78

Porter, M. E./Millar, V. E. 1985: How information gives you competitive advantage. In: Harvard Business Review, Vol. 63/No. 7–8 Reprint, S. 2–13

Rainie, L./Wellman, B. 2012: Networked: The New Social Operating System. Cambridge: The MIT Press

Redlich, T. 2011: Wertschöpfung in der Bottom-up-Ökonomie. Berlin, Heidelberg: Springer

Reichwald, R./Piller, F./Ihl, C./Seifert, S. 2009: Interaktive Wertschöpfung: Open Innovation, Individualisierung und neue Formen der Arbeitsteilung. Wiesbaden: Gabler

Rotert, M./Summa, H. A./Koller, P./Wilms, S. 2012: Die deutsche Internetwirtschaft 2009–2012. Überblick, Trends und Treiber. Köln, Wiesbaden: eco/Arthur D. Little

Schenk, M./Wolf, A./Wolf, M./Schmitt-Walter, N. 2011: Nutzung und Akzeptanz von Internet und E-Commerce 2010. Ein Überblick über Entwicklung und Trends der Internetnutzung in Deutschland. Stuttgart, München: Universität Hohenheim

Schmiede, R. (1996): Informatisierung, Formalisierung und kapitalistische Produktionsweise. Entstehung der Informationstechnik und Wandel der gesellschaftlichen Arbeit. In: Schmiede, R. (Hg.): Virtuelle Arbeitswelten, Berlin: edition sigma, S. 15–48

Schreiber, D./Clement, R. (2010): Informationen als Basis der Wertschöpfung. In: Clement, R./Schreiber, D. (Hg.): Internet-Ökonomie: Grundlagen und Fallbeispiele der vernetzten Wirtschaft. Dordrecht, London, New York: Physica, S. 255–260

Sharma, A./Krishnan, R./Grewal, D. 2001: Value Creation in Markets: A Critical Area of Focus for Business-to-Business Markets. In: Industrial Marketing Management, Vol. 30/ No. 4, S. 391–402

Slade, G. 2007: Made to Break. Technology and Obsolescence in America. Boston: Harvard University Press

Spence, C./Michell, V./Spence, D. (2012): Calculating the Application Criticality and Business Risk from Technology Obsolescence. In: Shishkov, B. (ed.): Business Modeling and Software Design. Berlin, Heidelberg: Springer, S. 91–112

Statistisches Bundesamt 2009: Informationsgesellschaft in Deutschland. Wiesbaden: Destatis

Statistisches Bundesamt 2011: Anteil der Unternehmen in Deutschland mit Online-Einkäufen im europäischen Vergleich. Wiesbaden: Destatis

Sweet, P. 2001: Strategic value configuration logics and the 'new' economy: a service economy revolution? In: International Journal of Service Industry Management, Vol. 12/ No. 1, S. 70–84

Wellman, B. 2004: The three ages of internet studies: ten, five and zero years ago. In: New Media & Society, Vol. 6/No. 1, S. 123–129

Womack, J. P./Jones, D. T. 2003: Lean Thinking: Banish Waste and Create Wealth in Your Corporation. London, Sydney: Simon & Schuster

Zerdick, A./Picot, A./Schrape, K./Artopé, A./Goldhammer, K./Heger, D. K./Lange, U. T./ Vierkant, E./López-Escobar, E./Silverstone, R./Goldhammer, D. 2001: Die Internet-Ökonomie: Strategien für die digitale Wirtschaft. European Communication Council Report. Berlin, Heidelberg: Springer

Zillien, N. (2009): Informations- und Wissensgesellschaft als Selbstbeschreibung der Moderne. In: Zillien, N. (Hg.): Digitale Ungleichheit: Neue Technologien und alte Ungleichheiten in der Informations- und Wissensgesellschaft. Wiesbaden: VS, S. 5–12

Zott, C./Amit, R./Massa, L. 2010: The Business Model: Theoretical Roots, Recent Developments, and Future Research. Working Paper WP-862 (2010) (Internet: http://www.iese.edu/research/pdfs/DI-0862-E.pdf; zuletzt aufgesucht am 17.7.2012)

Der deutsche Mobile-Markt und die Suche nach Geschäftsmodellen

Thomas Döbler, Anna-Maria Wahl

1 Ausgangsüberlegung

In den letzten Jahren hat das mobile Internet stark an Akzeptanz gewonnen. Auslöser hierfür war vor allem der Boom bei den Smartphones, die im Vergleich zu traditionellen Handys attraktiver in der Handhabung geworden sind und über bessere Displays und mehr Funktionalitäten verfügen: Die Steigerung von Leistung und Geschwindigkeit sowie die Reduktion von Gewicht und Energiebedarf in Kombination mit größeren und intuitiv bedienbaren *Touchscreens* bewirkt, dass Anwender auch komplexere mobile Dienste komfortabel nutzen können.

Vieles spricht derzeit dafür, dass ein überall und für jeden verfügbares Internet die Unternehmen der Medien-, der Telekommunikations- und der IT-Industrie vor strategische wie betriebswirtschaftliche Herausforderungen stellt, an deren Ende nicht nur neue Geschäftsmodelle, sondern auch veränderte Positionierungen der relevanten Marktakteure stehen werden. Die bereits mit dem stationären Internet eingeleitete Machtverschiebung von den Produzenten hin zu den Konsumenten beispielsweise scheint sich mit dem mobilen Internet weiter zu beschleunigen: Der gut vernetzte (Internet-)Konsument kann sich im digitalen Zeitalter nicht nur interaktiv und kooperativ an Wertschöpfungsprozessen beteiligen; überdies wird es insbesondere für Unternehmen, die immaterielle und leicht kopierbare Güter herstellen, zu einer zentralen Herausforderung, verkaufswürdige Mehrwerte zu generieren. Das Überdenken bestehender Geschäftsmodelle wird so beinahe aufgezwungen. Aber schon der heute oft noch sehr vorsichtig und halbherzig betriebene Strategiewechsel in Richtung Transparenz – primär bei Unternehmen der Konsumgüterindustrie und des Dienstleistungsgewerbes –, also die Nutzung von Social-Media-Kanälen zur Kommunikation mit relevanten Bezugsgruppen (z.B. in den Bereichen Werbung, Vertrieb, Personalakquise), zeigt oft Unsicherheiten und eine gewisse Orientierungslosigkeit bei der Beantwortung der Frage, wie Unternehmen auf die mit den technologischen Dynamiken einhergehenden sozialen Veränderungen (insbesondere im Konsumverhalten) reagieren können (Döbler 2010).

Dabei wurden und werden mit der mobilen Nutzung von diversen Servicediensten, Informations- und Unterhaltungsangeboten große Erwartungen bzw. erhebliche ökonomische Potenziale verknüpft. So erhoff(t)en sich die Produzenten und Verteiler von Inhalten und Diensten beispielsweise eine neue Zahlungsbereitschaft für die Nutzung ihrer Angebote über mobile Endgeräte, die der verbreiteten Umsonst-Mentalität im stationären Internet entgegensteht. Ob und inwieweit mit der dynamischen Zunahme und Diversifizierung von mobilen Diensten und internetbasierten Angeboten in den Bereichen Kommunikation (z.B. Instant-Messaging, Videotelefonie, Mobile Social Networks), Information (z.B. Mobile Search, Location Based Services, Mobile TV), Unterhaltung (z.B. Mobile Gaming, Mobile Music) und Transaktion (z.B. Mobile Payment, Mobile Ticketing) nicht nur Hoffnungen auf neue tragfähige Geschäftsmodelle entstehen (z.B. Kirchner+Robrecht 2008), sondern diese tatsächlich auch realisiert werden können, ist allerdings noch keinesfalls entschieden (Döbler/Wahl 2012).

Nicht zuletzt wird die sich abzeichnende Neustrukturierung der Einflussverhältnisse zwischen den Akteuren im Mobile-Markt darüber entscheiden, wie und womit in Zukunft in diesem Markt Geld verdient werden kann. Neben den Inhalte-Anbietern wird derzeit auch den Mobilfunkbetreibern eine geschwächte Position zugesprochen. Unternehmen wie *Google, Apple* oder *Microsoft,* die dank des Ausbaus der Netze auch Over-the-Top-Dienste (OTT) anbieten, nehmen hingegen eine zunehmend stärkere Rolle ein – wobei gerade die scharfe Konkurrenz dieser Akteure untereinander für eine enorme Dynamik in diesem Markt sorgt (Moog et al. 2012: 2ff.). Die Anbieter der OTT-Dienste visieren die Übernahme der zentralen Kundenbeziehung von den Mobilfunkbetreibern an, wobei die konkurrierenden Unternehmen dabei jeweils unterschiedliche Interessen verfolgen (Pousttchi/Hufenbach 2011: 287).

Der nachfolgenden Übersicht zu aktuellen Entwicklungen im Mobilfunkmarkt *(Kap. 2)* folgt die Vorstellung einer eigenen empirischen Studie zur Zahlungsbereitschaft von Handy- bzw. Smartphone-Nutzern für Inhalte und Dienste *(Kap. 3).* Letztlich haben jedoch die sich entwickelnden Geschäftsmodelle im Mobile-Markt nur bedingt damit zu tun, ob für einen Dienst direkt bezahlt wird oder nicht. So versuchen beispielsweise Medienunternehmen nicht nur zusätzliche Erlösmodelle zu etablieren, sondern sehen sich insbesondere aufgrund der Nachfragesituation in jüngeren Zielgruppen gezwungen, ihr Kerngeschäft auch über den mobilen Kanal zu verteidigen. Insofern reflektiert die eigene Untersuchung zur Zahlungsbereitschaft der User nur einen Aspekt potenzieller neuer Erlösmöglichkeiten. Mangels zuverlässiger Daten erfolgt die abschließende akteurorientierte Diskussion der Geschäftsmodelle im Mobile-Markt daher auch mit Blick auf vielversprechende bzw. bereits erfolgreich realisierte Einzelbeispiele *(Kap. 4).*

2 Aktuelle Entwicklungen im Mobilfunkmarkt

Bereits seit 2002 ist das Mobiltelefon mit Blick auf innovative Geschäftsmodelle eines der Top-Themen. Nicht nur Marketingexperten propagieren seit Jahren, dass dessen kommerziellen Potenziale noch lange nicht ausgeschöpft seien (Küllenberg/Quente 2006: 103). Mit jedem neuen mobilen Endgerät – das *iPhone* hat dem Markt einen besonderen Entwicklungsschub gegeben – wachsen die Erwartungen an eine auch ökonomisch interessante Zukunft. Insbesondere der Absatz bzw. der Umsatz von und mit Smartphones steigt seit Jahren rasant. Da Smartphones für den Download von Inhalten oder Programmen verantwortlich sind, ist allein schon ein Blick auf deren Steigerungsraten in Deutschland beeindruckend: Im Jahr 2010 stieg der Verkauf von Smartphones um 58 Prozent (Umsatz: +37 Prozent) und im darauffolgenden Jahr um 31 Prozent (Umsatz: +13 Prozent), womit im Jahr 2011 insgesamt 11,8 Millionen Smartphones verkauft wurden. Mittlerweile besitzen hierzulande rund 20 Millionen Menschen ein solches Gerät (Bitkom 2012a; Statista 2012a).

Bereits seit Jahren sind die technischen Möglichkeiten, das mobile Internet zu nutzen, einer breiten Masse zugänglich. So hatten schon im Jahr 2008 rund 62 Prozent aller Internetnutzer auch ein internetfähiges Handy, im Jahr 2011 waren es mit 64 Prozent nur wenige mehr (Accenture 2008: 4, 2011: 8). Doch neben der mangelhaften Usability der zum Großteil noch verbreiteten traditionellen Handys mit kleinen Displays (Statista 2012a) war 2008 auch das Angebot an interessanten Inhalten noch sehr eingeschränkt, so dass von den genannten 62 Prozent nur 13 Prozent das mobile Internet täglich nutzten (Accenture 2008: 4). Innerhalb von nur drei Jahren hat sich die Situation allerdings grundlegend gewandelt: So stieg allein zwischen 2010 auf 2011 die Nutzung des mobilen Internet um rund 65 Prozent und im Jahr 2011 gingen schon knapp 15 Millionen Nutzer in Deutschland mobil ins Web. Für diesen sprunghaften Anstieg sind vor allem die 14- bis 19-Jährigen verantwortlich: In dieser Alterskohorte steigerte sich die Nutzung des mobilen Internet in diesem Zeitraum um 250 Prozent. Aber nicht nur die absolute Nutzung entwickelte sich exponentiell, sondern auch die Häufigkeit: So zeigte die „mindestens einmal tägliche Nutzung" 2011 einen Anstieg um 35 Prozent, d.h. 8,5 Millionen Menschen in Deutschland nutzten das mobile Internet mindestens einmal täglich (Accenture 2011: 10). Die Studie „Offen für die Zukunft – offen in die Zukunft" geht davon aus, dass das mobile Internet hierzulande schon bald zum Alltag gehören wird, obgleich der stationäre Zugang zum Web noch lange dominieren wird (Münchner Kreis e.V. 2010).[1]

1 Im weltweiten Maßstab soll das mobile Internet sogar noch schneller an Bedeutung gewinnen: So schätzt die Rio Mobile Studie (2010: 7), dass bis 2015 weltweit mehr Menschen über mobile Endgeräte ins Internet gehen als über den stationären PC. Eine Be-

Getragen wird dieses Wachstum bislang insbesondere durch das *iPhone* von *Apple*. So bestätigen Studien wiederholt, dass die *iPhone*-Nutzer im Vergleich zu anderen Smartphone-Nutzern deutlich häufiger ins mobile Internet gehen und auch deutlich mehr Applications (‚Apps') installieren (Accenture 2010: 13, 30; Statista 2012a): Noch im Jahr 2010 stellten *iPhone*-Besitzer mehr als 90 Prozent der mobilen Internet-Nutzer (Accenture 2010: 13ff.) – ein Wert, der sich zwar durch die technologische und designbezogene Aufholjagd anderer Hersteller sowie durch die Einführung des *Google*-Betriebssystems *Android* verringert hat, aber weiterhin für die Relevanz des *iPhones* für den Mobile-Markt spricht.

Herstellerübergreifend waren es die Apps (kleine, spezifische Softwareprogramme), die in den vergangenen Jahren die wesentlichen Treiber der mobilen Unterhaltungsindustrie darstellen: Im Jahr 2010 wurden allein in Deutschland rund 900 Millionen Apps auf Mobiltelefone heruntergeladen, was im Vergleich zu 2009 einer Verdopplung entsprach (Bitkom 2011a). In den USA hat die Nutzung von Apps mittlerweile sogar die Nutzung von mobilen Websites überholt – ein Trend, der sich auch hierzulande abzeichnet, da Apps zumeist als benutzungsfreundlicher empfunden werden (Bitkom 2011b: 9).

Bemerkenswert für den Mobile-Markt ist die gegensätzliche Entwicklung von Umsätzen mit Sprachübertragungen einerseits und Umsätzen mit Datendiensten andererseits: Während die Umsätze mit Sprachübertragungen seit Jahren sinken, nehmen diejenigen mit Datendiensten kontinuierlich zu (Statista 2012b; Bitkom 2012b). Allein in Deutschland wurden im Jahr 2011 mit mobilen Anwendungen 257 Millionen Euro umgesetzt (Bitkom 2012c), wobei die Durchschnittspreise je App je nach Betriebssystem recht unterschiedlich waren: Während eine App für das *iPhone* im Jahr 2010 im Schnitt 3,87 Euro kostete, betrug der Durchschnittspreis für eine *Android-App* nur 2,01 Euro (Meyer 2010). Was die weltweite Preisentwicklung von Apps betrifft, so sind einer Studie der Investment Bank *PiperJaffray* (2011) zufolge die Preise im Jahr 2010 um 18 Prozent gesunken, im Jahr 2011 aber wieder um 14 Prozent angestiegen. Da jedoch rund 90 Prozent der Apps im Jahr 2010 kostenfrei heruntergeladen wurden (research2guidance 2011; Bitkom 2011a), lässt sich auch im mobilen Web eine eher geringe Zahlungsbereitschaft vermuten. Das wirft die Frage auf, wer von den App-Downloads auf welche Weise profitieren könnte.

Die im Jahr 2011 beliebtesten Apps waren laut *Goldmedia* (2011) Social-Media-Apps, gefolgt von Nachrichten- und Spiele-Apps. Auf Platz eins der Lieb-

---

gründung für die international schnellere Diffusion des mobilen Internet ist, dass insbesondere in Regionen, in denen die Internetanbindung infolge fehlender technischer und ökonomischer Ressourcen bislang nur marginal erfolgt ist, die Phase des Festnetzinternet übersprungen wird, da der Zugang zum Internet über Mobilfunkgeräte vergleichsweise leichter möglich wird.

lings-Apps der in der Studie befragten Nutzer liegt die *Facebook*-App vor der Messenger-App *WhatsApp* und der Sport-App des *Kicker*. Tabelle 1 listet die meist heruntergeladenen Apps der Betriebssysteme *iOS* und *Android* auf, aufgeteilt nach kostenfreien und kostenpflichtigen Angeboten. Die Daten belegen sowohl die spezifische Nutzung als auch die höhere Zahlungsbereitschaft von *iPhone*-Nutzern: Die Top-Five der bezahlpflichtigen Download-Apps sind bei den iPhone-Nutzern ausschließlich Unterhaltungs-Apps, bei den *Android*-Nutzern liegt die Zahlungsbereitschaft dagegen eher im Service-Bereich.

Tab. 1: Erfolgreichste Apps – verglichen nach Kosten und Betriebssystem

	iPhone All-Time-Download		Android All-Time-Download	
Rang	Name	Download (Mio.)	Name	Download (Mio.)
	Free Apps			
1	Facebook	3,79	Facebook	6,04
2	ICQ	2,27	Google Street View	5,61
3	Shazam	1,82	WhatsApp Messenger	3,00
4	Wer wird Millionär	1,79	Angry Birds	2,47
5	Smurf's Village	1,7	Adobe Flash Player	2,35
	Paid Apps			
1	WhatsApp Messenger	2,07	Doodle Jump	0,06
2	Doodle Jump	1,96	Cut the Rope	0,04
3	Siege Hero	1,61	S-Banking	0,04
4	Angry Birds	1,49	Swift Key X	0,04
5	Pflanzen gegen Zombies	1,45	Weather Pro	0,04

Quelle: Eigene Darstellung nach Lawrence 2012

Bei allen mobilen Download-Angeboten ist das Vorhandensein von bequemen Bezahlmodalitäten für eine Kommerzialisierung entscheidend, denn diese erfolgt allgemein nur dann, „wenn die Bezahlung zu einer nebensächlichen Selbstverständlichkeit wird“ (Konjovic 2012: 17). Neben dem Download von Apps sind daher vor allem die so genannten In-App-Sales interessant: Damit werden alle Verkäufe umschrieben, die über den Download einer Anwendung hinausgehen, womit sich die Anzahl der (zunächst) kostenlosen Apps ein stückweit relativiert. Die Unternehmensberatung *Mücke, Sturm & Company* (2011) prognostizierte auf Basis nicht näher spezifizierter Daten, dass die In-App-Umsätze in Deutschland bis zum Jahr 2015 auf nahezu 2,5 Milliarden Euro ansteigen könnten, was einem jährlichen Wachstum von 45 Prozent entspräche.[2]

Weitere wichtige Trends im Mobilfunk in Deutschland liegen vor allem in der Nutzung von Online Communities und Location Based Services, häufig in Kombination mit Mobile Retailing. Das ist z.B. der Fall, wenn vor einer Kaufentscheidung in einem stationären Geschäft der Preis des präferierten Produktes über das mobile Endgerät mit dessen Preis in anderen Geschäften verglichen wird. Daneben gewinnt auch der Online-Kauf über das Smartphone selbst an Bedeutung: Die Anzahl der Mobile Surfer, die online Produkte einkaufen, ist zwischen 2010 und 2011 um 244 Prozent gestiegen, was bedeutet, dass mittlerweile fast jeder dritte Mobile Surfer Einkäufe über das Handy tätigt. Die Entwicklungen im Mobile Retailing sind wiederum unter Umständen der Wegweiser zum Mobile Payment: Der Begriff ‚Mobile Payment' steht unter anderem für die Bezahlung mit dem Handy als virtueller Kreditkarte. Bei diesem Verfahren wird das Handy in Offline-Geschäften genutzt, indem das Telefon an ein Lesegerät gehalten, der Kauf bestätigt und damit die Abbuchung des Betrags in Gang gesetzt wird (Accenture 2011: 5).

3 Akzeptanz von zahlungspflichtigen Medienangeboten – Empirische Ergebnisse

Die enorme Dynamik auf dem Mobile-Markt, die im vorangegangenen Kapitel überblicksartig dargestellt wurde, lässt freilich bislang noch keine eindeutigen Marktentwicklungstendenzen erkennen. Erschwerend kommt hinzu, dass ein Großteil der eben zitierten Studien von Institutionen stammen, die den Mobile-Markt weniger aus einer wissenschaftlichen Perspektive, sondern mit einer gewissen Interessenzentriertheit beobachten, weshalb die Validität der Studien zumindest nicht uneingeschränkt erscheint.

Grundsätzlich ist es sinnvoll, sich in der Beobachtung der Diffusion von Neuerungen und der Abschätzung von Marktpotenzialen bis zu einem gewissen Grad von technikorientierten Zugangsweisen zu lösen: In vielen Analysen und Prognosen zur Entwicklung des Mobile-Marktes und den Marktchancen wird die Rolle der Technik bzw. das Potenzial technologischer Neuerungen intensiv reflektiert, der Einfluss der Konsumenten und Nutzer aber kaum beleuchtet bzw. unterschätzt. Ob und wie stark jedoch neue Angebote und technische Möglich-

2 Zum Vergleich: Im E-Commerce wurden in der BRD 2010 17,1 Milliarden Euro umgesetzt, wobei 2,5 Prozent auf Verkäufe via Smartphone entfielen (Internetworldbusiness 2011).

keiten für das Handy genutzt und nachgefragt werden, hängt von einer Vielzahl korrespondierender Faktoren ab: Neben dem bloßen Wissen über die Angebote spielen u.a. die Zufriedenheit mit den bestehenden Alternativen, der Innovationsgrad, das (versprochene) Maß an Bedürfnisbefriedigung, das Vorhandensein technischer Standards, die Benutzerfreundlichkeit und die Preisgestaltung eine wichtige Rolle – insbesondere, wenn der Mobile-Nutzer direkte Nutzungs-Entgelte für Anwendungen und Inhalte zahlen soll.

Diese hier nur kursorisch ausgeführten Überlegungen bilden den Hintergrund für eine mehrstufig angelegte empirische Studie zu den sich wandelnden Nutzungsgewohnheiten von Smartphone-Besitzern, deren Ergebnisse Rückschlüsse über die Akzeptanz von zahlungspflichtigen Angeboten und Inhalten ermöglichen sollen. Verknüpft mit einem studentischen Projekt an der *MHMK Stuttgart* wurden 2010 in einer ersten Umfrage 128 Handynutzer in der Region Stuttgart zu ihren spezifischen und situationsabhängigen Nutzungsweisen und -motiven, zu bereits realisierten Zahlungen und ihrer Bereitschaft für künftige Zahlungen für mobile Dienste und Inhalte befragt. Diese explorativ angelegte Erhebung bildete die Grundlage für die Entwicklung eines standardisierten Fragebogens, mit dem im zweiten Schritt im Juni und Juli 2011 in der Region Stuttgart insgesamt 439 Handynutzer (418 Fragebögen auswertbar) im Alter zwischen 14 und 30 Jahren zu ähnlichen Themen befragt wurden.[3] Konkret ging es um die Zahlungsbereitschaft für Musik-, TV- und Videoangebote, spezifische Informations- bzw. Bildungsangebote sowie Spiele und den Zugang zu sozialen Netzwerken, d.h. um ein Angebotssegment im Mobile-Markt, das vor allen Dingen für Medienunternehmen interessant ist.

Dabei zeigte sich, dass die Zahlungsbereitschaft für Inhaltsangebote und Dienste in der untersuchten Stichprobe insgesamt sehr gering war: Die größte Bereitschaft, direkt für Angebote zu zahlen, bestand beim Download von Spielen und Musik. Immerhin rund jeder Fünfte gab in diesem Bereich eine grundsätzliche Zahlungsbereitschaft an und wäre bereit, im Schnitt ca. 2,90 Euro für eine Spiele-App und 1,35 Euro für einen Musikdownload zu zahlen. Bei Bildungs- und TV-Inhalten sowie Sportinformationen sank der Anteil der zahlungsbereiten Handynutzer auf knapp 15 Prozent, wobei bei den Zahlungsbereiten die durchschnittliche Zahlungshöhe für TV- und Bildungsinhalte wie für Spiele bei 2,90 Euro lag, während Sportinformationen bei 2,40 Euro rangierten. Nur noch jeder Zehnte war schließlich bereit, für tagesaktuelle Informationen aus Politik und Wirtschaft (im Schnitt: 1,90 Euro) zu zahlen; noch weniger wollten für den

3 Im einem dritten Schritt ist für das Jahr 2012 in Anlehnung an die Studien von Hong et al. (2008) u.a. mittels Gruppendiskussionen geplant, die funktionalen und hedonistischen Aspekte, die Gebrauchstauglichkeit, die (wahrgenommene) Nützlichkeit und die Bedeutung sozialer Aspekte genauer zu erfassen.

mobilen Zugang zu einem sozialen Netzwerk zahlen (die Zahlungsbereiten im Mittel 2,55 Euro).

Zusammengefasst bestätigt sich in dieser Studie wie in anderen Untersuchungen, dass die Nutzer auch im mobilen Bereich nur eine begrenzte Bereitschaft aufweisen, für Inhalte und Services direkte Entgelte zu entrichten. Gleichzeitig lassen sich aber bemerkenswerte Nutzungsunterschiede zwischen *iPhone*- und anderen Smartphone-Nutzern erkennen: Der Anteil der Zahlungsbereiten unter den *iPhonern* lag bei einigen Angeboten doppelt so hoch wie bei den übrigen Nutzern. Zugleich verfügten *iPhone*-Nutzer über eine signifikant höhere Zahlungsbereitschaft für einzelne Inhalte als andere Mobile-Nutzer, wodurch die Gegenüberstellung von Paid-Apps bei *Apple* und *Android* in Tabelle 1 bestätigt wird.

Auch wenn die Untersuchungsergebnisse nur bedingt verallgemeinerungsfähig sind, stehen sie doch im Einklang mit den Resultaten anderer Studien, nach denen nur eine Minderheit der Nutzer bereit ist, für Inhalte und Dienste zu zahlen. Dies trifft noch am ehesten für die Nutzer von *iPhones* zu. Falls die *iPhoner* nicht nur bezüglich der Endgeräte, sondern auch in ihren Nutzungsgewohnheiten eine eigene Zielgruppe bilden, könnten sich spezifische Bezahlmodelle oder exklusive Angebote für diese Zielgruppe herausbilden. Falls sie jedoch im Sinne von Rogers (2003) Diffusionsüberlegungen eher einen Teil der early adopter stellen, könnten sich die Standards der frühen und späten Mehrheit durchsetzen, und diese zeigen sich nach den bisherigen Erkenntnissen primär in einer deutlich stärkeren Preissensibilität bzw. einer fehlenden Akzeptanz, für Inhalte und Dienste überhaupt zu zahlen. Dies wiederum könnte bedeuten, dass sich nicht nur das Nutzungsverhalten, sondern auch die Zahlungsbereitschaft immer stärker dem stationären Internet angleicht. Diese zweite, derzeit wahrscheinlicher erscheinende Entwicklung hätte zur Konsequenz, dass auch im mobilen Unterhaltungsmarkt primär jene Geschäftsmodelle zum Tragen kämen, die im stationären Internet dominieren: (1) die Ausdifferenzierung in kostenfreie Basisinhalte und kostenpflichtige Premiuminhalte (z.B. bei Spielen, Social Networks, News) sowie (2) werbefinanzierte Anwendungen (In-App-Werbung).

4 Geschäftsmodelle unterschiedlicher Akteure

Die vorgestellten Erhebungsergebnisse beziehen sich auf die direkte Zahlungsbereitschaft für Medienangebote. Schon die Übersicht zu den Veränderungsdynamiken im Mobile-Markt legt allerdings nahe, dass die Anbieter von klassischen Medieninhalten dort nicht die alleinig bestimmenden Unternehmen sind und Geschäftsmodelle auf der Basis direkter Entgelte nicht von allen Marktakteuren favorisiert werden.

Schon in der Gründerzeit des Internet wurden zahlreiche Versuche gestartet, tragfähige Geschäftsmodelle jenseits direkter Nutzungsentgelte für die digitale Wirtschaft zu entwickeln (z.B. Armour 2000; Berryman et al. 1998; Boulton et al. 2000; Kotha 1998; Lief 1999; Stähler 2001; Timmers 1998). Vereinfacht betrachtet, beschreibt ein Geschäftsmodell „eine Abstraktion wie ein Geschäft funktioniert" (Stähler 2001: 42), wobei letztlich jedes Geschäftsmodell auf dem Wert beruht, den es seinen Kunden liefert. Obwohl der Wertbegriff auch in der ökonomischen Diskussion oft nur rudimentär erfasst bzw. sehr pragmatisch operationalisiert wird – etwa über die Preise, die Kunden bereit sind zu zahlen –, soll für die nachfolgende Diskussion eine gängige Definition verwendet werden. Ein Geschäftsmodell umschreibt demnach, wie eine wirtschaftliche Leistung erstellt wird und wie daraus Einnahmen generiert werden.

Für eine systematisierte Vorstellung möglicher Geschäftsmodelle im Mobile-Markt bietet es sich an, die in Einnahmen überführbare Leistungserstellung der relevanten Akteure entlang der Wertschöpfungskette im Mobile-Markt – gegebenenfalls erweitert um die erkennbaren strategischen und operativen Ausrichtungen der Akteure – in den Blick zu nehmen. Bekanntermaßen teilte Porter (1989: 62) die Aktivitäten in einer Wertschöpfungskette danach ein, ob sie sich auf die physische Herstellung eines Produktes und dessen Vertrieb beziehen oder auf unterstützende Aktivitäten. Erstere werden primäre, letztere sekundäre Aktivitäten genannt. Die nachfolgende, an Porter orientierte Darstellung suggeriert eine lineare Abfolge der Wertschöpfungsaktivitäten; gerade bei digitalen Anwendungen verläuft dieser Prozess jedoch nur in den seltensten Fällen linear (Borowicz/Scherm 2002: 63). In Anlehnung an Turowski/Pousttchi (2004: 130) eignet sich für die digitale Wirtschaft insbesondere eine reduzierte Darstellung mit den drei großen Wertschöpfungsbereichen *Ausrüstung/Anwendung, Netz* und *Dienste/Inhalte* (Abb. 1).

Zu den Akteuren mit vornehmlich sekundären Aktivitäten zählen für diese Analyse die Mobilfunkanbieter bzw. Mobile Network Operators (MNOs), die Hardware-Lieferanten, die App-Entwickler und die App-Market-Betreiber. Im

Abb. 1: Wertschöpfungskette Mobilfunk

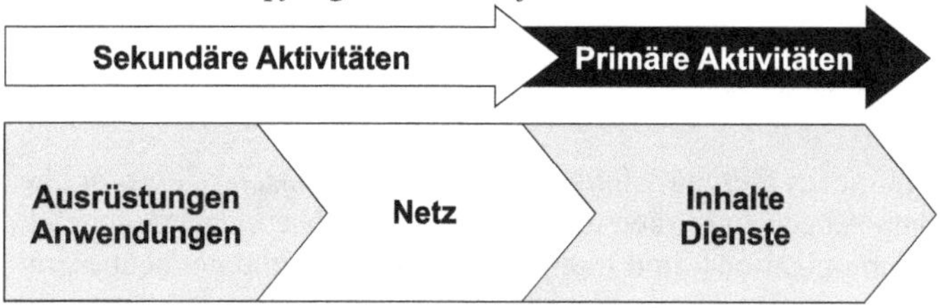

Quelle: Nicolai/Petersmann 2001: 20 (modifiziert)

Bereich der primären Aktivitäten werden zum einen die Medienunternehmen, zum anderen aber auch der Handel genauer betrachtet.

4.1 Mobilfunkbetreiber

Die steigende Nachfrage nach Datendiensten verursacht einen erhöhten Bedarf an Netzkapazität und Bandbreite, der wiederum von den Mobilfunkbetreibern beträchtliche Investitionen in eine leistungsfähigere Infrastruktur erfordert. Gleichzeitig stehen den steigenden (Investitions-)Kosten für die MNOs sinkende Endkundenpreise gegenüber, was mit durch das Phänomen verursacht wird, dass Wettbewerbsvorteile aus der verbesserten Netzinfrastruktur vor allen Dingen von App-Market-Betreibern bzw. Dienste-Anbietern und OTT-Dienstleistern gezogen werden (Pousttchi/Hufenbach 2011: 287). So greifen OTT-Dienste (z.B. *Skype*) die Mobilfunkbetreiber dort an, wo sie bisher hohe Umsätze generieren konnten, nämlich bei der Sprachübertragung: Bislang boten die Mobilfunkbetreiber die einzige Möglichkeit, Sprache kabellos zu übertragen; mittlerweile ist das mobile Internet im Begriff, diese Monopolstellung zu unterlaufen (Golding 2012).

Angesichts ihrer angeschlagenen Position im *Mobile-Platform-Ecosystem* (Basole/Karla 2011) und des Risikos, sich zu reinen ‚Bit-Pipes' zu entwickeln, versuchen die MNOs ihre zentrale Rolle, die sie im Bereich der „bisher typischerweise mit dem Netzbetrieb verbundenen zentralen Kundenbeziehung" haben, zu verteidigen (Pousttchi/Hufenbach 2011: 287ff.) bzw. – wie z.B. die *Deutsche Telekom* – ihr künftiges Wachstum auch jenseits des bisherigen Kerngeschäfts zu generieren. Diese Bereiche sind laut Thomas Kiessling, dem Chief Product & Innovationen Officer der *Deutschen Telekom*, vorrangig Kommunikationsdienste, Medien und Unterhaltung, Cloud-Dienste, Werbung und Anzeigen sowie Bezahldienste. Da sich die MNOs in einem doppelten Wettbewerb mit den etablierten Telekommunikationsanbietern sowie mit OTT-Anbietern wie *Google, Microsoft, Apple* und kleineren Anbietern von mobilen Diensten befinden, ist dies umso wichtiger:

> „Customers don't buy access, they buy service ecosystems. [...] In the end, customers pick the provider whose digital service suite matches their patterns of usage as closely as possible, and that also supplies attractive handsets." (Moog et al. 2012: 4f.)

Neben dem Aufbau neuer Geschäftsfelder versucht die *Deutsche Telekom* aber auch ihre Kernkompetenzen zu stärken und einen „verlässlichen, uneingeschränkten Zugang zu Kommunikations- und Internetdiensten, netz- und geräteübergreifend und unabhängig von Betriebssystemen" (Kiessling 2012; vgl. Moog et al. 2012) zu liefern. Als Beispiel nennt Kiessling das RCS-e *(rich communciatons suite enhanced),* einen technischen Standard, den Mobilfunkanbieter europaweit gemeinsam mit Endgeräteherstellern entwickelt haben und der Video-Telefonie, Chat sowie Datenaustausch auf jedem Gerät als Basisfunktion (unabhängig von spezifischen Anwendungen) bieten soll. *Deutsche Telekom, Vodafone* und *Téléfonica Deutschland/O2* möchten den Dienst noch im Jahr 2012 oder Anfang 2013 auf den Markt bringen (Szymanski 2012). Der größte Vorteil dieses Services für den Endkunden liegt in der engen Zusammenarbeit von Mobilfunkbetreibern und Handyherstellern, wodurch sichergestellt werden kann, dass dieser Service auch von technisch weniger versierten Kunden einfach genutzt werden kann. Die Preisgestaltung soll sich dabei an der Konkurrenz der Umsonst-Angebote orientieren (Sagatz 2012). Die diskutierten Anstrengungen in diesem Bereich zeigen jedenfalls, dass sich die MNOs und Hardware-Lieferanten der aktuellen Übermacht der App-Market-Betreiber bewusst sind und diese teilweise durchbrechen wollen.

Bisher ist das eigene Angebot der MNOs an erfolgreichen Apps noch sehr übersichtlich. Sollte es mittels einiger erfolgreicher Anwendungen gelingen, sich eine tragende Rolle bei den Endkunden zu sichern, wäre allerdings ein wichtiger Schritt weg vom reinen Bit-Pipe-Lieferanten geschafft. Wie sehr die Notwendigkeit von App-Entwicklungen auch die Personalstrategie der MNOs beeinflusst, verdeutlicht eine Aussage von André Zehl, Leiter Technology Management im Unternehmensbereich Products & Innovations bei der *Deutschen Telekom*, wonach diesbezüglich „aktuelles, technisches Know-how [...] sehr gefragt" sei (Stuttgarter Zeitung 2012: 62).

Im Bereich der kontext- bzw. standortbasierten Mobilfunkdienste spielen die MNOs hingegen vordringlich als Bewahrer des Datenschutzes eine wichtige Rolle. Das Medienecho auf die angebliche standortbezogene Datenspeicherung von *Apple* zeigt die vorhandene Sensibilität der Endkunden bei solchen Diensten. Bei allen Innovationen und dem Ausbau verschiedener Geschäftsfelder ist aber absehbar, dass das Kerngeschäft der Mobilfunkbetreiber primär die Bereitstellung des Netzzugangs bleiben wird.

4.2 Hardware-Lieferanten

Wie in Kapitel 2 beschrieben, haben die Umsätze, die alleine mit dem Verkauf der Smartphones erzielt werden, hohe Wachstumsraten. Die Prognosen für die nächsten Jahre sehen ähnlich positiv aus, da der weltweite Markt für Smartphones noch lange nicht gesättigt zu sein scheint: Selbst in Deutschland besitzen immer noch mehr Menschen ein traditionelles Handy als ein Smartphone (Bitkom 2012a). Trotz dieser Wachstumschancen aber sehen sich die Hardware-Anbieter mit strukturellen Verschiebungen konfrontiert, welche die eigene Position im Markt gefährden: Während bis zum Jahr 2007 das Handy bzw. Smartphone durch die Nutzer größtenteils mit der Marke des Hardware-Lieferanten identifiziert wurde, krempelten die Markteinführung des *iPhone* im Jahr 2007 und die nachfolgende Einführung des offenen Betriebssystems *Android* von *Google* den Markt um. Mit der darauffolgenden Angleichung der meisten Geräte an das erfolgreiche iOS wurde das Smartphone stärker mit dem installierten Betriebssystem assoziiert, da sich die Geräte immer weniger unterschieden und es den Nutzern zunehmend wichtiger wurde, welche Apps sie auf ihrem Gerät installieren konnten (Voelcker 2012).

Abb. 2: Weltweite Marktanteile der Hardware-Hersteller im Jahr 2011

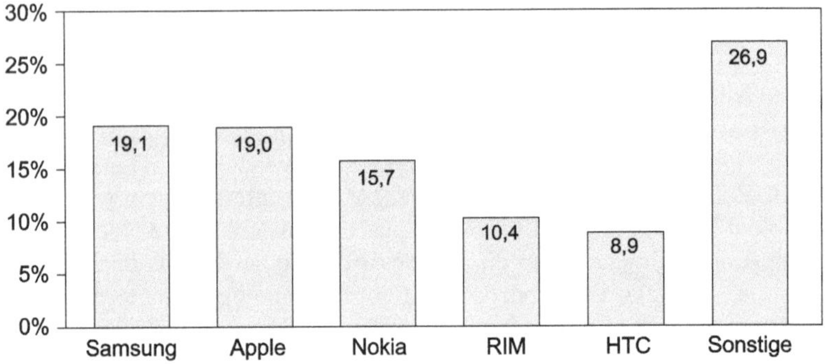

Quelle: Statista 2012c

Die Hardware-Lieferanten reagieren hierauf mit strategischen Kooperationen, etwa mit Softwareentwicklern, die dafür sorgen sollen, dass Betriebssystem und Hardware möglichst perfekt aufeinander abgestimmt sind, woraus eine verbesserte Performance und ein optimiertes User Interface resultiert, denn diese Kriterien tragen wesentlich zu einer positiven Kaufentscheidung der Kunden bei. Besondere Aufmerksamkeit hat hier die Zusammenarbeit zwischen *Microsoft* und *Nokia* hervorgerufen (vgl. 4.4): Sollte es *Nokia* darüber hinaus schaffen, auch die entsprechenden, gewünschten Inhalte anzubieten, wären das gute Voraussetzungen, um auf dem Markt, auf dem das Unternehmen seit Jahren stetig Marktanteile verliert, wieder eine feste Position einzunehmen. Diese Entwicklung fördern *Microsoft* und *Nokia* mit einem 18 Millionen Euro teuren Programm: der „App Campus" soll es Entwicklern und Start-Ups ermöglichen, „Apps der nächsten Generation zu kreieren und zu vermarkten" (Computerwelt 2012). Allerdings sieht sich *Nokia* bislang mit dem grundlegenden Problem konfrontiert, sich nicht ausreichend von der Konkurrenz anderer *Windows*-Smartphones zu unterscheiden.

Neben den *iPhones* von *Apple* spielen die *Samsung*-Smartphones eine zunehmend größere Rolle auf dem Markt. Anders als *Nokia* versucht *Samsung* systematisch die Allianzen mit Mobilfunkbetreibern zu festigen und bei der Standardisierung der Mobiltelefontechnologien WiMAX und HSDPA *(High Speed Downlink Packet Access)* eine Vorreiterrolle einzunehmen (Samsung 2012). Neben *Samsung, Nokia, Apple* und *Google* drängen zudem asiatische Marken wie *ZTE, Huawei, Panasonic* und *Fujitsu* mit preiswerteren Geräten auf den Markt und üben damit Druck auf die etablierten Marken aus. So kündigte *Nokia* auf dem *Mobile World Congress* in Barcelona ein Smartphone für weniger als 200 Euro an, mit dem es primär die Entwicklungsländer anvisiert. *Google*-CEO Eric Schmidt prophezeite Anfang 2012 sogar *Android*-Smartphones für 70 Euro (Focus 2012).

4.3 App-Entwickler

Ob App-Entwickler – als Einzelunternehmer oder kleine Start-Ups – ihre Ideen kostenlos oder kostenpflichtig oder auf den *iOS*- oder *Android*-Plattformen anbieten, scheint derzeit eher von nachrangiger Bedeutung zu sein. Der Programmierer Till Haunschild, der die populäre App *Picscatter* konzipiert hat, umschrieb die 30 bis 70 Euro (brutto), die er täglich aus seinen In-App-Verkäufen im App-Store erhält, als „ein nettes Zubrot, aber nicht mehr“ (Welt am Sonntag 2012: 29) – und diese Aussage lässt sich mit wenigen Ausnahmen wohl auf die meisten anderen privaten und semi-privaten Anbieter übertragen. Die Basisversion von *Picscatter* ist kostenlos und wurde bis April 2012 von insgesamt vier Millionen Nutzern heruntergeladen; für die Premiumversion sind allerdings selbst die prinzipiell eher zahlungsbereiten *Apple*-Nutzer (vgl. Kap. 3) nur in wenigen Fällen bereit, die veranschlagten 1,50 Dollar zu bezahlen.

Eine Spiele-App, die primär durch In-App-Verkäufe einen großen finanziellen Erfolg erzielen konnte, belegt hingegen eindrucksvoll die geschäftlichen Möglichkeiten im mobilen Bereich: Bei dem Spiel *Angry Birds* handelt es sich um ein Freemium-Angebot, also eine kostenlose Basisversion mit kostenpflichtigen Premium-Inhalten zum Preis von 0,79 Dollar. Das Spiel erschien im Dezember 2009 und wurde bis April 2011 insgesamt rund 140 Millionen Mal heruntergeladen, wobei die Premiumvariante ebenfalls millionenfach verkauft wurde. Dieses Beispiel zeigt, dass eine Differenzierung in kostenfreie Basisangebote und kostenpflichtige Premiumangebote durchaus ein erfolgreiches Geschäftsmodell darstellen kann; insgesamt zeigt sich aber auch, dass selbst die Fälle, in denen beachtliche Umsatzzahlen mit Freemium-Angeboten erzielt wurden, für die einzelnen Entwickler häufig kein gutes Geschäft darstellten.

Dagegen lenkt der über einer Milliarde Dollar schwere und medial aufmerksam verfolgte Kauf von *Instagram* durch *Facebook* (Welt 2012) den Blick von

App-Entwicklern auf ein sehr spezielles Geschäftsmodell: Zweifellos erhoffen es sich viele App-Entwickler, von Firmen wie *Facebook, Google* oder anderen Investoren übernommen oder finanziert zu werden. *Daimler* und die *Deutsche Telekom* investierten beispielsweise zehn Millionen Euro in 15 Prozent der Anteile der für den Endkunden kostenlosen App *myTaxi,* die bereits über eine Million mal heruntergeladen wurde (Stand: April 2012). Das Geschäftsmodell hinter der Idee ist eine Provision je Fahrtvermittlung durch die Taxi-Zentralen (Welt am Sonntag 2012: 29). Sicherlich werden derartig spektakuläre Übernahmen oder Investitionen eher Einzelfälle bleiben, dennoch liegt die Vermutung nahe, dass App-Entwickler künftig mehr und mehr im direkten Auftrag von MNOs oder App-Market-Betreibern Apps entwickeln werden.

Darüber hinaus scheinen die App-Entwickler ihre Aufmerksamkeit zunehmend auf das In-App-Advertising zu richten: Zumindest nach Einschätzung des Technologieberaters *Gartner* könnten im Jahr 2015 mehr als zehn Prozent aller Umsätze aus der Werbung kommen (Mayerl 2012). Daneben macht *Gartner* eine Kategorie aus, die besonders in Deutschland ein lohnenswertes Investitionsobjekt darstellen soll, nämlich „die Verbesserung und Verstärkung der lokalen Angebote“. Ein Großteil der derzeitigen App-Entwicklungen scheint aber nach Einschätzung der Technologieberaterin Carolina Milanesi ohnehin kaum von tragfähigen ökonomischen Konzepten getrieben zu sein: „Hinter vielen Apps entdecke ich weder Sinn noch Geschäftsmodell“ (ebd.) – die geringen Eintrittsbarrieren in den App-Markt könnten hierfür eine Mitursache sein.

Entscheidend für die Zukunft der App-Ökonomie ist nach gegenwärtigem Stand der Beobachtung, dass zunehmend mehr Funktionen von den jeweiligen Betriebssystemen direkt übernommen bzw. im mobilen Webbrowser umsonst zur Verfügung gestellt werden. Wie in Abschnitt 4.1 ausgeführt, sind es vor allen Dingen die Mobilfunkbetreiber, die diese Entwicklung vorantreiben. In der Summe zeichnet sich ab, dass Entwickler – abgesehen von wenigen Ausnahmen – ohne starke Marken im Hintergrund bzw. ohne ein auf einer genauen Analyse beruhendes Konzept immer geringere Chancen haben, mit der Programmierung von Apps in regelmäßiger Frequenz Geld verdienen zu können. Trotz oder gerade wegen der geringen Eintrittsbarrieren in den App-Markt steigt mit dem damit verbundenen schnell wachsenden Angebot der Grad an Professionalität. Die Nutzer der durch *Apple* und *Google* geprägten App-Market-Szene sind mittlerweile „angesichts der Masse der Apps extrem markenbewusst geworden. Für die Mehrheit der Entwickler bleibt damit der finanzielle Erfolg überschaubar“ (Welt am Sonntag 2012: 29). Die bereits erwähnte Auftrags-App-Entwicklung wird daher an Bedeutung gewinnen.

4.4 App-Market- und Plattform-Betreiber

Um die Marktmacht der App-Market-Betreiber zu verdeutlichen, sei noch einmal daran erinnert, dass der so rasant angestiegene Verkauf von Smartphones weniger von den Möglichkeiten der Hardware für den Endkunden angetrieben wird, sondern primär von der Usability, dem User-Interface und vor allen Dingen den Applications, die auf dem Gerät genutzt werden können. App-Market-Plattformen haben sich innerhalb kürzester Zeit zu Intermediären innerhalb der Wertschöpfung im Mobile-Markt entwickelt, die hohe finanzielle Investitionen anziehen. Dabei geht es weniger um einen direkten Gewinn aus den Inhalten der App-Markets (VisionMobile 2012: 11), sondern vielmehr um die Kontrolle des *Mobile Platform Ecosystems* (Vakulenko 2011), um die mittlerweile ein intensiver Wettbewerb zwischen den Anbietern entbrannt ist, die jeweils das bevorzugte System sowohl für die Hardware-Lieferanten, die MNOs als auch für die App-Entwickler bieten wollen (Basole/Karla 2011: 301):

> „The competition is not just about technology, performance, user interface or openness. Today's mobile platforms win and lose by the strength of their ecosystems of developers, service and content providers" (Vakulenko 2011).

Dabei verfolgen die derzeitigen drei Hauptakteure *Apple, Google* und *Microsoft* allerdings ganz unterschiedliche Interessen:

Apple

Das Kerngeschäft von *Apple* ist der Verkauf von Hardware, auch wenn *Apple* mit ca. 600.000 Apps (Stand: 1/2012) den größten App-Markt betreibt. Obwohl der *Apple*-App-Store die höchste Akzeptanz bei kostenpflichtigen Downloads aufweist, trägt er kaum zum finanziellen Erfolg des Unternehmens bei, wie eine Aussage von *Apple*-CTO Peter Oppenheimer verdeutlicht: „We run the App Store just a little over break even" (VisionMobile 2012: 11). Der App-Store dient der Förderung des Hardware-Verkaufs, denn im proprietären System von *Apple* gewährt erst das *iPhone* oder das *iPad* den Zugang zu den begehrten Apps, weshalb sich auch ein Großteil des spektakulären Netto-Gewinns von über 13 Milliarden US-Dollar für *Apple* im ersten Quartal 2012 auf den Verkauf von über 37 Millionen *iPhones* zurückzuführen ließ (*Apple* 2012a, 2012b). Die Herausforderung wird für das Unternehmen darin liegen, weiterhin innovatives Design mit dem Image eines einzigartigen Kundenerlebnisses zu verknüpfen, denn rein technisch reiht sich das *iPhone* „in den Vergleichstests der einschlägigen Fachzeitschriften [...] inzwischen hinter den aktuellen Samsung-Topmodellen [...] ein" (Manager Magazin 2012: 76). Dass sich *Apple* durchaus bedroht fühlt, zeigt u.a. der aktuelle Patentstreit mit *Samsung*. Daneben verfolgt *Apple* mittlerweile die Strategie, sich von dem erfolgreichen Verkauf von Smartphones (und Tablets) etwas unabhängiger zu machen und deshalb z.B. die Mac-Rechner wieder stärker zu positionieren (Sawall/Ernst 2012).

Microsoft

Das Kerngeschäft von *Microsoft* ist der Verkauf von Software-Lizenzen. Aktuell will der Konzern mit seinem neuen Betriebssystem *Windows 8* ein neues Ökosystem etablieren und Marktanteile von den unmittelbaren Konkurrenten *Apple* und *Google* zurückgewinnen. Um seine Position zu stärken, kooperiert *Microsoft* eng mit *Nokia.* Auch wenn *Microsoft* mit *Windows 8* großes Potenzial nachgesagt wird, ist derzeit offen, ob sich das Betriebssystem im Mobile-Bereich zu einem Konkurrenten für *iOS* und *Android* entwickeln wird. Das *Nokia Lumia 900,* das in den USA zunächst mit einer fehlerhaften Software auf den Markt gekommen ist, hat zumindest einen Fehlstart hingelegt. Von zentraler Bedeutung für *Microsoft* wird vor allem sein, ob andere Hardwarelieferanten wie *Samsung* oder *HTC* künftig große Stückmengen von *Windows Phones* auf den Markt bringen oder eher auf *Android* setzen werden. Interessant ist in diesem Kontext, dass *Microsoft* mit dem *Android*-Betriebssystem nicht nur über einen Konkurrenten, sondern auch über eine signifikante Einnahmequelle verfügt, denn *Android* basiert auf dem Betriebssystem Linux, an dem *Microsoft* zahlreiche Patente hält. Somit verdient *Microsoft* mit jedem verkauften *Android*-Smartphone (Steier 2012).[4] Aktuellen Studien zufolge wird *Android* mittelfristig die dominierende Smartphone-Plattform bleiben; bis zum Jahr 2015 könnte aber jedes fünfte Smartphone ein *Windows*-Gerät sein, während *Apple* seinen Marktanteil nach diesen Vorhersagen vermutlich halten kann (Kurier 2012).

Google

Das Kerngeschäft von *Google* ist Online-Werbung. Das große Engagement von *Google* auf dem Mobile-Markt ist hierfür letztlich (wie auch *Google*+) nur Mittel zum Zweck. *Google* benötigt möglichst viele Sichtkontakte, um die Preise für die Werbeeinblendungen zu rechtfertigen, und da sich die Internetnutzung mehr und mehr in den mobilen Bereich verlagert, investiert *Google* zunehmend auch hier. Der Verkauf von kostenpflichtigen Apps ist für *Google* hingegen

4 Mit der jüngst verkündeten Kooperation von *Microsoft* und der größten amerikanischen Buchhandelskette *Barnes&Noble* gelingt *Microsoft* zudem ein strategisch wichtiger Schritt in den wachsenden E-Book-Markt. Mit dieser strategischen Partnerschaft legen beide Unternehmen nicht nur ihren Rechtsstreit um Android-Patente bei, sondern Barnes&Noble wird das Geschäft mit E-Books und den Lesegeräten der Nook-Familie damit auf *Microsoft*s Plattform ausdehnen und etwa die „Nook-App" für *Windows 8* bereitstellen, mit der weltweit alle Windows-Nutzer auf den gleichnamigen Onlineshop von *Barnes&Noble* zugreifen können (Pluta 2012).

weitgehend irrelevant; bedeutsam sind vielmehr die durch überwiegend kostenlose Angebote generierten hohen Downloadraten, die sich indirekt an die Werbewirtschaft ‚verkaufen' lassen: Laut *Nielsen* (2012) zeigen sich in den USA über die Hälfte aller Mobilfunknutzer damit einverstanden, Werbung auf ihr Handy zu bekommen, wenn sie dafür die Inhalte kostenlos erhalten; Anfang 2012 vermeldete *eMarketer* (2012), dass der US-Markt für mobile Werbung stärker als erwartet wächst. Und auch für Deutschland belegen die Daten, dass die Anzahl der Mobile-Kampagnen von 2008 bis 2011 außerordentlich stark angestiegen ist (Statista 2012d). Viele Werbeanzeigen zielen dabei mit Rückgriff auf ortsgebundene Daten auf einen unmittelbaren Umsatz am *Point of Sale* ab: So schaltet z.B. *McDonalds* in den USA Werbung für neue Heißgetränke in der *iPhone*-App des Radiosenders *Pandora.* Die App erkennt den Standort des Users und sendet ihm die Angebote inklusive einer Wegbeschreibung zur nächst gelegenen *McDonalds*-Filiale (Tews 2012). *Google* nutzt innerhalb seines Geschäftsmodells systematisch die Akzeptanz der Nutzer für Werbung aus und befördert mit dieser Strategie wie schon im stationären Web zugleich eine Umsonst-Mentalität, die es anderen Anbietern schwer macht, direkte Entgelte von Nutzern zu verlangen. Um seine ohnehin gute Position auf dem Mobile-Markt – im ersten Quartal 2011 liefen über 50 Prozent der Smartphones weltweit auf *Android* (Gartner 2012) – weiter zu stärken, kaufte *Google* 2011 die Handysparte von *Motorola,* um Smartphones produzieren zu können, die perfekt auf das Betriebssystem *Android* abgestimmt sind. Noch nicht abgeschätzt werden kann derweil, wie die anderen Hardwarepartner von *Google* (z.B. *HTC, LG, Samsung, Sony*) auf diese Übernahme reagieren werden (Treiss 2011).

4.5 Einzelhandel

Die Entwicklung markennaher mobiler Dienste bzw. Kanäle ist für Handelskonzerne, Medienunternehmen oder auch Banken kein eigenes Geschäft, sondern dient der Kundenbindung bzw. der Stabilisierung eines innovativen Images (Mayerl 2012). Wie es dem Handel gelingen kann, mit einer mobilen Geschäftsidee auch die Produkterlöse merklich zu steigern, zeigt indes der britische Lebensmittelkonzern *Tesco,* der seine Umsätze mit einer mobilen Kampagne in den U-Bahn-Stationen von Seoul in nur drei Monaten um 130 Prozent steigern konnte. Dafür brachte *Tesco* in den U-Bahn-Stationen lebensgroße Fotos von virtuellen Supermarkt-Regalen an, auf denen alle Produkte mit einem QR-Code[5]

5 QR-Code steht für *Quick Response* und bezeichnet zweidimensionale optische Codes, die beispielsweise von Handykameras gelesen und entschlüsselt werden können. QR-Codes enthalten meist Zusatzinformationen oder leiten den Nutzer auf eine *Landing-Page* weiter.

versehen waren. Wer ein Produkt kaufen wollte, fotografierte den entsprechenden QR-Code, konnte später im Geschäft mit dem Smartphone direkt bezahlen und die Ware wurde direkt vor die eigene Haustür geliefert. Das Konzept erwies sich in Südkorea als außerordentlich erfolgreich (Biermann 2011).

Das Mobile Shopping scheint ein heute noch kaum abschätzbares Potenzial für neue Geschäftsmodelle zu bieten. Ein weiteres Beispiel für Mobile Shopping direkt am *Point of Sale* ist *Wynsh,* eine *iPhone-* und *Android*-App, mittels derer Smartphone-Besitzer während des Einkaufsbummels in teilnehmenden Shopping-Centern Rabatt auf Artikel erhalten, die sie sich anschauen. Der Nutzer muss dafür ein Bild von dem Produkt mit seinem Handy aufnehmen und es mit Hilfe seiner App hochladen – der Zufall entscheidet dann über die Höhe des Rabatts. Im Unterschied zu Coupons will *Wynsh* im stationären Handel Umsätze erzielen, indem für Produkte, an denen die Käufer bereits Interesse gezeigt haben, Rabatte vergeben werden (Treiss 2012; Deprez 2011).

Eng verbunden mit dem Mobile Shopping ist die sogenannte *Near Field Communication* (NFC). Einige Anbieter halten das Einkaufen mit QR-Codes bereits für überholt, da NFC deutlich unkomplizierter und vielversprechender sei (Biermann 2012). Mit dem NFC-Chip können Geräte drahtlos miteinander kommunizieren und der Chip kann außerdem passiv arbeiten, was einen großen Vorteil gegenüber dem QR-Code ausmacht, in dessen Kontext stets die Kamera genutzt werden muss. Gleichzeitig kann der NFC-Chip aber auch aktiv arbeiten, so zum Beispiel bei einer Geldüberweisung: „Wird ein Handy mit einem solchen Chip im Laden an entsprechende Scanner gehalten, kann es eine Transaktion auslösen" (Biermann 2011). Über den Durchbruch dieser Technologie wird schon lange spekuliert:

> „In einer Studie, die Sybase 365 beim Mobile World Congress 2011 durchgeführt hat, gehen 76% der Teilnehmer davon aus, dass NFC-basierte Zahlungen noch mindestens zwei Jahre brauchen werden, um sich flächendeckend durchzusetzen." (Mallon 2011: 18)

Dies liegt unter anderem darin begründet, dass die Anzahl der Smartphones, die mit einem NFC-Chip ausgestattet sind, zwar steigt, aber immer noch als zu gering erachtet wird, um einen nachhaltigen Boom auszulösen. Überdies fehlen am *Point of Sale* (noch) die entsprechenden NFC-Lesegeräte und eine Kooperation zwischen den Branchenbeteiligten (Mobilfunkbetreiber, Banken, Gerätehersteller, Händler) ist bislang nur in Einzelfällen gegeben. Für Sparkassen-Kunden ist das drahtlose Bezahlen mittels NFC-Chip auf der Geldkarte für Beträge bis zu 20 Euro seit Mitte 2012 möglich. Als Partner konnte unter anderem der Einzelhandelskonzern *Douglas* gewonnen werden. In einem weiteren Schritt soll der *Sparkassen*-NFC-Chip auf NFC-fähige Smartphones übertragen werden, was bis zu bestimmten Beträgen die Geldkarte obsolet machen würde (Sawall 2012).

Die NFC-Technologie wird auch für den reibungslosen Einsatz von Mobile Coupons benötigt, um die Gutscheine am *Point of Sale* unkompliziert einlösen zu können. War es bisher notwendig, dass die Coupons auf dem Handy des Käufers vom Kassierer bestätigt wurden, ist es in einigen Geschäften inzwischen bereits möglich, sein Handy an das Lesegerät zu halten, und damit einen selbsttätigen Prozess zu initiieren (Engel 2011: 1). Für die Akzeptanz von NFC werden jedoch weniger die dahinter liegende Technologien entscheidend sein als die alltäglichen Vereinfachungen, also z.B. Komfortverbesserungen und Steigerungen in der Usability. Mobile Coupons könnten

> „klassische Konzepte wie ‚Buy-one-get-one-free', Prozentrabatte oder Gratisprodukte [...] um Features wie Location-Based-Services, Einbindung in Social Media, interessensgesteuertes Targeting, Einlösung in Echtzeit und die dauerhafte Verfügbarkeit auf dem Smartphone" (Keller 2011: 6)

erweitern und entsprechend einen Mehrwert für die Nutzer schaffen, der sich in tragfähige Geschäftsmodelle überführen lässt.

4.6 Medienunternehmen

Auch die Medienunternehmen versuchen durch den Verkauf ihrer Produkte über mobile Kanäle (Smartphones, Tablets) zusätzliche Erlöse zu generieren, wobei die letzten Jahre als Experimentierphase bezeichnet werden können, in der für das Smartphone optimierte mobile Websites gegen mobile Applikationen abgewogen und mit unterschiedlichen Erlösmodellen experimentiert wurde. Die Hoffnungen der Medienunternehmen auf zusätzliche Erlöse verlagern sich zudem allmählich weg von den Smartphones hin zu den Tablets, die momentan ein noch schnelleres Wachstum verzeichnen. Tatsächlich scheint den Nutzern derzeit die Tablet-Version verschiedener Dienste mehr Geld wert zu sein als die entsprechende Smartphone-Version (Döbler/Wahl 2012).

Neben diesen – mittlerweile nicht mehr ganz so euphorischen – Erwartungen sind es die veränderten Nutzungsweisen der Kunden, die den Medienunternehmen kaum eine andere Wahl lassen, als in den mobilen Kanal zu investieren, sofern sie weiterhin auch von den jungen Zielgruppen wahrgenommen werden wollen. Arnd Benninghoff, Vorsitzender der Geschäftsführung von *ProSiebenSat.1 Digital* gab in diesem Kontext zu Protokoll:

> „Fernsehen ist und bleibt unser Leitmedium. Zusätzlich verlängern wir unsere Marken und Programme auf alle Bildschirme, denn unsere Strategie heißt ‚content anytime and anywhere!' Dies entspricht der Erwartungshaltung unserer Zuschauer, die ihre Lieblingssendungen auf allen Screens wiederfinden wollen – egal ob TV, Online oder mobiles Endgerät." (Benninghoff 2012: 25)

Die Unternehmen unterscheiden sich allerdings in ihren Strategien und finden die jeweils passenden Argumente dafür: Die *Axel Springer AG* beispielsweise hat schon früh auf kostenpflichtige Apps für das *iPhone* gesetzt:

> „Online-Werbeerlöse entwickeln sich als erste Säule der Monetarisierung unserer Marken sehr positiv – die meisten Online-Geschäftsmodelle können jedoch nicht alleine von Werbeerlösen leben",

so der Director Premium Content der *Axel Springer AG* (zit. n. Konjovic 2012: 16). Der Verlag sprach im August 2011 von 134.000 digitalen Verkäufen pro Ausgabe *(Bild, Die Welt, Hamburger Abendblatt, Berliner Morgenpost, Auto Bild, Computer Bild Spiele, The Iconist)* und schloss daraus eine hohe Zahlungsbereitschaft im mobilen Umfeld (Axel Springer 2011; Konjovic 2012: 17). *ProSiebenSat.1 Digital* hingegen setzt auf kostenlose, werbefinanzierte Apps und argumentiert, dass „Paid Content erst dann interessant [wird], wenn die Inhalte dem Nutzer einen klaren Mehrwert bieten und nicht auf anderen Plattformen frei verfügbar sind" (Benninghoff 2012: 26).

4.7 Zusammenfassende Übersicht

Die in der Wertschöpfungskette des Mobilfunkmarktes relevanten Akteure verfolgen zum Teil sehr unterschiedliche Interessen und heterogene Strategien, die letztlich aber auch über das Verdrängen von unmittelbaren Konkurrenten zu tragfähigen Geschäftsmodellen führen sollen. Als Dreh- und Angelpunkt gilt derzeit dabei für mehr oder minder alle Akteure der Erfolg im App-Market. Direkte und indirekte Erlösmodelle werden dabei von strategischen Überlegungen überlagert, einerseits Kontrolle über diesen Markt und andererseits Unabhängigkeit von anderen Akteuren der gesamten Wertschöpfung im Mobile-Markt zu gewinnen. Geschlossene und offene Systeme, permanente Neuerungen und Innovationen, Übernahmen und strategische Kooperationen, Verdrängungsprozesse und ein Kampf um das vorherrschende Ökosystem sind derzeit ineinander wirkende Entwicklungslinien, welche die Dynamik im Mobile-Markt kennzeichnen und befördern. In der nachfolgenden Übersicht werden die grundlegenden Modelle und Strategien noch einmal in komprimierter Form zusammengefasst. Welche Akteure mit welchen Ansätzen sich schließlich durchsetzen werden, ist gegenwärtig allerdings noch nicht abschätzbar.

Tab. 2: Übersicht über Geschäftsmodelle im Mobile-Markt

Akteure	Geschäftsmodelle und Strategien
Mobilfunkanbieter (MNOs)	• Eigene Apps sind bisher ein eher kleineres Geschäftsfeld. • Gut laufende App-Markets mit hohem Traffic sind dann interessant, wenn bestimmte App-Markets wie der *App Store* von *Apple* nur von einem Betreiber angeboten werden. Dadurch kann dieser MNO seine Position gegenüber seiner direkten Konkurrenz eventuell stärken. • Einige MNOs wie beispielsweise die *Deutsche Telekom* versuchen neue Kernkompetenzen aufzubauen und sich mit eigenen Kommunikations-Apps unabhängiger zu machen.
Hardware-Lieferanten	• Hardware-Lieferanten wie *Samsung, HTC* oder *Nokia* spielen insbesondere eine Rolle, wenn es um die Entscheidung für oder gegen ein Betriebssystem geht. Dies kann die Position der App-Market-Betreiber, aber auch die eigene Position im Hardware-Markt entscheidend fördern bzw. schwächen.
App-Entwickler	• Arbeitet ein App-Entwickler in eigenem Auftrag, ist er entweder an dem Erlös durch den Download seiner Apps interessiert oder aber an den damit zu generierenden Werbeeinnahmen. • App-Entwickler werden auch von Drittfirmen engagiert, um unterschiedlichste Anwendungsformen zu programmieren.
App-Market-Betreiber	Für diese Übersicht werden die drei Unternehmen mit dem höchsten anzunehmenden Potenzial aufgelistet. a) *Apple* ist primär an einer hohen Attraktivität seines App-Stores interessiert, um den Absatz von Hardware voranzutreiben. b) *Google* ist primär an hohem Traffic auf seinem App-Market *Google* Play interessiert, um sein Kerngeschäft (Werbung) zu stärken. c) *Microsoft* ist primär am Ausbau der Marktanteile des Windows-Ökosystems interessiert, um seine Erlöse aus Software-Lizenzen zu erhalten bzw. zu steigern.
Medienunternehmen	Neben den mit mobilen Applikationen stets auch verbundenen Hoffnungen auf ein innovatives Image oder die Erschließung junger Zielgruppen sind die Medienunternehmen an zwei Dingen interessiert: • Direkte Einnahmen durch den Download ihrer Apps • Werbeeinnahmen
Handel	Ähnlich wie bei Medienunternehmen sprechen auch beim Handel Image-Gründe für den Einsatz mobiler Applikationen; primär geht es aber um eine Steigerung ihrer Produkterlöse.

Eigene Darstellung

5 Schlussüberlegungen

Wird zunächst nur die Marktentwicklung analysiert, zeigt sich, dass in den Markt für mobile Angebote immer mehr Wettbewerber drängen, vor allem und vermehrt auch branchenfremde Akteure. Dies hat zur Folge, dass die Anzahl der Angebote explodiert, was einerseits zu einem zunehmenden Kostendruck auf Seiten der Anbieter und andererseits zu einer steigenden Unübersichtlichkeit des Marktes aus Nutzersicht führt. Schon heute sind der Nutzen und der Mehrwert der meisten Angebote für den Konsumenten nur noch schwer erkennbar; hinzu kommt für viele Nutzer die Erfahrung, dass Dienste und Applikationen häufig nur punktuell bzw. einmalig genutzt werden. Diese Faktoren zusammengenommen münden in einer sinkenden direkten Zahlungsbereitschaft, zumal sich das Informationsparadoxon in einem dynamischen und unübersichtlichen Markt besonders dramatisch auswirkt. Weil darüber hinaus durch den zunehmenden Wettbewerb auf Anbieterseite immer mehr kostenfreie Angebote offeriert werden, besteht für die Nutzer immer seltener die Notwendigkeit, für Angebote überhaupt zu zahlen.

Gefördert wird diese Entwicklung entscheidend dadurch, dass es für viele Akteure der mobilen Wertschöpfungskette gar nicht primär um die Erlöse aus kostenpflichtigen Downloads geht. In der derzeit angespannten Situation auf dem Mobilfunkmarkt versuchen insbesondere die führenden Akteure wie *Google*, *Microsoft*, *Apple* und die Mobilfunkbetreiber – zum Teil in Kooperation mit Hard- und Software-Lieferanten – ihre jeweiligen Nutzerzahlen zu halten bzw. zu erhöhen, denn nur dadurch können sie auf lange Sicht erfolgreich und profitabel bleiben.

In der Frage nach der Akzeptanz für kostenpflichtige Downloads zeigte sich in der eigenen empirischen Untersuchung wie auch in anderen Studien, dass die wenigen Nutzer, die eine grundsätzliche Zahlungsbereitschaft für Inhalte und Dienste aufweisen, am ehesten ein *iPhone* besitzen. Es erscheint aus heutiger Sicht jedoch fraglich, inwiefern selbst die Nutzer von *Apple*-Produkten dauerhaft für direkte Entgeltzahlungen bereit stehen. Dies wird aller Vermutung nach auch die Anbieter von Medieninhalten, die sich ursprünglich eine gewisse Zahlungsbereitschaft von den Mobile-Nutzern erhofft hatten, dazu zwingen, alternative Erlösmodelle zu etablieren. Die Konsequenz aus diesen Entwicklungen scheint nach dem gegenwärtigen Stand der Beobachtung zu sein, dass im Mobile-Markt bzw. zumindest im Bereich der Smartphones ähnliche Geschäftsmodelle zum Tragen kommen werden wie schon auf dem Feld des stationären Internet:

(1) Die Ausdifferenzierung in kostenfreie Basisinhalte und kostenpflichtige Premiuminhalte (z.B. bei Spielen, Social Networks, News);

(2) werbefinanzierte Anwendungen (In-App-Werbung) und
(3) ein technisch verbessertes und benutzerfreundlicheres Mobile Couponing, das um zahlreiche Varianten des Mobile Shopping, Mobile Retailing und Mobile Payment erweitert wird.

Direkte Entgelte für die Nutzung von Inhalten und Diensten werden sich also vermutlich vordringlich in Premiumsegmenten bzw. spezifischen Nischenbereichen durchsetzen, während werbefinanzierte Anwendungen und die genannten Varianten des Mobile Couponing den breiten Massenmarkt besetzen könnten. Welche der genannten Modelle – oder welche Kombinationen – mittelfristig dominieren werden, hängt allerdings nicht zuletzt entscheidend davon ab, welche Unternehmen auf den verschiedenen Wertschöpfungsstufen des Mobile-Marktes in dem derzeit heftigen und umfassenden Verdrängungswettbewerb bestehen können bzw. welche Marktstrukturen und dominanten Akteurkonstellationen sich insgesamt herausbilden werden.

Literatur

Accenture 2008: Mobile Web Watch 2008 (Internet: http://www.accenture.com/Site Collection Documents/Local_Germany/PDF/MobileWebWatch2008.pdf; zuletzt aufgesucht am 1.6. 2012)

Accenture 2010: Mobile Web Watch 2010 (Internet: http://www.accenture.com/SiteCollection Documents/Local_Germany/PDF/Accenture_Mobile_Web_Watch_2010.pdf; zuletzt aufgesucht am 1.6.2012)

Accenture 2011: Mobile Web Watch 2011 (Internet: http://www.accenture.com/SiteCollection Documents/Local_Germany/PDF/Accenture-Studie-Mobile-Web-Watch-2011.pdf; zuletzt aufgesucht am 1.6.2012)

Apple Inc. 2012a: Apple Reports Second Quarter Results (Internet: http://www.apple.com/pr/library/2012/04/24Apple-Reports-Second-Quarter-Results.html; zuletzt aufgesucht am 1.6.2012)

Apple Inc. 2012b: Q2 2012 Unaudited Summary Data (Internet: http://images.apple.com/pr/pdf/q2fy12datasum.pdf; zuletzt aufgesucht am 1.6.2012)

Armour, P. 2000: The Case for a New Business Model. In: Communications of the ACM, Vol. 43/No. 8, S. 19–22

Axel Springer AG 2011: Unsere Premium Content-Strategie zeigt erste Erfolge (Internet: http://www.axelspringer.de/dl/459393/110803_Uebersicht_Digitale_Verkaeufe_Axel_Springer.pdf; zuletzt aufgesucht am 1.6.2012)

Basole, R. C./Karla, J. 2011: Entwicklung von Mobile-Platform-Ecosystem-Strukturen und-Strategien. In: Wirtschaftsinformatik, Jg. 53/Heft 5, S. 301–311

Benninghoff, A. 2012: Arnd Benninghoff zur Mobile-Strategie von ProSiebenSat.1 Digital. In: Magazin Tendenz, 1/2012, S. 25–26

Berryman, K./Harrington, L./Layton-Rodin, D./Rerolle, V. 1998: Electronic Commerce: Three Emerging Strategies. In: McKinsey Quarterly, 1/1998, S. 152–159

Biermann, K. 2011: Ein Foto kann ein Supermarkt sein. In: Zeit Online vom 8.7.2011 (Internet: http://www.zeit.de/digital/mobil/2011-07/homeplus-ubahn-onlineshop; zuletzt aufgesucht am 1.6.2012()

Bitkom e.V. 2011a: Zahl der App-Downloads explodiert (Internet: http://www.bitkom.org/de/themen/54894_66877.aspx; zuletzt aufgesucht am 1.6.2012)

Bitkom e.V. 2011b: Mobile Anwendungen in der ITK-Branche (Internet: http://www.bitkom.org/ files/documents/App_Studie_20110511_einzel.pdf; zuletzt aufgesucht am 1.6.2012)

Bitkom e.V. 2012a: Smartphone-Absatz steigt rasant (Internet: http://www.bitkom.org/de/presse/8477_70921.aspx; zuletzt aufgesucht am 1.6.2012)

Bitkom e.V. 2012b: Mobile Kommunikation: Daten und Trends. Internet: http://www.bitkom.org/files/documents/BITKOM-Praesentation_PK_Mobile_World_15_02_2012.pdf; zuletzt aufgesucht am 1.6.2012)

Bitkom e.V. 2012c: Umsatz mit mobilen Apps in Deutschland im Jahr 2009 bis 2011 (Internet: http://de.statista.com/statistik/daten/studie/173810/umfrage/umsatz-mit-mobilen-apps-in-deutschland-seit-2009/; zuletzt aufgesucht am 1.6.2012)

Borowicz, F./Scherm, E. 2002: Wettbewerb im Mobilfunkmarkt – die Folgen von UMTS. In: Keuper, F. (Hg.): Electronic Business und Mobile Business. Ansätze, Konzepte und Geschäftsmodelle. Wiesbaden: Gabler, S. 57–82

Boulton, R./Liebert, B./Samek, S. 2000: A Business Model for the New Economy. In: Journal of Business Strategy, Vol. 21/No. 4, S. 29–35

Computerwelt 2012: Microsoft und Nokia forcieren App-Entwicklungen (Internet: http://www. computerwelt.at/detailArticle.asp?a=139605&n=6; zuletzt aufgesucht am 1.6.2012)

Deprez, P. 2011: Die Vielfalt mobiler location-basierter Werbung für den Handel. In: Mobile Zeitgeist Spezial (Internet: http://www.mobile-zeitgeist.com/2011/04/28/neu-mobile-zeitgeist-special-mobile-commerce-reloaded/; zuletzt aufgesucht am 1.6.2012)

Döbler, T. 2010: Wissensmanagement: Open Access, Social Networks, E-Collaboration. In: Schweiger, W./Beck, K. (Hg.): Handbuch Online Kommunikation. Wiesbaden: VS, S. 385–408

Döbler, T./Wahl, A. 2012: Das Ende der Kostenloskultur? Ökonomische Potenziale der mobilen Unterhaltung. In: Müller-Lietzkow, J. (Hg.): Ökonomie, Qualität und Management von Unterhaltungsmedien. Baden-Baden: Nomos, S. 297–315

eMarketer 2012: US Mobile Ad Spending Soars past Expectations (Internet: http://www.emarketer.com/Article.aspx?id=1008799&R=1008799; zuletzt aufgesucht am 1.6.2012)

Engel, T. 2011: Coupies startet Mobile Couponing mit NFC (Internet: http://www.coupies.de/uploads/press/pis/COUPIES_20111220_PI_COUPIES-NFC.pdf; zuletzt aufgesucht am 1.6.2012)

Focus 2012: Analyse: Kampf um Mobilfunk-Markt der Zukunft fängt erst an. In: Focus Online vom 1.3.1012 (http://www.focus.de/digital/computer/telekommunikation-analyse-kampf-um-mobilfunk-markt-der-zukunft-faengt-erst-an_aid_719556.html; zuletzt aufgesucht am 1.6.2012)

Gartner Inc. 2012: Gartner Says Worldwide Sales of Mobile Phones Declined 2 Percent in First Quarter of 2012; Previous Year-over-Year Decline Occurred in Second Quarter of 2009. Press Release vom 16.5.2012 (Internet: http://www.gartner.com/it/page.jsp?id=2017015; zuletzt aufgesucht am 1.6.2012)

Golding, P. 2012: The Fight for Voice: The saga of telcos vs. OTT players (Internet: http://www.visionmobile.com/blog/2012/02/fighting-for-voice-the-saga-of-telcos-vs-ott-players/; zuletzt aufgesucht am 1.6.2012)

Goldmedia 2011: Mobile Monitor Report 2011 (Internet: http://www.goldmedia.com/presse/newsroom/mobile-monitor-2011.html; zuletzt aufgesucht am 1.6.2012)

Hong, S./Thong, J./Moon, J./Tam, K. 2008: Understanding the behavior of mobile data services consumers. In: Information Systems Frontiers, Vol. 10/No. 4, S. 431–445

Internetworldbusiness 2011: Mobile Geschäftsmodelle mit Zukunft (Internet: http://www.internetworld.de/Nachrichten/Mobile/Praxistipps/Strategien-fuer-In-App-Sales-Mobile-Geschaeftsmodelle-mit-Zukunft; zuletzt aufgesucht am 1.6.2012)

Katzensteiner, T./Maier, A. 2012: Das aggressivste Unternehmen der Welt. In: Manager Magazin vom 22.5.2012 (Internet: http://www.manager-magazin.de/finanzen/artikel/0,2828,834337,00.html; zuletzt aufgesucht am 1.6.2012)

Keller, T. 2011: Quo Vadis, Couponing? In: Mobile Zeitgeist Spezial (Internet: http://www.mobile-zeitgeist.com/2011/04/28/neu-mobile-zeitgeist-special-mobile-commerce-reloaded/; zuletzt aufgesucht am 1.6.2012)

Kiessling, T. 2012: Mit Innovationen wachsen (Internet: http://www.telekom.com/medien/managementzursache/101576; zuletzt aufgesucht am 1.6.2012)

Kirchner+Robrecht GmbH 2008: Mobile Research Guide 2008. Frankfurt/M.: Kirchner+Robrecht GmbH

Konjovic, G. 2012: Alles eine Frage der Nutzung. In: Tendenz, 1/2012, S. 16–17

Kotha, S. 1998: Competing on the Internet: The case of Amazon.com. In: European Management Journal, Vol. 16/No. 2, S. 212–222

Küllenberg, B./Quente, C. 2006: Brand's New Toy. Kreative Markenkommunikation mit Handy & Co. Landsberg am Lech: Mi-Fachverlag

Kurier 2012: Handy-Schlacht. Smartphones. *Google*, Apple und Microsoft kämpfen bis 2015 um eine Milliarde Kunden. In: Kurier vom 24.2.2012, S. 2

Lawrence, M. 2012: App Märkte – die Top 25 der erfolgreichsten Apps aller Zeiten (Internet: http://www.mobile-zeitgeist.com/2012/01/09/app-markte-die-top-25-der-erfolgreichsten-apps-aller-zeiten; zuletzt aufgesucht am 1.6.2012)

Lief, V. 1999: Anatomy of New Market Models. Cambridge: Forrester Research

Mallon, D. 2011: Bezahlen per NFC – Noch Lichtjahre entfernt vom Mainstream? In: Mobile Zeitgeist Spezial (Internet: http://www.mobile-zeitgeist.com/2011/04/28/neu-mobile-zeitgeist-special-mobile-commerce-reloaded/ ;zuletzt aufgesucht am 1.6.2012)

Mayerl, B. 2012: Kleine Programme, großes Geschäft. In: Format vom 19.3.2012 (Internet: http://www.format.at/articles/1211/528/322221/apps-kleine-programme-geschaefte; zuletzt aufgesucht am 1.6.2012)

Meyer, K. 2010: Zahlen: Durchschnittspreise deutscher Apps, Smartphone-Umfrage zum Medienkonsum (Internet: http://www.iphone-ticker.de/zahlen-durchschnittspreise-deutscher-apps-smartphone-umfrage-zum-medienkonsum-16964/; zuletzt aufgesucht am 1.6.2012)

Moog, A./Dahlke, A./Hoffmann, C. 2012: Telco 2020 – How Telcos transform for the ‚Smartphone Society‘ (Internet: http://www.rolandberger.com/media/pdf/Roland_Berger_ Telco_ 2020_20120306.pdf; zuletzt aufgesucht am 1.6.2012)

Mücke, Sturm & Company 2011: Prognose 2013: 1,6 Milliarden Euro Umsatz mit App-Downloads (Internet: http://www.bvdw.org/medien/muecke-sturm--company-msc-in-app-sales-studie?media=2671; zuletzt aufgesucht am 1.6.2012)

Münchner Kreis e.V. 2010: Offen für die Zukunft – offen in die Zukunft (Internet: http:// www.tns-infratest.com/presse/pdf/Presse/Offen_fuer_die_Zukunft_Offen_in_die_Zukunft. pdf; zuletzt aufgesucht am 1.6.2012

Nicolai, A. T./Petersmann, T. 2001: Der Möglichkeitenraum des Mobile Business – Eine qualitative Betrachtung. In: Nicolai, A. T./Petersmann, T. (Hg): Strategien im M-Commerce. Stuttgart: Schäffer-Poeschel, S. 14–26

Nielsen 2012: Consumers are ok with Ads ... if Apps are Free (Internet: http://blog.nielsen. com/ nielsenwire/consumer/consumers-ok-with-ads-if-the-apps-are-free/; zuletzt aufgesucht am 1.6.2012)

PiperJaffray & Co. 2011: Apple app prices rebound (Internet: http://www.zdnet.com.au/apple-app-prices-rebound-339318352.htm; zuletzt aufgesucht am 1.6.2012)

Pluta, W. 2012: Barnes&Nobles kooperiert mit Microsoft (Internet: http://www.golem.de/ news/e-books-barnes-noble-kooperiert-mit-microsoft-1204-91492.html; zuletzt aufgesucht am 3.7.2012)

Porter, M. 1989: Wettbewerbsvorteile. Spitzenleistungen erreichen und behaupten. München: Campus

Pousttchi, K./Hufenbach, Y. 2011: Wertschöpfung im Mobilfunkmarkt. Ein Referenzmodell für die Rolle(n) des Mobilfunkanbieters der Zukunft. In: Wirtschafts-Informatik, Jg. 53/ Heft 5, S. 287–300

research2guidance 2011: Smartphone app market in Germany leaps 92% to €360m in 2010 (Internet: http://www.research2guidance.com/smartphone-app-market-in-germany-leaps-92-to-e360m/; zuletzt aufgesucht am 1.6.2012)

Rio Mobile GmbH 2010: Rio Mobile. Die empirische Studie zum Thema ‚Business-Motor mobiles Internet’ (Internet: http://www.riomobile.de/presse/download/100331_rio-mobile-Studie_Businessmotor-Internet.pdf; zuletzt aufgesucht am 1.6.2012)

Rogers 2003: Diffusion of Innovations (5. Auflage). New York: Free Press

Sagatz, K. 2012: Abschied von der SMS (Internet: http://www.tagesspiegel.de/medien/ digitale-welt/mobilfunk-abschied-von-der-sms/6453896.html/; zuletzt aufgesucht am 1.6.2012)

Samsung Group 2012: Digital Media Business (Internet: http://de.samsung.com/de/about/ digitalmedia.aspx; zuletzt aufgesucht am 1.6.2012)

Sawall, A. 2012: Sparkassen starten NFC-Payment im Sommer 2012 (Internet: http://www. golem.de/1201/88799.html; zuletzt aufgesucht am 1.6.2012)

Sawall, A./Ernst, N. 2012: „Nichts was Microsoft macht, setzt uns unter Druck“ (Internet: http://www.golem.de/news/tim-cook-nichts-was-microsoft-macht-setzt-uns-unter-druck-1202-89858.html; zuletzt aufgesucht am 1.6.2012)

Stähler, P. 2001: Geschäftsmodelle in der digitalen Ökonomie. Köln: Josef Eul Verlag

Statista 2012a: Smartphones: Dossier 2011 (Internet: http://de.statista.com/statistik/studie/id/3179/dokument/smartphones-statista-dossier-2011/; zuletzt aufgesucht am 1.6.2012)

Statista 2012b: Umsatzanteil der Non-Voice-Dienste am Umsatz mit Mobilfunkdiensten in Deutschland in den Jahren 2005 bis 2011 (Internet: http://de.statista.com/statistik/daten/studie/71456/umfrage/umsatzanteil-der-non-voice-dienste-am-umsatz-im-mobilfunkmarkt-in-deutschland-seit-2005/; zuletzt aufgesucht am 1.6.2012)

Statista 2012c: Weltweite Marktanteile der Smartphone-Hersteller nach Auslieferungen im Jahr 2011 (Internet: http://de.statista.com/statistik/daten/studie/150818/umfrage/Markt anteil- der-Smartphone-Hersteller-weltweit/; zuletzt aufgesucht am 3.7.2012)

Statista 2012d: Mobile Werbung: Anzahl der Mobile-Kampagnen und Werbungtreibenden in Deutschland von 2007 bis 2011 (Internet: http://de.statista.com/statistik/daten/studie/75069/umfrage/Anzahl-der-Mobile-Kampagnen-und-Werbungtreibenden-seit-2007/; zuletzt aufgesucht am 3.7.2012)

Steier, H. 2012: Warum Microsofts Freude über Androids Erfolg wächst. Neues Patentabkommen unterzeichnet (Internet: http://www.nzz.ch/nachrichten/digital/microsoft-pegatron-patente-android_1.16635266.html; zuletzt aufgesucht am 1.6.2012)

Stuttgarter Zeitung 2012: An Apps führt kein Weg vorbei. Ob unterhaltsam oder nützlich: Mobile Apps machen Smartphones erst interessant. In: Stuttgarter Zeitung vom 10.3. 2012, S. 62

Szysmanski, P. 2012: Telekom: Preise für SMS-Nachfolger Joyn durchgesickert (Update) (Internet: http://www.computerbase.de/news/2012-06/telekom-preise-fuer-sms-nachfolger-joyn-durchgesickert/; zuletzt aufgesucht am 3.7.2012)

Tews, C. 2012: McDonalds (USA) erhöht InStore Umsatz via Mobile Ads mit Geo-Targeting (Internet: http://www.mobile-zeitgeist.com/2012/01/06/mcdonalds-usa-erhoht-in-store-umsatz-via-mobile-ads-mit-geo-targeting/; zuletzt aufgesucht am 1.6.2012)

Timmers, P. 1998: Business Models for Electronic Markets. In: Electronic Markets, Vol. 8/ No. 2, S. 3–8

Treiss, F. 2011: Googles Motorola-Übernahme bewegt die Branche (Internet: http://mobil branche.de/2011/08/googles-motorola-ubernahme-bewegt-die-branche/5412; zuletzt aufgesucht am 1.6.2012)

Treiss, F. 2012: ECE bringt via ‚Wynsh' Mobile Shopping zum Point of Sale (Internet: http://mobilbranche.de/2012/01/ece-bringt-via-wynsh-mobile-shopping-zum-point-of-sale/11443; zuletzt aufgesucht am 1.6.2012)

Turowski, K./Pousttchi, K. 2004: Mobile Commerce. Grundlagen und Techniken. Heidelberg: Springer

Vakulenko, M. 2011: Mobile Platforms: The Clash of Ecosystems (Internet: http://www.visionmobile.com/blog/2011/11/new-report-mobile-platforms-the-clash-of-ecosystems/; zuletzt aufgesucht am 1.6.2012)

VisionMobile Consulting 2012: 10 + 1 myths on the Mobile App economy (Internet: http://www.slideshare.net/andreasc/101-myths-about-the-mobile-economy; zuletzt aufgesucht am 1.6.2012)

Voelcker, P. 2012: Die Hardwaregiganten 2012 II (Internet: http://www.mobile-zeitgeist.com/2012/03/05/die-hardwaregiganten-2012-ii/; zuletzt aufgesucht am 1.6.2012)

Welt 2012: Facebook kauft Minifirma für eine Milliarde Dollar. In: Welt Online vom 10.4. 2012 (Internet: http://www.welt.de/wirtschaft/webwelt/article106165835/Facebook-kauft-Minifirma-fuer-eine-Milliarde-Dollar.html; zuletzt aufgesucht am 1.6.2012)

Welt am Sonntag 2012: Die neuen Goldgräber. In: Welt am Sonntag vom 15.4.2012, S. 29

Neue Architekturen der Wissenskreation?

Die Bedeutung räumlicher und sozialer Nähe in der Medienindustrie

Gerhard Fuchs

Die Medienindustrie ist ebenso wie die Inhalte produzierende Internetindustrie durch eine überraschende geografische Konzentration gekennzeichnet. Der vorliegende Beitrag versucht, vor dem Hintergrund der Entwicklung von neuen Informations- und Kommunikationstechniken, insbesondere des Internet – technischer Entwicklungen, die sowohl etablierte Geschäftsmodelle wie auch Lokalisierungstendenzen in Frage stellen könnten – die Gründe für diese auch heute noch starke geografische Konzentration der Medienindustrie und die relative Stabilität des Feldes herauszuarbeiten. Dazu werden drei Logiken identifiziert, die erklären können, warum in der durch das Internet herausgeforderten Medienindustrie weiterhin starke Lokalisierungs- und Agglomerationstendenzen festzustellen sind.

1 Stabilität und Wandel in der Medienindustrie

Das Thema Internet und Ökonomie bewegt die öffentliche und wissenschaftliche Diskussion bereits seit mehr als zwanzig Jahren. Die Diskussionen konzentrierten sich von Anfang an sehr stark auf den Mediensektor. Dieser Sektor ist breit differenziert und reicht von traditionellen, individuell kreativen, fast künstlerischen Tätigkeiten bis hin zu Arbeiten in für die Medienindustrie relevanten IT-Firmen in den Bereichen Musik, Film, Radio, Fernsehen, Drucken, Verlegen, Spiele, Multimedia, Design und Werbung.

Es wurde erwartet, dass dort erhebliche Umbrüche stattfinden würden, die unter Umständen sogar zur gänzlichen Auflösung, zumindest aber zur Transformation des traditionellen Feldes ‚Medienindustrie' führen könnten. Nun sind die Mitte der 90er Jahre geäußerten Erwartungen über das Ende der Zeitung, des Buches, des herkömmlichen Fernsehens und über die Konvergenz der sie tragenden Industrien bislang enttäuscht worden – auch wenn die Medienindustrie ebenso wie andere wirtschaftliche Sektoren unter erheblichen Anpassungs- und Veränderungsdruck geraten sind. Im Gegensatz zu Industrien wie etwa der traditionellen Nachrichtentechnik oder Telekommunikation präsentiert sich die deutsche Medienindustrie bis heute als relativ stabil (siehe die Beiträge von *Hautsch* und *Schrape* zum Buchhandel in diesem Band).

Ein Element der relativen Stabilität ist die Persistenz von Agglomerationstendenzen. Im Folgenden wird danach gefragt, ob ein und gegebenenfalls welcher Zusammenhang zwischen den Agglomerationsprozessen in der Medienindustrie und der Entwicklung neuer Informations- und Kommunikationstechniken, insbesondere des Internet, besteht. Trägt das Internet zu einer Aufhebung oder Neubewertung von geografischen Faktoren (Nähefaktoren) in der Medienindustrie bei? In der Literatur gibt es hierzu kontroverse Standpunkte. Auf der einen Seite findet sich die Position, dass technologische Entwicklungen

> „might lead to the conclusion that the location of the production of media products is a non-issue, since there are no raw materials that should be transported to the producer and no physical goods that should be distributed from the producer to the customers. Media firms could locate anywhere and the urban regions would no longer host any clusters of media firms." (Pratt 2008)

Diese Position geht von den abstrakten Eigenschaften aus, die mit einer technischen Entwicklung verbunden oder mit einem spezifischen technischen System verknüpft seien und die sich aufgrund der sich bietenden Möglichkeiten, kostengünstiger und effizienter die einschlägigen Güter und Dienstleistungen zu produzieren und zu verteilen, mehr oder weniger zwingend durchsetzen sollten.

Dem steht zunächst die empirische Beobachtung gegenüber, dass sich die Medienindustrie nach wie vor global wie national durch eine starke Konzentration ihrer Aktivitäten in wenigen metropolen Regionen auszeichnet: „Media industries are highly clustered and the clusters are practically always in major urban areas." (Davis et al. 2009: 203; ferner: Krätke/Taylor 2004) Dieser Konzentrationsprozess hat sich in den letzten beiden Jahrzehnten bei gleichzeitig steigender Beschäftigung und überdurchschnittlichem wirtschaftlichem Wachstum der Industrie in Deutschland und anderswo weiter fortgesetzt (Moßig 2010, 2011). Einige Autoren gehen sogar davon aus, dass die sogenannte digitale Revolution die Position führender städtischer Regionen stärkt. Haben wir es bei den anhaltenden Agglomerationstendenzen mit einem Übergangsphänomen zu tun, begründet in einer mangelnden Adaptionsfähigkeit der einschlägigen Industrie gegenüber den neuen technischen Möglichkeiten? Oder gibt es systematische Gründe für die Konstanz oder sogar die Verstärkung von Agglomerationstendenzen?

Im Folgenden wird die *These* vertreten, dass sich Formen der Produktion und Distribution in der Medienindustrie zwar durchaus stark gewandelt haben und technische Veränderungen dabei eine bedeutende Rolle gespielt haben. Allerdings zeichnet sich das Feld Medienindustrie gleichzeitig dadurch aus, dass die dominierenden Unternehmen die gleichen geblieben sind und auch weiterhin starke Agglomerationstendenzen zu beobachten sind. Die Gründe für ihren Fortbestand haben sich allerdings verändert. Im vorliegenden Beitrag wird davon ausgegangen, dass in der Medienindustrie eine räumliche und eine sektorale Logik wirken. Die räumliche Logik besagt, dass die Struktur der Medienindustrie vor allem geprägt ist durch die regional vorhandene Wissensbasis und die räumliche Verteilung von Nachbarindustrien. Raumbezogene Faktoren sind allerdings weniger wichtig für die Art und Weise, wie Arbeit und Beschäftigung organisiert wird. Die (sich verändernde) sektorale Governance der Medienproduktion ist ähnlich in unterschiedlichen Standorten und eng bezogen auf die spezifischen Eigenschaften der produzierten Güter und Dienstleistungen.

2 Technik, räumliche und soziale Nähe: A Death of Distance?

Die Erforschung von Clustern im Medienbereich kann mittlerweile auf eine Reihe wichtiger Untersuchungen zurückgreifen. Im Mittelpunkt vieler Arbeiten stehen die so genannten großen Mediencluster (Berg et al. 2001), die manchmal auch als *global media cities* bezeichnet und entsprechend analysiert werden (Sassen 2001). Nun wird oft vermutet, dass die zunehmende technische Mediatisierung von Kommunikation die Bedeutung des Kontextes, innerhalb derer Kommunikation stattfindet, verringere. Zwar gibt es regelmäßig empirische wie theoretische Überlegungen, die dies sehr begründet in Frage stellen, trotzdem stellt diese Überlegung eine der beständigsten Mythen des Internet dar. In den 1980er und 1990er Jahren haben Cyberpropheten und Technologieoptimisten immer wieder vorausgesagt, dass die Entstehung der digitalen Ökonomie Entfernungen irrelevant und Prozesse der Agglomeration oder des Clusterns in städtischen Regionen ineffektiv machen werde (Cairncross 1997). Gleichzeitig würden die Nachteile kleiner und/oder peripherer Regionen verringert oder aufgehoben. Die grundlegende Annahme ist in solchen Fällen, dass die Verbreitung neuer Informations- und Kommunikationstechniken das Potenzial besäße, *face-to-face*-Beziehungen, die bevorzugt in städtischen Agglomerationen stattfinden, in ihrer Bedeutung zu reduzieren. Dies wiederum verringere oder eliminiere gänzlich das, was man unter Agglomerationsvorteilen in der einschlägigen Forschung diskutiert. Ökonomische Aktivitäten würden *footloose* werden.

In der Medienindustrie lassen sich in den letzten Jahren tatsächlich gravierende Veränderungen beobachten, die mit technologischen Neuerungen verknüpft sind. Innovation in der Medienindustrie ist technologisch gesehen besonders voraussetzungsreich, weil sie auf drei miteinander verknüpften und interdependenten Ebenen stattfindet: der Ebene der physikalischen Infrastruktur, die neue Möglichkeiten der Verteilung und der verteilten Herstellung von Produkten und Dienstleistungen offeriert, der Ebene der Software sowie der Ebene der über Netze und mit Hilfe von neuer Software angebotenen Inhalte (siehe dazu auch die Beiträge von *Pfeiffer, Döbler/Wahl* und *Möll* in diesem Band).

Innovation in der Medienindustrie steht für das, was Quah (1998) die *weightless economy* nannte, d.h. eine Wirtschaft, deren Produkte nicht ausschließbar, unendlich reproduzierbar und elektronisch transportierbar sind – und zwar mit einem Minimum an Kosten und Wissen. Diese Beobachtung kann zu der Schlussfolgerung führen, dass der Ort der Herstellung von Medienprodukten nunmehr ein Scheinproblem darstelle, da es keine signifikanten physischen Rohmaterialien gibt, die zu einem Produzenten transportiert, und es auch kaum mehr physische Güter gibt, die vom Produzenten zum Kunden verteilt werden müssten. Medienfirmen könnten sich also überall ansiedeln; die urbanen Regionen müssten nicht länger die Heimat irgendwelcher Cluster von Medienfirmen sein. Parallel zur vermuteten Entwicklung der *weightless economy* werden Tendenzen technologiebasierter Konvergenz in der sich entwickelnden digitalen Ökonomie diskutiert. Industrien wie Telekommunikation, Datenverarbeitung und Unterhaltung sollen, so die Vorstellung, zusammenwachsen, konvergieren und eines Tages in einer großen digitalen Medienindustrie verschmelzen (Malecki/Moriset 2007).

Die Konvergenz von Telekommunikation, Medien und Informationstechnologiesektoren mag sich mit der Entwicklung des Internet und der wachsenden Fähigkeit existierender Übertragungsnetze, sowohl Telekommunikations-, Datenübertragungs- wie Rundfunkdienste zu transportieren, in den letzten Jahren tatsächlich verstärkt haben. Entwicklungen bei den digitalen Technologien und entsprechender Software schaffen ein großes innovatives Potenzial für die Produktion, Verteilung und den Konsum von Informationsdienstleistungen. Konvergenz, charakterisiert als die Fähigkeit, über unterschiedliche Netzwerkplattformen im Wesentlichen dieselben Typen von Dienstleistungen zu transportieren, kann unterschiedliche Formen annehmen: Telekommunikationsbetreiber etwa können audio-visuelle Programme über die traditionellen Telekommunikationsnetze einspeisen, Rundfunkanbieter können neue Datendienstleistungen über terrestrische drahtlose Netze anbieten oder Kabelnetzbetreiber können verschiedene Telekommunikationsdienstleistungen bereitstellen. Konvergenz bedeutet also, dass Akteure aus benachbarten Feldern sich in der Medienindustrie betätigen (beispielsweise Netzbetreiber wie die Deutsche Telekom, die Informationsangebote über das Internet anbieten, oder Hardwareproduzenten wie Apple, die digitale Medienplattformen errichten) und bei der Entwicklung von neuen Produkten und Dienstleistungen gleichzeitig auf Akteure zurückgreifen müssen (wie beispielsweise IT-Dienstleister), die bislang nicht der Medienindustrie zugeordnet waren.

Trotzdem kommen etwa Hesmondhalgh/Baker (2011) in ihrer Untersuchung über die Veränderung von Arbeit in der Medienindustrie fast gänzlich ohne eine systematische Analyse der Rolle technischer Veränderungen aus. Stattdessen wird ihren Überlegungen zufolge der kreative Charakter der Medienarbeit immer wichtiger. Die nicht-kreativen Teile der Medienarbeit werden zunehmend an technische Apparaturen abgegeben oder sind Gegenstand von *Outsourcing* geworden. Aus einer anderen Perspektive kommt Malecki (2002) in seiner Analyse der ökonomischen Geografie der Internet-Infrastruktur in den Vereinigten Staaten zu dem Ergebnis, dass das räumliche Muster der Netzinfrastruktur, Internetknoten und Serverstandorte genau demjenigen der Old Economy folgt und die Städtehierarchie zwischen Zentren und Peripherie unangetastet lässt:

> „The evolving network of networks and its networks of interconnections and data center facilities has once again reinforced the urban hierarchy. [...] Urban agglomerations remain better connected to markets and to competitive product and service innovations. [...] To a large degree, the evolving infrastructure of the Internet is reinforcing old patterns of agglomeration: the world cities are alive and well." (Malecki 2002: 419)

Diese sehr unterschiedlichen Einschätzungen machen darauf aufmerksam, dass es wichtig ist, sich zu vergewissern, was eigentlich das Spezifische an der Medienindustrie ist. Eine traditionelle, an etablierten Sektorengrenzen ansetzende Betrachtung wird die Kontinuität und Konstanz wichtiger Elemente herausstreichen. Das traditionelle Feld der Medienindustrie wird dann nach wie vor durch eine kleine Anzahl von großen Unternehmen dominiert. Wird der Fokus aber auf die Produkte und Dienstleistungen sowie die Art und Weise, wie sie produziert und verteilt werden, gelegt, dann werden wichtige Konvergenzbewegungen sichtbar und die Betrachtung des Kreativen in den Arbeitsprozessen der Medienindustrie rückt in den Mittelpunkt.

3 Die räumliche Konzentration der Medienindustrie

Wenn es um die quantitative Bestimmung von Größenverhältnissen und Tendenzen geht, haben wir mit spezifischen Schwierigkeiten zu kämpfen. Das Kreative lässt sich nur schwer statistisch fassen. Das schlägt sich in der verfügbaren Literatur nieder, die sich zum einen stark auf Fallstudien stützt (beispielhaft: Braczyk et al. 1999) und zum anderen aus einer Vielzahl mehr oder weniger gelungener statistischer Annäherungen besteht. Letztere stehen im Zentrum des nun folgenden Abschnitts.

Zur statistischen Messung der räumlichen Konzentration der Medienindustrie gibt es verschiedene Verfahren. Man kann sich die geografische Verteilung der einschlägigen Firmen – und hier aus forschungspragmatischen Gründen insbesondere die der großen globalen Medienfirmen – ansehen, oder man setzt am Indikator ‚Beschäftigung' als einschlägiger, relativ gut erfassbarer statistischer Größe an.

Krätke (2003) hat ein Sample von mehr als zweihundert über den Globus verteilter Städte untersucht, um die weltweite Präsenz von Medienunternehmen zu analysieren. Er stellte fest, dass es sieben so genannte Alpha-Städte gibt, die Anfang der 2000er Jahre 30 Prozent der registrierten Niederlassungen von Medienunternehmen beheimateten. Zusätzliche 15 Städte aus einer Beta-Gruppe waren für weitere 23 Prozent der Bürostandorte verantwortlich. Das heißt, dass sich mehr als 50 Prozent aller Niederlassungen der globalen Medienfirmen in gerade einmal 22 Städten befanden. In der Beta-Gruppe liegen auch die deutschen Städte Berlin und München (Krätke 2011: 152). München war im Jahr 2004 im weltweiten Globalisierungsranking auf Platz sieben, wobei die Medienindustrie der wichtigste beitragende Globalisierungsfaktor ist – eine ähnliche Bedeutung der Medienindustrie weisen in Europa nur noch Paris und London auf (Taylor 2005).

Studien, die sich unter die Rubrik ‚Kreativwirtschaft' einsortieren lassen, wählen demgegenüber einen breiteren Zugang und benutzen als Kriterien insbesondere Wertschöpfung und wirtschaftliches Wachstum. In der öffentlichen und wissenschaftlichen Diskussion spielt das Konzept eine zunehmend wichtigere Rolle, die sich in regelmäßigen Berichten zur Entwicklung der Kreativwirtschaft auf der Ebene von Städten, Bundesländern, der nationalen wie europäischen Ebene niederschlägt. Allerdings wird die Kreativwirtschaft in den unterschiedlichen Veröffentlichungen nicht einheitlich definiert. Unbestritten ist lediglich, dass in diese Kategorie Unternehmen gehören, die kulturelle oder kreative Produkte und Dienstleistungen entwickeln, produzieren oder verteilen. Das gemeinsame Merkmal der Tätigkeiten ist also der so genannte kreative Akt, der den künstlerischen, literarischen, kulturellen, musikalischen oder architektonischen Inhalten, Arbeiten, Produkten, Produktionsprozessen oder Dienstleistungen zugrunde liegt. Der Bericht des European Cluster Observatory zu den Kreativ- und Kulturindustrien zeigt, dass dieser Sektor ein überdurchschnittlich starkes wirtschaftliches Wachstum verzeichnet (Power/Nielsen 2010). Die Autoren gehen davon aus, dass „regional creative and cultural specialisation explains 60% of the variance in GDP per capita" (ebd.: 4). Trotz der schwierigen konjunkturellen Entwicklung wuchs der Welthandel mit Gütern und Dienstleistungen der Kreativwirtschaft in den Jahren 2002 bis 2008 um jährlich 14 Prozent (UNESCO 2008). Zudem stellen Power und Nielson in ihrem Bericht fest, dass „regions with high concentrations of creative and cultural industries have Europe's highest prosperity levels". Es gibt also ausreichend statistische Evidenz sowohl für die wirtschaftliche Bedeutung der Kreativwirtschaft als auch für deren lokale Konzentration.

Die Statistik der sozialversicherungspflichtigen Beschäftigung stellt eine andere Möglichkeit dar, Konzentrationstendenzen empirisch zu messen. Obwohl die offizielle Statistik eine Vielzahl von interessanten langen Reihen zur Verfügung stellt, sind sie allerdings für den Fall der Medienindustrie nur von beschränktem Wert. Die Statistik lehnt sich im Prinzip an das industrielle Sektorenmodell an und berücksichtigt daher kaum das, was oben unter Konvergenztendenzen diskutiert wurde, also die (potenzielle) Auflösung traditioneller Sektoren- und Feldgrenzen. Ebenso wenig kann sie die Relevanz von Selbständigen und Kleinstunternehmen im Medienbereich adäquat erfassen, also von Akteuren, die der aktuellen Literatur zufolge eine zunehmende Bedeutung für die Medienindustrie haben.

Um den Messproblemen gerecht zu werden und realitätsnähere Aussagen über die Entwicklung der Medienindustrie treffen zu können, sind in den letzten Jahren zwei Wege beschritten worden. Auch auf Basis der Beschäftigtenstatistik versucht man einen neuen Sektor Kreativwirtschaft zu bestimmen. Allerdings treten hier wiederum die erwähnten Definitionsprobleme auf; je nach Berechnungsbasis schwankt die einschlägige Beschäftigung zwischen drei und 37,3 Prozent der Gesamtbeschäftigung. Die Bundesregierung wählt in ihrem Bericht einen engeren, im Prinzip am Sektorenmodell orientierten Ansatz und errechnet daher einen verhältnismäßig geringen Anteil (ca. drei Prozent) der Kreativen an der Gesamtbeschäftigung. Die von anderen Einrichtungen und Wissenschaftlern angestellten Überlegungen orientieren sich im Gegensatz dazu eher an Floridas breiterem Verständnis von kreativer Klasse (Florida 2002) und kommen entsprechend zu erheblich höheren Zahlen.

Unabhängig von der angewandten Berechnungsmethode besteht Einigkeit darüber, dass die Beschäftigung in den jeweils als relevant bezeichneten Bereichen lokal konzentriert ist und dies insbesondere in den städtischen Agglomerationen: Tabelle 1 lässt sich entnehmen, dass – von einem engeren Ansatz ausgehend – die kreativen Industrien in den größten Städten Deutschlands konzentriert sind. Genau genommen sind es drei Standorte, die von Bedeutung sind: Berlin, Hamburg und München. 2003 wies Berlin 69.235 Beschäftigte, Hamburg 60.490 und München (mit Umland) 76.671 Beschäftigte auf. Die anderen Städte folgen erst mit erheblichem Abstand.

Längerfristige Tendenzen lassen sich mit diesen Zahlen aber nur eingeschränkt belegen, da die Erhebungsverfahren regelmäßig verändert wurden. Das letzte Mal geschah dies im Jahre 2008. Die traditionelle Sektorenabgrenzung der Statistik kann daher nur sehr begrenzt die Dynamik im Sektor wiedergeben. Bereits in den 1990er Jahren gab es enorme Verschiebungen in der Zusammensetzung der Beschäftigung. Auch in der Medienwirtschaft spielten industrielle Tätigkeiten wie beispielsweise Drucken früher eine große Rolle. Auf Grund technischer Veränderungen ist aber gerade die Rolle der Druckereien, die die Beschäftigung im Feld quantitativ lange Zeit geprägt haben, stark zurückgegangen. Dafür haben andere Tätigkeiten im kreativen und technischen Bereich an Bedeutung gewonnen, die von der Statistik aber nicht der Medienindustrie im engeren Sinne zugeschlagen wurden. Das war mit ein Grund dafür, dass die statische Berechnungsbasis für Beschäftigung mehrfach verändert wurde.

Das stellt eine Langzeitbetrachtung vor erhebliche Schwierigkeiten, verdeutlicht aber auch die Zuordnungsproblematik. Die offizielle Statistik der BA hat seit 2008 die neue Kategorie ‚Information und Kommunikation' eingefügt, um den Veränderungen in der Industrie und ihrer technologischen Basis gerecht zu werden. Für die Jahre nach 2008 lässt sich feststellen, dass sich der Konzentrationstrend im Prinzip fortgesetzt hat. Für die Jahre 2008 bis 2011 zeigt sich, dass der (wenn auch geringe) Beschäftigungszuwachs praktisch ausschließlich in den Regionen München sowie mit Abstrichen in Berlin stattfindet (gegenüber

Tab. 1: Sozialversicherungspflichtig Beschäftigte nach Arbeitsort

			58 Verlagswesen	59 Film, TV, Kino u. Tonstudio	60 Rundfunkveranstalter	61 Telekommunikation	62 DL der Informationstechnologie	63 Informationsdienstleistungen
30.06.2008	*Deutschland*	*27.457.715*	*140.936*	*43.950*	*49.462*	*98.430*	*429.817*	*79.253*
	02000 Hamburg	797.514	10.736	3.744	k.A.	k.A.	21.058	6.549
	09162 München	686.734	11.338	4.149	3.617	3.260	21.733	4.042
	09184 München	175.974	1.977	3.820	3.992	834	13.454	491
	11000 Berlin, Stadt	1.081.660	8.489	7.564	4.149	8.908	22.994	3.917
30.06.2009	*Deutschland*	*27.380.096*	*143.423*	*43.772*	*51.823*	*83.468*	*448.761*	*56.700*
	02000 Hamburg	809.315	10.063	3.930	k.A.	k.A.	22.896	5.711
	09162 München	690.111	11.228	3.954	3.740	3.109	23.900	2.810
	09184 München	174.177	1.807	4.212	3.960	693	14.211	536
	11000 Berlin, Stadt	1.106.163	9.297	6.523	4.454	6.621	24.873	2.946
30.06.2010	*Deutschland*	*27.710.487*	*141.076*	*43.080*	*52.052*	*74.783*	*461.910*	*50.862*
	02000 Hamburg	820.220	9.697	3.992	k.A.	k.A.	23.341	5.558
	09162 München	694.459	10.956	4.205	3.800	2.875	25.413	3.109
	09184 München	175.568	1.920	3.673	4.280	838	14.252	423
30.06.2011	*Deutschland*	*28.381.343*	*141.573*	*43.463*	*53.239*	*73.840*	*484.878*	*51.906*
	02000 Hamburg	835.148	9.711	3.957	k.A.	k.A.	23.806	4.562
	09162 München	709.580	11.017	4.124	3.876	3.157	29.134	3.487
	09184 München	183.724	2.046	4.034	4.636	980	16.091	472
	11000 Berlin, Stadt	1.151.344	10.256	6.232	4.118	5.902	27.969	4.706

Quelle: Bundesagentur für Arbeit (am 14.03.2012 zur Verfügung gestellt)

dem gesamten Beschäftigungszuwachs in Berlin verlief die Entwicklung unterdurchschnittlich). Die peripheren Räume verlieren dagegen weiter an Bedeutung (Tab. 1).

Obgleich diese Zahlen aufgrund der genannten Definitions- und Zurechnungsprobleme mit Vorsicht interpretiert werden sollten zeigen sie doch, dass die Medienindustrie nach wie vor starke räumliche Agglomerationstendenzen aufweist. Dies wird besonders deutlich, wenn der Beobachtungsfokus auf die Produktion von Medieninhalten gerichtet wird. Charakterisiert wird die Industrie nicht nur durch spezifische Distributionsformen, sondern auch durch den Charakter der dort hergestellten Produkte. Vor diesem Hintergrund ist eine verallgemeinernde Aussage über die Veränderung der Industrie durch das Internet, die an der Distributionsseite ansetzt, schwierig. Vielversprechender sind demgegenüber Überlegungen, die an der Produktionsseite ansetzen, bei der diese Technologie allerdings nur eine vermittelnde Rolle spielt.

4 Entwicklungslogiken

Die Medienindustrie ist traditionell in gewachsenen urbanen Standorten konzentriert. Die räumliche Struktur der Medienproduktion wird vor allem geprägt durch die bereits existierende regionale Wissensbasis, durch die räumliche Verteilung von Vorläufer- und Nachbarindustrien und der anwendenden Industrien sowie durch die räumliche Verteilung bereits existierender Medienproduzenten (räumliche Logik). Demgegenüber ist davon auszugehen, dass raumbezogene Faktoren für die Organisation von Arbeit und Beschäftigung weniger wichtig sind (sektorale Logik). Die industrielle Governance der Medienproduktion ist in unterschiedlichen Regionen ähnlich und basiert auf der spezifischen Art und Weise, wie Güter und Dienstleistungen produziert werden, sowie auf den spezifischen Strukturen des Arbeitsmarktes. In den Agglomerationen der Medienindustrie steht eine begrenzte Anzahl großer Unternehmer einer Vielzahl mittlerer, kleiner und kleinster Unternehmen gegenüber. Große Medienunternehmen fungieren als Nukleus bzw. besitzen eine ‚Ankerfunktion' (Läpple 1999). Die Klein- und Kleinstunternehmen befinden sich dagegen in einer offenen Zulieferbeziehung zu den etablierten großen Akteuren, sind aber gleichzeitig Garant für eine flexible und innovative Produktionsstruktur. Innovationen werden in einer engen Kooperation zwischen Kunden (große Unternehmen) und Produzenten entwickelt. Die kleinen Unternehmen zeichnen sich durch eine ausgeprägte Volatilität und eine projektorientierte Arbeitsweise aus. Die Arbeitskräfte auf diesen unstrukturierten, durch hohe Unsicherheit gekennzeichneten Arbeitsmärkten versuchen, diese Unsicherheit durch Netzwerkbildung und enge soziale Kontakte abzufedern.

Wie im Folgenden dargestellt wird, begünstigt ein solches Produktionsmodell die Clusterbildung, weshalb davon ausgegangen werden kann, dass sich Clustertendenzen auch weiterhin beobachten lassen werden, solange das vorherrschende Produktionsmodell in der Medienindustrie nicht grundsätzlich in Frage gestellt wird. Der räumliche Effekt digitaler Vernetzungstechniken besteht nicht darin, Entfernung in ihrer Bedeutung zu verringern oder gar zu beseitigen, sondern Räume fragmentierter und komplexer zu machen. Die Bedeutung räumlicher Aspekte verschwindet nicht einfach – ganz im Gegenteil. Räumliche Aspekte werden wichtiger als je zuvor. Auch wenn Personen, Organisationen und ganze Industrien sich tatsächlich überall ansiedeln könnten oder zumindest eine freie Wahl unter verschiedenen Lokalitäten haben sollten, dann wäre die Frage, wo sie sich ansiedeln, von den spezifischen Eigenschaften der jeweiligen Lokalität abhängig. Damit könnte das Internet grundsätzlich dazu beitragen, bestehende räumliche Konzentrationen sowohl zu verstärken als auch aufzulösen.

Abb. 1: Agglomerationstendenzen in der Medienindustrie

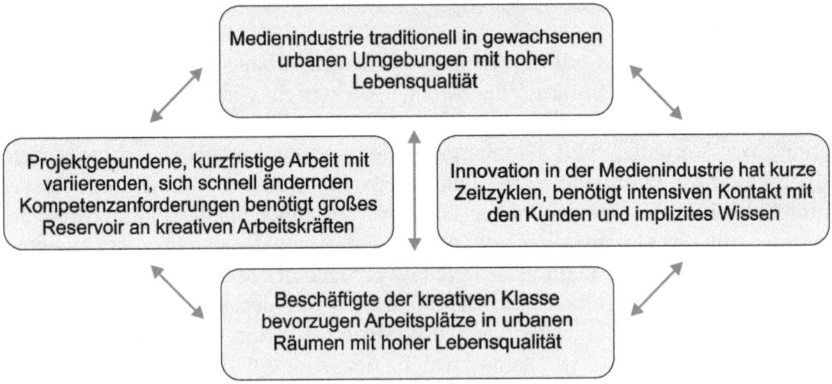

Eigene Darstellung

4.1 Die Logik der Nähe

Es sind empirische Hinweise dafür vorgebracht worden, dass die Medienindustrie bis heute durch eine starke Clusterung gekennzeichnet ist. Warum clustern sich Medienfirmen nach wie vor an bestimmten Orten, obwohl die technischen Möglichkeiten die Notwendigkeit von Nähe für inner- wie interorganisatorische Verbindungen reduziert haben? Wird sich diese Tendenz zur Clusterbildung fortsetzen?

Zur Analyse der Entwicklung und Perspektive von Clustern kann mit der Annahme begonnen werden, dass es neben technologischen Trajektorien (Dosi 1982) auch regionale Trajektorien gibt (Fuchs/Shapira 2005). Es kann davon ausgegangen werden, dass die ökonomische Entwicklung auch in Regionen durch Prozesse der Pfadabhängigkeit beeinflusst wird. (Technisches) Wissen ist nicht nur in großtechnischen Systemen (Hughes 1987) oder in industriellen Sektoren und Professionen organisiert und verkörpert, sondern auch in regionalen ökonomischen Arenen. Institutionen stützen diese regionalen Trajektorien ab. Existierende regionale Strukturen, Institutionen, Kooperationsbeziehungen und Politikstrategien entwickeln sich pfadabhängig – was bedeutet, dass sie nur schwer zu verändern sind.

Regionale Ökonomien können aber auch als Räume kollektiven technologischen Lernens verstanden werden. Die entscheidende Frage ist, wie entsprechendes Lernen institutionalisiert werden kann. Auch Lernen kann als ein evolutionärer Prozess betrachtet werden, der wiederum pfadabhängigen Entwicklungsrichtungen folgt. Technologische und andere Fähigkeiten werden von lokalen, regionalen und nationalen Kontexten und Umgebungen geprägt. Außergewöhnlich erfolgreiche Regionen sind durch einen eng verknüpften institutionellen Kontext und starke regionale Netzwerke gekennzeichnet, die mit den dominanten ökonomischen und technologischen Schwerpunkten in den industriellen Clustern harmonieren. Regionale Entwicklungspfade beziehen sich daher auf akkumulierte Kompetenzen, Methoden und Technologien.

Die Medienindustrie war traditionell stark lokal konzentriert und zeichnet sich durch eine starke Pfadabhängigkeit aus. Verstärkt wird diese Pfadabhängigkeit noch, wenn man die Medienindustrie in Zusammenhang mit den kreativen Industrien und den vielfältigen Wechselbeziehungen zwischen ihnen sieht. Andere Kreativindustrien haben sich in der Vergangenheit ebenso geclustert (Scott 1997; Hitters/Richards 2002; Mommaas 2004) und dies meist an denselben Orten wie der klassische Kern der Medienindustrie. Hiervon kann eine Bestärkung der Pfadabhängigkeit erwartet werden.

Ein Pfadabbruch braucht unter derartigen Bedingungen starke Gründe, die in technischen Entwicklungen oder größeren externen Herausforderungen, Zusammenbrüchen oder ähnlichen Prozessen vermutet werden könnten. Wie Dolata (2011) dargelegt hat, sind radikale Brüche aber eher selten. Veränderungen vollziehen sich inkrementell und schrittweise. Viele kleine Schritte in eine leicht veränderte Richtung können dann auch zu einer größeren Veränderung führen. Gibt es Anzeichen dafür, dass sich die grundlegenden Agglomerationsantriebe verändern und die Medienindustrie in eine neue Richtung drängen?

Ich habe oben bereits über Netzwerke oder Bindungen gesprochen. Grundsätzlich besteht über deren Bedeutung in der wissenschaftlichen Diskussion ein breiter Konsens. Der Dissens beginnt bei der Frage, ob soziale Netzwerke auch eine räumliche oder lediglich eine relationale Komponente besitzen müssen, um funktionieren zu können. Ein Blick in die soziologische Theorie mag hier hilfreich sein. Dort stoßen wir auf die bekannte Unterscheidung zwischen starken und schwachen Bindungen. Martin (2009) hat erst jüngst wieder zu zeigen versucht, dass starke Bindungen nach wie vor einer räumlichen Logik folgen. Bei schwachen Bindungen hingegen sei das nicht vorauszusetzen. Schwache Bindungen könnten eher den Schließungstendenzen widerstehen, durch die eine räumliche Logik gekennzeichnet ist. Watts (1999: 133) argumentiert, dass es höchst wahrscheinlich ist, dass Bindungen von der Entfernung in zwei Räumen – im geografischen Raum und im sozialen Raum – beeinflusst werden. Aber gerade da zwei verschiedene Räume involviert sind, sei es schwierig vorauszusagen, wie, ob und wo sich Bindungen konkret herausbilden. Personen, die sowohl räumlich als auch sozial nahe beieinander liegen, besitzen allerdings eine viel höhere Wahrscheinlichkeit, miteinander in Kontakt zu kommen und Bindungen aufzubauen. Das heißt, die räumliche Nähe alleine kann zwar begünstigen, dass Bindungen aufgebaut werden. Die Wahrscheinlichkeit wird aber stark erhöht durch eine gleichzeitige Nähe im sozialen Raum. Nähefaktoren werden folglich eine besondere Rolle für eine Industrie und deren Platzwahl spielen, wenn die Lösung von solchen Aufgaben im Zentrum steht, deren Erfolg durch starke Bindungen erleichtert wird.

Das gilt etwa für die Übermittlung impliziten Wissens *(tacit knowledge)*. Dieser Typ von Wissen kann nicht leicht in abstrakter, kodifizierter Form an andere Personen übertragen werden, sondern am ehesten über persönliche Kontakte. Selbst technisches Wissen ist oft nur schwer kodifizierbar und kann in erster Linie durch Imitation oder Anlernen übertragen werden. Das gilt auch für den Produktionsprozess der Medienindustrie. Wissen wird damit zu einem privaten Gut und es verhält sich wie andere private Güter und nicht wie ein öffentliches Gut. *Public-good*-Eigenschaften der von der Medienindustrie vertriebenen Güter werden häufig genannt, wenn es um eine Analyse der postulierten Veränderung der Medienindustrie geht. Es ist aber wichtig, zwischen Prozessen der Produktion von Mediengütern und denen ihres Vertriebes zu unterscheiden.

Die Übermittlung von *tacit knowledge* ist eine besondere Form des sozialen Lernens, die wiederum abhängig ist von bestimmten relationalen Bedingungen, die Vernetzung und Interaktion implizieren: von *face-to-face*-Beziehungen, von vertrauensbasierten Bindungen und von der Reziprozität sowie kulturellen Nähe in lokalisierten Netzwerken (Powell/Grodal 2005). Lorenzen/Foss (2003: 91) beispielsweise erläutern, dass

> „social learning processes work smoothly between entrepreneurs in a cluster compared to the outside world, because of an abundance of strong and weak ties [...] facilitated by the geographical proximity of local entrepreneurs. Proximity

> promotes face to face interaction along with monitoring and gossip, and hence shared experiences and points of reference."

Aus diesem Grund tendieren

> „co-located firms (...) to experiment with a variety of approaches and solutions to similar problems, spurred in this activity by the incentives and the opportunities provided by the possibility of constantly monitoring, comparing, selecting, and imitating the solutions chosen ‚next door'." (Breschi/Malerba 2001: 827)

Lokale Kontakte können zufällig entstehen, globale Beziehungen entwickeln sich dem gegenüber bestimmter und gezielter. Für Malmberg (2003: 158) kommen Interaktionen im „global circuit" nicht per Zufall zustande: „They are often the result of devoted and targeted identification of a specialist people". Sie sind daher erheblich voraussetzungsvoller: „a lot (time, money, energy) in order to establish their relation" (ebd.) ist dazu notwendig.

Cluster dieser Art entwickelten eine Netzwerkkultur basierend auf einem Typus von starken Bindungen, der den Transfer von komplexem Wissen durch *face-to-face*-Interaktionen erlaubt, die durch eine geografische Nähe von Firmen und anderen Akteuren erleichtert wird (Bathelt 2001; Sorenson et al. 2006; Steiner/Ploder 2008). Derartige Wissensnetzwerke sind wichtige Elemente, die den ökonomischen Erfolg und die Wettbewerbsfähigkeit sowohl von Firmen als auch Regionen untermauern (Malecki 2002, 2007; Doloreux et al. 2008; Huggins/Johnston 2010). Diese Netzwerke repräsentieren einen Mechanismus, durch den *knowledge spillovers* und *untraded interdependencies* kanalisiert und kommuniziert werden (Storper 1995; Simmie 2003; Fleming/Marx 2006). Die Existenz von räumlich gebundenen Wissensnetzwerken wird allgemein als eine der Schlüsselbedingungen dafür betrachtet, warum eine Reihe der erfolgreichsten Regionen ihre Wettbewerbsfähigkeit erhalten oder sogar weiter ausgebaut haben (Saxenian 1994; Lawson/Lorenz 1999).

Viele Firmen holen sich Wissen allerdings nicht nur von Firmen innerhalb eines Clusters. Das gilt insbesondere für solche, die stark innovationsgetrieben sind und nicht nur für regionale Märkte arbeiten. Dort wird Wissen zunehmend auch international eingekauft (Davenport 2005). Wenn benötigtes Wissens lokal verfügbar ist, wird es von den Firmen angezapft und angewandt. Es gibt aber wachsende Evidenz dafür, dass auch räumlich nicht nahe Akteure in der Lage sind, komplexes Wissen zu übertragen – Wissen, das in bestimmten Bereichen dem lokalen überlegen ist und bei dessen Übertragung und Integration die Verfügbarkeit leistungsfähiger Netzinfrastrukturen eine wichtige Rolle spielen (McEvily/Zaheer 1999; Dunning 2000; Lissoni 2001).

Solche überregionalen Vernetzungen lösen aber die Agglomerationstendenzen nicht auf. Sie sind vielmehr Voraussetzung dafür, dass die Lernfähigkeit des

Clusters erhalten bleibt. Es geht in anderen Worten um ein gut austariertes Verhältnis zwischen regionalen und überregionalen, schwachen und starken Bindungen.

4.2 Die Produktionslogik

Die Folgen des Internet werden, wie bereits erwähnt, gerne unter dem Distributionsaspekt diskutiert. Dies mag dem Einfluss neoklassischen ökonomischen Denkens in den Sozialwissenschaften geschuldet sein, das sich primär um Allokationsaspekte kümmert und dagegen das Moment der spezifischen Produktionsbedingungen und deren Bedeutung unterschätzt. Für die hier aufgeworfene Frage ist aber eine Analyse der Produktionsbedingungen in der Medienwirtschaft zentral.

Produktionsprozesse in der Medienindustrie sind gekennzeichnet

- durch eine projektförmige Organisation der Arbeit. Das heißt, dass Produkte im Rahmen von Projekten hergestellt werden, die nur für eine bestimmte, limitierte Zeit laufen. Solche Projekte basieren auf den Prinzipien der flexiblen Spezialisierung, der zwischenbetrieblichen Vernetzung und einer kompetitiven Zusammenarbeit;
- durch einen spezifisch „kreativen" und innovativen Charakter der Produkte, die erstellt werden;
- durch eine enge Kooperation zwischen Produzenten und Kunden bei der Produkterstellung.

Charakteristisch für Medienprodukte ist, dass es sich um sich schnell verändernde Produkte handelt. Unternehmen der Medienindustrie können ihre Produkte nicht einfach immer wieder reproduzieren, da ihre Chancen, im Wettbewerb zu bestehen, von ihrer Fähigkeit abhängen, kontinuierlich neue Produkte zu generieren, die auch ihre Kunden als sichtbar und funktional neu empfinden und als überlegen gegenüber früheren Produkten wahrnehmen (Braun-Thürmann 2005: 6). Das bedeutet, dass es für Firmen in der Medienindustrie entscheidend ist, aktiv die Produkte der Konkurrenz zu beobachten und ihre eigenen Produkte entsprechend anzupassen und zu verbessern. Die Präsenz einer Medienfirma in einem Cluster mit anderen Medienfirmen macht es für sie einfacher, die Konkurrenten formal und informell zu beobachten und die Produkte der anderen Firmen zu studieren (Maskell 2001; Malmberg/Maskell 2002). Diese Art von Monitoring ist ein wichtiger Teil des kreativen Prozesses in der Medienwirtschaft, der Innovationen stimuliert (Britton 2007). Innovationen in der Medienindustrie erfolgen zudem in der Regel inkrementell und erfordern neue Kombinationen oder Anwendungen von existierendem implizitem und/ oder kodifiziertem Wissen, das auf vergangenen kreativen Erfolgen aufbaut

(Wolfe et al. 2005). Im Unterschied zu anderen industriellen Sektoren ist es für die Medienwirtschaft typisch, dass die Phasen der Invention, der Innovation und des Markteintritts nicht sequentiell, sondern simultan erfolgen (Fuchs/Koch 2005). Produkte oder Dienstleistungen werden zudem häufig weiter entwickelt, während sie gleichzeitig dem Kunden zur Verfügung gestellt werden. Der direkte Kontakt zwischen Kunden und Produzenten erleichtert dabei die Abstimmungsprozesse ungemein. Daher gilt für die Medienproduktion:

> „Tacit knowledge is more important than in the analytical type, in particular, due to the fact that knowledge often results from experience gained at the workplace and through learning by doing, using and interacting. Compared with the analytical knowledge base, there is more concrete know-how, craft and practical skills required, which is provided by technical universities, polytechnics or on-the-job training. Overall, this leads to a rather incremental way of innovation, dominated by the modification of existing products and processes." (Amin/Cohendet 2004: 55)

Ein weiteres Charakteristikum der Aktivitäten in wichtigen Teilen des Mediensektors besteht darin, dass sie in zwischen- und innerbetrieblichen Projekten mit einem begrenzten Zeitrahmen organisiert sind, die als temporäre projektorientierte Produktionsnetzwerke bezeichnet werden können. Diese Lösung des Problems der Organisation und Koordination der Produktion ist im Mediensektor weit verbreitet (Starkey et al. 2000; Sydow/Staber 2002; Moßig 2004; Ferriani et al. 2005 und in der Literatur vielfach als flexible Spezialisierung behandelt worden (Piore/Sabel 1984). Projektbasierte Produktion ist besonders stark verbreitet in der Filmindustrie, der Musikproduktion, der Buchproduktion, bei der Software-Entwicklung sowie in den der Medienindustrie zuarbeitenden benachbarten Sektoren (Grabher 2002, Pratt 2002). Das Modell der flexiblen Spezialisierung macht es für führende Medienfirmen möglich, *Freelancer* und verschiedene kleine Firmen im Mediencluster als *reserve pool* für Arbeitskräfte zu nutzen. Durch den großen Anteil von kurzfristigen Verträgen werden Risiken für die Kunden verringert (Christopherson 2005, 2006). Die Durchführung von zeitlich aufeinander folgenden Projekten schafft im Laufe der Zeit eine starke soziale Basis für den Transfer von implizitem Wissen mittels *face-to-face*-Kontakten, kann aber nur funktionieren, wenn der lokale Pool an qualifiziertem Personal ausreichend groß ist. Nur große Regionen können ein ausreichend großes Potenzial an lokalem Arbeitsangebot und eine Variation in Fähigkeiten, Kompetenzen und Dienstleistungen vorhalten, die notwendig sind, um diese Form von flexibler Produktion zu gewährleisten und die notwendigen Lerneffekte zu generieren.

In dieser Hinsicht hat die Medienindustrie eine Entwicklung vollzogen, die auch in anderen Industrien zu beobachten ist: den Übergang von vertikal integrierten Produktionssystemen, bei denen die wichtigsten Produktionsfunktionen innerhalb einer Organisation angesiedelt und abgewickelt werden, hin zu einem vertikal desintegrierten und horizontal ausgerichteten Produktionssystem, das durch kleine Produktions- und Dienstleistungseinheiten gekennzeichnet ist. Dementsprechend werden wichtige Teile des Produktionsprozesses nicht mehr innerhalb einer Organisation durchgeführt, sondern bewegen sich in Richtung externer Märkte und entwickeln sich aus einer Reihe von Transaktionen, die Firmen und Individuen in Produktionsprojekten miteinander verknüpfen – eine Entwicklung, die bereits vor dem Ausbau der informationstechnischen Vernetzung begonnen hat, durch diese aber wesentlich gefördert wurde.

Im Falle von projektbezogenen Netzwerken, die die Grenzen von Firmen überschreiten, sind Projektteams aus verschiedenen, formell unabhängigen Firmen oder einzelnen selbständigen Personen zusammengesetzt (Abb. 2). Die breite, projektbasierte Organisation medienindustrieller Produkte verbessert die Marktbedingungen für kleine, unabhängige Firmen und Selbständige. Grabher (2002) entwickelte zur Analyse der projektbasierten, kreativitätsorientierten Netzwerke den Begriff der Projektökologien, die gekennzeichnet sind durch Zusammenarbeit, flexible Beteiligung und informelle Arbeitsbeziehungen. Auch die Produktionslogiken im Medienbereich stützen mithin regionale Agglomerationstendenzen.

Abb.2: Projektnetzwerk in der Fernseh- und Filmbranche

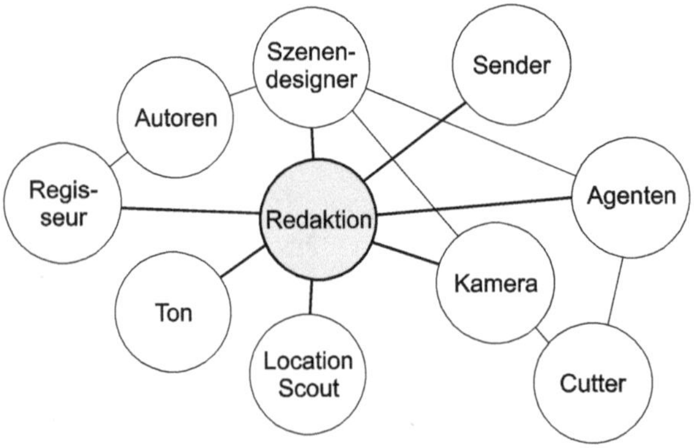

Quelle: Sydow/Staber 2002: 219

4.3 Die Logik des Arbeitsmarktes

Schließlich ist davon auszugehen, dass auch die Funktionsweise des Arbeitsmarkts in der Medienwirtschaft die Tendenz zur Agglomeration fördert. Sowohl für die Anbieter als auch für die Nachfrager von Arbeitskraft ist der Arbeitsmarkt in der Medienindustrie durch eine spezifische Unsicherheit gekennzeichnet. Die Projektorientierung der Produktionsprozesse macht es auf der einen Seite für die Beschäftigten schwierig, dauerhafte und stabile Beschäftigung zu finden. Für die Unternehmer stellt sich auf der anderen Seite die Herausforderung, immer wieder aufs Neue Projekte zusammenzustellen und zu koordinieren. Für beide Seiten kommt die zusätzliche Herausforderung hinzu, beständig neue und kreative Produkte und Dienstleistungen zu erstellen, bei denen die Übermittlung und Entwicklung einer Art von Wissen im Mittelpunkt steht, das einen eher impliziten Charakter trägt und einem Gefühl für neue Ideen und für das, was wichtig und ‚cool' ist, gleichkommt.

Die Beschäftigten in der Medienindustrie stehen unter diesen Bedingungen vor der Herausforderung, Beschäftigung in einem Sektor zu finden, der durch einen wenig spezifizierten und standardisierten Output gekennzeichnet ist und in dessen Kontext zwar standardisierte Universitätsabschlüsse existieren, die bei aktuellen Rekrutierungsentscheidungen oder für die berufliche Karriere aber eine eher zweitrangige Rolle spielen. Im Gegensatz etwa zu Architekten oder Rechtsanwälten gibt es in der Medienindustrie auch eine Vielzahl von Quereinsteigern und Personen mit unkonventionellen Ausbildungswegen.

Birgit Apitzsch (2009) hat in ihrer Untersuchung zum Arbeitsmarkt von Beschäftigten in der Medienindustrie herausgearbeitet, dass für die Arbeitssuchenden persönliche Kontakte bei der Jobfindung von großer Bedeutung sind und Karrieren auch tendenziell eher über Assistenzpositionen und über persönliche Empfehlungen stattfinden. Sie stellte fest, dass sich nicht zuletzt aufgrund der niedrigen Professionalisierung der Beschäftigung, gepaart mit hohen Erwartungen an die sozialen und kognitiven Fähigkeiten der Beschäftigten, netzwerkförmige Arbeitsmärkte entwickelt haben. Die Ausbildungswege sind nicht eindeutig durch Fachqualifikationen determiniert, vielmehr dominiert informelles und erfahrungsbasiertes Lernen. Der Aufstieg für die Beschäftigten findet über Assistenzpositionen statt, die ein enges persönliches Verhältnis zwischen den beteiligten Akteuren implizieren. Anwerbungsprozesse von Mitarbeitern erfolgen in erster Linie über informelle Kanäle. Hilfreich bei einer Bewerbung ist die Bekanntschaft mit Kollegen aus früheren Projekten. Eine in der einschlägigen Szene geteilte (positive) Einschätzung der Zuverlässigkeit, Teamfähigkeit, Sympathie und ähnlicher Arbeitseinstellungen ist bei der Weiterempfehlung entscheidend. Die Dominanz persönlicher Kontrollformen in diesem Kontext begünstigt die Herausbildung stabiler Kooperationsbeziehungen zwischen den in

Projekten arbeitenden Mitgliedern. Gleichzeitig wird aber auch die Bedeutung räumlicher wie sozialer Nähe bestärkt. Die auf der Basis von qualitativen Erhebungen zustande gekommenen Ergebnisse werden auch durch quantitative Untersuchungen wie die von Gabe/Abel (2012) bestärkt, die zeigen, dass sich Beschäftigte mit sowohl hohen als auch diffusen Qualifikationsanforderungen stärker lokal konzentrieren als Beschäftigte, die eher standardisierte Qualifikationen aufweisen.

Die Projektorientierung und der Charakter der Arbeit im Mediensektor haben also Auswirkungen auf den Typ des sich entwickelnden Arbeitsmarktes und die Herausbildung von Agglomerationen. Wie dargestellt werden viele Medienprodukte in der Form von Projekten produziert, die eine begrenzte Zeit laufen. Die Projekte benötigen für ihr Funktionieren eine große Zahl unterschiedlicher Spezialisten auf befristeter Basis. Nur ein relativ großer Cluster bzw. eine Agglomeration wird in der Lage sein, eine ausreichende Bandbreite von Spezialisten zur Verfügung zu stellen, die dann solche Projekte auch ökonomisch machbar erscheinen lassen. Charakteristisch sind daher viele unterschiedliche spezialisierte Funktionen und intensive zwischenbetriebliche Beziehungen, in denen geografische Nähe wächst. Viele Projekte schaffen im Laufe der Zeit eine starke soziale Basis für die Weitergabe von implizitem Wissen mit Hilfe von *face-to-face*-Kontakten. Das wird dauerhaft aber nur funktionieren können, wenn der lokale Pool an Arbeitskräften ausreichend groß ist. Nur Agglomerationen besitzen ein großes potenzielles Arbeitskraftangebot und die Variation in den Qualifikationen, Kompetenzen und Dienstleistungen, die benötigt wird, um diese Art von flexiblen Produktionssystemen zu beherbergen und die notwendigen Lerneffekte zu realisieren.

Zusammengefasst lässt sich also sagen, dass persönliche Netzwerke sowohl für die Rekrutierung als auch für die Karriere in diesem wenig professionalisierten Sektor von großer Bedeutung sind. Persönliche Netzwerke müssen zwar nicht exklusiv geografisch begrenzt vorhanden sein. Wie bereits ausgeführt erhöht das Zusammenfallen von sozialer und räumlicher Nähe allerdings die Wahrscheinlichkeit der Realisierung von Kontakten.

Verstärkt wird die Tendenz zu Agglomerationen auch dadurch, dass sich kreativ Beschäftigte eher Wohn- und damit Arbeitsorte aussuchen, die eine hohe Lebensqualität aufweisen, und ein kreatives und offenes Milieu bevorzugen. Richard Florida hat diesen Gedanken in seiner Theorie der kreativen Klasse ausgearbeitet. Florida (2002) stellt in seinem Buch „The Rise of the Creative Class" (und in vielen darauf aufbauenden kleineren Untersuchungen) eine Beziehung zwischen der ökonomischen Entwicklung einer Region und dem Anteil der Beschäftigten her, die der *creative class* zugeordnet werden können, sowie der Toleranz gegenüber Diversität und Minderheiten, der Fähigkeit, Technologien zu erfinden oder zu verbessern, und der breiten Verfügbarkeit von der Lebensqualität förderlichen (öffentlichen) Angeboten. Zusammenfassend formuliert er die These, dass attraktive städtische Räume mit einer hohen Diversität junge, hoch qualifizierte und kreative Beschäftigte anziehen, die wiederum direkt zum ökonomischen Wachstum beitragen. Florida folgert daraus, dass die Unternehmen bei ihrer Standortwahl insbesondere in wissensintensiven Wirtschaftszweigen von der starken Präsenz von Angehörigen der kreativen Klasse angezogen würden. Unternehmen und damit Arbeitsplätze folgen demzufolge den vorhandenen Arbeitskräften. Mitglieder der kreativen Klasse – Wissenschaftler, Medienbeschäftigte, Ingenieure, Architekten, Designer, Lehrer, Künstler, Musiker usw. – stimulieren die Wirtschaft einer Region, indem sie neue Ideen, neue Technologien oder neue Inhalte einbringen. Auch Wissensarbeiter, die mit der Lösung komplexer Probleme beschäftigt sind und von denen ein hohes Maß an unabhängiger Entscheidungskraft verlangt wird, gehören in diese Kategorie.

Diese Beziehungen werden insofern immer wichtiger, als ein Mangel an Diversität, Toleranz und Kreativität in einer wissensbasierten Wirtschaft zu einem Verlust an kreativen Arbeitskräften und einem *brain drain* in andere Regionen führt. Die Annahme, dass wissensintensive Unternehmen sich an den Orten niederlassen, die von Kreativen präferiert werden, steht im Gegensatz zu den die Wirtschafts- und die Bevölkerungswissenschaften dominierenden neoklassischen Thesen, denen zufolge die Erwerbstätigen den verfügbaren Arbeitsplätzen folgen *(people follow jobs)*. Florida's These, dass der Wohlstand von Städten und Regionen zunehmend von der Fähigkeit abhängt, eine mobile und sensible Klasse von Kreativen anzuziehen, am Standort zu halten und zu fördern, deren aggregierte Einflüsse das entscheidende Antriebsmoment für ökonomisches Wachstum sind, hat sich als politisch enorm einflussreich (vgl. Bundesministerium für Wirtschaft und Technologie 2009) erwiesen und macht deutlich, dass der Arbeitsmarktmechanismus weiterhin in Richtung einer Förderung von Agglomerationstendenzen wirken kann.

5 Zusammenfassung

All dies sollte deutlich gemacht haben, dass die digitale Revolution nicht das Ende räumlicher Agglomerationsprozesse einläutet, zumindest nicht in der Medienindustrie. Das Gegenteil ist der Fall: Es ist die Art und Weise der Interaktionen und Transaktionen, die für die Produktionsprozesse in der Medienindustrie wesentlich sind und die die Bedeutung von formalen und informellen *face-to-face*-Kommunikationen weiterhin als wesentlich und kritisch erscheinen lassen, durch die die existierenden Agglomerationen gestärkt werden.

Medienfirmen betreiben ihre Aktivitäten an Standorten, die ihre speziellen Geschäftsinteressen unterstützen, d.h. die Produktion und Verteilung von Unterhaltung und Inhalten, die Akquise, Vorbereitung, Zusammenstellung und Verteilung von Informationen und den Verkauf von Anzeigen an Werbekunden (Ferrando et al. 2008; Beck 2002). Das Clustern von Medienfirmen findet besonders an solchen Standorten statt, die eine große Zahl von geplanten wie zufälligen Kontakten mit sowohl ähnlichen als auch unterschiedlichen Produzenten und Kunden ermöglichen. Solche Standorte sind traditionell meist große Städte.

Die Unternehmen in den großen Medienclustern sind heutzutage aber nicht mehr eng an bestimmte geografisch abgrenzbare Räume gebunden, sondern zugleich über weltweite Netzwerke verbunden, in deren Mitte sich einige große Medienfirmen befinden, die wiederum in ein globales Netzwerk mit Zweigbüros und Niederlassungen eingebunden sind. Sie sind lokale und nationale Knoten in einem globalen Netzwerk (Fuchs/Wolf 1999). Die Präsenz in den großen Clustern ermöglicht es den großen Medienfirmen, Zugang sowohl zu den neuesten Trends und Entwicklungen in der Kulturindustrie zu bekommen als auch zu den neuesten technischen Entwicklungen, die sich die Medienindustrie zu Nutze machen kann. Um die großen Medienfirmen herum, die als Anker in den großen Medienstädten fungieren, haben sich Cluster von kleinen und sehr kleinen spezialisierten Medienfirmen entwickelt. Diese fungieren als Unterauftragnehmer oder als Teil projektorientierter Produktionsnetzwerke für die großen Medienfirmen und sind für sie wichtige Ideengeber.

Literatur

Amin, A./Cohendet, P. 2004: Architectures of Knowledge. Firms, Capabilities, and Communities. Oxford: Oxford University Press

Apitzsch, B. 2009: Flexible Beschäftigung und soziale Netzwerke. Der Einfluss von Professionalisierung. In: Beckert, J./Deutschmann, C. (Hg.): Wirtschaftssoziologie. Kölner Zeitschrift für Soziologie und Sozialpsychologie. Sonderheft 49. Wiesbaden: VS, S. 409–427

Bathelt, H. 2001: The Rise of a new Cultural Products Industry Cluster in Germany: The Case of the Leipzig Media Industry. IWSG Working Papers 06-2001. Frankfurt/M.: Johann Wolfgang Goethe-Universität Frankfurt

Beck, H. 2002: Medienökonomie. Print, Fernsehen und Multimedia. Berlin: Springer

Berg, L. van den/Braun, E./van Winden, W. 2001: Growth Clusters in European Cities: An Integral Approach. In: Urban Studies, Vol. 38/No. 1, S. 185–205

Braczyk, H.-J./Fuchs, G./Wolf, H.-G. (eds.) 1999: Multimedia and Regional Economic Restructuring. London: Routledge

Braun-Thürmann, I. 2005: Soziologie der Innovation. Bielefeld: Transcript

Breschi, S./Malerba F. 2001: The Geography of Innovation and Economic Clustering: Some Introductory Notes. In: Industrial and Corporate Change, Vol. 10/No. 4, S. 817–833

Britton, J. N. H. 2007: Path Dependence and Cluster Adaptation: A Case Study of Toronto's New Media Industry. In: International Journal of Entrepreneurship and Innovation Management, Vol. 7/No. 2/3/4/5, S. 272–297

Bundesministerium für Wirtschaft und Technologie 2009: Gesamtwirtschaftliche Perspektiven der Kultur- und Kreativwirtschaft in Deutschland. Forschungsbericht Nr. 577. Berlin: BMWi

Cairncross, F. 1997: The Death of Distance. Boston/MA: Harvard Business School Press

Christopherson, S. 2005: Divide and Conquer: Regional Competition in a Concentrated Media Industry. In Elmer, G./Gasher, M. (eds.): Contracting Out Hollywood: Runaway Productions and Foreign Location Shooting. Oxford: Rowman & Littlefield, S. 21–40

Christopherson, S. 2006: Behind the Scenes: How Transnational Firms are Constructing a New International Division of Labour in Media Work. In: Geoforum, Vol. 37/No. 5, S. 739–751

Davenport, T. H. 2005: Thinking for a Living. Boston: Harvard University Press

Davis, C. H./Creutzberg, T./Arthurs, D. 2009: Applying an Innovation Cluster Framework to a Creative Industry: The Case of Screen-Based Media in Ontario. In: Innovation: Management, Policy & Practice, Vol. 11/No. 2, S. 201–214

Dolata, U. 2011: Radical Change as Gradual Transformation. Characteristics and Variants of Socio-technical Transitions. Stuttgarter Beiträge zur Organisations- und Innovationssoziologie 2011-03. SOI Discussion Paper 2011-03. Stuttgart: Universität Stuttgart

Doloreux, D./Amara, N./Landry, R. 2008: Mapping Regional and Sectoral Characteristics of Knowledge-Intensive Business Services: Evidence from the Province of Quebec (Canada). In: Growth and Change, Vol. 39/No. 3, S. 464–496

Dosi, G. 1982: Technological paradigms and technological trajectories: A suggested interpretation of the determinants and directions of technical change. In: Research Policy, Vol. 11/No. 3, S. 147–162

Dunning, J. H. 2000: The eclectic paradigm as an envelope for economic and business theories of MNE activity. In: International Business Review, Vol. 9/No. 2, S. 163–90

Ferrando, J./Gabszewicz, J. J./Laussel, D./Sonnac, N. 2008: Intermarket Network Externalities and Competition: An Application to the Media Industry. In: International Journal of Economic Theory, Vol. 4/No. 3, S. 357–379

Ferriani, S./Corrado, R./Boschetti, C. 2005: Organizational Learning Under Organizational Impermanence: Collective Ties in Film Project Firms. In: Journal of Management and Governance, Vol. 9/No. 3, S. 257–285

Fleming, L./Marx, M. 2006: Managing Creativity in Small Worlds. In: California Management Review, Vol. 48/No. 4, S. 6–27

Florida, R. 2002: The Rise of the Creative Class: and How It Is Transforming Work, Leisure, Community and Every-Day Life. New York: Basic Books

Fuchs, G./Koch, A. 2005: Biotechnology and Multimedia: Cluster Development in New Industries. In: Karlsson, C./Johansson, B./Stough, R. R. (eds.): Industrial Clusters and Inter-Firm Networks. Cheltenham,/UK, Northampton/MA: Edward Elgar, S. 231–259

Fuchs, G./Shapira, P. (ed.) 2005: Rethinking Regional Innovation. New York: Springer

Fuchs, G./Wolf, H.-G. 1999: Regionale und globale Bindungen in der Entwicklung der Multimedia-Produktion. In: Fuchs, G./Krauss, G./Wolf, H.-G. (Hg.): Die Bindungen der

Globalisierung. Interorganisationsbeziehungen im regionalen und globalen Wirtschaftsraum. Marburg: Metropolis, S. 192–223

Gabe, T. M./Abel, J. R. 2012: Specialized knowledge and the geographic concentration of occupations. In: Journal of Economic Geography, Vol. 12/No. 2, S. 435–453

Grabher, G. 2002: Cool Projects, Boring Institutions: Temporary Collaboration in Social Context. In: Regional Studies, Vol. 36/No. 3, S. 205–214

Hesmondalgh, D./Baker, S. 2010: Creative Labour: Media Work in Three Cultural Industries. Abingdon: Routledge

Hitters, E./Richards, G. 2002: The Creation and Management of Cultural Clusters. In: Creativity and Innovation Management, Vol. 11/No. 4, S. 234–247

Huggins, R. /Johnston, A. 2010: Knowledge Flow and Inter-Firm Networks: The Influence of Network Resources, Spatial Proximity, and Firm Size. In: Entrepreneurship and Regional Development, Vol. 22/No. 5, S. 457–484

Hughes, T. P. 1987: Networks of Power: Electrification in Western Society, 1880–1930. Baltimore: Johns Hopkins University Press

Krätke, S. 2003: Global Media Cities in a World-Wide Urban Network. In: European Planning Studies, Vol. 11/No. 3, S. 605–628

Krätke, S. 2011: The Creative Capital of Cities. Chichester: Wiley-Blackwell

Krätke, S./Taylor, P. J. 2004: A World Geography of Global Media Cities. In: European Planning Studies, Vol. 12,/No. 4, S. 459–477

Läpple, D. 1999: Die Ökonomie einer Metropolregion im Spannungsfeld von Globalisierung und Regionalisierung: das Beispiel Hamburg. In: Fuchs, G./Krauss, G./Wolf, H.-G. (Hg.): Die Bindungen der Globalisierung. Interorganisationsbeziehungen im regionalen und globalen Wirtschaftsraum. Marburg: Metropolis, S. 11–47

Lawson, C./Lorenz, E. 1999: Collective Learning, Tacit Knowledge and Regional Innovative Capacity. In: Regional Studies, Vol. 33/No. 4, S. 305–317

Lissoni, F. 2001: Knowledge codification and the geography of innovation: the case of Brescia mechanical cluster. In: Research Policy, Vol. 30/No. 9, S. 1479–1500

Lorenzen, M./Foss, N. J. 2003: Cognitive Coordination, Institutions, and Clusters: An Exploratory Discussion. In: Brenner, T./Fornahl, D. (eds.): Cooperation, Network and Institutions in regional Innovation Systems. Aldershot: Edward Elgar, S. 82–105

Malecki, E. J. 2002: The economic geography of the Internet's infrastructure. In: Economic Geography, Vol. 78/No. 4, S. 399–424

Malecki, E. J./Moriset, B. 2007: The Digital Economy: Business Organization, Production Processes, and Regional Development. London: Routledge

Malmberg, A. 2003: Beyond Clusters. Global Milieus and Local Connections. In: Peck, J./ Wai-Chung Yeung, H. (eds.): Remaking the Global Economy: Economic-Geographical Perspectives. London: Sage, S. 145–162

Malmberg, A./Maskell, P. 2002: The Elusive Concept of Localisation Economies – Towards a Knowledge-Based Theory of Spatial Clustering. In: Environment and Planning Part A, Vol. 34/No. 3, S. 429–449

Martin, J. L. 2009: Social Structures. Princeton: Princeton University Press

Maskell, P. 2001: Towards a Knowledge-Based Theory of a Geographical Cluster. In: Industrial and Corporate Change, Vol. 10/No. 4, S. 921–943

McEvily, B./Zaheer, A. 1999: Bridging ties: A source of firm heterogeneity in competitive capabilities. In: Strategic Management Journal, Vol. 20/No. 12, S. 1133–1156

Mommaas, H. 2004: Cultural Clusters and the Post-Industrial City: Towards a Remapping of Urban Cultural Policy. In: Urban Studies, Vol. 41/No. 3, S. 507–532

Moßig, I. 2004: The Networks Producing Television Programmes in the Cologne Media Cluster: New Firm Formation, Flexible Specialization and Efficient Decision-Making Structures. In: European Planning Studies, Vol. 12/No. 2, S. 155–171

Moßig, I. 2010: Zentralisierungstendenzen in der Medienwirtschaft. Zur Bedeutung des räumlichen Kontextes für die Erzeugung und kommerzielle Verwertung von Medieninhalten. In: Geographische Zeitschrift, Jg. 97/Heft 2–3, S. 95–112

Moßig, I. 2011: Regional Employment Growth in the Cultural and Creative Industries in Germany 2003-2008. In: European Planning Studies, Vol. 19/No. 6, S. 967–990

Piore, M. J./Sabel, C. F. 1984: The Second Industrial Divide: Possibilities for Prosperity. New York: Basic Books

Powell, W. W./Grodal, S. 2005 : Networks of Innovators. In: Fagerberg, J./Mowery, D. C./ Nelson, R. R. (eds.): The Oxford Handbook of Innovation. Oxford: Oxford University Press, S. 56–85

Power, D./Nielsen, T. 2010: Priority Sector Report: Creative and Cultural Industries. European Cluster Observatory and European Commission DG Enterprise and Industry (Internet: http://www.clusterobservatory.eu/upload/CreativeAndCulturalIndustries.pdf; zuletzt aufgesucht am 1.6.2012)

Pratt, A. C. 2002: Hot Jobs in Cool Places. The Material Cultures of New Media Product Spaces: The Case of the South of Market, San Francisco. In: Information Communication and Society, Vol. 5/No. 1, S. 27–50

Pratt, A. C. 2008: Creative cities: the cultural industries and the creative class. In: Geografiska Annaler: Series B, Human Geography, Vol. 90/No. 2, S. 107–117

Quah, D. 1998: A Weightless Economy. In: The Unesco Courier, Vol. 52/No. 12, S. 18–20

Sassen, S. 2001: The Global City: New York, London, Tokyo (2. Auflage). Princeton/NJ: Princeton University Press

Saxenian, A. L. 1994: Regional Advantage. Cambridge/MA: Harvard University Press

Scott, A. J. 1997: The Cultural Economy of Cities. In: International Journal of Urban and Regional Research, Vol. 21/No. 2, S. 323-339

Simmie, J. 2003: Innovation and Urban Regions as National and International Nodes for the Transfer and Sharing of Knowledge. In: Regional Studies, Vol. 37/No. 6/7, S. 607–620

Sorenson, O./Fleming L./Rivkin J. W. 2006: Complexity, Networks and Knowledge Flow. In: Research Policy, Vol. 35/No. 7, S. 994–1017

Starkey, K./Barnatt, C./Tempest, S. 2000: Beyond Networks and Hierarchies: Latent Organizations in the U.K. Television Industry. In: Organization Science, Vol. 11/No. 3, S. 299–305

Steiner, M./Ploder M. 2008: Structure and Strategy with heterogenity: Multiple Dimensions of regional networking. In: Regional Studies, Vol. 42/No. 6, S. 793–815

Storper, M. 1995: The Resurgence of Regional Economies, Ten Years Later. The Region as a Nexus of Untraded Interdependencies. In: European Urban and Regional Studies, Vol. 2/ No. 3, S. 191–221

Sydow, J./Staber, U. 2002: The Institutional Embeddedness of Project Networks: the Case of Content Production in German Television. In: Regional Studies, Vol. 36/No. 3, S. 215–227

Taylor, P. J. 2005: Leading World Cities: Empirical Evaluations of Urban Nodes in Multiple Networks. In: Urban Studies, Vol. 42/No. 9, S. 1593–1608

UNESCO Institute for Statistics 2008: The 2009 UNESCO Framework For Cultural Statistics: Draft. Montreal, UNESCO Institute for Statistics

Watts, D. J. 1999: Small Worlds: The Dynamics of Networks between Order and Randomness. Princeton: Princeton University Press

Wolfe, D. A./Davis, C./Lucas, M. 2005: Global Networks and Local Linkages. An Introduction. In: Wolfe, D. A./Lucas, M. (eds.): Global Networks and Local Linkages: The paradox of Cluster Development in an Open Economy. Kingston: McGill-Queen‘s Press, S. 1–23

Zocken im Internet

Zur soziotechnischen Entwicklung der mediatisierten Glücksspielindustrie am Beispiel des globalen Pokerbooms

Gerd Möll

1 Einleitung

Am 8. November 2011 gewann erstmals ein deutscher Spieler das prestigeträchtigste Pokerturnier der Welt, das sogenannte *Main Event* der *World Series of Poker* (WSOP) in Las Vegas. Der 22-jährige Pius Heinz aus Odendorf bei Bonn setzte sich in diesem Turnier gegen mehr als 6.000 Konkurrenten durch und kassierte für seinen Sieg ein Preisgeld von 8,7 Millionen US-Dollar. Der Erfolg von Heinz fand ein beachtliches Echo in den bundesrepublikanischen Medien. Ereignisnah berichtet wurde beispielsweise in der Abendausgabe der *heute*-Nachrichten im *Zweiten Deutschen Fernsehen*, und auch der Pressespiegel zu den Begebenheiten in Las Vegas wies jenseits der Pokermedien einen bemerkenswerten Umfang auf: „Poker-Papst Pius ist Weltmeister" *(Bild.de)*, „Historischer Erfolg: Deutscher Student gewinnt Poker-WM" *(Spiegel Online)* oder „Junger Deutscher gewinnt Poker-Weltmeisterschaft" *(faz.net)* lauteten einige dieser Schlagzeilen.[1] Nach seiner Rückkehr aus Amerika bewegte sich Heinz von *Stern-TV* zu *TV-Total* durch die diversen Formate der privaten Fernsehsender. Noch vor zehn Jahren wäre ein derartiges Medienecho unvorstellbar gewesen. Dieser Umstand verweist auf einen veränderten gesellschaftlichen Stellenwert des Glücksspiels im Allgemeinen und des Pokers im Besonderen.

Es erscheint plausibel, die zunehmende gesellschaftliche Akzeptanz des Glücksspiels (Prisching 2008) mit einem möglicherweise grundlegenden sozialen Wandel von einer (angeblichen) Leistungs- zu einer Erfolgsgesellschaft in Verbindung zu bringen (Neckel 2008; Hitzler 2012). Die damit implizierte Veränderung kollektiver Sinnsysteme erklärt freilich noch nicht, auf welche Weise in wenigen Jahren aus dem nur in wenigen Ländern populären und mit einem zwielichtigen Ruf behafteten Hinterzimmer-Vergnügen Poker nicht nur ein Freizeit-Spaß für die breite Öffentlichkeit, sondern auch ein kaum als ertragreich genug einzuschätzendes – und mithin auch zu vielfältigen Betrügereien einla-

---

1 Vgl. http://www.pokerboni.com/news/81-pressespiegel-zur-sensation-von-pius-heinz

dendes – globales Geschäft sowohl für die besten Spieler als auch für die Veranstalter von Poker-Events und vor allem für die Betreiber von Online-Spiel-Räumen sowie für diverse angelagerte Dienstleister werden konnte.[2]

Der Pokerboom kann als einer der prominentesten Belege für die Tauglichkeit des Internet als technologische Basis für profitable Geschäftsmodelle verstanden werden. Die Entstehung dieses Booms und seine mittlerweile unverkennbare Abschwächung können zugleich aber als Beispiel für die Entwicklungsdynamik einer mediatisierten Welt interpretiert werden, die nicht nur von medientechnologischen Neuerungen, sondern maßgeblich auch von der Ausgestaltung der institutionellen Kontexte abhängig ist. Im vorliegenden Beitrag geht es darum, insbesondere die Rolle von medientechnologischen Innovationen und von rechtlich-regulativen Rahmenbedingungen bei der Entwicklung des soziotechnischen Feldes des Online-Pokers nachzuzeichnen. Es wird der Frage nachgegangen, welche Verlaufsformen zu beobachten sind bzw. wie sich dieser Wandel mit neueren theoretischen Konzeptualisierungen von soziotechnischen Transformationsprozessen erfassen lässt.

Das soziotechnische Feld des Internetpokers kann in Anlehnung an das Konzept der „sozialen Welt“ von Anselm Strauss (1978) als „mediatisierte Welt“ (Hepp/Krotz 2012) begriffen werden, die sich um die zusehends informatisierte bzw. mediatisierte Kulturtechnik des Kartenspielens (um Geld) herum gebildet hat.[3] Eine bislang nicht medienvermittelte Aktivität wurde in eine medienvermittelte Aktivität transformiert und dadurch zur Grundlage kommerzieller Verwertungsinteressen. Klärungsbedürftig ist nun, in welcher Weise sich das Verhältnis zwischen dem neu entstanden Geschäftsfeld (also dem medienvermittelten Pokern) und den dort maßgeblichen Akteuren (also den Betreibern der Online-Plattformen) einerseits und dem bereits vorgängig existierenden sozioökonomischen Feld andererseits (also der etablierten Glücksspielindustrie, welche die *face-to-face*-Variante des Pokerns in ihren landbasierten Casinos anbietet) im Zeitverlauf entwickelt hat.

Diese Rekonstruktion erfolgt in drei Schritten:

(1) Die Popularisierung und Kommerzialisierung des Online-Pokers wird als „multidimensionale Innovation“ (Hitzler 2012) beschrieben, an deren Entstehung und Ausgestaltung einerseits Akteure aus unterschiedlichen (wirt-

2 Unter anderem dieser Frage widmen wir uns in dem von Ronald Hitzler geleiteten Forschungsprojekt „Online-Spiel-Räume – Fernsehunterhaltung – Lokale Kartenrunden. Zur Korrelation von medientechnischen Innovationen und globalem Poker-Fieber“. Dieses Projekt ist Bestandteil des *DFG*-Schwerpunktprogramms 1505 „Mediatisierte Welten“.

3 Weitere Merkmale einer „sozialen Welt“ sind neben der Kernaktivität unter anderem Technologien, Orte und Organisationen, die als ‚Prozesse‘ verstanden werden können, in die die Mitglieder dieser Welt involviert sind (Strauss 1978).

schaftlichen) Sektoren beteiligt sind und andererseits mehrere medientechnologische Komponenten zusammenwirken, die jeweils für sich genommen vergleichsweise wenig spektakulär sind, in ihrer wechselseitigen Verzahnung und Verweisung jedoch eine neuartige mediatisierte Welt des Pokers ermöglichen, die als Basis zur Verwirklichung kommerzieller Interessen dient.

(2) Die Entwicklung des soziotechnischen Feldes des Online-Pokers wird – wie das Feld der Glücksspielindustrie im Allgemeinen – stark durch die geltenden rechtlich-regulativen Rahmenbedingungen mitbestimmt. Durch die medientechnologische Durchdringung des Pokerns scheint bislang eher die Adaptionsfähigkeit der Regulierungsinstanzen als die der etablierten Glücksspiel-Unternehmen herausgefordert worden zu sein.

(3) Im Verlauf des globalen Pokerbooms kam es zu einem sekundären Mediatisierungsschub, der zum Teil auf legalen, zum Teil aber auch auf illegalen technologischen Innovationen basiert. Diese sekundäre Mediatisierung verweist auf die anhaltende Formbarkeit von neuen Medientechnologien, deren (Um-)Nutzung zu nicht intendierten Folgen im soziotechnischen Feld des Online-Pokers geführt hat.

Bevor diese Thesen begründet und in einen Zusammenhang gebracht werden, sollen zunächst jedoch einige ökonomische Merkmale des internetbasierten Glücksspielmarkts bzw. des Marktes für Online-Poker vorgestellt werden.

2 Der Glücksspiel- und Pokermarkt im Internet

Erst in den letzten Jahrzehnten wurde das Glücksspiel in großem Maßstab kommerzialisiert und technisiert (McMillan 1996; Woolley 2003; Kingma 2004). Der Glücksspielmarkt ist in zahlreichen Ländern ein wichtiger Teil des ökonomischen, sozialen und politischen Lebens geworden (Pierce/Miller 2007) und stellt sich heutzutage als ein internationales Milliardengeschäft dar, von dem nicht nur Privatunternehmen, sondern auch die öffentlichen Hände profitieren (Reith 2003). Ein besonders dynamisches Wachstum zeigt seit Beginn des 21. Jahrhunderts der Glücksspielmarkt im Internet. Das einschlägige Glücksspielangebot im Web hat sich seit seinen Anfängen Mitte der 1990er Jahre drastisch erweitert. Während 1995 lediglich 24 Websites mit Glücksspielangeboten existierten (Watson et al. 2004), hatte sich deren Zahl nur eine Dekade später fast verhundertfacht (Wood/Williams 2007). Zahlen für April 2012 weisen insgesamt 2.834 Glücksspiel-Websites aus. Der Löwenanteil entfällt dabei auf Casinos (910), Poker (615), Sportwetten (539) und Bingo (376).[4]

4 Angaben auf www.casinocity.com vom 28.4.2012. Bei der Differenzierung nach Untergruppen werden nur Websites gezählt, die Spieler aus Deutschland akzeptieren.

Ökonomische Kennziffern für den Online-Glücksspielmarkt beruhen in aller Regel auf Studien von Marktforschungs- und Consulting-Unternehmen. Da es keine amtlichen Daten gibt, sind recht unterschiedliche Angaben über die Marktgröße und -struktur im Umlauf. Hält man sich an die Zahlen des Branchenanalysten *H2 Gambling Capital,* dann haben sich zwischen 2002 und 2010 die globalen Bruttospielerträge aus Online-Glücksspielen, also die Geldsumme, die den Website-Betreibern nach Abzug der Gewinnausschüttungen von den Einsätzen verbleibt, von 5,9 Mrd. auf 22,7 Mrd. Euro annähernd vervierfacht. Mit einem weiteren Anstieg auf etwa 30 Mrd. Euro innerhalb der nächsten vier Jahre wird gerechnet. Diese Steigerungen sind insofern bemerkenswert, als sie vor dem Hintergrund weltweit stagnierender Gesamterträge aus Glücks- und Wettspielangeboten zustande gekommen sind.

> „The crisis has also impacted Internet gambling, but to a much lower extent as staying in became the new going out and the players preferred to spend a few dollars placing a bet or playing poker online rather than going to a land based betting shop or casino and spending money on gambling, but also on entrance fees, drinks and petrol." (Global Betting & Gaming Consultance 2010: 1)

Einem Rückgang der globalen Erträge aus terrestrischen Angeboten stehen steigende Erträge aus Online-Angeboten gegenüber. „Der Anteil von Online-Angeboten an der Summe der BSE [Bruttospielerträge] stieg von 2007 bis 2009 global von 4,9% auf 5,9%" (Grohall/Kuschej 2011: 9). Im Vergleich zum ortsgebundenen Glücksspiel (z.B. Lotterien, Casinos, Spielhallen) nehmen sich die Erträge des Internet-Glücksspiels zwar noch relativ bescheiden aus; sie stellen jedoch insgesamt einen steigenden Anteil am Glücksspielmarkt.[5] Ob deshalb von einer Substitutionsbeziehung zwischen Online- und Offline-Angebot auszugehen ist, bleibt aber noch weitgehend ungeklärt. Es gibt allerdings empirische Anhaltspunkte dafür, dass zwischen Online-Poker und Offline-Glücksspiel insgesamt eine (schwache) positive Korrelation besteht (Philander/Fiedler 2012).

Mit einem geschätzten Umsatz von 3,7 Mrd. Dollar im Jahr 2010 und weltweit mehr als 20 Millionen Online-Pokerspielern, von denen etwa 14 Millionen wenigstens einmal im Monat Echtgeld einsetzen, hat sich Online-Poker als lukratives Geschäftsfeld etabliert (Poker Players Research 2010). Eine Untersuchung der Universität Hamburg geht von 581.350 Spielern aus, die sich in Deutschland zwischen September 2009 und März 2010 mit Echtgeld am Online-Poker betei-

---

5 Laut einer Studie des Marktforschungsinstituts *Goldmedia* (2010) wies der gesamte deutsche Glücksspielmarkt 2009 einen Bruttospielertrag von 10,3 Mrd. Euro auf. Der größte Anteil entfiel dabei mit 44 Prozent auf Lotto. Der Bruttospielertrag für den deutschen Online-Glücksspielmarkt wird auf 1,012 Mrd. Euro taxiert, wobei der relativ größte Anteil davon (33,3 Prozent) im Segment Online-Poker realisiert wird.

ligt haben. Als durchschnittlicher finanzieller Verlust pro Spieler in dieser Periode wurde eine Summe von 226,35 US-Dollar errechnet (Fiedler/Wilcke 2011). Nach einer Studie von *Goldmedia* (2010: 7) wird für das Segment des unregulierten Online-Pokers in Deutschland – also für den Bereich jenseits der konzessionierten Spielbanken – für 2009 ein Bruttospielertrag von 300 Millionen Euro geschätzt.

Das Erlösmodell des Online-Poker ist recht einfach: Der Anbieter stellt eine virtuelle Spielplattform zur Verfügung, auf der die Kunden gegeneinander antreten können. Gespielt werden kann mit Spielgeld, vor allem aber mit Echtgeld, in *Cash-Game*-Konstellationen ebenso wie in zahlreichen Turnierformen. Bei Echtgeldspielen erhebt der Betreiber für die Bereitstellung der technologischen Infrastruktur eine Gebühr, die bei Turnieren einen bestimmten Prozentsatz des Startgeldes (das sogenannte *Buy-In*) und bei *Cash-Games* einen bestimmten Anteil des ‚Potts' (der sogenannte *Rake*) ausmacht. Somit besteht auf Seiten der Plattformbetreiber das Interesse, dass ein Spieler möglichst häufig und mit möglichst hohen Einsätzen an den virtuellen Tischen spielt.

Der globale Internet-Pokermarkt wurde bis Mitte April 2011 von zwei Plattformbetreibern dominiert: *PokerStars* und *Full Tilt Poker*. Von 2008 bis 2010 hat sich der Marktanteil dieser beiden Anbieter von etwa 45 Prozent auf knapp 63 Prozent erhöht (Fiedler/Wilcke 2011: 3). Zum Tragen kommen hier ganz offensichtlich positive Netzwerkeffekte, d.h. je größer der Spielerpool auf einer Plattform ist, um so attraktiver wird es für die Spieler dort zu spielen, da sie sich sicher sein können, zu jeder Tages- und Nachtzeit mit hoher Wahrscheinlichkeit genügend (schwächere) Gegner für die von ihnen jeweils präferierte Spielvariante zu finden. *PokerStars* und *Full Tilt Poker* sind jeweils reinrassige Pokerplattformen: Im Unterschied zu anderen Anbietern, die das gesamte Spektrum an Casinospielen und zum Teil auch Sportwetten anbieten, konzentrieren sich diese beiden Akteure ausschließlich auf Poker. Um überhaupt einen halbwegs nennenswerten *Traffic* von aktiven Spielern zu erreichen, haben sich viele der kleineren Anbieter zu Poker-Netzwerken zusammengeschlossen. Jede dieser Plattformen tritt dabei unter eigenem Namen auf und kann in der Regel auch eine individuelle Marketingstrategie verfolgen.

Der größte Online-Pokermarkt war im Jahr 2010 der US-amerikanische. Dort wurde etwa ein Viertel der weltweiten Bruttoerträge realisiert. Allein aus diesem Grund ist all das, was auf dem amerikanischen Markt geschieht, für die Pokerwelt insgesamt von großer Bedeutung. Deutschland ist vor Russland der zweitgrößte Pokermarkt. Seit am 15. April 2011, der in der Pokerszene als *Black Friday* bezeichnet wird und an dem die drei größten Pokerräume in den USA auf Anweisung des dortigen Justizministeriums geschlossen werden mussten, ist allerdings weltweit ein Rückgang der Spielerzahlen um mehr als 25 Prozent registriert worden (vgl. Kap. 4.1).

3 Online-Poker als multidimensionale Innovation

Das Internet hat sich als maßgebliche Grundlage dafür erwiesen, dass sich die Optionen für Glücksspiel-Interessierte und kommerzielle Anbieter von Glücksspielen in bislang ungekannter Weise ausdehnen konnten (Eadington 2004): Das erste Online-Casino wurde 1995 eröffnet. Alle traditionellen Formen des Glücksspiels tauchten in der Folge über kurz oder lang in einem elektronischen Format im Internet auf. Der erste virtuelle Online-Pokerraum *(Planet Poker)* wurde 1998 installiert. Der Beginn des globalen Poker-Booms lässt sich indes ziemlich genau auf das Jahr 2003 datieren, als der bis dahin in Pokerkreisen völlig unbekannte US-amerikanische Buchhalter Chris Moneymaker in Las Vegas den eingangs angesprochenen *WSOP Main Event* gewann. Er hatte sich mit einem Einsatz von 39 Dollar auf der Pokerplattform *PokerStars.com* für die Teilnahme an diesem Turnier qualifiziert und erhielt für seinen Turniersieg 2,5 Millionen Dollar. Diese Cinderella-Story war der entscheidende Auslöser dafür, dass sich der zuvor eher dahin dümpelnde Online-Pokermarkt explosionsartig zu einer milliardenschweren Industrie aufblähen konnte, da sich weltweit Millionen von Spielern auf den Pokerseiten anmeldeten, um auf den Spuren Moneymakers zu wandeln.

Konkret sind es mindestens drei spezifisch medientechnologische Neuerungen, die sich als Treiber des Pokerbooms (Hitzler 2012) und somit als technologischer Kern der mediatisierten Pokerwelt identifizieren lassen:

(1) Für David Hayano (1983: X), den Verfasser einer mittlerweile klassischen ethnographischen Studie über Leben und Arbeit professioneller Poker-Spieler, war Anfang der 1980er Jahre noch klar: „Even at the highest level, poker is no spectator sport". Das hat sich mittlerweile grundlegend geändert. Durch die Erfindung der sogenannten *hole card cam* wurde aus Poker ein Zuschauersport. Im Fernsehen können die Zuschauer über in den erhöhten Rand der Tische eingebaute Kameras oder über Untertisch-Kameras die für die anderen Spieler verdeckten Karten jedes einzelnen Teilnehmers an der Pokerrunde einsehen.[6] Obwohl diese technische Innovation bereits 1995 patentiert wurde, blieb sie zunächst weitgehend unbeachtet. Es gab zwar 1997 einen ersten Einsatz im britischen Fernsehen, aber zu dieser Zeit war das allgemeine Interesse für Poker noch sehr gering. Erst das Fernseh-Debüt in den USA, das bei der Übertragung des *Final Table* beim *WSOP Main*

---

6 Bei ‚Texas Hold'em', der aktuell beliebtesten Poker-Variante, sind das zwei Karten; weitere fünf werden nach und nach – Flop (3), Turn (1), River (1) – offen auf dem Tisch ausgelegt. Jeder Spieler stellt sich aus seinen individuellen verdeckten Karten und den offenliegenden das bestmögliche Blatt zusammen und ‚wettet' darauf gegen die Blätter der Mitspieler.

Event im Jahre 2002 stattfand, kann als Wendepunkt in der Fernsehgeschichte des Pokerns gelten.

(2) Ein Software-Programm errechnet in Echtzeit zu jedem Zeitpunkt einer Runde – sichtbar für die Fernseh-Zuschauer – die statistische Wahrscheinlichkeit jedes in der Spielrunde verbliebenen Spielers, den Pott zu gewinnen. Diese beiden Innovationen, ergänzt durch Kommentare von Poker-Experten aus dem Off, machen das Geschehen auf dem TV-Bildschirm zu einer für pokeraffine Zuschauer action- und spannungsreichen Unterhaltung, die gleichwohl durch eine Vielzahl von Werbe-Einblendungen ständig unterbrochen wird. Zugleich bieten die vielfältigen Sendeformate eine Bühne für die Etablierung einer internationalen Poker-Elite, die im Wesentlichen aus sogenannten Pros zusammengesetzt ist, also aus Berufspoker-Spielern, die auch infolge entsprechend mystifizierender TV-Werbespots mittlerweile *Celebrity*-Status genießen. Bei der Herstellung einer kommerziellen Medienwelt stellt die „Authentizierung" (Strauss 1978: 123) eines derartigen Spielertyps, der in dieser und für diese Welt als repräsentativ gelten soll, ein wichtiges Konstruktionsprinzip dar. TV-Übertragungen sind aber nicht nur bedeutsam für die Popularisierung des Pokerns und seiner Protagonisten, sondern auch für die Betreiber von Online-Plattformen, die ihre Marktstellung mit Hilfe einer unübersehbaren Bildschirmpräsenz entscheidend ausbauen können.[7]

(3) Die dritte medientechnologische Neuerung sind die Software-Programme, mit denen die Anbieter von Online-Spiel-Räumen die rund um die Uhr laufenden, interaktiven Pokerrunden, an denen sich in den einzelnen Spiel-Räumen zigtausende von global verteilten Spielern zeitgleich beteiligen (können), in Echtzeit abwickeln. Diese Software-Programme ermöglichen es den Mitspiel-Willigen, jederzeit mit einem Avatar und unter einem Pseudonym an einem der Turnier- oder *Cash-Game*-Tische virtuell Platz zu nehmen, mitzuspielen und gegebenenfalls auch wieder auszusteigen.

Das Zusammenwirken dieser Neuerungen bildete die medientechnologische Grundlage für den Boom des mediatisierten Pokers, der im Wesentlichen von einschlägigen Softwareherstellern, Plattformbetreibern, Veranstaltern von Pokerturnieren und Fernsehsendern vorangetrieben wurde. Allerdings konnte diese Konstellation der wechselseitigen Durchdringung und Ergänzung von Fernsehen und Internet nur deshalb reüssieren, weil sie auf eine Reihe gesellschaftlicher Veränderungen traf, welche die Aufnahmebereitschaft für dieses medientechnologische Angebot begünstigen konnten. Dieser Komplex von sich wandelnden

---

7 „Why did Party Poker succeed, while so many other online poker companies went under? It was among the first, it had technology that worked, and it bought the rights to have its name in the middle of every table on the televised World Series of Poker" (Rose 2011).

sozialen Lebensbedingungen lässt sich mit Schlagworten wie Individualisierung, Multioptionalisierung, Globalisierung, Deregulierung von Arbeitsmarktstrukturen, der damit einhergehenden Unberechenbarkeit von Erwerbs- und Lebenschancen und (daraus resultierender) Erfolgsorientiertheit – anstelle von Leistungsorientiertheit im tradierten Sinne – etikettieren. Nicht zu vergessen ist aber auch die im Zuge der Digitalisierung erfolgte Verbreitung neuer medialer Praktiken im Umgang mit dem Computer (Reckwitz 2008), ohne die eine Mediatisierung des Glücksspiels kaum denkbar gewesen wäre.

4 Die soziotechnische Entwicklung des mediatisierten Pokers

Ulrich Dolata (2011: 142) hat mit Rückgriff auf die Arbeiten von Streeck/Thelen (2005) zum institutionellen Wandel vorgeschlagen, soziotechnische Transformationsprozesse in Wirtschaftssektoren als ein Zusammenspiel verschiedener Modi „graduellen Wandels" zu begreifen und die jeweils typischen dynamischen Kombinationen dieser Formen als signaturgebende Varianten „gradueller Transformation" zu identifizieren. Im Einzelnen unterscheidet Dolata hinsichtlich der Formen graduellen Wandels zwischen der Ausbildung und dem Vordringen herausfordernder Alternativen *(expansion* und *displacement),* substanziellen Erweiterungen *(layering)* und gezielten Veränderungen der bestehenden organisationalen Strukturen bzw. Regelungsmuster *(conversion)* sowie dem Bedeutungsverlust oder Niedergang anpassungsunfähiger Organisationen und Institutionen *(drift* und *exhaustion).*

Als relevante Idealtypen soziotechnischen Wandels grenzt Dolata (2011: 150f.) eine reformorientierte und eine radikale Variante gradueller Transformation gegeneinander ab. Für die „reformorientierte Variante", die kennzeichnend für „adaptionsfähige Sektoren" ist, erscheint die Kombination „Erweiterung – Umbau" (also *layering* und *conversion*) als wahrscheinliche Entwicklungsvariante. Maßgebliche Impulse für den sektoralen Wandel kommen hier zwar zunächst von (neuen) Akteuren außerhalb des sektoralen Kerns; die etablierten Kräfte zeichnen sich aber in diesem Fall durch die Fähigkeit zur frühzeitigen Wahrnehmung, Verarbeitung und Integration der neuen technologischen Möglichkeiten aus und tragen vor diesem Hintergrund zu einer „Erweiterung" der bestehenden Institutionen und Strukturen bei. In Abhängigkeit von der „sektoralen Eingriffstiefe der Technologien" kann es dann tendenziell eher zu „inkrementellen Anpassungen" oder zu einem weiterreichenden „architektonischen Wandel" des Sektors kommen.

Für die „radikale Variante" gradueller Transformation, die in „adaptionsunfähigen Sektoren" vorherrscht, gilt hingegen die Kombination „Expansion – Ersatz" (also *expansion* und *displacement*) als charakteristisch: Bislang sektorfremde Akteure nutzen die Anpassungsschwäche der etablierten Kernakteure zum Ausbau ihrer Position und zum Aufbau alternativer Regelungsmuster und Strukturen, wodurch das bestehende Gefüge des Sektors destabilisiert und im Zeitverlauf weitgehend verdrängt wird. In beiden Varianten sektoraler Transformation lässt sich schließlich in unterschiedlicher Ausprägung die Kombination „Drift – Erschöpfung" (also *drift* und *exhaustion*) beobachten. In ihrer radikalen Variante ist das Obsoletwerden und Verschwinden von Akteuren, Institutionen und Strukturen – also ein „substitutiver Wandel" – konstitutiv. In der reformorientierten Variante bleiben diese Entwicklungen eher mitlaufende und nachgeordnete Begleiterscheinungen.

Im Folgenden soll an diese begrifflichen Vorschläge angeknüpft werden, um die Entwicklungsdynamik der mediatisierten Welt des Pokers in ihrer Prozesshaftigkeit zu rekonstruieren.

4.1 Institutionelle Rahmenbedingungen des mediatisierten Glücksspiels

Die Entwicklung des Internet-Glücksspiels wird seit ihren Anfängen maßgeblich von zwei Faktoren geprägt: (1) den medientechnologischen Voraussetzungen und (2) den rechtlich-regulativen Rahmenbedingungen. In der technologischen Dimension war neben der Einführung von *Gambling Software* die Verschlüsselung von Kommunikationsprotokollen zur sicheren Abwicklung von monetären Transaktionen über das Internet ein erster wichtiger Entwicklungsschritt. In der rechtlichen Dimension war dies die Schaffung sogenannter Freihandelszonen in einigen Karibikstaaten, die vor allem amerikanischen Buchmachern die Möglichkeit bot, sich der restriktiven Glücksspielgesetzgebung ihres Heimatlandes zu entziehen (Wood/Williams 2007: 492f.).'

Trotz seiner gestiegenen gesellschaftlichen Akzeptanz unterliegt das Glücksspiel nach wie vor der staatlichen Regulierung und Überwachung. Allerdings sind die entsprechenden gesetzlichen Grundlagen mit der Verbreitung des Internet erheblich unter Druck geraten:

> „Due to the newness of the Internet gambling phenomenon, there is little historic precedent on which regulators can base policies, and there is certainly no ‚gold standard' or proven effective policy which has been implemented internationally." (Gainsbury/Wood 2011: 2)

Das Fehlen von allgemein anerkannten Musterlösungen hat dazu geführt, dass die Frage der Regulierung des Online-Glücksspiels von (Bundes-)Land zu (Bundes-)Land sehr unterschiedlich beantwortet wird:

> „Thus, there is currently a situation of inter-jurisdictional inconsistency, with Internet gambling being prohibited in some jurisdictions (as inter-state Internet

gambling is in the US), and either legalized or partially legalized (as in Australia) or in legal limbo in others (as in Canada)." (Ebd.)

Auch in Deutschland befinden sich Online-Glücksspiele in einer rechtlichen Grauzone. Gesetzlich besteht zwar ein Verbot, aber von einer Durchsetzung des staatlichen Glücksspielmonopols gegenüber Internet-Spielern oder im Ausland ansässigen und lizenzierten Plattform-Betreibern kann nicht die Rede sein. Insofern existiert hier ein „illegaler Markt" (Wehinger 2011).

Erst unter Berücksichtigung der rechtlich-regulativen Rahmenbedingungen wird verständlich, warum insbesondere in den USA die Möglichkeiten der neuen Medientechnologien nicht zuerst durch die etablierten Akteure der Glücksspielindustrie aufgegriffen worden sind, sondern die Impulse in erster Linie von Newcomern gesetzt wurden.

> „Most of the new Internet gambling sites as well as most of the expansion in the early years consisted of new companies not associated with any land-based gambling establishments. This was largely because established gambling providers did not want to do anything that might jeopardize their land-based licenses because of the grey legal status of Internet gambling." (Williams/Wood 2009: 14f.)

> „Caesars Entertainment, formerly Harrah's, would be the largest Internet gambling company in the world, if only it did not have to worry about keeping its Nevada license." (Rose 2011)

Von diesem unternehmerischen Verhaltensmuster abweichende Beispiele finden sich in England und in Australien, wo einige etablierte Sportwettanbieter und Casinobetreiber ihre Dienstleistungen frühzeitig auch im Internet zur Verfügung stellten (Williams/Wood 2009). Die Gründe dafür sind nicht zuletzt in einer liberaleren Glücksspielgesetzgebung dieser Länder und einer höheren Rechtssicherheit zu suchen.

Wie die Beispiele der beiden späteren Marktführer des Online-Pokers zeigen, stammen wesentliche Impulse für die Mediatisierung des Pokers von Softwareentwicklern. So kamen die Gründer der Plattform *PokerStars,* die Ende 2001 lanciert wurde, aus dem Softwarebereich. Bei *Full Tilt Poker,* das Mitte 2004 den Betrieb aufnahm, setzte sich die Gruppe der Unternehmensgründer aus Profispielern und einem Softwarespezialisten zusammen. Die Markteintrittsbarrieren für Online-Anbieter waren im Vergleich zum ortsgebundenen Glücksspielgeschäft relativ gering. Weder waren Investitionen in kostspielige Immobilien notwendig, noch musste eine größere Zahl an Arbeitskräften für den Casinobetrieb rekrutiert werden. „Online casinos are cheaper to set up and cost less to maintain, even including the costs of acquiring and keeping patrons" (Rose 2011).

Die Zurückhaltung etablierter Glücksspielkonzerne beim Einstieg in das Geschäftsfeld Online-Poker war also nicht in erster Linie Ausdruck einer Adaptionsunfähigkeit oder -unwilligkeit, deren Ursache in den spezifischen Eigenschaften der Unternehmen selbst lag. Ausschlaggebend waren vielmehr die rechtlich-regulativen Rahmenbedingungen: Kein großes US-Glücksspielunternehmen war gewillt, seine Lizenz für den landbasierten Spielbetrieb aufgrund eines Online-Engagements aufs Spiel zu setzen.

Besonderen Nutzen aus mehrdeutigen rechtlichen Bedingungen zogen einige der exklusiv im Internet tätigen Pokeranbieter vorrangig durch das im Jahre 2006 eingeführte „Unlawful Internet Gambling Enforcement Act" (UIGEA). Dieses Gesetz, das eigentlich primär die Geldwäsche zu terroristischen Zwecken verhindern sollte, untersagt US-amerikanischen Finanzdienstleistern die Abwicklung des Zahlungsverkehrs von und zu Glücksspielanbietern. Allerdings ist bis zum heutigen Tag juristisch nicht abschließend geklärt, ob auch Online-Poker unter dieses Gesetz fällt. Aus Furcht vor möglichen Repressalien durch amerikanische Regierungsbehörden verließen nach Inkrafttreten des UIGEA jedoch einige Online-Unternehmen, deren Angebotspalette das gesamte Spektrum der Casino-Spiele abdeckte, das Land und akzeptierten in ihren virtuellen Spielräumen keine amerikanischen Spieler mehr. Der prominenteste Fall in diesem Kontext war der Rückzug von *Party Poker*, einem Tochterunternehmen des börsenorientierten Glücksspielkonzerns *Party Gaming*, das sich bis dahin mit Hilfe aufwändiger Marketingmaßnahmen (z.B. Sponsoring von bekannten Offline-Pokerturnieren) 41 Prozent der weltweiten Erträge des Online-Pokermarkts gesichert hatte, wobei 77 Prozent dieser Erträge allein aus dem Amerikageschäft resultierten. In einer Pressemitteilung begründete das Management seine Reaktion mit den neuen gesetzlichen Rahmenbedingungen:

> „After taking extensive legal advice, the Board of PartyGaming Plc has concluded that the new legislation, if signed into law, will make it practically impossible to provide US residents with access to its real money poker and other real money gaming sites. As a result of this development, the Board of PartyGaming has determined that if the President signs the Act into law, the Company will suspend all real money gaming business with US residents, and such suspension will continue indefinitely, subject to clarification of the interpretation and enforcement of US law and the impact on financial institutions of this and other related legislation."[8]

Im Unterschied dazu entschieden sich reine Pokerplattformen wie *Full Tilt Poker* und *PokerStars* dafür, ihre Dienste weiterhin am amerikanischen Pokermarkt anzubieten. Diese Strategie sollte ihnen in der Folgezeit hohe Profitabilität und ein enormes Kundenwachstum bescheren, da sie einen Gutteil all derjenigen amerikanischen Pokerspieler für sich gewinnen konnten, die sich durch den Rückzug ihrer gewohnten Pokeranbieter nach Alternativen umsehen mussten.

---

8 http://www.gamesandcasino.com/gambling-news/partygaming-to-suspend-all-us-money- accounts/190.htm (zuletzt aufgesucht am 1.6.2012).

Eine weitere massive Erschütterung erfuhr der amerikanische Online-Pokermarkt am 15. April 2011, der als *Black Friday* in den Sprachschatz der Pokerindustrie eingegangen ist. An diesem Tag wurden die Internetseiten der drei größten Online-Poker-Plattformen *PokerStars, Full Tilt Poker* und *Absolute Poker* vom FBI und dem amerikanischen Justiz-Ministerium geschlossen. Die Domain-Namen wurden beschlagnahmt und gegen die Betreiber der Websites Anklage wegen des Verdachts auf Geldwäsche, illegales Glücksspiel und Bankbetrug erhoben. Den Betreibern von *Full Tilt Poker* wurde kurze Zeit später von der für sie zuständigen Regulierungsbehörde *(Alderney Gambling Control Commission)* die Lizenz entzogen.

Die juristisch bedingte Schließung der Websites bedeutender Pokeranbieter und der entsprechende Rückgang bei den Spielerzahlen führten dazu, dass die Funktionsweise des (positiven) Treiberzirkels in der mediatisierten Welt des Pokers empfindlich gestört wurde: Pokersendungen im Fernsehen verdankten ihre Ausstrahlung zum großen Teil den Beiträgen von Sponsoren, sei es über die Finanzierung von Werbung, sei es über direkte Zahlungen für die Inanspruchnahme von Sendezeiten. Der Löwenanteil dieser finanziellen Aufwendungen wurde von den Anbietern von Online-Poker aufgebracht, die sich aufgrund der rückläufigen Umsätze und Erträge zunehmend aus dieser Form der Befeuerung des Pokerinteresses zurückzogen. Entsprechend gibt es heute – ohne finanzkräftige Online-Pokeranbieter und deren Werbeinteressen – deutlich weniger Pokerübertragungen im Fernsehen und somit keine (zusätzlichen) mediengestützten Impulse für eine Expansion oder wenigstens Stabilisierung der Spielerbasis.

Konsequenzen hatten die Ereignisse des *Black Friday* darüber hinaus auch für die sich mittlerweile anbahnenden Kooperationen zwischen verschiedenen Online- und Offline-Poker-Anbietern. Viele landbasierte US-Casinos spekulierten darauf, aufgrund einer über kurz oder lang zu erwartenden Legalisierung des Online-Pokers in den USA von den institutionellen Fesseln befreit zu werden, die ihnen bislang den Zugang zum lukrativen Internetmarkt verwehrt hatten. Da sie noch über keine Erfahrung im Bereich des Online-Glücksspielmarktes verfügten, begannen sie, strategische Kooperationen mit ausländischen Online-Pokerbetreibern einzuleiten. Prominente Beispiele dafür sind Absprachen zwischen *Caesar's Entertainment,* dem weltweit größten Casino-Unternehmen, und *888Poker* sowie zwischen *bwin.party* und *MGM Resorts International,* dem zweitgrößten Glücksspielunternehmen der Welt (gemessen an seinem Umsatz). Als Reaktion auf die Maßnahmen der Regulierungsbehörden wurden mittlerweile jedoch weitere, bereits vereinbarte Kooperationsabkommen mit Online-Anbietern wieder rückgängig gemacht.[9]

9 „Rund drei Wochen vor dem Black Friday gab Steve Wynn bekannt, dass Wynn Resorts eine Partnerschaft mit PokerStars eingehen werde, um die Seite PokerStarsWynn.com zu

Die weitere Entwicklung des Verhältnisses zwischen Online- und Live-Casinos wird entscheidend davon abhängen, wie sich die rechtliche Situation in den USA zukünftig gestaltet. Zumindest auf der Ebene einzelner Bundesstaaten zeichnen sich bereits deutliche Schritte in Richtung einer Legalisierung des Online-Pokers ab. Auch in Deutschland ist die Frage der Regulierung des Online-Glücksspiels in jüngster Zeit virulent geworden. So läuft seit Anfang 2012 in Schleswig-Holstein ein staatliches Konzessionierungsverfahren für private Anbieter von Online-Poker und Sportwetten. Zum 1. März 2012 sollten die ersten Lizenzen in Kraft treten und damit die Legalisierung des Glücksspielangebots im Internet vollzogen werden. Dem steht allerdings die Beschlusslage der übrigen fünfzehn Bundesländer entgegen, die sich in einer Novellierung des Glücksspielstaatsvertrags für vergleichsweise sehr viel restriktivere und aus Anbietersicht ökonomisch unattraktive Regelungen ausgesprochen haben (Hambach/ Riege 2011).

Welcher soziotechnische Entwicklungspfad lässt sich nun angesichts der Relevanz der rechtlich-regulativen Rahmenbedingungen im Bereich des Online-Pokers identifizieren? In der Beantwortung dieser Frage können drei Ebenen unterschieden werden:

(1) Auf der *Ebene der Unternehmen und Märkte* lässt sich eine „Expansion der Nische" (Dolata 2011: 148) festzustellen, bei der es bislang sektorfremden Akteuren gelang, ein neues Geschäftsfeld zu begründen und dieses parallel zum etablierten Sektor auszubauen, ohne diesen damit infrage zu stellen. In der Folge entstand eine Koexistenz zwischen getrennten Geschäftsfeldern und den entsprechenden Akteuren samt ihren Geschäftsinteressen. Verantwortlich dafür, dass die Aneignung, Entwicklung und Vermarktung der neuen Medientechnologien sektorfremden Akteuren überlassen wurde, war ganz offensichtlich weniger die mangelnde Adaptionsbereitschaft der etablierten landbasierten Unternehmen. Als adaptionsverhindernd wirkte sich vielmehr ein staatliches Regulationsregime aus, das am Verbot des internetbasierten Glücksspiels ausgerichtet ist. Dieses Regime sorgt nach wie vor dafür, dass den etablierten Unternehmen der Zugriff auf das neu entstandene Geschäftsfeld des Online-Pokers verwehrt wird, da ihnen andernfalls ein Verlust ihrer Lizenzen droht. Unter diesen Bedingungen konnten sektorfremde Unternehmen den Online-Markt unbehelligt von den etablierten Unternehmen entwickeln und untereinander um Marktanteile konkurrie-

gründen, die nach entsprechender Gesetzgebung US-Spieler akzeptieren würde. Nach den Anklagen des Black Friday zog sich Wynn jedoch aus dem Deal zurück. [...] Im Falle von Full Tilt Poker und Station Casinos war die Situation nahezu identisch. Eine Übereinkunft wurde kurz vor dem Black Friday erreicht und Station Casino zog sich zurück, als das Full Tilt-Management angeklagt wurde" (Kaufman 2011).

ren. Diese Newcomer profitierten dabei zunächst von den Mehrdeutigkeiten der bestehenden institutionellen Regeln. Mittlerweile sind einige von ihnen jedoch durch Maßnahmen staatlicher Instanzen vom Markt genommen worden, was aber keineswegs gleichbedeutend mit dem Verschwinden des Geschäftsfeldes Online-Poker ist: Nach wie vor besteht zwischen dem Online- und dem Offline-Markt ein Zustand der Koexistenz.

(2) Auf der *Ebene der Kernaktivität,* welche die Grundlage der jeweiligen Geschäftsfelder bildet, ist es derweil nicht zu einer Substituierung des nicht-mediatisierten Pokerspiels durch seine mediatisierte Variante gekommen. Vermutlich handelt es sich bei den unterschiedlichen Pokervarianten tatsächlich eher um komplementäre als um substitutive Aktivitäten. Entsprechend ist es angemessen, auf dieser Ebene von einem „architektonischen Wandel" im Sinne einer substanziellen Erweiterung der Handlungsmöglichkeiten zu sprechen.

(3) Auf der *rechtlich-regulativen Ebene* wird zwar durch die staatlichen Akteure versucht, ihre Regulationshoheit auf das Internet auszudehnen („Erweiterung"). Allerdings zeigt sich in Ländern, die über einen großen Pokermarkt verfügen (wie etwa in den USA oder in Deutschland), dass die bestehenden rechtlich-regulativen Bestimmungen ins Leere laufen, weil ausländische Online-Anbieter weder steuerlich noch juristisch belangt werden können. Es kann hier von einer „Drift" des rechtlich-regulativen Rahmens gesprochen werden, weil die alten Regelungen zwar bestehen bleiben, aber an Wirksamkeit einbüßen. Gegenwärtig ist in rechtlicher Hinsicht jedoch vieles im Fluss, so dass in absehbarer Zeit eine Legalisierung des Internet-Pokers im Bereich des Möglichen liegt. Dabei ist offen, ob es bei den neuen Regulationsregimen eher zu einem inkrementellen Wandel oder zu einem weiterreichenden architektonischen Wandel kommen wird. So stehen sich etwa in Deutschland zwei Varianten gradueller Transformation gegenüber. Während die Mehrzahl der Bundesländer darauf setzt, den neuen Technologien mit einem „inkrementellen Wandel" der institutionellen Regeln gerecht werden zu können, zielt die Minderheitenlösung auf einen substanzielleren „architektonischen Wandel" des Regulationsregimes.

Für den Fall einer Legalisierung des Internet-Pokers kann auf der Ebene der Kernaktivität weiterhin von einer Koexistenz zwischen Online- und Offline-Angebot ausgegangen werden – es stellt sich nur die Frage, von welchen Unternehmen diese Aktivität angeboten wird. Nicht zuletzt ihre Finanzkraft spricht dafür, dass der Online-Bereich unter stärkeren Einfluss der vormaligen Kernakteure aus dem Offline-Bereich geraten dürfte.[10] Ob diese Koexistenz dann eher den

---

10 „If laws are changed to clearly allow U.S. betting, the eventual winners will be the land-based gaming companies, or whatever conglomerate owns them at the time. The reason is simple: Success on the Internet is almost entirely due to marketing." (Rose 2011)

Charakter eines Neben- bzw. Miteinanders von Online- und Offline-Anbietern annimmt („architektonischer Wandel") oder ob die Offline-Anbieter langfristig auch den Online-Poker dominieren und die vormaligen Akteure zunehmend verdrängen werden („substitutiver Wandel"), bleibt abzuwarten. Allerdings wäre diese Form des substitutiven Wandels insofern bemerkenswert, als in diesem Falle nicht die klassischen Unternehmen durch neue Anbieter abgelöst, sondern die neuen durch die etablierten Akteure verdrängt würden.

4.2 Sekundäre Mediatisierung des Online-Pokerns

Im Schatten einer wachsenden Zahl von Plattform-Betreibern, die zunehmend um die Gunst der Online-Pokerspieler konkurrierten und mit Hilfe von verbesserter Software, neuen Spielformaten und Bonusprogrammen um deren Aufmerksamkeit buhlten, entstand sukzessive ein breit aufgefächertes Angebot an technologischen Hilfsmitteln, die darauf abzielen, den einzelnen Spielern an den virtuellen Pokertischen einen Wettbewerbsvorteil gegenüber den Konkurrenten zu verschaffen. Die Existenz dieser Technologien, die für einen sekundären Mediatisierungsschub des Online-Pokers sorgten, lässt sich auf den Erfindungsreichtum von Akteuren zurückführen, die in Anlehnung an Flowers (2008) als *Outlaw-Innovatoren* bezeichnet werden können, da die Anwendung der von ihnen entwickelten *Tools* zum Teil massiv gegen die Allgemeinen Geschäftsbedingungen vieler Plattformbetreiber verstößt. Auch solche illegalen Technologien werden allerdings mitunter ganz offiziell zum Kauf angeboten und können über das Internet bezogen werden. Zum Teil werden sie aber auch lediglich von technikaffinen Spielern für den Eigengebrauch entwickelt.

Die Grenze zwischen legalen und illegalen Technologien lässt sich nicht immer eindeutig ziehen, da die Politik der verschiedenen virtuellen Pokerräume gegenüber diesen technologischen Artefakten bzw. deren Nutzung nicht einheitlich ist und sich darüber hinaus in ihrem historischen Verlauf verändert hat. In einer Grauzone bewegen sich zum Beispiel Software-Tools zur Sammlung, Analyse und Aufbereitung von Spielerdaten (sogenannte *Tracking-Tools*), die auf das einschlägige Angebot von Datamining-Unternehmen[11] zugreifen und auf Basis der von diesen käuflich erworbenen Datenpakete das Spielverhalten der Konkurrenten nach Schwachstellen durchleuchten. Eindeutig zu den verbotenen Technologien gehören dagegen *Poker-Bots,* also selbstagierende Software-Programme, die anstelle eines realen Spielers am virtuellen Pokertisch agieren und auf der Basis von Entscheidungsalgorithmen Poker spielen. Zwar sind vor allem

11 Diese Unternehmen ‚scannen' die virtuellen Tische der am stärksten frequentierten Online-Pokerräume, sammeln dabei Daten zu den Spielverläufen und bieten diese Daten differenziert nach Spielvarianten und Einsatzleveln zum Kauf an.

die größeren Pokerräume daran interessiert, derartigen Programmen auf die Schliche zu kommen, da es imageschädigend ist, als Bot-verseuchte Pokerplattform zu gelten, und der Einsatz von Bots auch gegen die Nutzungsvereinbarungen zwischen Pokerraum und Spieler verstößt. Überdies wurden in der Vergangenheit immer wieder Meldungen lanciert, die von der Schließung von Spieler-Accounts und der Einbehaltung von Spielgewinnen aufgrund der Nutzung nicht erlaubter Softwareprogramme berichten. Dies alles ändert jedoch nichts daran, dass sich ein Pokerspieler letztlich niemals sicher sein kann, ob er an den virtuellen Tischen gerade gegen künstliche oder gegen menschliche Intelligenz spielt.

Ungeachtet der Frage, ob solche technologische Hilfsmittel nun legal (also geduldet) oder illegal (also verboten) sind, ist ihre Verwendung aber allemal geeignet, das Gebot der Waffengleichheit zwischen den Spielern zu verletzen. Als unbeabsichtigte Nebenfolge der legalen und illegalen Formen der sekundären Mediatisierung des Pokerns geraten dadurch die Interessen einer großen Spielergruppe immer stärker ins Hintertreffen, für die Poker weniger eine (potenzielle) Quelle des Gelderwerbs ist, sondern der Unterhaltungsaspekt des Spielens im Vordergrund steht, und die nicht willens bzw. in der Lage ist, der softwaretechnischen Aufrüstung ihrer ambitionierten Mitspieler Paroli zu bieten. Diese sogenannten *recreational player* fühlen sich durch die sekundäre Form des Medienwandels beim Online-Poker in ihrem Bedürfnis nach Spaß und Unterhaltung zunehmend eingeschränkt und reagieren dementsprechend mit Abwanderung. Zumindest teilweise dürfte der Umstand, dass auf den meisten Plattformen die Spielerzahlen seit einiger Zeit rückläufig sind, auf die Verbreitung der sekundären Technologien zur Gewährleistung von Vorteilen am virtuellen Pokertisch zurückzuführen sein. Folglich könnte sich die Mediatisierung, die nun primär durch illegale Technologien vorangetrieben wird, von einem Treiber des Poker-Booms zu einem potenziellen Zerstörer der mediatisierten Welt des Online-Pokers entwickeln.

Auf die Abwanderung von prinzipiell spielwilligen Kunden versuchen Teile der primär amerikanischen Online-Pokerindustrie seit einiger Zeit mit Alternativangeboten zu reagieren: Ein vergleichsweise neues Geschäftsmodell wendet sich explizit den (antizipierten) kommunikativen Bedürfnissen der Unterhaltungsspieler zu. Dabei wird versucht, einerseits die Kommunikationsmöglichkeiten für die Spieler auf der Plattform zu erhöhen (z.B. durch die Einbindung in *Social Networks*) und andererseits das Online-Pokern zwar mit gewissen materiellen Anreizen auszustatten, dabei aber zugleich den Vorgaben des (amerikanischen) Glücksspielrechts gerecht zu werden: Auf den entsprechenden Plattformen wird um Spielgeld bzw. Punkte gespielt, durch deren Erwerb sich die Spieler für Verlosungen um Geldpreise qualifizieren können. Im Rahmen dieser Modelle gibt es sowohl kostenfreie als auch kostenpflichtige Mitgliedschaften. Durch die Zahlung eines monatlichen Beitrags erspart sich der Spieler unter anderem die extensive Konfrontation mit Werbeeinblendungen und erhöht seine Chance, an den Verlosungen teilzunehmen. Für erwerbsorientierte Spieler sind derartige Modelle freilich vollkommen uninteressant.

Andere Poker-Plattformen, die am Echtgeld-Prinzip festhalten, verfolgen die Strategie, eine Nutzung von softwaretechnischen Hilfsmitteln durch entsprechende technologische Veränderungen des Poker-Clients auszuschließen, was im Erfolgsfall jedoch zu einer Vertreibung bestimmter Spielertypen führen dürfte. Dem stehen Versuche gegenüber, unterschiedliche Spielergruppen mit Hilfe von softwaretechnologischen Maßnahmen unter einem gemeinsamen Dach zu reintegrieren, indem beispielsweise Spieler, die innerhalb eines bestimmten Zeitraumes eine festgelegte Gewinngrenze überschritten haben, für eine gewisse Zeit von weniger erfolgreichen Spielern getrennt werden.

Nach dem gegenwärtigen Stand der Beobachtung befindet sich das soziotechnische Feld des Online-Pokers also in einer Phase der Ausdifferenzierung von Geschäftsmodellen, wobei noch keineswegs absehbar ist, ob und in welcher Weise sich die neuartigen Strategien durchsetzen können und welche weiteren Akteure gegebenenfalls noch hinzukommen. Die sich abzeichnende Segmentierung der mediatisierten Welt des Pokers könnte zu einer Ausdifferenzierung in verschiedene Sub-Welten führen, die sich nicht nur in Bezug auf ihre technologischen Bedingungen unterscheiden, sondern auch im Hinblick darauf, welche Mitglieder primär als repräsentativ für die jeweilige Medienwelt gelten (sollen). Zu einem wesentlichen Teil entscheiden über diesen Sachverhalt die Plattform-Betreiber, die ihre Strategien – vor allem Marketing und Technologieentwicklung – auf die von ihnen vermuteten Bedürfnisse der von ihnen präferierten Kundschaft ausrichten. Das können

(1) Unterhaltungs- und Gelegenheitsspieler,
(2) actionorientierte Zocker oder auch
(3) die Mitglieder spezifischer Social Networks sein.

Auf diese Weise entstehen verschiedene mediatisierte Sub-Welten des Pokerns, die zwar die zentrale Aktivität der mediatisierten Pokerwelt miteinander teilen, sich aber zugleich durch die spezifischen Auffassungen, Strategien und Handlungsweisen ihrer Mitglieder sowie durch spezifische technologische Kennzeichen unterscheiden. Einstweilen ist völlig offen, ob diese eigenständigen Sub-Welten langfristig überlebensfähig sein werden oder ob einigen von ihnen über kurz oder lang die kritische Masse an Spielern abhandenkommt.

5 Resümee

Befördert von technologischen Innovationen, die auf einen allgemeinen modernisierungsgetriebenen gesellschaftlichen Mentalitätswandel treffen, ist innerhalb der globalen Glücksspielindustrie mit dem mediatisierten Pokern ein neues und äußerst profitables Geschäftsfeld entstanden. An diesem Fall lässt sich erkennen, dass die Konstruktion einer neuen Medienwelt kein steuerbarer Prozess ist, sondern das Ergebnis zahlreicher ineinander wirkender Entwicklungen: Die mediatisierte Welt des Online-Pokers in ihrer derzeitigen Form resultiert aus einem Miteinander, Gegeneinander, Ineinander und Durcheinander von gewollten und ungewollten, bedachten und unbedachten, erstrebten und widerfahrenen Effekten der Handlungen verschiedener Akteure bzw. Akteurgruppen (Hitzler 2011). In der Untersuchung der entsprechenden Transformationsprozesse scheint es dementsprechend hilfreich zu sein, zwischen vier Analyseebenen zu unterscheiden, die durch unterschiedliche Entwicklungsdynamiken geprägt sind:

(1) Die Ebene der regulativ-rechtlichen Rahmenbedingungen,
(2) die Ebene der Unternehmen und Märkte,
(3) die Ebene der technischen Innovationen sowie
(4) die Ebene der Spieler und Kernaktivitäten, um die sich ein soziotechnisches Feld entfaltet.

In der Analyse der soziotechnischen Entwicklung des mediatisierten Pokers ist es sinnvoll, zwischen „akteurbezogener Adaptionsfähigkeit" und „institutionellen Adaptionsbedingungen" zu unterscheiden (Dolata 2011: 87), also zu differenzieren zwischen der Entwicklung auf der Ebene der Pokeranbieter (den Unternehmen und Märkten) und der Ebene der Regulation (den staatlichen Regulierungsentscheidungen), da sich auf diesen Ebenen je unterschiedliche Kombinationen von Formen des Wandels und somit unterschiedliche Transformationsvarianten (inkrementell, architektonisch, radikal) beobachten lassen.[12]

Darüber hinaus ist deutlich geworden, dass der Anstoß zu einer Neuausrichtung der mediatisierten Welt des Online-Pokers nicht unbedingt nur aus dem Lager der mittlerweile etablierten Kernakteure kommen muss, sondern (zum Teil in nicht-intendierter Weise) auch von den Rändern des jeweiligen Feldes ausgehen kann: Nicht die Betreiber der großen Online-Poker-Plattformen, sondern die Anbieter neuer (sekundärer) Technologien sind die Treiber des derzeitigen Wandels. Das sind einerseits periphere Akteure (z.B. Software-Anbieter, Data-Mining-Unternehmen) und andererseits Insider der Online-Pokerwelt (z.B. Bot-Entwickler und -Nutzer).

12 Allerdings ergibt sich hier insofern eine Besonderheit, als sich z.B. in Deutschland der Staat hinsichtlich des Glücksspiels in einer Doppelrolle befindet: Er ist zugleich Akteur auf dem Markt als auch Produzent der institutionellen Rahmenbedingungen.

Um ein tiefergehendes Verständnis der Entwicklung der mediatisierten Welt des Pokers zu erlangen, wurden darüber hinaus die Formen der Nutzung und Aneignung der neuen technologischen Möglichkeiten durch die Spieler beobachtet. Dabei hat sich gezeigt, dass die unterschiedlichen Technologieangebote und die verschiedenen Aneignungs- und (Um-)Nutzungsweisen die Art und Weise, wie Poker jeweils gespielt wird, wesentlich beeinflussen: Während medientechnologische Neuerungen im Verbund mit öffentlich wahrgenommenen Erfolgsgeschichten zunächst die Attraktivität des Online-Pokerns für Freizeitspieler und Glücksspiel-Laien erhöhten, unter anderem dadurch, dass sie das Spiel transparenter und nachvollziehbarer erscheinen ließen, schrecken die technologischen Erweiterungen (z.B. *Tracking-Software, Bots*) die sogenannten *recreational player* zunehmend ab, weil sie die Komplexität und Intransparenz der neuen Medienwelt drastisch erhöhen. Klärungsbedürftig ist im Anschluss daran, ob und in welcher Weise sich ein Wandel in den Spielformen auf die Größe der Population der Pokerspieler auswirkt und mit welchen Strategien die Plattform-Betreiber auf etwaige Veränderungen reagieren.

Insgesamt deutet vieles darauf hin, dass sich der Medienwandel in der Welt des Online-Pokers nicht als linearer Prozess beschreiben lässt, sondern durch zahlreiche (erratische) Verzweigungen und möglicherweise sogar „Wendepunkte" (Hepp 2010: 66) gekennzeichnet ist. So könnte sich beispielsweise herausstellen, dass die sekundäre Form der Mediatisierung des Pokerns ähnlich radikale Wirkungen auf diese Glücksspielwelt hat wie die ursprüngliche Form des Medienwandels, auf den sich die Entstehung des globalen Pokerbooms initial zurückführen lässt. Zwar deutet derzeit wenig darauf hin, dass das Phänomen Internetpoker in absehbarer Zeit verschwinden wird; es ist aber keineswegs unwahrscheinlich, dass sich Online-Poker um Echtgeld künftig eher wieder zu einer Nischen-Aktivität wandelt. In diesem Kontext könnten sich Parallelen zu dem Börsenboom in der zweiten Hälfte der 1990er Jahre ergeben: Zu dieser Zeit war der Handel mit Wertpapieren aller Art zu einer Beschäftigung für einen nennenswerten Teil der Bevölkerung geworden, wozu auch das Aufkommen von Internetbanken beigetragen hat. Wie die Statistiken zur Verbreitung des Aktienbesitzes in Deutschland zeigen (DAI 2012), haben die entsprechenden Kennziffern mittlerweile jedoch wieder ein Niveau erreicht, wie es vor dem Boom üblich war. Das Zocken mit Aktien als Volkssport hatte offenbar nur eine relativ kurze Halbwertszeit. Möglicherweise ergeht es dem Online-Poker ganz ähnlich.

Literatur

Deutsches Aktieninstitut – DAI 2012: Factbook (Internet: http://www.dai.de/internet/dai/dai-2-0.nsf/dai_statistiken.htm; zuletzt aufgesucht am 1.6.2012)

Dolata, U. 2011: Wandel durch Technik. Eine Theorie soziotechnischer Transformation. Frankfurt/M., New York: Campus

Eadington, W. 2004: The Future of Online Gambling in the United States and Elsewhere. In: Journal of Public Policy and Marketing, Vol. 23/No. 2, S. 214–219

Fiedler, I./Wilcke, A.-C. 2011: The Market for Online Poker. Working Paper. Hamburg: Universität Hamburg (Internet: http://ssrn.com/abstracts=1747646; zuletzt aufgesucht am 1.5.2012)

Flowers, S. 2008: Harnessing the hackers: The emergence and exploitation of Outlaw Innovation. In: Research Policy, Vol. 37/No. 2, S. 177–193

Gainsbury, S./Wood, R. 2011: Internet gambling policy in critical comparative perspective: The effectiveness of existing regulatory frameworks. In: International Gambling Studies, Vol. 11/No. 1, S. 1–15

Global Betting & Gaming Consultance 2010: Global Gambling Report. Assessment of the global gambling market. April 2010 (Internet: http://www.casinocitypress.com/common/ggr2010tocandsamplepages.pdf; zuletzt aufgesucht am 1.6.2012]

Goldmedia Group 2010: Glücksspielmarkt Deutschland. Key Facts zur Studie. Berlin: Goldmedia

Grohall, G./Kuschej, H. 2011: Good Causes oder High Profits. Unterschiedliche Geschäftsmodelle und gesellschaftliche Verantwortung am Online-Glücksspielmarkt. Studie im Auftrag der Österreichischen Lotterien. Wien: Institut für Höhere Studien (IHS)

Hambach, W./Riege, M. 2011: Neuregelung des Glücksspiels. 15 Bundesländer setzen auf's falsche Pferd. In: Legal Tribune Online vom 13.7.2011 (Internet: http://www.lto.de/de/html/nachrichten/3754/neuregelung_des_gluecksspiels_15_bundeslaender_setzen_aufs_falsche_pferd/; zuletzt aufgesucht am 9.9. 2011)

Hayano, D. 1983: Poker faces. The Life and Work of Professional Card Players. Berkeley, Los Angeles: University of Los Angeles Press

Hepp, A. 2010: Medienkultur: Die Kultur mediatisierter Welten. Wiesbaden: VS

Hepp, A./Krotz, F. 2012: Mediatisierte Welten: Forschungsfelder und Beschreibungsansätze – Zur Einleitung. In: Krotz, F./Hepp, A. (Hg.): Mediatisierte Welten. Forschungsfelder und Beschreibungsansätze. Wiesbaden: VS, S. 7–23

Hitzler, R. 2011: Eventisierung. Drei Fallstudien zum marketingstrategischen Massenspaß. Wiesbaden: VS

Hitzler, R. 2012: Eine multidimensionale Innovation. Zum Zusammenspiel von Technologien und Techniken am Beispiel des globalen Pokerbooms. In: Bormann, I./John, R./Aderhold, J. (Hg.): Indikatoren des Neuen. Innovation als Sozialtechnologie oder Sozialmethodologie. Wiesbaden: VS, S. 141–153

Kaufman, M. 2011: Der US-Pokermarkt: Vergangenheit, Gegenwart und Zukunft (Internet: http://de.pokerstrategy.com/news/world-of-poker/Der-US-Pokermarkt:-Vergangenheit,-Gegenwart-und-Zukunft_54057/; zuletzt aufgesucht am 1.6.2012)

Kingma, S. 2004: Gambling and the Risk Society: The Liberalisation and Legitimation Crisis of Gambling in the Netherlands. In: International Gambling Studies, Vol. 4/No. 1, S. 47–67

McMillan, J. (ed.) 1996. Gambling Cultures: Studies in History and Interpretation. London: Routledge

Neckel, S. 2008: Flucht nach vorn: Die Erfolgskultur der Marktgesellschaft. Frankfurt/M.: Campus

Philander, K./Fiedler, I. 2012: Online Poker in North America: Empirical Evidence on its Complementary Effect on the Offline Gambling Market (Internet: http://ssrn.com/abstract=2021993; zuletzt aufgesucht am 1.6.2012)

Pierce, P./Miller, D. 2007: Legalized Gambling: The Diffusion of a Morality Policy. In: Smith, G./Hodgins, D./Williams, R. (eds.): Research and Measurement Issues in Gambling Studies. New York: Elsevier, S. 593–615

Poker Players Research 2010: Topline Trends Poker (Internet: http://www.pokerplayersresearch.com/Documents/ToplineTrendsPoker2010.pptx; zuletzt aufgesucht am 1.6.2012)

Prisching, M. 2008: Gambling Society. Arbeitspapier. Graz: Universität Graz

Reckwitz, A. 2008: Medientransformation und Subjekttransformation. In: Reckwitz, A.: Unscharfe Grenzen. Perspektiven der Kultursoziologie. Bielefeld: Transcript, S. 159–176

Reith, G. (ed.) 2003: Gambling. Who Wins? Who Loses? Amherst: Prometheus

Streeck, W./Thelen, K. 2005: Introduction: Institutional change in advanced political economies. In: Streeck, W./Thelen, K.. (eds): Beyond Continuity: Institutional Change in Advanced Political Economies. Oxford: Oxford University Press, S. 1–39

Rose, I. N. 2011: Land-based to online (Internet: www.gamblingandthelaw.com/columns/314-land-based-to-online.html; zuletzt aufgesucht am 1.6.2012)

Strauss, A. 1978: A social world perspective. In: Studies in Symbolic Interactionism, Vol. 1/No. 1, S. 119–128

Watson, S./Liddell Jr., P./Moore, R. S./Eshee Jr., W. D. 2004: The legalization of Internet gambling: A consumer protection perspective. In: Journal of Public Policy and Marketing, Vol. 23/No. 2, S. 209–213

Wehinger, F. 2011: Illegale Märkte: Stand der sozialwissenschaftlichen Forschung. MPIfG Working Paper 11/6. Köln: Max-Planck-Institut für Gesellschaftsforschung

Wood, R. T./Williams, R. J. 2007: Internet Gambling: Past, Present, and Future. In: Smith, G./Hodgins, D./Williams, R. (eds.): Research and Measurement Issues in Gambling Studies. New York: Elsevier, S. 491–514

Williams, R. J./Wood, R. T. 2009: Internet Gambling: Prevalence, Patterns, Problems, and Policy Options. Final Report prepared for the Ontario Problem Gambling Research Centre, Guelph, Ontario. January 5, 2009 (Internet: https://www.uleth.ca/dspace/bitstream/handle/10133/693/2009-InternetPPPP-OPGRC.pdf?sequence=4; zuletzt aufgesucht am 1.6.2012)

Woolley, R. 2003: Mapping Internet Gambling: Emerging Modes of Online Participation in Wagering and Sports Betting. In: International Gambling Studies, Vol. 3/No. 1, S. 3–21

Teil III
Medienöffentlichkeit

Einführung

Der letzte Teil des Bandes untersucht den Wandel von Medienöffentlichkeiten durch die soziale Aneignung der Online- und Mobil-Technologien. Dabei stehen weniger sozioökonomische Transformationsprozesse im Fokus als vielmehr grundsätzliche Verschiebungen im Zusammenspiel der unterschiedlichen Arenen gesellschaftlicher Öffentlichkeit und damit einhergehende Veränderungen in den allgemeinen Informations- und Kommunikationsweisen. Vornehmlich wird das Verhältnis von klassischen Massenmedien und Social Media im Web ausgelotet. Die Beiträge dieses Teils nehmen mehrheitlich eine strukturtheoretische Perspektive ein, um Veränderungspotenziale bzw. Persistenzen in den Relationen von neuen und traditionellen Öffentlichkeitsstrukturen zu identifizieren, die aus rein akteurzentrierter Sicht eher verborgen bleiben.

Jan-Felix Schrape nimmt zunächst das allgemeine Verhältnis von Social Media und Massenmedien in den Blick. Das Web bietet seit den 1990er Jahren eine ideale Projektionsfläche für Hoffnungen auf egalitäre und transparente Öffentlichkeitsstrukturen, welche die Dominanz der klassischen Massenmedien in der Gegenwartsbeschreibung durchbrechen könnten. Vor diesem Hintergrund analysiert der Beitrag die Relationen zwischen Social Media und Massenmedien in der sozialen Wirklichkeitskonstruktion und greift dabei auf empirische Studien zu den Nutzungspräferenzen und den Qualitäten der Kommunikation im Social Web zurück. Die systemtheoretisch fundierten Überlegungen münden in der These, dass sich Social Media und Massenmedien auf verschiedenen Ebenen sozialer Wirklichkeitskonstruktion verorten lassen und daher weniger in einem konkurrierenden als in einem komplementären Verhältnis zueinander stehen.

Direkt daran anknüpfend analysieren *Julius Reimer* und *Max Ruppert* am Fallbeispiel des GuttenPlag-Wiki die Wechselbeziehungen zwischen neuen Medienakteuren im Netz und den klassischen journalistisch geprägten Massenmedien. Empirische Grundlage ihrer Betrachtungen ist eine Online-Befragung, die die Autoren zur Kernzeit des Projektes Anfang 2011 auf der Plattform des GuttenPlag-Wikis durchgeführt haben. Auf dieser Grundlage ordnen die Autoren die beobachteten Beziehungen zwischen investigativer Netzöffentlichkeit und klassischem Journalismus sowohl aufmerksamkeitsökonomisch als auch systemtheoretisch ein. Auch sie kommen zu dem Schluss, dass die zwei medialen Strukturebenen im Prozess der Herstellung von Öffentlichkeit nicht zwangsläufig in Konkurrenz zueinander stehen, sondern sich vielmehr ergänzen bzw. wechselseitig voneinander profitieren können. Von einer Ablösung des klassischen Journalismus durch eine neue Medienöffentlichkeit im Netz kann bislang kaum die Rede sein.

Sascha Dickel beschäftigt sich anschließend aus der Sicht einer systemtheoretisch informierten Hermeneutik mit dem Phänomen des Teilens auf Facebook und beschreibt die dahinterliegende Logik als eine kulturelle Lösung vor einem dreigliedrigen Problemhorizont: Das Web führt nicht nur zu einer kaum zu bewältigenden Flut an verfügbaren Daten, sondern befreit den sozialen Austausch überdies von räumlichen wie zeitlichen Grenzen und führt zu einer Beschleunigung der gesellschaftlichen Zeitabfolgen. Das algorithmisch vermittelte Netz der Selbstreferenz auf Facebook bietet seinen Nutzern einen Ausweg aus dieser Überforderungslage, indem es Daten durch selbst entworfene Kontaktnetze filtert, einen neuen Raum zwischen Öffentlichkeit und Privatheit aufspannt und den User von der Aufgabe befreit, flüchtige Gegenwarten eigenhändig in sinnhafte Kontexte einzuordnen zu müssen.

René König gibt schließlich einen Überblick über den Wandel der Wissenschaftskommunikation durch neue Austauschkanäle im Web 2.0. Auf der Basis explorativer Fallstudien werden die wissenschaftsspezifischen Potenziale von Diensten wie Facebook, Wikipedia, Twitter oder Google und von spezifischen Forschungsnetzwerken analysiert. Die Untersuchungen münden in einer ambivalenten Diagnose: Zwar werden durch die erweiterten Kommunikationskanäle ‚neue Fenster' in den Elfenbeinturm der Wissenschaft geschlagen, gleichzeitig aber sehen sich Wissenschaftler mit einer wachsenden Flut an Informations- und Kontaktmöglichkeiten konfrontiert, die neue Strategien der Komplexitätsbewältigung erfordern. Insgesamt erweisen sich die institutionalisierten Strukturen der Wissenschaft allerdings als erstaunlich resistent gegenüber den neuen soziotechnischen Möglichkeiten: Nur wenige akademische Akteure lassen sich bislang als Intensivnutzer des Social Web charakterisieren.

Komplementarität statt Konkurrenz

Social Media und Massenmedien in der gesellschaftlichen Wirklichkeitskonstruktion

Jan-Felix Schrape

1 Einleitung

An neue Medien werden seit jeher hohe Erwartungen geknüpft.[1] Schon der Bildschirmtext bzw. das Kabelfernsehen sollten zur „Schaffung basisdemokratischer Strukturen" beitragen (Modick/Fischer 1984: 9; vgl. Arns 2004) und auch mit der Etablierung des World Wide Web gingen von Beginn an zahlreiche Visionen einher: Das *Wired Magazine* erkannte 1993 eine digitale Revolution, welche die Gesellschaft verändern sollte „wie vorher nur die Erfindung des Feuers" (Krempl 2001: 192), Lévy (1997: 45) erhoffte sich eine neue „kollektive Intelligenz", und Holland (1997) postulierte, mit dem Internet sei „den Herrschenden [...] Brechts Radiotheorie auf die Füße gefallen". Nach einer kurzen Phase der Desillusion infolge der geplatzten ‚Dotcom'-Blase im Jahr 2000 feierten der *Spiegel* und die *Zeit* ab 2005 erneut die Erlösung der Konsumenten aus ihrer ungewollten Passivität sowie den Verfall klassischer Autoritäten durch das „selbstkontrollierte Netzwerkwissen" (Horning 2006) und auch in der aktuellen öffentlichen Diskussion sprechen Zukunftsforscher wie Kruse (2010) von einer „Demokratisierung der Gesellschaft" bzw. Zeitdiagnostiker wie Hasler (2010) von der „Stunde der Laien" (dazu ausführlicher: Schrape 2012). All diesen Vorstellungen ist gemein, dass sie im Web einen Ausweg aus der häufig als ‚verzerrt' kritisierten Wirklichkeitsbeschreibung der klassischen Massenmedien sehen, da die gesellschaftsübergreifende Verbreitung von Inhalten durch die Online-Technologien anscheinend drastisch erleichtert wird.

Derartige Veränderungserwartungen fanden nicht nur in der Gründerzeit des Netzes verbreiteten Eingang in den sozialwissenschaftlichen Diskurs (z.B. Castells 1996; Bornmann 1997): Auch gegenwärtig beschäftigen sich viele Autoren mit den gesellschaftlichen Folgen der neuen Kommunikationskanäle (z.B. Castells 2009; Schmidt 2009; Winter 2010; Leistert/Röhle 2011; Earl/Kimport 2011). Dabei überwiegen trotz einiger kritischer Anmerkungen (z.B. Lanier 2010; Morozov 2011) die Stimmen, die mit dem Web Hoffnungen auf egalitäre und

1 Der Beitrag stellt eine erweiterte und aktualisierte Version eines Artikels dar, der 2011 im *Berliner Journal für Soziologie* erschienen ist (Schrape 2011).

transparentere Öffentlichkeitsstrukturen verbinden (z.B. Moorstedt 2008; Horn/ Gisi 2009; Münker 2009; Shirky 2010; Bruns 2010). Viele dieser Beschreibungen stufen die Massenmedien angesichts ihrer ‚nivellierenden' Wirkung (Adorno 1985) mithin a priori als ablösungsbereit ein, ohne genauer zu hinterfragen, welche Funktion diese in der Wirklichkeitskonstruktion moderner Gesellschaften erfüllen. Wird diese Frage nicht gestellt, fällt es leicht, an neue Kommunikationskanäle weitreichende Transformationshypothesen zu knüpfen. Nicht beantwortet werden kann dann allerdings, warum schon die Visionen und Vorhersagen aus der Anfangszeit des Web bis heute kaum eingetroffen sind.

Überdies legen zeitdiagnostische Analysen in vielen Fällen nicht das notwenige Maß an Differenzierung an, um aussagekräftige Befunde zu einem möglichen Wandel in den Prozessen gesellschaftlicher Wirklichkeitsbeschreibung formulieren zu können: In einigen Darstellungen wird den Massenmedien ‚das Internet' in seiner Gesamtheit als Informationsquelle gegenübergestellt, obwohl sich im Netz mittlerweile alle Medienformen widerspiegeln; in anderen Betrachtungen werden die steigenden Nutzerzahlen von Social Media im Web, also digitalen Kanälen, die den Austausch von nutzergenerierten Inhalten erleichtern, als Beleg für eine Rekonfiguration der allgemeinen Öffentlichkeitsstrukturen aufgeführt, ohne zu eruieren, welche Bevölkerungsteile welche Angebote zu welchen Zwecken und in welcher Intensität nutzen.

Werden die Massenmedien indes als soziales Sinnsystem beschrieben, dessen Sinnangebote von einer breiten allgemeinen Öffentlichkeit rezipiert und entlang dieser übergreifenden Anschlussfähigkeit ausgewählt werden, stellt sich die Frage, inwieweit sich die Modi gesamtgesellschaftlicher Realitätskonstruktion durch das Web tatsächlich substantiell verändern oder ob es in vielen Bereichen eher nur zu Verschiebungen in den technischen Verbreitungskanälen kommt. Als einer der ersten Beobachter hat Niklas Luhmann (1996) die Leistungen der Massenmedien aus einer solchen Perspektive in eine umfassende Gesellschaftstheorie eingeordnet. Vorliegender Beitrag will nun prüfen, ob seine Thesen zu einer „Realität der Massenmedien" als kompatibilitätsstiftende Bezugs- und Orientierungsgrundlage in der Kommunikation noch Gültigkeit besitzen, oder ob mittlerweile „Link und Voice im Netz [...] mächtiger als alle Schlagzeilen und Breaking News (sind)" (Bolz 2011: 275) bzw. der „Welt der alten Massenmedien" keine „Bestandsgarantie" mehr gegeben werden kann (Bieber 2011: 3).

Vor diesem Hintergrund wird zunächst der von Luhmann geprägte operative Konstruktivismus vorgestellt, um aus Sicht dieses theoretischen Rahmens anschließend die gesellschaftliche Funktion der Massenmedien zu vermessen und zu hinterfragen, welche Spielräume für Veränderungen durch Social Media im Web erkennbar sind. Anknüpfend daran eruiert der vorliegende Beitrag mit Blick auf vielfältige empirische Studien zu den Präferenzen der deutschen Onliner und den Qualitäten der Internet-Kommunikation, inwieweit derartige Möglichkeiten bislang genutzt werden. Auf dieser Basis werden abschließend drei Thesen zum Verhältnis zwischen Social Media und Massenmedien zur Diskussion gestellt.

2 Operativer Konstruktivismus und gesellschaftliche Wirklichkeitskonstruktion

Aus den Grundsätzen des operativen Konstruktivismus (Luhmann 1997, 1988) lassen sich die elementaren Eigenschaften psychischer und sozialer Sinnsysteme ableiten. Ähnlich wie die neuere kognitionswissenschaftliche Forschung (z.B. Tomasello et al. 2005) fußt dieser Beobachtungsrahmen auf der Annahme, dass Wissender und Wissen untrennbar miteinander verknüpft sind: „Die primäre Realität liegt, die Kognition mag darauf reflektieren, wie sie will, nicht in ‚der Welt da draußen', sondern in den kognitiven Operationen selbst." (Luhmann 1996: 16) Die Existenz einer ontologischen Realität als Beobachtungshorizont wird zwar im Gegensatz zum radikalen Konstruktivismus nicht bestritten, sonst hätte ja auch „der Begriff der Systemgrenze [...] keinen Sinn" (Luhmann 1996: 18). Diese kann jedoch keinesfalls beobachterunabhängig erfasst werden, weshalb letztlich so viele ‚Wirklichkeiten' wie psychische und soziale Systeme vorliegen. Um Kompatibilität zwischen diesen Realitätssichten zu schaffen, werden übergreifende Bezugsgrundlagen wie z.B. unsere Zeiteinteilung oder allgemein als bekannt vorausgesetzte Gegenwartsbeschreibungen notwendig, da ansonsten in jedweder Kommunikation zahlreiche individuelle Erfahrungsgrundsteine miteinander in Einklang gebracht werden müssten.

2.1 Soziale Sinnsysteme

Während die Selbstreferenzialität des Bewusstseins heute kaum mehr in Frage gestellt wird (Roth 2010; Gazzaniga 2009), fällt es mit Blick auf kommunikative Systeme schwerer, sich auf das Konzept der operativen Geschlossenheit einzulassen, da allgemeinhin vielfältige Verflechtungen zwischen den sozialen Arenen erkennbar sind (z.B. Elias 1983). Relationale Soziologen wie Fuhse (2005) merken darüber hinaus an, dass in der Systemtheorie insbesondere der Einfluss von persönlichen Netzwerken neben flüchtigen Interaktions-, formalisierten Organisations- und emergenten sozialen Funktionssystemen unterbelichtet bliebe.

Luhmann setzt sein analytisches Seziermesser mithin schlicht auf einer anderen Ebene als figurationssoziologische oder akteurzentrierte Betrachtungen an: Gesellschaft besteht Luhmann zufolge einzig in Kommunikation, weshalb sich sein Ansatz vordringlich auf die Evolution sozialer Sinnsysteme – und nicht auf menschliche Beziehungen – konzentriert. Vor diesem Hintergrund lässt sich die

Theorie sozialer Systeme explizit als ein Analyserahmen für die Prozesse sozialer Realitätskonstruktion fassen: Sofern Kommunikation als System beobachtet wird, das ausschließlich auf der Basis von Sinn operiert und Sinn nicht als konstante Weltqualität definiert wird, sondern als „von Moment zu Moment reaktualisierte Unterscheidung“ (Luhmann 1997: 45), lassen sich psychische Systeme in ihrem Vollsinne nicht mehr als die zentralen Elemente einer Kommunikation fassen: Sie haben als Personen(-konstrukte) bzw. ‚Adressen‘ vielmehr an unterschiedlichen kommunikativen Sinnsystemen teil (Luhmann 1992: 346; Tang 2007), die angesichts der Intransparenz jedes Bewusstseins selbstreferenziell operieren: Jegliche Inhalte einer Kommunikation müssen symbolisch encodiert werden, bevor sie beobachtet bzw. decodiert werden können, d.h. ihr Bezugsrahmen besteht letztlich einzig in dem, was zwischen En- und Decodierung steht. Was nicht in den ‚Thread‘ eingeführt wird (z.B. in einem Webforum), kann in der Kommunikation nicht referenziert werden.

Sozial kristallisierte Orientierungsraster und Symbolstrukturen wie die Sprache sorgen nun zum einen dafür, dass diese Sinngrenzen in der Beobachtung verschwimmen, und tragen zum anderen dazu bei, die Wahrscheinlichkeit erfolgreicher Kommunikation zu steigern, obwohl sowohl die Selektion von Information und Mitteilung als auch die Beobachtung ihrer Differenz und die resultierende Anschlussselektionen kontingent erscheinen. Daneben macht Luhmann (1997: 743) soziale Funktionssysteme aus, die entlang symbolisch generalisierter Kommunikationsmedien (z.B. ‚Geld‘) und binärer Codes (z.B. ‚Zahlung/Nichtzahlung‘) Komplexität in spezifischen Kontexten reduzieren. Die Aussage, dass „es Systeme gibt“ (Luhmann 1984: 30), dient dabei nicht alleine der analytischen Trennung, sondern bezieht sich auf die Existenz unterscheidbarer sozialer Sinnsphären, derer sich psychische Systeme zumeist auch bewusst sind:

> „Sie wissen, ob sie gerade Straßenbahn fahren oder ob sie Skat spielen, ob sie sich an einer politischen Wahl beteiligen, ob sie bei der Arbeit im Büro sind oder mit ihrer Familie zu Abend essen.“ (Luhmann 1973)

Das Vorliegen solcher kommunikativen Arenen werden auch Netzwerksoziologen nicht bestreiten, allerdings nehmen diese Autoren vordringlich „Strukturen und Prozesse auf der Meso-Ebene des Sozialen“ (Fuhse 2009: 55) in den Blick und weniger die emergenten Sinnstrukturen, die soziale Ordnung angesichts der Kontingenz aller Realitätssichten gerade erst ermöglichen (Luhmann 1981: 195). Daraus lässt sich nicht zwingend folgern, dass die Systemtheorie den Einfluss persönlicher Netzwerke marginalisiert, ihr Schwerpunkt liegt aber auf „dem rekursiven Netzwerk von Erinnerungen und Erwartungen“ in Sinnsystemen (Luhmann 1997: 653). Im wissenschaftlichen Betrieb etwa spielen persönliche Netzwerke in der Stellenvergabe oder im Arrangement von Sammelbänden sicherlich eine zentrale Rolle (Offe 2008). Sie können das Sinnsystem Wissenschaft aber nicht in seinen grundsätzlichen Referenzen korrumpieren.

Wird die Systemtheorie als Untersuchungsrahmen für die soziale Realitätskonstruktion gelesen, zerstreuen sich folglich die Irritationen um operativ geschlossene soziale Sinnsysteme: Zweifellos lassen sich z.B. Beeinflussungen von Firmen durch unökonomische Angebote oder von Richtern durch persönliche Moralvorstellungen beobachten; diese betreffen aber nicht die Funktionssysteme an sich, sondern Organisations- oder Bewusstseinssysteme, die sich situativ an deren Referenzen ausrichten. Eine solche analytische Fassung trägt zur Vermeidung von „Kategorienfehlern" (Bieri 2005) bei und betont zugleich ein Selbstbeschreibungsproblem der modernen Gesellschaft: Soziale Funktionssysteme steigern die kommunikative Effizienz in spezifischen Kontexten – die allgemeine Kommunikation aber an einem dieser fokussierten Sinnsysteme auszurichten würde die funktionale Differenzierung ad absurdum führen.

2.2 Massenmedien

Allgemeine und unspezifische Realitätsmuster kondensieren nun einerseits durch stetige Reproduktions- und Verfestigungsprozesse in der Kommunikation (Elias 2001; Luckmann 1999), welche jedoch zu dezentral und zu distribuiert ablaufen, um kurzfristig eine gesellschaftsübergreifende Gegenwartsbeschreibung herstellen zu können. Vor diesem Hintergrund haben sich mit der Entwicklung hin zu einer funktional differenzierten Gesellschaft andererseits weitläufig rezipierte Selektions- und Synthetisierungsstellen herausgebildet, die zeitnah definieren, was gesamtgesellschaftlich relevant gesetzt wird. Eben diese Funktion erfüllen die Massenmedien, verstanden nicht als Konglomerat aus Organisationen und technischen Kanälen, sondern als soziales Sinnsystem, das seine Umwelt ausgerichtet an der unspezifischen Differenz ‚Information/Nichtinformation' bzw. ‚übergreifend relevant/irrelevant' beobachtet und auf diese Weise eine Beschreibungslücke füllt, die früher „über (konkurrenzlose) Repräsentation geregelt war" (Luhmann 1997: 1103).

Der Buchdruck als soziotechnisches Korrelat erleichterte ab der Frühen Neuzeit die Verbreitung einheitlicher Symbolkonzepte (Stedje 1999) und übertrug die Selektionsmacht in der gesamtgesellschaftlichen Gegenwartsbeschreibung von den klerikalen Zirkeln auf das Spannungsfeld zwischen Autoren und Lesern dieser Zeit (Mumford 1994): Angesichts zunehmend zahnloser Zensurmaßnahmen wurde gedruckt, was Anschluss an die Realitätssichten möglichst vieler psychischer Systeme fand. Langfristig hat sich aus dieser Konfiguration das soziale Sinnsystem der Massenmedien entwickelt, das für eine breite Öffentlichkeit eine übergreifende Gegenwartsbeschreibung generiert und Inhalte zur Verbreitung auswählt, die sich voraussichtlich durch eine hohe allgemeine

Anschlussfähigkeit auszeichnen, welche sich wiederum aus den zuvor verbreiteten Beschreibungen ableitet. Ihre Hauptleistung liegt dabei nicht in umfassender Vergegenwärtigung, sondern angesichts begrenzter kognitiver Ressourcen im pointierten Vergessen (Luhmann 1997: 1098).

Im Zuge ihrer Ausdifferenzierung haben sich spezifische Programmbereiche gebildet, die aus verschiedenen Beobachtungshorizonten selegieren: Nachrichten bevorzugen glaubwürdige Ereignisse, die einen Unterschied für ihre Zielgruppe machen, weshalb z.B. Quantitäten, Konflikten oder lebensweltlichen Bezügen der Zuschlag gegeben wird (vgl. zur *Tagesschau:* Meckel 1994). Unterhaltung hingegen kann sich bis zu einem gewissen Grad von der ‚realen' Welt abkoppeln, muss aber ihrem Publikum noch immer die Möglichkeit lassen, sich in die Inszenierung hineinversetzen zu können. Werbung schließlich will ihre Rezipienten dazu bringen, von sich aus zu wollen, was sie zuvor nicht wollten, und liefert en passant Bezüge in Geschmacksfragen (Luhmann 1996: 89). Das Resultat dieser Selektionsleistungen ist eine hochgradig komplexitätsreduzierte Gegenwartsbeschreibung, die sich von den Rezipienten nicht auf gleicher Verbreitungsebene retournieren lässt. Folglich kann den Massenmedien zurecht unterstellt werden, Themen aus dem öffentlichen Diskurs auszuschließen (Sennett 1991). Dies ändert jedoch nichts an dem Bedarf an allgemeinen Bezugsgrundlagen in der Kommunikation und an der Notwendigkeit zur Selektion in der gesamtgesellschaftlichen Wirklichkeitskonstruktion, denn nur Weniges kann übergreifend verbreitet werden.

Damit ist weder gesagt, dass eine einheitlich adressierbare Öffentlichkeit vorläge, noch dass es nicht möglich wäre, sich von massenmedialen Realitätsentwürfen abzugrenzen: Schon die frühen Zeitungen bedienten unterschiedliche Teilöffentlichkeiten (Stöber 2005) und Gleiches gilt spätestens seit ihrer Diversifizierung auch für die elektronischen Massenmedien. Trotzdem kristallisieren sich fortlaufend allgemein bekannte Beschreibungssubstrate heraus, die kommunikative Orientierung bieten. Diese „Sinnkondensate" (Luhmann 1996: 75) können als zustimmungs- oder ablehnungswert eingestuft werden, in beiden Fällen aber dienen sie als Referenzen in der Kommunikation.

2.3 Evolutionäre Prozesse

Sobald die Massenmedien als soziales Funktionssystem beschrieben werden, kommt freilich der Verdacht einer statischen Theorielage auf (Lutterer 2002), die Spielräume für ‚bottom-up'-Transformationen, wie sie Social Media im Web befördern könnten, kaum denkbar erscheinen lässt. Die systemtheoretische Fassung von ‚Sinn' als situatives „*Produkt* der Operationen, die Sinn benutzen", mehr noch aber Luhmanns (1997: 413) Sicht auf soziale Evolution, die Schnittpunkte zum evolutionsbiologischen Konzept der „hierarchical levels" (Gould

2002) bietet, reflektieren allerdings durchaus die Möglichkeit zu einem graduellen Wandel in den Prozessen sozialer Realitätskonstruktion.

Wird die gesellschaftliche Wirklichkeitskonstruktion als ein evolutionärer „Endlosprozess" von Variation, Selektion und Restabilisierung (Luhmann 1997: 427) gedacht, sollte zunächst geklärt werden, wie sich wir-zentrierte Sinnkonzepte angesichts der Kontingenz aller individuellen Realitätsentwürfe überhaupt stabilisieren können. Die entsprechenden Verfestigungsprozesse zeigen sich indes schon mit Blick auf projektbezogene Netzwerke, an denen psychische Systeme freiwillig partizipieren und an diese Entscheidungen wechselseitige Erwartungen knüpfen, die durch Wiederholung zu verstetigten Kooperationsbeziehungen führen können (White 1992: 35; Weyer 2000): Falls z.B. ein Onliner ein themenzentriertes Web-Forum anbietet und sich Kommunikation anschließt, steigern sich sukzessive die Erwartungen der Teilhabenden an den Kommunikationsbezug, und sofern es gelingt, thematische Kontingenzen zu reduzieren, können ‚network domains' (White/Mische 1998) entstehen, in denen sich mit der Zeit spezifische Konzepte und Realitätsentwürfe verfestigen.

Ähnliche Wechselwirkungen lassen sich auf gesamtgesellschaftlicher Ebene beobachten: Psychische Systeme richten ihre Codierungen an den Bezugsgrundlagen sozialer Sinnsysteme aus und profitieren dadurch von einer Komplexitätsreduktion in Kommunikation und Beobachtung. Sie können in ihrer Sozialisation gar nicht auf die Internalisierung der Referenzen sozialer Funktionssysteme verzichten, weil sie zur Erfüllung ihrer Bedürfnisse schon aus Kapazitätsgründen auf deren komplexitätsreduktive Leistungen angewiesen sind, ebenso wie sich soziale Sinnsysteme nur durch ihre kollektiven Reproduktionsleistungen erhalten können. Da aber die Bezugsgrundlagen eines Sinnsystems stets situativ interpretiert werden, oszillieren diese Rückbezüge realiter stets um die jeweiligen Referenzpunkte. Luhmann (1997: 1139) schreibt Sinnsystemen daher eine „dynamische Stabilität" zu, die sich im Falle der Massenmedien ebenso auf die Schwerpunkte ihrer Berichterstattung beziehen lässt.

Als kurzfristige kommunikative Objekte können innovative Sinnangebote derweil relativ rasch übergreifende Bekanntheit erlangen (z.B. durch eine Schlagzeile); um sich allerdings als langfristige wir-zentrierte Wirklichkeitsmuster zu stabilisieren, müssen Sinnvariationen strenge Selektionskriterien erfüllen (z.B. Glaubwürdigkeit, Nutzwert). So konnte sich etwa die von *Swatch* vermarktete Internet-Zeit „.beat" nicht durchsetzen, da ihr Orientierungsgewinn trotz globaler Kompatibilität nicht groß genug war (Spork 2004). ‚Top-down' lassen sich zwar relativ zügig Anpassungen provozieren, in einer funktional differenzierten Gesellschaft geschieht dies aber kaum ohne Risiko (Luhmann 1997: 747): Sobald etwa Teile der Bevölkerung nicht vom Sinngehalt eines Verbots überzeugt sind, entstehen mit hoher Wahrscheinlichkeit illegale Zirkel zur Erfüllung der entsprechenden Bedürfnisse (vgl. z.B. zur US-Alkoholprohibition: Kobler 1993).

Aus vorgeschlagener Sicht lässt sich vielmehr vermuten, dass sich innovative Wirklichkeitsmuster zumeist in sozialen Gebilden auf Meso-Ebene verbreiten, bevor sie fallweise von spezialisierten funktionalen Sinnsystemen oder von den Massenmedien für die allgemeine Gegenwartsbeschreibung selektiert werden. Als Beispiele für solche ‚bottom-up'-Diffusionsprozesse können neoliberale Kerngedanken und einige Eckpunkte nachhaltiger Politik aufgeführt werden:

- Neoliberale Ideen spielten in ökonomischen Konzeptionen seit den 1930er Jahren eine wachsende Rolle (Meijer 1987). Seit den 1990er Jahren bestimmen diese aber auch zunehmend die Alltagswirklichkeit: „Alle, vom Kleinkind bis zum Rentner, vom Kindergarten über die Hochschule bis zum Wasserwerk, sollen sich unternehmerisch verhalten." (Demirović 2008: 17)
- Während der Klimaschutz und eine ökologisch nachhaltige Entwicklung noch in den 1990er Jahren eine Domäne grüner Parteien war, finden sich die entsprechenden Begriffe heute in den Programmen aller politischen Kräfte wieder und auch die massenmediale Berichterstattung richtet ihre Bewertungen (z.B. von Produkten) vermehrt an den entsprechenden Konzepten aus (Grober 2010; Tremmel 2003).

Da Komplexitätsreduktion für soziale Systeme stets auch bedeutet, als stabil empfundene Sinnstrukturen nicht beständig aktualisieren zu müssen, sind es die beobachtbaren Diskontinuitäten in ihrer Umwelt, die als bemerkenswert markiert werden (Luhmann 1997: 550, 421): *Variationen* verdichten sich so lange auf geringer ausdifferenzierten Kommunikationsebenen, bis sie gegebenenfalls auf höherer Selektionsebene als relevante Abweichung erkannt werden *(Selektion)* und so den Zustand des beobachtenden Sinnsystems verändern *(Restabilisierung)*. In diesem Prozess emanzipieren sich innovative Inhalte von ihren Quellen und werden Teil eines kulturellen „ratchet effects" (Tomasello 1999), der sich keiner Fortschrittslinie zuordnen lässt.

Aus der Sicht eines solchen Modells, das von ständigen evolutionären Austauschprozessen zwischen den Ebenen gesellschaftlicher Wirklichkeitskonstruktion ausgeht, haben mediale Neuerungen die Kommunikation in der Vergangenheit jeweils auf spezifische Weise effektiviert: Der Buchdruck beispielsweise hat die Verbreitung einheitlicher Symbolkonzepte erleichtert und das (Mobil-) Telefon hat die Individualkommunikation flexibilisiert. Das Internet wirkt indes als Universalmedium auf all diesen Feldern, was eine differenzierte Einschätzung seiner Effekte auf die Prozesse gesellschaftlicher Wirklichkeitskonstruktion augenscheinlich deutlich erschwert.

3 Social Media im Web

Aus der angelegten Perspektive bleibt die moderne Gesellschaft also auf übergreifende Selektions- und Synthetisierungsstellen in der wir-zentrierten Wirklichkeitskonstruktion angewiesen, die in der allgemeinen Kommunikation kompatibilitätsstiftende Bezugsgrundlagen zur Verfügung stellen. Zumindest vor der Etablierung des Web erbrachten primär die Massenmedien diese Auswahlleistungen als ein soziales Sinnsystem, das durchaus die Integration innovativer Realitätsentwürfe ermöglicht, solange diese Sinnvariationen eingespielten Selektionskriterien entsprechen. Mit den neuen Kommunikationskanälen haben innovative Sinnangebote gegenüber etablierten Inhalten allerdings deutlich an Sichtbarkeitspotenzial gewonnen, da nun theoretisch jeder Onliner kostenneutral weltweit Inhalte publizieren könnte und Dienste wie *Twitter* oder die Blogosphäre insgesamt eine nutzerzentrierte Verbreitung dieser Angebote erleichtern. Social Media erscheinen als technikgewordene Reinkarnation der Utopien Brechts (1967: 129) zu einem bidirektionalen Kommunikationsapparat, der es „verstünde, nicht nur auszusenden, sondern auch zu empfangen".

Um vor dem Hintergrund der eingangs skizzierten Visionen und mit Blick auf einige Beispiele für eine zumindest punktuelle Einflusskraft sozialer Medien – z.B. die katalysierende Wirkung des *GuttenPlag*-Wikis in der ‚Causa Guttenberg' (siehe *Reimer/Ruppert* in diesem Band) – zu eruieren, ob sich durch die effizientere nutzerzentrierte Diffusion von Inhalten im Netz derzeit tatsächlich kontinuierlich wirkende Alternativen zu den übergreifenden Selektions- und Verbreitungsleistungen der Massenmedien herausbilden und inwieweit dadurch deren Dominanz in der gesellschaftlichen Gegenwartsbeschreibung konterkariert wird, werden im Folgenden die bis dato beobachtbaren Nutzungspräferenzen der deutschen Onliner und die inhaltlichen Qualitäten der Kommunikation im Social Web beobachtet.

3.1 Nutzungspräferenzen

Die Online-Durchdringung der deutschen Bevölkerung liegt seit 2006 über 60 Prozent und seit 2012 über 75 Prozent (ARD/ZDF 2012), d.h. die Institutionalisierung des Web als technische Plattform befindet sich in der BRD wie in allen anderen Industrieländern in der Phase der „late majority" (Rogers 1962). Da aber der bloße Zugriff auf ein Medium noch nicht sein Transformationspotenzial bestimmt, lohnt es sich zu prüfen, wer welche Angebote im Web zu welchen Zwecken und in welcher Intensität nutzt. Hierbei kann zwischen folgenden Angebotsformen differenziert werden:

- *Maschinen,* mit denen „man ohne Kommunikation aus [...] Daten Informationen gewinnen" kann (Esposito 1993: 348), so z.B. Web-Applikationen;

- *Individualkommunikative Medien* wie E-Mails oder Chats, die vordringlich für den bidirektionalen Austausch verwendet werden;
- *Medien zur (verteilten) Speicherung* wie z.B. Text-, Audio- oder Videodateien auf Filesharing-, Sharehoster- oder Cloud-Plattformen;
- *Massenmediale Angebote,* welche die Aufmerksamkeit sehr vieler Onliner binden, z.B. die Online-Dependancen großer Print- oder TV-Anbieter;
- *Netzwerkkommunikation* als genuin neuer medialer Austauschmodus, z.B. nutzergenerierte bzw. nutzerzentriert verbreitete Inhalte im Social Web.

Falls die meisten Onliner das Internet bislang überwiegend als Speichermedium oder Maschine, zur Individualkommunikation oder zum Abruf massenmedialer Inhalte nutzten, ließe sich zwar von einer Effizienzsteigerung bisheriger kommunikativer Infrastrukturen sprechen, nicht aber von einer Rekonfiguration gesamtgesellschaftlicher Öffentlichkeitstrukturen, welche die Rolle der klassischen Massenmedien in Frage stellen könnte. Und gemessen an den Auskünften der Befragten dreier aktueller Erhebungen (ARD/ZDF 2012; Ifd 2011; AGOF 2012) spricht auch zunächst nicht viel für die These neuer übergreifender ‚digitaler' Öffentlichkeiten: Zwar nutzen bis zu 90 Prozent der Onliner das Web regelmäßig für den E-Mail-Verkehr und die Suchmaschinenrecherche, bis zu 70 Prozent rufen Nachrichten ab oder kaufen im Netz ein. Und auch in der Frage, wer „zumindest selten" ‚Web 2.0'-Angebote nutzt, lassen sich für 2012 zum Teil relativ beeindruckende Diffusionswerte feststellen (z.B. *Wikipedia*: 72 Prozent, Videoportale: 59 Prozent, Social Networks: 43 Prozent). In der mindestens wöchentlichen Nutzung jedoch wiesen nur Social Networks und Videoportale hohe Werte auf, während (Micro-)Blogs auf einem niedrigen Niveau verharrten (Abb. 1). Die Daten der ARD/ZDF-Onlinestudie belegen zudem, dass die primär jungen Alltagsnutzer von Social Networks eher an Unterhaltung bzw. Individualkommunikation und weniger an tagesaktueller Information interessiert sind (Busemann/Gscheidle 2012; Eimeren/Frees 2011; Ridder/Engel 2010).

Videoportale werden bis dato ebenfalls primär von den jüngeren Onlinern genutzt (ARD/ZDF 2012) und deren Präferenzen für unterhaltende Inhalte wirken sich auch auf die Ranglisten der meistrezipierten Videos auf Youtube.de (2011) aus: Die 50 populärsten Videos bestanden Mitte 2011 zu rund 60 Prozent aus kommerziellen Musikvideos, TV-Ausschnitten oder Werbung; Nachrichten oder politische Berichte spielten mit zwei Prozent kaum eine Rolle (Schrape 2011). Nur sieben Prozent der Onliner gaben an, jemals auf Videoportalen publiziert zu haben (Busemann/Gscheidle 2012: 387), und auch in anderen Fällen blieb das Veröffentlichungsinteresse bis 2012 gering (Abb. 2).

Neben der Erhebung der Online-Präferenzen nach Selbsteinschätzung können die Zugriffs-Rankings der Websites betrachtet werden: Die Top-50-Angebote im vielreferenzierten *Alexa Internet*-Ranking für die BRD bestanden Anfang 2012 zu 40 Prozent aus maschinellen Diensten sowie Shopping- bzw. Serviceangeboten (z.B. *Google*, *Amazon*) und zu 25 Prozent aus den Sites von massenmedialen Anbietern. Daneben finden sich speichermediale Angebote, porno graphische Inhalte und *Wikipedia* in den Top 50 (Alexa Web Information Com-

Abb. 1: Mindestens wöchentliche Nutzung durch deutschsprachige Onliner (in Prozent)

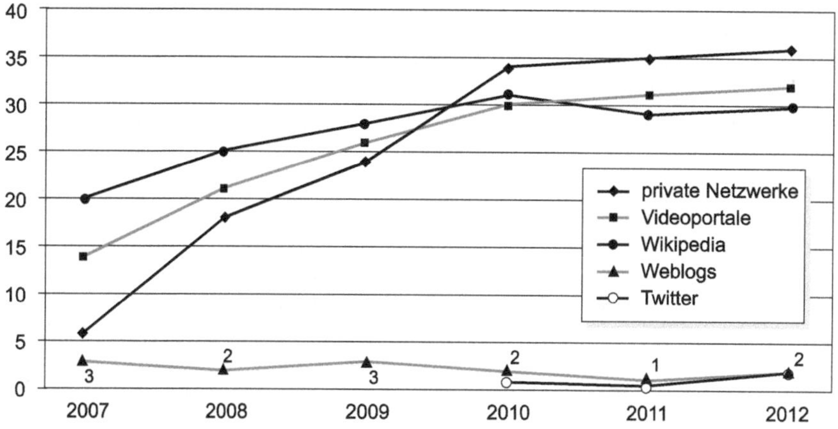

Quelle: ARD/ZDF-Onlinestudie 2007–2012

Abb. 2: Interesse daran, aktiv Inhalte im Web zu publizieren (in Prozent)

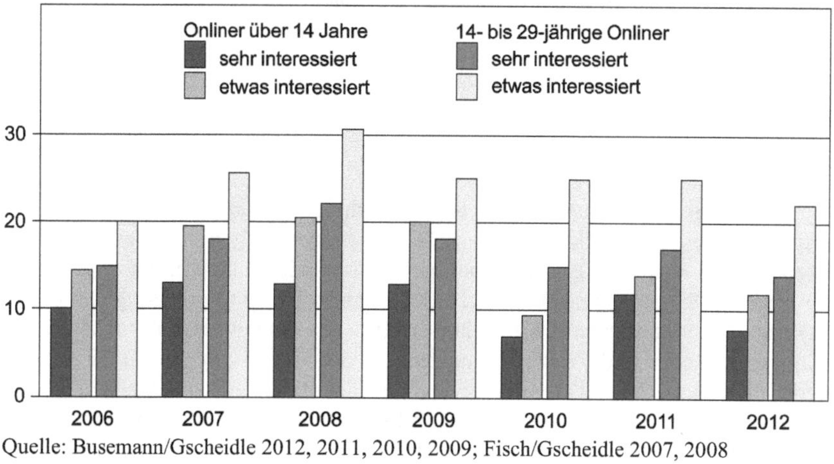

Quelle: Busemann/Gscheidle 2012, 2011, 2010, 2009; Fisch/Gscheidle 2007, 2008

pany 2012). Rund 20 Prozent der Seiten können als netzwerkkommunikative Angebote charakterisiert werden, allerdings dienen Portale wie *Facebook* primär der Individualkommunikation. Lediglich auf Plattformen wie *Wordpress, Blogger* oder *Twitter* können durch die Nutzer tagesaktuelle Inhalte im eigentlichen Sinne übergreifend veröffentlicht werden. Die Positionen dieser Infrastrukturdienste sagen aber noch nichts über die Reichweiten ihrer Inhalte aus: Werden die Rankings der erfolgreichsten Blogs (*deutscheblogcharts.de* 8/2011) und etablierter massenmedialer Angebote verglichen, werden die unterschiedlichen Rezeptionsradien offenbar: Während sich *spiegel.de* oder *bild.de* in den Top-Ten befinden, tauchen z.B. *spreeblick.com* oder *netzpolitik.org* erst ab Rang 1.000 auf (Stand: 1/2012).

Die Beobachtungen zur deutschen Gesamtbevölkerung zeigen also, dass sich Social Media als Rezeptionskanal für tagesaktuelle Inhalte bislang nicht übergreifend durchsetzen konnten. Wie aber verhält es sich in den jüngeren Altersgruppen, den sogenannten „digital natives" (Palfrey/Gasser 2008)? Für die Befragten unter 30 Jahren lässt sich annährend eine Online-Volldurchdringung diagnostizieren (Ifd 2011; ARD/ZDF 2012) und in dieser Gruppe finden sich auch die ‚Web 2.0'-Intensivnutzer: Die ACTA (Ifd 2008) umriss mit den „Webaktivisten" eine Kategorie, der 18 Prozent der Onliner zugeordnet wurden, die schon einmal Inhalte im Web publiziert hatten. In dieser Index-Darstellung erreichten die 14- bis 29-Jährigen einen überdurchschnittlichen Wert (175 Punkte) und weitere Erhebungen bestätigen diese Verteilungen (IMUK 2011, Schenk et al. 2011): Zwar variieren die Werte für das Interesse an nutzergenerierten Inhalten auch nach Geschlecht und Schulabschluss, die größten Unterschiede bestehen aber zwischen den jungen und älteren Bevölkerungsteilen. Das Online-Interesse der 14- bis 29-Jährigen liegt jedoch nach der *ARD/ZDF-Onlinestudie* 2008 weniger auf Information (30 Prozent) als auf Unterhaltung (44 Prozent) und auch in der *ARD/ZDF-Langzeitstudie Massenkommunikation* nimmt „Spaß" unter den Nutzungsmotiven in dieser Altersgruppe die Spitzenposition ein (Ridder/Engel 2010). Dazu kommt, dass 2012 lediglich 22 Prozent der 14- bis 29-Jährigen „etwas" und nur zwölf Prozent „sehr" daran interessiert waren, im Web aktiv Inhalte zu publizieren (Busemann/Gscheidle 2012).

Angesichts der längerfristigen Stabilität dieser Verteilungen stellt sich die Frage, inwieweit sich die Nutzungspräferenzen der jungen Altersgruppen auf deren spätere Lebensphasen extrapolieren lassen oder die Affinität zum ‚Web 2.0' eher ein Phänomen des konkreten Lebensalters ist: Eine Erhebung der werktäglichen Zeitverteilungen (Weick 2004) führt vor Augen, dass das Budget für Bildung, Konsum und Freizeit spätestens in den Altersgruppen ab 30 Jahren merklich zurückgeht und Berufs- bzw. Haushaltsarbeit in den Vordergrund tritt. Insofern wäre es durchaus denkbar, dass Berufstätige oder Familienmanager in ihrer knappen Freizeit den passiven Konsum klassischer massenmedialer Angebote der aktiven Selektion und Publikation im Web vorziehen. Für diese These spricht, dass die Sinus-Milieus mit überdurchschnittlichem Interesse an nutzergenerierten Inhalten zugleich hohe Anteile an Schülern, Studierenden und Befragten ohne festen Beruf aufwiesen (Schenk et al. 2008).

3.2 Inhaltliche Qualitäten im ‚Web 2.0'

Die ‚early adopters' der neuen kommunikativen Möglichkeiten speisen sich also vordringlich aus jüngeren Altersgruppen mit hohen Freizeitbudgets und ausgeprägten Unterhaltungsinteressen. Das heißt nun gerade nicht, dass deren Nutzungspräferenzen keine weitreichenden Effekte auf gesellschaftliche Strukturen nach sich zögen: Das Spannungsfeld zwischen den Filesharern und der Musikindustrie ist eines der besten Beispiele hierfür (Dolata 2008). Es lassen sich aber bislang kaum Anzeichen für eine Rekonfiguration der Modi gesamtgesellschaftlicher Wirklichkeitskonstruktion finden, da netzwerkkommunikative Inhalte nicht in einer Frequenz abgerufen werden, die mit klassischen massenmedialen Angeboten vergleichbar wäre.

Nichtsdestotrotz könnten sich die Verbreitungschancen innovativer bzw. alternativer Realitätsentwürfe auch auf indirekte Weise erhöhen, solange zumindest ein kleiner Teil der Bevölkerung im Netz aktiv selektiert und publiziert, denn online veröffentlichte Inhalte können sich unkomplizierter und sichtbarer auf der kommunikativen Meso-Ebene verbreiten als in der Offline-Welt und so auf gesamtgesellschaftlicher Ebene schneller als Diskontinuitäten erkannt werden. Dies könnte die ‚bottom-up'-Integration innovativer Inhalte in die massenmediale Berichterstattung befördern, solange im ‚Web 2.0' tatsächlich innovative Sinnangebote erarbeitet und nicht lediglich bekannte Inhalte neu abgemischt werden. Im Fokus stehen daher nachfolgend (Micro-)Blogs, Podcasts und Social-News-Dienste als tagesaktuelle Publikationsforen im Netz.

Weblogs sind die vereinfachte Form der Homepages aus den 1990er Jahren und bieten ein ebenso großes Themenspektrum. Podcasting hingegen kann als die beidseitige Variante des Rundfunks beschrieben werden, die sich schon Brecht (1967: 127) gewünscht hat. Allein weil diese neuen Kommunikationskanäle die geeigneten technischen Instrumentarien liefern, lässt sich jedoch noch nicht von neuen Formen übergreifend relevanter Publizität sprechen. Studien aus den letzten fünf Jahren suggerieren vielmehr, dass Blogs und Podcasts in vielen Fällen vordringlich der Selbstdarstellung oder dem semiprivaten Austausch dienen (Schrape 2010): Nach einer Analyse von Schmidt/Wilbers (2006) bloggten 71 Prozent der Autoren „zum Spaß" und 62 Prozent, um eigene Erlebnisse festzuhalten. 75 Prozent der deutschsprachigen Blog-Artikel bestanden nach einer Studie von Schmidt et al. (2009) aus privaten Erlebnissen und 50 Prozent kommentierten lediglich massenmediale Inhalte. Politische Themen standen nur bei rund einem Drittel der Beiträge im Fokus. Neben geringen Eigenrechercheanteilen diagnostizierten Schmidt et al. (2009) zudem, dass die Blogosphäre durch einen ähnlichen „Matthäus-Effekt" (Merton 1985) gekennzeichnet ist wie die Wissenschaft: Wer bekannt ist, wird häufig verlinkt, wer unbekannt ist, erhält zumeist keinen Link zurück. Selbiges gilt nach einer internationalen Studie auch für den Microblogging-Dienst *Twitter*, auf dessen Plattform 2010 ca. zwei Prozent der Nutzer für 60 Prozent der Inhalte verantwortlich zeichneten (Sysomos 2010). In einer qualitativen Untersuchung von 5.042 deutschsprachigen *Tweets* stellte sich überdies heraus, dass sich die Mehrzahl der Beiträge um private oder technische Inhalte bzw. Ratgeber-Themen drehte, während sich nur acht Prozent als politische *Tweets* charakterisieren ließen (Karbautzki 2011). Eine Analyse zu den meistempfohlenen deutschsprachigen Artikeln auf *Facebook*, *Google+* und *Twitter* für das Jahr 2011 bestätigte überdies den Eindruck, dass die Inhalte massenmedialer Anbieter auch im Social Web eine wesentliche Rolle spielen (Schröder 2012).

Autorenbefragungen zufolge werden auch Podcasts in der BRD primär erstellt, um sich selbst darzustellen oder neue Möglichkeiten auszuprobieren (Mocigemba 2007). Zugleich stellt allerdings eine Umfrage unter deutschen Podcast-Hörern (Blue Sky Media 2009) heraus, dass 80 Prozent der Nutzer auf Podcasts zurückgreifen, um sich zu informieren oder zu bilden, was sich auch in den Zugriffsranglisten von *podcast.de* widerspiegelt, wobei allerdings wiederum 90 Prozent der Top-20-Audio-Podcasts von öffentlich-rechtlichen oder privaten Rundfunksendern produziert wurden. Auch Social-News-Portale, auf denen jeder Nutzer Nachrichten verlinken und bewerten kann, werden nur von wenigen Onlinern rezipiert, trotzdem könnten sich auf solchen Plattformen innovative Inhalte verdichten. Eine Erhebung von Rölver/Alpar (2008) führt jedoch vor Augen, dass die meisten Links bei den bekanntesten deutschsprachigen Anbietern (z.B. *Yigg, Webnews*) auf massenmediale Angebote verweisen – auch im Falle von *Wikinews,* dem eher erfolglosen Nachrichtenableger der *Wikipedia.*

Die Open-Content-Enzyklopädie selbst hat sich hingegen als Nachschlagewerk in der Mitte der Onlinerschaft etabliert, vermutlich auch weil hier eben nicht tagesaktuelle Inhalte im Zentrum stehen: Die Qualität der *Wikipedia* ist schon länger mit etablierten Lexika vergleichbar (Giles 2005; Hammwöhner 2007) und beruht auf mehrstufigen Qualitätssicherungsprozessen wie Formatvorlagen, Software-Agenten, ehrenamtlichen Administratoren sowie der kontinuierlichen Korrekturmöglichkeit durch ihre Leser. Allerdings haben nur vier Prozent der deutschen Onliner, die *Wikipedia* schon einmal besucht haben (96 Prozent), jemals einen Artikel erstellt oder editiert (ARD/ZDF 2012). Die noch selteneren regelmäßig aktiven Wikipedianer sind im Schnitt knapp über 30 Jahre alt, männlich, alleinstehend, berufstätig und engagieren sich aus ideeller Verbundenheit, Interesse an enzyklopädischen Inhalten oder um sich spielerisch zu unterhalten (Hassel 2007; Möllenkamp 2007; Schroer/Hertel 2009).

Die betrachteten Studien legen folglich die Vermutung nahe, dass die oft bemühte „Schwarmintelligenz" (Horn/Gisi 2009) im Falle eines kleinen Kernautorenkreises mit verfestigter Qualitätssicherung auf langfristiger Ebene verlässlich genug funktioniert, um viele Rezipienten zu binden, aber die tagesaktuellen Inhalte in Blogs, Podcasts und Social-News zu kontingent erscheinen, um als regelmäßige allgemeine Bezugsgrundlage in der gesellschaftlichen Kommuikation zu dienen. Dazu kommt, dass (Micro-)Blogs und Podcasts für ihre Autoren und Adressaten viele unterschiedliche Funktionen erfüllen (u.a. Identitätsmanagement), während das Ziel der *Wikipedia* trotz aller Abweichungen scharf definiert ist.

3.3 Social Media und Journalismus

Auch wenn die Qualitäten der Netzwerkkommunikation hierzulande kaum dafür sprechen, dass nutzergenerierte Inhalte maßgeblich zur regelmäßigen Aktualisierung einer gesellschaftsweit ‚geteilten' Gegenwart beitragen, existieren einige (zum Teil semiprofessionelle) Angebote, die sich gegenüber den klassischen Massenmedien in einer ergänzenden Rolle sehen (z.B. *netzpolitik.org*) und Rechercheoptionen für den professionellen Journalismus bieten. Weil die Massenmedien als soziales System darauf abgestellt sind, kommunikative Unterschiede herauszustellen, und Journalisten wie alle psychischen Systeme mit begrenzten kognitiven Kapazitäten zu kämpfen haben, steigt mit der erhöhten Sichtbarkeit innovativer Sinnangebote im Web die Wahrscheinlichkeit für ihre Integration in die massenmediale Berichterstattung, sofern sie den jeweiligen Selektionskriterien entsprechen.

Allerdings spielten Blogger als regelmäßige Themenmacher in der Öffentlichkeit auch nach Einschätzung des prominenten Bloggers Robert Basic (2008) lange kaum eine Rolle. Was die Blogosphäre aber in Ausnahmefällen leisten kann, zeigen beispielsweise die Social-Media-Verbreitungswellen um Horst Köhlers *Deutschlandradio*-Interview im Mai 2010: Tage bevor die etablierten Massenmedien das Thema aufgriffen, wurden die Passagen des Interviews, die später mit zu seinem Rücktritt führten, in der Blogosphäre diskutiert (z.B. Lupe 2010). Auch wenn deutschsprachige Blogger also insgesamt in der Aufdeckung von gesamtgesellschaftlich relevanten Missständen „weit hinter dem zurückbleiben, was professioneller Journalismus täglich leistet" (Neuberger 2007: 107), können deren Inhalte fallweise durchaus Eingang in die massenmediale Berichterstattung finden (vgl. zum *GuttenPlag*-Wiki: Ruppert/Reimer 2011).

Machill et al. (2008) stellten allerdings in einer nichtteilnehmenden Beobachtung von 235 Redakteuren fest, dass im Untersuchungszeitraum der Daueranteil von Social Media in den Rechercheprozessen gerade einmal bei 0,5 Prozent lag, und eine direkte Befragung durch die gleichen Autoren zeigte erneut, dass außer *Wikipedia* nutzergenerierte Angebote kaum keine Rolle in der journalistischen Informationsgewinnung spielten. Neuberger et al. (2011) kamen indes in einer aktuelleren Redaktionsleiter-Befragung zu dem Ergebnis, dass Weblogs, Communities und Social-News in zwei Dritteln der Redaktionen selten bis nie, aber immerhin von 30 Prozent „häufig" als Recherchemittel eingesetzt wurden. *Twitter* hingegen wurde nur in zwölf Prozent der Büros regelmäßig beobachtet, wobei der Schwerpunkt auf aktuellen Stimmungsbildern lag. Microblogs werden von den meisten Befragten mithin als Publikationskanal genutzt, um Aufmerksamkeit auf das eigene Angebot zu lenken (NA 2011).

Es lässt sich folglich bilanzieren, dass Social Media inzwischen durchaus von einigen professionellen Redakteuren rezipiert werden. Dass ‚journalistische Spürhunde' allerdings auf der Suche nach Diskontinuitäten bzw. anschlussfähigen Themen auch digitale Bahnen abgrasen, kann aus der hier verfolgten Perspektive kaum überraschen. Ob daraus aber eine neue prozessuale und offenere Form des Journalismus resultiert, in der Redakteure zu ‚Community-Managern' werden (Jarvis 2011), lässt sich mit Blick auf die derzeit verbreiteten Inhalte im deutschsprachigen Social Web bezweifeln: Die meisten Angebote referieren (noch) vordringlich die Inhalte etablierter massenmedialer Anbieter.

4 Thesen zum Verhältnis von Social Media und Massenmedien

Das Web bietet eine ideale Projektionsfläche für Hoffnungen auf offenere und transparentere Muster der gesamtgesellschaftlichen Wirklichkeitskonstruktion, da die Online-Technologien all die bidirektionalen Kommunikationspotenziale bereithalten, die sich viele Sozialphilosophen im 20. Jahrhundert gewünscht haben. Bislang aber sieht es zumindest mit Blick auf den deutschsprachigen Raum nicht danach aus, dass diese Spielräume übergreifend genutzt würden:

- Social-Media-Angebote wie Blogs oder Social-News, welche die Berichterstattung der Massenmedien ergänzen könnten, werden von der allgemeinen Bevölkerung bislang kaum regelmäßig rezipiert.
- Die jungen Onliner können zwar als Intensivnutzer von Videoportalen und privaten Social Networks charakterisiert werden. Sie sind aber vordringlich an Unterhaltung und Individualkommunikation interessiert.
- Weblogs dienen primär der Selbstdarstellung oder dem semiprivaten Austausch und über *Twitter* können schon qua Struktur nur Beschreibungsfragmente mit geringer Halbwertszeit verbreitet werden.

- Social Media spielen als Themenmacher für den Journalismus bisher nur in Ausnahmefällen eine Rolle, auch weil in tagesaktuellen Beiträgen häufig lediglich massenmediale Quellen neu abgemischt werden.

Diese Beobachtungen stehen nicht nur im Widerspruch zu vielen Visionen der letzten Jahre, sondern auch zu den Effekten, die sozialen Online-Medien mitunter in autoritären Staaten zugeschrieben werden. In diesen Regionen lassen sich die Massenmedien jedoch kaum als autopoietisches Sinnsystem beschreiben, sondern unterliegen einer ‚top-down'-Zensur, die im Web unterlaufen werden kann. Habermas (2008: 162) charakterisiert das Internet daher in repressiven Regimen durchaus als demokratischen Gewinn, vermisst aber in liberalen Staaten vorerst die „funktionalen Äquivalente für die Öffentlichkeitsstrukturen" der Massenmedien:

> „Das Web liefert die Hardware für die Enträumlichung einer verdichteten und beschleunigten Kommunikation, aber von sich aus kann es der zentrifugalen Kraft nichts entgegensetzen."

Dieser Befund zog vielfältige Kritik aus der Blogosphäre nach sich (z.B. Jarchow 2008). Aus der skizzierten Beobachtungsperspektive erscheint seine Diagnose jedoch nachvollziehbar, da sich zentrale Barrieren erkennen lassen, die einer zeitnahen Rekonfiguration der Modi gesamtgesellschaftlicher Realitätskonstruktion entgegenstehen. Einerseits spiegelt sich im Web das Problem der Aufmerksamkeitsbindung wider, das schon den Unterschied zwischen klassischen Verbreitungs- und Massenmedien definiert: Ein Blogeintrag kann im Normalfall nicht die übergreifende Beachtung eines Beitrags in einem frequentierten Nachrichtenportal erreichen. Andererseits bleiben psychische wie soziale Systeme angesichts beständiger Zeitknappheit nach wie vor auf wirkungsvolle Verfahren angewiesen, um erinnernswerte und vernachlässigbare Umweltentwicklungen zu identifizieren (vgl. auch die Ergebnisse einer aktuellen Befragung: Neuberger 2012): Zwar eröffnet das Web seinen Nutzern vielfältige Optionen, sich themenspezifisch zu informieren und sich individuelle Kommunikationssphären bzw. semiprivate Öffentlichkeiten zu schaffen; hinsichtlich ihrer Anschlussfähigkeit werden aber selbst hochspezialisierte ‚information seekers' versuchen, sich einen rudimentären Überblick über die gesamtgesellschaftlichen Entwicklungen zu erhalten. Aus den angestellten theoretischen und empirischen Reflexionen lassen sich vielmehr folgende Thesen zum Verhältnis von Social Media und Massenmedien ableiten:

(1) Eine moderne Gesellschaft bleibt auf erwartungssichere Selektions- und Aggregationsstellen angewiesen, die unspezifische Bezugsgrundlagen in der allgemeinen Kommunikation liefern.

Ohne solche Referenzpunkte wären soziale wie psychische Sinnsysteme insbesondere in Zeiten, in denen die Beobachtungsmöglichkeiten technikvermittelt erheblich ansteigen, hoffnungslos überfordert. Wie jede Teilöffentlichkeit benötigt auch die allgemeine Öffentlichkeit Publikationen, die parallel stattfindende Kommunikationsprozesse beobachten, daraus resultierende Sinnfragmente selektiv synthetisieren und das Produkt dieser Auswahlleistungen wiederum zur Diskussion stellen. Auf gesamtgesellschaftlicher Ebene fungieren nach wie vor die Massenmedien oder ihre Online-Derivate als solche komplexitätsreduktiven Verteilerstellen, indem sie die Kommunikation in vielfältigen *issue publics* beobachten und übergreifend relevante Diskontinuitäten in den gesamtgesellschaftlichen Diskurs einbringen. Die effizienteren Kommunikationskanäle im Web führen zwar zu tiefgreifenden Transformationen auf vielfältigen sozioökonomischen, kulturellen und politischen Feldern, in Bezug auf die gesamtgesellschaftliche Gegenwartsbeschreibung aber laufen die nutzerzentrierten Austauschprozesse zu distribuiert und unstet ab, um kontinuierlich Alternativen zu den Leistungen der Massenmedien erbringen zu können.

(2) Social Media und Massenmedien stehen nicht in einem konkurrierenden, sondern in einem komplementären Verhältnis zueinander.

Das Potenzial sozialer Medien im Web zeigt sich weniger in der Substitution massenmedialer Selektions- und Verbreitungsleistungen als in einer Erleichterung der Entfaltung innovativer Sinnangebote auf der Meso-Ebene gesellschaftlicher Kommunikation. Sofern die Evolution sozialer Sinnsysteme als „eine Theorie des Wartens auf nutzbare Zufälle" (Luhmann 1997: 417) umschrieben werden kann, erweitert sich auf diese Weise der Pool an sichtbaren Variationen, aus dem Sinnsysteme auf höherer Selektionsebene wählen können. Mit Blick auf das Verhältnis von Social Media und Massenmedien lässt sich daraus ableiten, dass für professionelle Journalisten sowohl die Zahl an potenziellen Quellen, aber auch der Integrations- und Aktualitätsdruck erheblich ansteigt. Überdies wird durch die neuen Austauschmöglichkeiten schneller nachvollziehbar, ob die Selektionsleistungen journalistischer Anbieter von den Erwartungen abweichen, die an das soziale Sinnsystem der Massenmedien gerichtet werden.

(3) Massenmedien sind als soziales Sinnsystem nicht an spezifische Formatgrenzen gebunden. Etablierte Programmanbieter können daher durchaus Konkurrenz durch alternative Anbieter im Web erfahren.

Spätestens mit der Konvergenz technischer Plattformen lassen sich ‚Massenmedien' nicht mehr mit konkreten technischen Verbreitungskanälen verbinden. Vielrezipierte innovative Online-Angebote wie die *Huffington Post* können vor diesem Hintergrund durchaus massenmedialen Charakter annehmen, sobald sie vergleichbare Abrufzahlen wie klassische Print- und Rundfunkanbieter erreichen und im Horizont der gleichen Selektionskriterien operieren, denn ab einem gewissen Schwellenwert können auch ihre Inhalte nicht mehr auf gleicher Diffusionsebene erwidert werden. Da im digitalen Zeitalter die Eingangshürden für die gesellschaftsweite Verbreitung von Inhalten abnehmen, werden die Positionen etablierter massenmedialer Provider flüchtiger. Der notwendige Grad an Professionalisierung, um regelmäßig Inhalte von übergreifendem Interesse zu generieren, sollte aber nicht unterschätzt werden: Laienjournalisten oder Blogger-Netzwerke sehen sich gemessen an den empirischen Daten derzeit noch kaum in der Lage, kontinuierlich Äquivalente zu den Auswahlleistungen professioneller Journalisten zu erbringen.

Social Media und Massenmedien lassen sich also auf zwei unterschiedlichen Ebenen gesellschaftlicher Wirklichkeitskonstruktion verorten (Abb. 3): Soziale Medien im Web beschleunigen bzw. vereinfachen die Austauschprozesse in

Abb. 3: Ebenen gesellschaftlicher Wirklichkeitskonstruktion

Eigene Darstellung

Netzwerken, Gruppen und Teilöffentlichkeiten. Auf dieser Meso-Ebene gesellschaftlicher Kommunikation ist die Bandbreite an zirkulierenden Sinnangeboten und Realitätssichten insgesamt weitaus höher als in der kurzfristigen gesamtgesellschaftlichen Gegenwartsbeschreibung, in deren Kontext nach wie vor die Massenmedien als soziales Sinnsystem definieren, was in einer allgemeinen Öffentlichkeit relevant gesetzt wird, indem sie allgemein anschlussfähige Sinnaktualisierungen synthetisieren.[2] Die Resultate dieser Auswahlleistungen stehen aufgrund der massenmedialen Diversifizierung nicht nur in andauernder Konkurrenz zueinander, sondern ebenso unter Evaluation durch ihre Rezipienten, die durch Social Media im Web nunmehr deutlich unkomplizierter auf Irregularitäten aufmerksam machen können. Von diesen gesellschaftsweit verbreiteten Gegenwartsbeschreibungen können sich wiederum nur wenige Fragmente langfristig als wir-zentrierte Hintergrundrealitäten stabilisieren, welche sich z.B. durch eine hohe Glaubwürdigkeit oder eine hohe Anschlussfähigkeit an vorhandene Konzepte auszeichnen. Die gesellschaftliche Realitätskonstruktion unterliegt dabei einem kontinuierlichen evolutionären Wandel, wobei die Selektionskriterien in Richtung gesamtgesellschaftlicher Verbreitung kontinuierlich schärfer werden.

Luhmanns Diagnosen zu einer „Realität der Massenmedien" verlieren also durch das Aufkommen von Social Media keineswegs an Gültigkeit, sofern die Massenmedien nicht als Konglomerat aus spezifischen Organisationen und technischen Kanälen, sondern als dynamisches soziales Sinnsystem gefasst werden, das eine möglichst breite Öffentlichkeit erreichen will, seine Selektionskriterien an dieser übergreifenden Anschlussfähigkeit ausrichtet und so fortlaufend eine allgemein bekannte Gegenwartsbeschreibung generiert. Vor diesem Hintergrund wirkt es verfehlt, das Web per se als Konkurrenz zu den Massenmedien zu beschreiben. Die Potenziale von Social Media zeigen sich vielmehr auf der Meso-Ebene gesellschaftlicher Wirklichkeitskonstruktion:

- Die moderne Gesellschaft bleibt auf allgemeine Orientierungsraster in der übergreifenden Kommunikation und daher auch auf stabile Auswahl- und Verbreitungsinstanzen (wie die Massenmedien) angewiesen.
- Social Media effektivieren die Kommunikation in Teilöffentlichkeiten, Gruppen bzw. Netzwerken und erweitern so den Pool an Sinnvariationen, aus dem gesellschaftliche Sinnsysteme wählen können.
- Vielrezipierte neue Inhaltsanbieter im Web können mit etablierten massenmedialen Anbietern durchaus in Konkurrenz treten. Sie verlieren dann aber zunehmend ihren interaktiven Charakter (‚many-to-many') und werden zu asymmetrischen Vermittlungsstellen (‚one-to-many').

Insofern kann den Massenmedien durchaus auch noch gut 20 Jahre nach der Erfindung des World Wide Web eine „Bestandsgarantie" (vgl. Bieber 2011: 3) gegeben werden: Eine funktional differenzierte Gesellschaft bleibt auf erwartungssichere und übergreifend rezipierte Selektionsstellen angewiesen, die unspezifische bzw. synthetisierende Bezugsgrundlagen in der allgemeinen Kommunika-

2 Vgl. für Ebenenmodelle der Öffentlichkeit aus kommunikationswissenschaftlicher Sicht z.B. Donges/Jarren 1999; Neidhardt 1994.

tion liefern. Allerdings ist diese „Realität der Massenmedien“ durch die Online-Technologien sowohl auf der Anbieterseite als auch auf der Nutzerseite durchlässiger geworden.

Literatur

Adorno, T. W. 1985: Résumé über die Kulturindustrie. In: Prokop, D. (Hg.): Medienforschung 1: Konzerne, Macher, Kontrolleure. Frankfurt/M.: Fischer, S. 476–483

AGOF Arbeitsgemeinschaft Onlineforschung 2012: Internet Facts I/2012 (Internet: http://www.agof.de; zuletzt aufgesucht am 1.6.2012)

Alexa Web Information Company 2012: Traffic Rankings Germany (Internet: http://www.alexa.com/topsites/countries/DE; zuletzt aufgesucht am 1.6.2012)

ARD/ZDF Medienkommission 2007–2012: ARD/ZDF-Onlinestudie 2007–2012. Internet: http://www.ard-zdf-onlinestudie.de (zuletzt aufgesucht am 1.9.2012)

Arns, I. 2004: Soziale Technologien: Dekonstruktion, Subversion und die Utopie einer demokratischen Kommunikation. In: Daniels, D./Frieling, R. (Hg.): Medien Kunst Netz 1. Wien, New York: Springer, S. 200–237

Basic, R. 2008. Was haben Blogs bisher gebracht? In: Basic, R.: Basic Thinking, 24.11.2008 (Internet: http://www.basicthinking.de/blog/2008/11/24/was-haben-blogs-bisher-gebracht; zuletzt aufgesucht am 1.3.2012)

Bieber, Christoph 2011: Offene Daten – neue Impulse für die Gesellschaftsberatung? In: Zeitschrift für Politikberatung, Heft 3, S. 473–479

Bieri, P. 2005: Unser Wille ist frei. In: Der Spiegel, 2/2005, S. 124–127

Blue Sky Media/Podcast.de 2009: Podcast-Befragung 2009. Hannover, Berlin 2009: Blue Sky Media

Bolz, N. 2011: Unbelehrbares Volk. Die Massenmedien, das Internet und die Bürger. In: Forschung & Lehre, Heft 4, S. 274–275

Bornmann, L. 1997: Das World-Wide-Web auf dem Weg zum Massenmedium. In: Medien Journal, Jg. 21/Heft 1, S. 73–78

Brecht, B. 1967: Der Rundfunk als Kommunikationsapparat. In: Brecht, B.: Gesammelte Werke, Bd. 18. Frankfurt/M.: Suhrkamp, S. 127–134

Bruns, A. 2010: Vom Prosumenten zum Produtzer. In: Blättel-Mink, B./Hellmann, K.-U. (Hg.): Prosumer Revisited. Zur Aktualität einer Debatte. Wiesbaden: VS, S. 191–205

Busemann, K./Gscheidle, C. 2009: Web 2.0: Communitys bei jungen Nutzern beliebt. In: Media Perspektiven, 7, S. 356–364

Busemann, K./Gscheidle, C. 2010: Web 2.0: Nutzung steigt, Interesse an aktiver Teilhabe sinkt. In: Media Perspektiven, 7–8, S. 359–368

Busemann, K./Gscheidle, C. 2011: Web 2.0: Aktive Mitwirkung verbleibt auf niedrigem Niveau. In: Media Perspektiven, 7–8, S. 360–399

Busemann, K./Gscheidle, C. 2012: Web 2.0: Habitualisierung der Social Communitys. In: Media Perspektiven, 7–8, S. 380–390

Castells, M. 1996: The Information Age. Volume 1: The Rise of the Network Society. Oxford: Blackwell

Castells, M. 2009: Communication Power. Oxford: University Press

Demirović, A. 2008: Neoliberalismus und Hegemonie. In: Butterwegge, C./Lösch, B./Ptak, R. (Hg.): Neoliberalismus. Analysen und Alternativen. Frankfurt/M.: VS, S. 17–33

Dolata, U. 2008: Das Internet und die Transformation der Musikindustrie. In: Berliner Journal für Soziologie, Jg. 18/Heft 3, S. 344–369

Donges, P./Jarren, O. 1999: Politische Öffentlichkeit durch Netzkommunikation? In: Kamps, Klaus (Hg.): Elektronische Demokratie? Perspektiven politischer Partizipation. Wiesbaden: Westdeutscher Verlag, S. 85–108

Earl, J./Kimport, K. 2011: Digitally enabled social change. Cambridge: MIT Press

Eimeren, B./Frees, B. 2011: Drei von vier Deutschen im Netz – ein Ende des digitalen Grabens in Sicht? In: Media Perspektiven, 7–8, S. 334–349

Elias, N. 1983: Engagement und Distanzierung. Frankfurt/M.: Suhrkamp

Elias, N. 2001: Symboltheorie. Frankfurt/M.: Suhrkamp

Esposito, E. 1993: Der Computer als Medium und Maschine. In: Zeitschrift für Soziologie, Jg. 22/Heft 5, S. 338–354

Fisch, M./Gscheidle, C. 2007: Das Mitmach-Netz im Breitbandzeitalter. In: Media Perspektiven, 7, S. 393–405

Fisch, M./Gscheidle, C. 2008: Mitmachnetz Web 2.0. In: Media Perspektiven, 7, S. 356–364

Fuhse, J. A. 2005: Persönliche Netzwerke in der Systemtheorie. Schriftenreihe des Instituts für Sozialwissenschaften. Stuttgart: Universität Stuttgart

Fuhse, J. A. 2009: Lässt sich die Netzwerkforschung besser mit der Feldtheorie oder der Systemtheorie verknüpfen? In: Häußling, R. (Hg.): Grenzen von Netzwerken. Wiesbaden: VS, S. 55–80

Gazzaniga, M. S. 2009: The Cognitive Neurosciences. Cambridge: MIT Press

Giles, J. 2005: Internet encyclopaedias go head to head. In: Nature, Vol. 438, S. 900–901

Gould, S. J. 2002: The Structure of Evolutionary Theory. Cambridge: Belknap

Grober, U. 2010: Die Entdeckung der Nachhaltigkeit. München: Kunstmann

Habermas, J. 2008: Ach, Europa. Frankfurt/M.: Suhrkamp

Hammwöhner, R. 2007: Qualität der Wikipedia. Regensburg: Universität Regensburg (Manuskript)

Hasler, L. 2010: Die Stunde der Laien. In: Die Zeit vom 21.10.2010 (Internet: http://www.zeit.de/2010/43/CH-Internet; zuletzt aufgesucht am 1.6.2012)

Hassel, C. 2007: Das freie Enzyklopädie-Projekt Wikipedia. Eine exemplarische Analyse neuer Formen der wissensbasierten Kooperation. Bochum: Universität Bochum (Magisterarbeit)

Holland, W. 1997: Unzensierte News. Der Äther ist frei. In: c't, 7, S. 26

Horn, E./Gisi, L. M. 2009: Schwärme: Kollektive ohne Zentrum. Bielefeld: Transcript

Horning, F. 2006: Du bist das Netz. In: Der Spiegel 29/2006, S. 60–64

Ifd – Institut für Demoskopie Allensbach 2008–2011: Allensbacher Computer- und Technikanalyse (ACTA) 2008–2011 (Internet: http://www.acta-online.de; zuletzt aufgesucht am 1.6.2012)

IMUK – Institut für Medien und Konsumforschung (Hg.) 2011: Typologie der Wünsche 2011 (http://www.tdwi.com/; zuletzt aufgesucht am 11.12.2011)

Jarchow, K. 2008: Ach, Jürgen Habermas! In: medienlese.de vom 10.6.2008 (Internet: http://netzwertig.com/2008/06/10/ach-juergen-habermas/; zuletzt aufgesucht am 1.6.2012)

Jarvis, J. 2011: Public Parts: How Sharing in the Digital Age Improves the Way We Work and Live. New York, London: Simon & Schuster

Karbautzki, L. 2011: What are they doing? Nutzungsmuster und Nutzertypologie privater TwitternutzerInnen. In: Elsler, Monika (Hg.): Die Aneignung von Medienkultur. Wiesbaden: VS, S. 73–88

Kobler, J. 1993: Ardent Spirits: The Rise and Fall of Prohibition. New York: Da Capo

Krempl, S. 2001: Cyberhype=Wired. In: Maresch, R./Rötzer, F. (Hg.): Cyberhypes: Möglichkeiten und Grenzen des Internet. Frankfurt/M.: Suhrkamp, S. 192–212

Kruse, P. 2010: „Schwimmen, nicht filtern". Interview. In: Carta vom 23.3.2010 (Internet: http://carta.info/24656/; zuletzt aufgesucht am 1.6.2012)

Lanier, J. 2010: You Are Not a Gadget: A Manifesto. New York: Knopf

Leistert, O./Röhle, T. (Hg.) 2011: Generation Facebook. Bielefeld: Transcript

Lévy, P. 1997: Die kollektive Intelligenz. Für eine Anthropologie des Cyberspace. Mannheim: Bollmann

Luckmann, T. 1999: Wirklichkeiten: Individuelle Konstitution und gesellschaftliche Konstruktion. In: Hitzler, R. (Hg.): Hermeneutische Wissenssoziologie. Konstanz: UVK, S. 17–28

Luhmann, N. 1973: Über Systemtheorie (Transkription). In Philosophie-Raum.de, 12.2.2010 (Internet: http://philo-raum.de/index.php?page=Thread&postID=344230; zuletzt aufgesucht am 1.3.2011)

Luhmann, N. 1981: Gesellschaftsstruktur und Semantik II. Opladen: Westdeutscher Verlag

Luhmann, N. 1984: Soziale Systeme. Frankfurt/M.: Suhrkamp

Luhmann, N. 1988: Erkenntnis als Konstruktion. Bern: Benteli

Luhmann, N. 1992: Die Beobachtung der Beobachter im politischen System: Zur Theorie der Öffentlichen Meinung. In: Wilke, J. (Hg.): Öffentliche Meinung. Freiburg: Alber, S. 77–86

Luhmann, N. 1996: Die Realität der Massenmedien. Opladen: Westdeutscher Verlag

Luhmann, N. 1997: Die Gesellschaft der Gesellschaft. Frankfurt/M.: Suhrkamp

Lupe-Blog 2010: Köhler weggebloggt? In Lupe-Blog vom 1.6.2010 (Internet: http://swiss-lupe.blogspot.com/2010/06/kohler-weggebloggt-die-rolle-der.html; zuletzt aufgesucht am 1.6.2012)

Lutterer, W. 2002: Die Ordnung des Beobachters: Die Luhmannsche Systemtheorie aus der Perspektive systemischer Theorie. In: Sociologia Internationalis, Jg. 40/Heft 1, S. 5–33

Machill, M./Beiler, M./Zenker, M. 2008: Journalistische Recherche im Internet. Berlin: Vistas

Meckel, M. 1994: Fernsehen ohne Grenzen? Wiesbaden: VS

Meijer, G. 1987: The History of Neoliberalism: A General View and Developments in Several Countries. In: Rivista Internazionale di Scienze Economiche, Vol. 34, S. 577–591

Merton, R. K. 1985: Entwicklung und Wandel von Forschungsinteressen. Frankfurt/M.: Suhrkamp

Mocigemba, D. 2007: Sechs Podcast-Sende-Typen und ihre theoretische Verortung. In: Kimpeler, S./Mangold, M./Schweiger, W. (Hg.): Die digitale Herausforderung. Zehn Jahre Forschung zur computervermittelten Kommunikation. Wiesbaden: VS, S. 61–76

Modick, K./Fischer, M.-J. (Hg.) 1984: Kabelhafte Perspektiven: Wer hat Angst vor neuen Medien? Hamburg: Edition Nautilus

Möllenkamp, A. 2007: Wer schreibt die Wikipedia? Die Online-Enzyklopädie in der Vorstellungs- und Lebenswelt ihrer aktivsten Autoren. Leipzig: Universität Leipzig (Magisterarbeit)

Moorstedt, T. 2008: Jeffersons Erben: Wie die digitalen Medien die Politik verändern. Frankfurt/M.: Suhrkamp

Morozov, E. 2011: The Net Delusion: The Dark Side of Internet Freedom. New York: PA

Mumford, L. 1994: Technics and Civilization. New York: Harper

Münker, S. 2009: Emergenz digitaler Öffentlichkeiten. Frankfurt/M.: Suhrkamp.

NA News Aktuell GmbH 2010: Journalismus in einem neuen Informationszeitalter. Hamburg: NA

Neidhardt, F. 1994: Öffentlichkeit, öffentliche Meinung, soziale Bewegungen. In: Neidhardt, F. (Hg.): Öffentlichkeit, öffentliche Meinung, soziale Bewegungen. Opladen: Westdeutscher Verlag, S. 7–41

Neuberger, C. 2012: Journalismus im Internet aus Nutzersicht. Ergebnisse einer Onlinebefragung. In: Media Perspektiven, 1, S. 40–55

Neuberger, C./Hofe, H. J./Nuernbergk, C. (2011): Twitter und Journalismus. Düsseldorf: LfM

Neuberger, C./Nuernbergk, C./Hofe, H. J. 2010: Twitter und Journalismus. Düsseldorf: LfM

Neuberger, C./Nuernbergk, C./Rischke, M. 2007: Weblogs und Journalismus: Konkurrenz, Ergänzung oder Integration? In: Media Perspektiven, 2, S. 96–112

Offe, C. 2008: Rezension von Ludger Heidbrink/Alfred Hirsch (Hg.): Verantwortung der Zivilgesellschaft. Zur Konjunktur eines widersprüchlichen Prinzips. In: Soziologische Revue, Heft 4, S. 403–410

Palfrey, J./Gasser, U. 2008: Born Digital: Understanding the First Generation of Digital Natives. New York: Basic

Ridder, C.-M./Engel, B. 2010: Massenkommunikation 2010: Funktionen und Images der Medien im Vergleich. In: Media Perspektiven, 11/, S. 537–548

Rogers, E. M. 1962: Diffusion of Innovations. New York: Free Press

Rölver, M./Alpar, P. 2008: Social News, die neue Form der Nachrichtenverteilung? In: Alpar, P./Blaschke,. S. (Hg.): Web 2.0. Eine empirische Bestandsaufnahme. Wiesbaden: VS, S. 295–310

Roth, G. 2010: Wie einzigartig ist der Mensch? Die lange Evolution der Gehirne und des Geistes. Berlin, Heidelberg: Spektrum

Ruppert, M./Reimer, J. 2011: Der Ex-Minister und sein Schwarm: Wer steckt hinter GuttenPlag-Wiki? In: Journalist 4/2011 (Internet: http://tinyurl.com/c3w4ga3; zuletzt aufgesucht am 1.6.2012)

Schenk, M./Wolf, A./Wolf, M./Schmitt-Walter, N. 2011: Nutzung und Akzeptanz von Internet und E-Commerce 2010. Diskussionspapier. Stuttgart: Universität Hohenheim

Schmidt, J. 2009: Das neue Netz. Konstanz: UKV

Schmidt, J./Frees, B./Fisch, M. 2009: Themenscan im Web 2.0. In: Media Perspektiven, 2, S. 50–59

Schmidt, J./Wilbers, M. 2006: Wie ich blogge?! Erste Ergebnisse der Weblog-Befragung. Berichte der Forschungsstelle Neue Kommunikationsmedien 06-01. Bamberg: Universität Bamberg

Schrape, J.-F. 2010: Web 2.0 und Massenmedien: Visionen versus Empirie. In: Forschungsjournal Soziale Bewegungen, Jg. 23/Heft 3, S. 72–83

Schrape, J.-F. 2011: Social Media, Massenmedien und gesellschaftliche Wirklichkeitskonstruktion. In: Berliner Journal für Soziologie, Jg. 21, S. 407–429

Schrape, J.-F. 2012: Wiederkehrende Erwartungen an interaktive Medien. In: Mediale Kontrolle unter Beobachtung, Jg. 1/Heft 1 (Internet: http://www.medialekontrolle.de/wp-content/uploads/2012/04/Schrape-Felix-2012-4.pdf; zuletzt aufgesucht am 1.6.2012)

Schröder, J. 2012: Anti-Nazi-Shirt war der Social-Media-Hit des Jahres. In: Hyperland vom 3.1.2012 (Internet: http://blog.zdf.de/hyperland/2012/01/anti-nazi-shirt-war-der-social-media-hit-des-jahres/; zuletzt aufgesucht am 1.6.2012)

Schroer, J./Hertel, G. 2009: Voluntary Engagement in an Open Web-based Encyclopedia: Wikipedians, and Why They Do It. In: Media Psychology, Vol. 12/No. 1, S. 96–120

Sennett, R. 1991: Verfall und Ende des öffentlichen Lebens. Frankfurt/M.: Fischer.

Shirky, C. 2010: Cognitive Surplus: Creativity and Generosity in a Connected Age. New York: Penguin

Spork, P. 2004: Das Uhrwerk der Natur. Chronobiologie. Reinbek: Rowohlt

Stedje, A. 1999: Deutsche Sprache gestern und heute. München: Fink

Stöber, R. 2005: Deutsche Pressegeschichte. Konstanz: UKV

Sysomos Inc. 2010: Twitter Statistics for 2010 (Internet: http://www.sysomos.com/insidetwitter/twitter-stats-2010/; zuletzt aufgesucht am 1.6.2012)

Tang, C. 2007: Struktur/Ereignis: Eine unterentwickelte, aber vielversprechende Unterscheidung in der Systemtheorie. In: Soziale Systeme, Jg. 13/Heft 1, S. 86–98

Tomasello, M. (1999): The cultural origins of human cognition. Cambridge: Harvard Press

Tomasello, M./Carpenter, M./Call, J./Behne, T./Moll, H. 2005: Understanding and sharing intentions: The origins of cultural cognition. In: Behavioral & Brain Sciences, Vol. 28, S. 675–692

Tremmel, J. 2003: Nachhaltigkeit als politische u. analytische Kategorie. München: Ökom

Weick, S. 2004: Lebensbedingungen, Lebensqualität und Zeitverwendung. In: Statistisches Bundesamt (Hg.): Alltag in Deutschland. Wiesbaden: SFG, S. 412–430

Weyer, J. 2000: Soziale Netzwerke als Mikro-Makro-Scharnier. In: Weyer, J. (Hg.): Soziale Netzwerke. Konzepte und Methoden der Netzwerkforschung. München: Oldenbourg, S. 237–254

White , H. C./Mische, A. 1998: Between Conversation and Situation: Public Switching Dynamics across Network Domains. In: Social Research, Vol. 65, S. 695–724

White, H. C. 1992: Identity and Control. Princeton: University Press

Winter, R. 2010: Widerstand im Netz. Bielefeld: Transcript

Youtube 2011: Beliebteste Videos (Internet: http://www.youtube.com/charts; zuletzt aufgesucht am 30.12.2011)

GuttenPlag-Wiki und Journalismus

Das Verhältnis eines neuen Medienakteurs im Social Web zu den traditionellen Massenmedien

Julius Reimer, Max Ruppert

Im Februar 2011 besuchten innerhalb weniger Tage tausende Internet-Nutzer die Seiten des *GuttenPlag*-Wiki und formten so ein neues kollaboratives Phänomen im Social Web. Das Ziel der Plattform war die öffentliche Dokumentation von Plagiatsstellen in der Dissertation des damaligen Verteidigungsministers Karl-Theodor zu Guttenberg. Die freiwillige Zusammenarbeit der Nutzer war in dieser Form und mit diesen Folgen etwas vollkommen Neues: Bis zu zwei Millionen Seitenabrufe pro Tag verzeichnete *de.guttenplag.wikia.com* in der Spitzenzeit (siehe Abschnitt 3.2). Und im Vergleich zu verwandten Phänomenen hatte die kollektive Initiative zur Plagiatssuche gravierendere Auswirkungen: Selbst die weltweit bekannte Plattform *WikiLeaks* hatte durch die Veröffentlichung von Tausenden geheimen Dokumenten bis dahin nicht zum Sturz eines Ministers geführt. Dagegen musste zu Guttenberg bereits zwei Wochen, nachdem das Wiki seine Arbeit aufgenommen hatte, zurücktreten. Weber (2011: 180) bezeichnet das *GuttenPlag*-Wiki daher als „Symbol einer neuen Macht im Internet".

Die Netzaktivisten übernahmen dabei Arbeiten wie Recherche, Einordnung und Darstellung, die sonst von professionellen Journalisten erbracht werden. Diese Situation wurde in den Redaktionen teilweise als Wettbewerb interpretiert: „Das entwickelt eine große Kraft, einen ‚Wumm', da können wir nicht mithalten", sagte etwa Hauke Janssen, Leiter der *Spiegel*-Dokumentationsabteilung (Interview mit Hauke Janssen, 10.3.2011).

Doch wie genau lässt sich das Verhältnis des neuen Medienakteurs zum Journalismus beschreiben? Wie positionieren sich die Akteure zueinander? Diesen Fragen wollen wir durch eine aufmerksamkeitsökonomische Analyse und eine systemtheoretische Einordnung des *GuttenPlag*-Wiki nachgehen. Die Nutzung zweier theoretischer Perspektiven soll dabei helfen, möglichst viele Facetten der Beziehungen zwischen den Akteuren in der (Netz-)Öffentlichkeit zu beleuchten. Dabei stützen wir uns auch auf die Ergebnisse einer Online-Befragung unter 1.034 Nutzern des Wiki im Februar 2011 (Ruppert/Reimer 2011). Zuvor gehen wir kurz auf die Besonderheiten einer solchen ‚Spontanforschung' ein, die Erkenntnisse über eine ad hoc auftretende Initiative im Netz gerade erst ermöglicht.

1 Eine spontane Online-Befragung und ihre Grenzen

In der „heißen Phase" des *GuttenPlag*-Wiki, als zwischen 100.000 und 200.000 Unique Visitors (UV)[1] täglich auf die Seite *de.guttenplag.wikia.com* kamen, gelang es uns, eine Online-Umfrage unter den Mitstreitern und Seitenbesuchern durchzuführen. Diese Spontanbefragung wurde durch besondere Bedingungen begleitet, auf die wir kurz eingehen wollen:

- Anders als bei längerfristig geplanten empirischen Untersuchungen muss das Erhebungsinstrument für eine solche „wissenschaftliche Probebohrung" (Petersen 2010: 24) innerhalb weniger Stunden entwickelt, geprüft und online gestellt werden. Prinzipiell sind in solch zeitkritischen Situationen nur ein Funktionstest des Online-Fragebogens und ein kognitiver Pretest möglich.
- Hypothesen, Forschungsfragen und ein Fokus müssen schnell erarbeitet werden und können daher nicht sehr elaboriert sein.
- Vor der Erhebungsphase ist ein teilweise intensiver Kontakt zu den für das Untersuchungsobjekt Verantwortlichen nötig. Auch beim *GuttenPlag*-Wiki wäre eine Veröffentlichung des Umfrage-Links auf der Startseite nicht ohne Unterstützung der Studie durch den Administrator möglich gewesen. Bei der Entwicklung des Fragebogens mussten wir zudem auf das Wissen des Organisators zurückgreifen, z.B. um die Fragen nach den genauen Aktivitäten im Wiki präzise stellen zu können.
- Die schnelle Fragebogenkonstruktion für spezielle Zielgruppen kann von bestimmten Standards für Online-Befragungen abweichen, was sich z.B. im Weglassen von „Warm-Up-Fragen" oder einem Abweichen vom „high-hurdle"-Prinzip zeigt (Thielsch/Weltzin 2009: 72).
- Spontanforschungen sind bei kollaborativen Web-Phänomenen nur online möglich – mit allen Problemen und Manipulationsmöglichkeiten der Onlineforschung (Zerback et al. 2010).

Ein solches Vorgehen weicht von der üblichen wissenschaftlichen Praxis ab. Deshalb sind an die Transparenz des Forschungsprozesses und die Dokumentation der Methode gerade in diesem Fall hohe Anforderungen zu stellen (Pfeiffer et al. 2011: 30). Häufig haben Forschungsergebnisse zu aktuellen Phänomenen eine besondere Relevanz. Deshalb spricht Dirk Engel (2010: 46) aus Perspektive der Marktforschung nicht von „quick and dirty"-Studien, sondern von „quick and relevant". Diese Argumentation kann durchaus auch für unsere Fallstudie

---

1 *Unique Visitors* (UV) sind die individuell identifizierbaren Seitenbesucher, wobei die IP-Adresse jedes Besuchers nur einmal in einem bestimmten Zeitraum gezählt wird, egal wie lange er auf der Seite verweilt.

zum *GuttenPlag*-Wiki gelten: Aus der Perspektive einer anwendungsorientierten (Kommunikations-)Wissenschaft sind die Erkenntnisse einer solchen ‚Probebohrung' wichtig – z.B. als Hilfestellung für den Journalismus bei der Bewertung des Phänomens und seiner Vertrauenswürdigkeit. Der Versuch, Daten zu gewinnen, sollte aus unserer Sicht unbedingt unternommen werden. Die Alternative bestünde darin, über gar keine Daten zu verfügen.

Um ein besseres Verständnis der Abläufe und sozialen Praktiken im *GuttenPlag*-Wiki zu bekommen, haben wir zusätzlich zur quantitativ ausgewerteten Online-Befragung ein Interview mit dem Gründer des *GuttenPlag*-Wiki geführt, der das Pseudonym „PlagDoc" trägt. Zudem haben wir mit Tim Bartel[2] gesprochen, dem Geschäftsführer des deutschen Ablegers der kommerziellen Plattform *Wikia.com*, auf der das Wiki eingerichtet wurde. Um den journalistischen Umgang mit dem Wiki und die Sicht erfahrener Journalisten auf das spontan auftretende Phänomen zu beleuchten, wurden Telefon-Interviews mit Hauke Janssen *(Der Spiegel)* und Kai Gniffke *(Tagesschau)* geführt. Aussagen aus diesen Interviews werden zur Verdeutlichung bestimmter Sachverhalte oder zur Ergänzung der Umfragedaten eingesetzt.

2 Online-Befragung im *GuttenPlag*-Wiki: Ergebnisse

Der Fragebogen war vom 20. bis 22. Februar für 48 Stunden online, der Link zur Umfrage wurde von „PlagDoc" auf die Einstiegsseite des Wiki gestellt, im internen Chat wurde die Umfrage diskutiert und die Teilnahme befürwortet. Wir setzten den Online-Fragebogen beim neutralen Umfrage-Anbieter *www.soscisurvey.de* auf. Dort wurden die Daten auch gespeichert. In dieser Zeit zählten wir 4.853 Zugriffe auf die vierseitige Umfrage. Am Ende konnten 1.034 Fragebögen ausgewertet werden, was einem Anteil von 21,3 Prozent an der Gesamtzahl der Zugriffe entspricht.

Der Altersdurchschnitt der Befragten liegt bei 38,1 Jahren (SD: 12,2; n = 735). Der jüngste Befragte gab an, 14 Jahre alt zu sein, der älteste Teilnehmer war 84 Jahre alt. Die befragten *GuttenPlagger* sind nur zu einem geringen Anteil weiblich (17,6 Prozent; n = 771), d.h. in der Hauptsache lässt sich von einem männlich geprägten Schwarmphänomen sprechen. Bei den Fragen zum formalen Bildungsniveau zeigt sich ein überdurchschnittlich gebildeter Schwarm: 63,6 Prozent (n = 791) gaben einen (Fach-)Hochschulabschluss als ihren höchsten Bildungsabschluss an. Fast jeder Fünfte trägt nach eigenen Angaben sogar einen Doktortitel (18,8 Prozent; n = 768). Damit liegt der Bildungsgrad etwas über

2 Tim Bartel ist für die technisch-administrative Überwachung des *GuttenPlag*-Wiki zuständig. Er war jedoch nicht selbst aktiv an der Plagiatesuche beteiligt.

dem Niveau, das allgemein bei Onlinern festgestellt wurde (Bräuer et al. 2008: 199).

Bei den Angaben zur Arbeit im *GuttenPlag*-Wiki zeigt sich ein Muster, das von den meisten kollaborativen Netzplattformen (z.B. *Wikipedia*, *Flickr*, *YouTube*) bekannt ist: Nur ein Bruchteil der Seitenbesucher übernimmt Kernaufgaben der Inhalteproduktion (Bughin 2007). Der Großteil der Befragten, 84,7 Prozent (n = 932), schaute bei *GuttenPlag* nur vorbei, um sich zu informieren oder sporadisch zu kommentieren – z.B. um Empörung über ein besonders dreistes Plagiat loszuwerden. Auf der anderen Seite bildete sich nach unseren Daten ein ‚harter Kern' von 143 Freiwilligen heraus, die sich tatkräftig beteiligten und wichtige, teilweise koordinierende Aufgaben übernahmen: Von diesem ‚harten Kern' gaben 79,7 Prozent an, nach Plagiaten und entsprechenden Originalquellen gesucht zu haben. Die Entwicklung eines Kategoriensystems von Plagiatsvarianten und die entsprechende Kategorisierung von Stellen erledigten 35,7 Prozent der ‚aktiven' *GuttenPlagger* und 30,1 Prozent beteiligten sich an der Organisation bzw. Verteilung von Aufgaben im Wiki-internen Internet Relay Chat (n = 143; Mehrfachantworten waren möglich). Der ‚harte Kern' handelte vor allem aus zwei Gründen: der Sorge um den Ruf der Wissenschaft und den Wert eines Doktortitels (64,2 Prozent; n = 95) und/oder einer persönlichen oder politischen Abneigung gegen zu Guttenberg selbst oder sein Verhalten bei Bekanntwerden der Vorwürfe (51,6 Prozent; n = 95).[3]

Wenn es sich bei diesem Netzphänomen also um eine Konkurrenz zum klassischen Journalismus handeln sollte, dann können wir von einer ziemlich gebildeten, jungen und männlichen Konkurrenz sprechen. Wie aber genau das Verhältnis zwischen dem *GuttenPlag*-Wiki und den journalistischen Akteuren aussah, soll nun zunächst aus einer aufmerksamkeitsökonomischen Sicht geklärt werden, die in den Blick nimmt, wie die Aufmerksamkeitsströme zwischen traditionellen Massenmedien und dem Wiki geflossen sind und gelenkt wurden.

3 Aufmerksamkeitsökonomische Analyse

Die „Ökonomie der Aufmerksamkeit" geht auf die Arbeiten von Georg Franck (1998) und Michael H. Goldhaber (1997) zurück. Ausgehend von der Feststellung, dass die menschliche Aufmerksamkeit begrenzt ist, beschreiben die Autoren diese als wertvolles Gut, das zwischen Menschen ausgetauscht und – unter

3 Die Frage nach den Motivationen wurde offen gestellt, um keine Beweggründe unberücksichtigt zu lassen. Aus den gegebenen Antworten wurden induktiv die beiden genannten Motivkategorien abgeleitet. Anschließend wurden die Äußerungen der Befragten (sofern möglich) einer oder beiden Kategorien zugeordnet.

bestimmten Bedingungen – gegen andere Währungen wie z.B. Geld eingetauscht werden kann. Dabei steht die knappe Aufmerksamkeit – insbesondere im Internet-Zeitalter – einer ständig wachsenden Menge an Informationen gegenüber (siehe *Dickel* in diesem Band). In dieser „immateriellen Ökonomie" betreiben Massenmedien das „Geschäft der Attraktion" (Franck 1998: 181) von Aufmerksamkeit: Sie aggregieren die kollektive Aufmerksamkeit der Publika und tauschen sie z.B. mit der Werbeindustrie gegen Geld.

> „Medien mit ihrer selektiven und inszenierten Beobachterrolle sind dem Diktat der Aufmerksamkeitsattraktivität in der Konkurrenz mit allen anderen unterworfen. Sie sind die *vorgeschobenen Posten der kollektiven Wahrnehmung.*" (Rötzer 1999: 56; Hervorhebung im Original)

Für den Einzelnen – oder in unserem Fall für das *GuttenPlag*-Kollektiv – bedeutet der Auftritt in den Medien die Chance, „mit einem Schlag reich an Beachtung zu werden" (Franck 1998: 150), denn die Auflagen und Einschaltquoten der traditionellen Massenmedien schaffen „einen Fundus an erwartbarer Aufmerksamkeit, der alle herkömmlichen Größenordnungen sprengt". Die Expansion des Internet führt nach Neuberger (2001: 228) jedoch zu einem „Monopol- und Machtverlust" des Journalismus, der seine Funktion als Schleusenwärter bzw. Gatekeeper für Informationen zunehmend an Akteure im Internet abgibt: Was öffentlich wird, entscheiden nicht mehr allein Journalisten. Diese Entwicklung dürfte sich mit dem Aufkommen des Social Web, dem auch das *GuttenPlag*-Wiki zugeordnet werden kann, noch verschärft haben. Der Aufmerksamkeitsmarkt wird durch die vielen Stimmen im Internet fragmentierter – eine Situation, die mit einer „Hyperkonkurrenz" (Große-Holtforth 2001: 134) der Inhalte-Anbieter beschrieben werden kann. Auch wenn die traditionellen journalistischen Medien nicht mehr allein entscheiden, was öffentlich wird, so kommt ihnen in dieser unübersichtlichen Lage dennoch eine große Bedeutung zu: Sie sind „Schlüsselstellen" (Neuberger 2001: 229), welche die Aufmerksamkeit der Nutzer bündeln und lenken können:

> „Zur Optimierung dieser neuartigen Situation der Massenkommunikation sind weiterhin Institutionen erforderlich, die für alle Marktteilnehmer – Nachfrager und Anbieter von Aufmerksamkeit, aber auch das nunmehr teilhabende Publikum – ausreichend Unsicherheit reduzieren und somit zu einer verbesserten, weil interaktiven Kommunikation führen." (Große-Holtforth 2001: 137)

Um konkrete Aussagen über die Aufmerksamkeitsströme im Falle des *GuttenPlag*-Wiki machen zu können, bringen wir diejenigen Daten aus der Online-Befragung unter den GuttenPlaggern ein, die widerspiegeln, wie Interessenten und Aktive auf das *GuttenPlag*-Wiki aufmerksam wurden (Abb. 1 auf S. 308).

Abb. 1: Wie sind Sie auf GuttenPlag aufmerksam geworden? (n = 849)

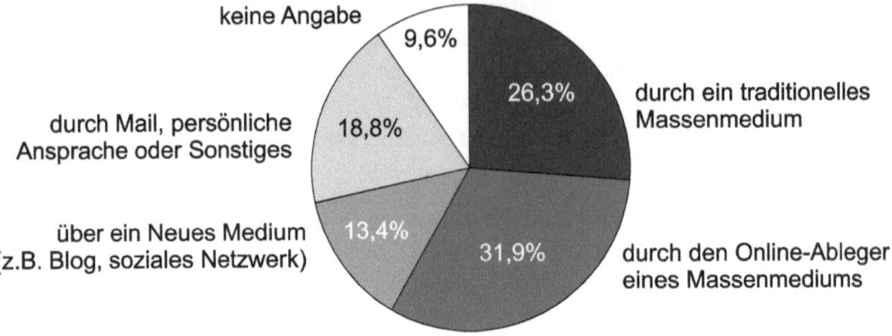

Eigene Erhebung (n=849)

Dabei fällt auf, dass 26,3 Prozent der Befragten erst durch die Erwähnung in traditionellen Medien (z.B. *Spiegel, SZ, Tagesschau*) auf die Internetseite des Wiki kamen, 31,9 Prozent über einen Online-Ableger eines traditionellen Massenmediums (z.B. *Spiegel Online*) und nur 13,4 Prozent über ein ‚neues Medium', also z.B. über einen Blog oder ein soziales Netzwerk. Insgesamt sind fast 60 Prozent über den Kanal eines traditionellen journalistischen Angebots, d.h. Radio, Print, Fernsehen oder den Webauftritt eines journalistischen Mediums auf die Seiten des *GuttenPlag*-Wiki gelangt.

Die erhobenen Daten weisen darauf hin, dass die ‚kritische Masse' im *GuttenPlag*-Wiki ohne die Berichterstattung der traditionellen Massenmedien nicht zustande gekommen wäre und die plagiierten Stellen nicht in so kurzer Zeit durch so viele Mitstreiter dokumentiert, kommentiert und aufbereitet worden wären. Die massenmedial gelenkte Aufmerksamkeit ist dabei aus zwei Gründen für das Wiki relevant: Zum einen wurden durch die Berichterstattung freiwillige Arbeitskräfte für die Plagiate-Dokumentation auf die Seite gelenkt, zum anderen waren die Medienberichte wichtig für Motivation und Durchhaltevermögen der *GuttenPlagger*. „PlagDoc", der Organisator des Wiki, bezeichnete das Verhältnis zu den traditionellen Medien deshalb auch als „Symbiose" (Ruppert/Reimer 2011: 79):

> „Außerdem motiviert eine große Medienaufmerksamkeit in zweierlei Hinsicht. Zum einen hat man das Gefühl, etwas Wichtiges zu tun, was sehr wichtig ist um eine so große Menge an Mithelfern zusammenzuhalten. Zum anderen ist auch allen im Wiki klar, dass man sich keine Fehler erlauben darf, und nie den Anschein der Parteilichkeit erwecken sollte." (Mail von „PlagDoc", 4.1.2012)

Aufmerksamkeitsökonomisch lässt sich die Konstellation aus Netzaktivisten des *GuttenPlag*-Wiki und journalistischen Massenmedien zunächst als prinzipielle

Konkurrenz um die Aufmerksamkeit in der Netzöffentlichkeit einordnen. Menschen, die sich durch die Plagiate-Dokumentation klicken oder sich an ihr beteiligen, können ihre Aufmerksamkeit nicht gleichzeitig einem anderen Medium widmen. Doch über diese grundlegende Konkurrenz in der Netzöffentlichkeit hinaus ist das Verhältnis differenzierter ausgestaltet – darauf weist nicht zuletzt der Begriff „Symbiose" hin. Für die Netzaktivisten war es nicht nur im Hinblick auf die Rekrutierung neuer Mitstreiter erstrebenswert, ‚auf einen Schlag' eine große Beachtung zu bekommen. Durch die Massenmedien entfaltete sich zudem schnell ein politischer Druck, der letztlich zum Rücktritt zu Guttenbergs führte. Die Journalisten wiederum profitierten von der akribischen Recherche, die auf der Plattform stattfand, und sparten auf diese Weise Ressourcen. Es lässt sich also nicht so einfach nur von einer Konkurrenz auf dem Aufmerksamkeitsmarkt sprechen: Das Verhältnis ist vielschichtiger.

3.1 Chronologie des Skandals: Am Anfang stehen traditionelle Medien

Ein weiteres Argument für die Wichtigkeit traditioneller Medien für das Wiki ist die Tatsache, dass das *GuttenPlag*-Wiki ohne die Berichterstattung von Journalisten wohl gar nicht erst entstanden wäre. Denn der erste Impuls kam aus dem Journalismus: Erst nach einem Bericht der *Süddeutschen Zeitung (SZ)* bzw. *sueddeutsche.de* vom 16.2.2011[4] machte sich Organisator „PlagDoc" daran, die Netzplattform aufzubauen (Preuß/Schultz 2011a: 61f.). Geht man in der Informationskette noch einen Schritt zurück und hinterfragt, wie die Information in die Redaktion der *SZ* gelangen konnte, rückt mit der juristischen Fachpublikation *Kritische Justiz (KJ)* wiederum ein klassisches Medium in den Blick: Am Wochenende vor der ersten Veröffentlichung in der *SZ* hatte der Bremer Jura-Professor Andreas Fischer-Lescano die Arbeit zu Guttenbergs für eine Rezension in der *KJ,* deren Mitherausgeber er ist, gelesen und war zu einem vernichtenden Urteil gekommen: Der Politiker habe ein in Teilen „dreistes Plagiat" vorgelegt, „eine Täuschung" (Fischer-Lescano zit. n. Preuß/Schultz 2011b). Nachdem er einige Plagiate entdeckt hatte, setzte er sich mit seinen Redaktionskollegen in Verbindung:

> „Mit den Kolleg_innen aus der Redaktion hatte ich Sonntag Vormittag, 13.2., besprochen, dass die Rezension nur in der KJ der Bedeutung der Sache nicht angemessen ist. Kollege Hanschmann [Felix Hanschmann, ein in Plagiatsfällen erfahrener Jurist; *Anm. d. Verf.*] hatte einige Wochen zuvor auf einer Tagung Roland Preuss von der SZ kennengelernt, er stellte dann sonntags noch den Kontakt zu ihm her und die SZ hat sich der Sache angenommen, zu einem Zeitpunkt also, da

4 Vgl.: http://www.sueddeutsche.de/politik/plagiatsvorwurf-gegen-verteidigungsminister-guttenberg-soll-bei-doktorarbeit-abgeschrieben-haben-1.1060774.

die Rezension noch nicht gedruckt war." (Mail von Andreas Fischer-Lescano, 13.3.2012)

Es war also eine bewusste Entscheidung der Redaktion, diesen Verdacht nicht nur in der eigenen Publikation in einer Auflage von rund 1.800 Exemplaren einer Fachöffentlichkeit zu präsentieren, sondern die Journalisten der Massenmedien einzuschalten (Preuß/Schultz 2011a: 19). Es dauerte anschließend noch zwei Tage, bis die Journalisten der Zeitung sicher waren, dass die Vorwürfe gegen zu Guttenberg auch wirklich begründet sind. Am 16.2.2011 machte die SZ die Vorwürfe schließlich zum „Thema des Tages": Sie füllten die gesamte zweite Seite der Zeitung. Die Online-Meldung von Preuß/Schultz (2011b) auf *sueddeutsche.de* lasen am Morgen der Erstveröffentlichung bereits 115.000 Leser, was „ungewöhnlich viel" (ebd.: 37) ist.

3.2 Choreographie des Skandals: Wechselwirkungen zwischen Wiki und Journalismus

Auch in diesem Abschnitt wird eine aufmerksamkeitsökonomische Perspektive auf die Akteure in der Öffentlichkeit beibehalten. Diese Sichtweise setzt die Grundannahme von rational handelnden Akteuren sowohl im Journalismus als auch im Wiki voraus und lenkt den Blick auf Kosten und Nutzen der Zusammenarbeit, die es eben nicht nur in der Wirtschaft, „sondern u.a. auch ‚im Bereich der Massenmedien'" (Gerecke 1998: 215) gibt. So kann zudem die Historie des Skandals um den Rücktritt des damals populärsten Politikers in Deutschland nochmals in Erinnerung gerufen werden.

In Abbildung 2 ist der Verlauf der Unique Visitors (UV) im *GuttenPlag*-Wiki als schwarze Kurve dargestellt. Am 18.2.2011, also einen Tag nachdem das Wiki eingerichtet worden war, erreichte die Kurve ihren Höchststand mit über 230.000 UV und fast zwei Millionen (1.970.347) Seitenabrufen. Unter dem Gesichtspunkt der Aufmerksamkeitsökonomie können diese Zahlen als Indikator für die auf der Wiki-Plattform gebündelte Aufmerksamkeit dienen. Um genauere Aussagen treffen zu können, müsste man zusätzlich die Verweildauer auswerten. Doch diese Daten stehen uns nicht zur Verfügung.[5]

Beim Blick auf den Verlauf wird deutlich, dass dem Webphänomen gleich zu Anfang eine große unmittelbare Aufmerksamkeit zuteil wurde, die später nie wieder erreicht wurde. Beim Rücktritt zu Guttenbergs am 1.3.2011 liegt die Zahl der UV mit rund 100.000 bei weniger als der Hälfte des Höchststands. Einen kleineren Ausschlag weist die Kurve dann zum Zeitpunkt der Nominierung des

5 Sämtliche Messungen der Nutzung von de.guttenplag.wikia.com stammen vom neutralen Anbieter Quantcast.com, der u.a. für die auf Wikia.com gehosteten Wikis die Nutzungszahlen ermittelt.

Wiki für den *Grimme Online Award* (11.5.2011) auf. Das Interesse an der Plagiate-Dokumentation lässt also nach einer intensiven Startphase stark nach. Der Faktor ‚Neuheit' spielte also anscheinend eine entscheidende Rolle für die Nutzer, sich das bisher unbekannte Web-Phänomen *GuttenPlag*-Wiki anzuschauen.

Dabei zeigt sich erneut, wie wichtig der Erhebungszeitpunkt kurz nach dem Start des Wiki für das Zustandekommen unserer Daten war: Am ersten Erhebungstag, dem 20.2.2011, waren noch rund 130.000 UV auf der Wiki-Seite, am zweiten Erhebungstag etwa 187.000 UV und am letzten Tag, dem 22.2.2011, nur noch ca. 115.000 UV. Hätte die Untersuchung drei Tage später stattgefunden, wären nur zwischen 20.000 und 42.000 UV als potenzielle Befragte im Wiki unterwegs gewesen.

Abb. 2: Unique Visitors im GuttenPlag-Wiki und Anzahl der Medienberichte

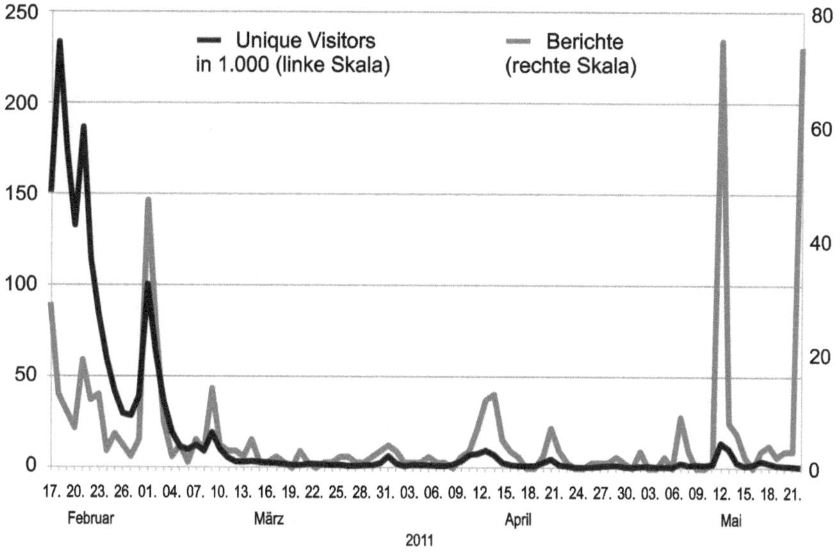

Quelle: Quantcast.com und Pressespiegel des *GuttenPlag*-Wiki (eigene Darstellung)

Zur Verdeutlichung der wechselseitigen Beeinflussung von Berichterstattung und Nutzeraufkommen im Wiki machen wir uns die kollektive Dokumentation im Wiki zunutze und greifen auf die Daten des Pressespiegels im *GuttenPlag*-Wiki zurück. Dabei haben wir auf den besonderen Teil des Pressespiegels zurückgegriffen, der die Berichterstattung berücksichtigt, in welcher der Begriff

„*GuttenPlag*-Wiki" auch im Text vorkommt (die graue Kurve in Abb. 2).[6] Eine reine Berichterstattung über zu Guttenberg und den Plagiatsskandal ohne die Erwähnung des Wiki fällt hier also nicht ins Gewicht. Einschränkend ist jedoch zu sagen, dass bei der von den Aktivisten zusammengetragenen Berichterstattung in diesem Pressespiegel ein klarer Fokus auf Berichten liegt, die online verfügbar sind. Dieser Pressespiegel kann somit keinen Anspruch auf Vollständigkeit erheben, zeichnet aber die Intensität der Berichterstattung zu verschiedenen Zeitpunkten zumindest annähernd nach.

Im Zusammenspiel von Berichterstattungen im Pressespiegel und Traffic im Wiki bestätigt sich zunächst die Vermutung, dass die traditionellen journalistischen Medien eine große Rolle für die Lenkung der Aufmerksamkeit auf das Wiki spielten. Auf die zu Anfang mit rund 30 registrierten Berichten recht hohe Berichterstattungsintensität vom 17.2.2011 folgte ein immenser Anstieg der Seitenbesucher von ca. 150.000 (17.2.2011) auf 233.000 UV (18.2.2011), was auch das absolute Hoch für das *GuttenPlag*-Wiki darstellte. Doch diese Wirkung ließ anscheinend nach: Rund um den Rücktritt zu Guttenbergs am 1.3.2011 und auch im späteren Verlauf, als das *GuttenPlag*-Wiki im Mai für den *Grimme Online Award* nominiert wurde, gab es auf die hohe Berichterstattungsintensität in den Medien kein entsprechendes Echo in der Nutzung des Wiki. Obwohl eine hohe Zahl von rund 70 Medienberichten im Pressespiegel zu verzeichnen war, hatte dies keinen relevanten Anstieg der Besuchs- und Klickzahlen zur Folge, was als ein Indiz für die Wichtigkeit des Faktors ‚Neuheit' gelten kann: Als das *GuttenPlag*-Wiki selbst keine Neuheit mehr darstellte, wollten sich die Internetnutzer offenbar auch nicht mehr massenhaft im Wiki informieren. Die Berichterstattung der traditionellen Massenmedien über das Webphänomen aber blieb bestehen.

Aus der reinen Koinzidenz von starker Berichterstattung und hoher UV-Zahl im Wiki kann streng genommen kein tatsächlicher oder kausaler Zusammenhang zwischen diesen beiden Phänomenen abgeleitet werden. Zieht man aber die Daten aus der Onlinebefragung hinzu, so erscheint das gerade beschriebene Szenario plausibel: Fast 60 Prozent der Befragten gaben an, über ein traditionelles Massenmedium auf die Webseite des Wiki gekommen zu sein. Die Schlüsselstellung, die Neuberger (2001) den traditionellen Medien auf dem Aufmerksamkeitsmarkt im Internet zuschreibt, lässt sich so teilweise empirisch untermauern.

3.3 Annäherungen von Journalisten an das Wiki als Wettbewerbsvorteil

Journalisten operieren unter „Bedingungen knapper Ressourcen wie Zeit, Arbeitskraft und Redaktionsbudget". Deshalb müssen sie bei der Recherche ratio-

6 Vgl.: http://de.guttenplag.wikia.com/wiki/Pressespiegel/zum_GuttenPlag_Wiki

nal vorgehen und stets „die Grenzkosten der Informationsbeschaffung und -verarbeitung gegen den Grenznutzen abwägen“ (Fengler/Ruß-Mohl 2005: 121). Der Rückgriff auf bereits geleistete Arbeit des Schwarms im Netz kann für eine Medienorganisation oder einen einzelnen Journalisten somit einen Wettbewerbsvorteil bei der Recherche und auf dem Informations- sowie Aufmerksamkeitsmarkt bedeuten. Es liegt auf der Hand, dass der Schwarm den Journalisten durch die Suche nach Plagiatsstellen, die gewissenhafte Dokumentation und die visuelle Aufbereitung der Daten viel Arbeit abgenommen hat. Journalisten konnten also erheblich an Recherche sparen, indem sie die Plagiatsstellen aus dem Wiki als Fakten in die Berichterstattung übernahmen. Dabei haben Journalisten die Aufgabe, die Glaubwürdigkeit einer solchen crowdbasierten Quelle einzuschätzen (ebd.: 142), was jedoch im speziellen Fall der öffentlichen Dokumentation von Plagiaten kein allzu großes Problem darstellte. Das Wiki wiederum profitierte bei Quellennennung dadurch, dass weitere potenzielle Mitstreiter auf die Seite aufmerksam wurden und die Motivation der Freiwilligen aufrecht erhalten blieb. In Form von Klickzahlen und UV hat das Wiki in den Wochen und Monaten nach dem Rücktritt aber nicht mehr von der Berichterstattung der traditionellen Massenmedien profitiert. Hier kommt ein weiteres Denkmuster der Aufmerksamkeitsökonomie in Betracht:

> „Symbolic capital, following Bourdieu, can be defined as those perceived properties of a person or an organisation that may be used as a resource to gain legitimacy, recognition, reputation, influence or prestige.“ (Krämer 2008: 911)

Durch die Berichterstattung bekannter Medien erzielte das Crowdsourcing-Projekt einen Gewinn an symbolischem Kapital: Die wiederholte Erwähnung des Wiki in den Medien und auch die Vergabe des *Grimme Online Award* hatte eine Akkumulation von Aufmerksamkeit zur Folge, die zu Reputation – oder im Falle von kollektiven Akteuren zu Renommee (Beck 2001: 31) – führen kann. Dabei kommt es nicht so sehr auf die Quantität der erhaltenen Aufmerksamkeit an, sondern auf die Qualität: „Reputation genießt man nur in den jeweils einschlägigen Kreisen“ (ebd.: 27). Im Falle des *Grimme Online Award* waren dies die Kreise der Onlinejournalisten und Internet-Experten.

Ökonomisch lässt sich das Verhältnis von *GuttenPlag*-Wiki und Journalismus als „Win-Win-Situation“ beschreiben: Für die Medienorganisationen ist es von Vorteil, dass normalerweise bezahlte Arbeiten von unbezahlten Freiwilligen im Netz erledigt werden. Und eventuell gewinnen die Medienunternehmen dadurch auch eine Art demokratische Legitimation durch Nutzerbeteiligung (Krämer 2008: 914). Die Crowd im Netz wird durch die Aufmerksamkeit der traditionellen Medien in ihrer Wichtigkeit bestärkt und baut auf diese Weise symbolisches Kapital in Form von Kompetenz und Glaubwürdigkeit auf – bzw. durch den *Grimme-Online-Award* auch in Form von Renommee. In Abbildung 3 sind verschiedene potentielle Vorteile von Tauschbeziehungen zwischen neuen Medienakteuren im Internet und traditionellen Massenmedien skizziert.

Abb. 3: Mögliche Vorteile der Tauschbeziehungen zwischen Social Web und Massenmedien

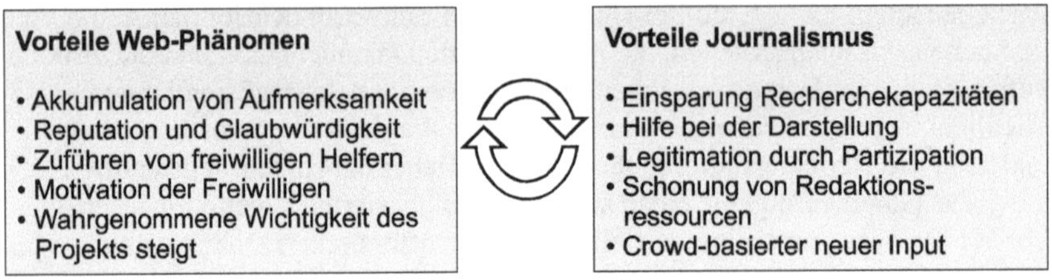

Eigene Darstellung

3.4 Entwicklung der Austauschbeziehung

Diese skizzierten Tauschbeziehungen zwischen Web-Phänomen und Medien finden in der Öffentlichkeit statt und können mit dem Grundsatz „do ut des", also „Geben und Nehmen", beschrieben werden (Fengler/Ruß-Mohl 2005: 140). Sie sind dynamisch und werden durch die beteiligten Akteure in einem Prozess ausgehandelt und z.B. in Richtung des eigenen Vorteils verändert. Anhaltspunkte dafür liefert die Betrachtung des weiteren Verlaufs der Beziehungen zwischen *GuttenPlag*-Wiki und Medien.

Als im Dezember 2011 ein Interviewbuch des *ZEIT*-Chefredakteurs Giovanni di Lorenzo mit dem Ex-Verteidigungsminister zu Guttenberg veröffentlicht wurde und in den Medien über eine Rückkehr zu Guttenbergs in die deutsche Politik spekuliert wurde, reagierten rund zehn Aktive des ‚harten Kerns' im *GuttenPlag*-Wiki darauf: Die Plattform wurde reaktiviert und die Plagiate-Sucher durchforsteten einen älteren Text zu Guttenbergs aus dem Jahr 2004, bei dem sie ihn abermals des Plagiierens überführten.[7]

Rund um diese neuen Aktivitäten, neun Monate nach dem Guttenberg-Rücktritt, wurden diesmal allerdings Absprachen zwischen den Netzakivisten und der *Welt* bzw. *Welt am Sonntag* über den Zeitpunkt der Veröffentlichung getroffen (Ruppert 2012: 67; Mail von „PlagDoc", 23.1.2012; Chatprotokoll *VroniPlag* Pressechat, 3.1.2012). Die Aktiven im Wiki ließen sich auf eine Veröffentlichung am Wochenende (Samstag, 3.12.2011, 13.46 Uhr) ein und die Onlineseite *Welt.de* durfte als erstes Medium über die neuerlichen Entwicklungen berichten. Am Sonntag (4.12.2011) konnte die *Welt am Sonntag* über das neue Dokument, die Reaktivierung des *GuttenPlag*-Wiki und die neuen Plagiatsvorwürfe schreiben.

7 Vgl.: http://de.guttenplag.wikia.com/wiki/Guttenberg-2004

Der entsprechende Journalist der Welt verfolgte somit erfolgreich eine Strategie, die ihm für einen kurzen Zeitraum Exklusivität über die Informationen im Wiki verschaffte und der *Welt am Sonntag* kurzzeitig eine Monopolstellung auf dem Informationsmarkt und somit einen Aufmerksamkeitsgewinn bei interessierten Publika bescherte. Im Gegenzug konnte das Wiki zwar nur minimal in Form von erhöhtem Traffic profitieren, akkumulierte aber Aufmerksamkeit durch die Erwähnung in einer großen Sonntagszeitung (Dams et al. 2011).

3.5 Zwischenfazit

Aus aufmerksamkeitsökonomischer Perspektive ist also die zu Anfang durch Journalisten geäußerte These von einem Konkurrenzverhältnis nicht aufrecht zu erhalten: Der Sektor der traditionellen journalistischen Medien spielte beim *GuttenPlag*-Wiki eine entscheidende Rolle als „Großbank, die Millionenkredite an Beachtlichkeit vergibt" (Franck 1998: 150). Zudem haben die bisherigen Ausführungen gezeigt, dass eine phasenweise engere Beziehung in Richtung einer Kooperation für beide Seiten Vorteile nach sich zieht und deshalb eine reine Konkurrenz ohnehin unwahrscheinlich war – auch wenn ein prinzipieller Wettbewerb der beiden Akteure um die Aufmerksamkeit der Menschen in der Netzöffentlichkeit offensichtlich ist. Dieses Verhältnis scheint sich am ehesten mit dem aus der Spieltheorie stammenden Konstrukt der „Coopetition" (Nalebuff/Brandenburger 1996) fassen zu lassen, nach dem zwei Akteure zugleich konkurrieren und kooperieren können. Ob es sich hier allerdings tatsächlich um eine solche Beziehung auf dem Aufmerksamkeitsmarkt handelt, müsste noch eingehender geprüft werden.

4 Systemtheoretische Verortung

Durch eine zweite, systemtheoretische Perspektive soll im Folgenden versucht werden, das Verhältnis von *GuttenPlag*-Wiki und traditionellem Journalismus genauer zu bestimmen. Hierfür greifen wir neben den Ergebnissen der Onlinebefragung auch auf Stichwehs (2005: 35–39) Konstrukt der sekundären Leistungsrolle zurück. Ein ‚Nebenprodukt' dieser Vorgehensweise ist, dass daraus eine Spezifikation des Konzepts der sekundären Leistungsrolle für das Journalismussystem[8] abgeleitet werden kann (vgl. 4.3).

8 Die Frage, ob es sich beim Journalismussystem um ein Funktionssystem (z.B. Blöbaum 1994) oder ein Leistungssystem innerhalb eines übergeordneten Funktionssystems (z.B. Kohring 1997) handelt, kann in diesem Beitrag nicht behandelt werden. Die Präzisierung der sekundären Leistungsrolle für ein System Journalismus kann jedoch unabhängig davon erfolgen.

4.1 Die GuttenPlagger als sekundäre Leistungsrollenträger

Nach Stichweh (2005) bilden sich im Prozess der Ausdifferenzierung eines sozialen Systems im Allgemeinen zwei komplementäre Rollentypen heraus: Auf der einen Seite findet sich eine relativ kleine Anzahl von Leistungsrollen, welche sich für die Erbringung der teilsystemischen Leistungen verantwortlich zeigen. Ihnen gegenüber stehen Publikumsrollen, welche die Systemleistung empfangen. Über letztere wird „die Inklusion der Gesamtbevölkerung in das jeweilige Sozialsystem" (ebd.: 13) vollzogen (auch Volkmann 2010: 209f.). So findet sich im Politiksystem die Leistungsrolle des Politikers/der Politikerin sowie die Publikumsrolle des Wählers/der Wählerin, über die fast die gesamte Bevölkerung irgendwann einmal am Politiksystem teilhat. Im Journalismus stehen traditionell die Journalisten in primären Leistungsrollen den Rezipienten in der Publikumsrolle gegenüber.

Zwischen diesen beiden Polen können sich allerdings auch sekundäre Leistungsrollen etablieren. Diese definiert Stichweh (2005: 35) als „eine Art aktivistischer Alternative zu einem reinen Publikumsstatus", die beinhaltet, dass sekundäre Leistungsrollenträger „in kleinerem Maßstab, aber größerer Zahl" (ebd.: 37) das Verhalten der Träger primärer Leistungsrollen imitieren (vgl. auch Burzan et al. 2005, 2008; Volkmann 2010: 210f.). Genau dieses Phänomen lässt sich auch im *GuttenPlag*-Wiki feststellen. Dabei vergleichen wir die tatsächlich angegebenen Tätigkeiten der *GuttenPlagger* mit journalistischen Handlungen (Abb. 4). Die Frage, in welcher Rolle sich die Netzaktivisten selbst sahen und welche Motivationen sie zum Mitmachen animierten, bleibt außen vor.

Wie oben bereits erwähnt, suchten rund 80 Prozent der aktiven *GuttenPlagger* (n = 143) selbst nach Plagiaten. Sie imitierten also das Verhalten von Journalisten bei der Recherche und Prüfung von Informationen. Weiter beteiligten sich knapp 36 Prozent des ‚harten Kerns' an der Entwicklung eines Katego-

Abb. 4: Aktivitäten der aktiven GuttenPlagger und die ihnen entsprechenden journalistischen Praktiken[a]

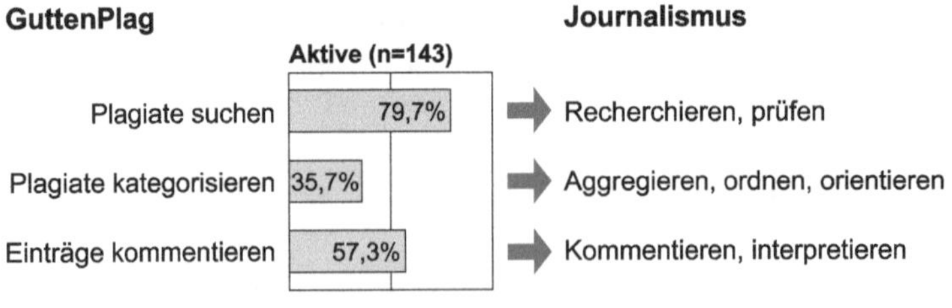

a – Mehrfachantworten waren möglich

Eigene Erhebung

riensystems zur Unterscheidung verschiedener Typen von Plagiaten sowie an der Einordnung der gefundenen Stellen in diese Typologie. Auch für Journalisten ist es üblich, Informationen derart zu aggregieren und zu ordnen, um für ihre Rezipienten die Komplexität zu reduzieren und die Orientierung zu erleichtern.

Darüber hinaus kommentierte mehr als die Hälfte der *GuttenPlagger* Einträge anderer Wiki-Mitstreiter. Dies geschah zum Zwecke des ‚fact-checking' oder zum Zwecke der übergreifenden, Sinn herstellenden Interpretation zunächst unverbundener Daten. Auch dieses öffentliche Kommentieren und Interpretieren ist eine typisch journalistische Tätigkeit, für die sich mit dem Kommentar sogar eine eigene Darstellungsform herausgebildet hat. Die Kommentarfunktion im Wiki ist allerdings deutlich dialogischer angelegt als etwa ein Kommentar in der Zeitung oder den Fernsehnachrichten.

Die Entwicklung von Darstellungsformen betrieben auch die *GuttenPlagger*: Das Wiki wurde so aufgebaut, dass der plagiierte Originaltext stets der Plagiatsstelle in zu Guttenbergs Dissertation gegenüberstand. Mit dem Plagiate-Barcode, einer Visualisierung der plagiierten Stellen in den verschiedenen Teilen der Dissertation zu Guttenbergs auf der Startseite des *GuttenPlag*-Wiki entstand zudem eine Grafik, welche die im Wiki erarbeiteten Informationen stark verdichtet darstellt und von vielen Journalisten aufgegriffen wurde, weil sie ihrem Bedürfnis nach Visualisierung komplexer Sachverhalte entgegenkam und ihnen so einen Teil der Arbeit abnahm. Weber spricht sogar davon, dass der Barcode in der Medienberichterstattung zu einem „Symbol für die Bedeutung des Internets und im Speziellen des Web 2.0" (Weber 2011: 179) wurde.

Diese empirischen Beobachtungen lassen Rückschlüsse auch auf theoretischer Ebene zu: Aus Sicht der Journalismusforschung lassen sich alle von den *GuttenPlaggern* imitierten journalistischen Tätigkeiten den Selektions- und Darstellungsprogrammen nach Blöbaum (1994, 2000, 2008) zuordnen (Tab. 1):

> „Journalistische Programme sind jene Praktiken, die sich in der Geschichte des Journalismus zur Sammlung, Selektion, Bearbeitung und Vermittlung von Informationen entwickelt haben." (Blöbaum 2008: 119)

Dies lässt eine erste Spezifizierung des Konzepts der sekundären Leistungsrolle für das Journalismussystem zu, nämlich dass sekundäre Leistungsrollenträger das Verhalten primärer Leistungsrollenträger nachahmen, indem sie ebenfalls journalistische Selektions- und Darstellungsprogramme prozessieren und sich dadurch von einem reinen Publikumsstatus unterscheiden.[9]

9 Es ist wichtig herauszustellen, dass es sich hierbei um eine generalisierende Übertragung der Erkenntnisse zum *GuttenPlag*-Wiki auf alle journalistischen Phänomene handelt, die sekundäre Leistungsrollen involvieren. Dies erscheint zwar plausibel, müsste aber zumindest mittels weiterer Fallstudien bekräftigt werden.

Tab. 1: Typen journalistischer Programme[a]

Journalistische Programme	Beispiele
Selektionsprogramme	Nachrichtenfaktoren (Neuheit, Relevanz, Konflikt, Nähe etc.)
Darstellungsprogramme	Darstellungsformen (Nachricht, Bericht, Reportage, Interview, Kommentar etc.), Visualisierungen (Grafiken, Fotos, Videos etc.)
Ordnungsprogramme	Rubriken, Ressorts
Informationssammelprogramme	Recherche
Prüfprogramme	fact-checking, (Nennen der Quelle)

a – In Anlehnung an Blöbaum (2008: 120; 2000: 177ff.; 1994)

4.2 Das Verhältnis von GuttenPlag und Journalismus aus funktionaler und modaler Sicht

Wenn aber sekundäre Leistungsrollen das Verhalten primärer Leistungsrollen imitieren, worin unterscheiden sich dann die beiden Rollen? Auch hierzu liefert das Phänomen des *GuttenPlag*-Wiki Hinweise, wobei allerdings ein Umweg notwendig wird: Zunächst richten wir den Blick auf die Leistungen des neuen Medienakteurs im Vergleich zu jenen des traditionellen Journalismus als primärer Leistungsrollenträger. Aus dieser *funktionalen* Sichtweise sind im Anschluss an Neuberger (2009: 31f.) zwei Beziehungsmuster möglich – *Identität* und *Komplementarität*[10] –, die unseres Erachtens jedoch weiter ausdifferenziert werden sollten, so dass sich analytisch vier potenzielle Verhältnistypen unterscheiden lassen:

1. *Identität:* Die beiden Akteure A und B, in unserem Fall also das *GuttenPlag*-Wiki und der traditionelle Journalismus, erbringen identische Leistungen.
2. *Teil-Identität:* Die Leistungen von A entsprechen lediglich einem Teil des Leistungsspektrums von B.
3. *Teil-Komplementarität:* Die Leistungen von A entsprechen nur einem Teil des Leistungsspektrums von B. Zusätzlich erbringen sowohl A als auch B Leistungen, die der jeweils andere nicht anbietet.

10 Das dritte Muster Integration, das Neuberger et al. (2009b: 291) nennen, bezeichnet die Strategie, „ein neues Medium zu vereinnahmen, indem sich Medienunternehmen dort selbst engagieren“ (Neuberger 2009: 32), und wird hier nicht berücksichtigt. Da kein traditionelles Massenmedium ein eigenes Wiki für die kollaborative Plagiatedokumentation aufgesetzt hat, ist es im Fall des *GuttenPlag*-Wiki offensichtlich nicht anwendbar.

4. *Komplementarität:* A und B erbringen unterschiedliche Leistungen, es gibt keine Schnittmenge der Leistungsspektren.

Darüberhinaus interessiert uns, wie die beiden Akteure tatsächlich miteinander umgehen. Aus dieser *modalen* Sicht auf ihr Verhältnis sind wiederum vier Beziehungsarten möglich:

1. *Konkurrenz:* Die Akteure A und B erbringen unabhängig voneinander äquivalente Leistungen und konkurrieren damit um die Leistungsempfänger. Bedingung hierfür ist, dass funktional zumindest eine Teil-Komplementarität vorliegt; Identität begünstigt vermutlich dieses modale Verhältnis.
2. *Kooperation:* A und B arbeiten bei der Leistungserstellung mit dem Ziel beiderseitigen Vorteils zusammen, wobei sie ihr Verhalten direkt aufeinander abstimmen, was zumeist mit einer Arbeitsteilung und Spezialisierung einhergeht (zum Begriff der Kooperation Becker et al. 2007: 5; Hackert 1999: 7–10).
3. *Konsultation:* A nutzt für seine Leistungserstellung Leistungen, die B erbringt (und gegebenenfalls vice versa). Dabei findet maximal eine indirekte Verhaltensabstimmung statt, d.h. jeder Akteur orientiert sein Verhalten höchstens an seinen Erwartungen bezüglich des Verhaltens seines Gegenübers, die Akteure sprechen sich aber nicht direkt miteinander ab.
4. *Ko-Irrelevanz:* Das Verhalten von A hat keine Auswirkungen auf B (und vice versa). Dieser Modus ist nur möglich bei strikter Komplementarität ihrer Leistungen.

Für die Klärung der Frage, welche Kombination aus *funktionalem* und *modalem* Beziehungstyp auf das *GuttenPlag*-Wiki und den klassischen Journalismus zutrifft, werden die fünf Identitätsindikatoren für Journalismus im Internet herangezogen, die Neuberger et al. (2009a: 200f.) in Anlehnung an Otto Groth formuliert haben. Diese beschreiben „das institutionalisierte Problemlösungsmuster des Journalismus“ und ermöglichen auf diese Weise, Webphänomene auf Identität mit dem Journalismus hin zu untersuchen (Neuberger 2009: 62). Entsprechend wird nun im Einzelnen geprüft, welche dieser Kriterien auf das *GuttenPlag*-Wiki zutreffen (Tab. 2).

Ein erster Indikator dafür, dass ein Internetangebot dem Journalismus zugeordnet werden könnte, ist seine *Aktualität,* wobei Neuberger et al. (2009a: 200f.) diesem Begriff mit Rückgriff auf Klaus Merten allerdings nicht nur eine zeitliche, sondern auch eine soziale Dimension zuordnen: ‚Aktuell‘ ist demnach nicht einfach alles, was ‚neu‘ ist, sondern sind „nur jene Themen, die für ein Massenpublikum gegenwärtig relevant sind.“ Die Relevanz ergibt sich dabei aus einer Kombination aus Nachrichtenwert und Faktizität des Themas (ebd.: 201).

Tab. 2: Indikatoren journalistischer Identität[a] *und ihr Zutreffen auf das* GuttenPlag-*Wiki*

Journalismus	GuttenPlag-Wiki
Aktualität	✓
Autonomie	✓
Publizität	✓
Universalität	-
Periodizität	-

a – Nach Neuberger et al. (2009a: 200f.)

In zeitlicher Hinsicht ist Aktualität beim *GuttenPlag*-Wiki gegeben: Da teilweise minütlich neue Plagiate gefunden und auf der Website dokumentiert wurden, war es teilweise sogar aktueller als der traditionelle Journalismus. Auch in sozialer Perspektive kann ihm Relevanz für ein Massenpublikum zugesprochen werden: Zum einen besitzt der untersuchte Sachverhalt Faktizität, zum anderen können dem Thema zahlreiche Nachrichtenfaktoren wie Nähe, Prominenz, Macht, Konflikt, Neuheit, Normverstoß und Personalisierbarkeit zugesprochen werden (Görke 1999; Schulz 1990; Staab 1988; Weischenberg 2001), die zusammengenommen einen hohen Nachrichtenwert begründen (Reimer/Ruppert 2011). Das massenhafte Aufgreifen des Wiki durch Journalisten sowie die zunächst hohen Klickzahlen bekräftigen diese Einschätzung.

Den ursprünglich von Groth (1960) entwickelten Kriterienkatalog ergänzen Neuberger et al. (2009a: 201) um den Indikator *Autonomie*. Auch diese kann dem Wiki zugesprochen werden: Die Plagiate-Sucher stellten sich im engeren Sinne nicht öffentlich selbst dar, sondern agierten im Gegenteil zumindest zu Anfang anonym. Dabei handelte es sich um die „vermittelnde Fremddarstellung" (ebd.: 201) der Übereinstimmung von Dissertations- und Originaltextstellen.

Ein dritter Indikator journalistischer Identität ist *Publizität,* die „den unabgeschlossenen Adressatenkreis, d.h. die freie Zugänglichkeit von Mitteilungen" (ebd.: 201) bezeichnet. Auch dies trifft auf das *GuttenPlag*-Wiki zu, denn es war im Internet öffentlich einsehbar. Selbst das dieser „potenzielle[n] Publizität" von Groth hinzugefügte, nicht notwendige Merkmal „aktualisierte[r] Publizität" (ebd.: 201), also hoher Verbreitung, trifft – wie in der aufmerksamkeitsökonomischen Analyse bereits ausgeführt – auf die Plattform zu.

Der vierte Indikator *Universalität* bezieht sich auf die thematische Offenheit eines journalistischen (Internet-)Angebots. Dieses Kriterium erfüllt das *GuttenPlag*-Wiki nicht, widmete es sich doch nur einem Thema, nämlich der Dokumentation von Plagiatsstellen in Guttenbergs Doktorarbeit.

Auch das letzte Kriterium, *Periodizität* – „womit eine regelmäßige und kontinuierliche Informationsverbreitung mit hoher Frequenz gemeint ist“ (ebd.: 201) – ist beim Wiki inzwischen nicht mehr gegeben, da nur noch selten neue Inhalte veröffentlicht werden. Dies hängt wohl auch mit der bereits erwähnten Fokussierung auf ein spezifisches Thema zusammen.

Dass nur drei von fünf Indikatoren darauf hinweisen, dass es sich beim *GuttenPlag*-Wiki um ein im engeren Sinne journalistisches Angebot handelt, zeigt bereits, dass dieses Phänomen höchstens in Teilbereichen mit dem Journalismus konkurrieren kann, da es keine identische Leistung erbringt. Berücksichtigt man die erheblichen Recherche-, Dokumentations- und Aufbereitungsleistungen der Netzaktivisten, die journalistische Redaktionen so nicht hätten erbringen können, lässt sich das Verhältnis zwischen den sekundären Leistungsrollenträgern im Wiki und den primären Leistungsrollenträgern des traditionellen Journalismus aus der oben eingeführten *funktionalen* Perspektive als *Teil-Komplementarität* beschreiben.

Aus *modaler* Sicht ist die Beziehung größtenteils als *Konsultation* zu qualifizieren: Journalisten nutzten die Recherche-Ergebnisse und Visualisierungen des *GuttenPlag*-Wiki für die Erstellung ihrer Leistungen. Und auch das Wiki nutzte die Aufmerksamkeit, die ihm durch die journalistische Berichterstattung zuteil wurde, um neue Helfer zu rekrutieren und die Motivation aufrecht zu erhalten – und somit für die eigenen Leistungen. Das Verhalten der Netzaktivisten war dabei höchstens *indirekt* auf das der Journalisten abgestimmt, nämlich über die Erwartungen der *GuttenPlagger* daran, welche Art der Recherche, Dokumentation und Präsentation der Ergebnisse vermutlich ein großes Echo in der Berichterstattung erzeugt. Bei der Bearbeitung des zweiten Plagiatsfalls „Guttenberg 2004“ im Dezember 2011 trat dann eine *direkte* Koordination der beiderseitigen Handlungen ein und das modale Verhältnis veränderte sich kurzzeitig hin zu einer *Kooperation.*

4.3 Verortung sekundärer Leistungsrollen im Journalismus

Um nun das Konzept der sekundären Leistungsrolle weiter für den Journalismus präzisieren zu können, müssen wir die Frage stellen, *warum* das *GuttenPlag*-Wiki die Kriterien Universalität und Periodizität nicht erfüllt hat bzw. warum es unwahrscheinlich war, dass es diese hätte erfüllen können. Aus unserer Sicht liegt diese Unwahrscheinlichkeit darin begründet, dass sich die im Wiki vollzogenen Praktiken nicht im Rahmen einer Organisation institutionalisiert haben. Luhmann (2005: 13f.) bezeichnet mit Organisation solche Sozialsysteme, die

> „die Mitgliedschaft an bestimmte Bedingungen knüpfen [...]. Mit Hilfe solcher Mitgliedschaftsregeln – etwa Autoritätsunterwerfung gegen Gehalt – wird es

möglich, trotz frei gewählter, variabler Mitgliedschaft hochgradig künstliche Verhaltensweisen relativ dauerhaft zu reproduzieren."

Eine Organisation kann also ihre Mitglieder dazu motivieren, immer wieder bestimmte Verhaltensweisen – wie journalistische Programme – auszuführen, auch wenn diese nicht der eigentlichen Motivlage der Mitglieder entsprechen – „alles freilich unter der Generalbedingung, daß die Mitgliedschaft vorteilhafter bleibt als die Nichtmitgliedschaft" (ebd.: 14).

Nur durch dieses ‚Auf-Dauer-Stellen' kann Periodizität in journalistischer Berichterstattung erreicht werden. Auch Universalität ist nur möglich, wenn die Rollenträger nicht einfach nur die Themen recherchieren, auf die sie Lust haben, sondern ihr Verhalten von ihrer eigenen Motivlage abgekoppelt wird und sie seitens der Organisation gewissermaßen dazu gezwungen werden, sich auch mit unliebsamen Themen auseinanderzusetzen. Die Organisationen, die hingegen Periodizität und Universalität ermöglichen, sind Blöbaum (2000: 175) zufolge die Massenmedien bzw. Redaktionen: „Als Organisationstypen sind sie stabile Formen, [...] die sich historisch als angemessen und leistungsfähig für journalistische Vollzüge erwiesen haben."

An diese und die Überlegungen aus Abschnitt 4.1 anknüpfend können wir einen plausiblen Vorschlag machen, wie sich die drei Rollentypen im Journalismussystem voneinander abgrenzen (Abb. 5):

Vom reinen Publikumsstatus unterscheidet sich die sekundäre Leistungsrolle dadurch, dass sie journalistische Programme prozessiert – wie die primäre Leistungsrolle, die von ihr imitiert wird. Von dieser grenzt sich die sekundäre Leistungsrolle dadurch ab, dass sie keiner journalistischen Organisation ange-

Abb. 5: Theoretische Verortung sekundärer Leistungsrollen im Journalismus

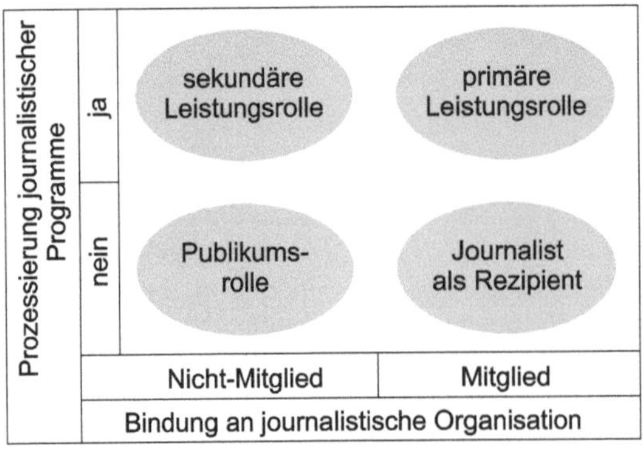

Eigene Darstellung

hört.[11] Ihre journalistische Arbeit wird deshalb nicht langfristig motiviert (z.B. durch Bezahlung), sondern tendenziell nur kurzfristig durch andere Anreize wie Spaß, Anerkennung oder den Wunsch, den Ruf der Wissenschaft zu wahren und/ oder das ihres Erachtens skandalöse Betragen eines ungeliebten Politikers zu sanktionieren (Kap. 2). Dies macht sekundäre Leistungsrollen im Journalismus aber auch freier in ihrem Verhalten, weil sie sich keinen organisationalen Regeln unterwerfen müssen. Im *GuttenPlag*-Wiki war etwa Anonymität möglich, obgleich dies im professionellen Journalismus nicht ohne Weiteres vorgesehen ist.

Die Auswirkungen der Etablierung sekundärer Leistungsrollen auf die Gesamtstruktur des Journalismussystems lassen sich am besten verdeutlichen, wenn stellvertretend für die Gesamtheit aller journalistischen Organisationen und der ihnen angehörenden Leistungsrollen ein einzelnes Organisationssystem und seine Umwelt betrachtet wird, also etwa eine Redaktion und ihre Rezipienten:

Wie bereits zu Beginn dieses Abschnitts erwähnt, herrscht traditionell eine klare(re) Trennung zwischen Publikums- und Leistungsrollen (Abb. 6): Der obigen Argumentation folgend kann diese Trennlinie mit der Grenze des Organisationssystems gleichgesetzt werden. Ein Wechsel von der Publikums- in die Leis-

Abb. 6: Traditionelle Trennung von Leistungs- und Publikumsrollen

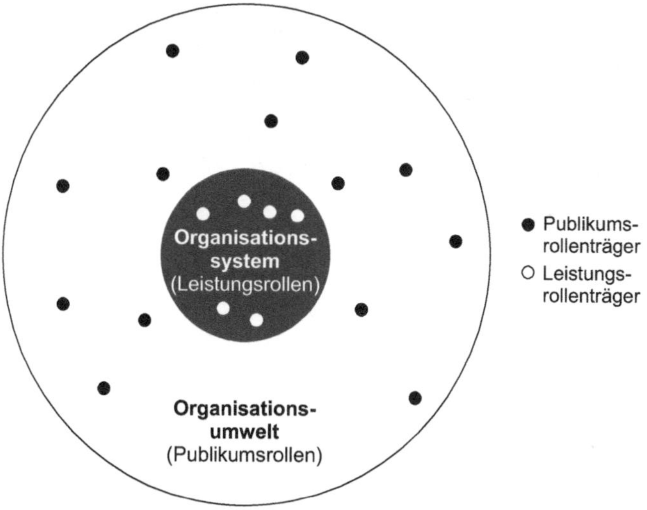

Eigene Darstellung

11 Es zeigt sich außerdem ein vierter Rollentyp, der immer dann auftritt, wenn primäre Leistungsrollenträger einfach nur die Nachrichten sehen, Zeitung lesen oder auf einer News-Site surfen: der Journalist als Rezipient.

tungsrolle ist in dieser Konstellation nur möglich, wenn der Rollenträger von der Umwelt in das Organisationssystem eintritt.

Nun aber etablieren sich sekundäre Leistungsrollen genau an dieser Grenze zwischen Organisationssystem und -umwelt und weiten diese zu einem ‚Grenzstreifen' aus (Abb. 7). Es vollzieht sich ein Prozess der *Binnendifferenzierung* des Systems, nach dem ein Wechsel von der Publikums- in die sekundäre Leistungsrolle und somit die temporäre Anbindung an eine leistungserbringende Organisation möglich ist. Die Mitgliedschaft in dieser Organisation bleibt nach wie vor den primären Leistungsrollen vorbehalten.[12]

Abb. 7: Verortung sekundärer Leistungsrollen an der Grenze zwischen Organisationssystem/-umwelt

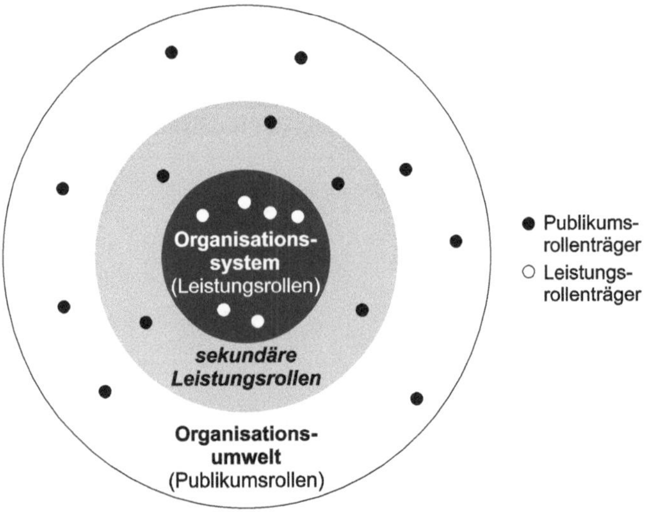

Eigene Darstellung

12 Abbildung 7 ähnelt – obwohl analytisch auf anderer Ebene angesiedelt – strukturell der Darstellung der neuen Netzwerk-Öffentlichkeit bei Domingo et al. (2008: 332). Plattformen wie das GuttenPlag-Wiki, über die sekundäre Leistungsrollen in den Journalismus inkludiert werden, sind vermutlich genau die partizipativen Medien, die Domingo et al. im Übergangsbereich zwischen den institutionalisierten Medien und den Netzwerken der Rezipienten ansiedeln.

5 Fazit

Die Entwicklungen um das *GuttenPlag*-Wiki zeigen, dass ein neuartiges Zusammenspiel zwischen Akteuren im Social Web und traditionellen Massenmedien im Entstehen begriffen ist, welches sich nicht einfach mit Kategorien wie ‚Kooperation' oder ‚Konkurrenz' beschreiben lässt (vgl. auch den Beitrag *Schrape* in diesem Band):

- Aus aufmerksamkeitsökonomischer Perspektive kann zwischen dem *GuttenPlag*-Wiki und dem klassischen Journalismus zwar eine grundsätzliche Konkurrenz angenommen werden, da die jeweiligen Rezipienten zwei Medieninhalte nicht parallel wahrnehmen können. Die Beziehungen und das Verhalten der Akteure auf dem gemeinsamen Aufmerksamkeitsmarkt der Netzöffentlichkeit zeigt aber, dass gleichzeitig komplexe Austauschbeziehungen zwischen den zwei Akteuren bestehen (können), durch die beide Seiten ihre Aufmerksamkeitseinkünfte in einer ‚Win-Win-Situation' erhöhen.
- Aus systemtheoretischer Perspektive wurde das Verhältnis zwischen dem *GuttenPlag*-Wiki und dem traditionellen, redaktionell-organisierten Journalismus als ein Wechselspiel zwischen sekundären und primären Leistungsrollenträgern bestimmt. Dieses lässt sich aus *modaler* Sicht größtenteils als *Konsultation* charakterisieren, wies in Teilen aber auch Merkmale einer *Kooperation* auf. *Funktional* betrachtet beruht die Beziehung auf einer *Teil-Komplementarität* der Leistungen beider Akteursgruppen.

Aus beiden theoretischen Perspektiven lässt sich dementsprechend die Schlussfolgerung ziehen, dass die neuen Medienakteure im Social Web und die klassischen Massenmedien im Prozess der Herstellung von Öffentlichkeit nicht nur miteinander konkurrieren, sondern sich vielmehr in zahlreichen Punkten ergänzen und wechselseitig voneinander profitieren, auch wenn dies im Falle des *GuttenPlag*-Wiki anfänglich nicht zwangsläufig intendiert war.

Jedenfalls wird das *GuttenPlag*-Wiki wohl kein Einzelfall bleiben: Die Prozessierung journalistischer Programme durch sekundäre Leistungsrollenträger ist mit der Technologie des Social Web schlicht zu einfach zu realisieren. Und es ist deshalb nur wahrscheinlich, dass bei anderen Ereignissen ähnliche Phänomene auftreten. So starteten nach dem Vorbild des *GuttenPlag*-Wiki weitere Initiativen für die Suche nach Plagiaten in wissenschaftlichen Arbeiten (z.B. *VroniPlag, SchavanPlag*), das Wiki-Prinzip wurde zur Dokumentation anderer Verfehlungen von Politikern eingesetzt (z.B. *WulffPlag*) und „PlagDoc" schmiedet Pläne für eine Institutionalisierung unter dem Stichwort „investigatives Crowdsourcing" („PlagDoc"/Kotynek 2012): Auf einer Plattform im Netz sollen sich Freiwillige an Recherchen zu komplexen und brisanten Themen beteiligen. Ob sich zwischen diesen Plattformen und dem Journalismus ähnliche Beziehungstypen finden lassen, wie wir sie für das *GuttenPlag*-Wiki beschrieben haben, und inwieweit sich das Verhältnis zwischen neuen Medienakteuren im Social Web und traditionellen Massenmedien *grundsätzlich* in die aufgezeigte Richtung entwickelt, das bleiben für die Sozialwissenschaften und den Journalismus relevante Fragen.

Literatur

Beck, K. 2001: Aufmerksamkeitsökonomie. Die Funktion von Kommunikation und Medien. In: Beck, K./Schweiger, W. (Hg.): Attention please! Online-Kommunikation und Aufmerksamkeit. München: Reinhard Fischer, S. 19–37

Becker, T./Dammer, I./Howaldt, J./Killich, S./Loose, A. 2007: Netzwerke – praktikabel und zukunftsfähig. In: Dies. (Hg.): Netzwerkmanagement. Mit Kooperation zum Unternehmenserfolg. Berlin, Heidelberg: Springer, S. 3–11

Blöbaum, B. 1994: Journalismus als soziales System. Geschichte, Ausdifferenzierung und Verselbständigung. Opladen: Westdeutscher Verlag

Blöbaum, B. 2000: Organisationen, Programme und Rollen. Die Struktur des Journalismus. In: Löffelholz, M. (Hg.): Theorien des Journalismus. Ein diskursives Handbuch. Wiesbaden: Westdeutscher Verlag, S. 169–183

Blöbaum, B. 2008: Wandel redaktioneller Strukturen und Entscheidungsprozesse. In: Bonfadelli, H./Imhof,K./Blum, R./Jarren, O. (Hg.): Seismographische Funktion von Öffentlichkeit im Wandel. Wiesbaden: VS, S. 119–129

Bräuer, M./Seifert, M./Wolling, J. 2008: Politische Kommunikation 2.0. Grundlagen und empirische Ergebnisse zur Nutzung neuer Partizipationsformen im Internet. In: Zerfaß, A./ Welker, M./Schmidt, J. (Hg.): Kommunikation, Partizipation und Wirkungen im Social Web. Band 2: Anwendungsfelder: Wirtschaft, Politik, Publizistik. Köln: Halem, S. 188–209

Bughin, J. R. 2007: How Companies Can Make the Most of User-Generated Content. In: The McKinsey Quarterly. August 2007, S. 1–4

Burzan, N./Lökenhoff, B. /Schimank, U. /Schöneck, N. M. 2005: Inklusionsprofile. Eine differenzierungstheoretische Sozialstrukturanalyse Deutschlands. Hagen: FernUniversität Hagen

Burzan, N./Lökenhoff, B./Schimank, U./Schöneck, N. M. 2008: Das Publikum der Gesellschaft. Inklusionsverhältnisse und Inklusionsprofile in Deutschland. Wiesbaden: VS

Dams, J./Gersemann, O./Hildebrand, J./Kaiser, T. 2011: Guttenberg hat's schon früher getan. In: Welt am Sonntag vom 4.12.2011, S. 4

Domingo, D./Quandt, T./Heinonen, A./Paulussen, S./Singer, J. B./Vujnovic, M. 2008: Participatory Journalism Practices in the Media and Beyond. An International Comparative of Initiatives in Online Newspapers. In: Journalism Practice, Vol. 2/No. 3, S. 326–342

Engel, D. 2010: Das Internet – ein Segen für die Marktforschung? Einige Überlegungen zur Online-Forschung in der Praxis. In: Jackob, N./Zerback, T./Jandura, O./Maurer, M (Hg.):

Das Internet als Forschungsinstrument und -gegenstand in der Kommunikationswissenschaft. Köln: Halem, S. 31–49

Fengler, S./Ruß-Mohl, S. 2005: Der Journalist als ‚homo oeconomicus'. Konstanz: UVK

Franck, G. 1998: Ökonomie der Aufmerksamkeit. Ein Entwurf. München, Wien: Carl Hanser

Gerecke, U. 1998: Soziale Ordnung in der modernen Gesellschaft. Ökonomie – Systemtheorie – Ethik. Tübingen: Mohr Siebeck

Goldhaber, M. H. 1997: Die Aufmerksamkeitsökonomie und das Netz – Teil 1. In: Telepolis vom 27.11.1997 (Internet: http://www.heise.de/tp/artikel/6/6195/1.html; zuletzt aufgesucht am 01.06.2012)

Görke, A. 1999: Risikojournalismus und Risikogesellschaft. Sondierung und Theorieentwurf. Opladen: Westdeutscher Verlag

Große-Holtforth, D. 2001: Die Entstehung von Aufmerksamkeitsmärkten in Online-Medien. In: Beck, K./Schweiger, W. (Hg.): Attention please! Online-Kommunikation und Aufmerksamkeit. München: Reinhard Fischer, S. 121–138

Groth, O. 1960: Die unerkannte Kulturmacht. Grundlegung der Zeitungswissenschaft (Periodik). Berlin: Walter de Gruyter

Hackert, B. 1999: Kooperation in Arbeitsgruppen: Bausteine einer ökonomischen Analyse. Berlin: Erich Schmidt

Kohring, M. 1997: Die Funktion des Wissenschaftsjournalismus. Ein systemtheoretischer Entwurf. Opladen: Westdeutscher Verlag

Krämer, B. 2008: The Economy of Media Events: Theory and Examples. In: International Journal of Communication, Vol. 2/No. 2, S. 909–924

Luhmann, N. 2005: Interaktion, Organisation, Gesellschaft. Anwendungen der Systemtheorie. In: Luhmann, N.: Soziologische Aufklärung 2. Aufsätze zur Theorie der Gesellschaft. Wiesbaden: VS, S. 9–24

Nalebuff, B. J./Brandenburger, A. M. 1996: Coopetition – kooperativ konkurrieren. Mit der Spieltheorie zum Unternehmenserfolg. Frankfurt/M.: Campus

Neuberger, C. 2001: Online-Journalismus als Instanz der Aufmerksamkeitslenkung. In: Beck, K./Schweiger, W. (Hg.): Attention please! Online-Kommunikation und Aufmerksamkeit. München: Reinhard Fischer, S. 217–235

Neuberger, C. 2009: Internet, Journalismus und Öffentlichkeit. Analyse des Medienumbruchs. In: Neuberger, C./Nuernbergk, C./Rischke, M. (Hg.): Journalismus im Internet. Profession – Partizipation – Technisierung. Wiesbaden: VS, S. 19–105

Neuberger, C./Nuernbergk, C./Rischke, M. 2009a: Journalismus – neu vermessen. Die Grundgesamtheit journalistischer Internetangebote – Methode und Ergebnisse. In: Neuberger, C./Nuernbergk, C./Rischke, M. (Hg.): Journalismus im Internet. Profession – Partizipation – Technisierung. Wiesbaden: VS, S. 197–230

Neuberger, C./Nuernbergk, C./Rischke, M. 2009b: Profession, Partizipation, Technik. Anbieterbefragung II: Internetjournalismus im Beziehungsgeflecht. In: Neuberger, C./ Nuernbergk, C./Rischke, M. (Hg.): Journalismus im Internet. Profession – Partizipation – Technisierung. Wiesbaden: VS, S. 269–293

Petersen, T. 2010: Online-Umfragen und die Zukunft der empirischen Sozialforschung. In: Jackob, N./Zerback, T./Jandura, O./Maurer, M. (Hg.): Das Internet als Forschungsinstrument und -gegenstand in der Kommunikationswissenschaft. Köln: Halem, S. 14–30

Pfeiffer, S./Schütt, P./Wühr, D. (2011): Innovationsarbeit unter Druck braucht agile Forschungsmethoden. ‚Smarte Innovationsverlaufsanalyse' als praxisnaher und partizipativer Ansatz explorativer Forschung. In: Arbeits- und Industriesoziologische Studien, Jg. 4/Heft 1, S. 19–32

„PlagDoc"/Kotynek, M. (2012): Schwarmgedanken (Internet: http://de.guttenplag.wikia.com/wiki/Schwarmgedanken; zuletzt aufgesucht am 10.7.2012)

Preuß, R./Schultz, T. 2011a: Guttenbergs Fall. Der Skandal und seine Folgen für Politik und Gesellschaft. Gütersloh: Gütersloher Verlagshaus

Preuß, R./Schultz, T. 2011b: Guttenberg soll bei Doktorarbeit abgeschrieben haben. In: Süddeutsche.de vom 16.2.2011 (Internet: http://www.sueddeutsche.de/politik/ plagiatsvorwurf-gegen-verteidigungsminister-guttenberg-soll-bei-doktorarbeit-abgeschrieben-haben-1.1060774; zuletzt aufgesucht am 1.6.2012)

Reimer, J./Ruppert, M. 2011: Das GuttenPlag-Wiki – Theoretische Einordnung und Analyse der Erfolgsfaktoren eines kollaborativen Internet-Phänomens. In: Medien Journal, Jg. 35/Heft 4, S. 4–17

Rötzer, F. 1999: Aufmerksamkeit als Medium der Öffentlichkeit. In: Maresch, R./Werber, N. (Hg.): Kommunikation, Medien, Macht. Frankfurt/M.: Suhrkamp, S. 35–58

Ruppert, M. 2012: Schnipseljagd. In: Journalist. Das Medienmagazin, Jg. 62/Heft 2, S. 66–69

Ruppert, M./Reimer, J. 2011: Im Schwarm. In: Journalist. Das Medienmagazin, Jg. 61/Heft 4, S. 76–80

Schulz, W. 1990: Die Konstruktion von Realität in den Nachrichtenmedien. Analyse der aktuellen Berichterstattung. Freiburg, München: Karl Alber

Staab, J. F. 1988: Nachrichtenwert-Theorie: Formale Struktur und empirischer Gehalt. Freiburg, München: Karl Alber

Stichweh, R. 2005: Inklusion und Exklusion. Studien zur Gesellschaftstheorie. Bielefeld: Transcript

Thielsch, M. T./Weltzin, S. 2009: Online-Befragungen in der Praxis. In: Brandenburg, T./ Thielsch, M. T. (Hg.): Praxis der Wirtschaftspsychologie. Themen und Fallbeispiele für Studium und Anwendung. Münster: MV-Wissenschaft, S. 69–85

Volkmann, U. 2010: Sekundäre Leistungsrolle. Eine differenzierungstheoretische Einordnung des Prosumenten am Beispiel des ‚Leser-Reporters'. In: Blättel-Mink, B./Hellmann, K. (Hg.): Prosumer Revisited. Zur Aktualität einer Debatte. Wiesbaden: VS, S. 206–220

Weber, S. 2011: Enthüllungsplattformen im Netz am Beispiel der ‚Plag Wikis'. Neues Medium der Qualitätssicherung oder virtueller Pranger? In: Communication Socialis, Jg. 44/Heft 2, S. 179–185

Weischenberg, S. 2001: Nachrichten-Journalismus. Anleitungen und Qualitäts-Standards für die Medienpraxis. Wiesbaden: Westdeutscher Verlag

Zerback, T./Jackob, N./Schoen, H./Schlereth, S. 2010: Anwendungsmodalitäten und Qualität von Online-Befragungen in der Kommunikationswissenschaft. In: Jackob, N./Zerback, T./Jandura, O. /Maurer, M (Hg.): Das Internet als Forschungsinstrument und -gegenstand in der Kommunikationswissenschaft. Köln: Halem, S. 50–67

Weitere Quellen

Chatprotokoll *VroniPlag,* Pressechat vom 3.1.2012

Mail von Andreas Fischer-Lescano an die Verfasser vom 13.3.2012

Mail von „PlagDoc" an die Verfasser vom 23.1.2012

Mail von „PlagDoc" an die Verfasser vom 4.1.2012

Telefon-Interview mit Hauke Janssen, Chef der *Spiegel*-Dokumentation vom 10.3.2011

Telefon-Interview mit Kai Gniffke, Erster Chefredakteur *ARD-aktuell* vom 16.3.2011

Online-Befragung unter den Nutzern der Seite http://de.guttenplag.wikia.com/wiki/GuttenPlag_Wiki vom 20. bis 22.2.2011

Im Netz der Selbstreferenz

Facebook-Kommunikation als Antwort auf die „Katastrophe“ des Internet

Sascha Dickel

Das Internet ist für die kommunikative Ordnung der Moderne eine „Katastrophe“.[1] Ebenso wie die Sprache, die Schrift oder der Buchdruck transformieren die neuen Möglichkeiten elektronischer Kommunikation die soziale Welt in einer fundamentalen Weise, deren Folgen sich inmitten des sich gerade vollziehenden Medienwandels allenfalls schemenhaft erahnen lassen. Jeder kulturelle Umbruch, so lehrt es die Geschichte, führt früher oder später zu einer Restabilisierung. Doch zuvor hat die Kulturkritik ihre Zeit, in der das Neue vorrangig als Bedrohung erscheint. So wie Platon die Auswirkungen der Schrift auf das Gedächtnis beklagte und etablierte Autoritäten den Buchdruck zunächst als Medium der Häresie und des politischen Aufruhrs fürchteten (Luhmann 1997: 249–302), wurden und werden mitunter auch die Konsequenzen des Internet für Individuum und Gesellschaft in Form einer Kulturkrise thematisiert (z.B. Carr 2011; Schirrmacher 2009). Diese Krisenhaftigkeit ist schwer zu bestreiten. Ob man ihr mit dystopischen Verfallssemantiken (oder alternativ: mit utopischer Euphorie) gerecht wird, ist hingegen eine ganz andere Frage.

Sofern die Soziologie diesem Wandel nachgehen will, wohnt ihr notgedrungen ein *zeitdiagnostisches* Moment inne. Sie steht damit in Konkurrenz zu kulturellen Deutungsmustern, die ohnehin in der Gesellschaft kursieren. Daher läuft die soziologische Zeitdiagnose Gefahr, massenmedial verfügbare Schemata einfach zu reproduzieren. Möchte sie dieser Falle entgehen, muss es ihr gelingen, den medialen Wandel kultur- und gesellschaftstheoretisch zu reflektieren (grundlegend dazu: Fuhse 2011).

Dies kann zunächst recht abstrakt mit den Mitteln der Systemtheorie geleistet werden. So hat Dirk Baecker (2007: 10) im Anschluss an Luhmann die These entwickelt, dass neue Verbreitungsmedien wie das Internet einen „Überschusssinn“ produzieren, der nach innovativen „Kulturformen des selektiven Umgangs“ mit dem neuen Medium verlangt. Die These dieses Beitrags ist, dass *Facebook*-Kommunikation eine eben solche Kulturform darstellt. Um diese

1 Systemtheoretisch im Sinne eines „relativ raschen Übergang[s] eines Systems zu einem anderen Prinzip der Stabilität“ (Luhmann 1997: 655).

These zu entfalten, muss zunächst der *Problemhorizont* skizziert werden, vor dessen Hintergrund sich *Facebook* als kulturelle Lösung interpretieren lässt.

1 Das Internet als Herausforderung

Wenn man medialen Überschusssinn anhand der drei Sinndimensionen (Luhmann 1984: 111–122) differenziert, kann die Emergenz des Internet als sachliche, soziale und zeitliche Herausforderung für die Gegenwartskultur interpretiert werden.

In der *Sachdimension* erzeugt das Internet eine Flut an Daten und (potenziellen) Informationen, welche die Informationsverarbeitungskapazitäten jedes Individuums und jedes sozialen Systems sprengen. Ein Ende ist hier kaum in Sicht. Dass ein ökonomischer Umgang mit Aufmerksamkeit (Franck 2007) ein notweniges Antidot für einen drohenden *information overload* darstellt, ist demgemäß zu einem kulturellen Gemeinplatz geworden. Auf der *Techonomy Conference* 2010 behauptete Eric Schmidt, damals CEO bei *Google* und heute Technologieberater von Obama, dass gegenwärtig in 48 Stunden ebenso viele Daten produziert würden wie zwischen dem Beginn der Menschheitsgeschichte und dem Jahr 2003 (Schmidt 2010). Solche Quantifizierungen mögen strittig sein. Unstrittig sind hingegen das exponentielle Wachstum der Daten als solches und – womöglich noch entscheidender – die endlosen Möglichkeiten, diese Daten aufeinander zu beziehen und dadurch weiter zu mehren. Dabei ist es alles andere als eindeutig, welche Daten aufeinander bezogen werden sollten, um sich (auch nur alltagspraktisch relevantes) Wissen anzueignen. Gerade die unerwartete Rekombination kann sich als instruktiv erweisen. Mit den neuen Möglichkeiten des Wissens wächst das spezifische (bzw. das reflexiv zugängliche) Nichtwissen, da jede Information Verweisungen auf andere Informationen in sich birgt, von denen sich nur ein Bruchteil verfolgen lässt, während der Rest im Bereich des Nichtwissens verbleibt. Hyperlinks machen diese Verweisungsstruktur in einer Weise explizit, die in anderen Formen der Kommunikation eher latent bleibt. Zugleich zwingt das exponentielle Wachstum der Datenmengen zur Reflexion unspezifischen Nichtwissens, also des Bereichs potenzieller Informationen, von denen man lediglich weiß, dass man nichts über sie weiß (Wehling 2001).

In der *Sozialdimension* steigern sich die Kontaktmöglichkeiten und befreien den sozialen Austausch zusehends von räumlichen wie zeitlichen Grenzen. Damit ist zunächst mit einem Zuwachs an „weak ties“ (Granovetter 1973) zu rechnen, die es zu pflegen und präsent zu halten gilt. Doch steigern sich nicht nur die Möglichkeiten zur Erreichbarkeit anderer; vielmehr wird jeder Akteur selbst zu einem potenziellen Knoten heterogener wie flüchtiger Beziehungskonstellationen, die durch E-Mails, Chatrooms und simulierte Welten etabliert werden. Mit der Optionssteigerung hinsichtlich der sozialen Adressierbarkeit wachsen zugleich die Möglichkeiten, sich selbst in Relation zu anderen zu beobachten. Die sozialstrukturelle Individualisierung, die sich auf die Loslösung der Person aus den klaren Strukturen von Gemeinschaften und kollektiv geteilten Normen bezieht, wird so ergänzt durch eine Verschärfung von Reflexivitätszumutungen, die insbesondere die Möglichkeiten zur Multiplizierung und Differenzierung von (virtuellen) Identitäten mit sich bringen, die das Internet seit den 1990er Jahren eröffnet (Münker/Roesler 1997). Wenn wir mit Mead (1973) davon ausgehen, dass Identität sich wesentlich durch das ‚me', also das Selbst im Spiegel des Anderen, konstituiert, dann stellt diese Heterogenität, Flüchtigkeit und Virtualität sozialer Kontexte eine außerordentliche Herausforderung für die Identitätsbildung und -stabilisierung dar.

In der *Zeitdimension* steigert sich das Tempo, in dem Daten hergestellt und bereitgestellt werden – und wieder veralten. Das Internet trägt so zu einer Transformation der gesellschaftlichen Temporalstruktur im Sinne einer „sozialen Beschleunigung" (Rosa 2005) und „Gegenwartsschrumpfung" (Lübbe 1998) bei, d.h. zu einer sukzessiven Reduktion des Zeitraums, der als Gegenwart erfahren und beschrieben werden kann, also eben jener Zeit, in der sich die Dinge nicht schon wieder geändert haben. Der Verkürzung der Gegenwarten durch das enorme Tempo der Datennetze steht der erleichterte Rückgriff auf Vergangenheiten durch das Wachstum an Speicherkapazitäten gegenüber. Kopieren und Archivieren werden zu trivialen Vorgängen, die sich beliebig oft wiederholen lassen. Durch diese temporale Janusköpfigkeit des Netzes stehen Praktiken des Erinnerns, Vergessens und Vergegenwärtigens – des sozialen Gedächtnisses also (Esposito 2002) – vor neuen Herausforderungen, die sich ebenso wie die sachlichen und sozialen Herausforderungen als Komplexitätsprobleme reformulieren lassen, also als Probleme der Selektivität im Lichte anderer Möglichkeiten. Denn was ist angesichts kurzer Gegenwarten der Mitteilung und Speicherung würdig? Und in welcher Form soll die flüchtige Ereignishaftigkeit kurzer Gegenwarten im Zeitverlauf bewahrt werden, wenn doch nicht klar ist, welche Aspekte der Gegenwart man in Zukunft als Vergangenheit benötigt? Da in Zukunft auch und gerade das wichtig sein könnte, was gegenwärtig weniger relevant wirkt, legt es die temporale Rationalität des Computers prinzipiell nahe, *alles* zu speichern und so für die Zukunft selektiv verfügbar zu halten – aber das übersteigt nicht nur die psychischen und sozialen, sondern auch die technischen Mittel, die gegenwärtig zur Verfügung stehen.

Zusammenfassend lässt sich demnach zunächst festhalten, dass das Internet die Fragen verschärft, *was* man an Daten aufnehmen und weitergeben soll (und wie auf diese Weise Wissen über die Wirklichkeit kristallisiert), *wen* man kontaktieren und für wessen Mitteilungen man sich öffnen soll (und wie man dabei seine Identität für sich und andere stabilisiert) und *wie* man sich mit kurzen Gegenwarten (und ubiquitären Archivierungsmöglichkeiten zugleich) arrangiert.

Soweit, so abstrakt. Auf einer solch generellen, kommunikationstheoretischen Ebene lässt sich jedoch noch kaum etwas ausmachen, das über soziologische Allgemeinplätze hinausreicht. Von dieser Beobachtungswarte aus kann noch nicht einmal gesagt werden, inwiefern das neue Medium lediglich kulturelle Anforderungen fortschreibt, die sich mit der Moderne ohnehin für Individuen und soziale Systeme ergeben. Es könnte ja durchaus sein, dass wir es letztlich doch nur mit einem *quantitativen* Zuwachs zu tun haben (mehr Daten, mehr Kontaktmöglichkeiten, mehr Beschleunigung), der nicht notwendigerweise mit einen *qualitativen* Wandel verbunden ist (neue Arten und Weisen mit Informationen umzugehen, neue Beziehungs- und Identitätsmuster, neue Formen der Gedächtnisbildung).

2 Die analytische Strategie der Rekonstruktion

Um einen qualitativen Wandel zu erfassen, kann die Gesellschaftstheorie auf Mittel der *rekonstruktiven Sozialforschung* zurückgreifen. Rekonstruktionen beanspruchen nicht, die Gesellschaft als Totalität zu beobachten. Damit entgehen sie der Gefahr der zeitdiagnostischen Übergeneralisierung. Gleichwohl betrachtet die rekonstruktive Soziologie empirische Gegenstände nicht als isolierte *Teile*, die irgendwie zu einem gesellschaftlichen *Ganzen* gehören, sondern immer auch als *Ausdruck* sozialer Wirklichkeit (Wernet 2000). Die Stoßrichtung rekonstruktiver Ansätze ist es, empirisch zu beobachten, welche neuen sozialen Konfigurationen sich abzeichnen, und diese als soziale Reaktionen und kulturelle Bewältigungsmuster zu interpretieren – also als Versuche, neue Ordnungen zu schaffen.

Mit diesem Interesse an der Bewältigung sozialer Herausforderungen, an Wie-Fragen und an verborgenen Strukturen wohnt rekonstruktiven Methoden eine (explizite oder implizit-latente) *funktionale* Betrachtungsweise inne (Schneider 2004). So sprechen Ansätze einer strukturalen Hermeneutik von *Krisen,* für deren Bewältigung sich *Routinen* herausbilden, und gehen davon aus, dass jede Krise zugleich mögliche Lösungswege eröffnet (sonst würde es schlicht nicht weitergehen), und jede Routine sich als habituierte oder institutionalisierte Form der Krisenbewältigung rekonstruieren lässt (Oevermann 2008, 2002). Ähnlich optiert die Technik der funktionalen Analyse in der Systemtheorie, mit der sich Funktionen als die Einheit der Differenz von Problem und Problemlösung beschreiben lassen (Luhmann 2002: 116; Luhmann 1974a, 1974b). Beide Richtungen wurden jüngst im Sinne einer systemtheoretisch informierten Hermeneutik zusammengeführt (Bora 1999; Sutter 1997; Schneider 2004).[2]

2 Der Anspruch der empirischen Fruchtbarkeit dieses Forschungsprogramms wurde mittlerweile durch zahlreiche umfangreiche Studien eingelöst (z.B. Bora 1999, Buchholz 2008, Dickel 2011a, Holz 2001 und Moelders 2011.

Im Unterschied zum Funktionalismus älterer Prägung folgt dieses Forschungsprogramm einem „kontingenztheoretischen Funktionalismus“ (Reckwitz 2003: 58), der sowohl Probleme als auch Lösungen für kontingent erachtet. Er hält also nicht nur eine Lösung für ein Problem denkbar, sondern verschiedene funktional äquivalente Problemlösungen. Er geht auch nicht – wie es etwa das AGIL-Schema von Parsons – von der Existenz basaler sozialer Probleme aus, die in jeder Gesellschaft vorliegen und für die jede Gesellschaft Lösungen finden muss. Stattdessen wird in Rechnung gestellt, dass sich die Problem-Lösungs-Relationen im Zuge der sozialen Evolution selbst verändern und dass Probleme nicht einfach als Ursachen von Lösungen gedeutet werden können (Nassehi 2007): Ein soziales Phänomen kann auch dann als Mittel der Bewältigung von Problemen fungieren, wenn es durch etwas versursacht wurde, das mit dem bearbeiteten Problem nichts zu tun hat. So lässt sich etwa sagen, dass die Massenmedien angesichts einer hochgradig differenzierten Sozialordnung das Problem bearbeiten, eine gesellschaftlich geteilte Realität zu erzeugen – auch wenn sie nicht mit Blick auf diese Funktion entwickelt worden sind (Luhmann 1996).

Unter den Prämissen eines rekonstruktiven Ansatzes ist es zunächst unerheblich, ob Phänomene beobachtet werden, die sich auf den ersten Blick als marginale Randerscheinungen darstellen, oder ob soziale Fakten betrachtet werden, die gesellschaftsweit als Institutionen ihre Wirkmächtigkeit entfalten. Gesellschaft lässt sich prinzipiell auch und gerade von ihren Rändern her erschließen. Aber im Hinblick auf das Erkenntnissinteresse, einem womöglich grundlegenden Wandel der Kulturformen der Gesellschaft auf die Spur zu kommen, erscheint es sinnvoll, ein Phänomen in den Blick zu nehmen, das geradezu zu einen Synonym für einen *qualitativ* neuen Umgang mit den Möglichkeiten des Internet geworden ist. Die Rede ist von sozialen Netzwerkdiensten, also Plattformen, in denen das Teilen von Content, die wechselseitige Kommunikation und eine dauerhafte Profilpflege konstitutiv sind.

3 Die Rekonstruktion von Facebook-Kommunikation: Was bedeutet ‚teilen'?

Das größte und meist beachtete dieser Netzwerke ist die Plattform *Facebook*. Seit seiner Gründung im Jahr 2002 wächst das Unternehmen rasant. Laut seinem aktuellen Börsenprospekt verfügte *Facebook* Anfang 2012 über 901 Millionen Nutzer, die mindestens einmal monatlich mit dem Netzwerk interagieren (US Securities and Exchange Commission 2012).

Bereits aufgrund der Größe und des Wachstums wäre *Facebook* ein attraktiver Gegenstand für eine Soziologie, die sich für mediale Umbrüche interessiert. Für eine Forschungsperspektive, die sich nicht nur für quantitative Daten, sondern gerade auch für qualitative Veränderungen interessiert, ist *Facebook* jedoch noch aus eine anderem Grund interessant: *Facebook* ist wie kaum ein anderes Internetphänomen in den vergangenen Jahren zu einen Gegenstand medialer Kontroversen geworden, die sich insbesondere auf den Umgang mit persönlichen Daten beziehen. Im Feuer der medialen Kritik erscheinen die User als verblendete Wesen, unfähig, ihre soziale Lage zu reflektieren und das Ausbeutungsverhältnis zu erkennen, in dem sie (mutmaßlich) gefangen sind. *Facebook* eignet sich somit ausgezeichnet als Projektionsfläche für mediale Dystopien, in denen das Unternehmen als Datenkrake auftritt, die sich anschickt, die Privatsphäre eines jeden zu verschlingen und vormals Intimes in das Licht der Öffentlichkeit zu zerren (z.B. Paur 2011). Doch wo die einen exzessiven Narzissmus und Exhibitionimus beobachten, erkennen die anderen eine neue „Technologie des Selbst“ (Foucault 1993), die man sich aneignen solle, da sie neue Selbst- und Weltverhältnisse ermögliche (Mangold 2011).

In diesem Beitrag soll eine Beobachterposition jenseits von Utopia und Dystopia eingenommen werden. Stattdessen werden die *kommunikativen Strukturbedingungen* von *Facebook* untersucht, die solche Diagnosen erst provozieren. *Facebook* bietet seinen Nutzern verschiedene Möglichkeiten des sozialen Austauschs, zu denen etwa auch Chats und private Nachrichten gehören. Diese Kommunikationskanäle unterscheiden sich jedoch kaum von bereits etablierten Formen elektronischer Kommunikation. Die Aufmerksamkeit des Beitrags gilt vielmehr einer Art und Weise des Mitteilens, die für soziale Netzwerke typisch ist: eine Form der Kommunikation nämlich, die sich an mehrere User zugleich richtet, dabei (mehr oder weniger begrenzt) öffentlich sichtbar ist und eine sichtbare Spur im Medium hinterlässt.

Diese Funktion heißt bei *Facebook* ‚Teilen‘.[3] So man sich auf der Website von *Facebook* befindet, nimmt das ‚Teilen‘ typischerweise die Form der sogenannten ‚Statusmeldung‘ an, in die sich in Form eines Links prinzipiell alles, was das Internet an Daten bereithält, einbinden lässt. Der jeweilige Link kann von demjenigen, der ‚teilt‘, durch einen eigenen Text ergänzt werden. Zudem ist es auch möglich, einen Text ohne den Rückgriff auf externe Links zu ‚teilen‘. Weitere User können das Geteilte dann kommentieren – und diese Kommentare können ebenfalls kommentiert werden. Alles, was ‚geteilt‘ wurde, und jeder Kommentar ist mit dem ‚Gefällt mir‘-Button versehen, der eine kurze positive Rückmeldung zu jedem Inhalt ermöglicht. Alle Inhalte, die ‚geteilt‘ wurden, erscheinen wiederum in der eigenen ‚Chronik‘, die neben allgemeinen Informationen über den User aus der chronologischen Sammlung von vergangenen Aktivitäten eines *Facebook*-Nutzers besteht.

3 Im Folgenden werden für einzelne Features von *Facebook* jeweils die deutschen Begriffe verwendet.

Sofern man auf *Facebook* eingeloggt bleibt, ist ein Aufenthalt auf der Website noch nicht einmal notwendig, um zu ‚teilen'. Durch die wachsende Verbreitung des ‚Gefällt mir'-und des ‚Teilen'-Buttons im Netz hat man als User die Möglichkeit, auch außerhalb der *Facebook*-Seite an dieser Form des Kommunizierens teilzuhaben.[4] Das Erkenntnisinteresse des Beitrags gilt dementsprechend nicht konkreten Inhalten, sondern den Regeln, die jeder *Facebook*-Kommunikation durch das Medium aufgeprägt werden. Eine solche Unterscheidung ist für die rekonstruktive Soziologie kein neuer Gedanke. So differenziert etwa Oevermanns (2002) Konzept der hermeneutischen Sequenzanalyse die Sinnstrukturen eines jeweils gegebenen, konkreten und womöglich einmaligen *Falls* der

> „*Erzeugungsregeln* [...] durch die an einer je gegebenen Sequenzstelle die sinnlogisch möglichen Anschlüsse erzeugt werden und auch die je möglichen sinnlogisch kompatiblen vorausgehenden Handlungen festgelegt sind und entsprechend erschlossen werden können. Diesen Parameter muß man sich vorstellen als eine *Menge von algorithmischen Erzeugungsregeln* sehr *unterschiedlichen Typs*. [...] Dieses Gesamt an Sequenzierungsregeln erzeugt an jeder Sequenzstelle je von Neuem einen Spielraum von Optionen und Möglichkeiten, aus denen dann die in diesem Praxis-Raum anwesenden Handlungsinstanzen per Entscheidung eine Möglichkeit auswählen müssen." (Hervorhebung im Original)

Was solche bedeutungsgenerierenden „Erzeugungsregeln" ausmacht, lässt sich leicht am Beispiel der Begrüßung deutlich machen: Ganz egal, wie auf eine Begrüßungshandlung wie „Hallo!" reagiert wird – ob mit einer Grußerwiderung, einer Beschimpfung oder mit Schweigen: Jede dieser Anschlussreaktionen erhält ihren spezifischen Sinn immer erst durch die allgemeinen Regeln der Begrüßung. Wenn eine Beschimpfung auf eine Begrüßung erfolgt, bedeutet das etwas anderes, als wenn eine Beschimpfung auf eine Beschimpfung folgt oder eine Begrüßung auf eine Begrüßung. Wenn der Grüßende keine Antwort bekommt, dann ist das auch eine Antwort, und sie bedeutet zumindest: Ablehnung des Gesprächsangebotes.[5]

Während Oevermann diese generativen „Erzeugungsregeln" als stabil und invariant begreift und auf jede Form von Sozialität bezieht, muss eine systemtheoretische Hermeneutik hier offener vorgehen, um sich nicht den Vorwurf einzuhandeln, einer aus konstruktivistischer Perspektive problematischen ‚Regelontologie' das Wort zu reden (Holz 2001; Sutter 1997). Doch auch sie kommt

---

4 Das neue Feature des ‚frictionless sharing' (das User für bestimmte Seiten und Anwendungen aktivieren können) erlaubt sogar die Weitermeldung von Inhalten, die der User rezipiert, ohne dass dieser noch eine Entscheidung darüber treffen muss oder kann. Seine Rolle beschränkt sich dann darauf, das ‚frictionless sharing' für eine Anwendung generell zuzulassen oder nicht und gegebenenfalls das Publikum der automatisierten Meldungen zu beschränken (Weck 2011).

5 Diese Beispiel verdanke ich *Nils Heyen*.

nicht ohne die Annahme einer Strukturebene aus, die sich von den tendenziell idiosynkratischen Strukturen konkret ablaufender Kommunikation unterscheidet.

Die Möglichkeit für eine solche Unterscheidung von Strukturebenen findet sich in der Systemtheorie anhand der Differenz von Medium und Form. Kommunikationsmedien jeder Art weisen Luhmann zufolge Eigenstrukturen auf, welche die Möglichkeiten des Kommunizierens eröffnen und beschränken: So schafft beispielsweise die Schrift zahlreiche neue Möglichkeiten des Kommunizierens, aber sie schafft auch neue Einschränkungen und Risiken. Schrift eröffnet die Möglichkeit, Mitteilungen über Zeit und Raum zu senden, das Erinnern zu externalisieren und die Eigenkomplexität der mitgeteilten Information zu steigern: Die Systematik, aber auch die Ausschweifungen längerer Texten übertreffen alles, was in Interaktion typischerweise möglich ist. Zugleich schiebt sie das, was gesagt wird (die Sachdimension), in den Vordergrund und den Sprecher in den Hintergrund. Im Extremfall ist es womöglich gar nicht bekannt, wer gesprochen hat (die Sozialdimension), z.B. weil der Autor seine Identität verschleiert oder diese vom Leser nicht ermittelt werden kann. Zugleich wachsen in der schriftlichen Kommunikation die Chancen des Widerspruchs, da dieser sich von den Rücksichten der Interaktion lösen kann. Doch Schriftlichkeit entzieht dem sozialen Austausch auch Möglichkeiten: Im Medium der Schrift entfällt die Möglichkeit des unmittelbaren *turn taking* und damit auch die Möglichkeit der Verstehenskontrolle, der sofortigen Korrektur und die Möglichkeit, die Kommunikation jederzeit auf eine metakommunikative Ebene zu verlagern. Mit dem Wegfallen der Körpersprache verknappen sich Möglichkeiten des Mitteilens und der Aufrechterhaltung von Ambivalenz; insgesamt steigert sich das Risiko, dass eine Kommunikation den Empfänger gar nicht erreicht (der Brief geht auf dem Weg verloren oder wird schlicht ignoriert), während zugleich Kontrollmöglichkeiten wegfallen, Empfänger, die gar nicht gemeint und adressiert waren, von der jeweils mitgeteilten Botschaft auszuschließen. In welchen konkreten Formen sich Schriftkommunikation auch immer zeigt, sie ist an diese Strukturbedingungen des Schriftmediums gebunden, wird durch dessen Logik geprägt und wird lernen müssen, sich an das Medium anzuschmiegen (Luhmann 1997: 249–290).

Demgemäß geht es im Folgenden nicht darum, eine Typologie von Nutzern oder Nutzungspraktiken von *Facebook* zu entwickeln oder etwa dem stattfindenden Sprach- oder Bildgebrauch in seinen konkreten Ausdrucksgestalten gerecht zu werden (Miller 2012). Vielmehr geht es darum, mittels der Interpretationsregeln der rekonstruktiven Hermeneutik (Oevermann 2002; Wernet 2000) diejenigen soziotechnischen Strukturen des Mediums zu erschließen, die jede Form der *Facebook*-Kommunikation – hier in ihrer Spielart des ‚Teilens' – bestimmen (McLuhan 1995).[6]

6 Als empirisches Material fungierte bei der Untersuchung das, was jedem *Facebook*-Nutzer zugänglich ist: die basalen Grundfunktionen des sozialen Netzwerks. Darüber hinaus

3.1 Ein sozio-technischer Informationsfilter: Die Sachdimension des ‚Teilens'

Im Anschluss an Luhmanns Theorie der Verbreitungsmedien im Allgemeinen und seinen Überlegungen zu elektronischen Medien im Speziellen hat Udo Thiedeke bereits vor 15 Jahren beobachtet, dass elektronische Medien die Eigenart haben, ihre Eigenkomplexität selbst zu reduzieren, und zwar in Form „hypermedialer" Strukturen, welche die Informationsflut bändigen, kanalisieren und damit handhabbar machen. Thiedeke (1997: 61–69) denkt hier vor allem an künstliche Agenten, die Informationen filtern, strukturieren und aufbereiten. Jede Suchmaschine ist prinzipiell solch ein Filter- und Strukturierungssystem, das als Antwort auf eine Suchanfrage zwar prinzipiell alles aufzeigen kann, was es findet, aber die Daten eigenmächtig hierarchisiert, um Ordnung und Übersicht zu schaffen. Die Gesamtzahl der Antworten wird zur abstrakten Zahl („Ihre Suche brachte 1.563.367 Treffer"), der Blick des Suchenden wird hingegen auf einen winzigen Ausschnitt der eruierten Datenfülle gelenkt. Man sieht z.B. die zehn ‚besten' Treffer – und bereits die Anzeige der nächsten zehn erfordert eine Entscheidung des Users.

In ähnlicher Weise filtert *Facebook* Informationen auf eine doppelbödige Art und Weise: *Facebook* durchkämmt die Weiten des Netzes nicht selbst nach Informationen, die dem User anschließend präsentiert werden. Stattdessen offenbart der Blick auf *Facebook* nach dem Einloggen des Users Informationen über das, was die eigenen Kontakte ‚geteilt' haben. Hierzu gehören Handlungen, die sie vollführt haben, ebenso wie Gedanken, die sie mitteilen, und Beobachtungen, die sie gemacht haben. Die Informationen, die man aus solchen Postings ziehen kann, betreffen also das ‚Leben der Anderen', aber nicht das Leben irgendwelcher Anderer, sondern das Leben einer Auswahl Anderer, die der User zuvor selbst bestimmt hat. Seine Selektion der Kontakte bestimmt so die Selektion der Information.

Wie gesagt ermöglicht das ‚Teilen' auch die Einbeziehung externer Links. Ich erfahre so als *Facebook*-User beim morgendlichen Besuch der Website womöglich etwas über Online-Petitionen, werde auf den Essay einer Tageszeitung aufmerksam gemacht oder über ein neues Musikvideo informiert. Zudem werde

---

wurde nur eine begrenzte Auswahl konkreter Kommunikationspraktiken untersucht, um die Funktionsweise des Mediums in seiner Verwendung zu beobachten. Erfahrungen mit rekonstruktiven Verfahren haben gezeigt, dass relativ wenig Material ausreicht, um grundlegende Sinnstrukturen qualitativ erschließen zu können – gerade dann, wenn es nicht um eine Typologie von Fällen geht und erst recht nicht um quantitative Bestimmungen von Häufigkeiten und Mustern, sondern um die basalen Regeln, die jedem – auch nur gedankenexperimentell denkbaren – Fall des Mediengebrauchs zugrunde liegen. Um die medialen Strukturbedingungen der Schrift zu rekonstruieren, braucht es keinen umfangreichen Datenkorpus. Selbiges gilt für *Facebook*.

ich darüber in Kenntnis gesetzt, welche Seiten meinen Kontakten ‚gefallen' (bzw. für welche sie den ‚Gefällt mir'-Button geklickt haben), und mir wird angezeigt, welche Beiträge anderer User sie kommentiert haben.

Immer noch mag also die These Luhmanns gelten, dass unser Wissen über die Welt maßgeblich durch die „Massenmedien" zustande kommt (Luhmann 1996: 8), doch hat sich mit sozialen Netzwerken wie *Facebook* zumindest partiell die Art und Weise verändert, wie Medien uns dieses Wissen vermitteln (Schrape 2011). Wenn man bedenkt, dass der Aufenthalt auf *Facebook* laut einer *Comscore*-Studie im Jahr 2011 16,2 Prozent der Online-Zeit (BRD) einnahm und dies im Vergleich zum Vorjahr (2010: 4,1 Prozent) beinahe eine Vervierfachung bedeutet (Bitkom e.V 2011),[7] lässt sich erahnen, welche Rolle das soziale Netzwerk mittlerweile bei der Selektion medialer Inhalte spielt. Unabhängig von der quantitativen Bedeutung von *Facebook* interessiert hier jedoch vorrangig die Art und Weise der Informationsselektion. Dass Daten bzw. (potenzielle) Informationen im Zuge des ‚Teilens' durch die vom User gewählten Sozialkontakte gefiltert werden, ist strukturell auf den ersten Blick nicht so verschieden von privaten Gesprächen, die ich außerhalb der Wirklichkeit des sozialen Netzes mit meinen Bekannten führe – sei es vermittelt durch das Internet, Telefonate oder face-to-face. Auch hier können die Gesprächspartner mir sowohl von ihrem eigenen Leben erzählen oder mich auf andere Phänomene und Nachrichten aus der gesellschaftlichen Umwelt aufmerksam machen. Aber: Mit *Facebook* wird dieser Prozess vergleichzeitigt (ich sehe stets mehrere ‚geteilte' Informationen zugleich) und das Aufrufen eines Links macht es sehr einfach, der mitgeteilten Information über die Außenwelt im Anschluss selbst nachzugehen.

Die Welt, die mir durch *Facebook* begegnet, ist so einerseits eine von mir konstruierte Lebenswelt, ein Raum der Vertrautheit, der aus den Mitteilungen meiner Kontakte besteht. Deren Äußerungen stellen aber zudem (m)ein Tor zur öffentlichen Welt „da draußen" dar. Dabei gilt es zu bedenken, dass zu meinen Kontakten nicht nur meine „Freunde" zählen, sondern auch Seiten, die mir „gefallen". So erhalte ich auch Mitteilungen von Unternehmen, Vereinen, Schauspielern oder Buchautoren. Alles, was mir „gefällt", kann Teil der Mikrowelt der Mitteilungen werden, die mir der Besuch auf *Facebook* eröffnet.

Der doppelte Boden dieser Selektionsstruktur besteht im Algorithmus der Plattform, der filtert, was ich *genau* zu sehen bekomme. Diese Auswahl ist – ebenso wie die Hierarchisierungen von Suchmaschinen – die Lösung für ein

---

7 In Europa verbraucht *Facebook* 18 Prozent der Onlinezeit bei den über 15-Jährigen (285 Minuten pro Monat; Comscore 2012a). Zwei Studien zur Onlinenutzung in den USA kommen zu ähnlichen Resultaten. Danach nimmt der Besuch auf *Facebook* in den USA 15 Prozent der Onlinezeit ein, was 423 Minuten pro Monat entspricht (Comscore 2012b: 9; Nielsen 2011: 5).

Komplexitätsproblem. Es ist nicht möglich, *alles,* was ‚Freunde' und Seiten ‚teilen', zugleich auf der Startseite von *Facebook* abzubilden. Dazu wird typischerweise schlicht zu viel mitgeteilt. Denn in der Welt des ‚Teilens' herrscht hinsichtlich der Verarbeitung von Information keine Differenz von Leistungs- und Publikumsrollen (siehe den Beitrag von *Reimer/Ruppert* in diesem Band). Jeder kann Nachrichten produzieren und empfangen, und die Logik des Mediums sorgt dafür, dass jeder User denselben Bedingungen des Empfangens von Informationen ausgesetzt ist – mit eben dem Effekt, dass im Kontext von *Facebook* eine Reihung dessen gebildet wird, was der jeweilige Nutzer zu Gesicht bekommt. Wie bei den Treffern einer Suchmaschine werden alle einfließenden Nachrichten in eine sequentielle Ordnung gebracht. Will ich mehr sehen, als der erste Blick offenbart, muss ich bereits eine weitere Entscheidung treffen, nämlich die Entscheidung, nach unten zu scrollen.

Wie genau *Facebook*s Algorithmus ‚Edgerank' seine Selektionen trifft, bleibt für den User verborgen. Sicher scheint aber, dass es sich hierbei um ein lernendes System handelt, das aus dem Verhalten eines Users in *Facebook* Schlussfolgerungen darüber zu ziehen versucht, was für ihn relevant sein könnte.[8] Ein technische Logik des Auswählens schiebt sich so zwischen den Nutzer und die Mitteilungen seiner Kontakte – und dies unterscheidet *Facebook*-Kommunikation dann doch ganz entscheidend von anderen Arten und Weisen, wie mich Bekannte über ihr Leben und die Welt informieren.

Als (potenzieller) Empfänger von Mitteilungen ist der individuelle Nutzer (im Folgenden: „ich") dieser schwer durchschaubaren Logik des algorithmischen Auswählens nicht völlig ausgeliefert. Ich kann versuchen, das Lernen des Systems in eine bestimmte Richtung zu lenken, indem ich festlege, dass ich die Mitteilungen von bestimmten Seiten oder ‚Freunden' nicht mehr sehen möchte, oder das System irritiere, indem ich bestimmte Meldungen mit einer Relevanzmarkierung versehe oder mitteile, dass von bestimmten Personen nur die wichtigsten Neuigkeiten angezeigt werden sollen – und muss darauf hoffen, dass das System Wichtiges und Unwichtiges in meinem Sinne unterscheidet. So erscheint Facebook mithin selbst als Kommunikationspartner, zumindest dann, wenn wir Kommunikation als einen Prozess begreifen, bei dem Kontingenz die Beziehung bestimmt, eine direkte Prognostizier- und Steuerbarkeit des Gegenüber ausgeschlossen wird, und jede Handlung für den Anderen nur eine Irritation ist, die dieser nach eigenen Regeln verarbeiten wird (Baecker 2005; grundlegend: Luhmann 1984).

---

8 Entsprechend ist die Zahl der Websites, die darüber spekulieren, wie der Algorithmus arbeitet, und darauf basierend Hinweise geben, wie man ‚geteilte' Informationen in seinem Sinne optimiert (dies ist insbesondere für Unternehmen relevant), kaum zu überblicken. Eine *Google*-Suche nach „Edgerank" liefert gegenwärtig (25.04.2012) über 360.000 Resultate.

Aufgrund des Filters, mit dem die Plattform die sachliche Komplexität der Informationsflut reduziert, kann ich mir nie sicher sein, ob mir relevante Mitteilungen entgehen. Möglicherweise ist gerade meine alte Stereoanlage kaputt gegangen (wovon *Facebook* nichts weiß, da es sich offline ereignet hat), und ein Bekannter versucht gerade seine Anlage zu verkaufen und hat diese Information ‚geteilt'. Wenn mir der Algorithmus dies aber nicht anzeigt, wird mir diese Information entgehen. Erfahre ich von der entgangenen Möglichkeit, könnte ich daraus lernen, zukünftig die Information, dass etwas von meinen Habseligkeiten kaputtgegangen ist, zu ‚teilen' und zu hoffen, dass *Facebook* die richtigen Schlüsse daraus zieht und künftig entsprechende Angebote hervorhebt.

Nicht nur als Empfänger, sondern auch als Sender von Informationen bin ich mit Unsicherheiten konfrontiert: Ich kann nie sicher sein, ob die Informationen, die ich ‚teile', auch diejenigen erreichen, die sie erreichen sollen, oder ob sie im Meer anderer ‚geteilter' Informationen untergehen bzw. vom Algorithmus als irrelevant markiert werden. Natürlich steht es mir jederzeit frei, auf andere Kommunikationskanäle auszuweichen. Sobald ich mich aber auf das Medium des ‚Teilens' einlasse, gebe ich die Kontrolle über den Adressatenkreis der Mitteilung auf. Dieser Kontrollverlust hat soziale Folgen.

3.2 Eine private Öffentlichkeit für Autoren: Die Sozialdimension des ‚Teilens'

Dass ‚Teilen' ein sozialer Vorgang ist, wird bereits auf der semantischen Ebene markiert. Wer teilt, etabliert eine Beziehung zwischen sich und anderen. Teilt man Ressourcen, werden diese (zwischen zwei oder mehr Personen) *auf*geteilt. Anders bei (potenziellen) Informationen. Diese reduzieren sich nicht durch Weitergabe. Teilen bedeutet hier vielmehr *vermehren.* Wer andere an Informationen teilhaben lässt, unterstellt Nichtwissen; er gibt etwas weiter, worüber andere nicht informiert sind – und durch diese Weise der Mitteilung, die immer mehr als bloße Weitergabe ist, spannt er zugleich eine soziale Beziehung zwischen *alter* und *ego* auf. Diese Beziehung wird immer durch das Medium strukturiert, in dem sie sich kommunikativ realisiert. Jedes Medium schafft in sozialer Hinsicht Chancen und Risiken.

Wie oben ausgeführt, geht man bereits im Schriftmedium das Risiko ein, dass Mitteilungen an Empfänger gelangen, für die sie nicht bestimmt waren. Die privateste Form der schriftlichen Mitteilung ist der Brief. Er ist typischerweise nur für eine Person bestimmt. Wird er von fremden Augen gelesen, verletzt dies bereits die normativen Regeln des Briefverkehrs. Ebenso ermöglicht das Schriftmedium aber das Verfassen von Mitteilungen, deren Adressatenkreis nicht vorab spezifiziert wird. An Stelle des spezifischen Adressaten rückt dann das unspezifische und unsichtbare Publikum, das beim Verfassen der Mitteilung abstrakt imaginiert werden muss. Je unspezifischer das Publikum, desto mehr gewinnen

Mitteilungen an Allgemeinheit, um für heterogene Kontexte Anschlussfähigkeit zu generieren. So rückt die Sozialdimension von Kommunikation zugunsten der Sachdimension in den Hintergrund. Der nüchtern-sachliche Ton der Zeitungsmeldung, hinter deren Informationen Sender wie Empfänger invisibilisiert werden, treibt diese Logik auf die Spitze. Wer (konkret) spricht und wer (konkret) zuhört, wird in der Selbststilisierung der Kommunikation implizit als irrelevant markiert. Stattdessen wird eine übergreifende Allgemeinheit der Information beansprucht – dies kann als sinnstruktureller Ursprung der modernen Massenmedien gelten.

Prinzipiell reproduzieren viele Formen elektronischer Kommunikation die Logiken von Privatheit und Öffentlichkeit, die bereits im Schriftmedium angelegt sind. Diese Logiken zeigen sich bereits in der Namensgebung neuer Medien: E-Mails reproduzieren nicht nur strukturell die basale Logik des Briefverkehrs, sie heißen eben auch elektronische Briefe, damit klar ist, dass wir uns weiterhin im Bereich vertrauter Kommunikationsordnungen bewegen. Ebenso stellen sich elektronische Nachrichtenseiten als Zeitungen im neuen Gewand dar. Man kann jedoch vermuten, dass diese Formen der Internetkommunikation schlicht auf die anfänglichen Grenzen der Variabilität kommunikativer Strukturen verweisen: Die Infrastruktur des Internet erlaubt bereits alternative Wege des Kommunizierens, doch zunächst wird an alten Routinen festgehalten, das Neue kommt im Gewand des Alten daher und der Hiatus des Krisenhaften, den neue Medien mit sich bringen, kann mit der scheinbaren Gewissheit übersprungen werden, dass sich gar nichts Wesentliches geändert hat.[9]

Facebook-Kommunikation verlässt den Raum der sozial vertrauten Regeln des Kommunizierens in einem stärkeren Maße als E-Mails und Nachrichten-Websites.[10] Im Netzwerk ergeben sich aus den strukturellen Eigenarten des Mediums des ‚Teilens' vielmehr Kommunikationseffekte, die auf eine qualitative

---

9 Dass dies nur eine Illusion der Vertrautheit ist, wird deutlich, wenn man sich etwa klarmacht, dass E-Mails eben keine Briefe und Nachrichten-Websites keine Zeitungen sind. Erstere können wesentlich leichter kopiert werden, überbrücken den Raum (und damit auch die Zeit) viel schneller, können leichter gespeichert und an unzählige Adressaten weitergegeben werden. Auch die Umgangsformen, die sich in E-Mails mittlerweile eingespielt haben, sind mit der Briefform kaum zu vergleichen. Nachrichtenseiten wiederum können im Vergleich zur Zeitung in einem schnelleren Takt Neuigkeiten mitteilen, sie können ihre Inhalte aktualisieren und modifizieren, und sind nicht in gleicher Form wie Zeitungen in ihrem Darstellungsraum beschränkt. Durch die Nutzung von Hyperlinks durchbrechen sie zudem die sequentielle Logik der Schriftkultur zugunsten einer Kultur der komplexen Verweisungsstruktur.

10 Dies ist natürlich kein Alleinstellungsmerkmal der Kommunikation mittels sozialer Netzwerke. Ähnliches lässt sich vielmehr auch bei anderen sozialen Medien beobachten (Schrape 2011; siehe auch seinen Beitrag zu *Social Media* in diesem Band).

Transformation der sozialen Dimension des Kommunizierens verweisen. ‚Geteilte' Mitteilungen sind nämlich weder grundsätzlich private Nachrichten, noch handelt es sich um öffentliche Verlautbarungen.

Wenn vertraute Vergleichs- und Ankerpunkte herausgestellt werden sollen, ließe sich am ehesten an den Marktplatz eines Dorfes denken, auf dem ich Bekannte und Freunde treffen kann, aber ebenso mit Ständen rechnen muss, die mir Waren verkaufen wollen. Sobald ich mich entschließe, auf den Dorfplatz zu gehen, ist nicht klar, wen genau ich dort treffen werde – ich kann mir lediglich sicher sein, dass vollkommen Fremde dort nicht zu erwarten sind: Die Einwohnerzahl des Dorfes ist begrenzt und jeder kennt jeden. Allen Konversationen, die dort ablaufen (‚geteilte' Mitteilungen und Kommentare dazu), kann ich zuhören, wenn mich meine Schritte zufällig oder intendiert in die entsprechende Richtung lenken (wenn der Algorithmus mich darauf aufmerksam macht oder ich die ‚Chronik' eines Kontaktes gezielt ansteuere). Falls ich ein laufendes Gespräch mitbekomme, ist es legitim, mich zu beteiligen (einen Kommentar zu verfassen), wenn ich zumindest einen der Beteiligten kenne; und es ist keine grobe Unhöflichkeit, das Gespräch kommentarlos zu verlassen und sich anderen Dingen zuzuwenden. Die Verbindlichkeit des Miteinanders ist gering.

Doch enden die Vergleiche mit vertrauten Formen des sozialen Austausches rasch, sobald man bemerkt, auf was für einem seltsamen Dorfplatz man sich im Kontext von *Facebook* bewegt. Die Netzwerke verschiedener User mögen sich in Form von gemeinsamen ‚Freunden' und Seiten, die andere Kontakte von mir ebenfalls in ihr Netzwerk integriert haben, überlappen, doch jedes Kontaktnetzwerk ist letztlich einzigartig. Damit ist der Dorfplatz von *Facebook* keine kollektiv geteilte Realität, sondern präsentiert sich für jeden Nutzer anders.

Durch die Auswahl von Kontakten konstruiere ich als User eine Welt, die sich vor allem um mich selbst dreht. Jede Mitteilung, die ich tätige, referiert eindeutig auf mich als Mitteilenden. Es geht um Dinge, die *ich* als relevant erachte, um *meine* Handlungen, Erlebnisse, Erfahrungen und um Dinge, die mir ‚gefallen'. Im Gegensatz zur Nachrichtenmeldung verschwinde ich nicht hinter der Meldung und kann mich auch nicht – wie ein Journalist – auf einen Auftraggeber oder ein allgemeines Interesse berufen. Meine Autorschaft, markiert durch meinen Namen und mein Profilbild, begleitet jede meiner Mitteilungen. So ist anderen immer klar, wer spricht. Der Klarnamenzwang von *Facebook* verstärkt als formale Norm diesen kommunikativen Effekt; wer ihn bricht und so seine Autorschaft verschleiert, bewegt sich bereits außerhalb des normativen Kosmos, der von *Facebook* gesetzt wurde.

Das verweist auf die Bedeutung von Autorschaft auf *Facebook*. So ich mich im Modus des ‚Teilens' äußere, teile ich in erster Linie *mich* mit. Analog zum ursprünglichen Gebrauch von Blogs im Sinne von öffentlichen Tagebüchern führe ich ein öffentliches Selbstgespräch, von dem ich nicht erwarten kann, dass es jemand zur Kenntnis nimmt. Dennoch mache ich mich eben für ein Publikum sichtbar. Ich kann zwar manuell eingrenzen, ob jeder Internetnutzer, nur meine Kontakte oder sogar nur bestimmte Kontakte meine Mitteilungen lesen können, aber im Gegensatz zu einer klassischen *privaten* Mitteilung muss ich mit unsichtbaren Beobachtern rechnen, mit einem Publikum. Wiederum im Gegensatz zur klassischen *öffentlichen* Kommunikation habe ich jedoch eine stärkere Kontrolle über das Publikum, denn ich kann es nach Bedarf eingrenzen. Privatheit und Öffentlichkeit werden so von einem binären Schema (das natürlich immer schon eine kommunikative Selbstsimplifikation war) zu einem Regler mit entgegengesetzten Polen. Je feiner ich den Regler einstellen will, desto mehr Aufwand muss ich betreiben – und immer reguliert die Software von *Facebook* mit, welche Empfänger meine Mitteilung mit welcher Wahrscheinlichkeit erreicht.

Bereits der Name des sozialen Netzwerks verweist auf die Personenzentriertheit der Plattform. „Facebooks" waren eigentlich Verzeichnisse von Universitätsmitgliedern, typischerweise mit Bildern und einigen biographischen Informationen. Und auch im sozialen Netzwerk der Internetplattform *Facebook* sind Name und Bild der Kern eines jeden Profils. Sie konstituieren das, was auf *Facebook* als Identität behandelt und verhandelt wird. Jede Kommunikation entspannt sich im Anschluss an eine solche Identität. Ein Thread von Kommentaren mag in diese oder jene Richtung gehen, doch ist jeder Kommentar einer Person eindeutig zurechenbar, und jederzeit kann der Rezipient mehr Details über den Kommentierenden erfahren, indem er seine ‚Chronik' ansteuert. Jeder Autor ist sichtbar.

Zugleich wird die Autorschaft durch die technische Funktionsweise des sozialen Netzwerks konfirmiert. Derjenige, der ‚geteilt' und damit erst die Möglichkeit zur Kommentierung eröffnet hat, verfügt über die Kontrolle des jeweiligen Threads. Er kann jeden einzelnen Kommentar und auch die Mitteilung als Ganze jederzeit löschen. Jeder Kommentierende räumt so implizit dem ursprünglichen Autor das Recht der Zensur ein, so er sich am kommunikativen Spiel des Netzwerks beteiligt. Zugleich hat der Kommentierende die Möglichkeit, zumindest seinen konkreten Kommentar zu entfernen; auch die Autorenrechte und die Autorenidentität des Kommentators werden so zur Geltung gebracht.

Der Konfirmierung von Identität und Autorschaft entspricht die strukturell stets vorausgesetzte Suche nach der Bestätigung der eigenen Vorlieben durch andere, die dem Medium selbst eingeschrieben ist – und zwar ganz unabhängig davon, ob sich dies in psychischen Motivlagen oder konkreten Interaktionsmodi widerspiegelt. Jede Aussage, jede Erfahrung, jeder Verweis auf externe Quellen, jeder Kommentar und jede Handlungsbeschreibung ist mit dem ‚Gefällt mir'-Button versehen, der anderen die Möglichkeit gibt, sich ohne jede weitere Form von verbalisierter Kommunikation bestätigend und wohlwollend zu äußern. Ein

‚Gefällt mir nicht'-Button existiert nicht. Die minimalistischste Form, aufeinander zu reagieren, wird nur in Form einer positiven Markierung angeboten.

Neben der Relation von Autor und Publikum spannt jede Interaktion mit der Seite auch und gerade eine Beziehung der Nutzer zum *Unternehmen Facebook* auf. Die Kommunikationslandschaft von *Facebook* ist weder naturwüchsig entstanden, noch ist sie ein öffentlicher Raum im klassischen Sinne. Sie ist vielmehr eine Landschaft, die von einem Unternehmen gestaltet wird und dessen Interessen dienen soll. Alle Daten, die auf *Facebook* ‚geteilt' werden, können für das Unternehmen informativ sein. Jeder Nutzer muss sich zu dieser Tatsache verhalten. Dieses Verhalten kann sich prinzipiell zwischen zwei Polen bewegen: Auf der einen Seite kann der Nutzer die Präsenz des Unternehmens bei jeder Interaktion mit der Seite mitbedenken, auf der anderen Seite besteht die Möglichkeit, den Beobachter *Facebook* vollständig zu ignorieren. Wer nicht akzeptiert, dass seine Kommunikation von *Facebook* kommerziell verwertet wird, muss aus dem Netzwerk aussteigen – oder gar nicht erst einsteigen. Je länger man *Facebook* nutzt, desto informativer (für den Autor, sein Publikum und das Unternehmen) wird die Spur, die man auf der Plattform zurücklässt.

3.3 Eine Chronik der Gegenwarten: Die Zeitdimension des ‚Teilens'

Alles, was der individuelle Nutzer erlebt und/oder für wichtig erachtet, kann ‚geteilt' werden. „Was machst du gerade?" ist die Frage, die das System an den User stellt, sobald er eine Statusmeldung ‚teilen' will.[11] Diese Frage kann immer beantwortet werden. Sie baut keine expliziten Hürden auf, schafft keine Schranken und hat keine Stoppregeln. Habe ich die Frage beantwortet, stellt sie sich sofort erneut. Doch alles, was ich mache, kann ich kaum mitteilen. Damit besteht die Logik des Mediums darin, alle Entscheidungen hinsichtlich des Nachrichtenwerts einer Information an den User zu delegieren. Der User ist Autor und Redakteur in Personalunion. Das ‚frictionless sharing' (siehe oben) bietet die Möglichkeit, diese Entscheidung an eine Anwendung zu delegieren, aber auch darüber muss zuvor entschieden werden.[12] Die explizite Grenzenlosigkeit der basalen Frage „Was machst du gerade?" ist jedoch nicht völlig unspezifisch: *Facebook* fragt mich nicht nach Vergangenheit und Zukunft, sondern danach, was ich gerade jetzt mache und für mitteilenswert halte.

---

11 Laut Carolin Wiedemann (2011: 161) ist dies die „wichtigste Frage auf Facebook".

12 Neuerdings wird die Grundfrage der Statusmeldung ergänzt durch die Optionen „wer begleitet dich?" und „wo bist du?". Beide Frage zielen darauf ab, Identitäten in (räumliche und beziehungsförmige) Relationen zu anderen Identitäten zu setzen. Auch sie kennen keine inhärenten Grenzen, d.h. keine expliziten Relevanzschwellen für Orte und Begleiter. Die Auswahl obliegt dem Autor der Statusmeldung. Es ist gleichwohl womöglich nur eine Frage der Zeit, bis auch dies ‚frictionless' delegiert werden kann.

Der Logik des Gerade-jetzt-Mitteilenswerten folgend, herrscht in *Facebook* das Primat der Gegenwart. Man sieht auf der Startseite des sozialen Netzwerks zunächst nicht, was früher geschah, sondern das, was sich eben erst ereignet hat. Dabei arbeitet *Facebook* auf der Startseite mit zwei Ebenen der Geschwindigkeit. Die mittlere Hauptleiste bildet eine algorithmisch vorselegierte Momentaufnahme von ‚geteilten' Meldungen. Rechts oben läuft zugleich in einem Ticker in ‚Echtzeit' ab, was gerade ‚geteilt' wird und ‚gefällt'. Diese Echtzeit bedarf natürlich ebenfalls einer Vorab-Selektion durch ein Programm, da auch der Darstellungsraum des Tickers begrenzt ist. In beiden Kanälen sehe ich also aktuelle Ereignisse, ich sehe eine Gegenwart, die durch die Arbeitsweise eines Algorithmus konstituiert wird und sich (je nach der Aktivitätsfrequenz meiner *Facebook*-Kontakte) typischerweise über wenige Minuten und Stunden erstreckt. Diese Darstellung hat keine prinzipiellen Grenzen. Wenn ich nach unten scrolle, wird der Raum des Dargestellten einfach immer weiter und reicht immer tiefer in die Vergangenheit zurück, die jedoch durch keine klare Markierung von der Gegenwart getrennt ist. Stattdessen stellt sich der Eindruck eines Zeitstroms ein, von dem ich lediglich einen Bruchteil zu Gesicht bekomme, der aber über eine grenzenlose Tiefe – hin ins Gestern und Vorgestern – verfügt. Ein endloses Band an ‚Statusmeldungen'.

Bereits der Name „Statusmeldung" macht klar, um was es hier geht: um Zustände, die gemeldet werden. Die Aufmerksamkeit wird also nicht auf *Abläufe* gelenkt, erst recht nicht auf *Prozesse,* die Ereignisse sinnvoll miteinander verknüpfen und in Beziehung setzen. Im Fokus steht das Ereignis selbst in seiner jeweils gegebenen Gegenwärtigkeit. Auf der Startseite werden die Aktivitäten verschiedenster Kontakte, mit denen ich in Verbindung stehe, aneinander gereiht, ohne dass diese miteinander in eine sinnhafte Verbindung gesetzt werden. Der nüchternen Pietätlosigkeit einer Tageszeitung gleich folgen hier Cartoons auf Verlobungsmitteilungen und Schiffsunglücke auf die Nachricht, dass jemand gerade die Bratkartoffeln verbrannt hat.

Facebook erlaubt jedoch neben der Ansicht ‚Startseite' eine weitere Möglichkeit, ‚geteilte' Informationen zu betrachten: die ‚Chronik'. In der Chronik wird der Fokus auf den jeweiligen User gelenkt. Ansonsten ähneln sich Chronik und Startseite in vielerlei Hinsicht. Beide beginnen im Jetzt und erstrecken sich in die Vergangenheit. Doch die Chronik ermöglicht durch eine Zeitliste nicht nur die Reise ins Gestern, sondern auch und gerade in die weit zurückliegende Vergangenheit – von mir selbst und von all meinen Kontakten. Alles, was ein User jemals geteilt hat, *kann* hier erscheinen. Doch nicht alles erscheint *tatsächlich.* Wiederum entscheidet in einem ersten Schritt ein Algorithmus darüber, was ich zu sehen bekomme, wenn ich den Blick bei meinen ‚Freunden' auf den letzten Monat oder das letzte Jahr lenke.

Der Blick auf ausnahmslos *alle* meine ‚geteilten' Informationen bleibt mir allein vorbehalten, denn auf meiner eigenen Chronik finde ich ein Aktivitätsprotokoll, in dem ich jede Statusmeldung, jedes ‚geteilte' Foto, jedes Betätigen des ‚Gefällt mir'-Buttons wiederfinde. Mittels des Aktivitätsprotokolls kann ich *ex post* entscheiden, was ich in der Chronik zulasse und in welchen Fällen ich das Publikum im Nachhinein einschränke. Das Aktivitätsprotokoll würde viel eher als die Chronik meinem privaten Tagebuch gleichkommen – wenn nicht jeder ‚geteilte' Eintrag darin im oben beschriebenen Sinne bereits ein Hybrid zwischen Privatheit und Öffentlichkeit wäre. Im Vergleich zum Aktivitätsprotokoll, auf das nur ich selbst zugreifen kann, ist die Chronik somit eine weitere Stilisierung meiner ‚geteilten' Informationen, ein weiterer Filter, den ich für mein quasi-privates Publikum bearbeiten kann. So kann ich auch nachträglich Ereignisse redigieren, hinzufügen und entfernen. Die Chronik erzählt nicht meine Biographie, sie ist keine Erzählung meines persönlichen Lebens. Stattdessen macht sie die Abfolge von Gegenwarten sichtbar, die ich irgendwann als mitteilenswert erachtet habe. Der Logik des Biographischen, die erinnerte Ereignisse in eine sinnhafte Narration transformiert, wird hier die Logik der dargestellten Ereignisfolge gegenübergestellt, die selbst keine Narration darstellt, sondern jedem Beobachter eine Verknüpfung nach eigenem Ermessen erlaubt – und abfordert.

Dabei reizt diese Art und Weise des Kommunizierens prinzipiell Möglichkeiten aus, die bereits die Schrift selbst bietet. Dennoch sind die Unterschiede zu klassischer Schriftkommunikation auch unter zeitlichen Gesichtspunkten markant: Die bereits ausgeführte Ereignis- und Ausschnitthaftigkeit des Mitgeteilten bildet etwa einen klaren Kontrast zu Briefen oder Nachrichtenmeldungen, auch wenn sie uns nicht völlig fremd ist. Durch Kurznachrichten in Zeitungen, Memos oder Inserate ist uns diese Verknappung des Mitgeteilten schon lange bekannt. Lenkt man die Aufmerksamkeit jedoch auf Anschlussmöglichkeiten, tritt hervor, wie das neue Medium temporale Kontinenz zugleich erzeugt und reduziert. So schafft die ‚Chronik' Optionen zum Umschreiben vergangener Ereignisse, erlaubt es, auf längst vergangene Statusmeldungen anderer zu reagieren und ermöglicht das Löschen von Kommentaren aus dem Systemgedächtnis. Doch bei all diesen Korrekturen gilt das oben skizzierte Primat der Autorschaft. Nicht jeder kann die Vergangenheit eines jeden beliebig ändern. Diese Möglichkeit hat nur derjenige, der sich dem Netzwerk als Urheber und Autor einer spezifischen und unverwechselbaren sozialen Identität eingeschrieben hat.

4 Komplexitätsreduktion durch algorithmisch vermittelte Selbstreferenz

Die mediale Logik des ‚Teilens' ist eine Logik der algorithmisch vermittelten Selbstreferenz. Alles, was in der *Facebook*-Kommunikation gesagt wird, verweist auf die soziale Identität des Nutzers. In *sachlicher* Hinsicht werden Informationen durch das eigene, selbst-entworfene Kontaktnetz gefiltert. Relevant ist als Information das, was von den eigenen Kontakten beobachtet wird – so will es die mediale Struktur des ‚Teilens'. Wem sich die Welt (die Welt der Waren, der politischen Ereignisse und Kunstaustellungen ebenso wie die Welt der Witze, Peinlichkeiten und Soap Operas) durch *Facebook* vermittelt und erschließt, der befindet sich somit in der Tat in einer „Filter Bubble" (Pariser 2011), der seine Beobachtungen vorstrukturiert. Das Problem jedes Filters ist seine Selektivität. Dieses Problem als Problem zu benennen, ist sicherlich wichtig. Doch zugleich muss man diese Selektivität als eine kulturelle Lösung für ein tieferliegendes Problem begreifen, das Problem des medialen Überschusssinns, der mehr Anschlüsse eröffnet, als psychisch und sozial verarbeitet werden können. Die Verknappung des eröffneten Sinns durch Relevanzsetzungen macht die soziale Funktionalität von Filtern im Allgemeinen aus. Selbstverständlich ist *Facebook* in dieser Funktion nicht unersetzlich und andere Filter können an dieselbe funktionale Stelle treten, solange sie Informationen anhand ihrer Relevanz strukturieren. Doch bei *Facebook* geht es eben nicht nur um Informationen, nicht nur um ‚die Sache'. Die selbstreferentielle Struktur von *Facebook*-Kommunikation drückt sich ebenso in sozialer und temporaler Hinsicht aus – und auch in dieser Hinsicht kann das Medium im Hinblick auf seine Leistungen zur Bearbeitung von Überschusssinn befragt werden.

Das Internet galt einst als Identitäts-Auflösungs- und Pluralisierungsmaschine, in der man mit Rollen und Geschlechtern spielen kann, Pseudonyme Anonymität verleihen, Texte und Textfragmente sich von der Macht des Autors lösen und sich mit anderen Texten verbinden (Lovink 2011; Münker/Roesler 1997). Doch die Utopien und Dystopien einer Entgrenzung des Subjekts haben womöglich die Auflösungs- und Pluralisierungskapazitäten von Identitäten über- und die soziale Bedeutung von individuellen (also nicht ohne Weiteres teilbaren) Identitäten für den sozialen Austausch unterschätzt. In diesem Sinne wirkt *Facebook*-Kommunikation als konservative Rückkehr zu personaler Individualität und Autorschaft.

Die Diagnose einer Rückkehr zum Altbewährten greift mithin zu kurz: *Facebook* lässt sich vielmehr als soziales Realexperiment lesen, in dem in *sozialer* Hinsicht Identitäten und Beziehungen stabilisiert werden, die eine neue Kommunikationsform zulassen, welche mit dem binären Schema von Privatheit und Öffentlichkeit nicht mehr erfasst werden kann. In der hergebrachten kommunikativen Ordnung des Sozialen galt das Private als Raum der Gemeinschaft, in dem man als ‚ganze Person' mit allen Eigenheiten und Eigentümlichkeiten auftreten konnte und anderen Gemeinschaftsmitgliedern zugleich die implizite Lizenz aussprach, alles Ex- und Implizite zu thematisieren (bis zum heraushängenden Nasenhaar). Die Öffentlichkeit galt hingegen als Raum der Gesellschaft, in der man eine spezifische Rolle einnahm und mit anderen in rollenförmige Beziehungen trat. Dieses öffentliche Rollenspiel vereinfacht das soziale Leben, stellt jedoch auch inszenatorische Anforderungen an die Person, die der jeweiligen Rolle gerecht werden muss. In der *Facebook*-Kommunikation ist diese Differenz von Privatem und Öffentlichen gewiss nicht völlig aufgebrochen, sie kommt aber nicht mehr als binäres Schema zur Geltung, sondern wird im oben skizzierten Sinne zu einem ‚Schieberegler', der Privatheit und Öffentlichkeit als Pole einer Skala behandelt (Dickel 2011b; Oevermann 1996, 2008).

In der Mitte des Reglers könnte sich hierbei ein Kommunikationsstil einpendeln, in dem das Private inszeniert und zur quasi-öffentlichen (und damit zugleich allgemein verhandelbaren) Sache erklärt wird, und ein (vorab selegiertes) öffentliches Publikum als quasi-private Gemeinschaft behandelt wird, vor dem mehr offenbart werden kann, als man dies in völlig unkontrollierten Öffentlichkeiten typischerweise tun würde. Und es ist eben dieser Kommunikationsstil, der als *eine* Antwort auf die soziale Frage interpretiert werden kann, wie sich personale Identitäten in heterogenen Kontexten bilden, behaupten und stabilisieren können. In *Facebook* gilt: Die Gestaltung meines Netzwerks bestimmt, wer mein privates Publikum ist. Ich kann es bei jedem ‚Teilen' sowie durch meine Privatsphäre-Einstellungen segmentieren und dennoch stets derselbe bleiben. Was auch immer ich vor welchem Publikum sage, meine Chronik verweist auf eine stabile Identität.

In *zeitlicher* Hinsicht befreit *Facebook* seine User vor der Aufgabe, flüchtige Gegenwarten in sinnhaft verknüpfte Zusammenhänge einmustern zu müssen. *Facebook*-Kommunikation zieht zunächst zwei Komplexitätsprobleme, die sozial eigentlich auf zwei Ebenen liegen (Was soll mitgeteilt werden? Was soll gespeichert werden?), technisch zusammen, denn alles, was mitgeteilt wird, wird zugleich gespeichert. Das Selektionskriterium ist dabei die Identität des Users selbst. Jede Gegenwart, die den User in welcher Weise auch immer *betrifft,* gilt als mitteilenswert. Ein Narrativ muss daraus nicht geformt werden. Der Zusammenhang mitgeteilter Informationen wird einzig und allein durch den Sprecher hergestellt. Als solcher bin ich an das Gesagte jedoch nicht auf ewig gebunden, da ich jedes Ereignis aus meiner ‚Chronik' löschen oder unsichtbar machen kann. Die Ordnung der Ereignisse überlasse ich dem Algorithmus, der daraus ebenfalls keine Narration, sondern eine Sequenz bildet, auf die ich und mein privates Publikum später selektiv zu- und zurückgreifen können.

Die sachliche Logik der Information, die soziale Logik des Mitteilens und die zeitliche Logik des Anschließens – allesamt herausgefordert durch die Emergenz des Netzes – werden in *Facebook* also einerseits durch *Selbstreferenz* strukturiert, also durch ein Netzwerk aus vorab gewählten Kontakten, die um eine fixe Identität kreisen, an der alle Fäden zusammenlaufen, die ihre Informationen aus dem selbst geknüpften Netzwerk bezieht, diese mit Mitteilungen über sich und ihre Umwelt versorgt, und die ihre Individualität in der Aneinanderreihung von Ereignissen in einer Chronik findet.

Aber diese Strukturierung erfolgt andererseits durch die Interaktion mit einem *Programm,* an das der Nutzer einen Teil seiner Autonomie abgibt. Ohne die Algorithmen von *Facebook* würde weder die sachliche Ordnung der Information, noch die Strukturierung der Sozialkontakte, noch die Sequenz der Chronik funktionieren. Man kann versuchen, vieles selbst zu steuern, aber die Nutzung des Mediums erfordert dennoch ein hohes Maß an Systemvertrauen. Wer dies nicht investiert, z.B. weil er sich Sorgen darüber macht, was mit den eigenen Daten passiert oder das Programm über das eigene Verhalten lernt, wird in das Netzwerk nicht eintreten – bzw. seine Nutzung verknappen, neue Techniken wie das ‚frictionless sharing' nicht nutzen oder *Facebook* früher oder später den Rücken kehren. Somit ist *Facebook* zugleich ein Prüfstein, inwiefern wir bereit sind, unser Informations-, Sozial- und Vergangenheitsmanagement einer Software anzuvertrauen.

5 Strukturierung von Kommunikation durch Technik – ein Ausblick

Das Ziel rekonstruktiver Untersuchungen besteht nicht in der *deduktiven Prüfung* zuvor aufgestellter Hypothesen, sondern in der *abduktiven Generierung* von Hypothesen. In diesem Sinne sind auch die obigen Ausführungen zu verstehen. Ihre Sachhaltigkeit kann sich prinzipiell nur in weiteren Untersuchungen von *Facebook*-Kommunikation erweisen. Schon jetzt kann aber die Frage formuliert werden, ob die Analyse weitere Generalisierungen zulässt, die über das ‚Teilen' auf *Facebook* hinausreichen.

So lässt sich *erstens* fragen, inwiefern sich die hier formulierten Thesen auch auf andere soziale Netzwerke übertragen lassen. Für die Konzentration des Beitrags auf das soziale Netzwerk *Facebook* gab es gute Gründe, so etwa die globale Verbreitung der Plattform wie auch ihre offenkundige kulturelle Provokation (sichtbar werdend in Kritik und Affirmation, Utopien und Dystopien). In ihrer Kombination von sachlicher, sozialer und zeitlicher Logik ist *Facebook*-Kommunikation womöglich einzigartig. Jedoch ist die Folgerung, dass sich bestimmte Merkmale des Mediums in ähnlicher Form auch bei anderen sozialen Netzwerken finden lassen, kaum verwegen. Auch in *Google+* oder *Twitter* gilt die Logik des ‚Teilens', jedoch wäre es vorschnell, hier einfach eine Reproduktion der medialen Strukturbedingungen von *Facebook*-Kommunikation zu vermuten. So verfügt *Google+* etwa über kein Äquivalent zur Chronik, während bei *Twitter* das Primat des Gegenwärtigen sicherlich noch höher als bei *Facebook* zu veranschlagen ist. Erst durch möglichst kontrastreiche zukünftig anzustellende Vergleiche ließe sich eine soziologische Medientheorie für soziale Netzwerke entwickeln, welche die Strukturbedingungen der Kommunikation auf sozialen Netzwerken in ihrer Eigendynamik und ihrem Variantenreichtum umfasst. Eine deren Leitfragen könnte darin bestehen, inwiefern sich diese Medien als Lösungen (nicht zwingend: als kausale Folgen) für die kulturelle ‚Katastrophe' des Internets begreifen lassen.

Wenn sich die Interpretationsansätze dieses Beitrags als sachhaltig erweisen sollten, stellt sich *zweitens* die Frage, ob es eine soziale Alternative zu sozialen Netzwerken gibt. Dass auf der Ebene von Individuen die Teilnahme an solchen Netzwerken kein ‚Muss' ist (zumindest lässt sich dies für die Über-Dreißigjährigen wohl einigermaßen risikolos mutmaßen), erscheint ebenso evident wie trivial. Es beantwortet aber nicht die Frage, ob sich in gesellschaftlicher Hinsicht alternative Filterregeln etablieren, die dafür sorgen, dass solche Plattformen sich rückblickend als flüchtige Randerscheinungen der Mediengeschichte erweisen werden. Als Prognose sei hier gewagt, dass sich zumindest die Kombination aus selbstreferentieller Struktur und algorithmischer Komplexitätsreduktion als außerordentlich stabil erweisen könnte – zumindest dann, wenn die systemtheoretische Zeitdiagnose sich als schlüssig erweist, dass eine der entscheidenden soziokulturellen Herausforderungen durch das Internet aus uferloser Fremdreferenz (dem entgrenzten Verweis auf alles und jedes) und damit einer stets aufscheinenden (Über-)Komplexität besteht, die weder psychisch *noch* sozial eingeholt bzw. nachvollzogen werden kann.

Der Aufbau selbstreferentieller Filterstrukturen, welche die Aufmerksamkeit nicht auf *eine* kollektiv geteilte „Realität der Massenmedien" (Luhmann 1996) lenken, sondern den Fokus auf selbstreferentielle, durch selbstgewählte Kontakte strukturierte Realitäten legen, bedarf gleichwohl einer zusätzlichen Irritations- und Korrekturinstanz, um nicht zu einer quasi-solipsistischen Reproduktion des ohnehin schon Vertrauten zu werden. Als eine solche Instanz kommen nun neue – technische – Partner ins Spiel, die für eine zusätzliche Ebene der Selektion und Irritation sorgen, die vom Individuum selbst kaum hergestellt werden kann.

Ob man diese technischen Arrangements nun als Mit-Akteure, Aktanten oder Akteurfiktionen beschreiben sollte, ist eine Frage, die für *Handlungstheorien* ein Dauerproblem darstellen könnte und sich gerade deshalb so gut für theoretische Debatten eignet, weil sie womöglich empirisch gar nicht klären lässt (Rammert/Schulz-Schaeffer 2002). Aus einer *strukturtheoretischen* Perspektive aber lässt sich festhalten, dass soziale Netzwerkseiten wie *Facebook* darauf hindeuten, dass sich der Einfluss von Technik auf die soziale Informationsverarbeitung, Beziehungs- und Identitätsmuster und die Formen der Gedächtnisbildung weiter intensiviert. Die These von Hans Linde (1972), dass sich Technik zu einer bestimmenden Prägekraft für soziale Verhältnisse entwickelt, hat vor vier Jahrzehnten noch vergleichsweise wenig Resonanz gefunden. Daran hat sich bis heute wenig geändert, da sich die Soziologie – anders als die Kulturwissenschaften – von der Materialität von Technik und ihren Einfluss auf den Körper stets wenig beeindrucken ließ. Angesichts des Ausmaßes aber, wie uns Technik nun nicht mehr nur auf den Leib, sondern auch ‚auf den Sinn' rückt, drängt sich eine stärkere Berücksichtigung techniksoziologischer Forschung indes gerade für eine Soziologie auf, die sich in erster Linie als Kommunikations- und Gesellschaftsanalyse versteht (Halfmann 2003; Lorentzen 2002).

Literatur

Baecker, D. 2005: Form und Formen der Kommunikation. Frankfurt/M: Suhrkamp

Baecker, D. 2007: Studien zur nächsten Gesellschaft. Frankfurt/M: Suhrkamp

Bitkom e.V. 2011: Facebook und Google binden 28 Prozent der Onlinezeit (Internet: http://www.bitkom.org/files/documents/BITKOM-Presseinfo_Zeit_im_Web_01_11_2011.pdf; zuletzt aufgesucht am 1.6.2012)

Bora, A. 1999: Differenzierung und Inklusion. Partizipative Öffentlichkeit im Rechtssystem moderner Gesellschaften. Baden-Baden: Nomos

Buchholz, K. 2008: Professionalisierung der wissenschaftlichen Politikberatung? Interaktions- und professionssoziologische Perspektiven. Bielefeld: Transcript

Carr, N. 2011: The Shallows. What the Internet is doing to our brains. New York: Norton

Comscore 2012a: Rankings für Nutzer-Engagement und Top-Internet-Unternehmen in Europa für März 2011 (Internet: http://www.comscore.com/ger/Press_Events/Press_Releases/ 2011/5/comScore_Releases_European_Engagement_and_Top_Web_Properties_Rankings_for_March_2011; zuletzt aufgesucht am 1.6.2012)

Comscore 2012b: U.S. Digutal Future in Focus 2012 (Internet: http://www.comscore.com/content/download/12701/263185/file/comScore_2012_US_Digital_Future_in_Focus.pdf; zuletzt aufgesucht am 1.6.2012)

Dickel, S. 2011a: Enhancement-Utopien. Soziologische Analysen zur Konstruktion des Neuen Menschen. Baden-Baden: Nomos

Dickel, S. 2011b: Jenseits der Gemeinschaft, diesseits der Gesellschaft. Wie der Kulturpessimismus die Wirklichkeit sozialer Medien verfehlt. In: Medienobservationen (Internet: http://www.medienobservationen.lmu.de/artikel/gesellschaft/gesellschaft_pdf/dickel_medien.pdf; zuletzt aufgesucht am 1.6.2012)

Esposito, E. 2002: Soziales Vergessen. Formen und Medien des Gedächtnisses der Gesellschaft. Frankfurt/M: Suhrkamp

Foucault, M. 1993: Technologien des Selbst. Frankfurt/M.: Fischer

Franck, G. 2007: Ökonomie der Aufmerksamkeit. Ein Entwurf. München: DTV

Fuhse, J. 2011: Welche kulturellen Formationen entstehen in mediatisierten Kommunikationsnetzwerken? In: Ders./Stegbauer, C. (Hg.): Kultur und mediale Kommunikation in sozialen Netzwerken. Wiesbaden: VS, S. 31–54

Granovetter, M. 1973: The Strength of Weak Ties. In: American Journal of Sociology, Vol. 78/No. 6, S. 1360–1380

Halfmann, J. 2003: Technik als Medium. Von der anthropologischen zur soziologischen Grundlegung. In: Fischer, J./Joas, H. (Hg.): Kunst, Macht und Institution. Studien zur philosophischen Anthropologie, soziologischen Theorie und Kultursoziologie der Moderne. Festschrift für Karl-Siegbert Rehberg. Frankfurt/M.: Campus, S. 133–144

Holz, K. 2001: Nationaler Antisemitismus. Wissenssoziologie einer Weltanschauung. Hamburg: Hamburger Edition

Linde, H. 1972: Sachdominanz in Sozialstrukturen. Tübingen: Mohr

Lorentzen, K. 2002: Latour goes Luhmann. Zur Soziologie hybrider Beziehungen. In: Rammert/Schulz-Schaeffer 2007, S. 101–118

Lovink, G. 2011: Anonymität und die Krise des multiplen Selbst. In: Leistert, O./Röhle T. (Hg.): Generation Facebook. Über das Leben im Social Net. Bielefeld: Transcript, S. 183–198

Lübbe, H. 1998: Gegenwartsschrumpfung. In: Backhaus, K. (Hg.): Die Beschleunigungsfalle oder der Triumph der Schildkröte. Stuttgart: Schäffer-Poeschel, S. 129–164

Luhmann, N. 1974a: Funktion und Kausalität. In: Ders.: Beiträge zur funktionalen Differenzierung der Gesellschaft. Opladen: Westdeutscher Verlag, S. 9–30

Luhmann, N. 1974b: Funktionale Methode und Systemtheorie. In: Luhmann, N.: Beiträge zur funktionalen Differenzierung der Gesellschaft. Opladen: Westdeutscher Verlag, S. 31–53

Luhmann, N. 1984: Soziale Systeme. Grundriß einer allgemeinen Theorie. Frankfurt/M.: Suhrkamp

Luhmann, N. 1996: Die Realität der Massenmedien. Opladen: Westdeutscher Verlag

Luhmann, N. 1997: Die Gesellschaft der Gesellschaft. Frankfurt/M.: Suhrkamp

Luhmann, N. 2002: Die Religion der Gesellschaft. Darmstadt: Wissenschaftliche Buchgesellschaft

Mangold, I. 2011: Nix war früher besser. In: Zeit Online vom 9.10.2011 (Internet: http://www.zeit.de/ 2011/41/Facebook-Debatte-Kritiker/komplettansicht; zuletzt aufgesucht am 1.6.2012)

McLuhan, M. 1995: Die magischen Kanäle. Dresden: Verlag der Kunst

Mead, G. H. 1973: Geist, Identität und Gesellschaft. Frankfurt/M.: Suhrkamp

Miller, D. 2012: Das wilde Netzwerk. Ein ethnologischer Blick auf Facebook. Berlin: Suhrkamp

Moelders, M. 2011: Die Äquilibration der kommunikativen Strukturen. Theoretische und empirische Studien zu einem soziologischen Lernbegriff. Weilerswist: Velbrück

Münker, S./Roesler A. (Hg.) (1997): Mythos Internet. Frankfurt/M. Suhrkamp

Nassehi, A. 2007: Rethinking functionalism. Zur Empiriefähigkeit systemtheoretischer Soziologie. In: Kalthoff, H./Hirschauer, S./Lindemann, G. (Hg.): Theoretische Empirie. Die Relevanz qualitativer Forschung. Frankfurt/M.: Suhrkamp, S. 79–106

Nielsen 2011: State of the Media. The Social Media Report. Q3 2011 (Internet: http://www.nielsen.com/content/dam/corporate/us/en/reports-downloads/2011-Reports/nielsen-social-media-report.pdf; zuletzt aufgesucht am 1.6.2012)

Oevermann, U. 1996: Theoretische Skizze einer revidierten Theorie professionalisierten Handelns. In: Combe, A. (Hg.): Pädagogische Professionalität. Untersuchungen zum Typus pädagogischen Handelns. Frankfurt/M.: Suhrkamp, S. 70–182

Oevermann, U. 2002: Klinische Soziologie auf der Basis der Methodologie der objektiven Hermeneutik. Manifest der objektiv hermeneutischen Sozialforschung (Internet: http://www.ihsk.de/publikationen/Ulrich_Oevermann-Manifest_der_hermeneutischen_Sozial forschung.pdf; zuletzt aufgesucht am 1.6.2012)

Oevermann, U. 2008: ‚Krise und Routine' als analytisches Paradigma in den Sozialwissenschaften. Abschiedsvorlesung von Ulrich Oevermann (Internet: http://www.agoh.de/cms/index.php?option=com_remository&Itemid=293&func=fileinfo&id=68; zuletzt aufgesucht am 1.6.2012)

Pariser, E. 2011: The Filter Bubble. What the Internet is hiding from you. New York: Penguin Press

Paur, N. 2011: Die Utopie ist da. In: Zeit Online vom 28.9.2011 (Internet: http://www.zeit.de/2011/ 40/Facebook-Timeline/komplettansicht; zuletzt aufgesucht am 1.6.2012)

Rammert, W./Schulz-Schaeffer, I. (Hg.) 2002: Können Maschinen handeln? Soziologische Beiträge zum Verhältnis von Mensch und Technik. Frankfurt/M.: Campus

Reckwitz, A. 2003: Der verschobene Problemzusammenhang des Funktionalismus. Von der Ontologie der sozialen Zweckhaftigkeit zu den Raum-Zeit-Distanzierungen. In: Jetzkowitz, J./Stark, C. (Hg.): Soziologischer Funktionalismus. Zur Methodologie einer Theorietradition. Opladen: Leske+Budrich, S. 57–81

Rosa, H. 2005: Beschleunigung. Die Veränderung der Zeitstrukturen in der Moderne. Frankfurt/M.: Suhrkamp

Schirrmacher, F. 2009: Payback. Warum wir im Informationszeitalter gezwungen sind, zu tun, was wir nicht tun wollen, und wie wir die Kontrolle über unser Denken zurückgewinnen. München: Blessing

Schmidt, E. 2010: Techonomy Conference. Interview vom 4.5.2010 (Internet: http://www.techonomy.com/#te10; zuletzt aufgesucht am 1.6.2012)

Schneider, W. L. 2004: Sinnverstehen und Intersubjektivität. Hermeneutik, funktionale Analyse, Konversationsanalyse und Systemtheorie. Wiesbaden: VS

Schrape, J.-F. 2011: Social Media, Massenmedien und gesellschaftliche Wirklichkeitskonstruktion. In: Berlin Journal für Soziologie, Jg. 21/Heft 3, S. 407–429

Sutter, T. (Hg.) 1997: Beobachten verstehen, Verstehen beobachten. Perspektiven einer konstruktivistischen Hermeneutik. Opladen: Leske+Budrich

Thiedeke, U. 1997: Medien, Kommunikation und Komplexität. Vorstudien zur Informationsgesellschaft. Opladen: Westdeutscher Verlag

United States Securities and Exchange Commission 2012: Amendment No. 4 to Form S-1 Registration Statement: Facebook, Inc. Registration No. 333-179287 (Internet: http://www.sec.gov/Archives/edgar/data/1326801/000119312512175673/d287954ds1a.htm#toc; zuletzt aufgesucht am 1.6.2012)

Weck, A. 2011: Frictionless Sharing – eine neue Form des Teilens. In: netzpiloten.de vom 28. 11.2011 (Internet: http://www.netzpiloten.de/2011/11/28/frictionless-sharing-eine-neue-form-des-teilens; zuletzt aufgesucht am 1.6.2012)

Wehling, P. 2001: Jenseits des Wissens? Wissenschaftliches Nichtwissen aus soziologischer Perspektive. In: Zeitschrift für Soziologie, Jg. 30/Heft 6, S. 465–484

Wernet, A. 2000: Einführung in die Interpretationstechnik der Objektiven Hermeneutik. Opladen: Leske+Budrich

Wiedemann, C. 2011: Facebook: Das Assessment-Center der alltäglichen Lebensführung In: Leistert, O./Röhle T. (Hg.): Generation Facebook. Über das Leben im Social Net. Bielefeld: Transcript, S. 161–181

Cyberscience 2.0

Das neue Web und die Wissenschaftskommunikation

René König

1 Einleitung

Wie in diesem Band diskutiert, hat das Web eine Vielzahl von Transformationsprozessen in unterschiedlichsten Medienbereichen eingeleitet. Das gilt auch für die Wissenschaftskommunikation, welche durch das Internet bzw. das Web 2.0 um zahlreiche Kanäle erweitert wurde, die sich in qualitativer Hinsicht in zum Teil fundamentaler Weise von den eingespielten Strukturen unterscheiden. Die potenziellen Effekte der neuen Kommunikationstechnologien für das Wissenschaftssystem sind tiefgreifend, wobei die Einschätzungen darüber in den meisten Fällen zwischen hoffnungsvollen Utopien und pessimistischen Dystopien schwanken. Vor diesem Hintergrund will der vorliegende Beitrag ein differenzierteres Bild der Lage zeichnen und stützt sich dabei auf fünf explorative Fallstudien, die im Kontext des von der Volkswagen-Stiftung geförderten Projekts „Interactive Science“ entstanden sind.

Konkret werden fünf Bereiche der neuen Kommunikations- und Informationstechniken auf ihr wissenschaftskommunikatives Potenzial untersucht: Social Network Sites (z.B. *Facebook, ResearchGate;* Nentwich/König 2011), Microblogging (insbesondere *Twitter*; Herwig et al. 2009), Wikis (*Wikipedia, Wikibooks, Wikiversity*; König/Nentwich 2009), virtuelle Welten (*Second Life;* König/Nentwich 2008) und Suchmaschinen (*Google Web Search, Google Scholar, Google Books*; König/Nentwich 2010). Zunächst analysierten wir die Funktionsprinzipien der einzelnen Plattformen und fragten, inwiefern sich die neuen Kommunikationskanäle für die wesentlichen wissenschaftlichen Aktivitäten, also Wissensproduktion, Wissensdistribution und Kommunikation einsetzen ließen (Abb. 1; Nentwitch 2003: 24). Zu diesem Zweck erfolgten diverse Dokumentenanalysen (z.B. Selbstbeschreibungen der Anbieter und Hilfeseiten), explorative Selbstversuche auf den Plattformen, Analysen (und gegebenenfalls Leitfadeninterviews) zu den Praxen der jeweils aktiven Wissenschaftler sowie die Auswertung bereits bestehender empirischer Studien.

Schließlich wurden die Einzelergebnisse in einem Buch zusammengeführt (Nentwich/König 2012) und auf übergreifender Ebene diskutiert: Welche Konsequenzen ergeben sich aus den „neuen Fenstern im Elfenbeinturm“ (Nentwich 2010)? Können die neuen Kommunikationskanäle langfristig zu einer ‚Demokratisierung' der hierarchischen Wissenschaftsstrukturen beitragen oder führen sie zu einem *information overload* zu Lasten wissenschaftlicher Qualität? Und: Welche neuen kommunikativen Ordnungen entstehen dadurch im Wissenschaftssystem? In diesem Beitrag werden die zentrale Befunde unserer Studie dargestellt, die den Übergang von einer weitläufig Realität gewordenen „Cyberscience" (Nentwich 2003) hin zu einer sich noch entwickelnden „Cyberscience 2.0" (Nentwich/König 2012) beleuchtet.

Abb. 1: Wissenschaftliche Aktivitätsformen

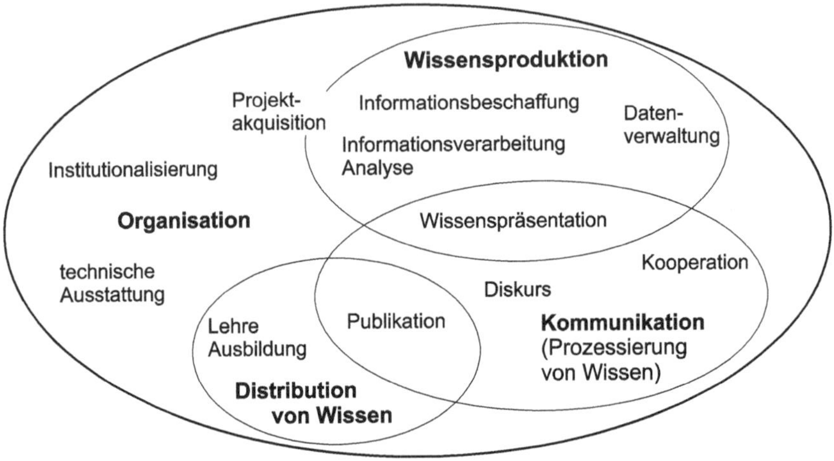

Quelle: Nentwich 1999 (modifiziert)

2 Social Network Sites: Zwischen intensiver Öffentlichkeitsarbeit und verwaisten Profilen

Social Network Sites (SNS) wie *Facebook* und *Google+* gehören zweifellos zu den erfolgreichsten Plattformen im „neuen Netz" (Schmidt 2009). Seit einigen Jahren versuchen Entwickler diesen Trend auch in der Wissenschaft zu etablieren. So wurden bereits zahlreiche Social Network Sites gegründet, die sich speziell an ein wissenschaftliches Publikum richten.

Das wohl bekannteste Beispiel hierfür ist *ResearchGate*. Seit seiner Gründung 2008 hat sich das amerikanisch-deutsche Start-Up zu einem der führenden Anbieter in dieser Nische entwickelt und zählte im Mai 2011 bereits über eine Million registrierte Mitglieder. Dieser Wert mag im direkten Vergleich zu den über 900 Millionen Nutzern von *Facebook* zunächst relativ gering wirken; wird allerdings das spezielle Zielpublikum und der besondere Einsatzzweck von *ResearchGate* berücksichtigt, dann ist diese Zahl durchaus signifikant. Daneben existieren mittlerweile zahlreiche vergleichbare wissenschaftsspezifische SNS wie z.B. *Mendeley, Academia.edu, Nature Network, Sciencestage, research.iversity, Vivo, Epernicus* oder *ScholarZ.net*. All diese Plattformen wollen die Grundfunktionen allgemeiner SNS wie *Facebook* für den wissenschaftlichen Austausch spezifizieren: So lassen sich beispielsweise schriftliche Nachrichten zwischen einzelnen oder mehreren registrierten Nutzern austauschen, themenspezifische Gruppen organisieren und es kann kollaboriert werden. Dabei nehmen die persönlichen Profile, in denen sich die Wissenschaftler durch das Bereitstellen verschiedener Information darstellen können, wie in allen SNS eine zentrale Rolle ein:

> „[S]ocial network sites [are] web-based services that allow individuals to (1) construct a public or semi-public profile within a bounded system, (2) articulate a list of other users with whom they share a connection, and (3) view and traverse their list of connections and those made by others within the system." (Boyd/Ellison 2007)

Wissenschaftsspezifische SNS heben sich allerdings durch spezielle Funktionen von allgemeinen SNS ab, da sie sich an den besonderen Bedürfnissen akademischer Publika orientieren. Dies sind vor allem literaturbezogene Funktionen – von der Möglichkeit Dokumente hochzuladen, zu suchen und zu bewerten, bis hin zu kollaborativen Schreibumgebungen und Visualisierungen von Ko-Autorennetzwerken[1].

Durch ihre umfangreichen und vielfältigen Funktionen lassen sich SNS potenziell für eine Vielzahl wissenschaftlicher Aktivitäten auf fast allen Ebenen einsetzen: In der Phase der *Wissensproduktion* könnten sie zur Kollaboration mit Kollegen und zur Beschaffung von Informationen eingesetzt werden. In der *Wissensdistribution* bzw. *Kommunikation* ließen sich die verschiedenen Kanäle in den SNS nutzen, um eine wissenschaftliche Community insgesamt zu adressieren (z.B. durch Blogs, Status-Updates, Gruppen) oder um mit einzelnen Mitgliedern bzw. Kollegen direkt zu kommunizieren. Auch für *organisationale Rahmenaktivitäten* lassen sich potenzielle Verwendungszwecke finden, insbesondere mit Blick auf die erweiterten Vernetzungsmöglichkeiten. Gerade die mitgliederstarken allgemeinen SNS könnten dabei auch zur Öffentlichkeitsarbeit genutzt werden. Zudem lassen sich teilweise durch sogenannte APIs *(application programming interfaces)* weitere Funktionen nach individuellem Bedarf entwickeln.

---

1 Beispiele für solche Ko-Autorennetzwerke finden sich unter http://vivo.slis.indiana.edu/gallery.html#coauthor (zuletzt zugegriffen am 1.6.2012).

Social Network Sites halten aus technischer Perspektive also durchaus viele Einsatzpotenziale für die Wissenschaftskommunikation bereit. Ein Blick auf die Nutzungspraxen innerhalb dieser Dienste offenbart allerdings eine Reihe von Problemen, die sich ihrer effektiven wissenschaftlichen Verwendung in den Weg stellen: Da SNS ihren Nutzen in erster Linie über die Aktivitäten ihrer Anwender entfalten, bestimmt sich ihr Potenzial vordringlich durch die Verbreitung der jeweiligen Plattform in den entsprechenden wissenschaftlichen Communities. Während Web-Applikationen wie z.B. Suchmaschinen weitgehend losgelöst von anderen Nutzern eingesetzt werden können, sind SNS vollkommen abhängig von einer *sozialen* und interaktiven Verwendung, weshalb die Mitgliederzahlen in ihrem Falle sehr bedeutend sind: Selbst wenn eine Plattform hinsichtlich ihrer technischen Funktionen der Konkurrenz überlegen ist, ergibt sich daraus nicht zwangsläufig ein Mehrwert für deren Nutzer. Vor diesem Hintergrund stellt sich die Frage, ob wissenschaftsspezifische SNS tatsächlich den besonderen Ansprüchen von Akademikern besser entgegenkommen als allgemein ausgelegte Dienste wie z.B. *Facebook*. Für Nutzer, die einen Dienst wie *Facebook* bereits privat verwenden, ist die Hürde, sich auf dieser Plattform auch beruflich zu vernetzen, niedriger als die Registrierung und die Profilpflege bei einem weiteren Dienst. Dazu kommt, dass im Bereich der wissenschaftsspezifischen SNS noch keine derart starke Marktkonzentration festzustellen ist, wie sie bei allgemeinen SNS mit *Facebook* gegeben ist, wodurch die Entscheidung für oder gegen ein bestimmtes Netzwerk erschwert wird.

Im Allgemeinen sprechen erste Studien – abhängig von der jeweiligen Stichprobe und den methodischen Prämissen – unter einigen Wissenschaftlern allerdings durchaus für eine hohe Affinität gegenüber Social Networking Sites: So gaben z.B. bei einer Online-Umfrage unter Wissenschaftlern (Nachwuchswissenschaftler und Doktoranden) deutscher Hochschulen (n = 2.361) 23 Prozent an, „Social Networking Tools" häufig oder sehr häufig zu nutzen (Koch/Moskaliuk 2009), und nach einer annähernd repräsentativen Umfrage an britischen Universitäten (n = 1308) nutzen 24 Prozent der Befragten *Facebook* (Procter et al. 2010: 19). Eine signifikante Minderheit von Wissenschaftlern scheint SNS also zu nutzen, dennoch kann noch kaum von deren massenhafter Anwendung gesprochen werden, zumal sich die Nutzer auf unterschiedliche Plattformen verteilen.

Cyberentrepreneure, die bei diversen Plattformen angemeldet sind und diese regelmäßig sowie im vollen Umfang nutzen, sind nach unseren Beobachtungen indes eher die Ausnahme. Viel häufiger finden sich dagegen passive ‚Me-Too-Präsenzen', bei denen das Engagement lediglich auf das Anlegen eines Profils reduziert bleibt. Darüber hinaus gehende Aktivitäten betreffen vorrangig Maßnahmen zur Selbstvermarktung auf individueller oder institutioneller Ebene (z.B. Werbung für Publikationen oder Veranstaltungen). Intensive fachliche Debatten oder gar systematische Kollaborationen lassen sich dagegen nur selten beobachten. Auch der SNS-Einsatz in der Lehre scheint bislang eher punktuell und experimentell zu erfolgen.

Gegenwärtig werden SNS also in einigen Fällen durchaus für die externe Kommunikation genutzt; ihr Einsatz in der internen Wissenschaftskommunikation allerdings erfolgt eher zögerlich, wozu eine Reihe an hemmenden Faktoren beitragen, die sich teilweise nur schwer auflösen lassen. So kann etwa der oben herausgestellte Nachteil mangelnder Marktkonzentration nicht per se als Forderung nach monopolartigen Strukturen gelesen werden, denn aus einer solchen Standardisierung resultieren zahlreiche weitere Problemstellungen, so z.B. in den Bereichen Datenschutz und Privatsphäre, wie sie mit Blick auf *Facebook* oder *Google* diskutiert werden. In diesem Zusammenhang spielen auch die im Hintergrund wirkenden Geschäftsmodelle eine zentrale Rolle: Die großen kommerziellen Anbieter funktionieren nach dem Prinzip „Dienst-gegen-Profil" (Elmer 2004; Rogers 2009), d.h. Nutzer zahlen hier nicht monetär, sondern durch die Herausgabe ihrer Daten, die dann gewinnbringend für Werbezwecke weiterverwendet werden können.

Wissenschaftliche SNS hingegen sind auf spezifischere Einsatzzwecke ausgerichtet als Dienste wie *Facebook*, fordern den Nutzer nicht zur Eingabe privater Daten auf und werden in vielen Fällen durch öffentliche Fördermittel finanziert. Während die Geschäftsmodelle kommerzieller SNS eine institutionell forcierte Nutzung der Plattform erschweren, da weder Mitarbeiter noch Studierende zur Mitgliedschaft auf einer privatwirtschaftlich kontrollierten Plattform gezwungen werden können, erlauben universitär oder öffentlich geführte Dienste eine verträglichere Datenpolitik. Erste Erfahrungen in diesem Bereich wurden mit *Vivo* (vivo.slis.indiana.edu) in den USA und *Carnets2 Descartes* (carnets.parisdescartes.fr) in Frankreich gesammelt. Durch solche Initiativen ließen sich künftig Anreize für einen umfassenderen Einsatz von SNS für wissenschaftliche Zwecke etablieren und virtuelle Forschungsumgebungen für universelle Zwecke aufbauen, die aktiv durch Wissenschaftler mitgestaltet werden.

Social Networking Sites bieten der internen wie externen Wissenschaftskommunikation also durchaus eine Reihe von Einsatzpotenzialen: Durch die zielgruppenspezifische Ansprache bzw. Bereitstellung von Informationen ergeben sich neue Möglichkeiten zur Wissenspräsentation und -vermittlung; durch die zunehmend intuitiver bedienbaren Vernetzungskanäle werden veränderte bzw. flexiblere Kooperationsformen möglich. Die bisherigen Beobachtungen zur regelmäßigen Nutzung von SNS im wissenschaftlichen Bereich heben allerdings die weiterzuverfolgende Frage hervor, inwieweit deren Funktionen im alltäglichen Wissenschaftsbetrieb tatsächlich zur Effizienzsteigerung beitragen können bzw. welchen Mehrwert die neuen Vernetzungs-, Präsentations- und Kollaborationsmöglichkeiten gegenüber etablierten Kommunikationskanälen bieten.

3 Microblogging – mehr als nur ‚Gezwitscher'

Microblogging beschreibt eine reduzierte Form des Webtagebuchs. Neben integrierten Angeboten innerhalb der SNS (z.B. durch Status-Updates bei *Facebook* oder *ResearchGate*) hat in diesem Bereich vor allem der 2006 gegründete Dienst *Twitter* eine herausragende Bekanntheit erlangt. Spätestens seit dem arabischen Frühling, in dem *Twitter* intensiv zur Kommunikation zwischen den Protestierenden eingesetzt wurde, hat sich dieses Format trotz seiner begrenzten Möglichkeiten im öffentlichen Bewusstsein festgesetzt: Angemeldete Nutzer können ein Kurzprofil erstellen und sogenannte *Tweets* veröffentlichen. In diesen Kurznachrichten mit bis zu 140 Zeichen lässt sich prinzipiell alles äußern, was innerhalb der technischen Grenzen möglich ist, und die Verwendung von Hyperlinks kann dabei helfen, auf komplexere und umfangreichere Inhalte zu verweisen. Wird der Nachrichtenkanal nicht durch entsprechende Einstellungen vor Zugriff geschützt, ist er prinzipiell öffentlich einsehbar (auch ohne Registrierung). Primär wird er anderen Nutzern aber durch ein gezieltes Abonnement (das sogenannte ‚Folgen') zugänglich gemacht. Dabei ist über die Profile einsehbar, wer welchen Nutzern folgt, und eine nummerische Gegenüberstellung von Gefolgten und Folgenden indiziert die Relevanz des jeweiligen Microbloggers. Die schnelle Verbreitung einzelner Nachrichten wird durch ‚Retweeten' gefördert, wobei – ähnlich der Zitation (Weller et al. 2011) – *Tweets* von anderen Nutzern unter deren Nennung weiter versendet werden. Zudem können Nutzer durch Verwendung eines @-Zeichens direkt verlinkt werden und sogenannte ‚Hashtags' erlauben das Sammeln und strukturierte Aufrufen von Beiträgen zu einem spezifischen Thema.

Potenziell lässt sich Microblogging für diverse wissenschaftliche Aktivitäten einsetzen: Forschende können in der Phase der *Wissensproduktion* auf aktuelle Informationen zu ihrem Forschungsgebiet zurückgreifen und Wissen selbst distribuieren, indem sie z.B. auf Veröffentlichungen verweisen. Durch die unkomplizierte Zugänglichkeit eignet sich Microblogging überdies zur individuellen oder institutionellen *Öffentlichkeitsarbeit.* Es kann direkt zwischen Kollegen kommuniziert werden, wobei das knappe Zeichenlimit dafür allerdings eher hinderlich erscheint. Zudem legt die strukturinduzierte Schnelligkeit des Mediums – *Tweets* werden sofort übermittelt, sind aber auch nicht ohne Weiteres längerfristig abrufbar – den ereignisbezogenen Einsatz nahe (z.B. bei Konferenzen).

Empirisch zeigt sich, dass sich bereits zahlreiche Wissenschaftler Microblogging-Dienste nutzen (Bradley 2009).[2] Die erforderliche Nachrichtenkürze schafft dabei tendenziell eine informelle Kommunikationskultur. Da in der Re-

---

2 Vgl. auch: http://www.wissenswerkstatt.net/2011/12/01/wissenschaftler-bei-twitter-eine-studie-zur-wissenschaftlichen-twitternutzung.

gel sowohl die *Tweets* als auch die Profile der Nutzer öffentlich sind, verschwimmen auf diese Weise zudem auch ein Stück weit die klassischen Statusgrenzen. Studierende können auf *Twitter* beispielsweise erfahren, was ihre Professoren gerade lesen oder welche anderen Wissenschaftler an deren *Tweets* interessiert sind. Bereits vor der Gründung von *Twitter* haben Anderson et al. (2003) überdies hervorgehoben, dass ein paralleler computergestützter Kanal typische Probleme von Lehrveranstaltungen kompensieren kann, da sich auf diese Weise mehrere Personen zeitgleich äußern könnten und Beteiligungsbarrieren abgebaut würden. Das informelle Format lädt dabei auch dazu ein, die ‚Banalitäten' des wissenschaftlichen Alltags zu diskutieren: Schon Merz (1998) stellte die zentrale, gruppen- bzw. netzwerkstabilisierende Bedeutung der Kaffeeküche im Genfer Forschungszentrum CERN heraus (zur Bedeutung informeller Kommunikation auch: Emrich/Flatau 2004; Miller 2008) und Microblogging könnte diese Funktion fallweise für den virtuellen Raum erfüllen.

Eine der interessantesten und teilweise schon intensiv genutzten wissenschaftlichen Einsatzmöglichkeiten für Microblogging sind jedoch Konferenzen und ähnliche Veranstaltungen (zur Analyse von Konferenz-*Tweets* siehe Dröge et al. 2011). Zum einen kann dieser Kanal dabei helfen, einige konferenztypische Problemlagen zu entschärfen; zum anderen ergeben sich aber auch gänzlich neue Möglichkeiten: So können sich via *Twitter* auch Interessierte außerhalb der Veranstaltung einbringen, relevante Inhalte lassen sich unmittelbar über Hyperlinks austauschen und die Nutzer können sich ohne direkte *Face-to-Face*-Interaktion über die Veranstaltung hinaus vernetzen (Reinhardt et al. 2009). Zudem lassen sich konferenzbezogene *Tweets* optional auch vor Ort zeitgleich öffentlich nachvollziehen, indem sie über sogenannte *Twitterwalls* an eine Wand projiziert werden. Weiterhin fungieren *Tweets* als (öffentlicher) Notizblock und können mit zusätzlichen Hilfsmitteln auch archiviert werden.

Gegenüber den in ihren technischen Funktionen zum Teil ähnlich ausgerichteten Social Network Sites bieten Microblogging-Plattformen wie *Twitter* einige Vorteile:

- Die höhere Marktkonzentration – bzw. die Quasi-Alleinstellung von *Twitter* – erhöht die Wahrscheinlichkeit, die gewünschten Zielgruppen zu erreichen.
- Die Darstellungsweise, der eindeutige Funktionsfokus des Dienstes und die daraus resultierende Benutzerfreundlichkeit senken die Einstiegshürde.
- Das explizit öffentliche Format verleitet kaum zum Teilen intimer Informationen und verringert somit das Risiko ungewünschter Überschreitungen der Privatsphäre.

Insofern überrascht es nicht, dass einige Wissenschaftler und ihre Institutionen diesen Kanal bereits fest in ihren Arbeitsalltag integriert haben: Microblogging-Dienste wie *Twitter* bieten sowohl die Möglichkeit zum schnellen semi-öffentlichen Austausch in der jeweiligen Peergroup als auch neue Kanäle für die Wissensdistribution und -organisation. Strukturbedingt besteht allerdings wie im Falle der SNS die Gefahr der permanenten ‚Informationsüberflutung', die den involvierten Wissenschaftlern effiziente Eingrenzungs- und Selektionsstrategien abverlangen, welche mittlerweile teilweise schon algorithmisch automatisiert werden können (siehe *Dickel* in diesem Band). Zudem gelten die für kommerzielle SNS herausgestellten Probleme kontroverser Geschäftspolitik selbstredend auch für *Twitter*, wenngleich sie hier weniger dringend erscheinen.

4 Wikipedia – eine konfliktreiche ‚Zwangsehe' mit der Wissenschaft

Innerhalb kürzester Zeit hat sich die 2001 gegründete und mittlerweile durch einen Verein geführte Online-Enzyklopädie *Wikipedia* zum führenden allgemeinen Nachschlagewerk entwickelt. Inzwischen existieren *Wikipedia*-Projekte in über 200 Sprachen, deren Inhalte den Umfang jeder traditionellen Enzyklopädie um ein Vielfaches übertreffen. Der Konflikt mit dem Wissenschaftssystem war dabei spätestens seit der wachsenden Popularität von *Wikipedia* absehbar: Im systematischen Sammeln von Wissen besteht zwar ein übergreifendes gemeinsames Ziel, die angestrebten Wege unterscheiden sich allerdings fundamental. Im Gegensatz zu dem noch immer streng hierarchisch organisierten Wissenschaftssystem herrscht bei *Wikipedia* und ihren Schwesterprojekten ein – zumindest dem Anspruch nach – weitgehend egalitäres Organisationsprinzip vor, in dem Allinklusion herrscht. Während einige Beobachter dies euphemistisch als „Wisdom of Crowds" bezeichnen (Surowiecki 2004), setzen andere Autoren diese Entwicklung mit dem Aufkommen eines „digitalen Maoismus" gleich (Lanier 2006).

Das Wissenschaftssystem reibt sich dabei vor allem an zwei Konfliktpunkten: Zum einen erlaubt die in *Wikipedia* praktizierte kollaborative Form der Wissensproduktion kaum die Zurechnung zu einzelnen Autoren, die im traditionellen Wissenschaftssystem essentiell ist – sei es zur vorläufigen Qualitätsabschätzung eines Artikels, sei es zur Evaluation von Autoren oder Institutionen. Zum anderen befinden sich die Texte im ständigen Wandel und aufgrund dieser Fluidität bleibt ihre Qualität kaum abschätzbar. Auf den ersten Blick scheinen Wissenschaftler also wenig Anreiz zu haben, sich in dieser Umgebung zu engagieren. Die nicht mehr zu leugnende Relevanz der Plattform macht jedoch ein Ignorieren schlicht zwecklos: Durch den enzyklopädischen Gültigkeitsanspruch und die klare Strukturierung der Inhalte erhält das in der *Wikipedia* repräsentierte Wissen eine gänzlich andere Qualität als in den vorgestellten Social Network Sites oder Microblogging-Diensten. Selbst die zunächst von einigen Hochschulen verhängten ‚*Wikipedia*-Verbote' schmälern deren öffentliche und auch wissenschaftliche Relevanz nicht, sondern regen allenfalls zu Verschleierungstaktiken an: Die *Wikipedia* wird faktisch – ob entsprechend referenziert oder nicht – sowohl bei der Erstellung von Hausarbeiten als auch Fachartikeln genutzt (Park 2011).

Ein näherer Blick auf die Organisationsstrukturen der *Wikipedia* offenbart indes, dass diese weit weniger anarchisch sind, als sie zunächst erscheinen mögen. Tatsächlich existiert, wie der Forschungszweig der *Wikipedistik* vor Augen führt, ein ausdifferenziertes Regelsystem, das Autoren und Inhalte streng reglementiert (Lovink/Tkacz 2011; Reagle 2010; Stegbauer 2009). Es herrscht ein ständiger Konflikt zwischen Inklusionisten, die eine tolerante Akzeptanzpolitik verfolgen, und Exklusionisten, welche die gegebenen Regelungen wesentlich strenger auslegen. Entgegen wissenschaftlichen Befürchtungen findet folglich durchaus eine Form der Qualitätskontrolle statt, die jedoch im Gegensatz zum Wissenschaftssystem ex post organisiert ist. Wie effektiv sie ist, hängt von dem jeweiligen Themengebiet und den jeweils aktiven *Wikipedianern* ab: Während ein Fehler auf einer stark frequentierten Seite häufig schon nach wenigen Minuten korrigiert wird, kann er auf einer verwaisten Seite unter Umständen lange unentdeckt bleiben.

Empirische Studien zeigen zudem, dass im Falle der *Wikipedia* nur bedingt von einem Crowd-Phänomen gesprochen werden kann, wie es die in diesem Zusammenhang häufig zitierte Metapher von Surowiecki (2004) nahelegt. So zeigte eine umfassende quantitative Studie der größten Sprachversionen, dass weniger als zehn Prozent der Autoren für mehr als 90 Prozent der Bearbeitungen verantwortlich sind (Ortega 2009: 106) und viele die Projekte bereits wieder frühzeitig verlassen (ebd.: 157). Insgesamt besteht jedoch kaum ein Zweifel daran, dass sich die Open-Content-Enzyklopädie in ihren Organisationsformen bewährt hat – und dafür spricht nicht nur ihre breite gesellschaftliche Akzeptanz: Eine viel zitierte Nature-Studie (Giles 2005) bescheinigte der *Wikipedia* schon vor Jahren ein Qualitätsniveau, das mit der traditionsreichen *Encyclopædia Britannica* mithalten kann.

Da die *Wikipedia* auch wissenschaftliche Themen behandelt und in vielen Fällen als erste Anlaufstelle für einen entsprechenden Überblick fungiert, betreibt sie implizit eine Form externer Wissenschaftskommunikation (unabhängig davon, ob dies von der Wissenschaft gewünscht wird) und ist gleichzeitig auch von wissenschaftlicher Expertise abhängig, um ihren eigenen Qualitätsansprüchen zu genügen. So ergibt sich zwischen Wissenschaft und *Wikipedia* eine Situation, die einer Zwangsehe gleicht. Darüber hinaus kann die *Wikipedia* nicht nur als Informationsquelle für Forscher eingesetzt werden, sondern selbst zum Produktionsort wissenschaftlichen Wissens werden. Zwar steht diesem Anspruch das in der *Wikipedia* verhängte Verbot originärer Forschung entgegen, allerdings findet über die Arbeit an wissenschaftlichen *Wikipedia*-Artikeln kontinuierlich ein (interdisziplinärer) Austausch statt, der auch in neuartigem Wissen münden kann.

Die nächste Generation an Wissenschaftlern scheint ohnehin wenig Berührungsängste mit der *Wikipedia* zu haben: Eine Umfrage unter deutschen Studierenden offenbarte, dass 80 Prozent häufig Artikel aus der Enzyklopädie lesen und das Gros des Nachwuchses die hier vorgefundenen Informationen als verlässlich einstuft (Kleimann et al. 2008). Während die Wissenschaft gerade in der Frühphase der *Wikipedia* häufig mit Abwehrreflexen wie Zitationsverboten reagierte, lassen sich seit einigen Jahren Beispiele für eine Zusammenarbeit beider Seiten finden. Dies betrifft nicht nur den proaktiven Einsatz von *Wikipedia* in der Lehre, bei dem etwa Geschichtsstudenten anhand von *Wikipedia*-Artikeln praktisch veranschaulicht wird, wie Geschichte eben erst geschrieben wird (Miller 2007). Auch Forschende organisieren sich mitunter in Arbeitsgruppen, um fachspezifische Inhalte in der *Wikipedia* zu verbessern (z.B. *Netzwerk Technikfolgenabschätzung, Association for Psychological Science*). Die Fachzeitschrift *RNA Biology* nutzt *Wikipedia* sogar zur unmittelbaren Wissensdistribution, indem sie Abtracts ihrer Artikel in der Enzyklopädie veröffentlicht, was *Nature* zu dem Titel „Publish in *Wikipedia* or perish“ (Butler 2008) veranlasste. Eigens initiierte Konferenzen bieten zudem ein Dialogforum zwischen Wissenschaftlern und *Wikipedianern* abseits der Plattform. Selbstverständlich können jedoch derartige Entwicklungen die immanenten Konflikte zwischen Wissenschaft und *Wikipedia* nicht auflösen. Sie zeugen aber von einem zunehmend konstruktiven Umgang miteinander.

5 Second Life – Hype und Ernüchterung

Anders als *Facebook*, *Google*, *Twitter* oder *Wikipedia* ist die virtuelle Welt *Second Life* heute kaum mehr Gegenstand öffentlicher Debatten. Dies ist insofern erwähnenswert, als die Frühphase der Plattform, die 2003 durch die US-Firma *Linden Labs* gegründet worden war, durch zahlreiche euphorische und aus heutiger Sicht übersteigerte Erwartungen geprägt war: Wie schon der Begriff ‚Cyberspace‘ erweckte bereits die namengebende Metapher weitreichende Utopien zu einer ‚zweiten Welt‘, die sich in gewisser Hinsicht mit der ‚realen Welt‘ vergleichen ließe.

Ein Besuch auf der Plattform macht jedoch schnell deutlich, wie begrenzt die tatsächlichen Möglichkeiten sind. Nach einer kostenfreien Registrierung und der Installation eines dazugehörigen Programms können sich die Nutzer mit Hilfe eines Avatars, d.h. einer virtuellen Figur, durch die 3D-Umgebung bewegen, mit Gegenständen und anderen Teilnehmern interagieren und – falls der Premium-Account freigeschaltet ist – eigenes ‚Land‘, Gebäude, Kleidungsstücke und andere Produkte bzw. Dienstleistungen erwerben. Für Verkaufs- und Kaufprozesse hat sich die spieleigene Währung ‚Linden Dollar' etabliert, die sich auch in reguläre Dollar eintauschen lässt, so dass ein realer ökonomischer Bezug mit entsprechenden Investitionen entstanden ist. Durch die wirtschaftlichen Interessen der Betreiber erscheint es derweil schwierig, aussagekräftige und objektive statistische Daten zu den Nutzerzahlen der Plattform zu erhalten, da ein vitales Interesse daran besteht, den Eindruck eines florierenden Geschäftsfeldes zu vermitteln. Im Mai 2012 wurden gleichwohl über 29 Millionen registrierte Nutzer aufgeführt (was allerdings wenig über die tatsächliche Nutzung aussagt).[3]

Die virtuelle Welt von *Second Life* organisiert sich in sogenannten Regionen, die durch ‚Teleportieren' betreten und verlassen werden können. Innerhalb dieses Rahmens kann der jeweilige Nutzer mit Objekten und anderen Avataren interagieren (z.B. via Chat) und sich gegebenenfalls mit ihnen über Freundschaften und Gruppen vernetzen. Mit der Möglichkeit, nutzergenerierte 3D-Objekte zu erstellen, hebt sich die Plattform dabei von vielen anderen virtuellen Welten bzw. Spielen ab und wird dadurch auch für akademische Einsatzzwecke interessant: So lassen sich z.B. dreidimensionale Objekte kollaborativ bearbeiten, was für diverse Disziplinen relevant erscheint (Rosenman et al. 2007). Zumindest theoretisch erlauben die damit verbundenen Darstellungsmöglichkeiten überdies eine Reihe von neuen Formen der Wissensdistribution: Selbst virtuelle Konferenzen lassen sich in *Second Life* durchführen.

Im Horizont dieser Einsatzpotenziale und Erwartungen hat der frühe Hype um *Second Life* auch vor der Wissenschaft nicht Halt gemacht. Zahlreiche Hochschulen erstellten virtuelle Repräsentanzen und waren in vielen Fällen – im Einklang der Rhetorik einer ‚zweiten Welt' – um ein möglichst detailliertes Abbild des realen Campus-Geländes bemüht. In der Regel wurden solche Repräsentanzen überdies mit diversen Informationsmaterialien (z.B. Tafeln) ausgestattet, die primär der Öffentlichkeitsarbeit dienen sollten. Daneben richteten ab 2005 zahlreiche weitere Forschungsinstitutionen (z.B. *British National Physical Laboratory, NASA, National Oceanic and Atmospheric Administration, American Chemical Society*) Stützpunkte in der virtuellen Welt von *Second Life* ein (Lang/Bradley 2009). Besucht man diese Orte, fällt jedoch ein eklatanter Unterschied zu ihren realen Entsprechungen auf: In der Regel sucht man in den virtuellen Instituten und Campus-Arenen vergeblich nach Interaktionspartnern, die diese ‚zweite Welt' mit ‚Leben' füllen könnten. Dazu kommt, dass mittlerweile zahlreiche Auftritte wieder geschlossen wurden, was auch mit der Entscheidung des Betreiberunternehmens *Linden Labs* zusammenhängen dürfte, Bildungseinrichtungen keinen Rabatt mehr zu gewähren, wie es zuvor Praxis war (Chapman 2010).

---

3 Vgl.: http://secondlife.com/xmlhttp/secondlife.php.

Allerdings lassen sich ebenso Beispiele für Forschungs- und Bildungseinrichtungen finden, die nach wie vor aktiv in *Second Life* sind, so z.B. das *Meta Institute for Computational Astrophysics* eine „professional scientific and educational, non-profit organization based in virtual worlds“ (mica-vw.org), die u.a. die Kollaboration zwischen Wissenschaftlern befördern will. Erwähnenswert erscheint überdies die Initiative der *Nature Publishing Group*, die zwischen 2006 und 2009 über 50 Präsentationen, Treffen und Konferenzen innerhalb von *Second Life* organisierte (nature.com/secondnature/events.html). Das didaktische Potenzial fand zudem besonderes Interesse unter Lehrenden und wurde in zahlreichen Publikationen diskutiert. Dennoch scheint es sich bei derartigen Ansätzen weniger um etablierte Routinen als um experimentelle Erkundungen zu handeln. So wurde z.B. mit „mixed-reality broadcasts“ (Smith 2008) experimentiert, mittels derer sich audiovisuelle Daten zwischen *Second Life* und der ‚realen‘ Welt austauschen ließen (vgl. ferner: Lifton/Paradiso 2009).

Zweifellos weisen virtuelle Welten im wissenschaftlichen Bereich zahlreiche Einsatzpotenziale auf – sei es in der kollaborativen Wissenproduktion oder in der Öffentlichkeitsarbeit von Forschungsinstituten und akademischen Einrichtungen. Die derzeit gegebenen technischen Grenzen lassen jedoch noch keine alltagstaugliche Anwendung zu, zumal der finanzielle bzw. zeitliche Aufwand auf Anbieterseite nicht zu unterschätzen ist. Darüber hinaus stellt *Second Life* – derzeit noch immer die größte virtuelle Welt – ein proprietäres System bzw. einen geschlossenen quasi-öffentlichen Raum dar, der durch ein privatwirtschaftliches Unternehmen kontrolliert wird, weshalb für öffentliche Institutionen ein Engagement auf dieser Plattform hinterfragenswert erscheint. Dasselbe gilt letztlich natürlich auch für weitere hier diskutierte kommerzielle Plattformen wie *Facebook*, *Twitter* und *Google*.

6 Google – Gatekeeper und Relevanzhersteller

Während sich die bislang diskutierten Plattformen relativ eindeutig dem Web 2.0 (O'Reilly 2005) zuordnen lassen und dementsprechend von der Beteiligung ihrer Nutzer leben, bilden Suchmaschinen bzw. die algorithmisch vermittelten Dienste des Marktführers *Google* für die meisten Internetnutzer den „zentralen Einstiegspunkt ins Netz“ (Schetsche et al. 2007: 20): Sie erfüllen eine komplexitätsreduzierende Funktion, indem sie ihren Nutzern auf der Basis der eingegebenen Suchbegriffe einen strukturierten Zugang zu den indexierten Inhalten im Web bieten. Dies erfolgt in der Regel durch eine hierarchisch gelistete Anordnung der Suchergebnisse, auf die sich die meisten Onliner in der alltäglichen Nutzung auch verlassen, weshalb Suchmaschinen eine signifikante informationspolitische Bedeutung zukommt (Fallows 2005; Machill et al. 2003). Diese

Zentralstellung ist in der Privatwirtschaft längst verinnerlicht, wie sich z.B. an dem Marketingbereich der Suchmaschinenoptimierung (SEO) zeigt, in dem es darum geht, die eigenen Inhalte möglichst weit vorne in den Rankings der Suchmaschinen zu positionieren. Angesichts der umfassenden gesellschaftlichen Relevanz von Suchmaschinen rufen einige Beobachter bereits die „Search Engine Society" (Halavais 2009) bzw. die „Google-Gesellschaft" (Lehmann/Schetsche 2007) aus.

Aufgrund ihrer Marktdominanz und Zentralstellung in der Informationsgewinnung wird die Suchmaschine *Google* aus wissens- bzw. mediensoziologischer Perspektive häufig als Gatekeeper konzipiert – ein Begriff, der früher primär mit den Massenmedien assoziiert wurde. Dies erscheint einerseits folgerichtig, da sowohl die Massenmedien als auch Suchmaschinen Informationen nach gerichteten Kriterien selektieren und für Individuen mit beschränkten Zeitressourcen handhabbar machen (siehe den Beitrag von *Schrape* zu *Social Media* in diesem Band). Anderseits unterscheiden sich Suchmaschinen aber auch wesentlich von massenmedialen Gatekeepern: Erstens verlaufen ihre Selektionsprozesse vornehmlich maschinell und zweitens tragen die Nutzer durch ihre Sucheingaben (und Nutzungsprofile) wesentlich zu den präsentierten Informationen bei.

Die maschinelle Selektion erfolgt zunächst über vorgeschaltete automatisierte Verfahren (Crawling, Indexing), die das Web fortlaufend durchsuchen und in komprimierter Form für den schnellen Zugriff zugänglich machen. Nicht alle Webseiten werden dabei erfasst, weshalb einige Forscher auch von einem „Deep Web" (Bergman 2001) sprechen, das nicht in Suchmaschinen erscheint und daher kaum zugänglich ist. Wie Suchmaschinen im Allgemeinen und *Google* im Speziellen die erfassten Web-Inhalte gewichten, bleibt aufgrund der Komplexität dieser Ranking-Prozesse weitgehend intransparent – zumal die entsprechenden Verfahren gut gehütete Geschäftsgeheimnisse sind. *Google* zufolge werden über 200 „Signale" zur Erstellung des Rankings in der allgemeinen Websuche ausgewertet (Google Inc. 2011), wobei einer der wichtigsten Faktoren der sogenannte *PageRank* ist (Brin/Page 1998; Page et al. 1998), der die Relevanz einer Webseite anhand der Verweise bestimmt, die diese von anderen Seiten erhalten hat, wobei Verlinkungen von ihrerseits stark vernetzten Seiten höher gewertet werden. Dazu kommen sogenannte „abfrageabhängige Faktoren" (Lewandowski 2005: 90ff.), in deren Kontext diverse Daten aus der Suchanfrage ausgewertet werden, darunter z.B. der Standort des Nutzers, der über die IP-Adresse des verwendeten Computers ersichtlich wird, wodurch möglichst personalisierte und individuell zufriedenstellende Suchergebnisse geliefert werden sollen.

Gerade *Google* kann zur Effizienzsteigerung seiner Suchdienste auf vielseitige Informationen zurückgreifen, denn das erklärte Unternehmensziel, „die Informationen der Welt zu organisieren und für alle zu jeder Zeit zugänglich und nützlich zu machen" (Google Inc. 2012), wird über verschiedenste integrierte

Plattformen verfolgt: Die Nutzer der *Google*-Dienste betreiben zwangsläufig eine Form der impliziten Partizipation (Schäfer 2011: 51), da sowohl ihr Nutzungsverhalten als auch ihre bereitgestellten Informationen automatisch weiterverwendet werden. Neben der Effizienzsteigerung eigener Suchdienste dient dies insbesondere der Schaltung personalisierter Werbung, die *Google*s primäre Geschäftsgrundlage darstellt (siehe *Döbler/Wahl* in diesem Band), was zu ähnlichen Problemlagen führt, wie sie bereits im Kontext der Social Network Sites diskutiert wurden. Dazu kommt, dass eine derart individualisierte Darstellung von Informationen nach Ansicht nicht weniger Beobachter über kurz oder lang in eine „Cyberbalkanisierung" (Putnam 2000: 177) münden könnte, da sich die Suchmaschinen-Nutzer zunehmend in einer „Filter Bubble" (Pariser 2011) individuell selektierter, selbstbezogener und diversitätsarmer Informationen bewegen.

An dieser Stelle dürfte klargeworden sein, dass das scheinbar simple alltägliche *Googeln* ein äußerst komplexer Vorgang ist, der maßgeblich von algorithmischen Verfahren, implizit aber auch durch die Nutzer selbst strukturiert wird. Im wissenschaftlichen Bereich werden diese Prozesse – und das Wissen um die dahinterliegenden Funktionsweisen – in erster Linie in der Phase der Wissensproduktion bzw. während der Suche nach relevanten Informationen bedeutsam. Dabei kann es sich um Publikationen handeln, aber auch um alle anderen Informationsbedürfnisse, die im wissenschaftlichen Alltag anfallen, so z.B. auch die Suche nach Kollegen oder Institutionen. Da es sich bei *Google Web Search* um eine Universalsuchmaschine handelt, ist ihr Einsatz jedoch nicht auf die Bedürfnisse des Wissenschaftssystems ausgerichtet, weshalb akademisch motivierte Nutzer oft eine Vielzahl irrelevanter Resultate erhalten.

Die auf wissenschaftliche Publikationen spezialisierte Plattform *Google Scholar* hingegen ist explizit für den akademischen Einsatz entwickelt worden und basiert nicht nur auf den allgemeinen Web-Crawling-Verfahren, sondern auch auf vielfältigen Algorithmen zur automatisierten Zitationsanalyse (siehe *Hanekop/Wittke* in diesem Band). Überdies wurden zahlreiche Kooperationen mit Verlagen und Bibliotheken eingegangen, wodurch *Google* den erfassten Bereich akademischer Publikationen signifikant ausbauen konnte. Dazu trägt auch das Digitalisierungsprojekt *Google Books* bei, in dessen Kontext langfristig auch der weltweite Bestand an gedruckten Büchern digital indexiert werden soll. Dadurch ergeben sich auch für den Bereich der Wissensproduktion teilweise gänzlich neue Möglichkeiten, da durch die Volltextsuche von *Google Books* nun umfangreiche Buchsammlungen für wissenschaftliche Zwecke effektiv nutzbar werden (Bohannon 2010; Brückner 2009; Gloning 2009).

Allerdings sind von wissenschaftlicher Seite sowohl mit Blick auf *Google Books* als auch auf *Google Scholar* zentrale funktionale Mängel festgestellt worden, u.a. da die Metadaten der Publikationen (z.B. Autor, Erscheinungsjahr) von den automatisierten Systemen nicht in allen Fällen korrekt erfasst werden (Jacsó 2009; Nunberg 2009), weshalb auch die daraus resultierenden Rankings hinterfragbar bleiben: Was für *Google* relevant ist, deckt sich oft nicht mit dem, was für die jeweiligen Wissenschaftler von Bedeutung ist. Zugleich bleiben Wissenschaftlern hier in der Regel nur indirekte Eingriffsmöglichkeiten, etwa in Form von „akademischer Suchmaschinenoptimierung" (Beel et al. 2010).[4]

Dennoch besteht kein Zweifel daran, dass *Googles* Suchdienste auch in akademischen Kontexten intensiv genutzt werden. Als das Unternehmen beispielsweise damit drohte, sich aus dem chinesischen Markt zurückzuziehen, zeigten sich die dortigen Wissenschaftler bestürzt: Nach einer Umfrage unter 784 chinesischen Wissenschaftlern nutzten über drei Viertel *Google* als primäre Suchmaschine für Forschungszwecke und 84 Prozent gaben an, dass ihre Forschung unter einem Rückzug von *Google* leiden würde (Qiu 2010). Dabei scheinen sich wissenschaftliche Nutzer in ihrem Suchverhalten nicht grundsätzlich von alltäglich Suchenden zu unterscheiden: „There is blind trust and an increasing reliance on search results, especially on whatever appears on the first couple of screens", fassten z.B. Bibliothekare an der Cornell University ihre Beobachtungen zusammen und identifizierten Bequemlichkeit als einen treibenden Faktor für das akademische Suchverhalten (Rieger 2009). Vor diesem Hintergrund warnen einige Autoren bereits vor den tiefergreifenden Effekten von Suchmaschinen auf das Wissenschaftssystem und befürchten u.a. eine ‚Verflachung' wissenschaftlicher Expertise (z.B. Brabazon 2006, 2007). Andererseits effektiveren die neuen Dienste aber die Rechercheprozesse, wodurch den Wissenschaftlern mehr Zeit für andere Arbeiten bleibt, was wiederum zur Steigerung der wissenschaftlichen Qualität beitragen könnte.

Insgesamt zeigt sich eine gewisse Janusköpfigkeit algorithmisch geleiteter Online-Suchen für den wissenschaftlichen Betrieb: Zwar wird durch die *Google*-Dienste sowohl die Informationsrecherche als auch die Übersicht über ein Untersuchungsfeld erleichtert, gleichzeitig bleiben die dahinterliegenden Selektions- und Aggregationskriterien für deren Nutzer jedoch intransparent – und dies erscheint speziell im wissenschaftlichen Bereich problematisch. Zum einen bietet derzeit weder *Google Scholar* noch *Google Books* einen vollständigen Überblick zu den gesuchten Themenfeldern, Büchern oder Autoren, sondern

---

4 Die individuellen Auswirkungen können dabei stark variieren, u.a. auch in Abhängigkeit vom Namen einer Person: Forscher mit populären Namen können sich oft nur schwer zwischen den vielen anderen Namensvettern behaupten, während berufliche und auch (unerwünschte) private Informationen zu Personen mit seltenen Namen sehr schnell aufgefunden werden können. Dies kann zu erratischen Interpretationen führen: Halavais (2009: 142) berichtet etwa von einer Studentin, die ihren Namen mit einer Pornodarstellerin teilt und daher ständig befürchten muss, mit dieser verwechselt zu werden.

eine gerichtete Auswahl anhand letztlich nur schwer durchschaubarer Kriterien; zum anderen sollte auch im Falle von *Google* reflektiert werden, dass die genannten Dienste durch einen privatwirtschaftlichen Akteur angeboten werden, dessen Motive sich nicht notwendigerweise mit den Interessen einer unabhängigen Wissenschaft decken müssen (kritisch dazu z.B. Vaidhyanathan 2011). Sollten etwa die Dienste *Google Books* und *Google Scholar* ihre Stellung in der wissenschaftlichen Recherche weiter ausbauen, ohne das durch konkurrierende Unternehmen oder öffentliche Stellen Alternativen entwickelt werden, begäbe sich die Wissenschaft mittelfristig in eine gefährliche Abhängigkeit zu einem Privatunternehmen.

7 Fazit

Bei allen offenkundigen Unterschieden zwischen den untersuchten Plattformen im (Social) Web, die hier nur überblickartig reflektiert werden konnten (ausführlicher Nentwich/König 2012), lassen sich mit Blick auf den derzeitigen Wandel der Wissenschaftskommunikation einige übergreifende Schlussfolgerungen ziehen:

- Auf dem Feld der *Wissensdistribution* entstehen durch die Kommunikation auf Social Network Sites, durch wissenschaftliche Blogs bzw. Microblogs sowie nicht zuletzt durch das Engagement von Wissenschaftlern in der *Wikipedia* neue Fenster im sprichwörtlichen ‚Elfenbeinturm der Wissenschaft' (Nentwich 2010): Die Grenzen zwischen Wissenschaftssystem und Umwelt werden durchlässiger, wissenschaftliche Beiträge im Social Web stehen in der Regel allen interessierten Onlinern zur Verfügung und die herkömmlichen Statusbarrieren lösen sich durch die informellen Kommunikationsweisen im Netz bis zu einem gewissen Grad auf. Vor allen Dingen (Mircro-) Blogging etabliert sich zunehmend als ergänzender Kommunikationskanal für einzelne Wissenschaftler oder auch Institutionen, über den Zwischenergebnisse präsentiert und diskutiert, Veranstaltungen beworben oder auch persönliche Gedanken verbreitet werden. Aber auch mit weiteren Formaten wird zunehmend experimentiert, so z.B. mit Vorlesungen auf Video-Plattformen.
- In der *Wissensproduktion* und *Kommunikation* effektivieren die erweiterten Vernetzungs- und Recherchemöglichkeiten einerseits die Informationssuche und erleichtern die Kooperation; andererseits wird es aber auch für Wissenschaftler immer wichtiger, entsprechende Bewältigungsstrategien zu entwickeln, um sich gegen die drohende Informationsüberflutung zu schützen bzw. diese positiv nutzen zu können. Dies beinhaltet zum einen den reflektierten Umgang mit den neuen Kommunikationskanälen z.B. hinsichtlich

Datenschutz bzw. Privatsphäre und zum anderen mit Blick auf die wissenschaftliche Qualität ein Bewusstsein für die Vor- und Nachteile algorithmischer Selektions-, Aggregations- und Rankingverfahren sowie die Balancen zwischen den unterschiedlichen Publikationsarten im Social Web, die mitunter zu einer Auflösung der eingespielten Rollenverteilungen zwischen Autoren und Lesern führen können (Bruns 2008).

Insgesamt zeigt sich, dass über die neuen wissenschaftskommunikativen Möglichkeiten jenseits von Utopie und Dystopie und abseits verbreiteter Technikdeterminismen geurteilt werden sollte: Neue Partizipationsmöglichkeiten im Web 2.0 führen beispielsweise nicht *per se* zu einer ‚Demokratisierung' hierarchischer Wissenschaftsstrukturen, sondern in einigen Fällen sogar zu gegenläufigen Entwicklungen, wie sich z.B. in den zunehmenden Exklusionstendenzen innerhalb der *Wikipedia* im Kontext vieldiskutierter Themen mit zahlreichen Beitragswilligen zeigt (König 2009). Ebenso liegt es nahe, dass sich Wissenschaftler gerade bei einem großen Informationsangebot eher auf die Inhalte bereits etablierter Kollegen beschränken – so wie es Merton (1968) unter dem Stichwort ‚Matthäus-Effekt' schon lange vor der Erfindung des Internet beschrieben hat.

Vor allen Dingen aber gilt es zu berücksichtigen, dass sich die beobachteten Dienste und Kommunikationsweisen, die hier unter dem Begriff ‚Cyberscience 2.0' subsumiert worden sind, bislang nur in relativ kleinen (und entsprechend in ihrer Wirkung eingeschränkten) Kreisen durchgesetzt haben: Auch wenn die Mitgliederzahlen einzelner Dienste zunächst beeindruckend wirken mögen, lassen sich die meisten Akademiker (noch) nicht als intensive Nutzer des Web 2.0 charakterisieren, zumal sich die traditionellen Strukturen des Wissenschaftsbetriebs bislang als weitgehend resistent gegenüber den neuen – zum Teil auch revolutionären – Entwicklungspotenzialen erwiesen haben: Noch immer werden Wissenschaftler und die Qualität ihrer Arbeiten primär durch etablierte Maße wie den *Impact Factor* evaluiert, obwohl es mittlerweile durchaus auch Stimmen gibt, die zu einer Berücksichtigung von Web-2.0-Aktivitäten aufrufen (Gassmann et al. 2011).

Wie schon im Falle der ‚Cyberscience 1.0' Ende der 1990er Jahre (Nentwich 1999, 2003) lässt sich also noch kein eindeutiges Bild der kommunikativen Ordnung in der aufkommenden ‚Cyberscience 2.0' zeichnen: Einerseits befindet sich die wissenschaftliche Anwendung und Urbarmachung der neuen Möglichkeiten im Social Web noch in einem frühen Stadium und ist dementsprechend durch unzählige ineinander wirkende und ambivalente Entwicklungen gekennzeichnet; andererseits bleiben die Effekte der neuen Technologien gerade im wissenschaftlichen Bereich abhängig von den soziokulturellen Praktiken, die sich je nach Fachdisziplin mitunter signifikant unterscheiden. Zweifellos sind durch die neuen Technologien zahlreiche Weiterentwicklungen auf den Feldern der Wissensproduktion, -organisation und -distribution angestoßen worden; welche neuen Spielweisen der Wissenschaftskommunikation sich allerdings langfristig stabilisieren können, wird das Produkt zahlreicher interagierender Such-, Orientierungs- und Aushandlungsprozesse sein, die in den kommenden Jahren stattfinden werden.

Literatur

Anderson, R. J./Vandegrift, T./Wolfman, S./Yasuhara, K. 2003: Promoting interaction in large classes with computer-mediated feedback: Designing for change in networked learning environments. Bergen: CSCL, S. 119–123

Beel, J./Gipp, B./Wilde, E. 2010: Academic Search Engine Optimization (ASEO): Optimizing Scholarly Literature for Google Scholar and Co. In: Journal of Scholarly Publishing, Vol. 42/No. 2, S 176–190

Bergman, M. K. 2001: The Deep Web: Surfacing Hidden Value. In: Journal of Electronic Publishing, Vol. 7/No. 1 (Internet: http://quod.lib.umich.edu/j/jep/3336451.0007.104?rgn=main;view=fulltext;q1=Bergman; zuletzt aufgesucht am 1.6.2012)

Bohannon, J. 2010: Google Opens Books to New Cultural Studies. In: Science, Vol. 330/No. 17, S. 1600 (Internet: http://dericbownds.net/uploaded_images/Science-2010-Bohannon.pdf; zuletzt aufgesucht am 1.6.2012)

Boyd, D. M./Ellison, N. B. 2007: Social Network Sites: Definition, History, and Scholarship. In: Journal of computer-Mediated Communication, Vol. 13/No. 1, Artikel 11 (Internet: http://jcmc.indiana.edu/vol13/issue1/boyd.ellison.html: zuletzt aufgesucht am 1.6.2012

Brabazon, T. 2006: The Google Effect: Googling, blogging, wikis and the flattening of expertise. In: Libri, Vol. 56/No. 3, S. 157–167

Brabazon, T. 2007: The University of Google: Education in a (post) information age. Aldershot: Ashgate

Bradley, D. 2009: scientwist (Internet: http://www.sciencebase.com/science-blog/scientwists.html; zuletzt aufgesucht am 1.6.2012)

Brin, S./Page, L. 1998: The Anatomy of a Large-Scale Hypertextual Web Search Engine, Seventh International World-Wide Web Conference (WWW 1998), 14.–18.4.1998, Brisbane (Internet: http://ilpubs.stanford.edu:8090/361/1/1998-8.pdf; zuletzt aufgesucht am 1.6.2012)

Brückner, D. 2009: Die Google Buchsuche als Hilfsmittel für die Lexikographie. In: Sprachreport. Institut für Deutsche Sprache (IDS), Ausgabe 3, S. 26–31

Bruns, A. 2008: Blogs, Wikipedia, Second Life, and Beyond: From Production to Produsage. New York: Peter Lang

Butler, D. 2008: Publish in Wikipedia or perish. In: Nature News (Internet: http://www.nature.com/news/2008/081216/full/news.2008.1312.html; zuletzt aufgesucht am 1.6.2012)

Chapman, P. 2010: Second Life To Drop Educational Discount. In: The Chronicle of Higher Education vom 5.10.2010 (Internet:http://chronicle.com/blogs/wiredcampus/second-life-to-drop-educational-discount/27458; zuletzt aufgesucht am 1.6.2012)

Dröge, E./Maghferat, P./Puschmann, C./Verbina, J./Weller, K. 2011: Konferenz-Tweets. Ein Ansatz zur Analyse der Twitter-Kommunikation bei wissenschaftlichen Konferenzen. In: Proceedings of the 12th International Symposium for Information Science. Boizenburg: Hülsbusch

Elmer, G. 2004: Profiling Machines. Cambridge/MA: MIT Press

Emrich, E./Flatau, J. 2004: Kaffeetrinken in Organisationen. In: Sozialer Sinn, Jg. 5/Heft 3, S. 507–522

Fallows, D. 2005: Search Engine Users. Internet searchers are confident, satisfied and trusting – but they are also unaware and naïve, Washington: Pew Internet & American Life Project (Internet: http://www.pewinternet.org/~/media//Files/Reports/2005/PIP_Search engine_users.pdf.pdf; zuletzt aufgesucht am 1.6.2012)

Gassmann, O./Widenmayer, B./Friesike, S./Schildhauer, T. 2011: Opening up Science: Towards an Agenda of Open Science in Industry and Academia. 1st Berlin Symposium on Internet and Society, 25.–28.10.2011, Berlin (Internet: http://berlinsymposium.org/sites/berlinsymposium.org/files/open_science.pdf; zuletzt aufgesucht am 1.6.2012)

Giles, J. 2005: Internet encyclopaedias go head to head. In: Nature, Vol. 438/No. 7070, S. 900–901

Gloning, T. 2009: Digitale Textcorpora und Sprachforschung. Ältere Koch- und Kräuterbücher. In: Hofmeister, W./Hofmeister-Winter, A. (Hg.): Wege zum Text. Überlegungen zur Verfügbarkeit mediävistischer Editionen im 21. Jahrhundert. Grazer Kolloquium 17.–19. September 2008. Tübingen: Max Niemeyer, S. 53–71

Google Inc. 2011: Technology overview (Internet: http://www.google.com/intl/en/corporate/tech.html; zuletzt aufgesucht am 1.6.2012)

Google Inc. 2012: Über Google (Internet: http://www.google.at/intl/de/about/corporate/company; zuletzt aufgesucht am 1.6.2012)

Halavais, A. 2009: Search Engine Society. Cambridge/MA: Polity Press

Herwig, J./Kittenberger, A./Nentwich, M./Schmirmund, J. 2009: Microblogging und die Wissenschaft. Das Beispiel Twitter. Steckbrief IV im Rahmen des Projekts Interactive Science. Wien: Institut für Technikfolgen-Abschätzung (Internet:http://epub.oeaw.ac.at/ita/ita-projektberichte/d2-2a52-4.pdf; zuletzt aufgesucht am 1.6.2012]

Jacsó, P. 2009: Google Scholar's Ghost Authors, Lost Authors, and Other Problems. Why the popular tool can't be used to analyze the publishing performance and impact of researchers. In: Library Journal vom 24.9.2009 (Internet: http://www.libraryjournal.com/article/CA6698580.html?q=jacso; zuletzt aufgesucht am 1.6.2012)

Kleimann, B./Özkilic, M./Göcks, M. 2008: Studieren im Web 2.0. Studienbezogene Web- und E-Learning-Dienste. In: HISBUS-Kurzinformation, Nr. 21. Hannover: HIS Hochschul-Informations-System GmbH (Internet: https://hisbus.his.de/hisbus/docs/hisbus21.pdf; zuletzt aufgesucht am 1.6.2012)

Koch, D./Moskaliuk, J. 2009: Onlinestudie: Wissenschaftliches Arbeiten im Web 2.0. In: e-learning and education, Jg. 5 (Internet: http://eleed.campussource.de/archive/5/1842 ; zuletzt aufgesucht am 1.6.2012)

König, R. 2009: Eine Bewegung für die Wahrheit? Gesellschaftliche Wirklichkeitskonstruktion in Wikipedia am Beispiel alternativer Deutungen des 11. September 2001. Bielefeld: Universität Bielefeld, Fakultät für Soziologie (Diplomarbeit) (Internet: http://nbn-resolving.de/urn/resolver.pl?urn=urn:nbn:de:hbz:361-17633; zuletzt aufgesucht am 1.6. 2012)

König, R./Nentwich, M., 2008, Wissenschaft in ‚Second Life'. Steckbrief I im Rahmen des Projekts Interactive Science. Wien: Institut für Technikfolgen-Abschätzung (Internet: http://epub.oeaw.ac.at/ita/ita-projektberichte/d2-2a52-1.pdf; zuletzt aufgesucht am 1.6. 2012)

König, R./Nentwich, M. 2009: Wissenschaft in Wikipedia und anderen Wikimedia-Projekten. Steckbrief II im Rahmen des Projekts Interactive Science. Wien: Institut für Technikfolgen-Abschätzung (Internet: http://epub.oeaw.ac.at/ita/ita-projektberichte/d2-2a52-2.pdf; zuletzt aufgesucht am 1.6.2012)

König, R./Nentwich, M. 2010: Google, Google Scholar und Google Books in der Wissenschaft. Steckbrief III im Rahmen des Projekts Interactive Science. Wien: Institut für Technikfolgen-Abschätzung (Internet: http://epub.oeaw.ac.at/ita/ita-projektberichte/d2-2a52-4.pdf; zuletzt aufgesucht am 1.6.2012)

Lang, A. S./Bradley, J.-C. 2009: Chemistry in Second Life. In: Chemistry Central Journal, Vol. 3/No. 14 (Internet: http://journal.chemistrycentral.com/content/3/1/14; zuletzt aufgesucht am 1.6.2012)

Lanier, J. 2006: Das so genannte Web 2.0. Digitaler Maoismus. In: sueddeutsche.de vom 16.6.2006 (Internet: http://www.sueddeutsche.de/kultur/422/405200/text; zuletzt aufgesucht am 1.6.2012)

Lehmann, K./Schetsche, M. (Hg.) 2007: Die Google-Gesellschaft. Vom digitalen Wandel des Wissens. Bielefeld: Transcript

Leistert, O./Röhle, T. (Hg.) 2011: Generation Facebook: Über das Leben im Social Net. Bielefeld: Transcript

Lewandowski, D. 2005: Web Information Retrieval. Technologien zur Informationssuche im Internet. Frankfurt./M.: Deutsche Gesellschaft für Informationswissenschaft und Informationspraxis (Internet: http://www.durchdenken.de/lewandowski/web-ir; zuletzt aufgesucht am 1.6.2012)

Lifton, J./Paradiso, J. A. 2009: Dual Reality: Merging the Real and Virtual. In: Lehmann-Grube, F./Sablatnig, J. (eds.): Facets of Virtual Environments (FaVE). Berlin: Springer, S. 12–28

Lovink, G./Tkacz, N. (Hg.) 2011: Critical Point of View: A Wikipedia Reader. Amsterdam: Institute of Network Cultures (Internet: http://networkcultures.org/wpmu/portal/publications/inc-readers/critical-point-of-view-a-wikipedia-reader; zuletzt aufgesucht am 1.6.2012)

Machill, M./Neuberger, C./Schweiger, W./Wirth, W. 2003: Wegweiser im Netz: Qualität und Nutzung von Suchmaschinen. In: Machill, M./Welp, C. (Hg.): Wegweiser im Netz. Qualität und Nutzung von Suchmaschinen. Gütersloh: Verlag Bertelsmann Stiftung, S. 413–490

Merton, R. K. 1968: The Matthew Effect in Science. In: Science, Vol. 159/No. 3810, S. 56–63

Merz, M. 1998: Nobody Can Force You When You Are Across the Ocean. Face to Face and E-Mail Exchanges Between Theoretical Physicists. In: Smith, C./Agar, J. (eds.): Making Space for Science. London: Macmillan, S. 313–329

Miller, C. 2007: Strange Facts in the History Classroom: Or How I learned to Stop Worrying and Love the Wiki(pedia). In: Perspectives Online, Vol. 45/No. 5 (Internet: http://www.historians.org/perspectives/issues/2007/0705/0705vie1.cfm; zuletzt aufgesucht am 1.6.2012)

Miller, V. 2008: New Media, Networking and Phatic Culture. In: The International Journal of Research into New Media Technologies, Vol. 14/No. 4, S. 387–400

Nentwich, M. 1999: Cyberscience: Die Zukunft der Wissenschaft im Zeitalter der Informations- und Kommunikationstechnologien. MPifG Working Paper 99/6. Köln: Max-Planck-Institut für Gesellschaftsforschung (Internet: http://www.mpi-fg-koeln.mpg.de/pu/workpap/wp99-6/wp99-6.html; zuletzt aufgesucht am 1.6.2012)

Nentwich, M. 2003: Cyberscience: Research in the Age of the Internet. Wien: Austrian Academy of Sciences Press (Internet: http://hw.oeaw.ac.at/3188-7; zuletzt aufgesucht am 1.6.2012)

Nentwich, M. 2010: Neue Fenster im Elfenbeinturm? Wissenschaftskommunikation und Web 2.0. In: Bieber, C./Drechsel, B./Lang, A. (Hg.): Kulturen im Konflikt. Claus Leggewie revisited. Bielefeld: Transcript, S. 421–428

Nentwich, M./König, R. 2011: Wissenschaft und Social Network Sites. Steckbrief 5 im Rahmen des Projekts Interactive Science. Wien: Institut für Technikfolgen-Abschätzung (Internet: http://epub.oeaw.ac.at/ita/ita-projektberichte/d2-2a52-5.pdf; zuletzt aufgesucht am 1.6.2012)

Nentwich, M./König, R. 2012: Cyberscience 2.0: Research in the Age of Digital Social Networks. Frankfurt/M.: Campus

Nunberg, G. 2009: Google's Book Search: A Disaster for Scholars. In: chronicle.com vom 31. 3.2009 (Internet: http://chronicle.com/article/Googles-Book-Search-A/48245; zuletzt aufgesucht am 1.6.2012)

O'Reilly, T. 2005: What is Web 2.0? Design Patterns and Business Models for the Next Generation of Software (Internet: http://www.oreilly.de/artikel/web20.html; zuletzt aufgesucht am 1.6.2012)

Ortega, F.2009: Wikipedia: A quantitative analysis. Dissertation. Universidad Rey Juan Carlos Madrid (Internet: http://de.wikipedia.org/wiki/Datei:Thesis-wkp-quantanalysis-1.pdf; zuletzt aufgesucht am 1.6.2012)

Page, L./Brin, S./Motwani, R./Winograd, T. 1998: The PageRank Citation Ranking: Bringing Order to the Web (Internet: http://ilpubs.stanford.edu:8090/422; zuletzt aufgesucht am 1.6.2012)

Pariser, E. 2011: The Filter Bubble. What the Internet is Hiding from You. New York: Penguin

Park, T. 2011: The Visibility of Wikipedia in Scholary Publications. In: First Monday, Vol. 16/No. 8 (Internet: http://firstmonday.org/htbin/cgiwrap/bin/ojs/index.php/fm/article/viewArticle/3492/3031; zuletzt aufgesucht am 1.6.2012)

Procter, R./Williams, R./Stewart, J. 2010: If you build it, will they come? How researchers perceive and use web 2.0. Research Information Network (Internet: http://www.rin.ac.uk/our-work/communicating-and-disseminating-research/use-and-relevance-web-20-researchers; zuletzt aufgesucht am 1.6.2012)

Putnam, R. D. 2000: Bowling Alone. The Collapse and Revival of American Community. New York: Simon & Schuster

Qiu, J. 2010: A land without Google? In: Nature, Vol. 463/No. 7284, S. 1012–1013

Reagle, J. M. J. 2010: Good Faith Collaboration: The Culture of Wikipedia. Cambridge/MA, London: MIT Press

Reinhardt, W./Ebner, M./Beham, G./Costa, C. 2009: How People are using Twitter during Conferences. In: Hornung-Prähauser, V./Luckmann, M. (Hg.): Creativity and Innovation Competencies on the Web. Proceeding of the 5th EduMedia conference. Salzburg: Salzburg Research, S. 145–156

Rieger, O. Y. 2009: Search engine use behavior of students and faculty: User perceptions and implications for future research. In: First Monday, Vol. 14/No. 12 (Internet: http://firstmonday.org/htbin/cgiwrap/bin/ojs/index.php/fm/article/view/2716/2385; zuletzt aufgesucht am 1.6.2012)

Rogers, R. 2009: Zur Frage der Vergoogelung. Hin zu einer unkritisierbaren Maschine? In: Becker, K./Stalder, F. (Hg.): Deep Search. Politik des Suchens jenseits von Google. Innsbruck: Studienverlag, S. 193–206

Rosenman, M. A./Smith, G./Maher, M.-L./Ding, L./Marchant, D. 2007: Multidisciplinary collaborative design in virtual environments. In: Automation in Construction, Vol. 16/No. 1, S. 37–44

Schäfer, M. T. 2011: Bastard Culture! How User Participation Transforms Cultural Production. Amsterdam: Amsterdam University Press (Internet: http://www.mtschaefer.net/media/uploads/docs/Schaefer_Bastard-Culture_2011.pdf; zuletzt aufgesucht am 1.6.2012)

Schetsche, M./Lehmann, K./Krug, T. 2007: Die Google-Gesellschaft. Zehn Prinzipien der neuen Wissensordnung. In: Lehmann, K./Schetsche, M. (Hg.): Die Google-Gesellschaft. Vom digitalen Wandel des Wissens. Bielefeld: Transcript, S. 17–32

Schmidt, J. 2009: Das neue Netz. Merkmale, Praktiken und Folgen des Web 2.0. Konstanz: UVK

Smith, S. 2008: Second Life Mixed Reality Broadcasts: A Timeline of Practical Experiments at the NASA CoLab Island. In: Journal of Virtual Worlds Research, Vol. 1/No. 1 (Internet: http://journals.tdl.org/jvwr/article/view/295/226; zuletzt aufgesucht am 1.6.2012)

Stegbauer, C. 2009: Wikipedia: Das Rätsel der Kooperation. Wiesbaden: VS

Surowiecki, J. 2004: The Wisdom of Crowds: Why the Many Are Smarter Than the Few and How Collective Wisdom Shapes Business, Economies, Societies and Nations. Anchor: Doubleday

Vaidhyanathan, S. 2011: The Googlization of Everything. And Why We Should Worry. Berkeley, Los Angeles: University of California Press

Weller, K./Dröge, E./Puschmann, C. 2011: Citation Analysis in Twitter: Approaches for Defining and Measuring Information Flows within Tweets during Scientific Conferences. #MSM2011, 1st Workshop on Making Sense of Microposts, 30.5.2011, Heraklion/Crete (Internet: http://files.ynada.com/papers/msm2011.pdf; zuletzt aufgesucht am 1.6.2012)

Autorinnen und Autoren

Sascha Dickel
Wissenschaftlicher Mitarbeiter am Institut für Ökologische Wirtschaftsforschung, Berlin.

- Arbeitsgebiete: Wissenschafts- und Techniksoziologie, Bioethik, Zeitsoziologie
- Ausgewählte Publikationen: Enhancement-Utopien. Soziologische Analysen zur Konstruktion des Neuen Menschen, Baden-Baden: Nomos 2011; „Es kommt also alles auf die Erhaltung und Verbesserung der Anlagen an". Zur Semantik eugenischer Enhancement-Utopien. In: Sozialer Sinn, 11(2) 2011, S. 29–53; Die Regulierung der Zukunft. In: Bora, Alfons/Henkel, Anna/Reinhardt, Carsten (Hg.): Wissensregulierung und Regulierungswissen, Weilerswist: Velbrück 2012.

Thomas Döbler
Professor für Medienmanagement und Prodekan an der Macromedia Hochschule für Medien und Kommunikation, Campus Stuttgart.

- Arbeitsgebiete: Medienmanagement, Medienwirtschaft, Kommunikationsforschung
- Ausgewählte Publikationen: Das Ende der Kostenloskultur? Ökonomische Potenziale der mobilen Unterhaltung. In: Müller-Lietzkow, Jörg (Hg.): Ökonomie, Qualität und Management von Unterhaltungsmedien. Baden-Baden: Nomos 2012 (mit Anna-Maria-Wahl); Strukturelle Ungleichheit zwischen West- und Ostdeutschland – Eine Erklärung für Mediennutzungsunterschiede? In: Stegbauer, Christian (Hg.): Ungleichheit. Medien- und kommunikationssoziologische Perspektiven. Wiesbaden: VS 2012, S. 73–100.

Ulrich Dolata
Professor für Organisations- und Innovationssoziologie und geschäftsführender Direktor des Instituts für Sozialwissenschaften an der Universität Stuttgart.

- Arbeitsgebiete: Technik-, Organisations- und Wirtschaftssoziologie, Innovationsforschung, Soziologie der Gentechnik und des Internet
- Ausgewählte Publikationen: Wandel durch Technik. Eine Theorie soziotechnischer Transformation. Frankfurt/M., New York: Campus (2011); Technological Innovations and Sectoral Change. Transformative Capacity, Adaptability, Patterns of Change. An Analytical Framework. In: Research Policy, 38, S. 1066–1076 (2009); Das Internet und die Transformation der Musikindustrie. Rekonstruktion und Erklärung eines unkontrollierten sektoralen Wandels. In: Berliner Journal für Soziologie, 18, S. 344–369 (2008); (hg. mit Raymund Werle) Gesellschaft und die Macht der Technik. Sozioökonomischer und institutioneller Wandel durch Technisierung. Frankfurt/M.: Campus (2007); Eine Internetökonomie? In: WSI-Mitteilungen, 58(1), S. 11–17 (2005).

Gerhard Fuchs
Soziologe am Institut für Sozialwissenschaften der Universität Stuttgart; dort Leitung einer Projektgruppe im Rahmen der Helmholtz Allianz „Future Infrastructures for Meeting Energy Demands".

- Arbeitsgebiete: Soziologie des Internet, Soziologie der Innovation, Transformation des Energiesystems

• Ausgewählte Publikationen: From Niche to Mass Markets in High Technology: The Case of Photovoltaics in Germany. In: Bauer, Johannes/Lang, Achim/Schneider, Volker (Hg.): Innovation Policy and Governance in High-Tech Industries. Heidelberg, Berlin: Springer 2012, S. 219–244 (mit Sandra Wassermann); Rethinking Regional Innovation. New York: Springer 2005 (hg. mit Philip Shapira); Multimedia and Regional Economic Restructuring. London: Routledge 1999 (hg. mit Hans-Joachim Braczyk, Hans-Georg Wolf).

Heidemarie Hanekop
Wissenschaftliche Mitarbeiterin am Soziologischen Forschungsinstitut an der Universität Göttingen.

• Arbeitsgebiete: Internet und neue Medien, Innovationsforschung, wissenschaftliches Publizieren

• Ausgewählte Publikationen: New Forms of Collaborative Innovation and Production on the Internet – An Interdisciplinary Perspective. Göttingen: Universitätsverlag 2011 (hg. mit Volker Wittke); Kollaboration der Prosumenten. Die vernachlässigte Dimension des Prosuming-Konzepts. In: Blättel-Mink, Birgit/Hellmann, Kai-Uwe (Hg.): Prosumer Revisited. Zur Aktualität einer Debatte. Wiesbaden: VS 2010, S. 96–113 (mit Volker Wittke); Der Einfluss des Internets auf die Rekonfiguration des Systems wissenschaftlichen Publizierens. In: Dolata, Ulrich/Werle, Raymund (Hg.): Gesellschaft und die Macht der Technik: Sozioökonomischer und institutioneller Wandel durch Technisierung. Frankfurt/M.: Campus 2007.

Gert Hautsch
Diplom-Volkswirt. Bis 2009 Redakteur beim Verlag WDV in Bad Homburg, seither freiberuflicher Medien-Wissenschaftler.

• Arbeitsgebiet: Eigentumsstrukturen und Abhängigkeiten sowie unternehmerische Strategien in der deutschen Medienwirtschaft

• Ausgewählte Publikationen: Grosso auf der Kippe. Quartalsbericht zur deutschen Medienwirtschaft 1/2012. Berlin: ver.di; Bertelsmann und Springer an vorderster Front. In: Zeitschrift Marxistische Erneuerung, Jg. 23/Heft 86, 2011. Gute Bekannte. Kapitalkonzentration in der deutschen Medienwirtschaft. In: Bisky, Lothar/Kriese, Konstanze/Scheele, Jürgen (Hg.): Medien – Macht – Demokratie: Neue Perspektiven. Berlin: Dietz 2009, S. 264–294.

René König
Doktorand am Institut für Technikfolgenabschätzung und Systemanalyse (ITAS) des Karlsruher Instituts für Technologie.

• Arbeitsgebiete: Wissenssoziologie, Wissenschafts- und Technikforschung, Informations- und Kommunikationstechnologie

• Ausgewählte Publikationen: Cyberscience 2.0: Research in the Age of Digital Social Networks. Frankfurt/M., New York: Campus 2012 (mit Michael Nentwich); Wikipedia. Participatory Knowledge Production or Elite Knowledge Representation? In: Information, Communication & Society, Special Issue: Participatory Knowledge Production, 2013 (i.V.); Peer Review 2.0: Herausforderungen und Chancen der wissenschaftlichen Qualitätskontrolle im Zeitalter der Cyber-Wissenschaft. In: Gasteiner, Martin/Haber, Peter (Hg.): Digitale Arbeitstechniken für die Geistes- und Kulturwissenschaften. Wien, Köln, Weimar 2010: UTB, S. 143–163 (mit Michael Nentwich).

Kristian Kunow
Doktorand im DFG-Graduiertenkolleg „Pfade organisatorischer Prozesse“ an der Freien Universität Berlin.

- Arbeitsgebiete: Organisationale Kompetenzen und Routinen, Strategische Prozesse, Theorie organisationaler Pfadabhängigkeit, Medienwirtschaft und Medientechnologie

Gerd Möll
Wissenschaftlicher Mitarbeiter am Lehrstuhl für Allgemeine Soziologie an der Technischen Universität Dortmund.

- Arbeitsgebiete: Soziologie des Glücksspiels, Mediatisierungsforschung, Arbeits- und Organisationssoziologie
- Ausgewählte Publikationen: Mega-Event-Macher. Zum Management multipler Divergenzen am Beispiel der Kulturhauptstadt Europas RUHR.2010. Wiesbaden: VS 2012 (mit Ronald Hitzler, Gregor Betz, Arne Niederbacher): Jackpot. Erkundungen zur Kultur der Spielhallen. Wiesbaden: VS 2010 (mit Jo Reichertz, Arne Niederbacher, Miriam Gothe und Ronald Hitzler): Kontroversen um die Arbeitsbewertung. Die ERA-Umsetzung zwischen Flächentarifvertrag und betrieblichen Handlungskonstellationen. Berlin: edition sigma 2009 (mit Gerd Bender).

Sabine Pfeiffer
Professorin für Innovation und kreative Entwicklung an der Fakultät für angewandte Sozialwissenschaften der Hochschule München, Mitglied im Vorstand des Instituts für Sozialwissenschaftliche Forschung e.V. (ISF München).

- Arbeitsgebiete: Soziale Innovation, Arbeit und Technik, Informatisierung
- Ausgewählte Publikationen: Enterprise 2.0 und Engineering 2.0. In: Pfeiffer, Sabine/Petra Schütt/Daniela Wühr (Hg.): Smarte Innovation. Wiesbaden: VS 2012, S. 347–369 (mit Petra Schütt und Daniela Wühr); Technisierung von Arbeit. In: Böhle, Fritz et al. (Hg.): Handbuch Arbeitssoziologie. Wiesbaden: VS 2010, S. 231–261; Arbeitsvermögen. Ein Schlüssel zur Analyse (reflexiver) Informatisierung. Wiesbaden: VS 2004.

Julius Reimer
Wissenschaftlicher Mitarbeiter im DFG-Projekt „Die (Wieder-)Entdeckung des Publikums. Journalismus unter den Bedingungen von Web 2.0“ am Hans-Bredow-Institut für Medienforschung an der Universität Hamburg.

- Arbeitsgebiete: Journalismusforschung, digitale Medien
- Ausgewählte Publikationen: Transparenz im Journalismus. Instrumente, Konfliktpotentiale, Wirkung. In: Publizistik 56(2), 2011, S. 133–155 (mit Klaus Meier); Das GuttenPlag-Wiki – Theoretische Einordnung und Analyse der Erfolgsfaktoren eines kollaborativen Internet-Phänomens. In: Medien-Journal, 35(4), 2012 (mit Max Ruppert, i.V.); Im Schwarm. Wer steckt hinter dem GuttenPlag-Wiki? In: journalist, 61(4), 2011, S. 76–80 (mit Max Ruppert).

Max Ruppert
Wissenschaftlicher Mitarbeiter am Institut für Journalistik der TU Dortmund und Journalist.

- Arbeitsgebiete: Journalismus unter Rahmenbedingungen digitaler Öffentlichkeiten, Ökonomische Theorie in der Journalistik und Kommunikationswissenschaft
- Ausgewählte Publikationen: Das GuttenPlag-Wiki – Theoretische Einordnung und Analyse der Erfolgsfaktoren eines kollaborativen Internet-Phänomens. In: Medien-Journal, 35(4),

2012 (mit Julius Reimer, i.V.); Im Schwarm. Wer steckt hinter dem GuttenPlag-Wiki? In: journalist, 61(4), 2011, S. 76–80 (mit Julius Reimer); Wirkungen von Medienjournalismus auf Journalisten. Eine ökonomische Analyse der Nutzung und Wirkung von Medienjournalismus durch/auf Journalisten anhand qualitativ ausgewerteter Interviews. In: Sozialwissenschaftlicher Fachinformationsdienst 2004/2, S. 7–18.

Jan-Felix Schrape
Wissenschaftlicher Mitarbeiter der Abteilung für Organisations- und Innovationssoziologie am Institut für Sozialwissenschaften der Universität Stuttgart.

- Arbeitsgebiete: Innovationssoziologie, Wandel von Mediensektoren, Theorie sozialer Systeme, Social Media im Web, emergierende Akteure
- Ausgewählte Publikationen: Social Media, Massenmedien und gesellschaftliche Wirklichkeitskonstruktion. In: Berliner Journal für Soziologie, 21(3), 2011, S. 407–429; Was ist die „Markenidentität" der Soziologie? In: Sozialwissenschaften und Berufspraxis, 34(2), 2011, S. 141–153; Neue Demokratie im Netz? Eine Kritik an den Visionen der Informationsgesellschaft. Bielefeld: Transcript 2010.

Anna-Maria Wahl
Wissenschaftliche Mitarbeiterin am Lehrstuhl für Medienmanagement an der Macromedia Hochschule für Medien und Kommunikation Stuttgart.

- Arbeitsgebiete: Medienmanagement, Medienwirtschaft, Kommunikationsforschung
- Ausgewählte Publikationen: Das Ende der Kostenloskultur? Ökonomische Potenziale der mobilen Unterhaltung. In: Müller-Lietzkow, Jörg (Hg.): Ökonomie, Qualität und Management von Unterhaltungsmedien. Baden-Baden: Nomos 2012 (mit Thomas Döbler).

Volker Wittke
war Professor am Institut für Arbeits- und Wissenssoziologie an der Georg-August Universität Göttingen. Wittke starb im August 2012.

- Arbeitsgebiete: Globale Produktionsmodelle, Innovations- und Internetforschung
- Ausgewählte Publikationen: New forms of collaborative innovation and production on the Internet. In: Wittke, Volker/Hanekop, Heidemarie (Hg.): New Forms of Collaborative Innovation and Production on the Internet. An Interdisciplinary Perspective, Göttingen: Universitätsverlag Göttingen 2011, S. 9–29 (mit Heidemarie Hanekop): Varieties of Vertical Disintegration: The Global Trend Toward Heterogeneous Supply Relations and the Reproduction of Difference in US and German Manufacturing. In: Morgan, Glenn/Moen, Eli/Whitley, Richard (Hg.): Changing Capitalisms: Internationalisation, Institutional Change and Systems of Economic Organization. Oxford: Oxford University Press 2005, S. 312–351 (mit Gary Herrigel); Wissen als Ware. Überlegungen zu neuen Modi gesellschaftlicher Wissensproduktion am Beispiel der Biotechnologie. In: Bender, Gerd (Hg.): Neue Formen der Wissenserzeugung. Frankfurt/M. 2011, S. 123–146 (mit Klaus-Peter Buss).

FSC
www.fsc.org
MIX
Papier | Fördert gute Waldnutzung
FSC® C083411

Kolibri 360 GmbH
Ferdinand-Jühlke-Straße 7
99095 Erfurt, Deutschland
produktsicherheit@kolibri360.de